2006中国城市（镇）生活与价格年鉴

CHINA URBAN LIFE AND PRICE YEARBOOK

国家统计局城市社会经济调查司　编
Compiled by
Department of Urban Society and Economic Statistics,
National Bureau of Statistics of China

中国统计出版社
China Statistics Press

(京)新登字 041 号

图书在版编目(CIP)数据

中国城市(镇)生活与价格年鉴. 2006/国家统计局城市社会经济调查司编.
—北京:中国统计出版社,2006.12
ISBN 978-7-5037-5085-4

Ⅰ. 中…
Ⅱ. 国…
Ⅲ. ①城镇-消费水平-统计资料-中国-2006 年
②城镇-价格-统计资料-中国-2006 年-年鉴
Ⅳ. ①C832-54 ②F726-54

中国版本图书馆 CIP 数据核字(2006)第 113899 号

中国城市(镇)生活与价格年鉴—2006

作　　者/国家统计局城市社会经济调查司
责任编辑/马　平
装帧设计/艺编广告
出版发行/中国统计出版社
通信地址/北京市西城区月坛南街 75 号　邮政编码/100826
办公地址/北京市丰台区西三环南路甲 6 号
网　　址/www.stats.gov.cn/tjshuuia
电　　话/(010)63459084、63266600－22500(发行部)
印　　刷/北京画中画印刷有限公司
经　　销/新华书店
开　　本/880×1230mm　1/16
字　　数/680 千字
印　　张/22.75
印　　数/1—1500 册
版　　别/2007 年 2 月第 1 版
版　　次/2007 年 2 月第 1 次印刷
书　　号/ISBN 978-7-5037-5085-4/F・2393
定　　价/148.00 元

《中国城市（镇）生活与价格年鉴—2006》

编委会和编辑人员

2006 CHINA URBAN LIFE AND PRICE YEARBOOK

Editorial Board And Staff

编者说明

PREFACE

一、《中国城市（镇）生活与价格年鉴－2006》是在《城镇居民家庭收支调查资料》与《中国物价统计年鉴》的基础上，对资料进行了充实和重新编排，增加了英文对照。本年鉴系统收录了2005年度城镇居民家庭收支调查资料、城市发展基本情况资料、价格调查资料，是一部比较全面地反映中国城市（镇）人民生活水平和各类价格指数的专业性综合年鉴。

二、年鉴分四个主要部分，第一部分，城镇居民家庭收入和消费；第二部分，城市资源与经济；第三部分，城市生活质量与环境；第四部分，价格指数。篇末附有主要统计指标解释。

三、本年鉴所涉及的全国性统计数据，均未包括香港、澳门特别行政区和台湾省数据。

四、年鉴资料中使用的度量单位均采用国际统一标准计量单位。

五、资料中的城市为地级及以上城市。城市统计数据由各市统计部门或调查队采集。城市中的“全市”为城市全部行政区域，包括城区、郊区、市辖县；“市辖区”包括城区、郊区，不包括市辖县。

六、资料中的城镇居民家庭收支调查资料和价格调查资料为抽样调查资料，引用时须注意代表性误差。

七、城镇居民家庭收支调查（又称住户调查）和价格指数调查，是由国家统计局城市社会经济调查司组织实施，国家统计局各调查总队及抽中城市（县）的调查队依据国家统计局统一制定的调查方案具体操作的。

八、年鉴符号使用说明：“空格”表示无该项数据或数据不详；＊号表示本表下有注释；＃号表示其中数。

目 录

CONTENT

第一篇 收入与消费

Ⅰ. Income and Consumption

附录　主要统计指标解释

Explanatory Nofes on Main Statistical Indicators

第一篇

收入与消费

Income and Consumption

1—1—1 城镇居民家庭可支配收入和消费支出
The Cash Income and Expenditure of Urban Household

年 份 Year	城镇居民家庭人均可支配收入 Per Capita Annual Disposable Income of Urban Households			城镇居民人均消费性支出 Per Capita Annual Consumption Expenditure of Urban Households		
	绝对数 Value (元) (yuan)	增长率 Growth Rate		绝对数 Value (元) (yuan)	增长率 Growth Rate	
		1978=100	上年=100 preceding year=100		1978=100	上年=100 preceding year=100
1978	343.4	100.0		311.2		
1979	405.0	115.7	115.7			
1980	477.6	127.0	109.7	412.4	121.0	
1981	500.4	129.9	102.2	456.8	130.9	108.1
1982	535.3	136.3	104.9	471.0	132.3	101.1
1983	564.6	141.5	103.9	505.9	139.3	105.3
1984	652.1	158.7	112.2	559.4	150.0	107.7
1985	739.1	160.4	101.1	673.2	161.2	107.5
1986	900.9	182.7	113.9	799.0	178.8	110.9
1987	1002.1	186.8	102.2	884.4	182.0	101.7
1988	1180.2	182.3	97.6	1104.0	188.1	103.4
1989	1373.9	182.5	100.1	1211.0	177.5	94.3
1990	1510.2	198.1	108.5	1278.9	185.1	104.3
1991	1700.6	212.4	107.1	1453.8	200.3	108.2
1992	2026.6	232.9	109.7	1671.7	212.0	105.9
1993	2577.4	255.1	109.5	2110.8	230.6	108.8
1994	3496.2	276.8	108.5	2851.3	249.1	108.1
1995	4283.0	290.3	104.9	3537.6	264.6	106.2
1996	4838.9	301.6	103.8	3919.5	269.5	101.8
1997	5160.3	311.9	103.4	4185.6	279.1	103.6
1998	5425.1	329.9	105.8	4331.6	290.6	104.1
1999	5854.0	360.6	109.3	4615.9	313.8	108.0
2000	6280.0	383.7	106.4	4998.0	337.0	107.4
2001	6859.6	416.3	108.5	5309.0	355.5	105.5
2002	7702.8	472.1	113.4	6029.9	407.9	114.7
2003	8472.2	514.6	109.0	6510.9	436.5	107.0
2004	9421.6	554.2	107.7	7182.1	466.1	106.8
2005	10493.0	607.4	109.6	7942.9	507.4	108.9

1—1—2 城镇居民家庭基本情况

项　目	Item	1985＊	1990
调查户数(户)	**Number of Households Surveyed (household)**	**17143**	**35660**
平均每户家庭人口(人)	**Average Household Size (person)**	**3.82**	**3.50**
平均每户就业人口(人)	**Average Number of Employed Persons Per Household (person)**	**2.20**	**1.98**
平均每户就业面(%)	**Proportion of Employment per Household (%)**	**57.59**	**56.57**
平均每一就业者负担人数	**Number of Dependents per Employee**		
(包括就业者本人)(人)	**(including the employee himself or herself) (person)**	**1.74**	**1.77**
平均每人全部年收入(元)	**Per Capita Annual Income (yuan)**	**821.40**	**1516.21**
工薪收入	Income of Wages and Salaries		1149.70
经营净收入	Net Business Income		22.50
财产性收入	Income from Porperties		15.60
转移性收入	Income from Transfer		328.41
#可支配收入	Disposable Income	752.40	1510.16
平均每人消费性支出(元)	**Per Capita Annual Consumption Expenditures (yuan)**	**732.24**	**1278.89**
食品	Food	390.36	693.77
衣着	Clothing	112.32	170.90
家庭设备用品及服务	Household Appliances and Service	81.48	108.45
医疗保健	Health Care and Medical Services	5.52	25.67
交通通信	Transport and Communications	9.24	40.51
教育文化娱乐服务	Education, Cultural and Recreation Services	75.48	112.26
居住	Housing	25.56	60.86
杂项商品与服务	Miscellaneous Goods and Services	32.28	66.57
平均每人消费性支出构成	**Composition of Per Capita Annual Consumption**		
(人均消费性支出=100)	**Expenditures(%)**		
食品	Food	53.31	54.25
衣着	Clothing	15.34	13.36
家庭设备用品及服务	Household Appliances and Service	11.13	10.14
医疗保健	Health Care and Medical Services	0.75	2.01
交通通信	Transport and Communications	1.26	1.20
教育文化娱乐服务	Education, Cultural and Recreation Services	10.31	11.12
居住	Housing	3.49	6.98
杂项商品与服务	Miscellaneous Goods and Services	4.41	0.94

＊:1985年为城市数。

Basic Conditions of Urban Households

1995	2000	2001	2002	2003	2004	2005
35520	**42220**	**43840**	**45317**	**48028**	**50430**	**54496**
3.23	**3.13**	**3.10**	**3.04**	**3.01**	**2.98**	**2.96**
1.87	**1.68**	**1.65**	**1.58**	**1.58**	**1.56**	**1.51**
57.89	**53.67**	**53.23**	**51.97**	**52.49**	**52.35**	**51.01**
1.73	**1.86**	**1.88**	**1.92**	**1.91**	**1.91**	**1.96**
4279.02	**6295.91**	**6868.88**	**8177.40**	**9061.22**	**10128.51**	**11320.77**
3390.21	4480.50	4829.86	5739.96	6410.22	7152.76	7797.54
72.62	246.24	274.05	332.16	403.82	493.87	679.62
90.43	128.38	134.62	102.12	134.98	161.15	192.91
725.76	1440.78	1630.36	2003.16	2112.20	2320.73	2650.70
4282.95	6279.98	6859.58	7702.80	8472.20	9421.61	10493.03
3537.57	**4998.00**	**5309.01**	**6029.88**	**6510.94**	**7182.10**	**7942.88**
1771.99	1971.32	2027.99	2271.84	2416.92	2709.60	2914.39
479.20	500.46	533.66	590.88	637.72	686.79	800.51
263.36	374.49	376.22	388.68	410.34	407.37	446.52
110.11	318.07	343.28	430.08	475.98	528.15	600.85
183.22	426.95	493.94	626.04	721.12	843.62	996.72
331.01	669.58	736.63	902.28	934.38	1032.80	1097.46
283.76	565.29	610.67	624.36	699.38	733.53	808.66
114.92	171.83	186.61	195.84	215.10	240.24	277.75
50.09	39.44	38.20	37.68	37.12	37.73	36.69
13.55	10.01	10.05	9.80	9.79	9.56	10.08
7.44	7.49	7.09	6.45	6.30	5.67	5.62
3.11	6.36	6.47	7.13	7.31	7.35	7.56
5.18	8.54	9.30	10.38	11.08	11.75	12.55
9.36	13.40	13.88	14.96	14.35	14.38	13.82
8.02	11.31	11.50	10.35	10.74	10.21	10.18
3.25	3.44	3.51	3.25	3.30	3.34	3.50

1—1—3 最低收入户城镇居民家庭基本情况

项　目		Item	1985	1990
调查户数	**(户)**	**Number of Households Surveyed (household)**	**1714**	**3566**
一、家庭人口数	**(人)**	**Households Size (person)**	**4.47**	**4.09**
(一)有收入者人数	(人)	Number of Persons with Income (person)		
1.就业人口数	(人)	Number of Employed Persons (person)	1.82	1.75
(1)国有经济单位职工		Staff and Workers in State-owned Economic Units		
(2)城镇集体经济单位职工		Staff and Workers in Collective-owned Economic Units		
(3)其他各种经济类型单位职工		Staff and Workers in Units of Other Economic Type		
(4)城镇个体经营者人员		Urban Self-employed Individuals or Owners of Private Enterprises		
(5)城镇个体被雇人员		Employed Persons of Urban Self-employed or Private Enterprises		
(6)离退休再就业人员		Retired Dtaff and Veteran Cadres of Reemployment		
		Retired Staff and Veteran Cadres Reemployed		
(7)其他就业人员		Other Employed		
2.离退休人数	(人)	Number of Retired Staff and Veteran Cadres (person)		
3.其他有收入者人数	(人)	Number of Other Persons Earning Income (person)		
(二)无收入者人数	(人)	Number of Persons Without Income (person)		
二、期末家庭人口数	**(人)**	**Number of Households Members at the end of Period (person)**		

1—1—4 困难户城镇居民家庭基本情况

项　目		Item	1985	1990
调查户数	**(户)**	**Number of Households Surveyed (household)**	**857**	**1783**
一、家庭人口数	**(人)**	**Households Size (person)**	**4.55**	**4.13**
(一)有收入者人数	(人)	Number of Persons with Income (person)		
1.就业人口数	(人)	Number of Employed Persons (person)	1.70	1.63
(1)国有经济单位职工		Staff and Workers in State-owned Economic Units		
(2)城镇集体经济单位职工		Staff and Workers in Collective-owned Economic Units		
(3)其他各种经济类型单位职工		Staff and Workers in Units of Other Economic Type		
(4)城镇个体经营者人员		Urban Self-employed Individuals or Owners of Private Enterprises		
(5)城镇个体被雇人员		Employed Persons of Urban Self-employed or Private Enterprises		
(6)离退休再就业人员		Retired Dtaff and Veteran Cadres of Reemployment		
		Retired Staff and Veteran Cadres Reemployed		
(7)其他就业人员		Other Employed		
2.离退休人数	(人)	Number of Retired Staff and Veteran Cadres (person)		
3.其他有收入者人数	(人)	Number of Other Persons Earning Income (person)		
(二)无收入者人数	(人)	Number of Persons Without Income (person)		
二、期末家庭人口数	**(人)**	**Number of Households Members at the end of Period (person)**		

Basic Conditions of Lowest Income Households

	1995	2000	2001	2002	2003	2004	2005
	3552	**4222**	**4383**	**4532**	**4783**	**5060**	**5376**
	3.67	**3.56**	**3.51**	**3.43**	**3.40**	**3.36**	**3.34**
	2.05	1.93	1.90	1.77	1.76	1.79	1.75
	1.71	1.59	1.54	1.36	1.35	1.36	1.26
	1.11	0.87	0.80	0.61	0.57	0.53	0.41
	0.45	0.31	0.29	0.17	0.14	0.13	0.10
	0.01	0.06	0.06	0.07	0.07	0.12	0.13
	0.05	0.16	0.18	0.21	0.22	0.23	0.22
	0.02	0.10	0.12	0.18	0.19	0.21	0.26
	0.03	0.02	0.02	0.01	0.01	0.01	0.01
	0.02	0.07	0.06	0.13	0.14	0.14	0.13
	0.32	0.31	0.34	0.28	0.25	0.27	0.30
	0.02	0.03	0.03	0.13	0.16	0.16	0.19
	1.62	1.64	1.60	1.66	1.64	1.57	1.59
	3.66	**3.56**	**3.50**	**3.42**	**3.38**	**3.35**	**3.35**

Basic Conditions of Poor Households

	1995	2000	2001	2002	2003	2004	2005
	1861	**2111**	**2291**	**2266**	**2383**	**2524**	**2666**
	3.73	**3.60**	**3.57**	**3.49**	**3.46**	**3.42**	**3.38**
	2.01	1.87	1.86	1.68	1.66	1.70	1.61
	1.65	1.54	1.52	1.27	1.25	1.27	1.13
	1.05	0.82	0.76	0.53	0.49	0.46	0.33
	0.46	0.32	0.30	0.16	0.14	0.11	0.09
	0.01	0.05	0.07	0.06	0.06	0.10	0.12
	0.06	0.16	0.18	0.20	0.21	0.23	0.20
	0.02	0.10	0.12	0.20	0.20	0.19	0.24
	0.03	0.01	0.01	0.00	0.01	0.00	0.01
	0.02	0.07	0.08	0.11	0.14	0.16	0.15
	0.33	0.30	0.31	0.24	0.22	0.23	0.25
	0.02	0.03	0.03	0.16	0.19	0.20	0.24
	1.72	1.73	1.71	1.81	1.81	1.72	1.77
	3.72	**3.60**	**3.56**	**3.48**	**3.43**	**3.41**	**3.39**

1—1—5 低收入户城镇居民家庭基本情况

项目		Item	1985	1990
调查户数	**(户)**	**Number of Households Surveyed (household)**	**1714**	**3566**
一、家庭人口数	**(人)**	**Households Size (person)**	**4.19**	**3.88**
(一)有收入者人数	(人)	Number of Persons with Income (person)		
1.就业人口数	(人)	Number of Employed Persons (person)	2.03	1.92
(1)国有经济单位职工		Staff and Workers in State-owned Economic Units		
(2)城镇集体经济单位职工		Staff and Workers in Collective-owned Economic Units		
(3)其他各种经济类型单位职工		Staff and Workers in Units of Other Economic Type		
(4)城镇个体经营者人员		Urban Self-employed Individuals or Owners of Private Enterprises		
(5)城镇个体被雇人员		Employed Persons of Urban Self-employed or Private Enterprises		
(6)离退休再就业人员		Retired Dtaff and Veteran Cadres of Reemployment		
		Retired Staff and Veteran Cadres Reemployed		
(7)其他就业人员		Other Employed		
2.离退休人数	(人)	Number of Retired Staff and Veteran Cadres (person)		
3.其他有收入者人数	(人)	Number of Other Persons Earning Income (person)		
(二)无收入者人数	(人)	Number of Persons Without Income (person)		
二、期末家庭人口数	**(人)**	**Number of Households Members at the end of Period (person)**		

1—1—6 中等偏下收入户城镇居民家庭基本情况

项目		Item	1985	1990
调查户数	**(户)**	**Number of Households Surveyed (household)**	**3429**	**7132**
一、家庭人口数	**(人)**	**Households Size (person)**	**3.99**	**3.71**
(一)有收入者人数	(人)	Number of Persons with Income (person)		
1.就业人口数	(人)	Number of Employed Persons (person)	2.12	1.98
(1)国有经济单位职工		Staff and Workers in State-owned Economic Units		
(2)城镇集体经济单位职工		Staff and Workers in Collective-owned Economic Units		
(3)其他各种经济类型单位职工		Staff and Workers in Units of Other Economic Type		
(4)城镇个体经营者人员		Urban Self-employed Individuals or Owners of Private Enterprises		
(5)城镇个体被雇人员		Employed Persons of Urban Self-employed or Private Enterprises		
(6)离退休再就业人员		Retired Dtaff and Veteran Cadres of Reemployment		
		Retired Staff and Veteran Cadres Reemployed		
(7)其他就业人员		Other Employed		
2.离退休人数	(人)	Number of Retired Staff and Veteran Cadres (person)		
3.其他有收入者人数	(人)	Number of Other Persons Earning Income (person)		
(二)无收入者人数	(人)	Number of Persons Without Income (person)		
二、期末家庭人口数	**(人)**	**Number of Households Members at the end of Period (person)**		

Basic Conditions of Low Income Households

1995	2000	2001	2002	2003	2004	2005
3552	**4222**	**4384**	**4532**	**4849**	**5055**	**5454**
3. 49	**3. 40**	**3. 38**	**3. 34**	**3. 28**	**3. 24**	**3. 22**
2. 16	2. 03	2. 02	1. 99	1. 98	1. 99	1. 96
1. 81	1. 66	1. 62	1. 54	1. 53	1. 52	1. 45
1. 29	1. 01	0. 95	0. 86	0. 81	0. 79	0. 66
0. 39	0. 27	0. 24	0. 18	0. 16	0. 14	0. 11
0. 02	0. 07	0. 08	0. 09	0. 12	0. 14	0. 20
0. 05	0. 16	0. 15	0. 18	0. 17	0. 17	0. 17
0. 01	0. 09	0. 11	0. 14	0. 15	0. 19	0. 21
0. 04	0. 02	0. 03	0. 02	0. 01	0. 01	0. 01
0. 01	0. 05	0. 05	0. 08	0. 10	0. 09	0. 09
0. 34	0. 36	0. 38	0. 37	0. 36	0. 38	0. 41
0. 01	0. 01	0. 02	0. 09	0. 09	0. 10	0. 11
1. 33	1. 37	1. 36	1. 34	1. 30	1. 25	1. 26
3. 47	**3. 40**	**3. 37**	**3. 33**	**3. 26**	**3. 24**	**3. 21**

Basic Conditions of Lower Middle Income Households

1995	2000	2001	2002	2003	2004	2005
7104	**8444**	**8768**	**9063**	**9691**	**10124**	**10943**
3. 36	**3. 28**	**3. 25**	**3. 20**	**3. 13**	**3. 10**	**3. 10**
2. 19	2. 13	2. 10	2. 10	2. 07	2. 08	2. 09
1. 87	1. 69	1. 66	1. 62	1. 58	1. 57	1. 55
1. 43	1. 14	1. 09	1. 04	0. 99	0. 94	0. 84
0. 33	0. 23	0. 22	0. 16	0. 15	0. 13	0. 11
0. 02	0. 08	0. 08	0. 11	0. 12	0. 15	0. 19
0. 04	0. 12	0. 13	0. 12	0. 12	0. 12	0. 14
0. 01	0. 07	0. 08	0. 12	0. 12	0. 14	0. 17
0. 04	0. 03	0. 03	0. 02	0. 02	0. 02	0. 02
0. 01	0. 04	0. 04	0. 06	0. 07	0. 07	0. 07
0. 31	0. 43	0. 43	0. 41	0. 43	0. 44	0. 48
0. 01	0. 01	0. 01	0. 06	0. 07	0. 07	0. 07
1. 17	1. 15	1. 15	1. 10	1. 06	1. 02	1. 01
3. 35	**3. 28**	**3. 24**	**3. 19**	**3. 12**	**3. 09**	**3. 09**

1—1—7 中等收入户城镇居民家庭基本情况

项 目		Item	1985	1990
调查户数	**(户)**	**Number of Households Surveyed (household)**	**34429**	**7132**
一、家庭人口数	**(人)**	**Households Size (person)**	**3.80**	**3.49**
(一)有收入者人数	(人)	Number of Persons with Income (person)		
1.就业人口数	(人)	Number of Employed Persons (person)	2.22	2.04
(1)国有经济单位职工		Staff and Workers in State-owned Economic Units		
(2)城镇集体经济单位职工		Staff and Workers in Collective-owned Economic Units		
(3)其他各种经济类型单位职工		Staff and Workers in Units of Other Economic Type		
(4)城镇个体经营者人员		Urban Self-employed Individuals or Owners of Private Enterprises		
(5)城镇个体被雇人员		Employed Persons of Urban Self-employed or Private Enterprises		
(6)离退休再就业人员		Retired Dtaff and Veteran Cadres of Reemployment		
		Retired Staff and Veteran Cadres Reemployed		
(7)其他就业人员		Other Employed		
2.离退休人数	(人)	Number of Retired Staff and Veteran Cadres (person)		
3.其他有收入者人数	(人)	Number of Other Persons Earning Income (person)		
(二)无收入者人数	(人)	Number of Persons Without Income (person)		
二、期末家庭人口数	**(人)**	**Number of Households Members at the end of Period (person)**		

1—1—8 中等偏上收入户城镇居民家庭基本情况

项 目		Item	1985	1990
调查户数	**(户)**	**Number of Households Surveyed (household)**	**3429**	**7132**
一、家庭人口数	**(人)**	**Households Size (person)**	**3.62**	**3.30**
(一)有收入者人数	(人)	Number of Persons with Income (person)		
1.就业人口数	(人)	Number of Employed Persons (person)	2.30	2.04
(1)国有经济单位职工		Staff and Workers in State-owned Economic Units		
(2)城镇集体经济单位职工		Staff and Workers in Collective-owned Economic Units		
(3)其他各种经济类型单位职工		Staff and Workers in Units of Other Economic Type		
(4)城镇个体经营者人员		Urban Self-employed Individuals or Owners of Private Enterprises		
(5)城镇个体被雇人员		Employed Persons of Urban Self-employed or Private Enterprises		
(6)离退休再就业人员		Retired Dtaff and Veteran Cadres of Reemployment		
		Retired Staff and Veteran Cadres Reemployed		
(7)其他就业人员		Other Employed		
2.离退休人数	(人)	Number of Retired Staff and Veteran Cadres (person)		
3.其他有收入者人数	(人)	Number of Other Persons Earning Income (person)		
(二)无收入者人数	(人)	Number of Persons Without Income (person)		
二、期末家庭人口数	**(人)**	**Number of Households Members at the end of Period (person)**		

Basic Conditions of Middle Income Households

1995	2000	2001	2002	2003	2004	2005
7104	**8444**	**8768**	**9063**	**9663**	**10108**	**10966**
3.23	**3.14**	**3.11**	**3.04**	**3.03**	**2.99**	**2.95**
2.22	2.16	2.13	2.15	2.16	2.16	2.14
1.92	1.72	1.67	1.63	1.65	1.63	1.56
1.54	1.28	1.21	1.15	1.14	1.10	0.97
0.26	0.17	0.16	0.12	0.11	0.10	0.08
0.02	0.07	0.08	0.11	0.12	0.15	0.19
0.03	0.08	0.09	0.09	0.09	0.09	0.11
0.01	0.05	0.06	0.09	0.10	0.10	0.11
0.04	0.04	0.04	0.03	0.03	0.03	0.04
0.01	0.03	0.03	0.04	0.05	0.06	0.06
0.29	0.43	0.46	0.47	0.46	0.49	0.53
0.01	0.01	0.01	0.04	0.05	0.05	0.05
1.02	0.98	0.97	0.90	0.87	0.83	0.81
3.23	**3.13**	**3.10**	**3.03**	**3.02**	**2.98**	**2.94**

Basic Conditions of Upper Middle Income Households

1995	2000	2001	2002	2003	2004	2005
7104	**8444**	**8768**	**9063**	**9615**	**10094**	**10920**
3.12	**2.97**	**2.97**	**2.91**	**2.87**	**2.84**	**2.79**
2.24	2.17	2.18	2.20	2.18	2.18	2.17
1.92	1.71	1.70	1.61	1.61	1.58	1.54
1.60	1.35	1.33	1.19	1.17	1.11	1.03
0.20	0.12	0.11	0.09	0.09	0.08	0.07
0.02	0.07	0.08	0.12	0.12	0.15	0.18
0.03	0.07	0.07	0.06	0.07	0.08	0.09
0.01	0.04	0.04	0.06	0.07	0.08	0.07
0.05	0.04	0.05	0.06	0.05	0.05	0.05
0.01	0.01	0.01	0.03	0.03	0.04	0.04
0.31	0.46	0.48	0.54	0.53	0.56	0.59
0.00	0.00	0.00	0.04	0.04	0.03	0.04
0.88	0.80	0.80	0.71	0.69	0.66	0.62
3.11	**2.97**	**2.96**	**2.90**	**2.86**	**2.83**	**2.78**

1—1—9 高收入户城镇居民家庭基本情况

项　目		Item	1985	1990
调查户数	(户)	Number of Households Surveyed (household)	1714	3566
一、家庭人口数	(人)	Households Size (person)	3.48	3.14
(一)有收入者人数	(人)	Number of Persons with Income (person)		
1. 就业人口数	(人)	Number of Employed Persons (person)	2.43	2.05
(1)国有经济单位职工		Staff and Workers in State-owned Economic Units		
(2)城镇集体经济单位职工		Staff and Workers in Collective-owned Economic Units		
(3)其他各种经济类型单位职工		Staff and Workers in Units of Other Economic Type		
(4)城镇个体经营者人员		Urban Self-employed Individuals or Owners of Private Enterprises		
(5)城镇个体被雇人员		Employed Persons of Urban Self-employed or Private Enterprises		
(6)离退休再就业人员		Retired Dtaff and Veteran Cadres of Reemployment		
		Retired Staff and Veteran Cadres Reemployed		
(7)其他就业人员		Other Employed		
2. 离退休人数	(人)	Number of Retired Staff and Veteran Cadres (person)		
3. 其他有收入者人数	(人)	Number of Other Persons Earning Income (person)		
(二)无收入者人数	(人)	Number of Persons Without Income (person)		
二、期末家庭人口数	(人)	Number of Households Members at the end of Period (person)		

1—1—10 最高收入户城镇居民家庭基本情况

项　目		Item	1985	1990
调查户数	(户)	Number of Households Surveyed (household)	1714	3566
一、家庭人口数	(人)	Households Size (person)	3.24	2.87
(一)有收入者人数	(人)	Number of Persons with Income (person)		
1. 就业人口数	(人)	Number of Employed Persons (person)	2.41	1.99
(1)国有经济单位职工		Staff and Workers in State-owned Economic Units		
(2)城镇集体经济单位职工		Staff and Workers in Collective-owned Economic Units		
(3)其他各种经济类型单位职工		Staff and Workers in Units of Other Economic Type		
(4)城镇个体经营者人员		Urban Self-employed Individuals or Owners of Private Enterprises		
(5)城镇个体被雇人员		Employed Persons of Urban Self-employed or Private Enterprises		
(6)离退休再就业人员		Retired Dtaff and Veteran Cadres of Reemployment		
		Retired Staff and Veteran Cadres Reemployed		
(7)其他就业人员		Other Employed		
2. 离退休人数	(人)	Number of Retired Staff and Veteran Cadres (person)		
3. 其他有收入者人数	(人)	Number of Other Persons Earning Income (person)		
(二)无收入者人数	(人)	Number of Persons Without Income (person)		
二、期末家庭人口数	(人)	Number of Households Members at the end of Period (person)		

Basic Conditions of High Income Households

1995	2000	2001	2002	2003	2004	2005
3552	**4222**	**4384**	**4532**	**4767**	**5012**	**5440**
2.99	**2.87**	**2.83**	**2.78**	**2.76**	**2.74**	**2.68**
2.24	2.19	2.18	2.21	2.21	2.21	2.18
1.90	1.69	1.66	1.57	1.57	1.60	1.54
1.61	1.38	1.35	1.15	1.11	1.11	1.03
0.16	0.09	0.08	0.07	0.06	0.07	0.06
0.03	0.06	0.07	0.13	0.16	0.17	0.19
0.03	0.06	0.06	0.05	0.06	0.07	0.08
0.00	0.03	0.03	0.05	0.07	0.07	0.06
0.06	0.06	0.06	0.08	0.08	0.08	0.07
0.01	0.01	0.01	0.02	0.02	0.03	0.03
0.34	0.50	0.52	0.62	0.60	0.58	0.62
0.00	0.00	0.00	0.03	0.03	0.03	0.03
0.75	0.67	0.65	0.56	0.55	0.53	0.50
2.99	**2.86**	**2.82**	**2.77**	**2.74**	**2.73**	**2.67**

Basic Conditions of Highest Income Households

1995	2000	2001	2002	2003	2004	2005
3552	**4222**	**4384**	**4532**	**4660**	**4977**	**5398**
2.79	**2.66**	**2.64**	**2.68**	**2.68**	**2.65**	**2.64**
2.24	2.16	2.15	2.22	2.20	2.17	2.16
1.81	1.60	1.60	1.58	1.62	1.60	1.59
1.53	1.30	1.31	1.07	1.09	1.05	1.00
0.12	0.07	0.07	0.07	0.07	0.06	0.06
0.03	0.08	0.07	0.19	0.21	0.22	0.25
0.03	0.06	0.06	0.07	0.07	0.08	0.11
0.01	0.01	0.02	0.04	0.05	0.05	0.05
0.08	0.07	0.07	0.12	0.11	0.10	0.1
0.00	0.01	0.01	0.02	0.02	0.02	0.02
0.43	0.57	0.55	0.62	0.55	0.54	0.54
0.00	0.00	0.00	0.02	0.03	0.03	0.03
0.54	0.49	0.49	0.46	0.48	0.48	0.48
2.79	**2.65**	**2.63**	**2.66**	**2.66**	**2.64**	**2.62**

1—1—11　最低收入户城镇居民家庭现金收支表

项　目	Item	1985＊	1990
平均每人全部年收入(元)	**Per Capita Annual Income (yuan)**	**482.76**	**859.92**
工薪收入	Income of Wages and Salaries		
经营净收入	Net Business Income		
财产性收入	Income from Porperties		
转移性收入	Income from Transfer		
＃可支配收入	Disposable Income	437.4	761.16
平均每人消费性支出(元)	**Per Capita Annual Consumption Expenditures (yuan)**	**455.64**	**782.28**
食品	Food	278.88	479.83
衣着	Clothing	60.00	90.16
家庭设备用品及服务	Household Appliances and Service	35.76	51.88
医疗保健	Health Care and Medical Services	4.56	18.11
交通通信	Transport and Communications	4.68	7.06
教育文化娱乐服务	Education, Cultural and Recreation Services	33.48	60.62
居住	Housing	20.4	47.56
杂项商品与服务	Miscellaneous Goods and Services	17.88	27.15
平均每人消费性支出构成	**Composition of Per Capita Annual Consumption**		
(人均消费性支出＝100)	**Expenditures (%)**		
食品	Food	61.21	61.34
衣着	Clothing	13.17	11.53
家庭设备用品及服务	Household Appliances and Service	7.85	6.63
医疗保健	Health Care and Medical Services	1.00	2.32
交通通信	Transport and Communications	1.03	0.90
教育文化娱乐服务	Education, Cultural and Recreation Services	7.35	7.75
居住	Housing	4.48	6.08
杂项商品与服务	Miscellaneous Goods and Services	3.92	3.47

＊:1985 年为城市数。

Income and Expenditure in Cash of Lowest Income Households

1995	2000	2001	2002	2003	2004	2005
2177.72	**2678.32**	**2834.70**	**2527.68**	**2762.43**	**3084.83**	**3377.68**
1655.32	1839.81	1882.74	1642.06	1768.14	1946.41	2066.49
52.79	185.01	222.61	261.87	316.69	350.96	405.02
23.18	52.47	54.38	26.02	27.10	33.33	32.47
446.43	601.05	674.96	597.73	650.50	754.13	873.70
2169.75	2653.02	2802.83	2408.60	2590.17	2862.39	3134.88
2060.96	**2540.13**	**2690.98**	**2387.91**	**2562.36**	**2855.15**	**3111.47**
1226.06	1256.62	1301.05	1127.41	1222.76	1417.76	1475.67
208.86	190.07	200.02	193.09	198.71	213.50	243.66
107.93	118.49	120.77	86.69	91.99	97.78	109.21
67.53	162.71	168.38	164.63	175.77	185.05	232.50
62.77	142.73	163.90	157.64	174.17	197.80	228.37
162.99	286.83	317.03	317.57	327.71	353.76	363.61
167.89	301.40	332.54	282.74	309.01	323.05	384.08
56.94	81.28	87.29	58.15	62.25	66.46	74.36
59.49	49.47	48.35	47.21	47.72	49.66	47.43
10.13	7.48	7.43	8.09	7.75	7.48	7.83
5.24	4.66	4.49	3.63	3.59	3.42	3.51
3.28	6.41	6.26	6.89	6.86	6.48	7.47
3.05	5.62	6.09	6.60	6.80	6.93	7.34
7.91	11.29	11.78	13.30	12.79	12.39	11.69
8.15	11.87	12.36	11.84	12.06	11.31	12.34
2.76	3.20	3.24	2.44	2.43	2.33	2.39

1—1—12 困难户城镇居民家庭现金收支表

项　目	Item	1985	1990
平均每人全部年收入（元）	**Per Capita Annual Income (yuan)**	**438.36**	**782.93**
工薪收入	Income of Wages and Salaries		
经营净收入	Net Business Income		
财产性收入	Income from Porperties		
转移性收入	Income from Transfer		
#可支配收入	Disposable Income	394.80	688.97
平均每人消费性支出（元）	**Per Capita Annual Consumption Expenditures (yuan)**	**417.96**	**724.80**
食品	Food	261.84	452.44
衣着	Clothing	53.40	78.56
家庭设备用品及服务	Household Appliances and Service	29.76	46.34
医疗保健	Health Care and Medical Services	4.20	17.01
交通通信	Transport and Communications	4.44	6.71
教育文化娱乐服务	Education, Cultural and Recreation Services	29.28	52.86
居住	Housing	10.92	45.34
杂项商品与服务	Miscellaneous Goods and Services	24.12	25.54
平均每人消费性支出构成（人均消费性支出＝100）	**Composition of Per Capita Annual Consumption Expenditures (%)**		
食品	Food	62.65	62.42
衣着	Clothing	12.78	10.84
家庭设备用品及服务	Household Appliances and Service	7.12	6.39
医疗保健	Health Care and Medical Services	1.00	2.35
交通通信	Transport and Communications	1.06	0.93
教育文化娱乐服务	Education, Cultural and Recreation Services	7.01	7.29
居住	Housing	2.61	6.26
杂项商品与服务	Miscellaneous Goods and Services	5.77	3.52

Income and Expenditure in Cash of Poor Income Households

1995	2000	2001	2002	2003	2004	2005
1984.92	**2350.75**	**2497.32**	**2063.95**	**2278.29**	**2531.46**	**2733.3**
1477.81	1607.22	1681.61	1299.77	1411.26	1521.63	1628.94
50.61	171.74	196.78	226.79	250.34	309.83	320.06
22.77	44.32	45.60	18.93	22.71	23.07	23.06
433.74	527.45	573.33	518.47	593.97	676.93	761.24
1975.84	2325.05	2464.80	1957.46	2098.92	2312.50	2495.75
1904.41	**2320.36**	**2450.91**	**2079.52**	**2237.27**	**2441.12**	**2656.41**
1153.86	1172.77	1209.15	988.19	1087.20	1248.87	1290.09
184.13	166.66	175.57	152.38	157.02	169.55	189.78
95.27	106.15	96.70	71.49	76.85	76.02	90.39
62.35	140.69	142.35	150.74	144.97	158.63	206.52
47.76	124.55	144.58	126.34	137.67	157.13	180.86
155.11	258.18	289.37	280.53	293.00	297.91	293.17
154.79	280.56	318.84	261.45	286.93	280.44	338.74
51.14	70.79	74.34	48.39	53.62	52.56	66.86
60.59	50.54	49.33	47.52	48.59	51.16	48.57
9.67	7.18	7.16	7.33	7.02	6.95	7.14
5.00	4.57	3.95	3.44	3.43	3.11	3.40
3.27	6.06	5.81	7.25	6.48	6.50	7.77
2.51	5.37	5.90	6.08	6.15	6.44	6.81
8.14	11.13	11.81	13.49	13.10	12.20	11.04
8.13	12.09	13.01	12.57	12.83	11.49	12.75
2.69	3.05	3.03	2.33	2.40	2.15	2.52

1—1—13 低收入户城镇居民家庭现金收支表

项　目	Item	1985	1990
平均每人全部年收入(元)	**Per Capita Annual Income (yuan)**	**599.16**	**1077.12**
工薪收入	Income of Wages and Salaries		
经营净收入	Net Business Income		
财产性收入	Income from Porperties		
转移性收入	Income from Transfer		
#可支配收入	Disposable Income	546.72	968.64
平均每人消费性支出(元)	**Per Capita Annual Consumption Expenditures (yuan)**	**551.28**	**960.72**
食品	Food	319.56	564.51
衣着	Clothing	81.36	119.91
家庭设备用品及服务	Household Appliances and Service	51.12	71.75
医疗保健	Health Care and Medical Services	5.04	21.41
交通通信	Transport and Communications	6.48	9.65
教育文化娱乐服务	Education, Cultural and Recreation Services	43.68	79.94
居住	Housing	12.72	59.17
杂项商品与服务	Miscellaneous Goods and Services	31.32	34.38
平均每人消费性支出构成	**Composition of Per Capita Annual Consumption**		
(人均消费性支出=100)	**Expenditures (%)**		
食品	Food	57.97	58.76
衣着	Clothing	14.76	12.48
家庭设备用品及服务	Household Appliances and Service	9.27	7.47
医疗保健	Health Care and Medical Services	0.91	2.23
交通通信	Transport and Communications	1.18	1.00
教育文化娱乐服务	Education, Cultural and Recreation Services	7.92	8.32
居住	Housing	2.31	6.16
杂项商品与服务	Miscellaneous Goods and Services	5.68	3.58

Income and Expenditure in Cash of Low Income Households

1995	2000	2001	2002	2003	2004	2005
2778.49	**3658.53**	**3888.13**	**3833.01**	**4209.16**	**4697.62**	**5202.12**
2164.41	2571.64	2674.66	2644.30	2913.14	3239.22	3475.95
62.54	237.92	239.36	302.58	324.83	366.79	435.64
32.88	64.58	68.50	31.22	36.25	39.34	54.00
518.66	784.39	905.61	854.91	934.93	1052.26	1236.53
2774.94	3633.51	3856.49	3649.16	3970.03	4429.05	4885.32
2516.22	**3274.93**	**3452.27**	**3259.59**	**3549.28**	**3942.23**	**4295.35**
1462.42	1524.48	1569.77	1457.87	1594.67	1827.42	1926.01
287.63	279.10	295.12	309.49	329.15	352.04	408.63
133.54	184.27	176.30	144.67	156.26	154.45	171.60
82.93	198.92	207.88	225.67	236.76	271.56	308.13
79.84	212.52	234.65	257.63	300.65	329.77	375.86
205.85	390.21	453.07	425.33	454.53	488.77	518.77
185.88	368.20	387.28	355.12	387.88	413.37	472.21
78.12	117.22	128.19	83.81	89.41	104.84	114.14
58.12	46.55	45.47	44.73	44.93	46.35	44.84
11.43	8.52	8.55	9.49	9.27	8.93	9.51
5.31	5.63	5.11	4.44	4.40	3.92	4.00
3.30	6.07	6.02	6.92	6.67	6.89	7.17
3.17	6.49	6.80	7.90	8.47	8.37	8.75
8.18	11.92	13.12	13.05	12.81	12.40	12.08
7.39	11.24	11.22	10.89	10.93	10.49	10.99
3.10	3.58	3.71	2.57	2.52	2.66	2.66

1—1—14 中等偏下收入户城镇居民家庭现金收支表

项　目	Item	1985	1990
平均每人全部年收入（元）	**Per Capita Annual Income (yuan)**	**691.68**	**1266.60**
工薪收入	Income of Wages and Salaries		
经营净收入	Net Business Income		
财产性收入	Income from Porperties		
转移性收入	Income from Transfer		
#可支配收入	Disposable Income	632.88	1144.44
平均每人消费性支出(元)	**Per Capita Annual Consumption Expenditures (yuan)**	**626.88**	**1097.76**
食品	Food	352.44	627.91
衣着	Clothing	95.76	144.73
家庭设备用品及服务	Household Appliances and Service	62.88	95.32
医疗保健	Health Care and Medical Services	5.04	23.20
交通通信	Transport and Communications	7.44	11.50
教育文化娱乐服务	Education, Cultural and Recreation Services	55.32	94.21
居住	Housing	23.52	58.81
杂项商品与服务	Miscellaneous Goods and Services	24.48	42.09
平均每人消费性支出构成（人均消费性支出=100）	**Composition of Per Capita Annual Consumption Expenditures (%)**		
食品	Food	56.22	57.20
衣着	Clothing	15.28	13.18
家庭设备用品及服务	Household Appliances and Service	10.03	8.68
医疗保健	Health Care and Medical Services	0.80	2.11
交通通信	Transport and Communications	1.19	1.05
教育文化娱乐服务	Education, Cultural and Recreation Services	8.82	8.58
居住	Housing	3.75	5.36
杂项商品与服务	Miscellaneous Goods and Services	3.91	3.83

Income and Expenditure in Cash of Lower Middle Income Households

1995	2000	2001	2002	2003	2004	2005
3363. 67	**4651. 72**	**4983. 50**	**5209. 18**	**5705. 67**	**6423. 89**	**7177. 05**
2716. 94	3286. 94	3487. 48	3758. 89	4060. 66	4560. 07	4960. 55
54. 62	223. 11	263. 46	270. 19	317. 25	373. 79	475. 75
42. 15	82. 82	96. 00	48. 32	50. 81	72. 03	83. 79
549. 96	1058. 85	1136. 56	1131. 78	1276. 94	1417. 99	1656. 96
3359. 84	4623. 54	4946. 60	4931. 96	5377. 25	6024. 10	6710. 58
2934. 16	**3947. 91**	**4197. 57**	**4205. 97**	**4557. 82**	**5096. 15**	**5574. 32**
1606. 15	1748. 90	1790. 57	1772. 88	1926. 06	2201. 88	2336. 3
380. 85	375. 07	392. 14	438. 38	456. 14	489. 78	565. 13
186. 34	256. 85	264. 95	226. 42	228. 41	235. 95	268. 81
93. 77	247. 84	273. 78	286. 56	325. 14	355. 53	408. 12
113. 14	281. 32	316. 34	367. 72	427. 79	479. 48	536. 22
242. 65	469. 16	529. 59	576. 71	605. 57	675. 28	720. 40
208. 14	407. 82	451. 46	421. 90	459. 56	514. 62	580. 01
103. 13	160. 95	178. 74	115. 38	129. 17	143. 61	159. 32
54. 74	44. 30	42. 66	42. 15	42. 26	43. 21	41. 91
12. 98	9. 50	9. 34	10. 42	10. 01	9. 61	10. 14
6. 35	6. 51	6. 31	5. 38	5. 01	4. 63	4. 82
3. 20	6. 28	6. 52	6. 81	7. 13	6. 98	7. 32
3. 86	7. 13	7. 54	8. 74	9. 39	9. 41	9. 62
8. 27	11. 88	12. 62	13. 71	13. 29	13. 25	12. 92
7. 09	10. 33	10. 76	10. 03	10. 08	10. 10	10. 41
3. 51	4. 08	4. 26	2. 74	2. 83	2. 82	2. 86

1—1—15 中等收入户城镇居民家庭现金收支表

项　　目	Item	1985	1990
平均每人全部年收入（元）	**Per Capita Annual Income (yuan)**	**805.20**	**1489.08**
工薪收入	Income of Wages and Salaries		
经营净收入	Net Business Income		
财产性收入	Income from Porperties		
转移性收入	Income from Transfer		
#可支配收入	Disposable Income	737.28	1351.68
平均每人消费性支出（元）	**Per Capita Annual Consumption Expenditures (yuan)**	**724.20**	**1275.12**
食品	Food	392.76	696.79
衣着	Clothing	113.52	174.53
家庭设备用品及服务	Household Appliances and Service	77.16	124.20
医疗保健	Health Care and Medical Services	5.76	25.77
交通通信	Transport and Communications	9.24	14.60
教育文化娱乐服务	Education, Cultural and Recreation Services	70.56	118.44
居住	Housing	24.84	67.25
杂项商品与服务	Miscellaneous Goods and Services	30.36	53.54
平均每人消费性支出构成（人均消费性支出=100）	**Composition of Per Capita Annual Consumption Expenditures(%)**		
食品	Food	54.23	54.65
衣着	Clothing	15.68	13.69
家庭设备用品及服务	Household Appliances and Service	10.65	9.74
医疗保健	Health Care and Medical Services	0.80	2.02
交通通信	Transport and Communications	1.28	1.14
教育文化娱乐服务	Education, Cultural and Recreation Services	9.74	9.29
居住	Housing	3.43	5.27
杂项商品与服务	Miscellaneous Goods and Services	4.19	4.20

Income and Expenditure in Cash of Middle Income Households

1995	2000	2001	2002	2003	2004	2005
4073. 88	**5930. 82**	**6406. 16**	**7061. 37**	**7753. 86**	**8746. 65**	**9886. 96**
3360. 22	4335. 7	4583. 49	5162. 40	5684. 84	6375. 79	6961. 71
57. 65	210. 79	249. 35	279. 98	320. 58	364. 12	539. 60
57. 74	107. 20	117. 76	68. 31	75. 50	101. 26	112. 37
598. 28	1277. 12	1453. 55	1550. 68	1672. 94	1905. 48	2273. 27
4068. 66	5897. 92	6366. 24	6656. 81	7278. 75	8166. 54	9190. 05
3446. 12	**4794. 56**	**5131. 55**	**5452. 94**	**5848. 02**	**6498. 36**	**7308. 06**
1770. 12	1960. 82	2032. 81	2140. 34	2293. 98	2581. 24	2838. 83
483. 70	504. 70	528. 79	571. 19	617. 54	661. 21	784. 56
253. 28	376. 25	377. 96	331. 54	343. 06	349. 63	397. 17
107. 96	300. 29	335. 52	382. 83	415. 13	466. 86	561. 82
156. 28	353. 19	421. 09	505. 78	598. 16	696. 36	764. 70
293. 02	597. 55	660. 70	797. 52	811. 91	901. 80	985. 68
238. 48	470. 95	529. 26	563. 31	588. 75	642. 85	745. 49
143. 28	230. 82	245. 41	160. 43	179. 54	198. 42	229. 81
51. 37	40. 90	39. 61	39. 25	39. 23	39. 72	38. 85
14. 04	10. 53	10. 30	10. 47	10. 56	10. 18	10. 74
7. 35	7. 85	7. 37	6. 08	5. 87	5. 38	5. 43
3. 13	6. 26	6. 54	7. 02	7. 10	7. 18	7. 69
4. 53	7. 37	8. 21	9. 28	10. 23	10. 72	10. 46
8. 50	12. 46	12. 88	14. 63	13. 88	13. 88	13. 49
6. 92	9. 82	10. 31	10. 33	10. 07	9. 89	10. 20
4. 16	4. 81	4. 78	2. 94	3. 07	3. 05	3. 14

1—1—16 中等偏上户城镇居民家庭现金收支表

项　目	Item	1985	1990
平均每人全部年收入(元)	**Per Capita Annual Income (yuan)**	**935.52**	**1756.56**
工薪收入	Income of Wages and Salaries		
经营净收入	Net Business Income		
财产性收入	Income from Porperties		
转移性收入	Income from Transfer		
#可支配收入	Disposable Income	861.96	1598.28
平均每人消费性支出(元)	**Per Capita Annual Consumption Expenditures (yuan)**	**830.28**	**1456.68**
食品	Food	430.80	766.19
衣着	Clothing	130.56	203.40
家庭设备用品及服务	Household Appliances and Service	96.36	163.92
医疗保健	Health Care and Medical Services	5.88	26.88
交通通信	Transport and Communications	10.68	17.66
教育文化娱乐服务	Education, Cultural and Recreation Services	91.69	138.21
居住	Housing	27.72	77.54
杂项商品与服务	Miscellaneous Goods and Services	36.59	62.88
平均每人消费性支出构成	**Composition of Per Capita Annual Consumption**		
(人均消费性支出=100)	**Expenditures (%)**		
食品	Food	51.89	52.60
衣着	Clothing	15.72	13.96
家庭设备用品及服务	Household Appliances and Service	11.61	11.25
医疗保健	Health Care and Medical Services	0.71	1.85
交通通信	Transport and Communications	1.29	1.21
教育文化娱乐服务	Education, Cultural and Recreation Services	11.04	9.49
居住	Housing	3.34	5.32
杂项商品与服务	Miscellaneous Goods and Services	4.41	4.32

Income and Expenditure in Cash of Upple Middle Income Households

1995	2000	2001	2002	2003	2004	2005
4958.42	**7524.98**	**8213.66**	**9437.99**	**10463.66**	**11870.79**	**13596.66**
4013.78	5496.09	5967.59	6772.64	7553.70	8450.05	9462.00
82.64	238.54	252.01	266.87	347.37	464.35	628.84
95.97	143.27	150.43	86.91	115.28	140.00	178.41
766.02	1647.07	1843.64	2311.58	2447.30	2816.40	3327.41
4954.54	7487.37	8164.22	8869.51	9763.37	11050.89	12603.37
4045.52	**5894.92**	**6241.50**	**6939.95**	**7547.31**	**8345.70**	**9410.77**
1946.42	2215.56	2272.11	2596.95	2762.75	3130.75	3425.91
585.74	627.81	676.22	737.20	791.36	849.19	1010.63
358.76	526.42	524.81	460.99	472.55	480.60	546.06
121.20	373.83	405.29	510.15	560.89	665.82	764.91
214.28	487.11	580.63	718.92	826.32	938.65	1074.90
362.64	758.84	820.73	1046.46	1102.89	1182.09	1336.77
275.79	578.89	614.13	643.15	779.81	813.24	921.67
180.68	326.64	347.57	226.13	250.79	285.36	329.92
48.11	37.58	36.40	37.42	36.61	37.51	36.40
14.48	10.65	10.83	10.62	10.49	10.18	10.74
8.87	8.93	8.41	6.64	6.26	5.76	5.80
3.00	6.34	6.49	7.35	7.43	7.98	8.13
5.30	8.26	9.30	10.36	10.95	11.25	11.42
8.96	12.87	13.15	15.08	14.61	14.16	14.20
6.82	9.82	9.84	9.27	10.33	9.74	9.79
4.47	5.54	5.57	3.26	3.32	3.42	3.51

1—1—17 高收入户城镇居民家庭现金收支表

项目	Item	1985	1990
平均每人全部年收入（元）	Per Capita Annual Income (yuan)	1098.24	2071.92
工薪收入	Income of Wages and Salaries		
经营净收入	Net Business Income		
财产性收入	Income from Porperties		
转移性收入	Income from Transfer		
#可支配收入	Disposable Income	1012.32	1889.52
平均每人消费性支出(元)	**Per Capita Annual Consumption Expenditures (yuan)**	**963.24**	**1685.28**
食品	Food	473.88	858.16
衣着	Clothing	152.64	231.88
家庭设备用品及服务	Household Appliances and Service	118.44	197.78
医疗保健	Health Care and Medical Services	6.00	32.42
交通通信	Transport and Communications	12.12	22.42
教育文化娱乐服务	Education, Cultural and Recreation Services	120.24	172.56
居住	Housing	29.64	92.27
杂项商品与服务	Miscellaneous Goods and Services	50.28	77.80
平均每人消费性支出构成(人均消费性支出=100)	**Composition of Per Capita Annual Consumption Expenditures(%)**		
食品	Food	49.20	50.92
衣着	Clothing	15.85	13.76
家庭设备用品及服务	Household Appliances and Service	12.30	11.74
医疗保健	Health Care and Medical Services	0.62	1.92
交通通信	Transport and Communications	1.26	1.33
教育文化娱乐服务	Education, Cultural and Recreation Services	12.48	10.24
居住	Housing	3.08	5.48
杂项商品与服务	Miscellaneous Goods and Services	5.22	4.62

Income and Expenditure in Cash of High Income Households

1995	2000	2001	2002	2003	2004	2005
6036.43	**9484.67**	**10441.61**	**12555.07**	**14076.07**	**16156.02**	**18687.74**
4821.69	6824.31	7439.91	8727.13	9795.67	11441.10	12826.09
108.94	251.73	289.11	344.69	450.19	544.81	852.18
98.02	185.50	201.55	138.42	212.10	247.76	340.27
1007.78	2223.14	2511.04	3344.82	3618.08	3922.36	4669.20
6031.61	9434.21	10374.92	11772.82	13123.08	14970.91	17202.93
4665.91	**7102.33**	**7495.09**	**8919.94**	**9627.58**	**10749.35**	**12102.51**
2127.00	2458.60	2509.80	3171.36	3337.82	3740.68	4151.09
688.67	760.39	810.10	866.38	945.33	1071.52	1255.95
445.87	780.47	735.26	645.72	687.17	685.43	754.85
139.85	442.70	487.26	657.33	757.57	821.16	997.59
277.40	628.15	688.10	991.17	1106.03	1274.18	1590.28
443.55	925.35	1040.60	1373.85	1482.57	1673.76	1700.23
308.99	681.61	739.72	906.67	965.22	1100.61	1195.48
234.58	425.06	484.27	307.46	345.91	382.00	457.03
45.59	34.62	33.49	35.55	34.67	34.80	34.30
14.76	10.71	10.81	9.71	9.82	9.97	10.38
9.56	10.99	9.81	7.24	7.14	6.38	6.24
3.00	6.23	6.50	7.37	7.87	7.64	8.24
5.95	8.84	9.18	11.11	11.49	11.85	13.14
9.51	13.03	13.88	15.40	15.40	15.57	14.05
6.62	9.60	9.87	10.16	10.03	10.24	9.88
5.03	5.98	6.46	3.45	3.59	3.55	3.78

1—1—18 最高收入户城镇居民家庭现金收支表

项　目	Item	1985	1990
平均每人全部年收入（元）	**Per Capita Annual Income (yuan)**	**1383.72**	**2675.64**
工薪收入	Income of Wages and Salaries		
经营净收入	Net Business Income		
财产性收入	Income from Porperties		
转移性收入	Income from Transfer		
#可支配收入	Disposable Income	1276.2	2447.92
平均每人消费性支出（元）	**Per Capita Annual Consumption Expenditures (yuan)**	**1162.92**	**2039.76**
食品	Food	546.12	991.95
衣着	Clothing	178.68	271.23
家庭设备用品及服务	Household Appliances and Service	167.04	265.69
医疗保健	Health Care and Medical Services	6.60	38.77
交通通信	Transport and Communications	17.16	32.81
教育文化娱乐服务	Education, Cultural and Recreation Services	153.24	197.68
居住	Housing	35.28	133.43
杂项商品与服务	Miscellaneous Goods and Services	58.80	108.20
平均每人消费性支出构成（人均消费性支出=100）	**Composition of Per Capita Annual Consumption Expenditures (%)**		
食品	Food	46.96	48.63
衣着	Clothing	15.36	13.30
家庭设备用品及服务	Household Appliances and Service	14.36	13.03
医疗保健	Health Care and Medical Services	0.57	1.90
交通通信	Transport and Communications	1.48	1.61
教育文化娱乐服务	Education, Cultural and Recreation Services	13.18	9.69
居住	Housing	3.03	6.54
杂项商品与服务	Miscellaneous Goods and Services	5.06	5.30

Income and Expenditure in Cash of Highest Income Households

1995	2000	2001	2002	2003	2004	2005
8231.31	**13390.49**	**15219.98**	**20208.43**	**23483.95**	**27506.23**	**31237.52**
5890.70	8748.89	9831.37	13557.84	16272.22	19114.53	21427.02
178.98	562.94	561.81	776.79	1017.82	1422.67	2149.30
353.61	378.11	350.30	425.44	632.98	775.23	937.09
1808.01	3700.73	4476.51	5448.37	5560.93	6193.80	6724.11
8221.94	13311.02	15114.85	18995.85	21837.32	25377.17	28773.11
6033.10	**9250.63**	**9834.20**	**13040.69**	**14515.68**	**16841.82**	**19153.73**
2440.91	2847.03	2921.26	4100.79	4332.62	4914.64	5367.27
831.51	933.52	1022.75	1103.16	1276.08	1461.11	1757.59
801.85	1219.75	1243.00	1014.63	1172.69	1195.98	1287.53
189.21	638.30	648.58	933.10	1070.24	1218.42	1287.67
385.31	876.61	1024.75	1731.09	2081.14	2828.09	3769.58
597.42	1223.97	1273.10	2148.56	2208.97	2707.79	2907.99
443.81	864.71	972.10	1485.72	1794.64	1812.28	1897.91
343.08	646.73	728.66	523.68	579.33	703.50	878.19
40.46	30.78	29.71	31.45	29.85	29.18	28.02
13.78	10.09	10.40	8.46	8.79	8.68	9.18
13.29	13.19	12.64	7.78	8.08	7.10	6.72
3.14	6.90	6.60	7.16	7.37	7.23	6.72
6.39	9.48	10.42	13.27	14.34	16.79	19.68
9.90	13.23	12.95	16.48	15.22	16.08	15.18
7.36	9.35	9.88	11.39	12.36	10.76	9.91
5.69	6.99	7.41	4.02	3.99	4.18	4.58

1—1—19 城镇居民家庭平均每人全年购买主要商品数量

单位:千克

项目	Item	1957	1964	1981	1982	1983	1984	1985	1986	1987	1988
粮食	Grain	167.16	155.76	145.44	144.56	144.48	142.08	131.16	137.88	133.87	137.17
鲜菜	Fresh Vegetables	109.14	130.32	152.34	159.08	165.00	149.04	147.72	148.32	142.58	147.02
食用植物油	Edible Vegetable Oil	4.20	2.22	4.80	5.78	6.54	7.08	6.36	6.24	6.44	6.96
猪肉	Pork	6.72		16.92	16.85	18.00	17.10	17.16	18.96	18.85	16.94
牛羊肉	Beef and Mutton	1.20		1.68	1.81	1.86	2.76	3.00	2.64	3.05	2.81
家禽	Poultry	1.20	0.48	1.92	2.26	2.58	2.88	3.84	3.72	3.40	4.00
鲜蛋	Fresh Eggs	3.29	2.04	5.22	5.88	6.09	7.62	8.76	7.08	6.56	6.87
水产品	Aquatic Products	7.62	4.68	7.26	7.67	8.01	7.80	7.80	8.16	7.88	7.07
鲜奶	Milk										
水果(瓜果)	Fresh Melons and Fruits										
坚果及果仁类	Nuts and Kernels										
酒	Liquor	2.52	1.00	4.38	4.48	5.34	6.78	8.04	9.36	9.92	9.45
煤炭	Coal	274.62	285.48	240.00	226.50	229.26	254.82	258.72	267.58	236.27	280.81

1—2—1 按收入等级分城镇居民家庭基本情况(2005年)

项目	Item	全国 National	最低收入户 Lowest Income Households (first decile)	困难户 Poor Households (first five percent)
调查户数(户)	Number of Households Surveyed(household)	54496	5376	2666
调查户比重(%)	Proportion(%)	100	9.87	4.89
平均每户家庭人口(人)	Average Household Size(person)	2.96	3.34	3.38
平均每户就业人口(人)	Average Number of Employed Persons per Household(person)	1.51	1.26	1.13
平均每户就业面(%)	Proportion of Employment per Household(%)	51.01	37.72	33.43
平均每一就业者负担人数(人)	Number of Dependents per Employee(person)			
(包括就业者本人)	(including the employee himself or herself)	1.96	2.65	2.99
平均每人全部年收入(元)	Per Capita Annual Income(yuan)	11320.77	3377.68	2733.30
平均每人可支配收入(元)	Per Capita Disposable Income(yuan)	10493.03	3134.88	2495.75
平均每人消费性支出(元)	Per Capita Annual Consumption Expenditure(yuan)	7942.88	3111.47	2656.41

Per Capita Annual Purchases of Major Commodities of Urban Households

Unit: kg

1989	1990	1991	1992	1993	1994	1995	1999	2000	2003	2004	2005
133.94	130.72	127.93	111.50	97.78	101.67	97.00	84.91	82.31	79.52	78.18	76.98
144.56	138.70	132.18	124.91	120.64	120.74	116.47	114.94	114.74	118.34	122.32	118.58
6.16	6.40	6.93	6.65	7.14	7.53	7.11	7.78	8.16	9.20	9.29	9.25
17.53	18.46	18.86	17.70	17.40	17.12	17.24	16.91	16.73	20.43	19.19	20.15
2.73	3.28	3.34	3.71	3.36	3.10	2.44	3.09	3.33	3.31	3.66	3.71
3.65	3.42	4.40	5.08	3.70	4.13	3.97	4.92	5.44	9.20	6.37	8.97
7.05	7.25	8.26	9.45	8.86	9.68	9.74	10.92	11.21	11.19	10.35	10.40
7.61	7.69	8.02	8.19	8.02	8.53	9.20	10.34	11.74	13.35	12.48	12.55
	4.63	5.52	5.38	5.25		4.62	7.88	9.94	18.62	18.83	17.92
	41.11	47.37	38.85	40.04		44.96	54.21	57.48	57.79	56.45	56.69
	3.21					3.04	3.26	3.30	2.70	2.94	2.97
9.00	9.25	9.45	9.85	9.71	10.00	9.93	9.61	10.01	9.39	8.94	8.85
217.53	206.04	195.37	164.69	135.99	130.54	129.52	115.46	128.07	104.71	91.97	84.01

Basic Condition of Urban Households (2005)

低收入户 Low Income Households (second decile)	中等偏下户 Lower Middle Income Households (second quintile)	中等收入户 Middle Income Households (third quintile)	中等偏上户 Upper Middle Income Households (fourth quintile)	高收入户 High Income Households (ninth decile)	最高收入户 Highest Income Households (tenth decile)
5454	10943	10966	10920	5440	5398
10.01	20.08	20.12	20.04	9.98	9.91
3.22	3.10	2.95	2.79	2.68	2.64
1.45	1.55	1.56	1.54	1.54	1.59
45.03	50.00	52.88	55.20	57.46	60.23
2.22	2.00	1.89	1.81	1.74	1.66
5202.12	7177.05	9886.96	13596.66	18687.74	31237.52
4885.32	6710.58	9190.05	12603.37	17202.93	28773.11
4295.35	5574.32	7308.06	9410.77	12102.51	19153.73

1—2—2 城镇居民家庭现金收入和支出(平均每人全年,2005年)

单位:元

项目	Item	总平均 Average	最低收入户 Lowest Income Households	困难户 Poor Households
一、期初手存现金	**Deposited Cash at Beginning of the Period**	**826.68**	**269.23**	**223.29**
二、家庭总收入	**Total Income of Household**	**11320.77**	**3377.68**	**2733.30**
#可支配收入	Disposable Income	10493.03	3134.88	2495.75
(一)工薪收入	Income of Wages and Salaries	7797.54	2066.49	1628.94
1.工资及补贴收入	Income of Wages and Allowances	7585.37	1875.72	1424.10
2.其他劳动收入	Other Working Income	212.16	190.77	204.85
(二)经营净收入	Net Income from Management	679.62	405.02	320.06
(三)财产性收入	Property Income	192.91	32.47	23.06
1.利息收入	Interest Income	20.52	2.65	2.09
2.股息与红利收入	Bonus and Dividends	35.89	3.33	0.23
3.保险收益	Insurance Yield	2.96	0.52	0.97
4.其他投资收入	Other Investment Income	18.16	1.24	1.05
5.出租房屋收入	House Leasing Income	112.24	24.07	18.45
6.知识产权收入	Intellectual Property Income	0.13	0.01	0.01
7.其他财产性收入	Other Property Income	3.01	0.64	0.27
(四)转移性收入	Transfer Income	2650.70	873.70	761.24
1.养老金或离退休金	Pension	2080.96	553.85	412.17
2.社会救济收入	Social assistance grants	22.02	103.06	139.81
3.辞退金	Compensation for Dismissal	36.39	2.26	3.78
4.赔偿收入	Compensation Income	3.73	0.28	0.32
5.保险收入	Insurance proceeds	21.90	21.98	23.35
#失业保险金	Insurance for Unemployment	17.55	21.46	22.85
6.赡养收入	Solatium Income	111.16	59.90	59.82
7.捐赠收入	Donation Income	223.53	72.30	69.19
8.亲友搭伙费	Boarding from friends and relatives	33.35	12.56	7.89
9.提取住房公积金	Withdrawal of Public Accumulation Fund for Housing Constructic	33.12	0.38	0.00
10.记帐补贴	Bookkeeping Allowance	50.42	33.10	32.50
11.其他转移性收入	Other Transfer Income	34.12	13.50	12.41
三、出售财物收入	**Income from Selling Properties**	**155.86**	**14.92**	**3.41**
1.出售住房收入	House Leasing Income	147.93	10.93	0.13
2.出售其他物品收	Other Articles	7.92	3.89	3.28
四、借贷收入	**Debit and Credit Income**	**2985.61**	**792.90**	**723.40**
1.提取储蓄存款	Withdrawl of Deposit	255.64	615.04	546.27
2.借入款	Borrowing	187.27	138.17	143.34
3.收回借出款	Withdrawl of Debts	37.92	10.71	11.91
4.收回储蓄性保险本	Withdrawl of Saving Insurance Principal	4.29	0.63	0.86
5.兑售有价证券	Changing or Sale Securities	4.47	0.06	0.13
6.收回投资本金	Withdrawl of Investment Principal	6.70	0.20	0.00
7.住房贷款	Housing Loans	134.52	12.04	3.70
8.汽车贷款	Car Loans	40.50	0.00	0.00
9.教育贷款	Education Loans	0.85	1.09	0.59
10.其他贷款	Other Loans	5.58	2.75	1.07
11.其他借贷收入	Other Debit and Credit Income	46.88	12.20	15.53

Per Capita Annual Cash Income and Expenditure of Urban Households (2005).

Unit: yuan

低收入户 Low Income Households	中等偏下户 Lower Middle Income Households	中等收入户 Middle Income Households	中等偏上户 Upper Middle Income Households	高收入户 High Income Households	最高收入户 Highest Income Households
408.82	**534.94**	**713.46**	**965.65**	**1389.24**	**2239.98**
5202.12	**7177.05**	**9886.96**	**13596.66**	**18687.74**	**31237.52**
4885.32	6710.58	9190.05	12603.37	17202.93	28773.11
3475.95	4960.55	6961.71	9462.00	12826.09	21427.02
3292.74	4817.39	6800.84	9258.35	12541.34	20906.29
183.21	143.16	160.87	203.65	284.74	520.73
435.64	475.75	539.60	628.84	852.18	2149.30
54.00	83.79	112.37	178.41	340.27	937.09
3.67	6.74	15.40	26.61	40.96	79.22
3.67	12.77	15.84	34.22	70.48	196.04
0.14	0.93	1.83	2.89	4.07	16.73
2.30	2.75	5.72	3.89	25.45	153.93
43.68	59.59	70.35	107.14	194.38	479.14
0.00	0.05	0.18	0.21	0.17	0.31
0.54	0.98	3.03	3.45	4.76	11.72
1236.53	1656.96	2273.27	3327.41	4669.20	6724.11
965.93	1339.73	1869.00	2760.98	3845.72	4646.39
30.44	16.72	8.71	5.15	3.20	5.88
5.75	8.06	9.39	30.52	40.53	266.83
1.06	1.83	2.41	2.23	2.74	24.09
24.13	19.56	19.87	23.83	20.38	27.01
22.26	17.87	16.81	16.73	15.02	11.55
57.26	71.81	88.71	114.47	164.34	341.53
89.89	125.04	165.78	246.48	350.60	806.28
13.47	18.43	32.19	40.32	57.05	88.08
1.12	1.90	4.84	15.45	56.91	279.56
35.35	40.01	47.04	57.15	70.01	92.72
12.13	13.87	25.33	30.82	57.72	145.73
30.19	**29.17**	**78.88**	**164.08**	**216.07**	**933.39**
27.69	26.31	69.34	156.74	205.34	905.67
2.49	2.86	9.54	7.34	10.73	27.72
986.38	**1432.91**	**2191.85**	**3441.96**	**5246.20**	**11029.30**
848.20	1247.65	1935.01	3024.56	4435.24	9175.39
94.70	117.63	150.77	158.44	271.83	614.81
11.21	21.74	30.49	44.91	68.19	121.35
2.76	4.00	1.99	3.01	10.83	13.34
0.06	2.84	2.42	3.10	4.77	27.80
0.51	1.65	1.82	10.64	14.76	31.04
14.04	17.58	38.99	147.01	272.75	810.77
0.05	0.00	0.38	8.29	0.03	33.95
0.08	0.79	0.42	1.31	1.09	1.49
2.06	2.60	4.01	3.53	2.75	32.63
12.72	16.43	25.56	37.14	163.96	166.74

单位:元

项　　目	Item	总平均 Average	最低收入户 Lowest Income Households	困难户 Poor Households
五、家庭总支出	**Total Expenditure of Household**	**10579.49**	**3696.45**	**3118.32**
(一)消费支出	Living Expenditure	742.88	3111.47	2656.41
#服务性消费支出	Living Expenditure for Services	2224.36	720.58	589.45
1.食品	Food	2914.39	1475.67	1290.09
2.衣着	Colthing	800.51	243.66	189.78
3.家庭设备用品及服务	Household Facilities, Articles and Services	446.52	109.21	90.39
4.医疗保健	Medicine and Medical Services	600.85	232.50	206.52
5.交通和通信	Transportation and Communication	996.72	228.37	180.86
6.教育文化娱乐服务	Education, Cultural and Recreation Services	1097.46	363.61	293.17
7.居住	Residence	808.66	384.08	338.74
8.杂项商品和服务	Micellaneous Commodities and Services	277.75	74.36	66.86
(二)购房与建房支出	Expenditrue for Purchasing and Building House	713.23	67.06	16.17
1.购房	Purchasing House	695.24	61.94	8.49
2.建房	Building House	18.00	5.13	7.68
(三)转移性支出	Transfer Expenditure	1199.74	308.81	241.12
1.交纳的个人收入税	Tax	74.94	1.74	1.46
2.捐赠支出	Contribution	650.61	185.83	140.13
3.购买彩票	Expenditrue for Purchasing Lotteries	9.82	2.62	0.89
4.赡养支出	Expenditure for support	386.61	105.56	90.36
#在外就学子女费用	Expenditure for Children Studying Out of Current Cities	237.14	78.50	71.94
5.各种非储蓄性保险支出	Expenditure on all kinds of Non-Saving Insruances	34.60	4.94	2.93
#车辆保险支出	Expenditrue on Car Insurance	8.40	0.03	0.06
6.其他转性支出	Other Transfer Expenditrue	43.17	8.11	5.35
(四)财产性支出	Property Expenditure	21.24	1.15	1.03
1.非生产性利息支出	Expenditrure on Non-productional Loan Interests	15.95	0.38	0.50
2.其他	Others	5.30	0.77	0.53
(五)社会保障支出	Expenditrue on Social Securities	702.39	207.95	203.59
1.个人交纳的养老基金	Individually Paid Pension Fund	297.93	146.87	155.60
2.个人交纳的住房公积金	Individually Paid Public Accumulation Fund for Housing Construction			
3.个人交纳的医疗基金	Individually Paid Medical Fund	87.71	29.82	27.18
4.个人交纳的失业基金	Individually Paid Unemployment Fund	24.25	4.43	2.93
5.其他社会保障支出	Other Expenditrue on Social Securities	8.15	2.74	2.24
六、借贷支出	**Expenditure on Debit and Credit**	**3465.74**	**353.45**	**239.93**
1.存入储蓄款	Deposited Saving Money	2915.85	287.79	186.99
2.借出款	Loans	42.17	4.07	2.56
3.归还借款	Returning Loans	108.08	23.65	23.16
4.储蓄性保险支出	Expenditure on Saving Insurance	113.43	17.14	10.57
5.购买有价证券	Purchasing Securities	31.59	1.25	0.35
6.其它投资支出	Other Investment Expenses	23.92	2.08	0.43
7.归还住房贷款	Retruning Housing Loans	186.93	6.05	3.52
8.归还汽车贷款	Retruning Car Loans	10.25	1.59	0.00
9.归还教育贷款	Retruning Education Loans	0.64	1.22	0.41
10.归还其他贷款	Retruning Other Loans	5.65	0.41	0.11
11.其他借贷支出	Other Debit and Credit Expenses	27.22	8.20	11.82
七、其末手存现金	**Deposited Cash at the End of Period**	**661.91**	**259.29**	**221.37**

1—2—2 Continued

Unit: yuan

低收入户 Low Income Households	中等偏下户 Lower Middle Income Households	中等收入户 Middle Income Households	中等偏上户 Upper Middle Income Households	高收入户 High Income Households	最高收入户 Highest Income Households
5158.82	**3922.42**	**9350.39**	**12529.20**	**16847.92**	**28300.84**
4295.35	5574.32	7308.06	9410.77	12102.51	19153.73
1048.20	1433.65	1972.42	2661.93	3501.46	6094.42
1926.01	2336.30	2838.83	3425.91	4151.09	5367.27
408.63	565.13	784.56	1010.63	1255.95	1757.59
171.60	268.81	397.17	546.06	754.85	1287.53
308.13	408.12	561.82	764.91	997.59	1287.67
375.86	536.22	764.70	1074.90	1590.28	3769.58
518.77	720.40	985.68	1336.77	1700.23	2907.99
472.21	580.01	745.49	921.67	1195.48	1897.91
114.14	159.32	229.81	329.92	457.03	878.19
77.67	178.54	364.83	749.49	1399.65	3808.96
70.12	163.06	336.12	739.94	1363.02	3780.21
7.55	15.48	28.71	9.55	36.62	28.76
507.27	751.59	1050.90	1485.01	2037.77	3293.26
4.92	12.16	30.54	70.82	153.27	457.71
305.04	438.30	593.54	822.70	1089.33	1565.61
5.51	7.19	11.66	10.34	17.03	18.63
167.25	250.31	351.38	488.23	642.39	990.72
109.58	162.66	231.24	303.17	368.55	537.86
8.82	16.12	25.49	38.99	60.63	140.03
0.48	0.34	1.56	5.72	13.04	67.83
15.73	27.50	38.27	53.93	75.12	120.57
2.02	3.67	7.28	18.62	46.47	130.91
0.95	2.47	4.18	12.79	37.88	102.96
1.07	1.20	3.10	5.83	8.59	27.95
276.53	414.30	619.33	865.31	1261.53	1913.97
161.02	211.20	276.11	342.91	463.04	681.65
64.43	123.92	228.74	368.32	593.55	955.89
38.64	58.45	83.60	111.06	146.94	200.76
9.08	15.33	21.47	31.40	44.64	63.05
3.35	5.40	9.41	11.61	13.36	12.62
851.19	**1429.24**	**2449.78**	**4121.39**	**6637.33**	**13916.68**
735.13	1227.55	2097.97	3512.15	5668.39	11359.55
11.67	14.51	36.08	60.90	100.05	116.92
34.38	56.44	76.95	122.99	191.91	403.17
31.55	54.80	87.36	132.99	210.33	417.03
1.99	4.48	19.24	39.77	63.23	158.63
1.78	13.16	21.94	24.33	20.04	117.12
22.89	41.63	90.39	189.81	313.32	1105.23
0.07	0.45	0.71	3.72	8.02	99.43
0.09	0.36	0.15	0.56	2.05	1.17
0.56	2.03	2.72	4.05	7.22	37.33
11.07	13.84	16.28	30.12	52.77	101.09
357.95	**464.53**	**609.01**	**784.23**	**1008.54**	**1596.14**

1—2—3 按收入等级分城镇居民家庭消费支出(2005年)

单位:元

项　目	Item	总平均 Average	最低收入户 Lowest Income Households	困难户 Poor Households
消费支出	**Total Consumption Expenditures**	**7942.88**	**3111.47**	**2656.41**
#服务性消费支出	Service Consumption Expenditure	2224.36	720.58	589.45
一、食品	**Food**	**2914.39**	**1475.67**	**1290.09**
(一)粮油类	Grain and Oil	389.37	341.73	329.15
1. 粮食	Grain	242.16	219.24	213.48
2. 淀粉及薯类	Starches and Tubers	23.40	20.00	19.09
3. 干豆类及豆制品	Beans and Bean Products	38.38	29.13	27.32
4. 油脂类	Oil and Fats	85.43	73.36	69.26
(二)肉禽蛋水产品类	Meat, Poultry, Egg, Aquatic Products and Related Products	825.20	465.45	400.15
1. 肉类	Meat Products	426.58	270.46	238.68
2. 禽类	Poultry Products	138.33	72.97	57.58
3. 蛋类	Eggs	71.48	51.69	46.06
4. 水产品类	Aquatic Products	188.80	70.33	57.83
(三)蔬菜类	Vegetables	275.52	191.00	176.29
1. 鲜菜	Fresh Vegetables	248.78	178.15	165.65
2. 干菜	Dried Vegetables	17.41	7.48	5.90
3. 菜制品	Vegetable Products	9.33	5.36	4.74
(四)调味品	Condiments	37.04	25.20	23.02
(五)糖烟酒饮料类	Sugar, Tobacco, Liquor and Beverages	309.73	124.65	100.86
1. 糖类	Sugar	29.01	13.05	11.34
2. 烟草类	Tobacco	146.02	61.98	50.78
3. 酒类	Liquor	76.29	31.25	25.06
4. 饮料	Beverages	58.43	18.37	13.69
(六)干鲜瓜果类	Dried and Fresh Melons and Fruits	206.31	88.37	73.67
1. 鲜果	Fruits	127.74	55.80	46.39
2. 鲜瓜	Melons	32.22	13.23	10.93
3. 干果	Dried Fruits	8.61	3.32	2.96
4. 瓜果制品	Fruit and Melon Products	5.39	1.62	1.08
5. 坚果及果仁	Nuts and Kernels	32.35	14.41	12.31
(七)糕点、奶及奶制品	Cake, Milk and Its Products	200.03	74.46	58.14
1. 糕点	Cake	61.41	23.71	18.70
2. 奶及奶制品	Milk and Its Products	138.62	50.75	39.44
(八)其他食品	Other Food	62.67	20.01	16.45
(九)饮食服务	bite and sup service	608.51	144.80	112.35
1. 食品加工服务费	Food Processing Service Fees	1.29	0.83	0.70
2. 在外饮食	Dining Out	607.23	143.97	111.66
二、衣着	**Clothing**	**800.51**	**243.66**	**189.78**
(一)服装	Garments	577.00	162.17	125.16
1. 男士服装	Men's garment	232.60	66.50	50.52
2. 女士服装	Suit-dress	300.66	76.13	58.77
3. 童装	Baby's suit	43.74	19.54	15.88
(二)衣着材料	Clothing Materials	9.55	4.13	3.61
(三)鞋类	Shoes	176.18	63.61	49.77
(四)其它衣着用品	Other Clothing	31.12	11.72	9.51
(五)衣着加工服务费	Tailoring and Laundering Services	6.67	2.02	1.72

Per Capita Annual Living Expenditure of Urban Households (2005)

Unit: yuan

低收入户 Low Income Households	中等偏下户 Lower Middle Income Households	中等收入户 Middle Income Households	中等偏上户 Upper Middle Income Households	高收入户 High Income Households	最高收入户 Highest Income Households
4295.35	**5574.32**	**7308.06**	**9410.77**	**12102.51**	**19153.73**
1048.20	1433.65	1972.42	2661.93	3501.46	6094.42
1926.01	**2336.30**	**2838.83**	**3425.91**	**4151.09**	**5367.27**
360.78	374.09	392.72	412.38	428.53	429.88
226.76	232.78	241.91	254.36	264.80	267.05
21.86	22.36	23.15	24.86	26.77	26.50
33.03	35.36	38.53	42.19	46.62	48.10
79.14	83.59	89.13	90.98	90.35	88.23
598.35	716.31	834.66	968.19	1115.10	1239.94
336.03	394.34	442.06	493.50	526.11	547.11
97.48	119.94	142.46	162.33	190.01	209.30
63.79	68.85	74.15	78.21	84.39	79.86
101.05	133.18	176.00	234.15	314.58	403.67
222.91	250.00	279.95	312.32	342.67	360.61
204.85	227.54	252.19	279.83	304.49	320.06
11.16	14.47	18.34	21.53	25.59	26.51
6.90	8.00	9.42	10.96	12.58	14.05
29.17	32.78	37.35	42.39	46.85	51.31
188.44	240.48	313.27	381.25	463.26	566.09
18.03	22.53	28.23	34.25	40.21	59.76
90.05	114.67	151.69	179.53	218.26	248.74
50.90	62.48	77.60	94.35	109.23	127.41
29.46	40.80	55.74	73.12	95.56	130.17
128.45	159.52	206.37	252.20	307.92	377.79
80.53	99.45	127.76	155.12	188.97	233.44
20.66	25.48	33.32	38.99	47.30	56.66
4.71	6.51	8.89	10.88	13.47	15.39
2.51	3.82	4.96	6.86	9.16	12.04
20.05	24.26	31.44	40.35	49.02	60.26
119.73	156.86	199.96	248.20	300.16	372.38
37.00	46.06	59.52	74.97	93.37	124.10
82.73	110.80	140.44	173.23	206.79	248.28
31.59	44.04	60.18	80.06	102.94	133.60
246.58	362.22	514.37	728.90	1043.66	1835.65
0.99	1.20	1.41	1.52	1.53	1.42
245.59	361.02	512.97	727.38	1042.13	1834.23
408.63	**565.13**	**784.56**	**1010.63**	**1255.95**	**1757.59**
279.48	397.24	558.99	731.97	929.82	1312.69
115.89	164.07	224.62	296.82	377.20	508.88
134.78	196.23	288.36	382.79	499.23	725.54
28.81	36.93	46.01	52.36	53.38	78.28
6.30	7.86	10.14	12.32	12.56	14.69
100.89	132.42	178.46	220.06	257.09	349.94
18.53	23.17	30.79	37.98	45.96	63.94
3.43	4.44	6.17	8.30	10.52	16.33

1—2—3续表

单位:元

项　目	Item	总平均 Average	最低收入户 Lowest Income Households	困难户 Poor Households
三、家庭设备用品及服务	**Household Appliances and Services**	**446.52**	**109.21**	**90.39**
(一)耐用消费品	Durable Consumer Goods	213.21	31.15	25.59
1. 家具	Furniture	69.99	6.11	4.64
2. 家庭设备	Household Appliances	143.23	25.04	20.96
(二)室内装饰品	Room Decorations	16.55	1.77	1.02
1. 纺织装饰品	Textile Decorations	6.10	0.74	0.30
2. 装饰灯具	Decorative Lamps and Lanterns	4.39	0.33	0.31
3. 其他装饰品	Other Decorations	6.06	0.70	0.41
(三)床上用品	Bed Articles	39.65	8.53	6.15
(四)家庭日用杂品	Household Articles for Daily Use	138.44	60.79	51.71
1. 厨、餐、茶具	Cooking Appliances Dishware and Tea Set	21.48	6.92	5.52
2. 家用工具	Household Appliances	1.29	0.46	0.24
3. 家居清洁用品	Household Cleaning Appliances	25.55	16.34	14.11
4. 其他日用杂品	Other Articles for Daily use	90.11	37.06	31.84
(五)家具材料	Furniture Materials	2.95	0.60	0.25
(六)家庭服务	Household Services	35.72	6.38	5.66
1. 家政服务	Housekeeping Services	22.53	1.69	1.75
2. 加工维修服务费	Manufactoring Upkeep	13.19	4.70	3.91
四、医疗保健	**Health Care and Medical Services**	**600.85**	**232.50**	**206.52**
(一)医疗器具	Medical Appliances	4.85	0.60	0.32
(二)保健器具	Health Care Applicances	12.23	0.74	0.70
(三)药品费	Medicine	320.91	147.70	133.69
(四)滋补保健品	Health Products	66.47	6.02	5.07
(五)医疗费	Health Care Services	188.89	75.72	65.11
(六)其他	Other	7.51	1.72	1.63
五、交通和通讯	**Transport and Communications**	**996.72**	**228.37**	**180.86**
(一)交通	Transport	499.63	73.22	57.16
1. 家庭交通工具	Transportation Facility	207.70	12.15	7.43
2. 车辆用燃料及零配件	Fuels and Parts	52.31	8.76	7.74
3. 交通工具服务支出	Using and Upkeep Fare	48.79	4.25	3.54
4. 交通费	Traffic Fare	190.83	48.07	38.44
(二)通信	Communication	497.09	155.16	123.71
1. 通信工具	Communication Facility	80.64	11.97	5.49
2. 通信服务	Communication Sercies	416.45	143.18	118.22
六、教育文化娱乐服务	**Recreation, Education and Culture**	**1097.46**	**363.61**	**293.17**
(一)文化娱乐用品	Cultural and Recreational Articles	280.21	43.28	33.48
(二)文化娱乐服务	Expenditure of Culture and Recreation	245.93	37.73	30.18
(三)教育	Education	571.33	282.59	229.51
1. 教材	Teaching material	38.85	26.82	25.52
2. 教育费用	Tuition	532.48	255.77	203.99
七、居住	**Residence**	**808.66**	**384.08**	**338.74**
(一)住房	House	249.25	58.28	44.02
(二)水电燃料及其他	Water, Electricity and Fuels	516.31	314.14	285.11
(三)居住服务费	Housing Services	43.10	11.66	9.61
八、杂项商品和服务	**Miscellaneous Goods and Services**	**277.75**	**74.36**	**66.86**
(一)杂项商品	Miscellaneous Goods	173.13	43.27	36.49
(二)服务	Services	104.62	31.09	30.37

1—2—3 Continued

Unit: yuan

低收入户 Low Income Households	中等偏下户 Lower Middle Income Households	中等收入户 Middle Income Households	中等偏上户 Upper Middle Income Households	高收入户 High Income Households	最高收入户 Highest Income Households
171.60	**268.81**	**397.17**	**546.06**	**754.85**	**1287.53**
60.73	117.18	188.12	270.35	377.85	663.60
12.57	26.94	50.48	88.33	134.43	279.41
48.16	90.24	137.64	182.02	243.42	384.19
3.98	6.75	13.26	20.67	33.09	59.29
1.69	2.78	5.44	7.02	12.23	20.67
0.68	1.82	3.50	5.92	9.92	14.26
1.62	2.15	4.32	7.72	10.94	24.36
14.88	22.81	35.36	47.91	72.46	114.42
82.76	104.42	133.02	167.26	202.81	284.08
10.55	14.80	20.50	26.45	31.97	52.74
0.79	0.69	1.22	2.34	1.71	2.02
18.73	21.20	24.94	29.11	33.56	43.17
52.68	67.73	86.36	109.36	135.57	186.15
0.63	1.83	3.32	3.75	4.60	7.68
8.62	15.82	24.09	36.11	64.04	158.46
2.31	6.35	11.85	20.61	41.52	127.94
6.30	9.47	12.25	15.51	22.52	30.52
308.13	**408.12**	**561.82**	**764.91**	**997.59**	**1287.67**
0.90	2.01	3.07	5.11	9.61	21.63
1.58	4.29	8.61	15.88	29.58	44.39
187.14	244.64	316.87	405.97	498.33	560.02
9.94	21.31	43.34	87.01	149.78	260.05
105.57	131.71	182.86	241.53	295.70	382.37
3.00	4.16	7.07	9.42	14.59	19.21
375.86	**536.22**	**764.70**	**1074.90**	**1590.28**	**3769.58**
132.04	190.64	288.94	447.68	804.15	2634.81
32.21	39.78	69.77	122.33	326.30	1517.70
12.93	21.55	30.74	50.72	78.94	267.39
8.75	13.14	21.52	37.33	67.62	321.79
78.15	116.17	166.91	237.31	331.28	527.92
243.82	345.58	475.77	627.22	786.13	1134.77
25.91	44.52	75.83	105.92	156.42	213.18
217.91	301.07	399.94	521.30	629.71	921.59
518.77	**720.40**	**985.68**	**1336.77**	**1700.23**	**2907.99**
84.41	152.45	236.60	364.93	493.01	874.88
59.60	108.22	171.65	298.14	460.38	958.43
374.76	459.73	577.43	673.70	746.84	1074.67
33.05	36.47	40.73	41.58	44.22	52.33
341.71	423.26	536.70	632.12	702.63	1022.34
472.21	**580.01**	**745.49**	**921.67**	**1195.48**	**1897.91**
77.75	112.90	200.94	284.80	451.25	903.39
377.38	443.85	512.67	591.76	678.98	825.63
17.08	23.26	31.88	45.11	65.25	168.90
114.14	**159.32**	**229.81**	**329.92**	**457.03**	**878.19**
68.24	98.15	143.18	207.90	290.04	548.16
45.90	61.17	86.63	122.02	166.99	330.03

1—2—4 按收入等级分城镇居民家庭消费支出构成(2005年)

单位:%

项目	Item	总平均 Average	最低收入户 Lowest Income Households	困难户 Poor Households
消费支出	**Total Consumption Expenditures**	**100.00**	**100.00**	**100.00**
#服务性消费支出	Service Consumption Expenditure	28.00	23.16	22.19
一、食品	**Food**	**36.69**	**47.43**	**48.57**
(一)粮油类	Grain and Oil	4.90	10.98	12.39
1. 粮食	Grain	3.05	7.05	8.04
2. 淀粉及薯类	Starches and Tubers	0.29	0.64	0.72
3. 干豆类及豆制品	Beans and Bean Products	0.48	0.94	1.03
4. 油脂类	Oil and Fats	1.08	2.36	2.61
(二)肉禽蛋水产品类	Meat, Poultry, Egg, Aquatic Products and Related Products	10.39	14.96	15.06
1. 肉类	Meat Products	5.37	8.69	8.99
2. 禽类	Poultry Products	1.74	2.35	2.17
3. 蛋类	Eggs	0.90	1.66	1.73
4. 水产品类	Aquatic Products	2.38	2.26	2.18
(三)蔬菜类	Vegetables	3.47	6.14	6.64
1. 鲜菜	Fresh Vegetables	3.13	5.73	6.24
2. 干菜	Dried Vegetables	0.22	0.24	0.22
3. 菜制品	Vegetable Products	0.12	0.17	0.18
(四)调味品	Condiments	0.47	0.81	0.87
(五)糖烟酒饮料类	Sugar, Tobacco, Liquor and Beverages	3.90	4.01	3.80
1. 糖类	Sugar	0.37	0.42	0.43
2. 烟草类	Tobacco	1.84	1.99	1.91
3. 酒类	Liquor	0.96	1.00	0.94
4. 饮料	Beverages	0.74	0.59	0.52
(六)干鲜瓜果类	Dried and Fresh Melons and Fruits	2.60	2.84	2.77
1. 鲜果	Fruits	1.61	1.79	1.75
2. 鲜瓜	Melons	0.41	0.43	0.41
3. 干果	Dried Fruits	0.11	0.11	0.11
4. 瓜果制品	Fruit and Melon Products	0.07	0.05	0.04
5. 坚果及果仁	Nuts and Kernels	0.41	0.46	0.46
(七)糕点、奶及奶制品	Cake, Milk and Its Products	2.52	2.39	2.19
1. 糕点	Cake	0.77	0.76	0.70
2. 奶及奶制品	Milk and Its Products	1.75	1.63	1.48
(八)其他食品	Other Food	0.79	0.64	0.62
(九)饮食服务	bite and sup service	7.66	4.65	4.23
1. 食品加工服务费	Food Processing Service Fees	0.02	0.03	0.03
2. 在外饮食	Dining Out	7.64	4.63	4.20
二、衣着	**Clothing**	**10.08**	**7.83**	**7.14**
(一)服装	Garments	7.26	5.21	4.71
1. 男士服装	Men's Clothing	2.93	2.14	1.90
2. 女士服装	Women's Clothing	3.79	2.45	2.21
3. 童装	Baby's Clothing	0.55	0.63	0.60
(二)衣着材料	Clothing Materials	0.12	0.13	0.14
(三)鞋类	Shoes	2.22	2.04	1.87
(四)其他衣着用品	Other Clothing	0.39	0.38	0.36
(五)衣着加工服务费	Tailoring and Laundering Services	0.08	0.06	0.06

Composition of Per Capita Annual Living Expenditure of Urban Households (2005)

Unit: %

低收入户 Low Income Households	中等偏下户 Lower Middle Income Households	中等收入户 Middle Income Households	中等偏上户 Upper Middle Income Households	高收入户 High Income Households	最高收入户 Highest Income Households
100.00	**100.00**	**100.00**	**100.00**	**100.00**	**100.00**
24.40	25.72	26.99	28.29	28.93	31.82
44.84	**41.91**	**38.85**	**36.40**	**34.30**	**28.02**
8.40	6.71	5.37	4.38	3.54	2.24
5.28	4.18	3.31	2.70	2.19	1.39
0.51	0.40	0.32	0.26	0.22	0.14
0.77	0.63	0.53	0.45	0.39	0.25
1.84	1.50	1.22	0.97	0.75	0.46
13.93	12.85	11.42	10.29	9.21	6.47
7.82	7.07	6.05	5.24	4.35	2.86
2.27	2.15	1.95	1.72	1.57	1.09
1.49	1.24	1.01	0.83	0.70	0.42
2.35	2.39	2.41	2.49	2.60	2.11
5.19	4.48	3.83	3.32	2.83	1.88
4.77	4.08	3.45	2.97	2.52	1.67
0.26	0.26	0.25	0.23	0.21	0.14
0.16	0.14	0.13	0.12	0.10	0.07
0.68	0.59	0.51	0.45	0.39	0.27
4.39	4.31	4.29	4.05	3.83	2.96
0.42	0.40	0.39	0.36	0.33	0.31
2.10	2.06	2.08	1.91	1.80	1.30
1.19	1.12	1.06	1.00	0.90	0.67
0.69	0.73	0.76	0.78	0.79	0.68
2.99	2.86	2.82	2.68	2.54	1.97
1.87	1.78	1.75	1.65	1.56	1.22
0.48	0.46	0.46	0.41	0.39	0.30
0.11	0.12	0.12	0.12	0.11	0.08
0.06	0.07	0.07	0.07	0.08	0.06
0.47	0.44	0.43	0.43	0.41	0.31
2.79	2.81	2.74	2.64	2.48	1.94
0.86	0.83	0.81	0.80	0.77	0.65
1.93	1.99	1.92	1.84	1.71	1.30
0.74	0.79	0.82	0.85	0.85	0.70
5.74	6.50	7.04	7.75	8.62	9.58
0.02	0.02	0.02	0.02	0.01	0.01
5.72	6.48	7.02	7.73	8.61	9.58
9.51	**10.14**	**10.74**	**10.74**	**10.38**	**9.18**
6.51	7.13	7.65	7.78	7.68	6.85
2.70	2.94	3.07	3.15	3.12	2.66
3.14	3.52	3.95	4.07	4.13	3.79
0.67	0.66	0.63	0.56	0.44	0.41
0.15	0.14	0.14	0.13	0.10	0.08
2.35	2.38	2.44	2.34	2.12	1.83
0.43	0.42	0.42	0.40	0.38	0.33
0.08	0.08	0.08	0.09	0.09	0.09

1-2-4续表

单位:%

项　　目	Item	总平均 Average	最低收入户 Lowest Income Households	困难户 Poor Households
三、家庭设备用品及服务	**Household Appliances and Services**	**5.62**	**3.51**	**3.40**
(一)耐用消费品	Durable Consumer Goods	2.68	1.00	0.96
1. 家具	Furniture	0.88	0.20	0.17
2. 家庭设备	Household Appliances	1.80	0.80	0.79
(二)室内装饰品	Room Decorations	0.21	0.06	0.04
1. 纺织装饰品	Textile Decorations	0.08	0.02	0.01
2. 装饰灯具	Decorative Lamps and Lanterns	0.06	0.01	0.01
3. 其他装饰品	Other Decorations	0.08	0.02	0.02
(三)床上用品	Bed Articles	0.50	0.27	0.23
(四)家庭日用杂品	Household Articles for Daily Use	1.74	1.95	1.95
1. 厨、餐、茶具	Cooking Appliances Dishware and Tea Set	0.27	0.22	0.21
2. 家用工具	Housthold Appliances	0.02	0.01	0.01
3. 家居清洁用品	Housthold Cleaning Appliances	0.32	0.53	0.53
4. 其他日用杂品	Other Articles for Daily Use	1.13	1.19	1.20
(五)家具材料	Furniture Materials	0.04	0.02	0.01
(六)家庭服务	Household Services	0.45	0.21	0.21
1. 家政服务	Housekeeping Services	0.28	0.05	0.07
2. 加工维修服务费	Manufactoring Upkeep	0.17	0.15	0.15
四、医疗保健	**Health Care and Medical Services**	**7.56**	**7.47**	**7.77**
(一)医疗器具	Medical Appliances	0.06	0.02	0.01
(二)保健器具	Health Care Applicances	0.15	0.02	0.03
(三)药品费	Medicine	4.04	4.75	5.03
(四)滋补保健品	Health Products	0.84	0.19	0.19
(五)医疗费	Health Care Services	2.38	2.43	2.45
(六)其他	Other	0.09	0.06	0.06
五、交通和通讯	**Transport and Communications**	**12.55**	**7.34**	**6.81**
(一)交通	Transport	6.29	2.35	2.15
1. 家庭交通工具	Transportation Facility	2.61	0.39	0.28
2. 车辆用燃料及零配件	Fuels and Parts	0.66	0.28	0.29
3. 交通工具服务支出	Using and Upkeep Fare	0.61	0.14	0.13
4. 交通费	Traffic Fare	2.40	1.54	1.45
(二)通信	Communication	6.26	4.99	4.66
1. 通信工具	Communication Facility	1.02	0.38	0.21
2. 通信服务	Communication Sercies	5.24	4.60	4.45
六、教育文化娱乐服务	**Recreation, Education and Culture**	**13.82**	**11.69**	**11.04**
(一)文化娱乐用品	Cultural and Recreational Articles	3.53	1.39	1.26
(二)文化娱乐服务	Expenditure of Culture and Recreation	3.10	1.21	1.14
(三)教育	Education	7.19	9.08	8.64
1. 教材	Teaching Material	0.49	0.86	0.96
2. 教育费用	Tuition	6.70	8.22	7.68
七、居住	**Residence**	**10.18**	**12.34**	**12.75**
(一)住房	House	3.14	1.87	1.66
(二)水电燃料及其他	Water, Electricity and Fuels	6.50	10.10	10.73
(三)居住服务费	Housing Services	0.54	0.37	0.36
八、杂项商品和服务	**Miscellaneous Goods and Services**	**3.50**	**2.39**	**2.52**
(一)杂项商品	Miscellaneous Goods	2.18	1.39	1.37
(二)服务	Services	1.32	1.00	1.14

1—2—4 Continued

Unit：%

低收入户 Low Income Households	中等偏下户 Lower Middle Income Households	中等收入户 Middle Income Households	中等偏上户 Upper Middle Income Households	高收入户 High Income Households	最高收入户 Highest Income Households
4. 00	**4. 82**	**5. 43**	**5. 80**	**6. 24**	**6. 72**
1. 41	2. 10	2. 57	2. 87	3. 12	3. 46
0. 29	0. 48	0. 69	0. 94	1. 11	1. 46
1. 12	1. 62	1. 88	1. 93	2. 01	2. 01
0. 09	0. 12	0. 18	0. 22	0. 27	0. 31
0. 04	0. 05	0. 07	0. 07	0. 10	0. 11
0. 02	0. 03	0. 05	0. 06	0. 08	0. 07
0. 04	0. 04	0. 06	0. 08	0. 09	0. 13
0. 35	0. 41	0. 48	0. 51	0. 60	0. 60
1. 93	1. 87	1. 82	1. 78	1. 68	1. 48
0. 25	0. 27	0. 28	0. 28	0. 26	0. 28
0. 02	0. 01	0. 02	0. 02	0. 01	0. 01
0. 44	0. 38	0. 34	0. 31	0. 28	0. 23
1. 23	1. 22	1. 18	1. 16	1. 12	0. 97
0. 01	0. 03	0. 05	0. 04	0. 04	0. 04
0. 20	0. 28	0. 33	0. 38	0. 53	0. 83
0. 05	0. 11	0. 16	0. 22	0. 34	0. 67
0. 15	0. 17	0. 17	0. 16	0. 19	0. 16
7. 17	**7. 32**	**7. 69**	**8. 13**	**8. 24**	**6. 72**
0. 02	0. 04	0. 04	0. 05	0. 08	0. 11
0. 04	0. 08	0. 12	0. 17	0. 24	0. 23
4. 36	4. 39	4. 34	4. 31	4. 12	2. 92
0. 23	0. 38	0. 59	0. 92	1. 24	1. 36
2. 46	2. 36	2. 50	2. 57	2. 44	2. 00
0. 07	0. 07	0. 10	0. 10	0. 12	0. 10
8. 75	**9. 62**	**10. 46**	**11. 42**	**13. 14**	**19. 68**
3. 07	3. 42	3. 95	4. 76	6. 64	13. 76
0. 75	0. 71	0. 95	1. 30	2. 70	7. 92
0. 30	0. 39	0. 42	0. 54	0. 65	1. 40
0. 20	0. 24	0. 29	0. 40	0. 56	1. 68
1. 82	2. 08	2. 28	2. 52	2. 74	2. 76
5. 68	6. 20	6. 51	6. 66	6. 50	5. 92
0. 60	0. 80	1. 04	1. 13	1. 29	1. 11
5. 07	5. 40	5. 47	5. 54	5. 20	4. 81
12. 08	**12. 92**	**13. 49**	**14. 20**	**14. 05**	**15. 18**
1. 97	2. 73	3. 24	3. 88	4. 07	4. 57
1. 39	1. 94	2. 35	3. 17	3. 80	5. 00
8. 72	8. 25	7. 90	7. 16	6. 17	5. 61
0. 77	0. 65	0. 56	0. 44	0. 37	0. 27
7. 96	7. 59	7. 34	6. 72	5. 81	5. 34
10. 99	**10. 41**	**10. 20**	**9. 79**	**9. 88**	**9. 91**
1. 81	2. 03	2. 75	3. 03	3. 73	4. 72
8. 79	7. 96	7. 02	6. 29	5. 61	4. 31
0. 40	0. 42	0. 44	0. 48	0. 54	0. 88
2. 66	**2. 86**	**3. 14**	**3. 51**	**3. 78**	**4. 58**
1. 59	1. 76	1. 96	2. 21	2. 40	2. 86
1. 07	1. 10	1. 19	1. 30	1. 38	1. 72

1—2—5 按收入等级分城镇居民家庭每人全年购买主要商品数量(2005年)

项　目	Item	总平均 Average	最低收入户 Lowest Income Households	困难户 Poor Households
粮食(千克)	Grain (kg)	76.98	80.28	79.67
大米	Rice	41.81	44.30	44.07
面粉	Flour	12.25	17.18	17.72
其他粮食	Other Grain	3.08	2.44	2.46
粮食制品	Grain Products	19.83	16.36	15.42
淀粉及薯类(千克)	Starches and Tubers (kg)	12.37	13.05	13.05
油脂类(千克)	Oil and Fats (kg)	9.61	9.30	8.92
食用植物油	Edible Vegetable Oil	9.25	8.69	8.26
食用动物油	Edible Animal Oil	0.36	0.60	0.67
肉类(千克)	Meat Products (kg)	27.66	19.95	18.00
猪肉	Pork	20.15	15.74	14.36
牛肉	Beef	2.28	1.45	1.26
羊肉	Mutton	1.43	0.98	0.96
其他肉	Other Meat	0.29	0.19	0.17
肉制品	Meat Products	3.51	1.58	1.25
禽类(千克)	Poultry Products (kg)	8.97	5.51	4.46
鸡	Chicken	5.21	3.42	2.80
鸭	Duck	1.66	1.19	0.98
其他禽类	Other Poultry	0.20	0.08	0.05
禽制品	Poultry Products	1.91	0.82	0.63
蛋类(千克)	Eggs (kg)	11.06	8.32	7.52
鲜蛋	Fresh eggs	10.40	8.01	7.28
蛋制品	Egg Products	0.66	0.31	0.24
鱼(千克)	Fish (kg)	9.37	5.89	5.20
虾(千克)	Shrimp (kg)	1.21	0.33	0.25
其他水产品(千克)	Other Aquatic Products (kg)	1.97	0.71	0.58
鲜菜(千克)	Fresh Vegetables (kg)	118.58	105.22	101.44
干菜(千克)	Dried Vegetables (kg)	0.71	0.40	0.33

Per Capita Annual Purchases of Major Commodities of Urban Households by Level of Income (2005)

低收入户 Low Income Households	中等偏下户 Lower Middle Income Households	中等收入户 Middle Income Households	中等偏上户 Upper Middle Income Households	高收入户 High Income Households	最高收入户 Highest Income Households
79.29	78.42	77.42	76.85	75.07	67.10
42.40	42.77	41.74	41.72	40.52	37.04
15.16	13.19	12.05	10.75	9.20	6.46
2.63	2.87	3.12	3.30	3.84	3.74
19.11	19.60	20.50	21.08	21.50	19.87
12.93	12.67	12.21	12.45	12.06	10.48
9.61	9.81	9.96	9.90	9.19	8.54
9.19	9.39	9.62	9.58	8.97	8.39
0.42	0.42	0.34	0.32	0.22	0.15
23.38	26.66	28.88	31.05	31.92	31.25
17.77	19.64	20.88	22.07	22.56	21.95
1.83	2.22	2.48	2.65	2.63	2.45
1.08	1.39	1.55	1.67	1.67	1.53
0.24	0.29	0.33	0.35	0.31	0.27
2.47	3.12	3.64	4.31	4.75	5.05
7.00	8.31	9.26	10.38	11.31	11.61
4.27	4.93	5.28	6.00	6.31	6.44
1.31	1.53	1.77	1.88	2.02	1.91
0.10	0.16	0.21	0.23	0.30	0.42
1.32	1.69	1.99	2.27	2.67	2.84
10.22	10.96	11.57	11.87	12.54	11.45
9.75	10.38	10.89	11.07	11.62	10.48
0.47	0.58	0.69	0.80	0.92	0.97
7.36	8.37	9.45	10.77	12.24	12.97
0.60	0.85	1.17	1.55	2.08	2.56
1.05	1.46	1.95	2.47	3.21	3.77
111	116.87	121.07	126.00	127.76	118.79
0.53	0.69	0.72	0.83	0.92	0.93

项　目	Item	总平均 Average	最低收入户 Lowest Income Households	困难户 Poor Households
酒类(千克)	Liquor (kg)	8.85	5.24	4.34
白酒	Liquor	2.28	2.04	1.80
果酒	Fruit Wine	0.26	0.08	0.06
啤酒	Beer	5.75	2.90	2.31
其他酒	Other Liquor	0.56	0.22	0.17
碳酸饮料(千克)	Soda Pop (kg)	2.16	0.87	0.70
果蔬饮料(千克)	Fruit or Vegetable Drink (kg)	1.31	0.41	0.30
瓶装饮用水(千克)	Bottling Drinkable Water (kg)	10.76	2.39	1.70
茶叶(千克)	Tea (kg)	0.23	0.15	0.14
咖啡可可粉(千克)	Coffee and Cacao Powder (kg)	0.03	0.01	0.00
鲜果(千克)	Fruits(kg)	37.50	21.34	18.33
鲜瓜(千克)	Melons(kg)	19.19	10.31	8.87
干果(千克)	Dried Fruits(kg)	0.71	0.36	0.32
瓜果制品(千克)	Fruit and Melon Products(kg)	0.42	0.17	0.12
坚果及果仁(千克)	Nuts and Kernels(kg)	2.97	1.84	1.61
糕点(千克)	Cake(kg)	4.39	2.24	1.83
鲜乳品(千克)	Milk(kg)	17.92	7.80	6.41
奶粉(千克)	Milk Powder(kg)	0.52	0.28	0.24
酸奶(千克)	Yogurt(kg)	3.23	1.00	0.72
服装(件)	Clothing(piece)	7.34	3.48	2.89
男士服装	Men's Clothing	2.63	1.27	1.06
女士服装	Women's Clothing	3.60	1.55	1.28
童装	Children's Clothing	1.11	0.66	0.55
鞋类(双)	Shoes(pair)	2.58	1.68	1.46
水(吨)	Water(ton)	35.42	21.87	19.74
电(度)	Electricity(degree)	433.61	235.27	211.53
煤炭(千克)	Coal(kg)	84.01	159.81	181.62
液化石油气(千克)	LPG(kg)	17.11	12.79	11.36
管道煤气(立方米)	Coal Gas(stere)	41.83	21.71	18.27

低收入户 Low Income Households	中等偏下户 Lower Middle Income Households	中等收入户 Middle Income Households	中等偏上户 Upper Middle Income Households	高收入户 High Income Households	最高收入户 Highest Income Households
7. 40	8. 69	9. 48	10. 02	10. 46	10. 18
2. 40	2. 38	2. 39	2. 44	2. 10	1. 80
0. 14	0. 18	0. 25	0. 33	0. 42	0. 56
4. 61	5. 73	6. 32	6. 54	6. 89	6. 76
0. 26	0. 39	0. 52	0. 71	1. 05	1. 07
1. 32	1. 74	2. 26	2. 62	3. 14	3. 81
0. 72	1. 00	1. 32	1. 65	2. 05	2. 53
4. 41	6. 90	10. 32	14. 24	16. 90	27. 11
0. 17	0. 20	0. 23	0. 28	0. 31	0. 32
0. 01	0. 02	0. 03	0. 04	0. 06	0. 09
28. 69	33. 23	39. 51	44. 05	48. 68	50. 52
15. 09	17. 14	20. 52	22. 14	24. 76	26. 13
0. 48	0. 61	0. 76	0. 86	0. 96	1. 00
0. 25	0. 35	0. 42	0. 53	0. 66	0. 73
2. 32	2. 60	3. 02	3. 48	3. 90	4. 07
3. 30	3. 83	4. 54	5. 23	5. 86	6. 31
11. 70	15. 30	18. 69	22. 56	25. 74	26. 05
0. 42	0. 51	0. 54	0. 59	0. 63	0. 71
2. 09	2. 55	3. 51	3. 97	4. 71	5. 62
5. 00	6. 12	7. 53	8. 71	10. 06	12. 29
1. 82	2. 23	2. 66	3. 14	3. 68	4. 21
2. 32	2. 85	3. 68	4. 35	5. 14	6. 46
0. 87	1. 04	1. 20	1. 23	1. 25	1. 62
2. 16	2. 38	2. 70	2. 86	3. 09	3. 46
25. 51	30. 16	34. 48	40. 65	47. 28	58. 22
285. 36	349. 74	423. 10	517. 01	603. 20	771. 29
127. 18	102. 91	73. 72	54. 96	32. 69	20. 45
15. 42	17. 12	18. 18	18. 51	18. 92	17. 48
28. 50	34. 67	41. 34	51. 16	59. 66	66. 41

1—2—6 按收入等级分城镇居民家庭购买主要耐用消费品数量(2005年)

项目	Item	总平均 Average	最低收入户 Lowest Income Households	困难户 Poor Households
洗衣机(台)	Washing Machine (unit)	4.08	1.32	1.20
电风扇(台)	Electric Fan(unit)	7.08	2.88	2.52
电冰箱(台)	Refrigerator (unit)	3.00	0.72	0.60
冰柜(台)	Freezer (set)	0.24	0.00	0.00
微波炉(台)	Oven (unit)	2.76	0.84	0.60
空调器(台)	Air Conditioner (unit)	5.52	0.72	0.60
电炊具(台)	Electric Cooking Appliances (unit)	10.44	4.20	3.72
淋浴热水器(台)	Shower (unit)	5.16	1.80	1.32
排油烟机(台)	Smoke Absorber (unit)	2.16	0.48	0.60
吸尘器(台)	Dust Catcher (unit)	0.48	0.00	0.00
消毒碗柜(台)	Disinfection Cupboard (unit)	0.48	0.00	0.00
饮水机(台)	Drinking Machine (unit)	2.16	0.36	0.12
取暖器(台)	Room Heater (unit)	4.44	1.56	1.20
摩托车(辆)	Motorcycle (unit)	0.84	0.36	0.12
自行车(辆)	Bicycle (unit)	9.48	5.64	4.20
助力车(辆)	Helping Hand Car (unit)	2.52	0.48	0.24
家用汽车(辆)	Automobile(unit)	0.48	0.00	0.00
电话机(部)	Telephonre (unit)	5.04	2.64	2.76
移动电话(部)	Mobile Telephone (unit)	18.60	4.44	1.92
传真机(部)	Fax-Machine (unit)	0.00	0.00	0.00
彩色电视机(台)	Color Television Set (unit)	5.28	1.20	0.96
影碟机(台)	Video Disc Player (set)	3.24	0.96	0.60
录放像机(台)	Video-recorder (set)	0.12	0.12	0.00
组合音响(台)	Hi-Fi Stereo Component System(set)	0.48	0.12	0.00
录音机(台)	Tape Recorder (set)	2.88	0.96	0.96
摄像机(架)	Pickup Camera(set)	0.48	0.00	0.00
照相机(架)	Camera(set)	2.04	0.24	0.12
钢琴(架)	Piano (set)	0.12	0.00	0.00
其他中高档乐器(件)	Other Medium and High Musical Instrument (unit)	0.72	0.24	0.12

Per Capita Annual Purchases of Major Durable Consumer Goods of Urban Households by Level of Income (2005)

低收入户 Low Income Households	中等偏下户 Lower Middle Income Households	中等收入户 Middle Income Households	中等偏上户 Upper Middle Income Households	高收入户 High Income Households	最高收入户 Highest Income Households
2.04	3.36	4.32	4.44	6.24	7.68
4.68	6.24	6.84	8.16	9.12	11.64
1.56	2.40	3.12	3.48	4.08	6.36
0.12	0.12	0.24	0.24	0.36	0.36
1.44	2.52	3.36	3.12	3.84	3.60
1.80	3.60	5.28	6.48	9.48	13.08
6.72	8.52	10.08	12.72	14.16	17.16
2.28	3.84	6.12	6.12	6.36	9.96
1.32	1.56	2.16	2.88	3.12	3.60
0.00	0.24	0.36	0.48	0.84	1.56
0.12	0.24	0.24	0.60	0.96	1.08
1.44	1.68	2.28	2.64	2.52	4.08
2.64	3.96	4.44	5.52	5.28	7.20
0.60	0.96	0.96	1.20	0.84	0.84
8.04	8.64	10.44	10.68	11.04	11.28
1.20	2.04	2.64	3.48	3.60	3.60
0.00	0.00	0.12	0.36	0.72	3.12
2.52	3.48	4.68	5.76	7.20	10.56
8.88	13.20	18.96	23.04	29.04	35.04
0.00	0.00	0.00	0.00	0.00	0.24
3.24	3.72	5.40	6.36	7.32	10.92
1.56	2.16	2.76	3.60	5.16	7.44
0.12	0.00	0.12	0.12	0.12	0.12
0.12	0.24	0.36	0.72	0.60	1.56
1.56	2.40	2.52	3.24	4.20	5.88
0.00	0.00	0.36	0.60	1.08	1.44
0.36	0.72	0.96	2.64	3.96	7.20
0.00	0.00	0.00	0.24	0.24	0.48
0.36	0.48	0.72	0.84	0.96	1.44

1—2—7 按收入等级分城镇居民家庭平均每百户年底主要耐用消费品拥有量(2005 年)

项　目	Item	总平均 Average	最低收入户 Lowest Income Households	困难户 Poor Households
成套家具(套)	Composite Furniture(set)	77.55	55.22	50.48
摩托车(辆)	Motorcycle(unit)	25.00	14.49	12.80
自行车(辆)	Bicycle(unit)	120.04	107.83	101.23
助力车(辆)	Helping Hand Car(unit)	9.54	3.20	2.62
家用汽车(辆)	Automobile(unit)	3.37	0.29	0.16
洗衣机(台)	Washing Machine(set)	95.51	81.68	76.56
电风扇(台)	Electric Fan(set)	172.18	135.77	126.72
电冰箱(台)	Refrigerator(set)	90.72	65.33	58.72
冰柜(台)	Freezer(set)	6.68	4.97	4.37
彩色电视机(台)	Color Television Set(set)	134.80	107.26	103.73
影碟机(台)	Video Disc Player(set)	68.07	45.67	39.27
录音机(台)	Tape Recorder(set)	39.26	23.41	22.47
录放像机(台)	Video-recorder(set)	15.49	4.80	4.01
家用电脑(台)	Computer(set)	41.52	7.34	5.97
组合音响(套)	Hi—Fi Stereo Component System (set)	28.79	11.12	9.06
摄像机(架)	Pickup Camera(set)	4.32	0.40	0.24
照相机(架)	Camera(set)	46.94	13.24	11.36
钢琴(架)	Piano(set)	2.25	0.39	0.43
其他中高档乐器(件)	Other Medium and High Grade Musical Instrument(unit)	6.63	1.54	0.79
微波炉(台)	Oven(unit)	47.61	12.91	9.33
空调器(台)	Air Conditioner(unit)	80.67	18.90	14.99
取暖器(台)	Room Heater(unit)	35.51	14.85	10.71
电炊具(台)	Electric Cooking Appliances(unit)	107.20	80.23	76.07
淋浴热水器(台)	Shower(unit)	72.65	38.93	34.01
排油烟机(台)	Smoke Absorber(unit)	67.93	36.87	32.69
消毒碗柜(台)	Disinfection Cupboard(unit)	15.77	3.94	2.49
洗碗机(台)	Dishwasher(unit)	0.64	0.10	0.07
饮水机(台)	Drinking Machine(unit)	42.40	18.02	14.82
吸尘器(台)	Dust Catcher(unit)	13.57	1.68	1.24
健身器材(套)	Healthy Equipment(unit)	4.68	0.40	0.20
普通电话(部)	Telephone(unit)	94.40	81.18	78.60
移动电话(部)	Mobile Telephone(unit)	137.00	61.29	48.28
传真机(部)	Fax-Machine(unit)	1.17	0.09	0.02

Number of Durable Consumer Goods Owned Per 100 Urban Households at Year-end by Level of Income(2005)

低收入户 Low Income Households	中等偏下户 Lower Middle Income Households	中等收入户 Middle Income Households	中等偏上户 Upper Middle Income Households	高收入户 High Income Households	最高收入户 Highest Income Households
66. 56	71. 67	78. 08	83. 00	89. 23	100. 44
21. 75	24. 76	26. 80	28. 01	26. 56	27. 98
123. 24	125. 05	121. 14	120. 66	119. 73	114. 84
5. 19	7. 92	9. 73	11. 96	13. 18	15. 03
0. 64	0. 91	1. 73	3. 26	5. 57	16. 20
88. 95	93. 38	96. 89	99. 50	101. 54	103. 84
156. 09	166. 70	172. 65	180. 73	187. 79	203. 63
79. 99	87. 84	94. 08	97. 36	99. 76	104. 10
6. 21	5. 89	6. 50	7. 22	8. 09	8. 44
118. 14	123. 94	133. 73	142. 50	152. 62	172. 30
57. 69	63. 00	68. 48	73. 38	78. 03	90. 86
31. 34	34. 52	39. 71	44. 18	48. 19	53. 86
7. 84	11. 26	14. 24	19. 30	23. 42	30. 40
15. 85	27. 58	41. 27	54. 22	64. 19	85. 09
18. 03	22. 80	28. 68	33. 20	38. 51	52. 40
0. 89	1. 36	3. 03	5. 06	7. 72	16. 13
23. 62	33. 59	44. 90	56. 73	70. 70	94. 92
0. 65	0. 81	1. 79	2. 82	3. 60	7. 40
2. 54	4. 31	6. 88	8. 73	10. 06	12. 82
22. 96	34. 99	49. 09	59. 83	71. 67	83. 66
35. 24	54. 04	76. 77	96. 38	126. 61	178. 68
23. 02	29. 61	36. 76	43. 03	46. 74	53. 03
84. 07	96. 07	104. 43	118. 06	130. 21	143. 47
51. 98	64. 35	75. 37	83. 32	90. 93	100. 53
52. 56	61. 68	71. 14	76. 32	84. 02	88. 89
8. 40	10. 60	13. 70	18. 76	25. 21	35. 49
0. 33	0. 41	0. 66	0. 75	1. 02	1. 35
28. 73	36. 84	43. 12	50. 41	55. 28	62. 56
3. 61	6. 68	10. 92	17. 21	24. 89	37. 85
0. 86	1. 87	3. 70	5. 90	8. 38	14. 97
88. 04	91. 35	94. 85	98. 53	100. 89	105. 13
94. 51	119. 01	143. 65	159. 52	174. 09	199. 76
0. 16	0. 36	0. 74	1. 08	1. 88	5. 54

1—3—1 按绝对收入分组城镇居民家庭基本情况(2005 年)

项　目	Item	全　国 National	按户总收入分	
			10000 元以下	10000～15000
调查户数(户)	Number of Households Surveyed(household)	54496	2645	5504
调查户比重(%)	Proportion (%)	100	4.85	10.10
平均每户家庭人口(人)	Average Household Size (person)	2.96	2.59	2.79
平均每户就业人口(人)	Average Number of Employed Persons per Household (person)	1.51	0.84	1.18
平均每户就业面(%)	Proportion of Employment per Household (%)	51.01	32.43	42.29
平均每一就业者负担人数	Number of Dependents per Employee			
(包括就业者本人)(人)	(including the employee himself or herself) (person)	1.96	3.08	2.36
平均每人全部年收入(元)	Per Capita Annual Income (yuan)	11320.77	2959.43	4572.54
工薪收入	Income of Wages and Salaries	7797.54	1451.19	2668.50
经营净收入	Net Business Income	679.62	259.18	401.68
财产性收入	Income from Porperties	192.91	31.25	44.37
转移性收入	Income from Transfer	2650.7	1217.82	1458.00
#可支配收入	Disposable Income	10493.03	2814.86	4361.60
平均每人消费性支出(元)	Per Capita Annual Consumption Expenditures (yuan)	7942.88	2941.96	3993.61
食品	Food	2914.39	1459.34	1876.32
衣着	Clothing	800.51	196.12	333.88
家庭设备用品及服务	Household Appliances and Service	446.52	95.26	155.39
医疗保健	Health Care and Medical Services	600.85	247.65	323.83
交通通信	Transport and Communications	996.72	195.44	307.75
教育文化娱乐服务	Education, Cultural and Recreation Services	1097.46	260.78	415.27
居住	Housing	808.66	411.28	479.55
杂项商品与服务	Miscellaneous Goods and Services	277.75	76.09	101.61
平均每人消费性支出构成	Composition of Per Capita Annual Consumption			
(人均消费性支出=100)	Expenditures (%)			
食品	Food	36.69	49.60	46.98
衣着	Clothing	10.08	6.67	8.36
家庭设备用品及服务	Household Appliances and Service	5.62	3.24	3.89
医疗保健	Health Care and Medical Services	7.56	8.42	8.11
交通通信	Transport and Communications	12.55	6.64	7.71
教育文化娱乐服务	Education, Cultural and Recreation Services	13.82	8.86	10.40
居住	Housing	10.18	13.98	12.01
杂项商品与服务	Miscellaneous Goods and Services	3.50	2.59	2.54

Basic Conditions of Urban Households by Level of Income(2005)

By Level of Income							
15000～20000	20000～25000	25000～30000	30000～35000	35000～40000	40000～45000	45000～50000	50000～55000
7419	7677	6950	5524	4417	3307	2505	1860
13. 61	14. 09	12. 75	10. 14	8. 11	6. 07	4. 60	3. 41
2. 87	2. 90	2. 95	3. 01	3. 03	3. 05	3. 11	3. 14
1. 29	1. 43	1. 52	1. 62	1. 68	1. 70	1. 79	1. 83
44. 95	49. 31	51. 53	53. 82	55. 45	55. 74	57. 56	58. 28
2. 22	2. 03	1. 94	1. 86	1. 80	1. 79	1. 74	1. 72
6116. 92	7769. 12	9290. 53	10761. 19	12337. 54	13871. 28	15281. 87	16710. 26
3646. 90	5008. 52	6221. 97	7448. 16	8723. 21	9779. 87	10978. 80	12078. 37
454. 73	481. 74	518. 15	543. 85	597. 42	618. 76	658. 66	849. 89
59. 09	77. 66	108. 29	131. 09	155. 52	187. 03	295. 78	263. 25
1956. 21	2201. 20	2442. 12	2638. 09	2861. 38	3285. 61	3348. 64	3518. 75
5820. 04	7344. 07	8732. 93	10046. 06	11437. 21	12831. 71	14081. 34	15262. 32
5052. 15	6003. 08	6917. 66	7672. 30	8638. 98	9349. 88	10182. 22	10535. 95
2220. 14	2498. 70	2738. 46	2910. 11	3135. 76	3338. 81	3539. 11	3703. 03
469. 86	608. 93	744. 88	835. 49	963. 00	1020. 61	1063. 52	1140. 36
226. 18	307. 73	380. 03	421. 73	495. 60	552. 64	576. 01	637. 15
419. 85	485. 50	542. 65	609. 55	660. 06	774. 71	788. 66	785. 95
452. 92	569. 03	704. 97	806. 14	966. 92	1097. 99	1237. 76	1242. 91
569. 31	723. 49	889. 93	1050. 99	1249. 00	1322. 85	1552. 97	1611. 21
555. 39	636. 35	699. 29	781. 72	874. 28	882. 52	1044. 78	1009. 73
138. 50	173. 33	217. 43	256. 56	294. 36	359. 76	379. 40	405. 61
43. 94	41. 62	39. 59	37. 93	36. 30	35. 71	34. 76	35. 15
9. 30	10. 14	10. 77	10. 89	11. 15	10. 92	10. 44	10. 82
4. 48	5. 13	5. 49	5. 50	5. 74	5. 91	5. 66	6. 05
8. 31	8. 09	7. 84	7. 94	7. 64	8. 29	7. 75	7. 46
8. 96	9. 48	10. 19	10. 51	11. 19	11. 74	12. 16	11. 80
11. 27	12. 05	12. 86	13. 70	14. 46	14. 15	15. 25	15. 29
10. 99	10. 60	10. 11	10. 19	10. 12	9. 44	10. 26	9. 58
2. 74	2. 89	3. 14	3. 34	3. 41	3. 85	3. 73	3. 85

项　目	Item	按户总收入分		
		55000～60000	60000～65000	65000～70000
调查户数(户)	Number of Households Surveyed(household)	1349	1084	815
调查户比重(%)	Proportion(%)	2.48	1.99	1.50
平均每户家庭人口(人)	Average Household Size(person)	3.15	3.18	3.17
平均每户就业人口(人)	Average Number of Employed Persons per Household(persons)	1.83	1.83	1.93
平均每户就业面(%)	Proportion of Employment per Household(%)	58.10	57.55	60.88
平均每一就业者负担人数	Number of Dependents per Employee			
(包括就业者本人)(人)	(including the employee himself or herself) (person)	1.72	1.74	1.64
平均每人全部年收入(元)	Per Capita Annual Income(yuan)	18187.99	19571.35	21291.11
工薪收入	Income of Wages and Salaries	12840.40	14173.32	15677.77
经营收入	Net Business Income	945.77	1327.59	1326.11
财产性收入	Income from Porperties	279.28	324.18	394.36
转移性收入	Income from Transfer	4122.54	3746.26	3892.86
#可支配收入	Disposable Income	16683.89	17788.64	19428.76
平均每人消费性支出(元)	Per Capita Annual Consumption Expenditures (yuan)	11900.29	12631.94	13715.65
食品	Food	3922.22	4104.95	4322.83
衣着	Clothing	1184.07	1346.98	1398.93
家庭设备用品及服务	Household Appliances and Service	770.36	799.39	889.63
医疗保健	Health Care and Medical Services	877.57	889.70	999.68
交通通信	Transport and Communications	1705.18	1892.35	2112.97
教育文化娱乐服务	Education, Cultural and Recreation Services	1784.41	2009.08	2072.74
居住	Housing	1192.72	1103.72	1374.44
杂项商品与服务	Miscellaneous Goods and Services	463.75	485.78	544.43
平均每人消费性支出构成	Composition of Per Capita Annual Consumption			
(人均消费性支出=100)	Expenditures (%)			
食品	Food	32.96	32.50	31.52
衣着	Clothing	9.95	10.66	10.20
家庭设备用品及服务	Household Appliances and Service	6.47	6.33	6.49
医疗保健	Health Care and Medical Services	7.37	7.04	7.29
交通通信	Transport and Communications	14.33	14.98	15.41
教育文化娱乐服务	Education, Cultural and Recreation Services	14.99	15.90	15.11
居住	Housing	10.02	8.74	10.02
杂项商品与服务	Miscellaneous Goods and Services	3.90	3.85	3.97

1—3—1 Continued

By Lovel of Income						
70000～75000	75000～80000	80000～85000	85000～90000	90000～95000	95000～100000	100000 元以上
643	466	424	286	261	232	1129
1.18	0.85	0.78	0.53	0.48	0.43	2.07
3.18	3.18	3.20	3.26	3.26	3.22	3.27
1.93	1.89	1.87	1.98	1.95	1.93	2.03
60.69	59.43	58.44	60.74	59.82	59.94	62.08
1.65	1.68	1.71	1.65	1.67	1.67	1.61
22738.72	24347.36	25736.43	26782.60	28413.04	30286.27	41139.95
17036.63	18024.32	18331.79	20638.78	21258.24	21148.25	30170.97
1287.41	1583.99	1745.12	1464.82	1276.96	2067.75	3565.03
530.30	707.29	780.98	378.97	982.43	943.69	1680.09
3884.39	4031.75	4878.54	4300.02	4895.41	6126.57	5723.85
20554.27	21876.29	23448.49	24223.55	25650.71	27737.84	37193.84
13777.82	15218.63	17588.86	16238.72	16833.67	17549.22	24762.57
4500.27	4524.01	4742.30	4790.16	4723.47	5313.45	6134.37
1424.43	1413.33	1487.78	1643.61	1575.91	1616.90	2069.99
858.76	970.79	1004.46	1147.93	1139.51	1149.13	1701.66
987.16	1037.06	1277.42	1151.73	1081.96	1034.96	1261.69
1791.78	2378.43	4303.60	2638.54	3413.33	3084.48	6157.63
2298.28	2500.99	2790.76	2729.36	2632.64	2845.91	3915.49
1343.53	1654.83	1307.56	1498.47	1551.18	1757.86	2370.85
573.62	739.18	674.99	638.92	715.68	746.54	1150.90
32.66	29.73	26.96	29.50	28.06	30.28	24.77
10.34	9.29	8.46	10.12	9.36	9.21	8.36
6.23	6.38	5.71	7.07	6.77	6.55	6.87
7.16	6.81	7.26	7.09	6.43	5.90	5.10
13.00	15.63	24.47	16.25	20.28	17.58	24.87
16.68	16.43	15.87	16.81	15.64	16.22	15.81
9.75	10.87	7.43	9.23	9.21	10.02	9.57
4.16	4.86	3.84	3.93	4.25	4.25	4.65

1—4—1 各地区城镇居民家庭人口就业情况(平均每户,2005年)

Employment Status of Urban Households by Region (2005)

单位:人　　Unit: person

地区	Region	调查户数(户) Number of Households Surveyed (household)	家庭人口数(人) Households Size (person)	(一)有收入者人数 Number of Persons with Income	1.就业人口数 Number of Employed Persons	(1)国有经济单位职工 Staff and Workers in State-owned Economic Units	(2)城镇集体经济单位职工 Staff and Workers in Collective-owned Economic Units	(3)其他各种经济类型单位职工 Staff and Workers in Units of Other Economic Type	(4)城镇个体经营者 Urban Self-employed Individuals of Owners of Private Enterprises
合 计	**Total**	**54496**	**2.96**	**2.08**	**1.51**	**0.87**	**0.09**	**0.19**	**0.13**
北 京	Beijing	2000	2.92	2.32	1.63	1.00	0.05	0.23	0.02
天 津	Tianjin	1500	2.92	2.24	1.45	0.74	0.05	0.22	0.08
河 北	Hebei	2380	2.91	2.08	1.50	1.00	0.09	0.10	0.11
山 西	Shanxi	1810	2.97	1.94	1.47	1.10	0.07	0.12	0.07
内蒙古	Inner Mongolia	2424	3.00	2.03	1.57	1.05	0.04	0.10	0.17
辽 宁	Liaoning	3650	2.85	2.15	1.40	0.68	0.09	0.09	0.10
吉 林	Jilin	1450	2.94	2.09	1.52	0.92	0.08	0.13	0.13
黑龙江	Heilongjiang	2150	2.84	1.95	1.31	0.79	0.06	0.12	0.15
上 海	Shanghai	1000	3.01	2.34	1.55	0.84	0.08	0.30	0.07
江 苏	Jiangsu	4999	2.92	2.10	1.42	0.53	0.10	0.37	0.15
浙 江	Zhejiang	4150	2.80	1.95	1.45	0.54	0.09	0.37	0.21
安 徽	Anhui	2150	2.95	2.05	1.54	0.92	0.14	0.19	0.14
福 建	Fujian	1700	3.04	2.20	1.60	0.87	0.11	0.21	0.15
江 西	Jiangxi	1280	2.89	2.04	1.52	1.05	0.05	0.08	0.13
山 东	Shandong	2798	2.91	2.05	1.69	1.06	0.14	0.27	0.08
河 南	Henan	2408	2.97	2.07	1.53	1.11	0.09	0.07	0.13
湖 北	Hubei	1800	2.98	2.09	1.52	0.97	0.08	0.20	0.11
湖 南	Hunan	1250	2.93	1.99	1.43	0.74	0.06	0.24	0.17
广 东	Guangdong	1600	3.27	2.18	1.72	0.82	0.13	0.32	0.15
广 西	Guangxi	900	2.98	2.11	1.52	0.93	0.07	0.15	0.13
海 南	Hainan	600	3.60	2.08	1.56	0.87	0.07	0.13	0.20
重 庆	Chongqing	300	3.13	2.41	1.63	0.88	0.12	0.17	0.07
四 川	Sichuan	2099	2.88	2.02	1.42	0.75	0.05	0.19	0.17
贵 州	Guizhou	1189	3.06	1.99	1.44	0.88	0.06	0.07	0.22
云 南	Yunnan	1600	2.96	2.07	1.33	0.72	0.13	0.10	0.11
西 藏*	Tibet	100	3.41	1.81	1.70	1.47	0.17	0.02	0.02
陕 西	Shaanxi	1450	2.96	2.03	1.46	1.11	0.05	0.07	0.05
甘 肃	Gansu	880	2.89	1.98	1.52	1.12	0.06	0.10	0.11
青 海	Qinghai	550	3.02	1.89	1.33	0.76	0.04	0.13	0.13
宁 夏	Ningxia	950	2.89	1.82	1.33	0.73	0.02	0.25	0.19
新 疆	Xinjiang	1380	3.02	1.88	1.48	0.94	0.08	0.13	0.14

注:住户调查部分西藏数据仅含拉萨市。

单位:户、人　　Unit: number, person

地区	Region	(5)城镇个体被雇人员 Employed Persons of Urban Self-employed or Private Enterprises	(6)离退休再就业人员 Retired Staff and Veteran Cadres of Reemployment	(7)其他就业人员 Other Employed	2. 离退休人员数 Number of Retired Staff and Veteran Cadres	3. 其他有收入者人数 Number of Other Persons Earning Income	(二)无收入者人数 Number of Persons Without Income	二、期末家庭人口数 Number of Households Members at the end of Period (person)
合　计	**Total**	**0.13**	**0.04**	**0.06**	**0.51**	**0.07**	**0.88**	**2.95**
北　京	Beijing	0.03	0.22	0.08	0.65	0.04	0.59	2.91
天　津	Tianjin	0.14	0.13	0.09	0.73	0.06	0.68	2.92
河　北	Hebei	0.12	0.04	0.03	0.54	0.04	0.83	2.90
山　西	Shanxi	0.09	0.02	0.02	0.40	0.07	1.03	2.96
内蒙古	Inner Mongolia	0.11	0.03	0.05	0.40	0.06	0.97	3.13
辽　宁	Liaoning	0.24	0.07	0.13	0.67	0.07	0.70	2.83
吉　林	Jilin	0.17	0.03	0.07	0.55	0.03	0.84	2.92
黑龙江	Heilongjiang	0.13	0.02	0.06	0.55	0.09	0.89	2.82
上　海	Shanghai	0.07	0.15	0.05	0.72	0.07	0.67	3.01
江　苏	Jiangsu	0.18	0.04	0.05	0.62	0.06	0.82	2.90
浙　江	Zhejiang	0.16	0.04	0.03	0.44	0.07	0.84	2.79
安　徽	Anhui	0.10	0.02	0.02	0.44	0.07	0.90	2.94
福　建	Fujian	0.16	0.04	0.06	0.52	0.09	0.84	3.03
江　西	Jiangxi	0.14	0.01	0.05	0.48	0.04	0.85	2.86
山　东	Shandong	0.08	0.02	0.05	0.32	0.04	0.86	2.90
河　南	Henan	0.08	0.03	0.02	0.51	0.04	0.90	2.95
湖　北	Hubei	0.08	0.04	0.05	0.51	0.06	0.90	2.98
湖　南	Hunan	0.09	0.03	0.11	0.44	0.12	0.94	2.93
广　东	Guangdong	0.22	0.01	0.07	0.40	0.05	1.10	3.26
广　西	Guangxi	0.12	0.02	0.09	0.51	0.08	0.87	2.96
海　南	Hainan	0.17	0.01	0.12	0.40	0.13	1.51	3.58
重　庆	Chongqing	0.23	0.09	0.06	0.70	0.08	0.72	3.13
四　川	Sichuan	0.14	0.06	0.07	0.53	0.07	0.85	2.86
贵　州	Guizhou	0.12	0.02	0.07	0.45	0.10	1.06	3.03
云　南	Yunnan	0.10	0.01	0.16	0.61	0.13	0.89	2.95
西　藏	Tibet	0.00	0.01	0.01	0.07	0.04	1.60	3.41
陕　西	Shaanxi	0.11	0.04	0.03	0.49	0.08	0.93	2.93
甘　肃	Gansu	0.06	0.01	0.04	0.39	0.07	0.91	2.89
青　海	Qinghai	0.15	0.02	0.10	0.46	0.10	1.13	3.05
宁　夏	Ningxia	0.10	0.02	0.02	0.40	0.09	1.07	2.87
新　疆	Xinjiang	0.14	0.01	0.03	0.31	0.09	1.14	3.01

1－4－2 各地区城镇居民家庭现金收入(平均每人全年,2005年)

Per Capita Annual Cash Income of Urban by Region (2005)

单位:元 Unit:yuan

地区	Region	一、期初手存现金 Deposited cash at Beginning of the Period	二、家庭总收入 Total Income	可支配收入 Disposable Income	(一)工薪收入 Income of Wages and Salaries	1.工资及补贴收入 Income of Wages and Salaries
全国	**National Average**	**826.68**	**11320.77**	**10493.03**	**7797.54**	**7585.37**
北京	Beijing	1470.85	19533.33	17652.95	13666.34	13162.38
天津	Tianjin	1252.23	13563.32	12638.55	8174.64	8016.25
河北	Hebei	716.53	9616.80	9107.09	6346.53	6157.99
山西	Shanxi	557.61	9538.56	8913.91	7103.45	6687.69
内蒙古	Inner Mongolia	328.00	9565.14	9136.79	6669.48	6161.46
辽宁	Liaoning	738.17	9837.20	9107.55	6103.41	6003.75
吉林	Jilin	499.91	9122.99	8690.62	5905.86	5736.23
黑龙江	Heilongjiang	570.22	8722.47	8272.51	5478.03	5180.35
上海	Shanghai	3386.10	20602.90	18645.03	14280.65	14030.18
江苏	Jiangsu	1160.80	13329.95	12318.57	8397.15	8286.80
浙江	Zhejiang	1606.28	17877.36	16293.77	11941.09	11582.52
安徽	Anhui	589.62	9184.55	8470.68	6425.54	6212.11
福建	Fujian	859.63	13407.60	12321.31	8791.56	8447.71
江西	Jiangxi	819.58	9042.45	8619.66	6222.55	6154.52
山东	Shandong	506.27	11607.82	10744.79	9026.55	8852.80
河南	Henan	525.24	9145.98	8667.97	6095.49	5904.60
湖北	Hubei	415.81	9395.10	8785.94	6576.92	6364.28
湖南	Hunan	633.10	10106.07	9523.97	6805.30	6541.19
广东	Guangdong	1415.66	16249.89	14769.94	12265.04	12118.75
广西	Guangxi	572.97	10022.40	9286.70	6975.39	6754.46
海南	Hainan	390.83	8670.15	8123.94	6071.20	5693.57
重庆	Chongqing	587.86	11079.15	10243.46	7848.52	7744.88
四川	Sichuan	592.16	9003.59	8385.96	5838.27	5689.82
贵州	Guizhou	544.89	8385.08	8151.13	5516.18	5324.61
云南	Yunnan	577.98	9994.65	9265.90	6170.93	5950.67
西藏	Tibet	168.86	10659.31	9431.18	10401.71	10359.39
陕西	Shaanxi	778.39	8902.26	8272.02	6347.81	6191.58
甘肃	Gansu	378.51	8738.11	8086.82	6486.84	6314.79
青海	Qinghai	162.31	8766.68	8057.85	5613.79	5392.30
宁夏	Ningxia	179.87	8744.86	8093.64	5771.58	5588.02
新疆	Xinjiang	488.16	8693.67	7990.15	6553.47	6331.74

1－4－2 续表 1　Continued 1

单位:元　　　　Unit:yuan

地　区	Region	2. 其他劳动收入 Other Working Income	(二)经营净收入 Net business Income	(三)财产性收入 Income from Properties	1. 利息收入 Interest Income	2. 股息与红利收入 Bonus and Dividends
全　国	**National Average**	**212.16**	**679.62**	**192.91**	**20.52**	**35.89**
北　京	Beijing	503.96	213.70	190.44	34.48	16.00
天　津	Tianjin	158.39	665.53	148.15	32.22	45.83
河　北	Hebei	188.54	643.84	117.46	31.21	36.70
山　西	Shanxi	415.77	350.96	136.38	18.61	37.03
内蒙古	Inner Mongolia	508.01	857.63	161.25	7.49	31.26
辽　宁	Liaoning	99.66	486.03	95.60	13.12	9.45
吉　林	Jilin	169.63	712.86	80.70	8.86	15.89
黑龙江	Heilongjiang	297.68	858.68	72.97	1.73	5.23
上　海	Shanghai	250.47	798.07	292.17	2.25	9.68
江　苏	Jiangsu	110.35	1028.69	240.43	18.45	24.49
浙　江	Zhejiang	358.58	1921.75	552.94	61.62	123.62
安　徽	Anhui	213.43	620.71	124.59	30.84	13.84
福　建	Fujian	343.85	839.36	447.98	48.11	89.31
江　西	Jiangxi	68.03	532.56	81.19	9.35	8.36
山　东	Shandong	173.75	492.12	151.86	19.92	77.05
河　南	Henan	190.89	660.88	95.77	26.59	21.95
湖　北	Hubei	212.64	419.74	112.34	29.94	32.92
湖　南	Hunan	264.11	872.30	195.60	7.22	20.74
广　东	Guangdong	146.29	1043.51	417.25	28.05	67.95
广　西	Guangxi	220.93	519.87	176.13	10.71	48.30
海　南	Hainan	377.63	661.59	198.15	5.12	17.66
重　庆	Chongqing	103.64	492.44	188.22	22.64	4.94
四　川	Sichuan	148.45	515.49	211.41	23.38	53.51
贵　州	Guizhou	191.57	790.84	90.25	1.23	3.62
云　南	Yunnan	220.26	595.45	428.07	3.68	37.53
西　藏	Tibet	42.32	43.20	10.41	0.00	0.00
陕　西	Shaanxi	156.23	179.34	135.15	21.09	18.38
甘　肃	Gansu	172.05	373.84	39.58	9.63	5.84
青　海	Qinghai	221.49	513.41	62.08	5.46	29.58
宁　夏	Ningxia	183.56	956.65	64.44	12.05	18.21
新　疆	Xinjiang	221.73	522.14	54.51	6.90	5.68

1－4－2 续表 2　Continued 2

单位:元　　Unit:yuan

地　区	Region	3. 保险收益 Insurance Yield	4. 其它投资收入 Other Investment Income	5. 出租房屋收入 House Leasing Income	6. 知识产权收入 Intellectual Asset Income	7. 其他财产性收入 Other Properties Income
全　国	**National Average**	**2.96**	**18.16**	**112.24**	**0.13**	**3.01**
北　京	Beijing	3.53	1.40	134.05	0.00	0.98
天　津	Tianjin	2.91	0.01	66.73	0.00	0.46
河　北	Hebei	1.85	2.82	44.47	0.00	0.41
山　西	Shanxi	1.31	32.27	34.45	1.62	11.08
内蒙古	Inner Mongolia	3.90	44.17	66.97	0.69	6.78
辽　宁	Liaoning	3.57	13.14	55.29	0.09	0.93
吉　林	Jilin	3.63	7.89	42.57	0.00	1.86
黑龙江	Heilongjiang	0.23	5.18	60.06	0.00	0.54
上　海	Shanghai	3.53	28.02	241.79	0.00	6.91
江　苏	Jiangsu	3.20	90.69	101.45	0.42	1.72
浙　江	Zhejiang	1.33	66.56	294.12	0.01	5.68
安　徽	Anhui	2.83	16.10	58.70	0.40	1.89
福　建	Fujian	4.00	27.37	272.96	0.00	6.21
江　西	Jiangxi	0.96	2.10	59.97	0.00	0.45
山　东	Shandong	3.81	5.69	43.19	0.00	2.20
河　南	Henan	1.56	11.82	33.30	0.00	0.54
湖　北	Hubei	5.46	1.36	41.87	0.19	0.61
湖　南	Hunan	3.80	15.80	139.80	0.02	8.22
广　东	Guangdong	2.13	6.56	309.03	0.00	3.54
广　西	Guangxi	1.24	12.75	100.90	0.00	2.23
海　南	Hainan	0.17	99.87	68.84	0.51	5.98
重　庆	Chongqing	9.54	15.29	128.63	0.00	7.19
四　川	Sichuan	5.67	19.93	107.87	0.00	1.06
贵　州	Guizhou	0.04	43.59	41.55	0.04	0.19
云　南	Yunnan	0.05	12.72	365.11	0.00	8.96
西　藏	Tibet	1.32	0.00	4.69	0.00	4.40
陕　西	Shaanxi	1.32	0.08	94.25	0.00	0.03
甘　肃	Gansu	0.63	0.00	16.28	0.00	7.20
青　海	Qinghai	0.39	1.34	22.70	0.61	2.01
宁　夏	Ningxia	1.74	0.10	27.90	0.00	4.43
新　疆	Xinjiang	1.09	4.39	32.88	0.00	3.57

1—4—2 续表 3 Continued 3

单位:元 Unit:yuan

地 区	Region	(四)转移性收入 Transfor Income	1. 养老金或离退休金 Pension	2. 社会救济 Social Assistance gramts	3. 辞退金 Compensation for Dismissal	4. 赔偿收入 Compensation Income
全 国	**National Average**	**2650.70**	**2080.96**	**22.02**	**36.39**	**3.73**
北 京	Beijing	5462.85	4662.97	9.80	33.54	10.97
天 津	Tianjin	4574.99	3376.79	23.94	164.47	0.28
河 北	Hebei	2508.96	2188.22	14.40	19.58	0.98
山 西	Shanxi	1947.77	1550.98	19.62	12.50	8.76
内蒙古	Inner Mongolia	1876.78	1608.55	12.47	5.93	2.67
辽 宁	Liaoning	3152.17	2573.62	35.68	44.24	5.32
吉 林	Jilin	2423.57	2035.51	5.12	55.29	0.50
黑龙江	Heilongjiang	2312.80	1904.16	16.18	52.59	0.06
上 海	Shanghai	5232.00	3999.32	56.25	98.83	0.00
江 苏	Jiangsu	3663.68	2874.04	30.03	49.10	15.07
浙 江	Zhejiang	3461.58	2589.94	15.00	19.65	6.36
安 徽	Anhui	2013.71	1557.43	13.99	24.76	1.46
福 建	Fujian	3328.70	2209.44	6.15	209.85	8.36
江 西	Jiangxi	2206.16	1596.80	10.79	1.03	0.11
山 东	Shandong	1937.29	1524.48	10.14	10.83	1.25
河 南	Henan	2293.83	1903.47	16.60	6.03	1.16
湖 北	Hubei	2286.09	1930.06	10.05	7.11	1.40
湖 南	Hunan	2232.87	1537.34	38.02	59.67	5.52
广 东	Guangdong	2524.09	1687.04	9.27	55.23	4.10
广 西	Guangxi	2351.00	1748.84	15.22	96.77	2.16
海 南	Hainan	1739.21	1217.99	6.40	0.00	1.63
重 庆	Chongqing	2549.97	2176.08	51.76	0.00	5.90
四 川	Sichuan	2438.41	1881.91	40.74	25.80	6.03
贵 州	Guizhou	1987.80	1737.37	38.20	0.10	0.00
云 南	Yunnan	2800.20	2341.43	39.49	0.00	6.18
西 藏	Tibet	204.00	133.16	6.45	0.00	0.00
陕 西	Shaanxi	2239.96	1732.94	26.91	5.84	0.84
甘 肃	Gansu	1837.84	1594.64	21.83	1.93	0.12
青 海	Qinghai	2577.40	2210.03	64.96	0.00	0.00
宁 夏	Ningxia	1952.20	1623.04	40.91	9.67	10.24
新 疆	Xinjiang	1563.54	1300.65	23.53	28.06	0.17

1—4—2 续表 4　Continued 4

单位：元　　Unit：yuan

地　区	Region	5. 保险收入 Insurance Proceeds	失业保险金 for unemployment	6. 赡养收入 Solatium Income	7. 捐赠收入 Donation Income	8. 亲友搭伙费 Boarding from friends and Relations
全　国	**National Average**	**21.90**	**17.55**	**111.16**	**223.53**	**33.35**
北　京	Beijing	19.60	14.99	162.66	218.87	7.22
天　津	Tianjin	16.80	16.32	165.13	368.25	14.77
河　北	Hebei	9.92	7.37	61.19	114.06	13.29
山　西	Shanxi	7.95	2.16	72.64	211.14	6.64
内蒙古	Inner Mongolia	8.64	4.17	56.04	143.70	5.30
辽　宁	Liaoning	46.31	42.51	82.20	250.35	13.07
吉　林	Jilin	7.42	4.45	49.18	209.69	4.55
黑龙江	Heilongjiang	5.36	3.21	70.15	203.05	2.93
上　海	Shanghai	82.64	74.99	240.67	491.88	57.44
江　苏	Jiangsu	28.17	26.83	125.64	302.00	60.86
浙　江	Zhejiang	30.48	25.26	117.48	340.40	64.76
安　徽	Anhui	42.45	32.95	69.87	182.04	31.42
福　建	Fujian	54.18	46.49	260.54	337.00	88.69
江　西	Jiangxi	3.82	1.71	210.65	239.22	96.71
山　东	Shandong	11.38	7.73	69.61	215.20	4.86
河　南	Henan	7.66	5.99	95.68	211.28	4.60
湖　北	Hubei	10.92	8.59	54.83	188.97	16.28
湖　南	Hunan	18.38	8.90	134.75	300.48	28.92
广　东	Guangdong	33.96	24.88	174.27	342.14	86.64
广　西	Guangxi	35.56	31.92	113.49	143.47	63.24
海　南	Hainan	20.39	0.00	132.12	180.10	51.83
重　庆	Chongqing	11.37	4.41	26.01	131.25	43.84
四　川	Sichuan	16.85	14.44	175.61	139.10	65.80
贵　州	Guizhou	2.74	2.73	60.77	91.14	22.59
云　南	Yunnan	5.35	2.58	70.68	88.67	15.02
西　藏	Tibet	0.00	0.00	0.88	9.38	0.00
陕　西	Shaanxi	32.39	32.01	153.98	185.42	7.72
甘　肃	Gansu	1.08	0.58	60.81	93.27	6.02
青　海	Qinghai	0.80	0.00	77.78	87.92	8.79
宁　夏	Ningxia	7.42	5.54	87.44	97.87	9.12
新　疆	Xinjiang	9.08	6.72	57.22	89.36	4.93

1—4—2 续表 5 Continued 5

单位:元 Unit: yuan

地 区	Region	9. 提取住房公积金 Accumulation Fund for Housing	10. 记帐补贴 Bookkeeping Allowance	11. 其他转移性收入 Other Transfer Income	三、出售财物收入 Income from selling Properties	1. 出售住房收入 House
全 国	**National Average**	**33.12**	**50.42**	**34.12**	**155.86**	**147.93**
北 京	Beijing	176.15	118.85	42.23	635.63	624.10
天 津	Tianjin	218.37	23.86	202.32	658.85	654.73
河 北	Hebei	29.75	34.54	23.04	91.26	85.14
山 西	Shanxi	13.76	23.41	20.34	20.33	15.00
内蒙古	Inner Mongolia	4.20	21.44	7.84	95.00	90.73
辽 宁	Liaoning	43.82	42.51	15.05	164.41	161.11
吉 林	Jilin	14.82	24.52	16.97	63.82	61.42
黑龙江	Heilongjiang	18.24	30.24	9.85	59.04	57.17
上 海	Shanghai	64.17	86.27	54.54	1948.04	1945.60
江 苏	Jiangsu	32.05	83.93	62.79	117.13	111.99
浙 江	Zhejiang	81.21	99.87	96.43	158.44	144.68
安 徽	Anhui	34.78	34.17	21.34	43.36	35.03
福 建	Fujian	35.21	77.13	42.14	124.28	121.75
江 西	Jiangxi	8.09	27.56	11.38	23.64	19.74
山 东	Shandong	36.22	32.34	20.98	27.21	22.15
河 南	Henan	6.07	26.19	15.10	15.96	11.65
湖 北	Hubei	6.18	37.28	23.01	15.35	13.07
湖 南	Hunan	15.64	61.51	32.63	21.27	16.89
广 东	Guangdong	23.38	86.70	21.36	87.52	62.79
广 西	Guangxi	50.90	68.82	12.53	23.22	16.35
海 南	Hainan	8.46	60.77	59.54	10.38	0.39
重 庆	Chongqing	5.56	61.89	36.29	3.86	0.00
四 川	Sichuan	15.91	45.36	25.31	199.29	179.48
贵 州	Guizhou	0.43	16.80	17.65	36.71	0.01
云 南	Yunnan	32.01	72.70	128.67	14.98	11.08
西 藏	Tibet	0.00	54.13	0.00	1.76	0.00
陕 西	Shaanxi	13.27	36.79	43.88	23.23	18.85
甘 肃	Gansu	21.83	26.93	9.40	31.32	28.41
青 海	Qinghai	24.05	31.17	71.90	2.25	0.41
宁 夏	Ningxia	17.82	38.18	10.50	47.95	32.17
新 疆	Xinjiang	7.31	26.30	16.92	48.35	43.15

1—4—2续表6　Continued 6

单位:元　　Unit:yuan

地　区	Region	2. 出售其他物品收入 Other Articles	四、借贷收入 Debit and Credit Income	1. 提取储蓄存款 Deposit	2. 借入款 Borrowing	3. 收回借出款 Withdraw of Debts	4. 收回储蓄性保险本金 Withdraw of Sawing Insurance Principal
全　国	**National Average**	**7.92**	**2985.61**	**2552.64**	**187.27**	**37.92**	**4.29**
北　京	Beijing	11.53	3889.03	3350.65	370.48	36.00	4.36
天　津	Tianjin	4.12	5930.82	4023.48	469.67	114.97	0.34
河　北	Hebei	6.11	2628.91	2223.34	135.72	88.61	3.04
山　西	Shanxi	5.33	2251.42	1557.95	493.92	122.01	1.62
内蒙古	Inner Mongolia	4.27	2208.18	1863.88	159.23	23.41	5.21
辽　宁	Liaoning	3.29	2299.16	1862.72	197.97	37.91	10.37
吉　林	Jilin	2.40	2043.52	1830.48	96.27	30.45	10.62
黑龙江	Heilongjiang	1.87	1365.64	1211.85	115.02	3.43	0.12
上　海	Shanghai	2.44	4125.85	2904.62	261.38	2.13	0.14
江　苏	Jiangsu	5.14	3112.00	2617.75	235.16	20.93	3.58
浙　江	Zhejiang	13.76	5133.52	4119.77	277.00	134.66	4.28
安　徽	Anhui	8.33	1845.09	1547.68	163.17	33.66	18.69
福　建	Fujian	2.53	4727.78	4236.45	87.35	80.01	7.72
江　西	Jiangxi	3.90	1550.12	1353.76	57.86	14.24	10.78
山　东	Shandong	5.05	5316.67	5006.28	156.52	35.21	1.86
河　南	Henan	4.31	1615.67	1453.40	107.49	28.41	1.65
湖　北	Hubei	2.27	1563.85	1312.73	193.90	21.27	3.51
湖　南	Hunan	4.38	2479.85	2145.61	199.13	16.96	5.13
广　东	Guangdong	24.72	5399.27	4853.76	167.56	7.42	1.10
广　西	Guangxi	6.87	2204.52	1890.91	122.04	48.78	4.41
海　南	Hainan	9.99	1955.82	1740.88	126.01	29.55	6.87
重　庆	Chongqing	3.86	2116.95	1848.87	131.72	66.86	0.00
四　川	Sichuan	19.81	2216.79	1915.36	146.84	42.74	2.09
贵　州	Guizhou	36.70	1399.09	1201.20	72.22	21.45	2.34
云　南	Yunnan	3.91	3772.02	3512.88	159.86	11.36	2.51
西　藏	Tibet	1.76	2768.77	321.70	181.38	51.61	0.00
陕　西	Shaanxi	4.38	1723.88	1354.34	247.21	17.08	0.25
甘　肃	Gansu	2.91	2677.74	2039.51	371.80	27.25	5.01
青　海	Qinghai	1.84	5433.06	5099.35	203.20	15.14	0.83
宁　夏	Ningxia	15.78	3780.99	2950.56	347.48	37.67	4.35
新　疆	Xinjiang	5.21	1980.77	1551.45	119.70	66.52	1.14

1—4—2 续表 7　Continued 7

单位:元　　　　Unit:yuan

地区	Region	5. 兑售有价证券 Change Sale Securities	6. 收回投资本金 Investment Principal	7. 住房贷款 Housing Loans	8. 汽车贷款 Car Loans	9. 教育贷款 Education Loans	10. 其他贷款 Other	11. 其他借贷收入 Other Debit and Credit Income
全　国	**National Average**	**4.47**	**6.70**	**134.52**	**4.50**	**0.85**	**5.58**	**46.88**
北　京	Beijing	17.45	0.00	34.97	0.52	0.00	23.85	50.73
天　津	Tianjin	18.47	0.00	708.05	0.00	0.00	0.80	595.03
河　北	Hebei	5.11	36.31	111.83	0.00	0.00	23.54	1.40
山　西	Shanxi	7.85	6.87	41.37	0.00	0.05	9.03	10.76
内蒙古	Inner Mongolia	1.33	2.87	136.15	3.29	0.28	10.80	1.74
辽　宁	Liaoning	5.67	4.94	164.40	0.00	1.78	0.54	12.84
吉　林	Jilin	3.77	2.34	60.62	0.00	0.00	0.00	8.96
黑龙江	Heilongjiang	0.00	0.00	1.41	0.00	0.00	28.56	5.26
上　海	Shanghai	0.33	16.61	675.88	0.00	5.65	8.92	250.19
江　苏	Jiangsu	0.00	7.15	213.83	0.00	2.14	3.33	8.13
浙　江	Zhejiang	15.42	26.34	191.61	60.70	3.21	1.46	299.07
安　徽	Anhui	2.04	5.02	71.58	0.00	0.03	0.37	2.85
福　建	Fujian	49.83	33.10	150.00	0.64	2.39	16.35	63.94
江　西	Jiangxi	0.00	0.00	93.22	0.00	0.00	0.00	20.26
山　东	Shandong	0.35	2.00	70.15	16.13	0.00	4.74	23.45
河　南	Henan	0.00	0.96	18.32	0.00	0.00	0.70	4.74
湖　北	Hubei	0.54	0.42	8.40	0.00	0.00	4.76	18.31
湖　南	Hunan	8.87	4.61	83.86	0.00	0.00	0.21	15.46
广　东	Guangdong	0.00	1.80	319.66	0.00	0.00	0.00	47.97
广　西	Guangxi	0.69	34.74	92.41	0.00	3.38	4.48	2.69
海　南	Hainan	0.00	8.52	22.19	0.00	5.86	0.58	15.35
重　庆	Chongqing	0.00	0.00	58.81	0.00	0.00	8.52	2.17
四　川	Sichuan	9.16	0.55	76.32	12.98	0.00	0.66	10.08
贵　州	Guizhou	0.00	2.41	81.67	15.33	1.02	0.45	1.00
云　南	Yunnan	0.44	2.07	78.48	0.67	0.00	0.63	3.12
西　藏	Tibet	0.00	0.00	2096.77	117.30	0.00	0.00	0.00
陕　西	Shaanxi	0.28	5.47	70.26	0.00	2.32	9.01	17.66
甘　肃	Gansu	0.65	1.35	177.16	0.00	1.02	2.22	51.77
青　海	Qinghai	0.39	0.00	75.58	0.00	0.00	4.00	34.56
宁　夏	Ningxia	0.00	2.82	416.15	0.00	12.11	3.72	6.13
新　疆	Xinjiang	4.65	20.07	10.11	0.00	1.71	11.20	194.23

1—4—3 各地区城镇居民家庭现金支出(平均每人全年,2005年)

Per Capita Annual Cash Expenditures of Urban Households by Region (2005)

单位:元　　Unit:yuan

地区	Region	家庭总支出 Total Expenditure of Household	(一)消费支出 Consumption Expenditure	服务性消费支出 Service Consumption Expenditure	1. 食品 Food	2. 衣着 Clothing
全国	**National Average**	**10579.49**	**7942.88**	**2224.36**	**2914.39**	**800.51**
北京	Beijing	17174.28	13244.20	4092.89	4215.56	1184.14
天津	Tianjin	14450.32	9653.26	2798.38	3542.90	698.91
河北	Hebei	8461.56	6699.67	1550.04	2315.76	787.33
山西	Shanxi	9043.76	6342.63	1784.35	2056.79	933.03
内蒙古	Inner Mongolia	9064.22	6928.60	1867.24	2177.63	1047.91
辽宁	Liaoning	9844.77	7369.27	2083.86	2860.98	740.83
吉林	Jilin	8774.05	6794.71	1843.37	2356.00	826.21
黑龙江	Heilongjiang	8008.60	6178.01	1688.87	2071.62	877.96
上海	Shanghai	19368.44	13773.41	4447.01	4940.06	940.45
江苏	Jiangsu	11897.97	8621.82	2299.03	3205.79	804.23
浙江	Zhejiang	16906.12	12253.74	3532.17	4140.34	1264.06
安徽	Anhui	8933.29	6367.67	1582.30	2781.50	763.54
福建	Fujian	11896.45	8794.41	2303.34	3595.20	708.79
江西	Jiangxi	7879.92	6109.39	1536.54	2495.09	647.80
山东	Shandong	9888.94	7457.31	1816.32	2512.73	925.94
河南	Henan	7830.68	6038.02	1564.35	2067.51	806.39
湖北	Hubei	8582.80	6736.56	1850.69	2625.41	806.67
湖南	Hunan	10252.67	7504.99	2187.23	2689.39	790.70
广东	Guangdong	15570.44	11809.87	3677.86	4265.19	673.90
广西	Guangxi	9007.08	7032.80	1903.94	2906.73	519.96
海南	Hainan	7932.67	5928.79	1582.58	2819.96	309.45
重庆	Chongqing	10832.21	8623.29	2689.82	3135.65	849.53
四川	Sichuan	9211.10	6891.27	1874.29	2709.69	640.91
贵州	Guizhou	7644.49	6159.29	1664.67	2458.30	702.90
云南	Yunnan	8993.00	6996.90	1957.49	2997.06	643.94
西藏	Tibet	12719.43	8617.11	2174.21	3830.45	1051.80
陕西	Shaanxi	8572.37	6656.46	2062.73	2401.52	673.07
甘肃	Gansu	8631.90	6529.20	1794.00	2352.82	806.26
青海	Qinghai	8424.36	6245.26	1823.74	2267.36	690.76
宁夏	Ningxia	9107.76	6404.31	1641.15	2228.63	776.51
新疆	Xinjiang	7822.35	6207.52	1727.01	2257.44	825.98

单位：元　　　　Unit：yuan

地 区	Region	3. 家庭设备用品及服务 Household Appliances and Service	4. 医疗保健 Health Care and Medical Services	5. 交通和通信 Transport and Communications	6. 教育文化娱乐服务 Education，Cultural and Recreation Services	7. 居住 Housing
全　国	**National Average**	**446.52**	**600.85**	**996.72**	**1097.46**	**808.66**
北　京	Beijing	852.18	1295.76	1943.48	2186.55	1039.78
天　津	Tianjin	524.20	996.35	998.01	1283.70	1291.60
河　北	Hebei	414.49	642.71	772.34	795.43	762.08
山　西	Shanxi	359.44	538.70	604.35	932.53	727.91
内蒙古	Inner Mongolia	394.37	533.36	755.51	968.81	722.62
辽　宁	Liaoning	304.80	751.16	744.02	849.53	792.75
吉　林	Jilin	279.58	675.77	733.50	800.22	845.45
黑龙江	Heilongjiang	282.78	613.15	596.97	802.49	695.23
上　海	Shanghai	800.30	796.82	1983.72	2272.76	1412.11
江　苏	Jiangsu	586.84	579.32	1050.88	1287.90	794.94
浙　江	Zhejiang	609.18	831.79	2097.41	1849.73	1059.36
安　徽	Anhui	290.88	400.34	676.86	666.42	590.27
福　建	Fujian	455.36	478.41	1048.71	1106.95	1071.86
江　西	Jiangxi	426.99	326.46	567.52	805.41	646.16
山　东	Shandong	503.36	579.01	902.32	1039.99	751.69
河　南	Henan	376.27	472.31	636.57	805.08	651.98
湖　北	Hubei	371.00	499.34	649.87	904.76	683.89
湖　南	Hunan	450.97	601.34	801.27	1138.67	771.47
广　东	Guangdong	605.12	704.90	2333.05	1669.09	1181.42
广　西	Guangxi	420.66	466.04	703.39	998.87	769.77
海　南	Hainan	304.05	351.06	728.29	652.03	585.40
重　庆	Chongqing	583.50	629.32	929.92	1391.11	882.41
四　川	Sichuan	422.73	442.83	827.66	909.03	705.43
贵　州	Guizhou	335.68	403.43	625.44	811.73	583.46
云　南	Yunnan	291.17	663.01	930.59	775.61	543.10
西　藏	Tibet	476.27	338.57	1309.95	678.26	517.53
陕　西	Shaanxi	371.81	605.31	630.16	1081.92	653.40
甘　肃	Gansu	366.20	492.23	638.63	942.75	680.78
青　海	Qinghai	356.53	554.11	691.25	803.08	666.38
宁　夏	Ningxia	417.38	535.92	705.69	769.97	711.21
新　疆	Xinjiang	309.97	499.16	757.09	741.35	571.72

1—4—3 续表 2 Continued 2

单位:元 Unit:yuan

地 区	Region	8. 杂项商品和服务 Miscellaneous Goods and Services	(二)购房与建房支出 Expenditure for Purchasing and Building House	1. 购房 Purchasig House	2. 建房 Building House	(三)转移性支出 Transfer Expenditure
全 国	**National Average**	**277.75**	**713.23**	**695.24**	**18.00**	**1199.74**
北 京	Beijing	526.76	1104.84	1101.48	3.36	1331.50
天 津	Tianjin	317.58	2800.25	2799.72	0.53	1143.93
河 北	Hebei	209.51	409.85	404.64	5.21	911.81
山 西	Shanxi	189.88	690.73	622.52	68.21	1463.64
内蒙古	Inner Mongolia	328.39	654.19	648.22	5.97	1137.24
辽 宁	Liaoning	325.18	754.30	753.92	0.37	1082.90
吉 林	Jilin	277.98	405.09	404.86	0.22	1201.59
黑龙江	Heilongjiang	237.81	346.85	346.85	0.00	1082.97
上 海	Shanghai	627.20	2474.69	2472.17	2.52	1491.52
江 苏	Jiangsu	311.92	1095.89	1089.52	6.37	1300.61
浙 江	Zhejiang	401.88	1332.94	1285.84	47.09	1965.58
安 徽	Anhui	197.87	568.20	509.61	58.60	1345.20
福 建	Fujian	329.11	869.28	858.74	10.54	1286.33
江 西	Jiangxi	193.97	282.32	221.86	60.45	1129.28
山 东	Shandong	242.29	475.37	467.99	7.38	1161.82
河 南	Henan	221.91	333.61	303.98	29.63	1040.38
湖 北	Hubei	195.62	201.03	181.65	19.39	1109.60
湖 南	Hunan	261.18	756.14	739.14	17.00	1493.08
广 东	Guangdong	377.20	958.85	958.85	0.00	1523.66
广 西	Guangxi	247.38	305.83	232.87	72.96	1077.51
海 南	Hainan	178.55	555.02	517.81	37.21	1013.46
重 庆	Chongqing	221.85	488.24	488.24	0.00	916.32
四 川	Sichuan	232.99	672.42	672.42	0.00	1057.72
贵 州	Guizhou	238.35	338.65	338.04	0.61	917.40
云 南	Yunnan	152.42	419.53	386.54	32.99	962.40
西 藏	Tibet	414.27	2243.40	2243.40	0.00	684.97
陕 西	Shaanxi	239.26	528.12	471.34	56.79	832.02
甘 肃	Gansu	249.53	662.04	653.78	8.26	856.09
青 海	Qinghai	215.79	605.85	590.05	15.80	909.90
宁 夏	Ningxia	259.00	1043.41	1023.53	19.88	1039.27
新 疆	Xinjiang	244.80	133.30	132.84	0.46	817.99

1—4—3 续表 3　Continued 3

单位:元　　Unit:yuan

地　区	Region	1. 交纳的个人收入税 Tax	2. 捐赠支出 Contribution	3. 购买彩票 Purchasing Lotteries	4. 赡养支出 Expenditure for Support	在外就学子女费用 Children Studing Out of Current Cities
全　国	**National Average**	**74.94**	**650.61**	**9.82**	**386.61**	**237.14**
北　京	Beijing	285.08	548.96	15.13	340.32	108.04
天　津	Tianjin	88.35	744.88	4.36	253.15	57.13
河　北	Hebei	44.76	432.89	8.10	385.54	211.65
山　西	Shanxi	60.39	665.47	5.87	633.96	448.35
内蒙古	Inner Mongolia	63.83	717.23	4.46	283.95	208.47
辽　宁	Liaoning	58.35	589.78	10.56	363.78	228.52
吉　林	Jilin	37.06	732.38	12.18	365.17	236.67
黑龙江	Heilongjiang	23.04	743.21	5.97	264.94	191.06
上　海	Shanghai	263.71	810.63	11.90	322.79	207.78
江　苏	Jiangsu	63.80	865.67	5.90	280.81	187.86
浙　江	Zhejiang	206.40	1149.43	15.94	453.26	284.49
安　徽	Anhui	31.90	631.75	15.23	526.90	360.86
福　建	Fujian	81.54	762.40	7.32	380.79	222.67
江　西	Jiangxi	39.84	654.42	3.97	358.00	257.60
山　东	Shandong	46.59	645.66	8.11	370.68	222.36
河　南	Henan	46.04	539.25	6.45	399.32	253.71
湖　北	Hubei	38.37	718.69	7.22	275.37	166.87
湖　南	Hunan	29.97	978.09	4.92	414.88	223.99
广　东	Guangdong	203.96	583.44	10.91	606.32	311.15
广　西	Guangxi	78.81	493.43	9.31	441.65	285.49
海　南	Hainan	53.55	461.06	132.53	318.65	195.31
重　庆	Chongqing	65.89	514.51	17.89	239.44	119.09
四　川	Sichuan	20.23	524.01	3.28	432.83	291.51
贵　州	Guizhou	4.81	711.86	5.15	163.43	85.59
云　南	Yunnan	44.11	415.42	19.97	437.66	284.94
西　藏	Tibet	0.65	110.60	28.01	527.97	104.36
陕　西	Shaanxi	40.10	429.18	3.90	324.06	230.15
甘　肃	Gansu	40.40	450.01	4.69	316.85	204.90
青　海	Qinghai	19.80	492.51	5.43	305.69	211.25
宁　夏	Ningxia	16.60	526.36	5.47	437.45	244.18
新　疆	Xinjiang	15.71	398.86	15.44	317.99	201.59

1—4—3 续表 4　Continued 4

单位:元　　　　Unit:yuan

地　区	Region	5. 各种非储蓄性保险支出 Expenditure for Non-saving Insurances	车辆保险支出 Car Insurance	6. 其他转移性支出 Other Transfer Expendiure	(四)财产性支出 Proptrty Expenditure	1. 非生产性利息支出 Expenditure on Non-Productional Loan Interests
全　国	**National Average**	**34.60**	**8.40**	**43.17**	**21.24**	**15.95**
北　京	Beijing	98.40	26.70	43.61	17.29	2.06
天　津	Tianjin	26.53	3.01	26.66	40.33	36.92
河　北	Hebei	24.22	6.22	16.29	9.82	5.87
山　西	Shanxi	43.71	0.58	54.24	5.92	2.38
内蒙古	Inner Mongolia	33.49	3.74	34.27	1.11	0.49
辽　宁	Liaoning	28.73	2.33	31.70	9.51	8.02
吉　林	Jilin	19.33	4.43	35.47	1.87	0.00
黑龙江	Heilongjiang	20.72	0.00	25.10	4.08	1.29
上　海	Shanghai	37.64	17.17	44.85	20.93	2.43
江　苏	Jiangsu	36.33	9.73	48.11	15.99	2.30
浙　江	Zhejiang	73.08	37.86	67.47	76.54	54.13
安　徽	Anhui	81.40	1.11	58.02	4.42	2.22
福　建	Fujian	10.28	2.93	44.01	18.81	13.56
江　西	Jiangxi	39.90	0.78	33.16	3.54	1.10
山　东	Shandong	41.28	8.96	49.49	10.34	2.33
河　南	Henan	16.05	0.58	33.27	12.89	4.38
湖　北	Hubei	12.21	1.52	57.73	2.12	0.82
湖　南	Hunan	15.39	2.80	49.84	7.85	1.48
广　东	Guangdong	67.03	41.58	52.00	88.77	88.11
广　西	Guangxi	16.07	1.44	38.24	2.87	1.89
海　南	Hainan	8.93	0.89	38.75	3.50	3.30
重　庆	Chongqing	27.84	0.00	50.76	96.44	96.44
四　川	Sichuan	31.76	6.43	45.62	37.64	32.49
贵　州	Guizhou	1.39	0.06	30.76	16.80	2.63
云　南	Yunnan	13.12	7.04	32.13	2.24	1.80
西　藏	Tibet	2.49	2.35	15.25	0.59	0.00
陕　西	Shaanxi	7.71	0.12	27.08	2.41	1.60
甘　肃	Gansu	7.21	0.30	36.93	0.61	0.43
青　海	Qinghai	21.96	2.56	64.51	5.49	0.81
宁　夏	Ningxia	15.41	0.93	37.98	24.33	22.84
新　疆	Xinjiang	26.76	0.62	43.24	2.03	0.10

1—4—3 续表 5　Continued 5

单位:元　　　　Unit:yuan

地　区	Region	2. 其他 Others	(五)社会保障支出 Expenditure on Social Securities	1. 个人交纳的养老基金 Individually Paid Pension Fund	2. 个人交纳的住房公积金 Individually Paid Accumulation Fund for House	3. 个人交纳的医疗基金 Individually Paid Medical Fund
全　国	**National Average**	**5. 30**	**702. 39**	**297. 93**	**284. 36**	**87. 71**
北　京	Beijing	15. 23	1476. 45	537. 63	678. 41	209. 90
天　津	Tianjin	3. 41	812. 55	303. 36	412. 15	65. 54
河　北	Hebei	3. 95	430. 41	178. 17	161. 97	68. 07
山　西	Shanxi	3. 53	540. 84	236. 46	207. 13	69. 46
内蒙古	Inner Mongolia	0. 62	343. 09	138. 02	130. 25	55. 81
辽　宁	Liaoning	1. 49	628. 79	298. 30	223. 53	85. 73
吉　林	Jilin	1. 87	370. 79	191. 87	120. 36	40. 99
黑龙江	Heilongjiang	2. 79	396. 69	181. 28	135. 94	63. 91
上　海	Shanghai	18. 50	1607. 89	732. 50	607. 00	179. 14
江　苏	Jiangsu	13. 69	863. 65	371. 57	358. 76	100. 77
浙　江	Zhejiang	22. 41	1277. 32	489. 05	620. 83	128. 38
安　徽	Anhui	2. 19	647. 79	208. 85	322. 94	76. 40
福　建	Fujian	5. 25	927. 62	313. 10	436. 60	145. 77
江　西	Jiangxi	2. 44	355. 40	150. 34	135. 32	42. 21
山　东	Shandong	8. 01	784. 09	349. 30	296. 76	90. 77
河　南	Henan	8. 51	405. 77	164. 63	160. 21	63. 78
湖　北	Hubei	1. 30	533. 50	221. 94	228. 34	62. 63
湖　南	Hunan	6. 37	490. 62	203. 46	189. 62	69. 39
广　东	Guangdong	0. 66	1189. 29	539. 33	481. 99	125. 74
广　西	Guangxi	0. 98	588. 07	234. 99	258. 50	70. 64
海　南	Hainan	0. 20	431. 90	152. 48	187. 72	69. 06
重　庆	Chongqing	0. 00	707. 92	338. 05	255. 87	62. 44
四　川	Sichuan	5. 15	552. 05	299. 17	139. 87	91. 45
贵　州	Guizhou	14. 17	212. 34	100. 32	67. 73	34. 54
云　南	Yunnan	0. 44	611. 93	194. 50	282. 90	94. 60
西　藏	Tibet	0. 59	1173. 36	311. 65	629. 11	196. 28
陕　西	Shaanxi	0. 81	553. 36	239. 90	225. 19	62. 65
甘　肃	Gansu	0. 18	583. 96	204. 51	254. 33	71. 26
青　海	Qinghai	4. 68	657. 86	219. 75	295. 85	111. 77
宁　夏	Ningxia	1. 48	596. 44	241. 37	260. 07	77. 14
新　疆	Xinjiang	1. 93	661. 51	249. 27	279. 82	99. 99

单位:元 Unit:yuan

地区	Region	4. 个人交纳的失业基金 Iidividually Paid Unemployment Fund	5. 其他社会保障支出 Other Expenditure on Social Sturities	六、借贷支出 Expenditure on Debit and Credit	1. 存入储蓄款 Deposited Money Saving	2. 借出款 Loans
全 国	**National Average**	**24.25**	**8.15**	**3465.74**	**2915.85**	**42.17**
北 京	Beijing	48.50	2.01	5896.84	4710.22	95.02
天 津	Tianjin	28.78	2.71	4564.26	3535.26	41.11
河 北	Hebei	14.62	7.58	3374.32	3002.13	64.54
山 西	Shanxi	17.14	10.66	2390.74	1789.32	125.76
内蒙古	Inner Mongolia	11.09	7.91	2761.61	2394.98	15.61
辽 宁	Liaoning	18.43	2.80	2066.71	1546.62	56.09
吉 林	Jilin	7.55	10.02	2220.93	1930.95	32.79
黑龙江	Heilongjiang	13.58	1.98	1789.22	1578.55	10.24
上 海	Shanghai	84.45	4.81	6414.06	4665.76	3.32
江 苏	Jiangsu	23.07	9.48	3798.04	3083.44	30.09
浙 江	Zhejiang	30.75	8.31	5224.50	3972.89	66.77
安 徽	Anhui	23.82	15.78	1768.92	1307.32	36.83
福 建	Fujian	26.98	5.18	5996.01	5240.88	56.47
江 西	Jiangxi	11.93	15.60	2324.77	2081.79	14.83
山 东	Shandong	32.28	14.98	6909.63	6452.70	29.56
河 南	Henan	15.67	1.49	2676.51	2321.00	50.27
湖 北	Hubei	13.96	6.64	2214.55	1838.25	59.63
湖 南	Hunan	16.95	11.20	2073.88	1715.97	28.55
广 东	Guangdong	38.19	4.04	5521.72	4879.78	12.60
广 西	Guangxi	22.74	1.18	2756.60	2207.90	38.75
海 南	Hainan	16.25	6.39	2440.23	2259.37	8.37
重 庆	Chongqing	23.21	28.34	1988.56	1546.93	57.13
四 川	Sichuan	18.10	3.46	1973.37	1554.68	58.13
贵 州	Guizhou	9.14	0.61	1749.10	1491.50	13.84
云 南	Yunnan	23.04	16.89	4687.41	4104.14	62.03
西 藏	Tibet	35.77	0.55	545.37	156.60	13.78
陕 西	Shaanxi	24.44	1.18	1871.41	1623.97	18.45
甘 肃	Gansu	23.91	29.95	2641.15	2131.27	82.20
青 海	Qinghai	20.73	9.75	5825.10	5348.29	44.06
宁 夏	Ningxia	14.16	3.70	3428.41	2829.70	21.72
新 疆	Xinjiang	29.04	3.38	2546.03	2046.60	39.32

1—4—3 续表 7　Continued 7

单位:元　　Unit: yuan

地　区	Region	3. 归还借款 Returning Loans	4. 储蓄性保险支出 Expenditure on Saving Insurance	5. 购买有价证券 Purthasiny Securities	6. 其它投资支出 Other Investment Expenditure	7. 归还住房贷款 Peturning Housing Loans
全　国	**National Average**	**108.08**	**113.43**	**31.59**	**23.92**	**186.93**
北　京	Beijing	358.30	197.41	142.42	10.22	308.50
天　津	Tianjin	137.82	104.04	23.49	8.90	226.83
河　北	Hebei	67.15	36.69	14.80	36.46	114.72
山　西	Shanxi	223.54	84.07	20.19	53.79	70.99
内蒙古	Inner Mongolia	60.93	83.13	22.43	4.68	152.21
辽　宁	Liaoning	56.52	66.89	58.93	83.26	173.38
吉　林	Jilin	56.95	86.33	17.68	7.58	84.54
黑龙江	Heilongjiang	44.74	59.55	2.08	10.73	56.73
上　海	Shanghai	263.58	369.81	4.73	4.65	983.39
江　苏	Jiangsu	104.67	151.36	25.32	39.79	325.96
浙　江	Zhejiang	193.57	138.21	95.02	58.07	530.16
安　徽	Anhui	91.28	118.40	36.46	44.39	120.82
福　建	Fujian	100.33	132.06	52.93	108.59	265.00
江　西	Jiangxi	98.26	63.10	6.21	6.24	43.51
山　东	Shandong	117.36	128.07	41.94	10.83	97.92
河　南	Henan	77.21	100.87	26.38	13.08	78.62
湖　北	Hubei	126.07	99.96	50.64	6.17	25.55
湖　南	Hunan	88.65	96.34	2.15	8.64	93.51
广　东	Guangdong	49.63	162.12	23.10	0.93	340.01
广　西	Guangxi	63.41	106.10	47.86	58.20	214.12
海　南	Hainan	13.82	29.01	0.41	8.10	102.57
重　庆	Chongqing	91.59	82.16	8.00	0.00	181.52
四　川	Sichuan	116.75	84.02	21.69	7.57	113.43
贵　州	Guizhou	47.23	55.71	4.14	20.99	99.58
云　南	Yunnan	160.11	79.49	25.56	32.17	177.88
西　藏	Tibet	120.09	0.00	0.00	4.40	221.03
陕　西	Shaanxi	65.61	90.76	6.51	4.91	47.73
甘　肃	Gansu	103.15	137.08	63.19	9.71	94.05
青　海	Qinghai	167.85	55.60	0.34	1.72	189.11
宁　夏	Ningxia	110.52	162.33	45.05	1.91	225.60
新　疆	Xinjiang	79.19	153.79	4.97	56.35	112.79

1—4—3 续表 8　Continued 8

单位:元　　　　Unit:yuan

地 区	Region	8. 归还汽车贷款 Retruning Car Loans	9. 归还教育贷款 Retruning education Loans	10. 归还其他贷款 Retruning Other Loans	11. 其他借贷支出 Other Debit and Credit Expenses	七、期末手存现金 Deposited Cash at the End of Period
全 国	**National Average**	**10.25**	**0.64**	**5.65**	**27.22**	**861.43**
北 京	Beijing	31.13	0.55	0.63	42.46	1553.09
天 津	Tianjin	19.27	2.06	0.68	464.81	1347.10
河 北	Hebei	7.19	0.00	6.30	24.34	758.29
山 西	Shanxi	14.38	0.68	0.19	7.82	588.93
内蒙古	Inner Mongolia	6.42	0.28	3.21	17.73	331.57
辽 宁	Liaoning	4.95	0.20	0.71	19.16	770.62
吉 林	Jilin	0.11	0.00	1.62	2.38	519.52
黑龙江	Heilongjiang	11.64	0.00	8.15	6.80	599.33
上 海	Shanghai	84.97	0.00	11.71	22.14	3460.62
江 苏	Jiangsu	7.94	0.89	9.58	18.99	1232.72
浙 江	Zhejiang	39.33	1.31	52.06	77.12	1692.84
安 徽	Anhui	3.89	1.40	2.25	5.87	620.52
福 建	Fujian	14.69	0.04	10.73	14.30	890.23
江 西	Jiangxi	0.00	0.00	0.43	10.39	853.87
山 东	Shandong	1.27	2.22	5.84	21.93	519.03
河 南	Henan	2.46	0.00	1.32	5.28	547.77
湖 北	Hubei	0.26	0.07	0.31	7.63	430.55
湖 南	Hunan	6.63	0.39	5.45	27.61	656.49
广 东	Guangdong	23.26	0.04	2.55	27.70	1469.37
广 西	Guangxi	0.00	0.00	6.19	14.07	613.51
海 南	Hainan	0.00	0.00	3.48	15.10	412.79
重 庆	Chongqing	0.00	0.00	4.01	17.20	619.46
四 川	Sichuan	2.60	0.06	0.85	13.60	611.75
贵 州	Guizhou	0.00	1.49	10.25	4.35	580.49
云 南	Yunnan	6.47	4.23	0.31	35.01	586.42
西 藏	Tibet	17.60	0.00	4.55	7.33	182.61
陕 西	Shaanxi	0.00	0.00	1.05	12.42	795.53
甘 肃	Gansu	0.00	0.75	8.96	10.81	393.02
青 海	Qinghai	0.00	0.00	3.88	14.25	158.36
宁 夏	Ningxia	2.40	0.90	18.49	9.78	183.00
新 疆	Xinjiang	1.41	1.82	20.34	29.48	517.70

1—4—4 各地区城镇居民家庭年末平均每百户主要耐用消费品拥有量(2005年)

Number of Major Durable Consumer Goods Owned Per 100 Urban Households at the Year-end by Region (2005)

地区	Region	1.成套家具(套) Composite Furniture (set)	2.摩托车(辆) Motorcycle (unit)	3.自行车(辆) Bicycle (unit)	4.助力车(辆) Helping Hand Car (unit)	5.家用汽车(辆) Automobile (unit)	6.洗衣机(台) Washing Machine (set)	7.电风扇(台) Electric Fan (set)
全国	**National Average**	**77.55**	**25.00**	**120.04**	**9.54**	**3.37**	**95.51**	**172.18**
北京	Beijing	93.66	6.32	193.71	5.08	14.06	104.96	134.39
天津	Tianjin	95.73	8.13	202.40	11.13	3.00	95.80	109.13
河北	Hebei	85.83	31.56	194.06	13.19	3.94	95.52	137.87
山西	Shanxi	80.79	26.23	157.55	5.76	3.13	99.77	82.95
内蒙古	Inner Mongolia	74.02	27.43	179.44	6.55	3.64	95.29	61.52
辽宁	Liaoning	39.63	7.34	107.42	3.74	1.16	87.88	72.04
吉林	Jilin	23.67	15.91	104.23	1.85	1.41	97.02	66.90
黑龙江	Heilongjiang	40.64	9.19	81.88	0.99	1.51	91.62	51.52
上海	Shanghai	104.90	2.70	119.10	23.50	3.80	97.30	230.10
江苏	Jiangsu	80.19	27.42	152.85	33.86	4.29	99.38	203.39
浙江	Zhejiang	88.47	32.65	123.36	30.12	8.71	91.45	255.90
安徽	Anhui	66.88	21.87	124.91	8.42	0.76	97.28	241.93
福建	Fujian	83.76	49.39	117.05	6.26	1.70	99.72	238.29
江西	Jiangxi	72.08	24.38	107.37	5.24	0.73	95.29	239.11
山东	Shandong	91.08	47.55	170.76	17.58	4.47	93.28	166.74
河南	Henan	72.52	28.14	166.79	15.60	1.58	98.23	185.61
湖北	Hubei	88.05	18.11	93.73	4.55	0.92	95.55	220.87
湖南	Hunan	84.55	15.41	43.98	4.08	1.10	96.55	234.79
广东	Guangdong	83.39	72.83	112.50	4.35	9.69	97.23	295.99
广西	Guangxi	89.74	48.26	123.64	10.38	1.88	91.64	289.23
海南	Hainan	59.11	55.43	70.09	3.00	3.52	56.33	182.12
重庆	Chongqing	100.33	2.67	3.67	0.67	0.67	100.33	184.67
四川	Sichuan	99.67	7.94	69.81	5.71	2.37	97.88	206.24
贵州	Guizhou	67.17	7.29	17.08	0.13	1.81	97.10	93.50
云南	Yunnan	70.31	21.97	114.03	9.00	7.92	90.07	29.20
西藏	Tibet	88.00	7.00	136.00	0.00	3.00	95.00	11.00
陕西	Shaanxi	69.30	15.45	126.79	2.16	0.44	98.29	136.04
甘肃	Gansu	83.90	10.83	155.88	5.60	0.46	98.35	54.90
青海	Qinghai	58.59	6.69	45.09	1.73	1.39	98.41	9.96
宁夏	Ningxia	22.07	18.59	130.34	2.83	1.27	89.61	64.19
新疆	Xinjiang	62.72	16.04	96.83	2.29	2.81	88.53	53.39

1—4—4 续表 1 Continued 1

地 区	Region	8. 电冰箱（台）Refrigerator (set)	9. 冰柜（台）Freezer (set)	10. 彩色电视机（台）Color Television (set)	11. 影碟机（台）Video Disc Player (set)	12. 录音机（台）Tape Recorder (set)	13. 录放像机（台）Video-recorder (set)	14. 家用电脑（台）Computer (set)
全 国	**National Average**	**90.72**	**6.68**	**134.80**	**68.07**	**39.26**	**15.49**	**41.52**
北 京	Beijing	104.02	10.09	152.81	71.39	68.89	47.50	89.16
天 津	Tianjin	97.80	14.53	136.27	56.07	46.20	24.20	51.13
河 北	Hebei	92.07	15.54	124.34	50.91	41.49	14.00	37.63
山 西	Shanxi	87.08	8.94	113.69	50.96	37.10	12.07	30.16
内蒙古	Inner Mongolia	85.51	14.04	113.34	54.85	46.44	8.38	23.17
辽 宁	Liaoning	88.19	8.19	122.07	50.96	41.68	20.71	32.88
吉 林	Jilin	84.59	10.33	126.59	59.46	40.79	17.58	30.06
黑龙江	Heilongjiang	77.88	11.39	112.36	52.63	34.15	11.42	25.94
上 海	Shanghai	104.40	2.10	176.70	93.00	57.70	26.00	81.10
江 苏	Jiangsu	91.89	4.58	153.19	63.98	32.70	17.53	46.35
浙 江	Zhejiang	97.79	4.55	178.62	70.09	39.37	19.11	59.47
安 徽	Anhui	91.75	4.45	132.42	60.48	39.34	13.74	25.97
福 建	Fujian	98.43	2.12	164.49	79.83	32.45	13.48	54.89
江 西	Jiangxi	90.66	2.93	139.31	61.02	26.41	10.38	32.03
山 东	Shandong	90.96	14.67	118.30	62.67	54.91	18.24	45.64
河 南	Henan	86.33	7.29	124.62	60.77	35.82	8.39	31.82
湖 北	Hubei	95.58	5.93	131.71	75.74	28.54	9.84	42.42
湖 南	Hunan	90.30	4.79	129.23	71.62	27.60	10.60	34.94
广 东	Guangdong	93.90	0.89	155.26	88.34	47.08	17.23	70.34
广 西	Guangxi	87.20	3.54	140.39	83.07	28.48	11.17	46.67
海 南	Hainan	67.00	4.95	117.32	68.49	27.05	10.48	26.21
重 庆	Chongqing	102.00	4.33	155.33	80.33	24.33	15.00	51.33
四 川	Sichuan	92.85	3.34	138.87	82.27	29.28	10.55	32.26
贵 州	Guizhou	86.13	5.96	124.51	79.24	21.36	11.10	23.99
云 南	Yunnan	78.21	1.59	122.12	80.48	40.13	18.16	29.44
西 藏	Tibet	88.00	7.00	135.00	77.00	59.00	43.00	19.00
陕 西	Shaanxi	82.89	2.35	128.90	62.65	42.67	14.79	27.92
甘 肃	Gansu	89.08	3.71	117.98	61.88	52.52	14.18	22.99
青 海	Qinghai	80.74	6.44	111.68	67.16	36.03	7.93	21.68
宁 夏	Ningxia	79.48	1.81	108.64	63.27	24.55	6.53	23.15
新 疆	Xinjiang	79.72	7.71	105.70	61.73	50.05	13.43	23.86

地区	Region	15. 组合音响（套）Hi-Fi Stereo Component (set)	16. 摄像机（架）Pickup Camera (set)	17. 照相机（架）Camera (set)	18. 钢琴（架）Piano (set)	19. 其他中高档乐器（件）Other Medium and High Grade Musical Instrument (unit)	20. 微波炉（台）Oven (unit)	21. 空调器（台）Air Conditioner (unit)
全国	**National Average**	**28.79**	**4.32**	**46.94**	**2.25**	**6.63**	**47.61**	**80.67**
北京	Beijing	37.30	16.25	109.14	4.12	11.32	89.14	146.47
天津	Tianjin	28.80	5.67	52.53	1.27	2.67	74.33	102.13
河北	Hebei	22.81	3.98	46.47	1.51	5.82	40.27	81.43
山西	Shanxi	17.19	2.58	35.20	0.72	5.38	25.59	25.93
内蒙古	Inner Mongolia	14.27	2.89	35.40	1.11	6.88	26.18	7.64
辽宁	Liaoning	21.60	5.72	44.52	2.38	5.70	41.94	14.29
吉林	Jilin	14.06	3.67	42.28	1.15	6.87	35.77	4.77
黑龙江	Heilongjiang	13.29	4.57	32.00	1.57	5.56	29.08	7.18
上海	Shanghai	47.70	9.90	85.40	4.30	7.20	95.80	168.30
江苏	Jiangsu	28.33	5.34	45.16	2.56	4.04	76.50	123.92
浙江	Zhejiang	36.56	5.24	51.35	2.64	7.83	58.24	146.89
安徽	Anhui	22.00	2.39	35.84	1.96	7.89	40.54	81.82
福建	Fujian	29.28	3.96	47.42	2.85	5.86	70.27	134.86
江西	Jiangxi	24.64	2.35	37.35	1.50	7.17	38.93	72.41
山东	Shandong	22.28	5.09	57.59	3.02	8.51	42.88	74.40
河南	Henan	17.96	3.11	38.92	2.08	6.52	30.36	93.55
湖北	Hubei	31.57	1.99	38.33	1.63	5.84	46.86	100.63
湖南	Hunan	32.79	2.83	38.28	2.21	8.89	36.92	78.49
广东	Guangdong	56.88	6.41	64.52	4.12	9.17	61.05	168.66
广西	Guangxi	36.73	3.36	38.34	1.77	5.13	51.11	82.20
海南	Hainan	23.89	2.98	21.93	2.01	3.37	20.74	45.80
重庆	Chongqing	42.33	3.67	50.67	1.67	5.00	71.00	156.67
四川	Sichuan	30.05	2.74	40.20	2.17	4.66	42.72	77.14
贵州	Guizhou	38.71	2.79	33.73	1.72	5.06	35.18	10.66
云南	Yunnan	36.61	2.87	45.12	2.25	5.18	44.77	0.43
西藏	Tibet	32.00	6.00	56.00	0.00	2.00	34.00	5.00
陕西	Shaanxi	23.01	2.11	41.67	1.07	8.41	35.04	70.37
甘肃	Gansu	26.53	2.06	42.83	1.89	8.67	28.13	3.61
青海	Qinghai	20.80	2.99	41.68	1.46	4.70	38.22	0.00
宁夏	Ningxia	21.76	0.67	28.08	0.92	4.24	30.91	6.68
新疆	Xinjiang	16.10	3.12	37.42	2.23	5.97	19.68	7.02

1—4—4 续表 3 Continued 3

地 区	Region	22. 取暖器（台）Room Heater (unit)	23. 电炊具（台）Electric Cooking Appliances (unit)	24. 淋浴热水器（台）Shower (unit)	25. 排油烟机（台）Smoke Absorber (unit)	26. 消毒碗柜（台）Disinfection Cupboard (unit)	27. 洗碗机（台）Dishwasher (unit)	28. 饮水机（台）Drinking Machine (unit)
全 国	**National Average**	**35.51**	**107.20**	**72.65**	**67.93**	**15.77**	**0.64**	**42.40**
北 京	Beijing	36.06	132.70	97.01	93.36	8.73	0.97	57.07
天 津	Tianjin	22.40	97.33	86.47	85.13	2.60	0.33	40.07
河 北	Hebei	18.33	71.29	68.13	74.64	4.71	0.76	41.38
山 西	Shanxi	11.12	45.13	37.87	66.08	2.35	0.33	38.55
内蒙古	Inner Mongolia	5.71	156.76	42.59	64.37	1.68	0.23	31.14
辽 宁	Liaoning	15.43	85.50	60.52	79.01	4.96	0.63	25.49
吉 林	Jilin	11.63	125.53	42.48	80.46	5.29	0.47	30.22
黑龙江	Heilongjiang	7.78	162.43	30.47	75.08	4.65	0.66	32.84
上 海	Shanghai	81.60	180.10	90.30	82.20	14.10	0.40	59.10
江 苏	Jiangsu	50.35	116.32	82.69	79.65	6.87	0.81	50.78
浙 江	Zhejiang	45.15	115.30	90.35	87.96	21.70	0.84	56.87
安 徽	Anhui	44.83	97.06	64.14	54.86	5.76	0.41	29.92
福 建	Fujian	20.02	138.87	101.02	65.67	36.62	0.63	35.93
江 西	Jiangxi	80.29	84.02	81.77	46.22	9.91	0.48	38.35
山 东	Shandong	30.38	90.63	72.42	87.20	5.72	1.11	65.49
河 南	Henan	37.05	80.31	50.61	55.60	8.95	0.59	44.83
湖 北	Hubei	65.51	111.99	76.74	60.42	12.80	0.77	32.29
湖 南	Hunan	75.82	67.64	68.56	36.96	23.50	0.78	36.03
广 东	Guangdong	12.95	122.64	105.23	81.61	81.11	1.13	41.95
广 西	Guangxi	33.36	135.94	97.05	56.90	54.13	0.48	41.92
海 南	Hainan	0.23	127.50	69.48	53.53	52.19	0.69	30.46
重 庆	Chongqing	42.00	91.00	94.33	41.67	10.00	0.33	47.33
四 川	Sichuan	45.70	111.48	88.15	40.76	9.64	0.13	38.55
贵 州	Guizhou	59.68	98.12	55.37	36.92	26.86	0.20	55.85
云 南	Yunnan	33.99	114.49	64.80	73.10	11.74	0.83	62.87
西 藏	Tibet	58.00	25.00	25.00	40.00	8.00	2.00	39.00
陕 西	Shaanxi	21.37	94.00	63.16	63.83	5.05	0.21	33.99
甘 肃	Gansu	16.26	94.39	59.93	83.85	3.54	0.74	43.22
青 海	Qinghai	22.06	53.52	43.87	79.77	5.28	0.72	34.44
宁 夏	Ningxia	9.97	127.31	60.87	64.59	2.82	0.13	35.60
新 疆	Xinjiang	6.81	77.97	59.58	76.68	4.56	0.78	32.65

1—4—4 续表 4　Continued 4

地　区	Region	29. 吸尘器 (台) Dust Catcher (unit)	30. 健身器材 (套) Healthy Equipment (unit)	31. 普通电话 (部) Telephone (unit)	32. 移动电话 (部) Mobile Telephone (unit)	33. 传真机 (部) Fax-Machine (unit)
全　国	**National Average**	**13.57**	**4.68**	**94.40**	**137.00**	**1.17**
北　京	Beijing	40.09	11.86	106.84	190.00	2.65
天　津	Tianjin	24.67	3.13	93.40	122.13	0.73
河　北	Hebei	12.82	5.06	92.85	124.53	0.89
山　西	Shanxi	6.09	2.06	95.60	109.70	0.70
内蒙古	Inner Mongolia	11.58	2.07	89.60	128.38	0.62
辽　宁	Liaoning	22.14	3.37	92.74	107.14	0.56
吉　林	Jilin	16.29	5.11	88.73	142.02	0.74
黑龙江	Heilongjiang	14.97	2.70	85.78	117.02	0.79
上　海	Shanghai	54.40	9.50	102.30	180.90	5.70
江　苏	Jiangsu	17.81	5.59	130.79	120.61	2.18
浙　江	Zhejiang	18.24	6.29	96.84	174.73	3.03
安　徽	Anhui	7.99	3.86	95.94	111.33	0.24
福　建	Fujian	6.26	6.33	106.02	166.34	1.50
江　西	Jiangxi	4.51	1.77	87.80	136.26	0.16
山　东	Shandong	17.39	6.24	92.30	144.34	0.83
河　南	Henan	5.57	3.11	90.93	125.51	0.42
湖　北	Hubei	7.01	2.82	91.91	129.06	0.49
湖　南	Hunan	4.92	4.80	84.96	136.36	1.42
广　东	Guangdong	12.50	8.41	101.40	187.39	2.67
广　西	Guangxi	7.10	3.82	87.79	154.37	1.37
海　南	Hainan	1.92	1.46	97.32	128.37	0.86
重　庆	Chongqing	9.67	5.67	94.33	154.33	1.00
四　川	Sichuan	6.93	3.64	89.96	127.91	0.44
贵　州	Guizhou	5.25	2.75	89.42	119.22	0.58
云　南	Yunnan	8.65	3.95	83.16	130.77	0.72
西　藏	Tibet	7.00	1.00	89.00	112.00	0.00
陕　西	Shaanxi	6.88	3.16	88.88	116.86	0.29
甘　肃	Gansu	7.09	1.78	82.38	120.52	0.23
青　海	Qinghai	8.26	2.11	86.75	126.41	0.81
宁　夏	Ningxia	7.66	2.49	85.10	122.67	0.66
新　疆	Xinjiang	16.24	3.89	87.23	108.61	0.37

1—4—5 各地区城镇居民家庭消费支出(平均每人全年,2005 年)

Per Capita Annual Consumption Expenditure of Urban Households by Region(2005)

单位:元 Unit:yuan

地区	Region	消费支出 Consumption Expenditure	服务性消费支出 Service Consumption Expenditure	一、食品 Food	(一)粮油类 Grain and Oil	1. 粮食 Grain	2. 淀粉及薯类 Starches and Tubers	3. 干豆类及豆制品 Beans and Bean Products
全 国	**National Average**	**7942.88**	**2224.36**	**2914.39**	**389.37**	**242.16**	**23.40**	**38.38**
北 京	Beijing	13244.20	4092.89	4215.56	425.60	255.64	30.93	46.38
天 津	Tianjin	9653.26	2798.38	3542.90	415.01	257.99	34.41	35.00
河 北	Hebei	6699.67	1550.04	2315.76	381.13	219.04	22.22	30.59
山 西	Shanxi	6342.63	1784.35	2056.79	376.96	262.10	32.79	28.48
内蒙古	Inner Mongolia	6928.60	1867.24	2177.63	356.68	256.46	25.22	21.06
辽 宁	Liaoning	7369.27	2083.86	2860.98	447.20	272.84	35.38	45.33
吉 林	Jilin	6794.71	1843.37	2356.00	380.13	242.61	29.39	38.66
黑龙江	Heilongjiang	6178.01	1688.87	2071.62	387.53	255.91	29.62	30.59
上 海	Shanghai	13773.41	4447.01	4940.06	431.64	253.51	29.63	68.50
江 苏	Jiangsu	8621.82	2299.03	3205.79	373.56	223.34	24.60	53.37
浙 江	Zhejiang	12253.74	3532.17	4140.34	390.78	239.47	20.74	52.95
安 徽	Anhui	6367.67	1582.30	2781.50	384.73	235.36	19.20	40.65
福 建	Fujian	8794.41	2303.34	3595.20	463.66	306.77	22.78	45.30
江 西	Jiangxi	6109.39	1536.54	2495.09	402.69	224.96	13.56	47.72
山 东	Shandong	7457.31	1816.32	2512.73	341.59	219.23	23.94	32.32
河 南	Henan	6038.02	1564.35	2067.51	352.29	228.78	24.75	32.70
湖 北	Hubei	6736.56	1850.69	2625.41	387.17	225.11	16.47	42.30
湖 南	Hunan	7504.99	2187.23	2689.39	412.44	242.98	13.54	43.51
广 东	Guangdong	11809.87	3677.86	4265.19	428.98	284.19	16.42	30.83
广 西	Guangxi	7032.80	1903.94	2906.73	373.61	224.37	15.60	39.43
海 南	Hainan	5928.79	1582.58	2819.96	311.26	193.91	10.53	18.34
重 庆	Chongqing	8623.29	2689.82	3135.65	386.81	218.13	29.90	39.01
四 川	Sichuan	6891.27	1874.29	2709.69	381.89	222.39	24.28	33.02
贵 州	Guizhou	6159.29	1664.67	2458.30	351.82	220.00	13.15	30.93
云 南	Yunnan	6996.90	1957.49	2997.06	376.17	267.58	18.95	36.84
西 藏	Tibet	8617.11	2174.21	3830.45	529.17	356.00	24.99	9.41
陕 西	Shaanxi	6656.46	2062.73	2401.52	382.82	240.33	28.15	39.12
甘 肃	Gansu	6529.20	1794.00	2352.82	364.26	224.19	27.44	25.43
青 海	Qinghai	6245.26	1823.74	2267.36	353.75	243.98	26.11	19.46
宁 夏	Ningxia	6404.31	1641.15	2228.63	371.18	237.05	25.87	30.60
新 疆	Xinjiang	6207.52	1727.01	2257.44	377.72	252.41	22.04	23.47

单位:元 Unit:yuan

地 区	Region	4. 油脂类 Oil and Fats	(二)肉禽蛋水产品类 Meat,Poultry,Egg,Aquatic Products and Related Products	1. 肉类 Meat Products	2. 禽类 Poultry Products	3. 蛋类 Eggs	4. 水产品类 Aquatic Products	(三)蔬菜类 Vegetables
全 国	**National Average**	**85.43**	**825.20**	**426.58**	**138.33**	**71.48**	**188.80**	**275.52**
北 京	Beijing	92.65	906.08	534.14	115.52	82.42	174.00	294.87
天 津	Tianjin	87.60	949.68	453.68	93.52	115.45	287.03	270.39
河 北	Hebei	109.28	604.63	331.49	70.90	89.81	112.43	254.27
山 西	Shanxi	53.58	392.56	243.38	37.24	75.18	36.77	247.57
内蒙古	Inner Mongolia	53.94	485.63	334.98	49.42	51.16	50.08	169.50
辽 宁	Liaoning	93.66	798.13	404.13	75.94	93.81	224.24	329.41
吉 林	Jilin	69.47	593.48	358.73	56.28	65.43	113.03	273.87
黑龙江	Heilongjiang	71.41	525.23	319.35	52.14	60.57	93.17	195.90
上 海	Shanghai	80.00	1345.35	462.17	233.24	76.69	573.26	382.63
江 苏	Jiangsu	72.26	963.04	445.50	176.54	74.84	266.16	291.55
浙 江	Zhejiang	77.62	1151.41	398.39	180.58	56.65	515.79	335.17
安 徽	Anhui	89.53	804.02	424.02	148.02	99.61	132.38	274.31
福 建	Fujian	88.81	1498.40	587.85	206.32	80.78	623.46	335.00
江 西	Jiangxi	116.44	754.52	426.16	131.15	56.72	140.48	271.67
山 东	Shandong	66.11	676.41	353.55	80.37	95.54	146.95	211.92
河 南	Henan	66.05	490.76	290.47	80.69	76.06	43.54	217.28
湖 北	Hubei	103.30	705.15	407.18	91.73	58.95	147.29	305.48
湖 南	Hunan	112.42	769.50	440.82	141.84	54.52	132.31	257.10
广 东	Guangdong	97.54	1508.52	710.04	337.50	55.33	405.66	348.64
广 西	Guangxi	94.21	1105.92	573.50	303.03	50.93	178.47	266.69
海 南	Hainan	88.49	1244.18	547.28	262.81	35.10	398.99	268.93
重 庆	Chongqing	99.77	888.19	486.44	206.14	73.37	122.24	308.14
四 川	Sichuan	102.21	809.52	483.06	174.65	68.98	82.82	274.23
贵 州	Guizhou	87.74	669.46	435.07	130.01	54.49	49.89	240.75
云 南	Yunnan	52.80	677.66	398.88	124.09	61.32	93.37	347.85
西 藏	Tibet	138.77	951.31	629.13	138.69	58.99	124.50	470.82
陕 西	Shaanxi	75.23	442.16	259.61	65.71	59.35	57.49	207.95
甘 肃	Gansu	87.21	465.66	288.23	70.03	56.95	50.45	213.04
青 海	Qinghai	64.20	546.41	380.75	58.78	47.41	59.47	195.48
宁 夏	Ningxia	77.67	457.82	290.39	71.55	42.66	53.22	198.03
新 疆	Xinjiang	79.80	553.85	366.56	80.43	48.55	58.31	205.68

1—4—5 续表 2　Continued 2

单位:元　　Unit:yuan

地区	Region	1. 鲜菜 Fresh Vegetables	2. 干菜 Dried Vegetables	3. 菜制品 Vegetable Products	(四)调味品 Condiments	(五)糖烟酒饮料类 Sugar, Tobacco, Liquor and Beverages	1. 糖类 Sugar	2. 烟草类 Tobacco
全国	**National Average**	**248.78**	**17.41**	**9.33**	**37.04**	**309.73**	**29.01**	**146.02**
北京	Beijing	257.73	23.58	13.56	74.99	477.93	52.81	139.13
天津	Tianjin	246.47	17.06	6.86	61.62	378.89	29.98	144.56
河北	Hebei	223.40	23.00	7.87	31.40	323.51	30.12	118.74
山西	Shanxi	229.60	10.61	7.36	24.45	233.64	17.09	131.84
内蒙古	Inner Mongolia	153.01	9.70	6.79	28.81	264.12	20.81	119.99
辽宁	Liaoning	281.89	40.06	7.47	49.74	377.39	38.89	174.86
吉林	Jilin	241.87	21.41	10.59	33.75	251.12	28.61	103.26
黑龙江	Heilongjiang	175.25	15.41	5.24	32.61	188.69	20.64	73.31
上海	Shanghai	343.78	20.70	18.15	52.58	555.30	65.57	258.80
江苏	Jiangsu	267.37	12.98	11.20	39.19	350.91	26.05	191.74
浙江	Zhejiang	295.93	21.63	17.61	35.83	553.13	33.15	325.79
安徽	Anhui	255.43	13.02	5.86	35.01	417.06	22.86	186.41
福建	Fujian	286.57	35.10	13.32	45.09	291.91	24.36	129.19
江西	Jiangxi	238.79	22.02	10.86	27.90	210.93	24.36	105.74
山东	Shandong	192.47	10.75	8.69	30.04	248.28	19.39	75.49
河南	Henan	204.35	8.72	4.20	29.48	233.32	17.16	96.56
湖北	Hubei	279.98	14.51	10.98	35.70	286.06	23.66	153.26
湖南	Hunan	233.43	13.71	9.96	26.05	279.90	31.28	154.09
广东	Guangdong	308.93	27.64	12.07	38.09	248.65	39.52	96.20
广西	Guangxi	235.65	18.24	12.81	28.24	166.36	26.13	65.67
海南	Hainan	244.36	10.68	13.89	30.27	174.07	18.35	93.95
重庆	Chongqing	286.20	14.80	7.14	44.67	349.14	34.99	207.50
四川	Sichuan	253.95	13.57	6.71	44.38	289.59	31.71	153.30
贵州	Guizhou	212.84	16.50	11.41	33.28	338.41	33.90	194.28
云南	Yunnan	332.69	7.47	7.69	29.62	425.60	25.27	296.65
西藏	Tibet	427.76	39.24	3.83	52.97	888.61	114.50	439.73
陕西	Shaanxi	188.46	11.65	7.83	36.17	257.18	20.23	132.22
甘肃	Gansu	197.44	11.26	4.33	34.70	304.07	19.42	152.50
青海	Qinghai	179.92	9.48	6.08	29.99	276.56	26.03	117.44
宁夏	Ningxia	186.85	6.72	4.46	28.75	248.22	24.17	125.60
新疆	Xinjiang	190.41	9.24	6.03	26.05	204.00	31.76	82.12

1—4—5 续表 3 Continued 3

单位:元 Unit:yuan

地 区	Region	3. 酒类 Liquor	4. 饮料 Beverages	(六)干鲜瓜果类 Dried and Fresh Melons and Fruits	1. 鲜果 Fruits	2. 鲜瓜 Melons	3. 干果 Dried Fruits	4. 瓜果制品 Fruit and Melon Products
全 国	**National Average**	**76.29**	**58.43**	**206.31**	**127.74**	**32.22**	**8.61**	**5.39**
北 京	Beijing	109.09	176.90	380.43	216.81	60.52	16.89	13.57
天 津	Tianjin	113.39	90.96	282.58	157.48	46.58	6.88	9.27
河 北	Hebei	105.43	69.22	185.35	115.39	32.77	9.69	3.95
山 西	Shanxi	45.03	39.68	144.14	82.24	25.93	8.94	4.53
内蒙古	Inner Mongolia	79.46	43.87	172.88	105.77	29.29	9.15	3.82
辽 宁	Liaoning	95.92	67.71	269.80	185.53	39.68	11.24	3.93
吉 林	Jilin	65.12	54.13	235.85	162.71	40.26	6.83	3.90
黑龙江	Heilongjiang	54.48	40.26	188.22	122.73	30.43	5.20	4.43
上 海	Shanghai	114.54	116.38	333.68	171.18	71.28	13.74	14.78
江 苏	Jiangsu	79.36	53.76	192.83	99.67	40.86	8.17	5.97
浙 江	Zhejiang	115.78	78.41	297.06	169.20	49.86	15.82	7.85
安 徽	Anhui	139.86	67.93	167.60	87.86	37.33	10.01	4.52
福 建	Fujian	65.11	73.26	228.64	160.81	17.21	6.91	11.87
江 西	Jiangxi	49.95	30.88	178.15	107.77	28.51	8.20	6.33
山 东	Shandong	99.14	54.26	206.89	120.48	38.50	8.40	5.24
河 南	Henan	77.85	41.75	146.95	83.68	28.36	6.02	3.84
湖 北	Hubei	69.49	39.64	151.75	85.00	29.01	6.92	3.60
湖 南	Hunan	63.80	30.74	209.38	121.41	41.28	12.78	4.80
广 东	Guangdong	33.60	79.32	237.78	175.09	19.25	8.52	8.25
广 西	Guangxi	41.15	33.41	183.00	127.20	20.21	5.67	3.66
海 南	Hainan	26.34	35.42	145.17	121.05	12.19	2.10	1.46
重 庆	Chongqing	63.78	42.86	182.27	117.42	20.34	5.93	3.59
四 川	Sichuan	63.09	41.50	168.92	114.77	16.26	5.78	1.89
贵 州	Guizhou	62.88	47.37	174.41	124.59	16.21	4.26	2.11
云 南	Yunnan	42.03	61.65	178.86	143.66	10.05	1.84	3.77
西 藏	Tibet	209.69	124.69	240.26	203.05	23.82	8.08	1.13
陕 西	Shaanxi	54.99	49.74	170.54	94.89	29.13	7.07	4.34
甘 肃	Gansu	89.83	42.32	192.89	110.58	32.10	11.94	3.34
青 海	Qinghai	94.91	38.18	163.00	96.98	21.80	10.36	3.05
宁 夏	Ningxia	53.00	45.46	198.80	118.90	31.94	6.91	4.48
新 疆	Xinjiang	52.92	37.20	200.17	112.83	26.13	18.25	3.92

1—4—5 续表 4 Continued 4

单位:元 Unit:yuan

地 区	Region	5. 坚果及果 仁 Nuts and Kernels	(七)糕点、奶及奶制品 Cake, Milk and Its Products	1. 糕点 Cake	2. 奶及奶制 品 Milk and Its Products	(八)其他食品 Other Food	半成品 Semi-manufactured Goods	(九)饮食服务 Dietetic Services
全 国	**National Average**	**32.35**	**200.03**	**61.41**	**138.62**	**62.67**	**11.80**	**608.51**
北 京	Beijing	72.63	422.25	151.82	270.43	85.13	26.62	1148.28
天 津	Tianjin	62.36	257.07	107.90	149.17	80.06	5.76	847.60
河 北	Hebei	23.55	184.29	50.04	134.25	19.59	3.96	331.59
山 西	Shanxi	22.51	199.68	45.42	154.26	31.97	3.79	405.82
内蒙古	Inner Mongolia	24.86	154.34	34.20	120.14	96.01	5.68	449.65
辽 宁	Liaoning	29.42	200.28	60.13	140.14	39.16	13.57	349.88
吉 林	Jilin	22.15	149.42	44.12	105.30	42.30	6.46	396.09
黑龙江	Heilongjiang	25.42	131.04	35.44	95.60	35.47	6.21	386.93
上 海	Shanghai	62.69	379.21	132.33	246.88	128.58	0.00	1331.09
江 苏	Jiangsu	38.16	214.17	57.88	156.29	102.95	16.35	677.57
浙 江	Zhejiang	54.33	227.17	71.90	155.28	84.66	24.01	1065.13
安 徽	Anhui	27.89	209.08	54.43	154.65	52.52	4.80	437.18
福 建	Fujian	31.83	208.89	56.55	152.34	48.83	19.57	474.78
江 西	Jiangxi	27.33	169.19	49.56	119.63	79.95	12.70	400.09
山 东	Shandong	34.28	228.07	68.47	159.61	83.28	6.64	486.25
河 南	Henan	25.05	163.83	48.58	115.26	41.80	8.41	391.82
湖 北	Hubei	27.22	167.59	57.33	110.25	46.25	12.02	540.27
湖 南	Hunan	29.10	162.56	43.36	119.20	85.86	9.21	486.61
广 东	Guangdong	26.67	219.74	85.25	134.49	65.59	29.05	1169.20
广 西	Guangxi	26.26	145.11	45.53	99.58	56.66	7.48	581.14
海 南	Hainan	8.36	113.00	43.47	69.53	24.79	1.93	508.28
重 庆	Chongqing	35.00	216.85	48.80	168.05	56.11	20.70	703.47
四 川	Sichuan	30.22	181.42	42.56	138.86	46.17	16.46	513.54
贵 州	Guizhou	27.24	142.86	46.46	96.40	68.96	6.43	438.33
云 南	Yunnan	19.54	156.62	78.39	78.23	48.58	6.25	756.10
西 藏	Tibet	4.19	378.17	38.27	339.90	33.85	20.53	285.29
陕 西	Shaanxi	35.12	189.23	64.92	124.31	59.60	9.31	655.88
甘 肃	Gansu	34.92	175.17	38.37	136.80	96.18	7.20	506.84
青 海	Qinghai	30.79	143.60	39.17	104.44	99.65	19.52	458.93
宁 夏	Ningxia	36.57	160.19	36.02	124.17	81.51	8.90	484.11
新 疆	Xinjiang	39.04	163.66	49.92	113.75	48.13	11.79	478.19

1—4—5 续表 5　Continued 5

单位:元　　Unit: yuan

地　区	Region	1. 食品加工服务费 Food Processing Service Fees	2. 在外饮食 Dining	二、衣着 Clothing	(一)服装 Garments	1. 男士服装 Men's Clothing	2. 女士服装 Women's Clothing	3. 童装 Children's Clothing
全　国	**National Average**	**1.29**	**607.23**	**800.51**	**577.00**	**232.60**	**300.66**	**43.74**
北　京	Beijing	0.93	1147.35	1184.14	803.19	307.36	460.79	35.04
天　津	Tianjin	0.37	847.23	698.91	488.89	211.52	257.79	19.57
河　北	Hebei	0.97	330.62	787.33	551.98	209.22	290.25	52.51
山　西	Shanxi	0.45	405.37	933.03	689.93	260.78	343.29	85.86
内蒙古	Inner Mongolia	1.03	448.62	1047.91	733.05	337.83	361.11	34.11
辽　宁	Liaoning	1.63	348.25	740.83	506.85	184.50	281.49	40.86
吉　林	Jilin	1.75	394.34	826.21	588.07	236.25	311.54	40.27
黑龙江	Heilongjiang	0.51	386.42	877.96	605.66	252.87	321.20	31.59
上　海	Shanghai	0.14	1330.94	940.45	694.12	292.68	365.23	36.21
江　苏	Jiangsu	1.60	675.97	804.23	588.12	267.99	282.66	37.46
浙　江	Zhejiang	1.44	1063.68	1264.06	969.77	382.96	501.59	85.23
安　徽	Anhui	0.94	436.24	763.54	549.04	210.96	280.17	57.91
福　建	Fujian	0.43	474.35	708.79	549.83	218.42	289.14	42.27
江　西	Jiangxi	1.39	398.70	647.80	475.90	191.46	252.19	32.24
山　东	Shandong	1.47	484.78	925.94	665.02	280.26	336.49	48.27
河　南	Henan	0.36	391.46	806.39	595.33	254.41	298.68	42.24
湖　北	Hubei	1.62	538.65	806.67	579.78	255.46	287.52	36.81
湖　南	Hunan	0.67	485.94	790.70	568.38	235.05	296.79	36.53
广　东	Guangdong	0.19	1169.01	673.90	490.96	181.26	256.06	53.64
广　西	Guangxi	1.21	579.93	519.96	385.21	159.25	198.48	27.48
海　南	Hainan	0.14	508.14	309.45	242.37	91.56	109.13	41.68
重　庆	Chongqing	6.90	696.57	849.53	626.15	230.64	363.78	31.73
四　川	Sichuan	3.58	509.97	640.91	458.34	177.22	250.67	30.44
贵　州	Guizhou	1.15	437.18	702.90	500.56	176.02	279.95	44.58
云　南	Yunnan	0.45	755.65	643.94	488.20	165.88	247.12	75.21
西　藏	Tibet	5.28	280.00	1051.80	663.21	232.64	319.65	110.92
陕　西	Shaanxi	0.70	655.18	673.07	474.25	197.62	249.33	27.30
甘　肃	Gansu	0.36	506.48	806.26	560.26	261.94	267.88	30.44
青　海	Qinghai	0.33	458.59	690.76	495.13	201.52	252.10	41.51
宁　夏	Ningxia	0.31	483.79	776.51	567.43	224.83	309.07	33.53
新　疆	Xinjiang	1.00	477.19	825.98	578.27	201.86	328.17	48.25

1—4—5 续表 6　Continued 6

单位:元　　Unit:yuan

地 区	Region	(二)衣着材料 Clothing Materials	(三)鞋类 Shoes	(四)其他衣着用品 Other Clothing	(五)衣着加工服务费 Tailoring and Laundering Services	三、家庭设备用品及服务 Household Appliances and Services	(一)耐用消费品 Durable Consumer Goods	1. 家具 Furniture
全 国	**National Average**	**9.55**	**176.18**	**31.12**	**6.67**	**446.52**	**213.21**	**69.99**
北 京	Beijing	16.81	296.16	52.50	15.48	852.18	441.98	195.32
天 津	Tianjin	11.52	160.05	30.51	7.95	524.20	294.67	125.82
河 北	Hebei	13.19	184.62	30.15	7.40	414.49	248.44	68.39
山 西	Shanxi	11.75	192.07	36.89	2.40	359.44	195.64	67.99
内蒙古	Inner Mongolia	10.21	229.60	63.81	11.24	394.37	172.12	74.05
辽 宁	Liaoning	7.89	182.08	37.40	6.62	304.80	93.55	34.76
吉 林	Jilin	7.52	193.02	28.71	8.89	279.58	125.93	44.21
黑龙江	Heilongjiang	7.04	218.79	38.54	7.93	282.78	121.16	36.50
上 海	Shanghai	15.30	182.43	36.43	12.16	800.30	409.74	195.22
江 苏	Jiangsu	9.73	163.83	34.28	8.27	586.84	286.12	80.08
浙 江	Zhejiang	10.92	240.57	33.61	9.19	609.18	285.25	71.74
安 徽	Anhui	9.65	177.42	24.52	2.91	290.88	153.93	38.41
福 建	Fujian	3.30	132.38	20.01	3.28	455.36	203.70	39.04
江 西	Jiangxi	12.45	133.30	20.87	5.28	426.99	206.77	54.39
山 东	Shandong	12.43	198.25	42.05	8.19	503.36	275.55	80.17
河 南	Henan	9.96	168.78	27.27	5.04	376.27	190.08	62.78
湖 北	Hubei	11.76	180.43	27.60	7.09	371.00	162.59	37.00
湖 南	Hunan	9.05	178.29	29.90	5.08	450.97	204.97	46.14
广 东	Guangdong	1.90	151.06	25.29	4.70	605.12	230.86	88.53
广 西	Guangxi	7.19	106.05	17.54	3.97	420.66	209.65	61.05
海 南	Hainan	0.54	55.56	9.74	1.25	304.05	118.46	51.46
重 庆	Chongqing	4.87	186.91	26.52	5.08	583.50	334.07	103.94
四 川	Sichuan	9.04	144.35	22.09	7.09	422.73	202.60	60.58
贵 州	Guizhou	8.25	167.04	23.84	3.22	335.68	113.47	39.75
云 南	Yunnan	8.26	128.24	17.91	1.32	291.17	131.74	61.64
西 藏	Tibet	1.51	368.42	13.33	5.34	476.27	96.27	11.38
陕 西	Shaanxi	12.91	152.31	26.85	6.75	371.81	177.65	65.97
甘 肃	Gansu	12.77	175.85	49.87	7.51	366.20	186.47	82.28
青 海	Qinghai	7.90	142.65	39.21	5.86	356.53	168.30	80.73
宁 夏	Ningxia	12.94	160.68	27.49	7.98	417.38	225.77	106.41
新 疆	Xinjiang	13.68	187.79	35.71	10.53	309.97	121.97	39.31

1—4—5 续表 7 Continued 7

单位:元

Unit:yuan

地 区	Region	2. 家庭设备 Household Appliances	(二)室内装饰品 Room Decorations	1. 纺织装饰品 Textile Decorations	2. 装饰灯具 Decorative Lamps and Lanterns	3. 其他装饰品 Other Docorations	(三)床上用品 Bed Articles	(四)家庭日用杂品 Household Articles for Daily Use
全 国	**National Average**	**143. 23**	**16. 55**	**6. 10**	**4. 39**	**6. 06**	**39. 65**	**138. 44**
北 京	Beijing	246. 66	33. 63	12. 60	8. 73	12. 30	53. 58	246. 90
天 津	Tianjin	168. 84	25. 89	5. 90	7. 10	12. 90	29. 39	135. 60
河 北	Hebei	180. 05	19. 06	5. 68	9. 15	4. 24	39. 49	89. 45
山 西	Shanxi	127. 65	17. 49	5. 27	3. 65	8. 58	23. 36	98. 31
内蒙古	Inner Mongolia	98. 06	29. 63	11. 62	8. 17	9. 84	39. 78	131. 26
辽 宁	Liaoning	58. 79	24. 78	8. 10	7. 01	9. 66	44. 82	115. 56
吉 林	Jilin	81. 72	7. 13	3. 05	2. 26	1. 82	27. 54	105. 70
黑龙江	Heilongjiang	84. 66	11. 37	3. 37	3. 02	4. 97	29. 86	98. 86
上 海	Shanghai	214. 52	31. 22	14. 27	4. 27	12. 69	73. 92	185. 49
江 苏	Jiangsu	206. 04	16. 32	6. 58	5. 99	3. 75	44. 75	184. 61
浙 江	Zhejiang	213. 51	26. 78	9. 00	5. 38	12. 40	74. 24	155. 03
安 徽	Anhui	115. 53	7. 83	2. 81	2. 79	2. 22	21. 69	90. 30
福 建	Fujian	164. 65	8. 14	1. 89	3. 59	2. 66	37. 46	151. 20
江 西	Jiangxi	152. 38	10. 58	3. 34	2. 60	4. 64	38. 30	134. 12
山 东	Shandong	195. 38	20. 40	9. 09	4. 80	6. 51	37. 78	151. 13
河 南	Henan	127. 30	13. 65	5. 61	2. 32	5. 71	37. 74	106. 87
湖 北	Hubei	125. 59	10. 05	5. 22	1. 75	3. 09	26. 31	143. 88
湖 南	Hunan	158. 83	12. 84	3. 97	4. 55	4. 32	42. 51	152. 07
广 东	Guangdong	142. 33	16. 14	4. 08	2. 23	9. 82	58. 36	202. 34
广 西	Guangxi	148. 60	13. 05	5. 41	2. 62	5. 03	38. 55	130. 11
海 南	Hainan	66. 99	9. 68	2. 21	1. 86	5. 61	25. 78	129. 17
重 庆	Chongqing	230. 13	30. 86	7. 46	14. 53	8. 87	44. 19	139. 69
四 川	Sichuan	142. 02	10. 78	5. 86	2. 83	2. 09	32. 96	130. 60
贵 州	Guizhou	73. 72	4. 86	2. 04	1. 13	1. 69	26. 56	168. 03
云 南	Yunnan	70. 10	7. 64	2. 45	3. 05	2. 15	48. 42	84. 44
西 藏	Tibet	84. 89	41. 22	4. 78	11. 64	24. 80	134. 85	177. 19
陕 西	Shaanxi	111. 69	12. 68	4. 75	3. 68	4. 25	29. 77	126. 64
甘 肃	Gansu	104. 18	16. 28	6. 17	4. 83	5. 28	29. 04	115. 81
青 海	Qinghai	87. 57	17. 45	7. 70	5. 07	4. 69	33. 56	120. 69
宁 夏	Ningxia	119. 36	23. 35	13. 21	5. 90	4. 24	25. 68	120. 97
新 疆	Xinjiang	82. 67	22. 41	10. 88	4. 66	6. 86	22. 86	117. 92

1—4—5 续表 8　Continued 8

单位:元　　Unit:yuan

地　区	Region	1. 厨、餐、茶　具 Cooking Appliances Dish ware and Tea Set	2. 家用工具 Household Appliances	3. 家居清洁用品 Household Cleansing Appliances	4. 其他日用杂品 Other Aticles for Daily Use	(五)家具材料 Furniture Materials	(六)家庭服务 Household Services	1. 家政服务 Housekeeping Services
全　国	**National Average**	**21.48**	**1.29**	**25.55**	**90.11**	**2.95**	**35.72**	**22.53**
北　京	Beijing	36.72	0.61	42.98	166.60	5.95	70.15	49.15
天　津	Tianjin	17.99	0.80	31.08	85.72	1.18	37.47	19.07
河　北	Hebei	14.15	2.60	20.43	52.27	3.30	14.75	8.22
山　西	Shanxi	14.80	1.74	13.25	68.53	3.07	21.56	10.16
内蒙古	Inner Mongolia	23.35	2.64	20.14	85.12	3.44	18.15	10.53
辽　宁	Liaoning	20.15	5.32	29.68	60.41	7.63	18.46	9.00
吉　林	Jilin	14.48	1.51	23.83	65.88	1.02	12.27	8.19
黑龙江	Heilongjiang	14.25	2.10	21.05	61.46	2.95	18.59	9.14
上　海	Shanghai	32.08	0.53	38.66	114.22	1.90	98.02	69.59
江　苏	Jiangsu	27.42	0.95	24.07	132.18	2.37	52.67	36.51
浙　江	Zhejiang	26.57	1.42	23.16	103.89	9.96	57.92	41.92
安　徽	Anhui	13.04	0.44	16.07	60.74	2.13	15.00	7.32
福　建	Fujian	24.77	0.52	32.77	93.15	1.08	53.78	42.08
江　西	Jiangxi	17.85	0.44	26.38	89.45	4.99	32.23	16.58
山　东	Shandong	22.46	2.11	23.38	103.18	2.42	16.07	7.35
河　南	Henan	22.12	0.80	18.28	65.68	4.37	23.58	10.85
湖　北	Hubei	24.59	0.30	26.76	92.23	0.56	27.61	12.28
湖　南	Hunan	24.99	1.07	24.60	101.40	4.77	33.81	19.90
广　东	Guangdong	28.68	0.64	38.69	134.33	0.47	96.95	76.81
广　西	Guangxi	21.72	0.96	21.92	85.51	0.64	28.67	14.49
海　南	Hainan	15.00	0.50	36.50	77.18	1.15	19.81	12.14
重　庆	Chongqing	18.17	0.40	21.97	99.15	0.62	34.08	22.84
四　川	Sichuan	18.69	0.60	27.16	84.14	3.44	42.34	24.44
贵　州	Guizhou	25.26	0.57	28.41	113.79	0.92	21.85	9.46
云　南	Yunnan	12.29	0.25	16.32	55.58	1.66	17.26	10.97
西　藏	Tibet	51.81	3.50	48.00	73.87	8.12	18.62	6.16
陕　西	Shaanxi	21.29	0.58	24.41	80.37	4.28	20.80	7.70
甘　肃	Gansu	17.45	1.13	21.73	75.50	2.72	15.88	3.14
青　海	Qinghai	18.04	7.44	17.93	77.28	6.82	9.72	3.92
宁　夏	Ningxia	23.38	0.29	21.10	76.21	0.55	21.05	10.83
新　疆	Xinjiang	19.38	1.63	26.10	70.82	1.34	23.47	11.63

单位:元 Unit:yuan

地区	Region	2. 加工维修服务费 Manufactoring Upkeep	四、医疗保健 Health Care and Medical Services	(一)医疗器具 Medical Appliances	(二)保健器具 Health Care Appliances	(三)药品费 Medicine	(四)滋补保健品 Health Products	(五)医疗费 Health Care Services
全国	**National Average**	**13.19**	**600.85**	**4.85**	**12.23**	**320.91**	**66.47**	**188.89**
北京	Beijing	21.00	1295.76	10.15	35.53	640.86	217.66	378.53
天津	Tianjin	18.41	996.35	4.06	17.40	554.70	51.07	359.05
河北	Hebei	6.53	642.71	11.49	11.49	339.08	58.67	209.93
山西	Shanxi	11.40	538.70	2.29	11.39	297.37	29.50	186.90
内蒙古	Inner Mongolia	7.62	533.36	5.81	9.78	304.26	39.91	165.10
辽宁	Liaoning	9.45	751.16	7.14	14.06	315.17	74.04	322.69
吉林	Jilin	4.07	675.77	1.57	6.48	359.50	98.50	207.74
黑龙江	Heilongjiang	9.45	613.15	6.56	8.47	325.92	44.33	213.56
上海	Shanghai	28.43	796.82	4.93	39.63	333.56	234.91	176.28
江苏	Jiangsu	16.17	579.32	5.13	10.71	282.79	94.39	179.64
浙江	Zhejiang	16.00	831.79	3.56	16.13	397.43	225.10	182.81
安徽	Anhui	7.69	400.34	0.50	5.89	218.51	13.14	161.91
福建	Fujian	11.70	478.41	15.40	11.13	236.88	69.23	141.30
江西	Jiangxi	15.65	326.46	1.01	5.76	195.29	26.85	94.25
山东	Shandong	8.72	579.01	4.93	17.17	308.23	64.36	171.08
河南	Henan	12.72	472.31	2.72	6.99	303.43	25.71	129.55
湖北	Hubei	15.33	499.34	3.71	6.05	250.06	41.01	190.81
湖南	Hunan	13.91	601.34	0.75	9.27	346.69	56.56	180.40
广东	Guangdong	20.14	704.90	9.59	18.23	385.68	89.85	194.75
广西	Guangxi	14.18	466.04	2.04	2.97	294.09	32.37	132.19
海南	Hainan	7.67	351.06	1.44	1.73	168.42	22.79	154.24
重庆	Chongqing	11.24	629.32	2.06	4.73	361.34	56.35	198.06
四川	Sichuan	17.90	442.83	2.73	10.51	276.82	35.19	113.99
贵州	Guizhou	12.39	403.43	1.48	8.17	232.44	16.19	142.11
云南	Yunnan	6.29	663.01	10.50	19.97	378.27	26.49	222.83
西藏	Tibet	12.46	338.57	0.00	2.20	193.50	55.23	87.20
陕西	Shaanxi	13.10	605.31	5.45	4.12	380.67	22.58	188.36
甘肃	Gansu	12.74	492.23	1.39	9.07	314.35	22.95	139.09
青海	Qinghai	5.80	554.11	1.47	8.48	268.60	22.48	247.65
宁夏	Ningxia	10.22	535.92	3.27	6.70	364.90	22.90	135.22
新疆	Xinjiang	11.84	499.16	3.44	4.81	241.14	38.36	206.99

1—4—5 续表 10　Continued 10

单位:元　　Unit:yuan

地　区	Region	(六)其他 Other	五、交通和通讯 Transport and Communications	(一)交通 Transport	1. 家庭交通工具 Transportation Facility	2. 车辆用燃料及零配件 Fuels and Parts	3. 交通工具服务支出 Using and Upkeep Fare	4. 交通费 Traffic Fare
全　国	**National Average**	**7.51**	**996.72**	**499.63**	**207.70**	**52.31**	**48.79**	**190.83**
北　京	Beijing	13.03	1943.48	1100.66	499.04	135.45	127.29	338.88
天　津	Tianjin	10.07	998.01	505.26	249.28	35.50	49.65	170.83
河　北	Hebei	12.05	772.34	385.26	221.11	38.03	24.25	101.88
山　西	Shanxi	11.26	604.35	188.51	50.69	19.52	13.01	105.29
内蒙古	Inner Mongolia	8.49	755.51	320.08	88.74	38.93	37.28	155.13
辽　宁	Liaoning	18.07	744.02	282.18	32.90	12.95	6.98	229.36
吉　林	Jilin	1.97	733.50	319.08	62.68	13.07	7.06	236.28
黑龙江	Heilongjiang	14.32	596.97	232.85	20.92	15.71	24.03	172.19
上　海	Shanghai	7.49	1983.72	1161.33	441.85	68.02	130.81	520.64
江　苏	Jiangsu	6.67	1050.88	632.27	348.89	69.06	68.52	145.80
浙　江	Zhejiang	6.76	2097.41	1298.95	849.46	126.49	124.17	198.84
安　徽	Anhui	0.39	676.86	258.97	49.95	15.70	14.33	178.99
福　建	Fujian	4.47	1048.71	384.29	132.75	61.45	36.58	153.51
江　西	Jiangxi	3.30	567.52	191.38	50.17	15.04	11.59	114.59
山　东	Shandong	13.23	902.32	476.71	239.05	53.56	40.65	143.45
河　南	Henan	3.92	636.57	177.07	54.84	27.45	15.13	79.65
湖　北	Hubei	7.71	649.87	242.81	39.92	16.02	14.53	172.34
湖　南	Hunan	7.67	801.27	296.19	37.54	29.36	15.50	213.78
广　东	Guangdong	6.80	2333.05	1557.60	871.51	225.85	204.32	255.93
广　西	Guangxi	2.39	703.39	317.77	66.29	54.51	51.16	145.81
海　南	Hainan	2.44	728.29	350.96	48.45	99.11	25.04	178.36
重　庆	Chongqing	6.78	929.92	324.43	12.98	9.20	17.09	285.17
四　川	Sichuan	3.58	827.66	402.68	149.98	34.09	35.86	182.74
贵　州	Guizhou	3.04	625.44	219.51	8.30	10.98	13.41	186.82
云　南	Yunnan	4.95	930.59	390.74	150.30	58.30	63.60	118.55
西　藏	Tibet	0.44	1309.95	520.43	135.84	21.16	11.99	351.44
陕　西	Shaanxi	4.12	630.16	217.62	24.20	11.34	11.83	170.26
甘　肃	Gansu	5.38	638.63	243.33	40.32	7.01	6.89	189.11
青　海	Qinghai	5.45	691.25	347.14	61.48	10.58	13.50	261.58
宁　夏	Ningxia	2.93	705.69	291.37	50.74	27.02	10.24	203.37
新　疆	Xinjiang	4.41	757.09	375.77	104.42	15.79	14.06	241.50

单位:元　　Unit:yuan

地区	Region	(二)通信 Communication	1. 通信工具 Communication Facility	2. 通信服务 Communication Sercies	六、教育文化娱乐服务 Recreation, Education and Culture	(一)文化娱乐用品 Cultural and Recreational Articles	(二)文化娱乐服务 Expenditure of Culture and Recreation	1. 参观游览 Touring and Outgoing
全国	**National Average**	**497.09**	**80.64**	**416.45**	**1097.46**	**280.21**	**245.93**	**30.00**
北京	Beijing	842.82	172.19	670.63	2186.55	677.36	584.43	119.92
天津	Tianjin	492.74	78.04	414.70	1283.70	382.50	184.81	41.06
河北	Hebei	387.08	62.44	324.64	795.43	234.71	152.10	23.55
山西	Shanxi	415.84	70.60	345.24	932.53	215.48	168.22	39.46
内蒙古	Inner Mongolia	435.44	101.11	334.32	968.81	263.24	200.80	41.30
辽宁	Liaoning	461.83	43.80	418.03	849.53	194.40	126.00	25.06
吉林	Jilin	414.42	65.97	348.44	800.22	176.88	121.26	20.04
黑龙江	Heilongjiang	364.12	60.10	304.02	802.49	180.88	141.75	16.16
上海	Shanghai	822.39	148.76	673.63	2272.76	647.16	489.44	35.21
江苏	Jiangsu	418.61	89.97	328.65	1287.90	362.03	269.59	29.94
浙江	Zhejiang	798.46	121.77	676.69	1849.73	412.50	464.54	37.16
安徽	Anhui	417.89	55.28	362.61	666.42	194.04	119.59	15.86
福建	Fujian	664.42	96.84	567.58	1106.95	319.35	256.20	19.11
江西	Jiangxi	376.14	61.55	314.59	805.41	184.49	228.11	53.63
山东	Shandong	425.61	92.01	333.60	1039.99	328.13	165.22	36.32
河南	Henan	459.50	67.80	391.70	805.08	208.65	174.70	16.31
湖北	Hubei	407.06	66.93	340.13	904.76	192.73	194.74	21.34
湖南	Hunan	505.08	103.38	401.70	1138.67	251.25	305.25	27.18
广东	Guangdong	775.45	93.39	682.06	1669.09	353.93	559.22	44.37
广西	Guangxi	385.63	77.16	308.47	998.87	250.92	219.82	12.57
海南	Hainan	377.33	50.90	326.43	652.03	162.66	142.26	17.30
重庆	Chongqing	605.49	98.18	507.31	1391.11	359.55	259.03	20.37
四川	Sichuan	424.99	64.28	360.70	909.03	230.52	228.83	16.65
贵州	Guizhou	405.93	47.38	358.55	811.73	204.82	223.89	22.07
云南	Yunnan	539.86	71.68	468.18	775.61	213.22	224.96	35.45
西藏	Tibet	789.51	40.71	748.80	678.26	121.58	128.59	17.94
陕西	Shaanxi	412.54	75.19	337.34	1081.92	210.97	169.13	22.05
甘肃	Gansu	395.30	70.71	324.59	942.75	257.10	179.76	26.14
青海	Qinghai	344.11	52.07	292.04	803.08	218.99	223.57	60.62
宁夏	Ningxia	414.32	87.34	326.98	769.97	219.56	162.11	21.73
新疆	Xinjiang	381.32	57.95	323.37	741.35	182.77	102.33	16.03

1—4—5 续表 12　Continued 12

单位:元　　　　Unit:yuan

地 区	Region	2. 健身活动 Body Moves	3. 团体旅游 Team Travel	4. 其它文娱活动 Other Entertainment	5. 文娱用品修理服务费 Fixing Service Fees for Recreation Expense	(三)教育 Education	1. 教材 Teaching material	2. 教育费用 Tuition
全 国	**National Average**	**6.01**	**134.33**	**69.72**	**5.86**	**571.33**	**38.85**	**532.48**
北 京	Beijing	38.14	311.35	104.80	10.24	924.75	52.51	872.24
天 津	Tianjin	6.71	62.48	65.99	8.58	716.38	48.17	668.21
河 北	Hebei	4.28	82.73	37.91	3.64	408.63	40.76	367.87
山 西	Shanxi	1.76	78.40	43.32	5.27	548.83	42.58	506.25
内蒙古	Inner Mongolia	1.67	67.24	83.82	6.76	504.77	23.68	481.09
辽 宁	Liaoning	7.44	55.14	35.20	3.16	529.13	42.24	486.89
吉 林	Jilin	5.65	39.66	53.17	2.74	502.08	42.11	459.97
黑龙江	Heilongjiang	5.69	58.20	58.34	3.37	479.85	31.56	448.29
上 海	Shanghai	20.79	266.62	157.89	8.94	1136.15	105.75	1030.40
江 苏	Jiangsu	5.66	160.57	69.36	4.05	656.29	24.05	632.24
浙 江	Zhejiang	12.87	330.79	76.68	7.05	972.69	51.48	921.21
安 徽	Anhui	1.00	58.50	38.31	5.92	352.79	27.97	324.82
福 建	Fujian	6.21	174.60	49.48	6.81	531.40	36.48	494.92
江 西	Jiangxi	1.65	92.45	71.62	8.76	392.81	25.08	367.73
山 东	Shandong	2.91	68.52	50.12	7.34	546.64	33.46	513.18
河 南	Henan	2.53	94.69	57.93	3.24	421.72	40.45	381.27
湖 北	Hubei	2.29	107.26	58.50	5.35	517.28	29.12	488.16
湖 南	Hunan	4.18	139.95	129.41	4.53	582.16	21.85	560.31
广 东	Guangdong	12.96	404.29	87.21	10.40	755.94	42.87	713.07
广 西	Guangxi	1.98	128.08	70.63	6.57	528.13	30.15	497.98
海 南	Hainan	1.84	52.93	64.95	5.25	347.11	24.19	322.92
重 庆	Chongqing	3.92	151.90	78.21	4.63	772.52	55.41	717.12
四 川	Sichuan	1.28	103.44	101.76	5.69	449.68	42.10	407.58
贵 州	Guizhou	6.19	104.80	86.68	4.15	383.02	23.67	359.35
云 南	Yunnan	4.94	126.52	55.54	2.51	337.42	18.61	318.81
西 藏	Tibet	11.87	0.00	97.84	0.94	428.09	85.18	342.91
陕 西	Shaanxi	3.74	78.01	59.76	5.57	701.82	63.00	638.82
甘 肃	Gansu	1.15	91.51	53.46	7.50	505.90	31.18	474.71
青 海	Qinghai	0.33	63.92	92.84	5.86	360.52	20.97	339.55
宁 夏	Ningxia	3.59	39.29	93.86	3.64	388.30	51.58	336.72
新 疆	Xinjiang	4.30	32.87	44.53	4.60	456.25	48.63	407.62

1—4—5 续表 13 Continued 13

单位:元 Unit:yuan

地 区	Region	七、居住 Residence	(一)住房 House	(二)水电燃料及其他 Water, Electricity and Fuels	1. 水 Water	2. 电 Electricity	3. 燃料 Fuels	4. 其他 Other
全 国	**National Average**	**808.66**	**249.25**	**516.31**	**58.45**	**224.51**	**157.98**	**75.36**
北 京	Beijing	1039.78	456.30	527.67	92.15	252.45	138.61	44.45
天 津	Tianjin	1291.60	562.06	658.50	61.22	175.98	119.67	301.64
河 北	Hebei	762.08	170.24	569.94	44.12	169.41	143.64	212.78
山 西	Shanxi	727.91	269.32	419.61	35.54	141.73	144.27	98.07
内蒙古	Inner Mongolia	722.62	191.90	473.55	29.16	148.21	139.93	156.25
辽 宁	Liaoning	792.75	187.89	583.81	46.86	180.20	131.46	225.29
吉 林	Jilin	845.45	205.61	603.50	39.82	178.56	158.94	226.19
黑龙江	Heilongjiang	695.23	159.05	505.00	36.27	178.24	138.86	151.63
上 海	Shanghai	1412.11	666.78	610.74	93.66	340.57	172.78	3.73
江 苏	Jiangsu	794.94	335.01	433.64	57.78	225.82	133.33	16.72
浙 江	Zhejiang	1059.36	368.17	641.31	88.34	355.24	174.18	23.55
安 徽	Anhui	590.27	157.14	415.22	41.38	205.36	155.80	12.69
福 建	Fujian	1071.86	386.22	648.39	97.17	339.54	202.64	9.04
江 西	Jiangxi	646.16	197.75	435.29	42.27	209.85	167.60	15.57
山 东	Shandong	751.69	209.02	505.87	39.34	176.00	137.95	152.58
河 南	Henan	651.98	160.15	457.65	51.76	211.29	145.80	48.80
湖 北	Hubei	683.89	156.77	505.71	57.96	254.44	175.36	17.95
湖 南	Hunan	771.47	272.70	469.96	58.54	206.73	186.20	18.49
广 东	Guangdong	1181.42	278.13	780.28	103.62	404.02	263.43	9.21
广 西	Guangxi	769.77	224.73	513.18	58.81	225.00	225.08	4.29
海 南	Hainan	585.40	161.76	388.18	59.57	162.99	158.75	6.86
重 庆	Chongqing	882.41	365.59	461.71	89.07	252.25	119.66	0.72
四 川	Sichuan	705.43	257.25	407.47	61.02	196.24	138.33	11.88
贵 州	Guizhou	583.46	102.10	462.81	55.79	248.88	146.53	11.61
云 南	Yunnan	543.10	124.48	394.22	79.16	190.40	118.11	6.56
西 藏	Tibet	517.53	111.97	386.27	37.61	136.05	211.44	1.17
陕 西	Shaanxi	653.40	166.50	458.45	40.28	168.38	145.32	104.48
甘 肃	Gansu	680.78	224.96	423.11	25.13	133.52	85.81	178.65
青 海	Qinghai	666.38	226.38	393.83	23.29	152.79	93.76	123.99
宁 夏	Ningxia	711.21	190.66	483.14	32.07	125.94	87.51	237.62
新 疆	Xinjiang	571.72	125.16	406.40	26.34	102.55	129.03	148.48

1—4—5 续表 14 Continued 14

单位:元 Unit:yuan

地 区	Region	(三)居住服务费 Housing Services	1. 物业管理费 realty management	2. 维 修服务费 Fitment Service Fees	3. 其它 Others	八、杂项商品和服务 Miscellaneous Goods and Services	(一)杂项商品 Miscellaneous Goods	(二)服务 Services
全 国	**National Average**	**43.10**	**23.50**	**6.35**	**13.25**	**277.75**	**173.13**	**104.62**
北 京	Beijing	55.81	38.96	9.17	7.69	526.76	334.99	191.76
天 津	Tianjin	71.04	25.13	10.95	34.97	317.58	187.64	129.95
河 北	Hebei	21.90	12.88	5.58	3.43	209.51	118.62	90.90
山 西	Shànxi	38.99	8.51	8.39	22.08	189.88	106.79	83.09
内蒙古	Inner Mongolia	57.17	28.16	11.61	17.40	328.39	203.77	124.62
辽 宁	Liaoning	21.06	9.54	8.00	3.52	325.18	143.95	181.23
吉 林	Jilin	36.34	24.30	7.01	5.03	277.98	157.32	120.65
黑龙江	Heilongjiang	31.18	15.66	7.10	8.42	237.81	161.61	76.20
上 海	Shanghai	134.59	122.69	7.16	4.74	627.20	427.84	199.36
江 苏	Jiangsu	26.28	15.77	6.38	4.13	311.92	185.10	126.82
浙 江	Zhejiang	49.87	33.74	9.83	6.30	401.88	252.36	149.52
安 徽	Anhui	17.91	8.92	5.08	3.90	197.87	95.83	102.04
福 建	Fujian	37.25	20.25	6.84	10.16	329.11	181.24	147.87
江 西	Jiangxi	13.12	2.03	4.77	6.32	193.97	118.78	75.19
山 东	Shandong	36.80	11.04	7.66	18.10	242.29	169.01	73.28
河 南	Henan	34.18	4.70	6.57	22.91	221.91	147.57	74.34
湖 北	Hubei	21.42	4.17	3.44	13.80	195.62	136.25	59.37
湖 南	Hunan	28.81	10.70	8.85	9.26	261.18	169.06	92.12
广 东	Guangdong	123.00	88.35	5.64	29.01	377.20	244.17	133.03
广 西	Guangxi	31.87	17.43	3.56	10.87	247.38	150.21	97.17
海 南	Hainan	35.46	25.76	4.90	4.80	178.55	130.41	48.14
重 庆	Chongqing	55.11	35.91	1.59	17.60	221.85	162.23	59.62
四 川	Sichuan	40.71	16.59	6.14	17.98	232.99	146.72	86.28
贵 州	Guizhou	18.55	3.91	4.37	10.27	238.35	160.15	78.20
云 南	Yunnan	24.40	10.74	2.28	11.38	152.42	91.97	60.45
西 藏	Tibet	19.29	4.94	2.43	11.92	414.27	201.64	212.64
陕 西	Shaanxi	28.44	4.80	5.31	18.34	239.26	147.67	91.60
甘 肃	Gansu	32.71	12.54	2.51	17.66	249.53	168.66	80.87
青 海	Qinghai	46.18	24.38	7.20	14.60	215.79	153.01	62.78
宁 夏	Ningxia	37.41	23.53	8.32	5.56	259.00	174.69	84.31
新 疆	Xinjiang	40.16	9.75	4.37	26.03	244.80	174.72	70.08

1—4—6 各地区城镇居民家庭消费支出构成(2005 年)
Composition of Per Capita Annual Consumption Expenditure of Urban Households by Region (2005)

单位:%

Unit:%

地 区	Region	消费支出 Consumption Expenditure	服务性消费支出 Service Consumption Expenditure	一、食品 Food	(一)粮油类 Grain and Oil	1. 粮食 Grain	2. 淀粉及薯类 Starches and Tubers	3. 干豆类及豆制品 Beans and Bean Products
全 国	**National Average**	**100**	**28.00**	**36.69**	**4.90**	**3.05**	**0.29**	**0.48**
北 京	Beijing	100	30.90	31.83	3.21	1.93	0.23	0.35
天 津	Tianjin	100	28.99	36.70	4.30	2.67	0.36	0.36
河 北	Hebei	100	23.14	34.57	5.69	3.27	0.33	0.46
山 西	Shanxi	100	28.13	32.43	5.94	4.13	0.52	0.45
内蒙古	Inner Mongolia	100	26.95	31.43	5.15	3.70	0.36	0.30
辽 宁	Liaoning	100	28.28	38.82	6.07	3.70	0.48	0.62
吉 林	Jilin	100	27.13	34.67	5.59	3.57	0.43	0.57
黑龙江	Heilongjiang	100	27.34	33.53	6.27	4.14	0.48	0.50
上 海	Shanghai	100	32.29	35.87	3.13	1.84	0.22	0.50
江 苏	Jiangsu	100	26.67	37.18	4.33	2.59	0.29	0.62
浙 江	Zhejiang	100	28.83	33.79	3.19	1.95	0.17	0.43
安 徽	Anhui	100	24.85	43.68	6.04	3.70	0.30	0.64
福 建	Fujian	100	26.19	40.88	5.27	3.49	0.26	0.52
江 西	Jiangxi	100	25.15	40.84	6.59	3.68	0.22	0.78
山 东	Shandong	100	24.36	33.69	4.58	2.94	0.32	0.43
河 南	Henan	100	25.91	34.24	5.83	3.79	0.41	0.54
湖 北	Hubei	100	27.47	38.97	5.75	3.34	0.24	0.63
湖 南	Hunan	100	29.14	35.83	5.50	3.24	0.18	0.58
广 东	Guangdong	100	31.14	36.12	3.63	2.41	0.14	0.26
广 西	Guangxi	100	27.07	41.33	5.31	3.19	0.22	0.56
海 南	Hainan	100	26.69	47.56	5.25	3.27	0.18	0.31
重 庆	Chongqing	100	31.19	36.36	4.49	2.53	0.35	0.45
四 川	Sichuan	100	27.20	39.32	5.54	3.23	0.35	0.48
贵 州	Guizhou	100	27.03	39.91	5.71	3.57	0.21	0.50
云 南	Yunnan	100	27.98	42.83	5.38	3.82	0.27	0.53
西 藏	Tibet	100	25.23	44.45	6.14	4.13	0.29	0.11
陕 西	Shaanxi	100	30.99	36.08	5.75	3.61	0.42	0.59
甘 肃	Gansu	100	27.48	36.04	5.58	3.43	0.42	0.39
青 海	Qinghai	100	29.20	36.31	5.66	3.91	0.42	0.31
宁 夏	Ningxia	100	25.63	34.80	5.80	3.70	0.40	0.48
新 疆	Xinjiang	100	27.82	36.37	6.08	4.07	0.36	0.38

1—4—6 续表 1　Continued 1

单位:%　　　　Unit:%

地　区	Region	4. 油脂类 Oil and Fats	(二)肉禽蛋水产品类 Meat, Poultry, Egg, Aquatic Products and Related Products	1. 肉类 Meat Products	2. 禽类 Poultry Products	3. 蛋类 Eggs	4. 水产品类 Aquatic Products	(三)蔬菜类 Vegetables
全　国	**National Average**	**1.08**	**10.39**	**5.37**	**1.74**	**0.90**	**2.38**	**3.47**
北　京	Beijing	0.70	6.84	4.03	0.87	0.62	1.31	2.23
天　津	Tianjin	0.91	9.84	4.70	0.97	1.20	2.97	2.80
河　北	Hebei	1.63	9.02	4.95	1.06	1.34	1.68	3.80
山　西	Shanxi	0.84	6.19	3.84	0.59	1.19	0.58	3.90
内蒙古	Inner Mongolia	0.78	7.01	4.83	0.71	0.74	0.72	2.45
辽　宁	Liaoning	1.27	10.83	5.48	1.03	1.27	3.04	4.47
吉　林	Jilin	1.02	8.73	5.28	0.83	0.96	1.66	4.03
黑龙江	Heilongjiang	1.16	8.50	5.17	0.84	0.98	1.51	3.17
上　海	Shanghai	0.58	9.77	3.36	1.69	0.56	4.16	2.78
江　苏	Jiangsu	0.84	11.17	5.17	2.05	0.87	3.09	3.38
浙　江	Zhejiang	0.63	9.40	3.25	1.47	0.46	4.21	2.74
安　徽	Anhui	1.41	12.63	6.66	2.32	1.56	2.08	4.31
福　建	Fujian	1.01	17.04	6.68	2.35	0.92	7.09	3.81
江　西	Jiangxi	1.91	12.35	6.98	2.15	0.93	2.30	4.45
山　东	Shandong	0.89	9.07	4.74	1.08	1.28	1.97	2.84
河　南	Henan	1.09	8.13	4.81	1.34	1.26	0.72	3.60
湖　北	Hubei	1.53	10.47	6.04	1.36	0.88	2.19	4.53
湖　南	Hunan	1.50	10.25	5.87	1.89	0.73	1.76	3.43
广　东	Guangdong	0.83	12.77	6.01	2.86	0.47	3.43	2.95
广　西	Guangxi	1.34	15.73	8.15	4.31	0.72	2.54	3.79
海　南	Hainan	1.49	20.99	9.23	4.43	0.59	6.73	4.54
重　庆	Chongqing	1.16	10.30	5.64	2.39	0.85	1.42	3.57
四　川	Sichuan	1.48	11.75	7.01	2.53	1.00	1.20	3.98
贵　州	Guizhou	1.42	10.87	7.06	2.11	0.88	0.81	3.91
云　南	Yunnan	0.75	9.69	5.70	1.77	0.88	1.33	4.97
西　藏	Tibet	1.61	11.04	7.30	1.61	0.68	1.44	5.46
陕　西	Shaanxi	1.13	6.64	3.90	0.99	0.89	0.86	3.12
甘　肃	Gansu	1.34	7.13	4.41	1.07	0.87	0.77	3.26
青　海	Qinghai	1.03	8.75	6.10	0.94	0.76	0.95	3.13
宁　夏	Ningxia	1.21	7.15	4.53	1.12	0.67	0.83	3.09
新　疆	Xinjiang	1.29	8.92	5.91	1.30	0.78	0.94	3.31

1—4—6 续表 2 Continued 2

单位:% Unit:%

地 区	Region	1. 鲜菜 Fresh Vegetables	2. 干菜 Dried Vegetables	3. 菜制品 Vegetable Products	(四)调味品 Condiments	(五)糖烟酒饮料类 Sugar, Tobacco, Liquor and Beverages	1. 糖类 Sugar	2. 烟草类 Tobacco
全 国	**National Average**	**3.13**	**0.22**	**0.12**	**0.47**	**3.90**	**0.37**	**1.84**
北 京	Beijing	1.95	0.18	0.10	0.57	3.61	0.40	1.05
天 津	Tianjin	2.55	0.18	0.07	0.64	3.92	0.31	1.50
河 北	Hebei	3.33	0.34	0.12	0.47	4.83	0.45	1.77
山 西	Shanxi	3.62	0.17	0.12	0.39	3.68	0.27	2.08
内蒙古	Inner Mongolia	2.21	0.14	0.10	0.42	3.81	0.30	1.73
辽 宁	Liaoning	3.83	0.54	0.10	0.67	5.12	0.53	2.37
吉 林	Jilin	3.56	0.32	0.16	0.50	3.70	0.42	1.52
黑龙江	Heilongjiang	2.84	0.25	0.08	0.53	3.05	0.33	1.19
上 海	Shanghai	2.50	0.15	0.13	0.38	4.03	0.48	1.88
江 苏	Jiangsu	3.10	0.15	0.13	0.45	4.07	0.30	2.22
浙 江	Zhejiang	2.42	0.18	0.14	0.29	4.51	0.27	2.66
安 徽	Anhui	4.01	0.20	0.09	0.55	6.55	0.36	2.93
福 建	Fujian	3.26	0.40	0.15	0.51	3.32	0.28	1.47
江 西	Jiangxi	3.91	0.36	0.18	0.46	3.45	0.40	1.73
山 东	Shandong	2.58	0.14	0.12	0.40	3.33	0.26	1.01
河 南	Henan	3.38	0.14	0.07	0.49	3.86	0.28	1.60
湖 北	Hubei	4.16	0.22	0.16	0.53	4.25	0.35	2.28
湖 南	Hunan	3.11	0.18	0.13	0.35	3.73	0.42	2.05
广 东	Guangdong	2.62	0.23	0.10	0.32	2.11	0.33	0.81
广 西	Guangxi	3.35	0.26	0.18	0.40	2.37	0.37	0.93
海 南	Hainan	4.12	0.18	0.23	0.51	2.94	0.31	1.58
重 庆	Chongqing	3.32	0.17	0.08	0.52	4.05	0.41	2.41
四 川	Sichuan	3.69	0.20	0.10	0.64	4.20	0.46	2.22
贵 州	Guizhou	3.46	0.27	0.19	0.54	5.49	0.55	3.15
云 南	Yunnan	4.75	0.11	0.11	0.42	6.08	0.36	4.24
西 藏	Tibet	4.96	0.46	0.04	0.61	10.31	1.33	5.10
陕 西	Shaanxi	2.83	0.18	0.12	0.54	3.86	0.30	1.99
甘 肃	Gansu	3.02	0.17	0.07	0.53	4.66	0.30	2.34
青 海	Qinghai	2.88	0.15	0.10	0.48	4.43	0.42	1.88
宁 夏	Ningxia	2.92	0.10	0.07	0.45	3.88	0.38	1.96
新 疆	Xinjiang	3.07	0.15	0.10	0.42	3.29	0.51	1.32

1－4－6续表3 Continued 3

单位:% Unit:%

地区	Region	3. 酒类 Liquor	4. 饮料 Beverages	(六)干鲜瓜果类 Dried and Fresh Melons and Fruits	1. 鲜果 Fruits	2. 鲜瓜 Melons	3. 干果 Dried Fruits	4. 瓜果制品 Fruit and Melon Products
全 国	**National Average**	**0.96**	**0.74**	**2.60**	**1.61**	**0.41**	**0.11**	**0.07**
北 京	Beijing	0.82	1.34	2.87	1.64	0.46	0.13	0.10
天 津	Tianjin	1.17	0.94	2.93	1.63	0.48	0.07	0.10
河 北	Hebei	1.57	1.03	2.77	1.72	0.49	0.14	0.06
山 西	Shanxi	0.71	0.63	2.27	1.30	0.41	0.14	0.07
内蒙古	Inner Mongolia	1.15	0.63	2.50	1.53	0.42	0.13	0.06
辽 宁	Liaoning	1.30	0.92	3.66	2.52	0.54	0.15	0.05
吉 林	Jilin	0.96	0.80	3.47	2.39	0.59	0.10	0.06
黑龙江	Heilongjiang	0.88	0.65	3.05	1.99	0.49	0.08	0.07
上 海	Shanghai	0.83	0.84	2.42	1.24	0.52	0.10	0.11
江 苏	Jiangsu	0.92	0.62	2.24	1.16	0.47	0.09	0.07
浙 江	Zhejiang	0.94	0.64	2.42	1.38	0.41	0.13	0.06
安 徽	Anhui	2.20	1.07	2.63	1.38	0.59	0.16	0.07
福 建	Fujian	0.74	0.83	2.60	1.83	0.20	0.08	0.13
江 西	Jiangxi	0.82	0.51	2.92	1.76	0.47	0.13	0.10
山 东	Shandong	1.33	0.73	2.77	1.62	0.52	0.11	0.07
河 南	Henan	1.29	0.69	2.43	1.39	0.47	0.10	0.06
湖 北	Hubei	1.03	0.59	2.25	1.26	0.43	0.10	0.05
湖 南	Hunan	0.85	0.41	2.79	1.62	0.55	0.17	0.06
广 东	Guangdong	0.28	0.67	2.01	1.48	0.16	0.07	0.07
广 西	Guangxi	0.59	0.48	2.60	1.81	0.29	0.08	0.05
海 南	Hainan	0.44	0.60	2.45	2.04	0.21	0.04	0.02
重 庆	Chongqing	0.74	0.50	2.11	1.36	0.24	0.07	0.04
四 川	Sichuan	0.92	0.60	2.45	1.67	0.24	0.08	0.03
贵 州	Guizhou	1.02	0.77	2.83	2.02	0.26	0.07	0.03
云 南	Yunnan	0.60	0.88	2.56	2.05	0.14	0.03	0.05
西 藏	Tibet	2.43	1.45	2.79	2.36	0.28	0.09	0.01
陕 西	Shaanxi	0.83	0.75	2.56	1.43	0.44	0.11	0.07
甘 肃	Gansu	1.38	0.65	2.95	1.69	0.49	0.18	0.05
青 海	Qinghai	1.52	0.61	2.61	1.55	0.35	0.17	0.05
宁 夏	Ningxia	0.83	0.71	3.10	1.86	0.50	0.11	0.07
新 疆	Xinjiang	0.85	0.60	3.22	1.82	0.42	0.29	0.06

1—4—6 续表 4 Continued 4

单位:% Unit:%

地区	Region	5. 坚果及果仁 Nuts and Kernels	(七)糕点、奶及奶制品 Cake, Milk and Its Products	1. 糕点 Cake	2. 奶及奶制品 Milk and Its Products	(八)其他食品 Other Food	半成品 Semi-manufactured Goods	(九)饮食服务 Dietetic Service
全国	**National Average**	**0.41**	**2.52**	**0.77**	**1.75**	**0.79**	**0.15**	**7.66**
北京	Beijing	0.55	3.19	1.15	2.04	0.64	0.20	8.67
天津	Tianjin	0.65	2.66	1.12	1.55	0.83	0.06	8.78
河北	Hebei	0.35	2.75	0.75	2.00	0.29	0.06	4.95
山西	Shanxi	0.35	3.15	0.72	2.43	0.50	0.06	6.40
内蒙古	Inner Mongolia	0.36	2.23	0.49	1.73	1.39	0.08	6.49
辽宁	Liaoning	0.40	2.72	0.82	1.90	0.53	0.18	4.75
吉林	Jilin	0.33	2.20	0.65	1.55	0.62	0.10	5.83
黑龙江	Heilongjiang	0.41	2.12	0.57	1.55	0.57	0.10	6.26
上海	Shanghai	0.46	2.75	0.96	1.79	0.93	0.00	9.66
江苏	Jiangsu	0.44	2.48	0.67	1.81	1.19	0.19	7.86
浙江	Zhejiang	0.44	1.85	0.59	1.27	0.69	0.20	8.69
安徽	Anhui	0.44	3.28	0.85	2.43	0.82	0.08	6.87
福建	Fujian	0.36	2.38	0.64	1.73	0.56	0.22	5.40
江西	Jiangxi	0.45	2.77	0.81	1.96	1.31	0.21	6.55
山东	Shandong	0.46	3.06	0.92	2.14	1.12	0.09	6.52
河南	Henan	0.41	2.71	0.80	1.91	0.69	0.14	6.49
湖北	Hubei	0.40	2.49	0.85	1.64	0.69	0.18	8.02
湖南	Hunan	0.39	2.17	0.58	1.59	1.14	0.12	6.48
广东	Guangdong	0.23	1.86	0.72	1.14	0.56	0.25	9.90
广西	Guangxi	0.37	2.06	0.65	1.42	0.81	0.11	8.26
海南	Hainan	0.14	1.91	0.73	1.17	0.42	0.03	8.57
重庆	Chongqing	0.41	2.51	0.57	1.95	0.65	0.24	8.16
四川	Sichuan	0.44	2.63	0.62	2.02	0.67	0.24	7.45
贵州	Guizhou	0.44	2.32	0.75	1.57	1.12	0.10	7.12
云南	Yunnan	0.28	2.24	1.12	1.12	0.69	0.09	10.81
西藏	Tibet	0.05	4.39	0.44	3.94	0.39	0.24	3.31
陕西	Shaanxi	0.53	2.84	0.98	1.87	0.90	0.14	9.85
甘肃	Gansu	0.53	2.68	0.59	2.10	1.47	0.11	7.76
青海	Qinghai	0.49	2.30	0.63	1.67	1.60	0.31	7.35
宁夏	Ningxia	0.57	2.50	0.56	1.94	1.27	0.14	7.56
新疆	Xinjiang	0.63	2.64	0.80	1.83	0.78	0.19	7.70

1—4—6 续表 5 Continued 5

单位:% Unit:%

地 区	Region	1. 食品加工服务费 Food Processing Service Fees	2. 在外饮食 Dining Out	二、衣着 Clothing	(一)服装 Garments	1. 男士服装 Men's Clothing	2. 女士服装 Women's Clothing	3. 童装 Children's Clothing
全 国	**National Average**	**0.02**	**7.64**	**10.08**	**7.26**	**2.93**	**3.79**	**0.55**
北 京	Beijing	0.01	8.66	8.94	6.06	2.32	3.48	0.26
天 津	Tianjin	0.00	8.78	7.24	5.06	2.19	2.67	0.20
河 北	Hebei	0.01	4.93	11.75	8.24	3.12	4.33	0.78
山 西	Shanxi	0.01	6.39	14.71	10.88	4.11	5.41	1.35
内蒙古	Inner Mongolia	0.01	6.47	15.12	10.58	4.88	5.21	0.49
辽 宁	Liaoning	0.02	4.73	10.05	6.88	2.50	3.82	0.55
吉 林	Jilin	0.03	5.80	12.16	8.65	3.48	4.59	0.59
黑龙江	Heilongjiang	0.01	6.25	14.21	9.80	4.09	5.20	0.51
上 海	Shanghai	0.00	9.66	6.83	5.04	2.12	2.65	0.26
江 苏	Jiangsu	0.02	7.84	9.33	6.82	3.11	3.28	0.43
浙 江	Zhejiang	0.01	8.68	10.32	7.91	3.13	4.09	0.70
安 徽	Anhui	0.01	6.85	11.99	8.62	3.31	4.40	0.91
福 建	Fujian	0.00	5.39	8.06	6.25	2.48	3.29	0.48
江 西	Jiangxi	0.02	6.53	10.60	7.79	3.13	4.13	0.53
山 东	Shandong	0.02	6.50	12.42	8.92	3.76	4.51	0.65
河 南	Henan	0.01	6.48	13.36	9.86	4.21	4.95	0.70
湖 北	Hubei	0.02	8.00	11.97	8.61	3.79	4.27	0.55
湖 南	Hunan	0.01	6.47	10.54	7.57	3.13	3.95	0.49
广 东	Guangdong	0.00	9.90	5.71	4.16	1.53	2.17	0.45
广 西	Guangxi	0.02	8.25	7.39	5.48	2.26	2.82	0.39
海 南	Hainan	0.00	8.57	5.22	4.09	1.54	1.84	0.70
重 庆	Chongqing	0.08	8.08	9.85	7.26	2.67	4.22	0.37
四 川	Sichuan	0.05	7.40	9.30	6.65	2.57	3.64	0.44
贵 州	Guizhou	0.02	7.10	11.41	8.13	2.86	4.55	0.72
云 南	Yunnan	0.01	10.80	9.20	6.98	2.37	3.53	1.07
西 藏	Tibet	0.06	3.25	12.21	7.70	2.70	3.71	1.29
陕 西	Shaanxi	0.01	9.84	10.11	7.12	2.97	3.75	0.41
甘 肃	Gansu	0.01	7.76	12.35	8.58	4.01	4.10	0.47
青 海	Qinghai	0.01	7.34	11.06	7.93	3.23	4.04	0.66
宁 夏	Ningxia	0.00	7.55	12.12	8.86	3.51	4.83	0.52
新 疆	Xinjiang	0.02	7.69	13.31	9.32	3.25	5.29	0.78

1—4—6 续表 6　Continued 6

单位：%　　Unit：%

地　区	Region	(二)衣着材料 Clothing Materials	(三)鞋类 Shoes	(四)其他衣着用品 Other Clothing	(五)衣着加工服务费 Tailoring and Laundering Services	三、家庭设备用品及服务 Household Appliances and Services	(一)耐用消费品 Durable Consumer Goods	1. 家具 Furniture
全　国	**National Average**	**0.12**	**2.22**	**0.39**	**0.08**	**5.62**	**2.68**	**0.88**
北　京	Beijing	0.13	2.24	0.40	0.12	6.43	3.34	1.47
天　津	Tianjin	0.12	1.66	0.32	0.08	5.43	3.05	1.30
河　北	Hebei	0.20	2.76	0.45	0.11	6.19	3.71	1.02
山　西	Shanxi	0.19	3.03	0.58	0.04	5.67	3.08	1.07
内蒙古	Inner Mongolia	0.15	3.31	0.92	0.16	5.69	2.48	1.07
辽　宁	Liaoning	0.11	2.47	0.51	0.09	4.14	1.27	0.47
吉　林	Jilin	0.11	2.84	0.42	0.13	4.11	1.85	0.65
黑龙江	Heilongjiang	0.11	3.54	0.62	0.13	4.58	1.96	0.59
上　海	Shanghai	0.11	1.32	0.26	0.09	5.81	2.97	1.42
江　苏	Jiangsu	0.11	1.90	0.40	0.10	6.81	3.32	0.93
浙　江	Zhejiang	0.09	1.96	0.27	0.07	4.97	2.33	0.59
安　徽	Anhui	0.15	2.79	0.39	0.05	4.57	2.42	0.60
福　建	Fujian	0.04	1.51	0.23	0.04	5.18	2.32	0.44
江　西	Jiangxi	0.20	2.18	0.34	0.09	6.99	3.38	0.89
山　东	Shandong	0.17	2.66	0.56	0.11	6.75	3.70	1.08
河　南	Henan	0.16	2.80	0.45	0.08	6.23	3.15	1.04
湖　北	Hubei	0.17	2.68	0.41	0.11	5.51	2.41	0.55
湖　南	Hunan	0.12	2.38	0.40	0.07	6.01	2.73	0.61
广　东	Guangdong	0.02	1.28	0.21	0.04	5.12	1.95	0.75
广　西	Guangxi	0.10	1.51	0.25	0.06	5.98	2.98	0.87
海　南	Hainan	0.01	0.94	0.16	0.02	5.13	2.00	0.87
重　庆	Chongqing	0.06	2.17	0.31	0.06	6.77	3.87	1.21
四　川	Sichuan	0.13	2.09	0.32	0.10	6.13	2.94	0.88
贵　州	Guizhou	0.13	2.71	0.39	0.05	5.45	1.84	0.65
云　南	Yunnan	0.12	1.83	0.26	0.02	4.16	1.88	0.88
西　藏	Tibet	0.02	4.28	0.15	0.06	5.53	1.12	0.13
陕　西	Shaanxi	0.19	2.29	0.40	0.10	5.59	2.67	0.99
甘　肃	Gansu	0.20	2.69	0.76	0.12	5.61	2.86	1.26
青　海	Qinghai	0.13	2.28	0.63	0.09	5.71	2.69	1.29
宁　夏	Ningxia	0.20	2.51	0.43	0.12	6.52	3.53	1.66
新　疆	Xinjiang	0.22	3.03	0.58	0.17	4.99	1.96	0.63

1—4—6 续表 7 Continued 7

单位：%　　　　Unit：%

地　区	Region	2. 家庭设备 Household Appliances	(二)室内装饰品 Room Decorations	1. 纺织装饰品 Textile Decorations	2. 装饰灯具 Decorative Lamps and Lanterns	3. 其他装饰品 Other Decorations	(三)床上用品 Bed Articles	(四)家庭日用杂品 Household Articles for Daily Use
全　国	**National Average**	**1. 80**	**0. 21**	**0. 08**	**0. 06**	**0. 08**	**0. 50**	**1. 74**
北　京	Beijing	1. 86	0. 25	0. 10	0. 07	0. 09	0. 40	1. 86
天　津	Tianjin	1. 75	0. 27	0. 06	0. 07	0. 13	0. 30	1. 40
河　北	Hebei	2. 69	0. 28	0. 08	0. 14	0. 06	0. 59	1. 34
山　西	Shanxi	2. 01	0. 28	0. 08	0. 06	0. 14	0. 37	1. 55
内蒙古	Inner Mongolia	1. 42	0. 43	0. 17	0. 12	0. 14	0. 57	1. 89
辽　宁	Liaoning	0. 80	0. 34	0. 11	0. 10	0. 13	0. 61	1. 57
吉　林	Jilin	1. 20	0. 10	0. 04	0. 03	0. 03	0. 41	1. 56
黑龙江	Heilongjiang	1. 37	0. 18	0. 05	0. 05	0. 08	0. 48	1. 60
上　海	Shanghai	1. 56	0. 23	0. 10	0. 03	0. 09	0. 54	1. 35
江　苏	Jiangsu	2. 39	0. 19	0. 08	0. 07	0. 04	0. 52	2. 14
浙　江	Zhejiang	1. 74	0. 22	0. 07	0. 04	0. 10	0. 61	1. 27
安　徽	Anhui	1. 81	0. 12	0. 04	0. 04	0. 03	0. 34	1. 42
福　建	Fujian	1. 87	0. 09	0. 02	0. 04	0. 03	0. 43	1. 72
江　西	Jiangxi	2. 49	0. 17	0. 05	0. 04	0. 08	0. 63	2. 20
山　东	Shandong	2. 62	0. 27	0. 12	0. 06	0. 09	0. 51	2. 03
河　南	Henan	2. 11	0. 23	0. 09	0. 04	0. 09	0. 63	1. 77
湖　北	Hubei	1. 86	0. 15	0. 08	0. 03	0. 05	0. 39	2. 14
湖　南	Hunan	2. 12	0. 17	0. 05	0. 06	0. 06	0. 57	2. 03
广　东	Guangdong	1. 21	0. 14	0. 03	0. 02	0. 08	0. 49	1. 71
广　西	Guangxi	2. 11	0. 19	0. 08	0. 04	0. 07	0. 55	1. 85
海　南	Hainan	1. 13	0. 16	0. 04	0. 03	0. 09	0. 43	2. 18
重　庆	Chongqing	2. 67	0. 36	0. 09	0. 17	0. 10	0. 51	1. 62
四　川	Sichuan	2. 06	0. 16	0. 09	0. 04	0. 03	0. 48	1. 90
贵　州	Guizhou	1. 20	0. 08	0. 03	0. 02	0. 03	0. 43	2. 73
云　南	Yunnan	1. 00	0. 11	0. 04	0. 04	0. 03	0. 69	1. 21
西　藏	Tibet	0. 99	0. 48	0. 06	0. 14	0. 29	1. 56	2. 06
陕　西	Shaanxi	1. 68	0. 19	0. 07	0. 06	0. 06	0. 45	1. 90
甘　肃	Gansu	1. 60	0. 25	0. 09	0. 07	0. 08	0. 44	1. 77
青　海	Qinghai	1. 40	0. 28	0. 12	0. 08	0. 08	0. 54	1. 93
宁　夏	Ningxia	1. 86	0. 36	0. 21	0. 09	0. 07	0. 40	1. 89
新　疆	Xinjiang	1. 33	0. 36	0. 18	0. 08	0. 11	0. 37	1. 90

1—4—6 续表 8 Continued 8

单位:% Unit:%

地 区	Region	1. 厨、餐、茶具 Cooking Appliances Dishware and Tea set	2. 家用工具 Household Applances	3. 家居清洁用品 Household Cleansing Appliances	4. 其他日用杂品 Other Articles for Daily Use	(五)家具材料 Furniture Materials	(六)家庭服务 Household Services	1. 家政服务 Housekeeping Services
全 国	**National Average**	**0.27**	**0.02**	**0.32**	**1.13**	**0.04**	**0.45**	**0.28**
北 京	Beijing	0.28	0.00	0.32	1.26	0.04	0.53	0.37
天 津	Tianjin	0.19	0.01	0.32	0.89	0.01	0.39	0.20
河 北	Hebei	0.21	0.04	0.30	0.78	0.05	0.22	0.12
山 西	Shanxi	0.23	0.03	0.21	1.08	0.05	0.34	0.16
内蒙古	Inner Mongolia	0.34	0.04	0.29	1.23	0.05	0.26	0.15
辽 宁	Liaoning	0.27	0.07	0.40	0.82	0.10	0.25	0.12
吉 林	Jilin	0.21	0.02	0.35	0.97	0.02	0.18	0.12
黑龙江	Heilongjiang	0.23	0.03	0.34	0.99	0.05	0.30	0.15
上 海	Shanghai	0.23	0.00	0.28	0.83	0.01	0.71	0.51
江 苏	Jiangsu	0.32	0.01	0.28	1.53	0.03	0.61	0.42
浙 江	Zhejiang	0.22	0.01	0.19	0.85	0.08	0.47	0.34
安 徽	Anhui	0.20	0.01	0.25	0.95	0.03	0.24	0.11
福 建	Fujian	0.28	0.01	0.37	1.06	0.01	0.61	0.48
江 西	Jiangxi	0.29	0.01	0.43	1.46	0.08	0.53	0.27
山 东	Shandong	0.30	0.03	0.31	1.38	0.03	0.22	0.10
河 南	Henan	0.37	0.01	0.30	1.09	0.07	0.39	0.18
湖 北	Hubei	0.37	0.00	0.40	1.37	0.01	0.41	0.18
湖 南	Hunan	0.33	0.01	0.33	1.35	0.06	0.45	0.27
广 东	Guangdong	0.24	0.01	0.33	1.14	0.00	0.82	0.65
广 西	Guangxi	0.31	0.01	0.31	1.22	0.01	0.41	0.21
海 南	Hainan	0.25	0.01	0.62	1.30	0.02	0.33	0.20
重 庆	Chongqing	0.21	0.00	0.25	1.15	0.01	0.40	0.26
四 川	Sichuan	0.27	0.01	0.39	1.22	0.05	0.61	0.35
贵 州	Guizhou	0.41	0.01	0.46	1.85	0.01	0.35	0.15
云 南	Yunnan	0.18	0.00	0.23	0.79	0.02	0.25	0.16
西 藏	Tibet	0.60	0.04	0.56	0.86	0.09	0.22	0.07
陕 西	Shaanxi	0.32	0.01	0.37	1.21	0.06	0.31	0.12
甘 肃	Gansu	0.27	0.02	0.33	1.16	0.04	0.24	0.05
青 海	Qinghai	0.29	0.12	0.29	1.24	0.11	0.16	0.06
宁 夏	Ningxia	0.37	0.00	0.33	1.19	0.01	0.33	0.17
新 疆	Xinjiang	0.31	0.03	0.42	1.14	0.02	0.38	0.19

1—4—6 续表 9 Continued 9

单位:% Unit:%

地 区	Region	2. 加工维修服务费 Manufaforing upkeep	四、医疗保健 Health Care and Medical Services	(一)医疗器具 Medical Appliances	(二)保健器具 Health Care Appliances	(三)药品费 Medicine	(四)滋补保健品 Health Products	(五)医疗费 Health Care Services
全 国	**National Average**	**0.17**	**7.56**	**0.06**	**0.15**	**4.04**	**0.84**	**2.38**
北 京	Beijing	0.16	9.78	0.08	0.27	4.84	1.64	2.86
天 津	Tianjin	0.19	10.32	0.04	0.18	5.75	0.53	3.72
河 北	Hebei	0.10	9.59	0.17	0.17	5.06	0.88	3.13
山 西	Shanxi	0.18	8.49	0.04	0.18	4.69	0.47	2.95
内蒙古	Inner Mongolia	0.11	7.70	0.08	0.14	4.39	0.58	2.38
辽 宁	Liaoning	0.13	10.19	0.10	0.19	4.28	1.00	4.38
吉 林	Jilin	0.06	9.95	0.02	0.10	5.29	1.45	3.06
黑龙江	Heilongjiang	0.15	9.92	0.11	0.14	5.28	0.72	3.46
上 海	Shanghai	0.21	5.79	0.04	0.29	2.42	1.71	1.28
江 苏	Jiangsu	0.19	6.72	0.06	0.12	3.28	1.09	2.08
浙 江	Zhejiang	0.13	6.79	0.03	0.13	3.24	1.84	1.49
安 徽	Anhui	0.12	6.29	0.01	0.09	3.43	0.21	2.54
福 建	Fujian	0.13	5.44	0.18	0.13	2.69	0.79	1.61
江 西	Jiangxi	0.26	5.34	0.02	0.09	3.20	0.44	1.54
山 东	Shandong	0.12	7.76	0.07	0.23	4.13	0.86	2.29
河 南	Henan	0.21	7.82	0.05	0.12	5.03	0.43	2.15
湖 北	Hubei	0.23	7.41	0.06	0.09	3.71	0.61	2.83
湖 南	Hunan	0.19	8.01	0.01	0.12	4.62	0.75	2.40
广 东	Guangdong	0.17	5.97	0.08	0.15	3.27	0.76	1.65
广 西	Guangxi	0.20	6.63	0.03	0.04	4.18	0.46	1.88
海 南	Hainan	0.13	5.92	0.02	0.03	2.84	0.38	2.60
重 庆	Chongqing	0.13	7.30	0.02	0.05	4.19	0.65	2.30
四 川	Sichuan	0.26	6.43	0.04	0.15	4.02	0.51	1.65
贵 州	Guizhou	0.20	6.55	0.02	0.13	3.77	0.26	2.31
云 南	Yunnan	0.09	9.48	0.15	0.29	5.41	0.38	3.18
西 藏	Tibet	0.14	3.93	0.00	0.03	2.25	0.64	1.01
陕 西	Shaanxi	0.20	9.09	0.08	0.06	5.72	0.34	2.83
甘 肃	Gansu	0.20	7.54	0.02	0.14	4.81	0.35	2.13
青 海	Qinghai	0.09	8.87	0.02	0.14	4.30	0.36	3.97
宁 夏	Ningxia	0.16	8.37	0.05	0.10	5.70	0.36	2.11
新 疆	Xinjiang	0.19	8.04	0.06	0.08	3.88	0.62	3.33

单位:% Unit:%

地 区	Region	(六)其他 Other	五、交通和通讯 Transport and Communications	(一)交通 Transport	1. 家庭交通工具 Transportation Facility	2. 车辆用燃料及零配件 Fuels and Parts	3. 交通工具服务支出 Using and Upkeep Fare	4. 交通费 Traffic Fare
全 国	**National Average**	**0.09**	**12.55**	**6.29**	**2.61**	**0.66**	**0.61**	**2.40**
北 京	Beijing	0.10	14.67	8.31	3.77	1.02	0.96	2.56
天 津	Tianjin	0.10	10.34	5.23	2.58	0.37	0.51	1.77
河 北	Hebei	0.18	11.53	5.75	3.30	0.57	0.36	1.52
山 西	Shanxi	0.18	9.53	2.97	0.80	0.31	0.21	1.66
内蒙古	Inner Mongolia	0.12	10.90	4.62	1.28	0.56	0.54	2.24
辽 宁	Liaoning	0.25	10.10	3.83	0.45	0.18	0.09	3.11
吉 林	Jilin	0.03	10.80	4.70	0.92	0.19	0.10	3.48
黑龙江	Heilongjiang	0.23	9.66	3.77	0.34	0.25	0.39	2.79
上 海	Shanghai	0.05	14.40	8.43	3.21	0.49	0.95	3.78
江 苏	Jiangsu	0.08	12.19	7.33	4.05	0.80	0.79	1.69
浙 江	Zhejiang	0.06	17.12	10.60	6.93	1.03	1.01	1.62
安 徽	Anhui	0.01	10.63	4.07	0.78	0.25	0.23	2.81
福 建	Fujian	0.05	11.92	4.37	1.51	0.70	0.42	1.75
江 西	Jiangxi	0.05	9.29	3.13	0.82	0.25	0.19	1.88
山 东	Shandong	0.18	12.10	6.39	3.21	0.72	0.55	1.92
河 南	Henan	0.06	10.54	2.93	0.91	0.45	0.25	1.32
湖 北	Hubei	0.11	9.65	3.60	0.59	0.24	0.22	2.56
湖 南	Hunan	0.10	10.68	3.95	0.50	0.39	0.21	2.85
广 东	Guangdong	0.06	19.76	13.19	7.38	1.91	1.73	2.17
广 西	Guangxi	0.03	10.00	4.52	0.94	0.78	0.73	2.07
海 南	Hainan	0.04	12.28	5.92	0.82	1.67	0.42	3.01
重 庆	Chongqing	0.08	10.78	3.76	0.15	0.11	0.20	3.31
四 川	Sichuan	0.05	12.01	5.84	2.18	0.49	0.52	2.65
贵 州	Guizhou	0.05	10.15	3.56	0.13	0.18	0.22	3.03
云 南	Yunnan	0.07	13.30	5.58	2.15	0.83	0.91	1.69
西 藏	Tibet	0.01	15.20	6.04	1.58	0.25	0.14	4.08
陕 西	Shaanxi	0.06	9.47	3.27	0.36	0.17	0.18	2.56
甘 肃	Gansu	0.08	9.78	3.73	0.62	0.11	0.11	2.90
青 海	Qinghai	0.09	11.07	5.56	0.98	0.17	0.22	4.19
宁 夏	Ningxia	0.05	11.02	4.55	0.79	0.42	0.16	3.18
新 疆	Xinjiang	0.07	12.20	6.05	1.68	0.25	0.23	3.89

1—4—6 续表 11 Continued 11

单位:% Unit:%

地 区	Region	(二)通信 Communication	1. 通信工具 Communication Facility	2. 通信服务 Communication Sercies	六、教育文化娱乐服务 Recreation, Education and Culture	(一)文化娱乐用品 Cultural and Recreational Articles	(二)文化娱乐服务 Expenditure of Culture and Recreation	1. 参观游览 Touring and Outgoing
全 国	**National Average**	**6.26**	**1.02**	**5.24**	**13.82**	**3.53**	**3.10**	**0.38**
北 京	Beijing	6.36	1.30	5.06	16.51	5.11	4.41	0.91
天 津	Tianjin	5.10	0.81	4.30	13.30	3.96	1.91	0.43
河 北	Hebei	5.78	0.93	4.85	11.87	3.50	2.27	0.35
山 西	Shanxi	6.56	1.11	5.44	14.70	3.40	2.65	0.62
内蒙古	Inner Mongolia	6.28	1.46	4.83	13.98	3.80	2.90	0.60
辽 宁	Liaoning	6.27	0.59	5.67	11.53	2.64	1.71	0.34
吉 林	Jilin	6.10	0.97	5.13	11.78	2.60	1.78	0.29
黑龙江	Heilongjiang	5.89	0.97	4.92	12.99	2.93	2.29	0.26
上 海	Shanghai	5.97	1.08	4.89	16.50	4.70	3.55	0.26
江 苏	Jiangsu	4.86	1.04	3.81	14.94	4.20	3.13	0.35
浙 江	Zhejiang	6.52	0.99	5.52	15.10	3.37	3.79	0.30
安 徽	Anhui	6.56	0.87	5.69	10.47	3.05	1.88	0.25
福 建	Fujian	7.56	1.10	6.45	12.59	3.63	2.91	0.22
江 西	Jiangxi	6.16	1.01	5.15	13.18	3.02	3.73	0.88
山 东	Shandong	5.71	1.23	4.47	13.95	4.40	2.22	0.49
河 南	Henan	7.61	1.12	6.49	13.33	3.46	2.89	0.27
湖 北	Hubei	6.04	0.99	5.05	13.43	2.86	2.89	0.32
湖 南	Hunan	6.73	1.38	5.35	15.17	3.35	4.07	0.36
广 东	Guangdong	6.57	0.79	5.78	14.13	3.00	4.74	0.38
广 西	Guangxi	5.48	1.10	4.39	14.20	3.57	3.13	0.18
海 南	Hainan	6.36	0.86	5.51	11.00	2.74	2.40	0.29
重 庆	Chongqing	7.02	1.14	5.88	16.13	4.17	3.00	0.24
四 川	Sichuan	6.17	0.93	5.23	13.19	3.35	3.32	0.24
贵 州	Guizhou	6.59	0.77	5.82	13.18	3.33	3.63	0.36
云 南	Yunnan	7.72	1.02	6.69	11.09	3.05	3.22	0.51
西 藏	Tibet	9.16	0.47	8.69	7.87	1.41	1.49	0.21
陕 西	Shaanxi	6.20	1.13	5.07	16.25	3.17	2.54	0.33
甘 肃	Gansu	6.05	1.08	4.97	14.44	3.94	2.75	0.40
青 海	Qinghai	5.51	0.83	4.68	12.86	3.51	3.58	0.97
宁 夏	Ningxia	6.47	1.36	5.11	12.02	3.43	2.53	0.34
新 疆	Xinjiang	6.14	0.93	5.21	11.94	2.94	1.65	0.26

1—4—6续表12 Continued 12

单位:%

Unit:%

地 区	Region	2. 健身活动 Booly Moves	3. 团体旅游 Team Travel	4. 其它文娱活动 Other Entertainment	5. 文娱用品修理服务费 Fixing Service Fees for Recreation Expense	(三)教育 Education	1. 教材 Teaching Material	2. 教育费用 Tuition
全 国	**National Average**	**0.08**	**1.69**	**0.88**	**0.07**	**7.19**	**0.49**	**6.70**
北 京	Beijing	0.29	2.35	0.79	0.08	6.98	0.40	6.59
天 津	Tianjin	0.07	0.65	0.68	0.09	7.42	0.50	6.92
河 北	Hebei	0.06	1.23	0.57	0.05	6.10	0.61	5.49
山 西	Shanxi	0.03	1.24	0.68	0.08	8.65	0.67	7.98
内蒙古	Inner Mongolia	0.02	0.97	1.21	0.10	7.29	0.34	6.94
辽 宁	Liaoning	0.10	0.75	0.48	0.04	7.18	0.57	6.61
吉 林	Jilin	0.08	0.58	0.78	0.04	7.39	0.62	6.77
黑龙江	Heilongjiang	0.09	0.94	0.94	0.05	7.77	0.51	7.26
上 海	Shanghai	0.15	1.94	1.15	0.06	8.25	0.77	7.48
江 苏	Jiangsu	0.07	1.86	0.80	0.05	7.61	0.28	7.33
浙 江	Zhejiang	0.11	2.70	0.63	0.06	7.94	0.42	7.52
安 徽	Anhui	0.02	0.92	0.60	0.09	5.54	0.44	5.10
福 建	Fujian	0.07	1.99	0.56	0.08	6.04	0.41	5.63
江 西	Jiangxi	0.03	1.51	1.17	0.14	6.43	0.41	6.02
山 东	Shandong	0.04	0.92	0.67	0.10	7.33	0.45	6.88
河 南	Henan	0.04	1.57	0.96	0.05	6.98	0.67	6.31
湖 北	Hubei	0.03	1.59	0.87	0.08	7.68	0.43	7.25
湖 南	Hunan	0.06	1.86	1.72	0.06	7.76	0.29	7.47
广 东	Guangdong	0.11	3.42	0.74	0.09	6.40	0.36	6.04
广 西	Guangxi	0.03	1.82	1.00	0.09	7.51	0.43	7.08
海 南	Hainan	0.03	0.89	1.10	0.09	5.85	0.41	5.45
重 庆	Chongqing	0.05	1.76	0.91	0.05	8.96	0.64	8.32
四 川	Sichuan	0.02	1.50	1.48	0.08	6.53	0.61	5.91
贵 州	Guizhou	0.10	1.70	1.41	0.07	6.22	0.38	5.83
云 南	Yunnan	0.07	1.81	0.79	0.04	4.82	0.27	4.56
西 藏	Tibet	0.14	0.00	1.14	0.01	4.97	0.99	3.98
陕 西	Shaanxi	0.06	1.17	0.90	0.08	10.54	0.95	9.60
甘 肃	Gansu	0.02	1.40	0.82	0.11	7.75	0.48	7.27
青 海	Qinghai	0.01	1.02	1.49	0.09	5.77	0.34	5.44
宁 夏	Ningxia	0.06	0.61	1.47	0.06	6.06	0.81	5.26
新 疆	Xinjiang	0.07	0.53	0.72	0.07	7.35	0.78	6.57

1—4—6 续表 13　Continued 13

单位：%　　Unit：%

地区	Region	七、居住 Residence	(一)住房 House	(二)水电燃料及其他 Water, Electricity and Fuels	1. 水 Water	2. 电 Electricity	3. 燃料 Fuels	4. 其他 Other
全　国	**National Average**	**10.18**	**3.14**	**6.50**	**0.74**	**2.83**	**1.99**	**0.95**
北　京	Beijing	7.85	3.45	3.98	0.70	1.91	1.05	0.34
天　津	Tianjin	13.38	5.82	6.82	0.63	1.82	1.24	3.12
河　北	Hebei	11.37	2.54	8.51	0.66	2.53	2.14	3.18
山　西	Shanxi	11.48	4.25	6.62	0.56	2.23	2.27	1.55
内蒙古	Inner Mongolia	10.43	2.77	6.83	0.42	2.14	2.02	2.26
辽　宁	Liaoning	10.76	2.55	7.92	0.64	2.45	1.78	3.06
吉　林	Jilin	12.44	3.03	8.88	0.59	2.63	2.34	3.33
黑龙江	Heilongjiang	11.25	2.57	8.17	0.59	2.89	2.25	2.45
上　海	Shanghai	10.25	4.84	4.43	0.68	2.47	1.25	0.03
江　苏	Jiangsu	9.22	3.89	5.03	0.67	2.62	1.55	0.19
浙　江	Zhejiang	8.65	3.00	5.23	0.72	2.90	1.42	0.19
安　徽	Anhui	9.27	2.47	6.52	0.65	3.23	2.45	0.20
福　建	Fujian	12.19	4.39	7.37	1.10	3.86	2.30	0.10
江　西	Jiangxi	10.58	3.24	7.12	0.69	3.43	2.74	0.25
山　东	Shandong	10.08	2.80	6.78	0.53	2.36	1.85	2.05
河　南	Henan	10.80	2.65	7.58	0.86	3.50	2.41	0.81
湖　北	Hubei	10.15	2.33	7.51	0.86	3.78	2.60	0.27
湖　南	Hunan	10.28	3.63	6.26	0.78	2.75	2.48	0.25
广　东	Guangdong	10.00	2.36	6.61	0.88	3.42	2.23	0.08
广　西	Guangxi	10.95	3.20	7.30	0.84	3.20	3.20	0.06
海　南	Hainan	9.87	2.73	6.55	1.00	2.75	2.68	0.12
重　庆	Chongqing	10.23	4.24	5.35	1.03	2.93	1.39	0.01
四　川	Sichuan	10.24	3.73	5.91	0.89	2.85	2.01	0.17
贵　州	Guizhou	9.47	1.66	7.51	0.91	4.04	2.38	0.19
云　南	Yunnan	7.76	1.78	5.63	1.13	2.72	1.69	0.09
西　藏	Tibet	6.01	1.30	4.48	0.44	1.58	2.45	0.01
陕　西	Shaanxi	9.82	2.50	6.89	0.61	2.53	2.18	1.57
甘　肃	Gansu	10.43	3.45	6.48	0.38	2.04	1.31	2.74
青　海	Qinghai	10.67	3.62	6.31	0.37	2.45	1.50	1.99
宁　夏	Ningxia	11.11	2.98	7.54	0.50	1.97	1.37	3.71
新　疆	Xinjiang	9.21	2.02	6.55	0.42	1.65	2.08	2.39

1—4—6 续表 14　Continued 14

单位:%　　Unit: %

地　区	Region	(三)居住服务费 Housing Services	1. 物业管理费 Realty Management	2. 维修服务费 Fitment Service Fees	3. 其它 Others	八、杂项商品和服务 Miscellaneous Goods and Services	(一)杂项商品 Miscellaneous Goods	(二)服务 Services
全　国	**National Average**	**0.54**	**0.30**	**0.08**	**0.17**	**3.50**	**2.18**	**1.32**
北　京	Beijing	0.42	0.29	0.07	0.06	3.98	2.53	1.45
天　津	Tianjin	0.74	0.26	0.11	0.36	3.29	1.94	1.35
河　北	Hebei	0.33	0.19	0.08	0.05	3.13	1.77	1.36
山　西	Shanxi	0.61	0.13	0.13	0.35	2.99	1.68	1.31
内蒙古	Inner Mongolia	0.83	0.41	0.17	0.25	4.74	2.94	1.80
辽　宁	Liaoning	0.29	0.13	0.11	0.05	4.41	1.95	2.46
吉　林	Jilin	0.53	0.36	0.10	0.07	4.09	2.32	1.78
黑龙江	Heilongjiang	0.50	0.25	0.11	0.14	3.85	2.62	1.23
上　海	Shanghai	0.98	0.89	0.05	0.03	4.55	3.11	1.45
江　苏	Jiangsu	0.30	0.18	0.07	0.05	3.62	2.15	1.47
浙　江	Zhejiang	0.41	0.28	0.08	0.05	3.28	2.06	1.22
安　徽	Anhui	0.28	0.14	0.08	0.06	3.11	1.50	1.60
福　建	Fujian	0.42	0.23	0.08	0.12	3.74	2.06	1.68
江　西	Jiangxi	0.21	0.03	0.08	0.10	3.17	1.94	1.23
山　东	Shandong	0.49	0.15	0.10	0.24	3.25	2.27	0.98
河　南	Henan	0.57	0.08	0.11	0.38	3.68	2.44	1.23
湖　北	Hubei	0.32	0.06	0.05	0.20	2.90	2.02	0.88
湖　南	Hunan	0.38	0.14	0.12	0.12	3.48	2.25	1.23
广　东	Guangdong	1.04	0.75	0.05	0.25	3.19	2.07	1.13
广　西	Guangxi	0.45	0.25	0.05	0.15	3.52	2.14	1.38
海　南	Hainan	0.60	0.43	0.08	0.08	3.01	2.20	0.81
重　庆	Chongqing	0.64	0.42	0.02	0.20	2.57	1.88	0.69
四　川	Sichuan	0.59	0.24	0.09	0.26	3.38	2.13	1.25
贵　州	Guizhou	0.30	0.06	0.07	0.17	3.87	2.60	1.27
云　南	Yunnan	0.35	0.15	0.03	0.16	2.18	1.31	0.86
西　藏	Tibet	0.22	0.06	0.03	0.14	4.81	2.34	2.47
陕　西	Shaanxi	0.43	0.07	0.08	0.28	3.59	2.22	1.38
甘　肃	Gansu	0.50	0.19	0.04	0.27	3.82	2.58	1.24
青　海	Qinghai	0.74	0.39	0.12	0.23	3.46	2.45	1.01
宁　夏	Ningxia	0.58	0.37	0.13	0.09	4.04	2.73	1.32
新　疆	Xinjiang	0.65	0.16	0.07	0.42	3.94	2.81	1.13

1—5—1 大中城市居民家庭基本情况(2005年)

Basic Condition of Urban Households of Major Cities(2005)

城市 City		调查户数(户) Number of Households Surveyed (household)	平均每户家庭人口(人) Average Household Size (person)	平均每户就业人口(人) Average Number of Employed Persons Per Household (person)	平均每户就业面(%) Proportion of Employment per Household (%)	平均每一就业者负担人数(人) Number of Dependents per Employee (person)	平均每人全部年收入(元) Per Capita Annual Income (yuan)
合计	**Tatal**	**16547**	**2.93**	**1.49**	**50.85**	**1.97**	**14304.70**
北京	Beijing	2000	2.92	1.63	55.82	1.79	19533.33
天津	Tianjin	1500	2.92	1.45	49.66	2.01	13563.32
石家庄	Shijiazhuang	300	2.88	1.40	48.61	2.06	10694.97
太原	Taiyuan	300	2.81	1.39	49.47	2.02	11265.91
呼和浩特	Hohhot	400	2.72	1.41	51.84	1.93	13337.74
沈阳	Shenyang	500	2.78	1.37	49.28	2.03	10877.31
大连	Dalian	500	2.91	1.59	54.64	1.83	13319.22
长春	Changchun	300	3.02	1.77	58.61	1.71	10767.10
哈尔滨	Harbin	500	2.83	1.35	47.70	2.10	10490.36
上海	Shanghai	1000	3.01	1.55	51.50	1.94	20602.90
南京	Nanjing	800	2.86	1.37	47.90	2.09	16474.31
杭州	Hangzhou	600	2.84	1.42	50.00	2.00	18763.30
宁波	Ningbo	400	2.74	1.52	55.47	1.80	19682.79
合肥	Hefei	400	2.88	1.55	53.82	1.86	10624.68
福州	Fuzhou	300	3.11	1.58	50.80	1.97	13797.93
厦门	Xiamen	200	2.96	1.45	48.99	2.04	18092.42
南昌	Nanchang	300	2.59	1.37	52.90	1.89	10891.72
济南	Jinan	299	2.86	1.65	57.69	1.73	14920.53
青岛	Qingdao	400	2.82	1.43	50.71	1.97	13864.96
郑州	Zhengzhou	400	2.90	1.33	45.86	2.18	11601.70
武汉	Wuhan	500	2.87	1.35	47.04	2.13	11662.33
长沙	Changsha	400	2.85	1.36	47.72	2.10	13371.09
广州	Guangzhou	300	3.12	1.70	54.49	1.84	21299.61
深圳	Shenzhen	100	3.20	1.74	54.38	1.84	31305.78
南宁	Nanning	200	2.96	1.47	49.66	2.01	11066.02
海口	Haikou	300	3.37	1.50	44.51	2.25	10406.98
重庆	Chongqing	300	3.13	1.63	52.08	1.92	11079.15
成都	Chengdu	399	2.87	1.39	48.43	2.06	12039.21
贵阳	Guiyang	299	3.02	1.49	49.34	2.03	10276.11
昆明	Kunming	600	2.91	1.30	44.67	2.24	10268.32
拉萨	Lhasa	100	3.41	1.70	49.85	2.01	10659.31
西安	Xi'an	350	2.93	1.39	47.44	2.11	10387.44
兰州	Lanzhou	300	2.79	1.38	49.46	2.02	9247.44
西宁	Xining	300	2.94	1.27	43.20	2.31	9079.47
银川	Yinchuan	300	2.85	1.32	46.32	2.16	9606.41
乌鲁木齐	Urumqi	400	2.83	1.68	59.36	1.68	10561.13

1－5－1续表1　Continued 1

城　市　City		工薪收入（元）Income of Wages and Salaries (yuan)	经营净收入（元）Net Business Income (yuan)	财产性收入（元）Income from Porperties (yuan)	转移性收入（元）Income from Transfer (yuan)	可支配收入（元）Disposable Income (yuan)	平均每人消费性支出（元）Per Capita Annual Consumption Expenditures (yuan)
合　计	**Tatal**	**9746.09**	**589.50**	**237.60**	**3731.52**	**13082.76**	**10014.00**
北　京	Beijing	13666.34	213.70	190.44	5462.85	17652.95	13244.20
天　津	Tianjin	8174.64	665.53	148.15	4574.99	12638.55	9653.26
石家庄	Shijiazhuang	6239.25	1178.60	119.90	3157.21	10039.83	7261.02
太　原	Taiyuan	8444.58	98.69	58.54	2664.10	10475.97	7805.53
呼和浩特	Hohhot	8712.19	729.54	340.60	3555.40	12538.58	8938.43
沈　阳	Shenyang	6625.38	376.45	161.28	3714.21	10098.08	7862.83
大　连	Dalian	9119.56	468.82	98.94	3631.89	11994.38	9996.41
长　春	Changchun	7390.07	979.56	87.40	2310.07	10063.53	8321.17
哈尔滨	Harbin	6295.21	880.75	132.35	3182.05	10064.76	7897.17
上　海	Shanghai	14280.65	798.07	292.17	5232.00	18645.03	13773.41
南　京	Nanjing	10887.62	530.04	122.80	4933.85	14997.47	10704.34
杭　州	Hangzhou	12963.36	1041.16	585.66	4173.12	16602.26	13438.99
宁　波	Ningbo	13855.00	1695.07	655.31	3477.41	17409.99	11761.59
合　肥	Hefei	7546.76	500.80	143.63	2433.49	9683.67	7397.74
福　州	Fuzhou	8771.35	787.15	301.29	3938.14	12756.78	8427.77
厦　门	Xiamen	11390.23	527.99	605.62	5568.58	16403.79	11848.83
南　昌	Nanchang	7083.32	285.76	50.55	3472.09	10301.28	7064.14
济　南	Jinan	11930.99	237.01	108.52	2644.00	13578.46	9226.61
青　岛	Qingdao	9330.90	615.38	148.76	3769.92	12919.84	9883.45
郑　州	Zhengzhou	6788.58	516.45	103.71	4192.95	10977.28	7397.74
武　汉	Wuhan	7369.24	276.13	117.43	3899.53	10850.10	8234.75
长　沙	Changsha	8814.25	1109.59	280.22	3167.03	12433.88	9659.86
广　州	Guangzhou	16470.26	773.55	348.53	3707.27	18287.24	14468.24
深　圳	Shenzhen	26152.12	1149.48	727.98	3276.21	28665.25	21188.84
南　宁	Nanning	8057.78	322.70	91.20	2594.33	10078.20	7881.79
海　口	Haikou	7361.23	486.45	238.12	2321.18	9739.50	7367.82
重　庆	Chongqing	7848.52	492.44	188.22	2549.97	10243.46	8623.29
成　都	Chengdu	7447.70	547.61	507.57	3536.33	11358.81	9642.45
贵　阳	Guiyang	6704.51	1125.50	170.02	2276.08	9927.97	7692.62
昆　明	Kunming	5974.17	632.80	633.73	3027.62	9515.70	7278.48
拉　萨	Lhasa	10401.71	43.20	10.41	204.00	9431.18	8617.11
西　安	Xi'an	6926.28	163.66	193.20	3104.30	9627.89	7899.81
兰　州	Lanzhou	6505.15	311.29	36.47	2394.53	8529.05	7179.84
西　宁	Xining	5338.24	543.88	65.21	3132.13	8397.36	6407.86
银　川	Yinchuan	5997.14	1253.74	37.88	2317.65	8858.72	7313.67
乌鲁木齐	Urumqi	8353.20	592.11	18.83	1597.00	9604.93	7051.97

1－5－1 续表 2　Continued 2

城　市　City		食品(元) Food (yuan)	衣着(元) Clothing (yuan)	家庭设备用品及服务(元) Household Appliances and Service (yuan)	医疗保健(元) Health Care and Medical Services (yuan)	交通通信(元) Transport and Communications (yuan)	教育文化娱乐服务(元) Education, Cultural and Recreation Services (yuan)
合　计	**Tatal**	**3628.65**	**893.85**	**551.03**	**800.85**	**1317.18**	**1479.15**
北　京	Beijing	4215.56	1184.14	852.18	1295.76	1943.48	2186.55
天　津	Tianjin	3542.90	698.91	524.20	996.35	998.01	1283.70
石家庄	Shijiazhuang	2643.26	879.87	401.98	690.83	697.93	920.75
太　原	Taiyuan	2411.75	1049.54	423.27	636.62	753.70	1424.62
呼和浩特	Hohhot	2960.22	1132.86	476.35	813.97	1076.95	1126.20
沈　阳	Shenyang	2897.95	746.06	291.65	978.46	807.28	1033.59
大　连	Dalian	3982.86	980.77	419.93	884.62	1037.25	1189.16
长　春	Changchun	3007.30	817.20	301.42	757.04	963.61	1177.93
哈尔滨	Harbin	2717.38	1082.50	371.73	797.68	759.56	1195.16
上　海	Shanghai	4940.06	940.45	800.30	796.82	1983.72	2272.76
南　京	Nanjing	3860.30	917.90	761.09	810.82	1332.80	1745.15
杭　州	Hangzhou	4682.90	1298.67	673.57	983.17	2234.25	1970.32
宁　波	Ningbo	4451.42	1059.84	601.71	615.35	1858.64	1878.87
合　肥	Hefei	3383.57	868.10	321.74	483.21	882.67	569.32
福　州	Fuzhou	3667.49	570.84	476.98	427.96	968.51	889.69
厦　门	Xiamen	4381.70	808.45	643.86	725.28	1569.12	1622.58
南　昌	Nanchang	3163.33	623.49	497.99	498.07	594.62	880.31
济　南	Jinan	3046.93	924.81	536.37	793.09	1448.33	1181.16
青　岛	Qingdao	3718.88	1041.70	656.94	804.75	988.28	1435.28
郑　州	Zhengzhou	2552.71	844.00	405.74	665.81	717.39	1064.32
武　汉	Wuhan	3191.63	931.74	440.03	753.79	766.01	1021.21
长　沙	Changsha	3229.72	969.53	613.96	788.22	1209.39	1685.70
广　州	Guangzhou	5398.18	901.70	746.44	836.83	2492.04	2328.97
深　圳	Shenzhen	5977.00	1535.67	943.12	1370.23	5393.97	3118.03
南　宁	Nanning	3191.30	641.77	556.98	543.47	804.10	1160.45
海　口	Haikou	3247.52	388.24	388.95	451.71	935.72	897.27
重　庆	Chongqing	3135.65	849.53	583.50	629.32	929.92	1391.11
成　都	Chengdu	3399.81	812.52	461.87	601.57	1877.44	1228.04
贵　阳	Guiyang	2945.57	914.17	454.25	485.32	789.16	1112.61
昆　明	Kunming	3239.21	637.80	259.41	749.54	941.86	755.08
拉　萨	Lhasa	3830.45	1051.80	476.27	338.57	1309.95	678.26
西　安	Xi'an	2926.32	712.98	373.36	746.67	763.55	1357.50
兰　州	Lanzhou	2569.47	707.47	426.21	619.79	719.81	1001.01
西　宁	Xining	2363.04	651.90	366.42	583.76	741.94	780.98
银　川	Yinchuan	2615.55	878.54	423.72	618.24	820.51	957.20
乌鲁木齐	Urumqi	2560.61	952.11	328.97	564.70	830.84	994.94

1—5—1 续表 3　Continued 3

城　市　City		居　住（元）Housing (yuan)	杂项商品与服务（元）Miscellaneous Goods and Services (yuan)	平均每人消费性支出构成（人均消费性支出=100）Composition of Per Capita Annual Consumption	食　品 Food (%)	衣　着 Clothing (%)
合　计	**Tatal**	**990.46**	**352.84**	**100.00**	**36.24**	**8.93**
北　京	Beijing	1039.78	526.76	100.00	31.83	8.94
天　津	Tianjin	1291.60	317.58	100.00	36.70	7.24
石家庄	Shijiazhuang	790.17	236.22	100.00	36.40	12.12
太　原	Taiyuan	856.56	249.47	100.00	30.90	13.45
呼和浩特	Hohhot	929.45	422.43	100.00	33.12	12.67
沈　阳	Shenyang	797.50	310.36	100.00	36.86	9.49
大　连	Dalian	1023.91	477.90	100.00	39.84	9.81
长　春	Changchun	1009.54	287.12	100.00	36.14	9.82
哈尔滨	Harbin	722.62	250.55	100.00	34.41	13.71
上　海	Shanghai	1412.11	627.20	100.00	35.87	6.83
南　京	Nanjing	933.24	343.03	100.00	36.06	8.58
杭　州	Hangzhou	1150.82	445.31	100.00	34.85	9.66
宁　波	Ningbo	967.75	328.01	100.00	37.85	9.01
合　肥	Hefei	682.58	206.54	100.00	45.74	11.73
福　州	Fuzhou	1129.07	297.22	100.00	43.52	6.77
厦　门	Xiamen	1595.84	501.99	100.00	36.98	6.82
南　昌	Nanchang	628.03	178.32	100.00	44.78	8.83
济　南	Jinan	985.72	310.20	100.00	33.02	10.02
青　岛	Qingdao	951.56	286.07	100.00	37.63	10.54
郑　州	Zhengzhou	925.39	222.38	100.00	34.51	11.41
武　汉	Wuhan	915.80	214.55	100.00	38.76	11.31
长　沙	Changsha	851.56	311.78	100.00	33.43	10.04
广　州	Guangzhou	1280.26	483.82	100.00	37.31	6.23
深　圳	Shenzhen	2057.60	793.21	100.00	28.21	7.25
南　宁	Nanning	712.43	271.29	100.00	40.49	8.14
海　口	Haikou	813.00	245.39	100.00	44.08	5.27
重　庆	Chongqing	882.41	221.85	100.00	36.36	9.85
成　都	Chengdu	937.77	323.43	100.00	35.26	8.43
贵　阳	Guiyang	679.02	312.53	100.00	38.29	11.88
昆　明	Kunming	539.88	155.69	100.00	44.50	8.76
拉　萨	Lhasa	517.53	414.27	100.00	44.45	12.21
西　安	Xi'an	719.00	300.42	100.00	37.04	9.03
兰　州	Lanzhou	876.47	259.62	100.00	35.79	9.85
西　宁	Xining	696.26	223.56	100.00	36.88	10.17
银　川	Yinchuan	679.58	320.34	100.00	35.76	12.01
乌鲁木齐	Urumqi	499.67	320.13	100.00	36.31	13.50

1—5—1 续表 4　Continued 4

城　市　City		家庭设备用品及服务 Household Appliances and Service (%)	医疗保健 Health Care and Medical Services (%)	交通通信 Transport and Communications (%)	教育文化娱乐服务 Education, Cultural and Recreation Services (%)	居　住 Housing (%)	杂项商品与服务 Miscellaneous Goods and Services (%)
合　计	**Tatal**	**5.50**	**8.00**	**13.15**	**14.77**	**9.89**	**3.52**
北　京	**Beijing**	**6.43**	**9.78**	**14.67**	**16.51**	**7.85**	**3.98**
天　津	Tianjin	5.43	10.32	10.34	13.30	13.38	3.29
石家庄	Shijiazhuang	5.54	9.51	9.61	12.68	10.88	3.25
太　原	Taiyuan	5.42	8.16	9.66	18.25	10.97	3.20
呼和浩特	Hohhot	5.33	9.11	12.05	12.60	10.40	4.73
沈　阳	Shenyang	3.71	12.44	10.27	13.15	10.14	3.95
大　连	Dalian	4.20	8.85	10.38	11.90	10.24	4.78
长　春	Changchun	3.62	9.10	11.58	14.16	12.13	3.45
哈尔滨	Harbin	4.71	10.10	9.62	15.13	9.15	3.17
上　海	Shanghai	5.81	5.79	14.40	16.50	10.25	4.55
南　京	Nanjing	7.11	7.57	12.45	16.30	8.72	3.20
杭　州	Hangzhou	5.01	7.32	16.63	14.66	8.56	3.31
宁　波	Ningbo	5.12	5.23	15.80	15.97	8.23	2.79
合　肥	Hefei	4.35	6.53	11.93	7.70	9.23	2.79
福　州	Fuzhou	5.66	5.08	11.49	10.56	13.40	3.53
厦　门	Xiamen	5.43	6.12	13.24	13.69	13.47	4.24
南　昌	Nanchang	7.05	7.05	8.42	12.46	8.89	2.52
济　南	Jinan	5.81	8.60	15.70	12.80	10.68	3.36
青　岛	Qingdao	6.65	8.14	10.00	14.52	9.63	2.89
郑　州	Zhengzhou	5.48	9.00	9.70	14.39	12.51	3.01
武　汉	Wuhan	5.34	9.15	9.30	12.40	11.12	2.61
长　沙	Changsha	6.36	8.16	12.52	17.45	8.82	3.23
广　州	Guangzhou	5.16	5.78	17.22	16.10	8.85	3.34
深　圳	Shenzhen	4.45	6.47	25.46	14.72	9.71	3.74
南　宁	Nanning	7.07	6.90	10.20	14.72	9.04	3.44
海　口	Haikou	5.28	6.13	12.70	12.18	11.03	3.33
重　庆	Chongqing	6.77	7.30	10.78	16.13	10.23	2.57
成　都	Chengdu	4.79	6.24	19.47	12.74	9.73	3.35
贵　阳	Guiyang	5.91	6.31	10.26	14.46	8.83	4.06
昆　明	Kunming	3.56	10.30	12.94	10.37	7.42	2.14
拉　萨	Lhasa	5.53	3.93	15.20	7.87	6.01	4.81
西　安	Xi'an	4.73	9.45	9.67	17.18	9.10	3.80
兰　州	Lanzhou	5.94	8.63	10.03	13.94	12.21	3.62
西　宁	Xining	5.72	9.11	11.58	12.19	10.87	3.49
银　川	Yinchuan	5.79	8.45	11.22	13.09	9.29	4.38
乌鲁木齐	Urumqi	4.66	8.01	11.78	14.11	7.09	4.54

第二篇

城市资源与经济

Urban Resources and Economy

2—1 城市人口资源分布(2005年)*
Distribution of Urban Population Resources (2005)

城市	City	年末总人口(万人) Total Population(year-end) (10000 persons) 全市 Total Area of City	市辖区 Districts under City	#非农业人口(万人) Nonagricultural Population (10000 persons) 全市 Total Area of City	市辖区 Districts under City	年末总户数(万户) Total Household (year-end) (10000 households) 全市 Total Area of City	市辖区 Districts under City
合计	**Total**	**119040.03**	**36285.04**	**38185.65**	**22627.09**	**35439.81**	**11331.20**
北京	Beijng	1180.70	1110.60	880.20	855.40	451.70	421.30
天津	Tianjin	939.31	769.60	562.40	532.42	322.95	270.08
石家庄	Shijiazhuang	927.30	224.15	367.57	224.15	255.88	57.17
唐山	Tangshan	714.51	298.95	229.95	165.82	219.71	93.34
秦皇岛	Qinhuangdao	278.64	77.63	116.12	77.63	91.12	26.59
邯郸	Handan	871.43	140.85	179.18	122.19	228.52	39.81
邢台	Xingtai	675.08	57.87	137.55	56.36	183.31	17.90
保定	Baoding	1092.17	100.71	254.18	88.53	304.84	28.42
张家口	Zhanjiakou	450.29	86.54	130.55	70.93	157.89	30.40
承德	Chengde	361.28	46.14	87.13	34.34	114.83	16.73
沧州	Cangzhou	684.75	49.89	148.67	46.52	196.64	13.76
廊坊	Langfang	391.57	76.45	113.48	44.52	110.98	20.38
衡水	Hengshui	417.63	45.23	71.28	25.60	120.76	12.88
太原	Taiyuan	340.39	263.04	238.93	216.20	92.71	67.33
大同	Datong	299.49	143.82	135.96	110.51	128.86	48.36
阳泉	Yangquan	125.88	65.64	63.41	51.59	43.35	21.92
长治	Changzhi	316.42	67.68	89.13	52.62	92.04	17.68
晋城	Jincheng	211.86	30.41	48.94	21.99	66.18	10.94
朔州	Shuozhou	145.68	59.77	35.29	17.30	49.00	20.48
晋中	Jinzhong	306.63	54.46	82.58	28.05	100.44	16.48
运城	Yuncheng	488.59	63.12	81.35	21.19	140.00	24.72
忻州	Xinzhou	297.89	51.62	61.95	17.86	101.44	18.28
临汾	Linfen	412.31	78.21	99.03	34.15	122.65	25.96
吕梁	Luliang	355.37	24.65	89.09	13.46	105.45	8.63
呼和浩特	Huhehaote	213.49	109.62	98.06	82.59	67.26	36.48
包头	Baotou	209.32	135.72	131.95	113.36	65.89	42.67
乌海	Wuhai	43.11	43.11	43.11	43.11	14.40	14.40
赤峰	Chifeng	445.30	113.70	100.20	51.40	134.20	37.10
通辽	Tongliao	309.34	80.52	107.52	43.28	90.18	25.60
鄂尔多斯	Eerduosi	137.86	23.06	45.00	16.23	46.09	6.93
呼伦贝尔	Hulunbeler	270.00	25.65	178.12	23.29	88.37	7.80
巴彦淖尔	Bayanzhuoer	175.87	53.26	60.70	24.29	51.55	15.22
乌兰察布	Wulanchabu	272.52	29.07	65.80	23.60	88.86	9.59
沈阳	Shenyang	698.57	495.89	450.37	410.12	231.98	167.58
大连	Dalian	565.33	281.11	317.44	240.73	195.79	102.02
鞍山	Anshan	347.64	146.17	175.96	129.30	112.17	49.59
抚顺	Fushun	224.39	140.63	148.73	126.46	79.10	51.50
本溪	Benxi	156.40	96.20	104.90	84.70	54.50	34.40
丹东	Dandong	242.39	75.19	100.78	59.79	78.63	27.00
锦州	Jinzhou	308.32	87.55	116.67	72.15	101.51	31.83

*城市资源与经济数据为初步数。

城市	City	年末总人口(万人) Total Population(year-end) (10000 persons) 全市 Total Area of City	市辖区 Districts under City	#非农业人口(万人) Nonagricultural Population (10000 persons) 全市 Total Area of City	市辖区 Districts under City	年末总户数(万户) Total Household (year-end) (10000 households) 全市 Total Area of City	市辖区 Districts under City
营口	Yingkou	230.53	86.28	102.85	65.14	78.82	32.57
阜新	Fuxin	192.68	78.18	86.06	69.18	62.81	28.68
辽阳	Liaoyang	182.01	71.53	79.09	59.74	64.31	26.64
盘锦	Panjin	125.94	57.70	77.85	51.91	43.50	20.07
铁岭	Tieling	302.55	43.91	95.52	34.25	100.63	16.12
朝阳	Chaoyang	338.74	48.91	91.20	32.98	106.11	16.28
葫芦岛	Huludao	273.72	94.31	82.32	51.00	90.35	34.19
长春	Changchun	731.50	337.22	321.07	245.59	218.90	103.07
吉林	Jinlin	429.45	179.87	211.08	126.39	137.44	58.20
四平	Siping	331.89	60.03	130.45	54.41	105.52	23.20
辽源	Liaoyang	123.37	47.86	55.69	38.78	40.92	17.12
通化	Tonghua	226.31	45.62	104.42	39.74	72.15	14.59
白山	Baishan	130.30	33.65	87.86	26.95	47.98	13.09
松原	Songyuan	277.46	51.89	74.02	31.92	80.54	18.21
白城	Baicheng	201.60	50.92	80.93	28.95	68.72	18.80
哈尔滨	Haerbin	974.84	398.96	469.49	307.53	305.90	130.20
齐齐哈尔	Qiqihaer	556.99	142.04	202.30	111.51	182.34	51.83
鸡西	Jixi	191.38	89.76	121.51	74.05	68.30	33.30
鹤岗	Hegang	109.88	68.46	88.55	61.19	41.36	27.17
双鸭山	Shuangyashan	150.22	49.95	90.88	45.34	53.81	19.60
大庆	Daqing	264.38	122.33	127.07	96.54	88.19	43.19
伊春	Yichun	128.79	82.13	110.36	78.61	47.07	30.50
佳木斯	Jiamusi	245.03	81.93	122.44	59.93	84.06	31.84
七台河	Qitaihe	88.43	51.49	48.90	35.23	28.92	17.34
牡丹江	Mudanjiang	266.30	78.14	147.09	64.92	92.51	27.17
黑河	Heihe	174.60	19.00	111.81	13.00	63.91	6.00
绥化	Suihua	561.78	87.98	150.39	28.84	164.64	27.24
上海	Shanghai	1360.26	1290.14	1148.94	1128.37	496.39	468.13
南京	Nanjing	595.80	513.39	435.30	410.53	193.31	165.62
无锡	Wuxi	452.84	228.49	315.61	209.53	151.21	76.93
徐州	Xuzhou	925.31	179.88	315.85	149.63	286.44	56.29
常州	Changzhou	351.63	220.77	160.56	110.38	121.97	74.36
苏州	Suzhou	607.31	225.11	309.71	141.62	206.83	75.51
南通	Nantong	770.86	85.36	247.16	85.33	278.72	30.01
连云港	Lianyungang	472.18	70.17	218.26	59.45	136.29	22.00
淮安	Huaian	527.77	273.21	170.59	111.37	159.37	82.67
盐城	Yancheng	798.67	152.00	285.84	76.53	275.10	53.59
扬州	Yangzhou	456.31	115.65	173.60	76.14	157.06	39.47
镇江	Zhenjiang	267.61	102.00	115.46	68.13	100.09	37.85
泰州	Taizhou	502.05	63.38	136.52	32.75	171.40	22.38
宿迁	Suqian	524.54	154.07	207.62	109.17	144.43	41.71

城　市	City	年末总人口(万人) Total Population(year-end) (10000 persons)		#非农业人口(万人) Nonagricultural Population (10000 persons)		年末总户数(万户) Total Household (year-end) (10000 households)	
		全市 Total Area of City	市辖区 Districts under City	全市 Total Area of City	市辖区 Districts under City	全市 Total Area of City	市辖区 Districts under City
杭　州	Hangzhou	660.45	409.52	297.54	245.56	207.42	122.02
宁　波	Ningbuo	556.70	213.41	182.61	121.43	211.17	84.13
温　州	Wengzhou	750.28	139.02	152.61	63.36	219.16	41.15
嘉　兴	Jiaxing	334.33	80.83	112.20	36.32	101.05	25.97
湖　州	Huzhou	257.58	108.01	77.81	40.16	82.69	33.52
绍　兴	Shaoxing	435.09	64.84	126.71	45.90	156.74	23.13
金　华	Jinhua	454.13	92.16	99.10	31.36	169.45	35.61
衢　州	Quzhou	245.57	80.46	42.98	19.47	80.47	27.18
舟　山	Zhoushan	96.73	69.11	34.91	26.67	35.92	24.69
台　州	Taizhou	559.85	148.75	98.32	29.53	186.83	48.65
丽　水	Lishui	251.39	37.38	42.02	12.69	83.25	13.81
合　肥	Hefei	455.70	175.31	184.91	150.28	137.24	51.49
芜　湖	Wuhu	226.88	72.79	95.41	72.79	73.77	24.59
蚌　埠	Bengbu	349.33	90.47	92.71	62.39	93.73	26.42
淮　南	Huainan	235.78	163.61	106.66	93.22	68.64	47.20
马鞍山	Maanshan	125.64	60.99	59.17	49.43	37.83	19.03
淮　北	Huaibei	210.52	92.32	83.07	67.42	60.82	29.79
铜　陵	Tongling	72.22	42.76	39.67	35.22	23.04	13.43
安　庆	Anqing	605.55	73.04	102.35	45.34	166.37	23.69
黄　山	Huangshan	146.94	42.07	33.61	18.23	48.50	14.20
滁　州	Chuzhou	435.62	51.35	93.64	23.14	128.28	16.68
阜　阳	Fuyang	932.76	187.24	106.82	42.90	247.67	53.00
宿　州	Suzhou	604.52	174.70	73.67	38.20	153.67	47.50
巢　湖	Chaohu	453.06	86.13	69.85	21.02	134.44	28.98
六　安	Liuan	681.00	179.20	99.30	32.25	197.23	54.35
亳　州	Buozhou	550.14	143.37	54.73	17.93	143.92	40.57
池　州	Chizhou	156.31	63.83	26.00	13.20	49.08	20.20
宣　城	Xuancheng	273.56	84.01	46.94	15.89	85.22	25.38
福　州	Fuzhou	614.83	176.11	221.92	145.76	184.83	54.20
厦　门	Xiamen	153.22	153.22	96.18	96.18	47.20	47.20
莆　田	Putian	304.81	203.76	58.75	39.80	78.12	49.14
三　明	Sanming	268.13	28.42	82.82	21.11	76.50	9.03
泉　州	Quanzhou	667.66	100.33	192.26	61.11	176.61	25.85
漳　州	Zhangzhou	457.37	53.36	129.60	33.82	122.01	15.88
南　平	Nanping	305.07	48.78	102.71	26.35	87.80	13.78
龙　岩	Longyan	286.83	46.73	84.99	30.53	78.33	13.95
宁　德	Ningde	327.03	42.40	92.64	11.80	92.50	11.99
南　昌	Nanchang	475.17	215.52	219.94	166.79	127.62	54.17
景德镇	Jingdezhen	150.82	43.97	59.84	35.70	46.23	14.70
萍　乡	Pingxiang	179.67	81.82	53.38	41.60	50.20	24.52
九　江	Jiujiang	466.20	59.17	122.83	46.28	133.36	18.77

2—1续表3 Continued 3

城市	City	年末总人口(万人) Total Population(year-end) (10000 persons) 全市 Total Area of City	市辖区 Districts under City	#非农业人口(万人) Nonagricultural Population (10000 persons) 全市 Total Area of City	市辖区 Districts under City	年末总户数(万户) Total Household (year-end) (10000 households) 全市 Total Area of City	市辖区 Districts under City
新余	Xinyu	110.72	79.85	39.08	31.19	35.07	25.12
鹰潭	Yingtan	111.15	19.26	32.43	13.24	31.32	6.48
赣州	Ganzhou	845.69	59.91	169.35	36.19	234.29	15.29
吉安	Jian	464.76	51.17	102.23	23.30	135.33	14.68
宜春	Yichun	528.17	100.10	136.22	24.86	157.55	27.92
抚州	Fuzhou	381.31	105.16	97.08	30.15	109.56	31.81
上饶	Shangrao	676.00	37.22	121.66	20.26	177.97	10.63
济南	Jinan	597.44	347.87	330.26	272.64	177.69	104.87
青岛	Qingdao	740.91	265.43	446.94	265.43	237.35	87.99
淄博	Zibuo	416.77	275.56	169.15	142.66	136.31	91.43
枣庄	Zaozhuang	367.27	209.39	113.32	76.29	111.09	67.37
东营	Dongying	180.50	81.43	76.75	62.84	58.99	28.20
烟台	Yantai	647.78	176.26	296.81	125.81	225.03	61.99
潍坊	Weifang	852.20	145.20	323.11	97.53	256.75	43.26
济宁	Jining	805.78	107.03	210.37	54.24	223.48	30.08
泰安	Taian	550.78	160.61	157.16	69.82	165.85	50.74
威海	Weihai	249.09	60.65	117.74	45.22	89.47	18.40
日照	Rizhao	281.71	120.63	95.40	58.04	94.86	40.01
莱芜	Laiwu	124.38	124.38	49.46	49.46	40.51	40.51
临沂	Linyi	1018.63	193.19	200.47	138.92	311.38	57.79
德州	Dezhou	552.63	58.36	145.42	40.91	156.49	18.10
聊城	Liaocheng	569.50	102.41	163.70	58.90	164.74	27.20
滨州	Binzhou	371.25	62.80	78.70	43.81	109.73	19.14
菏泽	Heze	885.83	139.61	172.13	67.89	241.99	40.10
郑州	Zhengzhou	679.70	255.55	273.12	188.32	179.05	69.52
开封	Kaifeng	487.67	82.89	95.08	59.13	128.79	26.80
洛阳	Luoyang	653.37	149.71	175.75	106.51	178.39	47.31
平顶山	Pingdingshan	499.25	95.29	121.50	72.76	133.52	25.81
安阳	Anyang	547.18	103.17	118.52	67.92	152.23	31.22
鹤壁	Hebi	150.50	52.81	47.46	34.97	42.96	17.14
新乡	Xinxiang	569.20	87.78	190.79	69.49	158.10	29.33
焦作	Jiaozuo	352.03	81.12	104.28	63.77	92.82	21.60
濮阳	Puyang	372.01	53.51	69.22	38.68	91.13	18.18
许昌	Xuchang	458.04	39.16	102.33	39.16	123.19	12.26
漯河	Luohe	261.60	130.52	62.20	43.63	71.09	37.34
三门峡	Sanmenxi	222.48	28.50	65.59	22.05	66.89	8.28
南阳	Nanyang	1079.14	172.58	166.82	52.76	335.19	52.59
商丘	Shangqiu	855.59	159.50	151.65	84.85	236.64	42.10
信阳	Xinyang	803.79	137.88	132.54	43.94	234.19	42.72
周口	Zhoukou	1112.51	42.55	128.56	23.16	283.45	12.84
驻马店	Zhumadian	839.39	60.27	100.46	24.86	214.99	19.11

2—1 续表 4　Continued 4

城市	City	年末总人口(万人) Total Population(year-end) (10000 persons)		#非农业人口(万人) Nonagricultural Population (10000 persons)		年末总户数(万户) Total Household (year-end) (10000 households)	
		全市 Total Area of City	市辖区 Districts under City	全市 Total Area of City	市辖区 Districts under City	全市 Total Area of City	市辖区 Districts under City
武汉	Wuhan	801.36	801.36	503.10	503.10	249.95	249.95
黄石	Huangshi	252.13	63.20	88.92	58.14	63.90	19.11
十堰	Shiyan	343.68	51.61	98.37	46.76	109.91	18.59
宜昌	Yichang	398.78	122.23	130.48	69.46	139.39	42.06
襄樊	Xiangfan	577.22	217.31	217.67	94.59	180.43	63.63
鄂州	Ezhou	104.32	104.32	36.96	36.96	36.33	36.33
荆门	Jinmen	291.07	64.59	79.40	32.47	95.88	22.72
孝感	Xiaogan	506.01	89.30	95.24	26.18	147.45	28.51
荆州	Jinmen	641.30	111.20	156.90	63.60	192.40	37.20
黄冈	Huanggang	726.30	37.19	163.02	23.00	214.12	15.03
咸宁	Xianning	276.72	56.57	77.69	24.15	80.00	18.67
随州	Suizhou	252.68	161.27	52.00	37.00	70.41	43.93
长沙	Changsha	620.92	208.65	218.07	173.19	184.10	60.47
株洲	Zhuzhou	372.23	78.88	102.57	60.26	106.07	24.75
湘潭	Xiangtan	284.10	71.78	80.22	57.64	87.49	22.21
衡阳	Hengyang	722.61	96.36	244.24	95.71	203.57	29.48
邵阳	Haoyang	744.00	66.57	123.02	38.65	212.67	21.50
岳阳	Yueyang	531.82	95.43	196.00	85.58	171.53	38.01
常德	Changde	602.42	137.98	137.72	48.57	207.23	46.24
张家界	Zhangjiajie	160.12	48.19	27.69	14.38	53.42	17.11
益阳	Yiyang	460.60	129.82	80.59	33.12	141.79	39.55
郴州	Chenzhou	460.88	65.32	169.42	41.45	145.09	26.88
永州	Yongzhou	574.86	107.40	85.45	28.74	168.99	32.79
怀化	Huaihua	498.37	38.75	96.06	23.59	146.88	12.22
娄底	Loudi	407.48	41.88	106.27	41.87	129.27	16.85
广州	Guangzhou	750.53	617.28	517.23	482.55	230.29	192.79
韶关	Shaoguan	318.66	90.71	126.10	60.31	91.41	29.23
深圳	Shenzhen	181.93	181.93	181.93	181.93	57.03	57.03
珠海	Zhuhai	89.60	89.60	89.60	89.60	25.10	25.10
汕头	Hantou	491.29	484.05	486.78	484.05	108.11	105.94
佛山	Fuoshan	354.48	354.48			104.58	104.58
江门	Jiangmen	386.24	133.83	218.82	133.83	119.22	43.03
湛江	Zhanjiang	718.05	145.08	192.11	77.51	183.92	40.62
茂名	Maoming	679.33	121.35	261.35	121.35	178.21	30.90
肇庆	Zhaoqing	396.48	48.39	110.98	48.39	104.15	14.86
惠州	Huizhou	297.58	114.47	166.53	114.47	79.04	34.72
梅州	Meizhou	498.91	30.74	121.58	23.60	127.01	9.67
汕尾	Shanwei	315.36	47.66	158.82	47.66	64.96	11.06
河源	Heyuan	337.36	29.05	87.35	29.05	89.14	10.76
阳江	Yangjiang	264.15	63.50	103.01	63.50	72.17	18.95
清远	Qingyuan	393.44	54.44	112.65	54.44	104.86	16.12

城市 City		年末总人口(万人) Total Population(year-end) (10000 persons)		#非农业人口(万人) Nonagricultural Population (10000 persons)		年末总户数(万户) Total Household (year-end) (10000 households)	
		全市 Total Area of City	市辖区 Districts under City	全市 Total Area of City	市辖区 Districts under City	全市 Total Area of City	市辖区 Districts under City
东莞	Dongguan	656.07	656.07	459.45	459.45	46.50	46.50
中山	Zhongshan	140.82	140.82	72.11	72.11	39.12	39.12
潮州	Chaozhou	250.42	34.36	70.97	31.10	59.78	9.21
揭阳	Jieyang	609.28	66.61	211.34	66.61	138.16	16.21
云浮	Yunfu	263.36	28.47	98.35	28.47	73.46	8.32
南宁	Nanning	659.54	249.67	177.32	127.73	180.72	99.14
柳州	Liuzhou	356.66	98.65	123.59	87.16	99.75	30.06
桂林	Guilin	495.11	73.48	113.65	57.38	147.01	20.03
梧州	Wuzhou	305.43	48.63	60.63	28.15	87.32	14.73
北海	Beihai	149.24	55.79	45.08	26.46	39.80	16.18
防城港	Fangchenggang	79.82	48.71	21.09	13.57	23.17	14.15
钦州	Qinzhou	341.10	122.08	38.30	19.67	84.45	30.56
贵港	Guigang	470.37	175.02	51.74	24.12	133.79	51.00
玉林	Yulin	592.43	89.73	68.80	20.93	155.82	25.45
百色	Baise	373.78	33.25	47.17	12.56	89.99	8.23
贺州	Hezhou	210.47	93.14	29.92	15.27	52.24	25.09
河池	Hechi	382.78	31.31	56.99	11.37	108.42	10.04
来宾	Laibin	246.80	100.79	36.66	15.81	67.83	25.38
崇左	Chongzuo	230.65	33.99	38.58	8.72	59.05	8.75
海口	Haikou	147.30	147.30	86.49	86.49	42.12	42.12
三亚	Sanya	51.19	51.19	25.62	25.62	12.41	12.41
重庆	Chongqing	3169.16	1029.77	817.27	477.60	1010.41	350.03
成都	Chengdu	1082.03	482.07	543.93	388.20	366.72	167.21
自贡	Zigong	317.28	147.00	92.67	59.69	97.21	45.82
攀枝花	Panzhihua	107.98	67.79	58.00	52.45	32.63	20.86
泸州	Luzhou	479.63	141.32	82.51	44.40	138.39	44.05
德阳	Deyang	382.41	63.94	81.75	30.37	126.95	21.40
绵阳	Mianyang	530.71	114.50	126.30	59.40	170.90	39.50
广元	Guangyuan	304.26	90.60	60.42	30.06	94.78	29.08
遂宁	Suining	374.58	145.81	72.10	34.77	113.20	43.96
内江	Neijiang	420.32	138.61	80.03	34.06	137.57	43.24
乐山	Leshan	347.90	113.81	86.74	44.05	110.62	37.99
南充	Nanchong	728.94	188.66	143.88	57.55	225.40	58.36
眉山	Meishan	340.74	82.51	79.66	27.57	103.85	26.71
宜宾	Yibin	519.19	78.30	90.44	34.39	149.78	24.06
广安	Guangan	454.55	123.31	64.48	21.20	131.24	34.90
达州	Dazhou	640.24	39.14	106.72	22.60	190.17	13.56
雅安	Yaan	154.32	34.30	33.24	14.16	48.92	10.54
巴中	Bazhong	362.96	129.59	59.60	22.68	102.97	38.02
资阳	Ziyang	488.91	106.65	63.93	18.50	157.94	36.60
贵阳	Guiyang	350.66	206.32	171.79	147.59	96.25	55.46

城　市	City	年末总人口(万人) Total Population(year-end) (10000 persons)		#非农业人口(万人) Nonagricultural Population (10000 persons)		年末总户数(万户) Total Household (year-end) (10000 households)	
		全市 Total Area of City	市辖区 Districts under City	全市 Total Area of City	市辖区 Districts under City	全市 Total Area of City	市辖区 Districts under City
六盘水	Liupanshui	297.17	44.30	65.29	28.90	80.91	12.00
遵　义	Zunyi	725.54	81.71	108.78	41.18	195.07	24.93
安　顺	Anshun	256.88	80.01	39.74	21.32	66.78	20.61
昆　明	Kunming	508.47	229.88	211.21	170.02	153.19	72.94
曲　靖	Qujing	587.45	65.06	73.29	23.91	138.84	19.29
玉　溪	Yuxi	209.16	40.29	39.98	13.51	59.90	11.52
保　山	Baoshan	242.49	85.84	25.77	12.16	60.67	22.88
昭　通	Shaotong	528.65	77.06	40.53	11.48	133.34	21.65
丽　江	Lijiang	113.76	14.62	16.12	6.47	30.96	3.85
思　茅	Simao	256.56	20.61	32.61	8.75	61.42	6.33
临　沧	Lincang	219.58	28.16	22.92	5.23	53.08	7.64
西　安	Xian	741.73	533.21	333.14	309.43	203.05	147.12
铜　川	Tongchuan	84.39	75.03	38.95	38.58	25.30	22.55
宝　鸡	Baoji	369.53	76.13	90.54	52.62	104.02	23.98
咸　阳	Xanyang	494.26	85.62	103.07	52.95	134.19	24.36
渭　南	Weinan	537.06	92.03	99.17	25.02	153.46	26.82
延　安	Yanan	210.70	40.37	54.44	19.60	65.28	15.11
汉　中	Hanzhong	376.56	53.07	73.45	24.71	113.45	17.54
榆　林	Yulin	351.60	46.06	57.55	13.76	96.74	14.84
安　康	Ankang	294.94	94.96	45.07	20.65	88.05	28.40
商　洛	Shangluo	241.98	55.29	36.38	15.59	68.78	14.44
兰　州	Lanzhou	311.74	202.37	183.93	170.82	89.99	61.01
嘉峪关	Jiayuguan	17.22	17.22	15.21	15.21	5.39	5.39
金　昌	Jinchang	46.57	21.05	21.96	15.97	13.93	6.67
白　银	Baiyin	174.57	47.53	41.61	29.94	46.62	14.60
天　水	Tianshui	350.02	122.77	82.80	57.24	82.80	32.98
武　威	Wuwei	187.18	98.56	30.22	20.74	49.38	26.58
张　掖	Zhangye	127.08	50.17	31.26	17.93	37.47	14.66
平　凉	Pingliang	218.15	48.73	32.17	14.88	57.86	13.85
酒　泉	Jiuquan	90.26	34.87	31.58	12.55	28.37	10.19
庆　阳	Qingyang	251.29	32.86	29.85	9.43	64.55	9.23
定　西	Dingxi	291.58	45.96	27.98	8.10	72.72	12.30
陇　南	Longnan	272.49	53.71	36.54	10.46	67.55	14.04
西　宁	Xining	209.90	103.14	108.71	91.86	61.13	23.99
银　川	Yinchuan	140.60	79.03	86.67	66.37	45.47	25.51
石嘴山	Shizuishan	72.28	44.08	42.09	35.06	23.03	14.25
吴　忠	Wuzhong	124.12	35.19	38.58	16.67	35.31	10.38
固　原	Guyuan	148.06	47.84	17.67	9.50	36.12	12.29
中　卫	Zhongwei	102.84	34.83	25.84	12.81	31.86	9.98
乌鲁木齐	Wulumuqi	194.15	185.61	151.44	150.42	59.96	57.38
克拉玛依	Kelamayi	29.74	29.74	24.88	24.88	9.16	9.16

表 2—2 城市土地资源分布(2005 年)
Distribution of Urban Land resources (2005)

城市	City	行政区域土地面积(平方公里) Land of Administrative Area(sq. km)		#建成区面积(平方公里) Area of the established district (sq. km)	人口密度(人/平方公里) Density of population (person/sq. km)	
		全市 Total Area of City	市辖区 Districts under City		全市 Total Area of City	市辖区 Districts under City
城市合计	**Total**	**4560713**	**567867**	**23347**	**261.01**	**638.97**
北京	Beijng	16410			719.50	
天津	Tianjin	11920	7418	530	788.01	1037.48
石家庄	Shijiazhuang	15848	456	166	585.12	4915.57
唐山	Tangshan	13472	1230	196	530.37	2430.49
秦皇岛	Qinhuangdao	7523	363	83	370.38	2138.57
邯郸	Handan	12062	434	102	722.46	3245.39
邢台	Xingtai	12486	132	51	540.67	4384.09
保定	Baoding	20584	312	98	530.59	3227.88
张家口	Zhanjiakou	36873	819	77	122.12	1056.65
承德	Chengde	39548	708	57	91.35	651.69
沧州	Cangzhou	14053	183	42	487.26	2726.23
廊坊	Langfang	6429	292	48	609.07	2618.15
衡水	Hengshui	8815	80	35	473.77	5653.75
太原	Taiyuan	6988	1460	197	487.11	1801.64
大同	Datong	14127	2080	89	212.00	691.44
阳泉	Yangquan	4570	686	43	275.45	956.85
长治	Changzhi	13896	334	45	227.71	2026.35
晋城	Jincheng	9490	147	30	223.25	2068.71
朔州	Shuozhou	10623	4095	29	137.14	145.96
晋中	Jinzhong	16404	1311	34	186.92	415.41
运城	Yuncheng	13964	1203	30	349.89	524.69
忻州	Xinzhou	25000	1954	20	119.16	264.18
临汾	Linfen	20275	1316	37	203.36	594.30
吕梁	Luliang	21095	1324	20	168.46	186.18
呼和浩特	Huhehaote	17224	2054	143	123.95	533.69
包头	Baotou	27768	2969	150	75.38	457.12
乌海	Wuhai	1754	1754	56	245.78	245.78
赤峰	Chifeng	90021	7021	64	49.47	161.94
通辽	Tongliao	6000	3212	40	515.57	250.68
鄂尔多斯	Eerduosi	86752	2530	35	15.89	91.15
呼伦贝尔	Hulunbeler	253356	1440	28	10.66	178.13
巴彦淖尔	Bayanzhuoer	64413	2354	31	27.30	226.25
乌兰察布	Wulanchabu	54492	114	35	50.01	2550.00
沈阳	Shenyang	12980	3495	310	538.19	1418.86
大连	Dalian	12574	2415	248	449.60	1164.02
鞍山	Anshan	9252	624	136	375.75	2342.47
抚顺	Fushun	11272	714	122	199.07	1969.61
本溪	Benxi	8411	1308	107	185.95	735.47
丹东	Dandong	15030	832	53	161.27	903.73
锦州	Jinzhou	10301	436	62	299.31	2008.03

城　市	City	行政区域土地面积(平方公里) Land of Administrative Area(sq. km) 全市 Total Area of City	市辖区 Districts under City	#建成区面积(平方公里) Area of the established district (sq. km)	人口密度(人/平方公里) Density of population (person/sq. km) 全市 Total Area of City	市辖区 Districts under City
营口	Yingkou	5402	701	93	426.75	1230.81
阜新	Fuxin	10355	448	49	186.07	1745.09
辽阳	Liaoyang	4743	574	83	383.74	1246.17
盘锦	Panjin	4071	266	54	309.36	2169.17
铁岭	Tieling	12980	638	41	233.09	688.24
朝阳	Chaoyang	19699	557	29	171.96	878.10
葫芦岛	Huludao	10415	2301	62	262.81	409.87
长春	Changchun	20571	3603	231	355.60	935.94
吉林	Jinlin	27120	3636	166	158.35	494.69
四平	Siping	14080	407	39	235.72	1474.94
辽源	Liaoyang	5139	206	40	240.07	2323.30
通化	Tonghua	15195	761	45	148.94	599.47
白山	Baishan	17485	1388	26	74.52	242.44
松原	Songyuan	21090	1100	36	131.56	471.73
白城	Baicheng	25745	2525	38	78.31	201.66
哈尔滨	Haerbin	53068	4275	302	183.70	933.24
齐齐哈尔	Qiqihaer	42469	4319	113	131.15	328.87
鸡西	Jixi	22531	2300	73	84.94	390.26
鹤岗	Hegang	14648	4551	43	75.01	150.43
双鸭山	Shuangyashan	22483	1767	64	66.81	282.68
大庆	Daqing	21219	5107	170	124.60	239.53
伊春	Yichun	32759	19576	158	39.31	41.95
佳木斯	Jiamusi	32704	1874	58	74.92	437.19
七台河	Qitaihe	6221	1767	97	142.15	291.40
牡丹江	Mudanjiang	40583	1353	60	65.62	577.53
黑河	Heihe	315	210	19	5542.86	904.76
绥化	Suihua	34964	2756	23	160.67	319.23
上海	Shanghai	6543	6543	820	2078.95	1971.79
南京	Nanjing	6582	4723	513	905.20	1087.00
无锡	Wuxi	4788	1623	193	945.78	1407.83
徐州	Xuzhou	11258	1160	118	821.91	1550.69
常州	Changzhou	4375	1864	104	803.73	1184.39
苏州	Suzhou	8488	1650	195	715.49	1364.30
南通	Nantong	8001	355	57	963.45	2404.51
连云港	Lianyungang	7500	898	78	629.57	781.40
淮安	Huaian	10072	3171	85	524.00	861.59
盐城	Yancheng	16973	1721	64	470.55	883.21
扬州	Yangzhou	6634	980	67	687.84	1180.10
镇江	Zhenjiang	3847	1082	86	695.63	942.70
泰州	Taizhou	5797	420	50	866.05	1509.05
宿迁	Suqian	8555	2108	34	613.14	730.88

2—2 续表 2　Continued 2

城　市	City	行政区域土地面积(平方公里) Land of Administrative Area(sq. km)		#建成区面积(平方公里) Area of the established district (sq. km)	人口密度(人/平方公里) Density of population (person/sq. km)	
		全市 Total Area of City	市辖区 Districts under City		全市 Total Area of City	市辖区 Districts under City
杭　州	Hangzhou	16596	3068	314	397.96	1334.81
宁　波	Ningbuo	9365	2560	121	594.45	833.63
温　州	Wengzhou	11784	1187	141	636.69	1171.19
嘉　兴	Jiaxing	3915	968	102	853.97	835.02
湖　州	Huzhou	5818	1566	91	442.73	689.72
绍　兴	Shaoxing	8256	362	82	527.00	1791.16
金　华	Jinhua	10918	2044	67	415.95	450.88
衢　州	Quzhou	8841	2354	51	277.76	341.74
舟　山	Zhoushan	1440	1028	52	671.74	672.28
台　州	Taizhou	9411	1536	115	594.89	968.42
丽　水	Lishui	17298	1502	25	145.33	248.87
合　肥	Hefei	7029	596	225	648.31	2941.44
芜　湖	Wuhu	3317	230	95	683.99	3164.78
蚌　埠	Bengbu	5952	601	78	586.91	1505.32
淮　南	Huainan	2585	1490	92	912.11	1098.05
马鞍山	Maanshan	1686	354	66	745.20	1722.88
淮　北	Huaibei	2741	543	44	768.04	1700.18
铜　陵	Tongling	1113	280	36	648.88	1527.14
安　庆	Anqing	15398	821	52	393.27	889.65
黄　山	Huangshan	9807	2342	32	149.83	179.63
滁　州	Chuzhou	13523	1404	37	322.13	365.74
阜　阳	Fuyang	9775	1796	170	954.23	1042.54
宿　州	Suzhou	9787	2868	32	617.68	609.14
巢　湖	Chaohu	10774	1907	61	420.50	451.60
六　安	Liuan	17976	3583	70	378.84	500.14
亳　州	Buozhou	8374	2226	50	656.96	644.07
池　州	Chizhou	8272	2432	15	188.96	262.46
宣　城	Xuancheng	12364	2621	24	221.26	320.53
福　州	Fuzhou	11968	1043	170	513.73	1688.49
厦　门	Xiamen	1569	1569	127	976.55	976.55
莆　田	Putian	4079	145	32	747.27	14052.41
三　明	Sanming	22959	1178	20	116.79	241.26
泉　州	Quanzhou	10866	530	62	614.45	1893.02
漳　州	Zhangzhou	12608	401	45	362.76	1330.67
南　平	Nanping	26280	2660	20	116.08	183.38
龙　岩	Longyan	19050	2678	30	150.57	174.50
宁　德	Ningde	13452	1537	12	243.11	275.86
南　昌	Nanchang	7402	617	109	641.95	3493.03
景德镇	Jingdezhen	5256	423	48	286.95	1039.48
萍　乡	Pingxiang	3827	1090	60	469.48	750.64
九　江	Jiujiang	18823	699	48	247.68	846.49

城　市　City	行政区域土地面积(平方公里) Land of Administrative Area(sq. km)		#建成区面积(平方公里) Area of the established district (sq. km)	人口密度(人/平方公里) Density of population (person/sq. km)	
	全市 Total Area of City	市辖区 Districts under City		全市 Total Area of City	市辖区 Districts under City
新　余　Xinyu	3178	1786	47	348.40	447.09
鹰　潭　Yingtan	3554	143	22	312.75	1346.85
赣　州　Ganzhou	39380	479	40	214.75	1250.73
吉　安　Jian	25259	1382	34	184.00	370.26
宜　春　Yichun	18669	2532	30	282.91	395.34
抚　州　Fuzhou	18831	2121	30	202.49	495.80
上　饶　Shangrao	22791	339	23	296.61	1097.94
济　南　Jinan	8177	3257	238	730.63	1068.07
青　岛　Qingdao	10922	1411	179	678.36	1881.15
淄　博　Zibuo	5965	2970	190	698.69	927.75
枣　庄　Zaozhuang	4563	3069	114	804.89	682.27
东　营　Dongying	7923	3294	85	227.82	247.21
烟　台　Yantai	13746	2722	172	471.25	647.54
潍　坊　Weifang	16005	2334	118	532.46	622.11
济　宁　Jining	11194	905	53	719.83	1182.65
泰　安　Taian	7762	2087	93	709.59	769.57
威　海　Weihai	5436	731	82	458.22	829.69
日　照　Rizhao	5310	1915	58	530.53	629.92
莱　芜　Laiwu	2246	2246	55	553.78	553.78
临　沂　Linyi	17202	1749	140	592.16	1104.57
德　州　Dezhou	10356	539	42	533.63	1082.75
聊　城　Liaocheng	8715	1245	56	653.47	822.57
滨　州　Binzhou	9445	1042	52	393.07	602.69
菏　泽　Heze	12239	1415	51	723.78	986.64
郑　州　Zhengzhou	7446	1010	262	912.84	2530.20
开　封　Kaifeng	6444	362	75	756.78	2289.78
洛　阳　Luoyang	15200	544	133	429.85	2752.02
平顶山　Pingdingshan	7882	459	60	633.41	2076.03
安　阳　Anyang	7413	544	73	738.14	1896.51
鹤　壁　Hebi	2182	609	40	689.73	867.16
新　乡　Xinxiang	8169	346	77	696.78	2536.99
焦　作　Jiaozuo	4071	424	75	864.73	1913.21
濮　阳　Puyang	4266	260	35	872.03	2058.08
许　昌　Xuchang	4996	88	46	916.81	4425.86
漯　河　Luohe	2617	1020	47	999.62	1279.61
三门峡　Sanmenxi	10496	198	27	212	1439.39
南　阳　Nanyang	26400	1981	77	408.77	871.18
商　丘　Shangqiu	10704	1600	56	799.32	996.88
信　阳　Xinyang	19541	3604	46	411.34	382.57
周　口　Zhoukou	11959	148	40	930.27	2875.00
驻马店　Zhumadian	15083	772	38	556.51	780.70

2－2 续表 4　Continued 4

城　市　City		行政区域土地面积(平方公里) Land of Administrative Area(sq. km)		#建成区面积(平方公里) Area of the established district (sq. km)	人口密度(人/平方公里) Density of population (person/sq. km)	
		全市 Total Area of City	市辖区 Districts under City		全市 Total Area of City	市辖区 Districts under City
武　汉	Wuhan	8494	8494	220	943.44	943.44
黄　石	Huangshi	4583	237	59	550.14	2666.67
十　堰	Shiyan	23680	1193	60	145.14	432.61
宜　昌	Yichang	21048	4248	70	189.46	287.74
襄　樊	Xiangfan	19724	3672	83	292.65	591.80
鄂　州	Ezhou	1504	1504	46	693.62	693.62
荆　门	Jinmen	12404	2171	51	234.66	297.51
孝　感	Xiaogan	8910	946	44	567.91	943.97
荆　州	Jinmen	14205	1576	62	451.46	705.58
黄　冈	Huanggang	17446	353	27	416.31	1053.54
咸　宁	Xianning	9861	1494	31	280.62	378.65
随　州	Suizhou	9636	6989	84	262.22	230.75
长　沙	Changsha	11819	556	148	525.36	3750.47
株　洲	Zhuzhou	11272	542	82	330.23	1455.35
湘　潭	Xiangtan	5015	279	67	566.50	2572.76
衡　阳	Hengyang	15310	557	93	471.99	1729.98
邵　阳	Haoyang	20830	570	42	357.18	1167.89
岳　阳	Yueyang	15087	1261	78	352.50	756.78
常　德	Changde	18190	2749	58	331.18	501.93
张家界	Zhangjiajie	9516	2736	19	168.26	176.13
益　阳	Yiyang	12144	1935	42	379.28	670.90
郴　州	Chenzhou	19388	2246	35	237.71	290.83
永　州	Yongzhou	22441	3177	42	256.17	338.05
怀　化	Huaihua	27624	773	32	180.41	501.29
娄　底	Loudi	8117	426	40	502.01	983.10
广　州	Guangzhou	7434	3843	735	1009.59	1606.25
韶　关	Shaoguan	18463	2870	57	172.59	316.06
深　圳	Shenzhen	1952	1952	713	932.02	932.02
珠　海	Zhuhai	1687	1687	106	531.06	531.06
汕　头	Hantou	2064	1956	169	2380.28	2474.69
佛　山	Fuoshan	3848	3849	130	921.21	920.85
江　门	Jiangmen	9541	1818	100	404.82	736.14
湛　江	Zhanjiang	12471	1460	70	575.78	993.70
茂　名	Maoming	11458	874	36	592.89	1388.44
肇　庆	Zhaoqing	14856	664	56	266.88	728.77
惠　州	Huizhou	11158	2672	94	266.70	428.41
梅　州	Meizhou	15836	322	35	315.05	954.66
汕　尾	Shanwei	5271	150	13	598.29	3177.33
河　源	Heyuan	15826	450	13	213.17	645.56
阳　江	Yangjiang	7813	658	35	338.09	965.05
清　远	Qingyuan	19153	927	40	205.42	587.27

城　市	City	行政区域土地面积(平方公里) Land of Administrative Area(sq. km) 全市 Total Area of City	市辖区 Districts under City	#建成区面积(平方公里) Area of the established district (sq. km)	人口密度(人/平方公里) Density of population (person/sq. km) 全市 Total Area of City	市辖区 Districts under City
东莞	Dongguan	2465	2465	42	2661.54	2661.54
中山	Zhongshan	1800	1800	36	782.33	782.33
潮州	Chaozhou	3110	152	38	805.21	2260.53
揭阳	Jieyang	5240	181	28	1162.75	3680.11
云浮	Yunfu	7779	762	18	338.55	373.62
南宁	Nanning	22112	6479	170	298.27	385.35
柳州	Liuzhou	18617	658	105	191.58	1499.24
桂林	Guilin	27809	565	58	178.04	1300.53
梧州	Wuzhou	12588	1097	30	242.64	443.30
北海	Beihai	3337	957	37	447.23	582.97
防城港	Fangchenggang	6181	2822	18	129.14	172.61
钦州	Qinzhou	10843	4772	64	314.58	255.83
贵港	Guigang	10606	3543	37	443.49	493.99
玉林	Yulin	12838	1251	48	461.47	717.27
百色	Baise	36201	3702	30	103.25	89.82
贺州	Hezhou	11855	5152	34	177.54	180.78
河池	Hechi	33508	2340	16	114.24	133.80
来宾	Laibin	13411	4364	19	184.03	230.96
崇左	Chongzuo	17351	2951	12	132.93	115.18
海口	Haikou	2305	2305		639.05	639.05
三亚	Sanya	1919	1919	20	266.75	266.75
重庆	Chongqing	82403	7152	492	384.59	1439.84
成都	Chengdu	12163	2176	396	889.61	2215.40
自贡	Zigong	4373	1438	44	725.54	1022.25
攀枝花	Panzhihua	7440	2018	42	145.13	335.93
泸州	Luzhou	2436	2155	55	1968.92	655.78
德阳	Deyang	5954	648	34	642.27	986.73
绵阳	Mianyang	20286	1570	74	261.61	729.30
广元	Guangyuan	16314	4497	57	186.50	201.49
遂宁	Suining	5325	1849	49	703.44	788.59
内江	Neijiang	5386	1569	27	780.39	883.43
乐山	Leshan	12826	2514	69	271.25	452.70
南充	Nanchong	12479	2527	54	584.13	746.58
眉山	Meishan	7186	1331	45	474.17	619.91
宜宾	Yibin	13283	1123	33	390.87	697.24
广安	Guangan	6344	1536	42	716.50	802.80
达州	Dazhou	16591	451	20	385.90	867.85
雅安	Yaan	15707	1059	16	98.25	323.89
巴中	Bazhong	12301	2566	16	295.07	505.03
资阳	Ziyang	7962	1633	20	614.05	653.09
贵阳	Guiyang	8034	2404	129	436.47	858.41

2-2 续表 6　Continued 6

城　市	City	行政区域土地面积(平方公里) Land of Administrative Area(sq. km)		#建成区面积(平方公里) Area of the established district (sq. km)	人口密度(人/平方公里) Density of population (person/sq. km)	
		全市 Total Area of City	市辖区 Districts under City		全市 Total Area of City	市辖区 Districts under City
六盘水	Liupanshui	9914	476	53	299.75	930.67
遵　义	Zunyi	30762	706	50	235.86	1157.37
安　顺	Anshun	9264	1710	27	277.29	467.89
昆　明	Kunming	21111	3946	193	240.86	582.56
曲　靖	Qujing	28870	1553	108	203.48	418.93
玉　溪	Yuxi	15285	1004	19	136.84	401.29
保　山	Baoshan	19637	5011	18	123.49	171.30
昭　通	Shaotong	23021	2167	17	229.64	355.61
丽　江	Lijiang	21219	1255	20	53.61	116.49
思　茅	Simao	45385	3928	19	56.53	52.47
临　沧	Lincang	24496	2652	12	89.64	106.18
西　安	Xian	10108	3582	231	733.80	1488.58
铜　川	Tongchuan	3882	2406	36	217.39	311.85
宝　鸡	Baoji	18172	3574	61	203.35	213.01
咸　阳	Xanyang	10196			484.76	
渭　南	Wenan	13134	1221	33	408.91	753.73
延　安	Yanan	37037	3556	24	56.89	113.53
汉　中	Hanzhong	27214	556	31	138.37	954.50
榆　林	Yulin	43578	7053	74	80.68	65.31
安　康	Ankang	23529	3644	27	125.35	260.63
商　洛	Shangluo	19292	2672	24	125.43	206.92
兰　州	Lanzhou	13086	1632	161	238.22	1240.01
嘉峪关	Jiayuguan	2935	2935	37	58.67	58.67
金　昌	Jinchang	8896	3019	30	52.35	69.73
白　银	Baiyin	21158	3478	51	82.51	136.66
天　水	Tianshui	14317	5850	38	244.48	209.86
武　威	Wuwei	33238	5081	25	56.32	193.98
张　掖	Zhangye	41924	4240	23	30.31	118.33
平　凉	Pingliang	11170	1936	36	195.30	251.70
酒　泉	Jiuquan	191200	3386	29	4.72	102.98
庆　阳	Qingyang	27119	996	13	92.66	329.92
定　西	Dingxi	20330	4225	22	143.42	108.78
陇　南	Longnan	27915	4683	6	97.61	114.69
西　宁	Xining	7665	350	64	273.84	2946.86
银　川	Yinchuan	9170	1667	95	153.33	474.09
石嘴山	Shizuishang	5310	2258	71	136.12	195.22
吴　忠	Wuzhong	20193	1160	19	61.47	303.36
固　原	Guyuan	11286	3506	32	131.19	136.45
中　卫	Zhongwei	16986	5922	17	60.54	58.81
乌鲁木齐	Wulumuqi	10900	6639	176	178.12	279.58
克拉玛依	Kelamayi	9548	9548	48	31.15	31.15

2—3 城市劳动力与就业(2005 年)
Labor Force and Employees (2005)

城市	City	年末单位从业人员数(万人) Quantity of Employees in Units (year-end) (10000 person)		城镇私营和个体从业人员(人) Private and Individual Workers in Cities and Towns(person)		城镇失业人员(人) Quantity of Registered Unemployment in Cities and Towns (person)	
		全市 Total Area of City	市辖区 Districts under City	全市 Total Area of City	市辖区 Districts under City	全市 Total Area of City	市辖区 Districts under City
城市合计	**Total**	**11175.80**	**6699.03**	**73053942**	**42015574**	**6820404**	**3995029**
北京	Beijng	878.05	492.88	1884133		105652	102520
天津	Tianjin	194.12	183.62	543000	492000	117100	108583
石家庄	Shijiazhuang	87.41	56.03	290313	104842	28411	20500
唐山	Tangshan	74.03	49.94	279131	118832	46243	33122
秦皇岛	Qinhuangdao	27.93	19.50	176480	133779	16915	12413
邯郸	Handan	58.01	33.53	434232	219798	39750	33255
邢台	Xingtai	32.42	13.64	239419	133780	21440	9780
保定	Baoding	63.16	20.77	305442	51927	30767	8788
张家口	Zhanjiakou	35.35	17.47	210534	52634	46000	27600
承德	Chengde	23.54	9.60	98062	47584	16080	5145
沧州	Cangzhou	46.35	11.38	242000	62500	15682	2713
廊坊	Langfang	24.17	9.81	297128	55934	5776	3650
衡水	Hengshui	21.71	8.58	298900	48609	5478	2848
太原	Taiyuan	75.80	68.63	264579	230671	37726	35705
大同	Datong	46.31	38.60	92900	54454	51000	44700
阳泉	Yangquan	22.28	17.77	58412	28341	5590	3290
长治	Changzhi	32.00	14.01	153488	59549	6180	4572
晋城	Jincheng	23.42	12.02	102937	28954	4815	1091
朔州	Shuozhou	13.01	6.62	62898	34552	1483	796
晋中	Jinzhong	30.28	8.42	57825	20422	8233	2527
运城	Yuncheng	32.44	7.21	150432	20039	3158	410
忻州	Xinzhou	23.39	6.29	69700	18000	8500	1092
临汾	Linfen	35.95	9.39	182837	33682	12000	1999
吕梁	Luliang	24.63	4.44	152553	8080	3500	1644
呼和浩特	Huhehaote	30.15	23.96	251402	178420	24465	13475
包头	Baotou	34.21	29.89	362326	325955	30945	18901
乌海	Wuhai	10.44	10.44	47763	47763	7000	7000
赤峰	Chifeng	29.80	11.62	137051	61000	21000	13000
通辽	Tongliao	22.42	8.68	99997	47786	15027	6330
鄂尔多斯	Eerduosi	14.03	5.03	99133	48935	9620	735
呼伦贝尔	Hulunbeler	38.48	4.26	135681	16634	24600	3769
巴彦淖尔	Bayanzhuoer	14.51	6.20	94045	30415	11074	2618
乌兰察布	Wulanchabu	14.03	5.09	177411	26645	13280	6721
沈阳	Shenyang	100.17	92.16	672015	619100	134888	125023
大连	Dalian	90.23	74.66	1097020	958213	70471	53359
鞍山	Anshan	39.40	31.04	189026	133806	61193	42363
抚顺	Fushun	29.34	25.38	405048	305665	54355	44028
本溪	Benxi	24.20	20.30	200984	124224	38173	32447
丹东	Dandong	16.57	10.67	413463	190606	29818	7617
锦州	Jinzhou	25.21	15.84	241256	121634	42300	25151

城　市	City	年末单位从业人员数(万人) Quantity of Employees in Units (year-end) (10000 person)		城镇私营和个体从业人员(人) Private and Individual Workers in Cities and Towns(person)		城镇失业人员(人) Quantity of Registered Unemployment in Cities and Towns (person)	
		全市 Total Area of City	市辖区 Districts under City	全市 Total Area of City	市辖区 Districts under City	全市 Total Area of City	市辖区 Districts under City
营　口	Yingkou	16.74	12.95	228717	153837	26753	19776
阜　新	Fuxin	17.18	10.68	267455	173191	26993	22921
辽　阳	Liaoyang	18.09	14.33	242479	110144	21700	14000
盘　锦	Panjin	43.45	23.38	110198	65862	14411	9176
铁　岭	Tieling	22.42	7.43	141125	47836	29980	9452
朝　阳	Chaoyang	20.91	8.06	169238	43785	27595	9278
葫 芦 岛	Huludao	23.01	18.17	110006	48044	25344	10620
长　春	Changchun	85.16	69.15	724696	621799	66385	44008
吉　林	Jinlin	35.50	21.53	183329	125096	30189	17840
四　平	Siping	20.96	8.16	123499	48712	28242	9482
辽　源	Liaoyang	9.45	6.34	93555	72424	18393	12813
通　化	Tonghua	19.35	7.90	84935	35148	8969	3706
白　山	Baishan	15.33	5.80	27385	8310	13026	8450
松　原	Songyuan	20.19	9.18	58548	25190	14222	4911
白　城	Baicheng	16.22	6.19	73464	28726	11737	2450
哈 尔 滨	Haerbin	151.97	123.41	631619	514317	81288	57331
齐齐哈尔	Qiqihaer	43.81	23.76	232254	141823	39005	26812
鸡　西	Jixi	28.78	13.70	140281	81754	13776	8033
鹤　岗	Hegang	23.84	13.93	77352	66231	17010	13863
双 鸭 山	Shuangyashan	15.05	10.26	85669	72345	7121	4796
大　庆	Daqing	47.06	40.35	243828	166162	27535	23600
伊　春	Yichun	22.24	17.96	83828	58120	23819	17999
佳 木 斯	Jiamusi	31.15	13.46	132846	56475	19235	9707
七 台 河	Qitaihe	15.63	12.46	51635	38465	8549	6452
牡 丹 江	Mudanjiang	27.32	11.45	156183	51259	18879	10218
黑　河	Heihe	27.00	2.63	60901	7955	94561	849
绥　化	Suihua	24.77	2.13	98325	4100	12976	2213
上　海	Shanghai	437.83	431.16	2413442	2321842	275000	267100
南　京	Nanjing	92.78	88.29	831074	764792	60486	56706
无　锡	Wuxi	55.73	39.53	817611	668338	39218	31657
徐　州	Xuzhou	59.30	31.99	377431	237676	33560	19254
常　州	Changzhou	35.93	25.96	723598	586831	35021	28414
苏　州	Suzhou	102.74	47.02	837788	261425	55859	34788
南　通	Nantong	54.88	20.72	306570	60607	33528	13371
连 云 港	Lianyungang	28.75	14.53	132847	70799	20940	11923
淮　安	Huaian	33.24	19.52	209048	123191	23779	14669
盐　城	Yancheng	48.28	15.41	374118	116845	34549	12218
扬　州	Yangzhou	35.57	16.11	343077	141128	27345	12308
镇　江	Zhenjiang	30.52	17.88	203915	101723	16527	11696
泰　州	Taizhou	32.32	9.83	249512	61686	21399	5337
宿　迁	Suqian	17.64	5.67	186754	80715	14314	4876

城市	City	年末单位从业人员数(万人) Quantity of Employees in Units (year-end) (10000 person)		城镇私营和个体从业人员(人) Private and Individual Workers in Cities and Towns(person)		城镇失业人员(人) Quantity of Registered Unemployment in Cities and Towns (person)	
		全市 Total Area of City	市辖区 Districts under City	全市 Total Area of City	市辖区 Districts under City	全市 Total Area of City	市辖区 Districts under City
杭州	Hangzhou	101.77	85.73	832318	731969	60925	45241
宁波	Ningbuo	81.03	47.59	533962	408450	42182	31712
温州	Wengzhou	82.71	32.37	574302	310095	30217	8254
嘉兴	Jiaxing	61.19	18.25	262192	61399	25399	9977
湖州	Huzhou	24.26	11.13	154924	87312	11983	6499
绍兴	Shaoxing	58.94	18.85	269822	30280	27058	8824
金华	Jinhua	38.74	9.57	488450	64173	24350	7258
衢州	Quzhou	13.43	7.08	109265	46302	10416	4847
舟山	Zhoushan	10.77	8.93	56837	47942	6948	4913
台州	Taizhou	41.38	17.11	421023	162482	19703	7199
丽水	Lishui	13.99	4.15	141590	43211	7068	1922
合肥	Hefei	40.36	32.21	767631	183761	45362	35492
芜湖	Wuhu	20.90	16.25	156108	99933	21136	16895
蚌埠	Bengbu	18.21	11.53	129092	79312	22559	18573
淮南	Huainan	27.84	23.39	128380	82787	20125	18372
马鞍山	Maanshan	14.93	13.13	54033	37819	8489	8407
淮北	Huaibei	21.93	19.24	142000	112000	14805	13000
铜陵	Tongling	10.93	9.16	68104	54903	10816	9954
安庆	Anqing	26.02	11.03	507073	92749	32871	15469
黄山	Huangshan	8.79	4.93	79615	40736	6768	2986
滁州	Chuzhou	19.26	6.24	115416	50832	20336	7147
阜阳	Fuyang	26.37	12.01	336362	92850	7607	3491
宿州	Suzhou	24.29	12.37	165149	35484	12274	5838
巢湖	Chaohu	17.95	5.27	209738	29982	16826	6286
六安	Liuan	21.97	8.49	366877	114652	37000	2274
亳州	Buozhou	15.05	5.08	56460	27159	6596	2200
池州	Chizhou	6.38	3.16	56224	39526	8219	4584
宣城	Xuancheng	12.37	1.88	128300	38410	18500	3195
福州	Fuzhou	84.09	49.20	458669	283083	32915	26809
厦门	Xiamen	70.31	70.31	372902	372902	20594	20594
莆田	Putian	27.97	23.27	71165	58956	6602	4745
三明	Sanming	21.45	6.80	116400	28900	18855	5808
泉州	Quanzhou	97.85	29.53	541500	138364	8462	3454
漳州	Zhangzhou	36.12	10.07	178606	30600	12400	3290
南平	Nanping	21.89	6.54	159877	35695	22407	6124
龙岩	Longyan	21.36	9.14	82884	37890	12956	5061
宁德	Ningde	15.49	4.02	91910	17965	12058	5657
南昌	Nanchang	56.89	46.19	399056	340675	34055	34055
景德镇	Jingdezhen	15.68	9.25	118900	47751	10800	10485
萍乡	Pingxiang	12.94	10.19	200858	118656	11391	9236
九江	Jiujiang	34.85	15.31	204541	99072	28229	15808

城市 City		年末单位从业人员数(万人) Quantity of Employees in Units (year-end) (10000 person)		城镇私营和个体从业人员(人) Private and Individual Workers in Cities and Towns(person)		城镇失业人员(人) Quantity of Registered Unemployment in Cities and Towns (person)	
		全市 Total Area of City	市辖区 Districts under City	全市 Total Area of City	市辖区 Districts under City	全市 Total Area of City	市辖区 Districts under City
新余	Xinyu	59.78	24.77	138200	92000	7500	7500
鹰潭	Yingtan	9.03	2.33	60903	34147	6451	3158
赣州	Ganzhou	36.27	7.61	501403	53071	24364	2394
吉安	Jian	21.47	5.35	217681	42783	21182	6466
宜春	Yichun	24.50	6.37	319848	64212	23067	6355
抚州	Fuzhou	20.20	6.92	223000	49863	17293	6588
上饶	Shangrao	30.38	4.75	269600	25266	18751	2040
济南	Jinan	97.39	78.11	867690	559410	57469	40871
青岛	Qingdao	124.95	73.31	1024971	528255	58524	46820
淄博	Zibuo	57.15	45.98	241643	194005	24959	19468
枣庄	Zaozhuang	35.23	24.57	184793	111419	18448	8614
东营	Dongying	34.43	27.95	150789	130175	8726	5208
烟台	Yantai	83.99	42.73	487195	301332	40979	26354
潍坊	Weifang	69.52	26.70	342745	111346	36019	7204
济宁	Jining	59.87	14.47	251376	108967	32022	4320
泰安	Taian	50.22	15.82	154896	79232	22872	5023
威海	Weihai	38.34	20.35	192745	115029	7107	3884
日照	Rizhao	18.49	11.79	74360	67924	10751	7053
莱芜	Laiwu	14.06	14.06	90735	90735	6714	6714
临沂	Linyi	56.19	22.86	412817	202860	25055	8744
德州	Dezhou	36.90	11.78	344208	67030	18857	7455
聊城	Liaocheng	34.87	9.93	119185	63881	21603	5265
滨州	Binzhou	35.52	10.10	66138	32035	10145	4033
菏泽	Heze	35.29	11.21	149630	50282	15989	5101
郑州	Zhengzhou	93.61	67.13	543500	310339	46414	36157
开封	Kaifeng	29.29	16.54	90015	56408	21511	13346
洛阳	Luoyang	51.01	29.87	220491	149335	25348	22052
平顶山	Pingdingshan	44.86	27.04	123291	47217	19310	8840
安阳	Anyang	41.62	20.68	256534	71789	19641	4893
鹤壁	Hebi	15.34	10.57	32756	15370	4695	3363
新乡	Xinxiang	43.55	20.28	82916	54291	20686	8207
焦作	Jiaozuo	32.54	17.68	108374	75072	13580	7100
濮阳	Puyang	30.97	20.13	73735	39382	12786	9149
许昌	Xuchang	26.47	7.65	62927	16156	9495	2445
漯河	Luohe	20.71	14.47	58114	43585	6047	4145
三门峡	Sanmenxi	24.33	7.31	52369	19591	10704	4027
南阳	Nanyang	65.16	26.39	178007	69336	33085	12293
商丘	Shangqiu	39.08	12.13	89858	35375	24156	12399
信阳	Xinyang	39.91	12.84	123220	33676	17453	5507
周口	Zhoukou	44.38	9.89	260885	36847	22063	9448
驻马店	Zhumadian	34.45	9.99	101472	13451	15590	2293

2—3 续表 4　Continued 4

城市	City	年末单位从业人员数(万人) Quantity of Employees in Units (year-end) (10000 person)		城镇私营和个体从业人员(人) Private and Individual Workers in Cities and Towns(person)		城镇失业人员(人) Quantity of Registered Unemployment in Cities and Towns (person)	
		全市 Total Area of City	市辖区 Districts under City	全市 Total Area of City	市辖区 Districts under City	全市 Total Area of City	市辖区 Districts under City
武汉	Wuhan	148.53	148.53	1243700	1243700	112200	112200
黄石	Huangshi	29.91	17.81	246139	120784	35002	18126
十堰	Shiyan	28.81	16.18	218939	91017	23887	11637
宜昌	Yichang	39.91	20.84	214151	121139	28554	13346
襄樊	Xiangfan	41.44	20.88	353136	202491	39464	21262
鄂州	Ezhou	15.06	15.06	53460	53460	26000	26000
荆门	Jinmen	22.44	10.06	183525	47502	14982	8426
孝感	Xiaogan	38.27	9.26	438560	69895	25810	3760
荆州	Jinmen	41.41	14.80	297050	106145	46339	25205
黄冈	Huanggang	33.44	5.23	133477	16500	26500	2445
咸宁	Xianning	18.07	4.85	120647	36008	35880	11756
随州	Suizhou	11.19	7.36	77100	48000	5108	3496
长沙	Changsha	72.97	53.12	457000	384600	49001	31061
株洲	Zhuzhou	30.01	19.44	368944	133170	23690	13314
湘潭	Xiangtan	24.16	16.40	134531	108750	16689	9870
衡阳	Hengyang	42.47	16.36	386000	197000	32323	12879
邵阳	Haoyang	30.51	9.33	294600	39100	31440	7000
岳阳	Yueyang	31.87	14.93	270346	125272	43090	14990
常德	Changde	28.44	10.17	174900	53500	23129	8789
张家界	Zhangjiajie	7.43	3.88	45962	19497	5144	1486
益阳	Yiyang	21.08	8.98	94795	41690	19268	6773
郴州	Chenzhou	24.04	7.99	268217	74513	22668	7039
永州	Yongzhou	24.68	8.34	126274	14237	20745	3436
怀化	Huaihua	23.64	4.90	158937	39878	24067	7315
娄底	Loudi	23.20	8.20	185681	59000	23472	9371
广州	Guangzhou	199.76	187.25	1330432	1203395	54162	51158
韶关	Shaoguan	25.63	11.71	85133		18831	9260
深圳	Shenzhen	166.68	166.68	2108732	2108732	26746	26746
珠海	Zhuhai	48.93	48.93	356945	356945	11453	11453
汕头	Hantou	30.22	29.66	419590	417406	17731	9882
佛山	Fuoshan	51.02	51.02	1489416	1989416	26062	26062
江门	Jiangmen	35.50	17.63	377977	186156	54945	32063
湛江	Zhanjiang	39.41	17.05	141400	91600	25423	7788
茂名	Maoming	30.17	9.72	124035	46238	22203	8191
肇庆	Zhaoqing	25.90	11.39	136590	50876	10668	4331
惠州	Huizhou	65.21	50.13	292109	229911	14001	9023
梅州	Meizhou	22.45	4.45	152213	30418	14500	2742
汕尾	Shanwei	13.00	4.19	116076		9436	2086
河源	Heyuan	19.04	7.06	98585	25704	14096	3528
阳江	Yangjiang	16.78	6.69	126121	66179	44999	19786
清远	Qingyuan	22.60	5.99	171303	56011	9796	2052

2—3 续表 5　Continued 5

城　市　City		年末单位从业人员数(万人) Quantity of Employees in Units (year-end) (10000 person)		城镇私营和个体从业人员(人) Private and Individual Workers in Cities and Towns(person)		城镇失业人员(人) Quantity of Registered Unemployment in Cities and Towns (person)	
		全市 Total Area of City	市辖区 Districts under City	全市 Total Area of City	市辖区 Districts under City	全市 Total Area of City	市辖区 Districts under City
东　莞	Dongguan	19.79	19.79	211761	211761	4437	4437
中　山	Zhongshan	23.33	23.33	827421	827421	6593	6593
潮　州	Chaozhou	11.88	4.92	158442	67103	8142	4475
揭　阳	Jieyang	20.10	4.99	73439	17379	10350	3622
云　浮	Yunfu	14.90	3.55	123300	24560	7231	1243
南　宁	Nanning	61.85	47.35	308699	224643	28540	19896
柳　州	Liuzhou	37.45	27.29	193590	107072	28500	22933
桂　林	Guilin	31.29	15.97	180360	70275	20631	11729
梧　州	Wuzhou	15.21	7.67	108454	39804	12160	7783
北　海	Beihai	9.93	6.29			7150	4830
防城港	Fangchenggang	5.73	3.83	32813	16060	2500	1754
钦　州	Qinzhou	12.16	5.87	146089	98445	5962	3027
贵　港	Guigang	14.54	7.15	103957	50587	7837	2747
玉　林	Yulin	23.90	7.90	129763	79155	14909	4954
百　色	Baise	17.79	4.85	89727	14808	6119	2278
贺　州	Hezhou	8.18	3.83	113753	49528	7993	3222
河　池	Hechi	17.18	3.76	95319	16994	13420	2728
来　宾	Laibin	10.63	4.85	117036	45119	5554	1846
崇　左	Chongzuo	13.03	2.25	88371	6637	5547	1139
海　口	Haikou	25.77	25.77	324316	324316	19764	19764
三　亚	Sanya	6.17	6.17	32004	32004	960	960
重　庆	Chongqing	215.55	136.06	2932400	1730116	168865	105281
成　都	Chengdu	134.61	95.04	1022797	628710	58600	35689
自　贡	Zigong	18.91	14.17	74700	65700	17471	12857
攀枝花	Panzhihua	18.65	17.00	78880	71937	13375	12508
泸　州	Luzhou	23.17	14.27	92438	46219	18035	12660
德　阳	Deyang	22.19	9.34	127856	48500	13233	5930
绵　阳	Mianyang	31.35	16.84	180900	108056	33362	21729
广　元	Guangyuan	14.34	8.02	77500	52104	10056	6262
遂　宁	Suining	18.04	7.75	77219	43403	14069	6984
内　江	Neijiang	22.70	10.19	51645	22651	16832	8272
乐　山	Leshan	29.88	14.56	379351	186993	18734	9284
南　充	Nanchong	24.41	10.39	181023	63390	20179	9922
眉　山	Meishan	12.35	3.91	53459	22035	10954	3069
宜　宾	Yibin	29.82	11.94	131843	68326	21235	10612
广　安	Guangan	10.68	3.59	87023	7602	15803	3208
达　州	Dazhou	25.10	6.14	60697	17318	13240	577
雅　安	Yaan	8.88	4.11	87258	33594	5664	2224
巴　中	Bazhong	12.80	5.31	97507	31200	10197	3436
资　阳	Ziyang	13.91	4.96	56737	34120	11620	3796
贵　阳	Guiyang	61.91	52.89	218121	188943	31843	25650

2—3 续表 6　Continued 6

城　市	City	年末单位从业人员数(万人) Quantity of Employees in Units (year-end) (10000 person)		城镇私营和个体从业人员(人) Private and Individual Workers in Cities and Towns(person)		城镇失业人员(人) Quantity of Registered Unemployment in Cities and Towns (person)	
		全市 Total Area of City	市辖区 Districts under City	全市 Total Area of City	市辖区 Districts under City	全市 Total Area of City	市辖区 Districts under City
六盘水	Liupanshui	18.40	8.64	75125	42438	10711	2141
遵义	Zunyi	29.19	10.07	213210	69461	21830	6099
安顺	Anshun	11.65	6.43	59318	24002	16208	7406
昆明	Kunming	71.56	56.94	717132	345474	22996	16831
曲靖	Qujing	23.41	6.53	248736	63565	11056	5500
玉溪	Yuxi	13.17	4.98	347893	159965	3976	1596
保山	Baoshan	9.68	4.21	76877	20837	6980	2996
昭通	Shaotong	15.06	4.38	57831	10743	17164	4111
丽江	Lijiang	5.50	1.99	31500	15500	3011	671
思茅	Simao	12.70	4.03	70117	15691	10694	3080
临沧	Lincang	9.47	0.81	41187	10597	7203	1676
西安	Xian	123.65	114.33	516600	459051	84525	81756
铜川	Tongchuan	9.56	8.91	36895	35124	9700	
宝鸡	Baoji	31.89	20.01	271000	159842	18457	2893
咸阳	Xanyang	36.55	15.53	438850	115841	19196	2312
渭南	Weinan	33.75	6.99	195902	44445	31998	2118
延安	Yanan	19.66	5.05	88836	22653	9957	1842
汉中	Hanzhong	23.08	7.00	221651	35078	103127	5847
榆林	Yulin	20.16	4.75	85267	32476	8726	486
安康	Ankang	12.17	5.02	80635	25198	8140	3436
商洛	Shangluo	11.51	3.42	22450	12632	4700	414
兰州	Lanzhou	57.06	51.72	233300	137647	19165	17085
嘉峪关	Jiayuguan	4.29	4.29	20800	20800	3300	3300
金昌	Jinchang	8.06	5.47	28221	15231	5736	4800
白银	Baiyin	16.78	11.36	33800	20068	7975	5382
天水	Tianshui	16.93	11.43	139000	50096	29000	22895
武威	Wuwei	9.61	6.46	80000	62100	5900	3900
张掖	Zhangye	9.26	4.42	43924	16398	5102	3057
平凉	Pingliang	11.36	3.75	43300	22100	7211	2548
酒泉	Jiuquan	10.00	3.38	68861	23819	5656	2134
庆阳	Qingyang	9.90	2.53	43274	24825	7845	3699
定西	Dingxi	9.52	2.56	21000	5647	5814	456
陇南	Longnan	10.69	1.74	89900	3600	9400	1400
西宁	Xining	21.95	15.81	250208	202867	22439	18536
银川	Yinchuan	29.11	24.19	201503	173157	16471	13748
石嘴山	Shizuishan	8.20	6.65	60301	24866	7044	6030
吴忠	Wuzhong	8.59	3.27	57020	22996	5721	1565
固原	Guyuan	6.13	2.41	49892	16906	3560	1312
中卫	Zhongwei	5.10	2.46	17684	11176	8469	3932
乌鲁木齐	Wulumuqi	45.10	44.66	468803	459447	22987	22907
克拉玛依	Kelamayi	14.04	14.04	40822	40822	3505	3505

2—4 城市经济主要指标(市辖区,2005年)

Main Indicators of Urban Economic(Districts under City,2005)

城市	City	地区生产总值(万元) GDP (10000 yuan)	地方财政预算内收入(万元) Local Financial Revenue (10000 yuan)	地方财政预算内支出(万元) Local Financial Expenditures (10000 yuan)	城乡居民储蓄年末余额(万元) Outstanding of Deposits of Urban and Rural Residents (10000 yuan)	社会消费品零售总额(万元) Total Retail Sales of Consumer Goods (10000 yuan)	职工平均工资(元) Average Wage of Staff and Workers (yuan)
城市合计	**Total**	**1131462611**	**90944396**	**117726334**	**922818599**	**409220820**	
北京	Beijng	67656245	9089665	10174184	73632651	28340024	34569
天津	Tianjin	34029700	3202188	4211673	24624100	11129495	25632
石家庄	Shijiazhuang	7282180	412472	540206	7418651	2524498	17902
唐山	Tangshan	10744665	461123	720783	5849412	2163679	19011
秦皇岛	Qinhuangdao	3073049	205060	290976	2639104	1040430	19751
邯郸	Handan	3098467	240384	329384	3541028	894364	15370
邢台	Xingtai	1336283	118541	138558	2283861	435229	16794
保定	Baoding	2309428	173017	268308	2325235	1115250	15801
张家口	Zhanjiakou	1795661	149557	278906	1760050	771000	15999
承德	Chengde	1034710	99001	151759	1032328	367818	16418
沧州	Cangzhou	1453482	134082	180729	1241738	298782	13765
廊坊	Langfang	1348375	130971	187375	1526962	268204	17934
衡水	Hengshui	1065927	64256	120968	906560	389045	13779
太原	Taiyuan	7782596	490554	572826	9264316	3562626	19045
大同	Datong	2992601	176101	303869	3817103	955409	16591
阳泉	Yangquan	1394519	94844	133712	1186024	484583	19306
长治	Changzhi	1574986	130350	187579	1560147	728765	14323
晋城	Jincheng	1119851	101678	118106	1355303	218312	23684
朔州	Shuozhou	983340	73100	109783	570823	220998	15875
晋中	Jinzhong	654917	23712	45852	1060459	311824	12179
运城	Yuncheng	617283	14499	36573	836270	565834	14983
忻州	Xinzhou	298400	7347	32912	788124	191170	9253
临汾	Linfen	1138444	34796	57384	1759151	493230	15727
吕梁	Luliang	272710	59286	95962	391044	155600	14230
呼和浩特	Huhehaote	5326500	263035	418680	3437954	2714364	20955
包头	Baotou	7193007	472041	573154	3617052	2644650	23403
乌海	Wuhai	1256046	88190	138932	793722	289725	12148
赤峰	Chifeng	1502896	77046	135978	1266936	703757	14147
通辽	Tongliao	1196782	26294	71348	250560	414293	12454
鄂尔多斯	Eerduosi	1364847	129025	79206	819160	669111	22141
呼伦贝尔	Hulunbeler	455418	23952	37583	524621	245905	16387
巴彦淖尔	Bayanzhuoer	716651	31998	49897	595700	216999	12304
乌兰察布	Wulanchabu	399764	18495	35679	538551	161500	15076
沈阳	Shenyang	18173247	1338905	2042241	17410265	8338723	20766
大连	Dalian	15990332	1308215	1745107	13688290	6052676	23413
鞍山	Anshan	6706559	462201	625045	3873000	1300137	20541
抚顺	Fushun	3190317	189688	404899	3109425	1523985	17396
本溪	Benxi	2630900	189474	323895	2111106	650947	17484
丹东	Dandong	1404026	87313	211510	1839774	516355	14718
锦州	Jinzhou	1974267	124527	254252	2399283	859663	16514

城　　市	City	地　　区生产总值（万元）GDP (10000 yuan)	地方财政预算内收入（万元）Local Financial Revenue (10000 yuan)	地方财政预算内支出（万元）Local Financial Expenditures (10000 yuan)	城乡居民储蓄年末余额（万元）Outstanding of Deposits of Urban and Rural Residents (10000 yuan)	社会消费品零售总额（万元）Total Retail Sales of Consumer Goods (10000 yuan)	职工平均工资（元）Average Wage of Staff and Workers (yuan)
营　　口	Yingkou	1662717	115027	227554	1723024	656268	15173
阜　　新	Fuxin	950696	58560	271690	1104245	541869	14565
辽　　阳	Liaoyang	1792300	131022	254628	2025324	461276	17200
盘　　锦	Panjin	3490107	186735	258463	2467602	587381	21142
铁　　岭	Tieling	688090	69764	181828	1137163	313841	17092
朝　　阳	Chaoyang	777246	43740	215866	999628	229454	15226
葫 芦 岛	Huludao	1950014	131499	244432	1888957	637802	14103
长　　春	Changchun	12001656	551816	893113	9125248	4810656	19535
吉　　林	Jinlin	3555342	175689	384443	3826478	1931672	17917
四　　平	Siping	883357	27501	117911	1160869	330836	12253
辽　　源	Liaoyang	797481	20936	104492	710903	293292	13366
通　　化	Tonghua	819814	46304	121076	787197	368309	14998
白　　山	Baishan	539800	23158	98433	802961	215117	12356
松　　原	Songyuan	1377407	53780	102712	193620	288088	23206
白　　城	Baicheng	479015	16483	101826	463738	289951	10025
哈 尔 滨	Haerbin	12147413	844690	1182064	11796169	6043492	17946
齐齐哈尔	Qiqihaer	2607562	117721	259644	2248376	1062403	14713
鸡　　西	Jixi	826606	45738	91710	994182	371163	15358
鹤　　岗	Hegang	730307	48721	99638	776371	277824	14222
双 鸭 山	Shuangyashan		34237	86687	624725	185554	14683
大　　庆	Daqing	13264913	409420	542185	4802257	1776385	27088
伊　　春	Yichun	799298	19304	104391	1050163	188045	6442
佳 木 斯	Jiamusi	1222213	35333	136764	1625462	610127	12586
七 台 河	Qitaihe	764678	50352	84140	710254	180569	13133
牡 丹 江	Mudanjiang	1053650	57203	154031	1854166	539997	14179
黑　　河	Heihe	227613	7670	44249	360870	32107	16685
绥　　化	Suihua	345784	6954	38117	612895	195121	9760
上　　海	Shanghai	90584560	13992230	16135892	84324900	25888603	31968
南　　京	Nanjing	22350700	2025371	2186126	15373057	9432595	29857
无　　锡	Wuxi	16181200	1155862	1182174	8919800	5274620	26489
徐　　州	Xuzhou	6368800	357602	411926	3100411	2144371	24840
常　　州	Changzhou	9814500	791432	797957	6718200	3285741	24687
苏　　州	Suzhou	16304900	1358611	1568238	8351266	4238174	27774
南　　通	Nantong	3914300	337592	331119	2842573	1217853	22478
连 云 港	Lianyungang	2168200	160134	208125	1223687	740489	18450
淮　　安	Huaian	3566200	203263	314668	1517680	1237119	15423
盐　　城	Yancheng	2772820	140872	206475	1639647	1027171	16814
扬　　州	Yangzhou	4225600	285904	317251	2409232	1425524	21852
镇　　江	Zhenjiang	3896879	277687	293334	2095693	1150693	22251
泰　　州	Taizhou	2277800	188469	236439	1200846	654161	17205
宿　　迁	Suqian	1422600	67540	165890	486018	397073	15669

城市	City	地区生产总值（万元）GDP (10000 yuan)	地方财政预算内收入（万元）Local Financial Revenue (10000 yuan)	地方财政预算内支出（万元）Local Financial Expenditures (10000 yuan)	城乡居民储蓄年末余额（万元）Outstanding of Deposits of Urban and Rural Residents (10000 yuan)	社会消费品零售总额（万元）Total Retail Sales of Consumer Goods (10000 yuan)	职工平均工资（元）Average Wage of Staff and Workers (yuan)
杭州	Hangzhou	23419203	2172575	1957619	19231800	8414680	31551
宁波	Ningbuo	13847155	1475080	1803347	9005419	3983850	32429
温州	Wengzhou	6741661	605393	393004	6459850	3584006	25271
嘉兴	Jiaxing	2937603	229144	251457	2134034	1065705	20584
湖州	Huzhou	3004808	181604	192800	1839993	1216232	22544
绍兴	Shaoxing	2597300	211784	222671	2620744	948305	23393
金华	Jinhua	2052164	175859	206179	1415167	1003113	25646
衢州	Quzhou	1370525	100918	167378	842574	518186	28854
舟山	Zhoushan	2013600	147715	238858	1328765	767989	24758
台州	Taizhou	4693059	337181	352325	3084312	1857513	31504
丽水	Lishui	807687	60899	116387	505382	386024	27362
合肥	Hefei	6741560	496834	560936	4328927	2871047	20006
芜湖	Wuhu	2688983	205986	239727	1353062	764837	16490
蚌埠	Bengbu	1592886	103089	161847	1379865	721561	15884
淮南	Huainan	1878700	121304	201071	1870684	664573	22662
马鞍山	Maanshan	3131710	232133	239400	1401801	496656	25134
淮北	Huaibei	1611847	96939	138887	1017335	387507	16421
铜陵	Tongling	1610700	87114	126754	739969	360305	16335
安庆	Anqing	1507881	93499	139898	934162	675482	12899
黄山	Huangshan	713231	49218	101653	570946	275634	16183
滁州	Chuzhou	896778	48883	88153	506551	217227	14416
阜阳	Fuyang	1083829	55880	143840	1133536	519008	11649
宿州	Suzhou	1193820	43354	103044	961420	366794	14186
巢湖	Chaohu	991300	72080	80157	536009	225169	14216
六安	Liuan	694948	48005	134552	754642	383291	11885
亳州	Buozhou	913500	25162	73947	498158	368141	12715
池州	Chizhou	550214	42558	78056	393987	213269	14640
宣城	Xuancheng	784681	19427	42971	427800	347902	14183
福州	Fuzhou	7151139	687442	544915	7382318	4639941	20118
厦门	Xiamen	10065831	989474	1216172	5850735	2718615	22578
莆田	Putian	2915318	127151	157632	1851686	1042843	13896
三明	Sanming	917071	75954	76923	663900	301671	18481
泉州	Quanzhou	3400955	264665	271906	2296283	1401217	16244
漳州	Zhangzhou	1565117	129255	125300	972001	609592	16250
南平	Nanping	915778	64424	72353	638299	346633	16990
龙岩	Longyan	1576664	127281	140667	859996	516182	17961
宁德	Ningde	571203	12787	27224	214424	216181	17186
南昌	Nanchang	6927541	533388	546343	3323246	1079000	19551
景德镇	Jingdezhen	1095231	53937	103151	832211	382399	13151
萍乡	Pingxiang	1442496	85534	141978	759963	426657	15318
九江	Jiujiang	2016243	99349	191303	979622	537448	14294

2—4 续表 3　Continued 3

城市	City	地区生产总值（万元）GDP (10000 yuan)	地方财政预算内收入（万元）Local Financial Revenue (10000 yuan)	地方财政预算内支出（万元）Local Financial Expenditures (10000 yuan)	城乡居民储蓄年末余额（万元）Outstanding of Deposits of Urban and Rural Residents (10000 yuan)	社会消费品零售总额（万元）Total Retail Sales of Consumer Goods (10000 yuan)	职工平均工资（元）Average Wage of Staff and Workers (yuan)
新余	Xinyu	1498411	83345	137275	921308	365651	15109
鹰潭	Yingtan	273100	19535	54346	364552	166492	15093
赣州	Ganzhou	857524	24335	41081	899594	404166	16065
吉安	Jian	501051	21509	44174	574186	169426	13018
宜春	Yichun	589302	11922	53961	585308	339529	11893
抚州	Fuzhou	845255	21081	50246	876779	396118	9708
上饶	Shangrao	547181	17290	27869	547935	301761	13784
济南	Jinan	14179071	884530	916944	9088011	6486813	22710
青岛	Qingdao	14723742	1310327	1426623	9442041	4880750	23892
淄博	Zibuo	11560959	530587	632836	5273200	3438108	18036
枣庄	Zaozhuang	3577773	189650	357321	1412929	933903	16070
东营	Dongying	9039463	423781	483003	2800567	1116705	28262
烟台	Yantai	7790729	405816	544089	4271102	2410596	19745
潍坊	Weifang	4078078	271688	342768	2411475	1433334	15870
济宁	Jining	2828400	265610	316779	1612582	1458912	16197
泰安	Taian	3266488	190194	247838	1928109	972798	14257
威海	Weihai	3543880	234928	307868	1932783	1011464	15544
日照	Rizhao	2765700	115728	148909	1072648	764952	17705
莱芜	Laiwu	2563400	145624	220310	1302778	813864	18289
临沂	Linyi	4068913	269202	356512	2647697	2222046	16196
德州	Dezhou	1935200	93478	132449	1146593	466721	12183
聊城	Liaocheng	1178492	115892	154034	1132530	521379	14463
滨州	Binzhou	1490085	110844	151886	723560	502145	14904
菏泽	Heze	881876	79630	146520	870846	542124	12064
郑州	Zhengzhou	7493606	1009079	895062	10797661	4433481	17707
开封	Kaifeng	985293	82457	170073	1399537	804024	11478
洛阳	Luoyang	4333950	324257	409272	3822117	1912645	17039
平顶山	Pingdingshan	1995821	175191	216847	1717098	643151	16772
安阳	Anyang	1926954	188199	226080	1624637	667180	16666
鹤壁	Hebi	911145	61538	118947	552867	193746	13289
新乡	Xinxiang	1688653	130314	187523	1642239	653968	12175
焦作	Jiaozuo	1336356	145757	211487	1277993	438454	13791
濮阳	Puyang	1767216	88127	134579	1292342	292662	17713
许昌	Xuchang	837294	67363	106228	719334	373153	13321
漯河	Luohe	1968901	110220	178671	1011016	586270	14087
三门峡	Sanmenxi	510396	48376	91580	595451	186170	13425
南阳	Nanyang	2425766	121739	170576	1872047	1030029	15106
商丘	Shangqiu	1362469	78593	179081	1140439	566927	9489
信阳	Xinyang	1372700	58408	152530	1124902	542000	10255
周口	Zhoukou	581745	43820	100473	675887	289866	8804
驻马店	Zhumadian	854616	57745	114295	869916	313178	10868

2—4 续表 4　Continued 4

城　市	City	地　区 生产总值 (万元) GDP (10000 yuan)	地方财政 预算内收入 (万元) Local Financial Revenue (10000 yuan)	地方财政 预算内支出 (万元) Local Financial Expenditures (10000 yuan)	城乡居民储蓄 年末余额 (万元) Outstanding of Deposits of Urban and Rural Residents (10000 yuan)	社会消费品 零售总额 (万元) Total Retail Sales of Consumer Goods (10000 yuan)	职工平均工资 (元) Average Wage of Staff and Workers (yuan)
武　汉	Wuhan	22380000	1388169	1768795	16731705	11286436	18505
黄　石	Huangshi	1908800	74784	112832	1064176	763291	13719
十　堰	Shiyan	1894284	68055	133829	1455580	658480	20576
宜　昌	Yichang	3511689	132347	219040	1970656	1192929	13262
襄　樊	Xiangfan	3697900	113808	251033	2282420	1357322	12319
鄂　州	Ezhou	1469700	49257	103810	690506	621176	10276
荆　门	Jinmen	1323250	48974	97409	893683	386720	12434
孝　感	Xiaogan	722273	26636	69228	757333	281888	11404
荆　州	Jinmen	1248343	50861	122915	1128636	780835	10902
黄　冈	Huanggang	386800	26499	68816	424500	241895	13059
咸　宁	Xianning	529100	50699	63496	377126	215927	11918
随　州	Suizhou	1299300	26351	86324	893080	624069	7458
长　沙	Changsha	9143513	850077	933911	6941734	5683053	22415
株　洲	Zhuzhou	2500919	156507	255199	1989401	928282	18203
湘　潭	Xiangtan	2114546	101061	184604	1298147	1058741	15624
衡　阳	Hengyang	1263853	84095	206013	2094579	660600	16602
邵　阳	Haoyang	671388	39041	117523	789968	248407	13186
岳　阳	Yueyang	2824737	137848	211625	1313712	1222657	14619
常　德	Changde	2558264	135017	217124	1249572	748257	16850
张家界	Zhangjiajie	580443	33308	76520	311424	194151	14795
益　阳	Yiyang	1056644	45305	144216	801316	367129	14192
郴　州	Chenzhou	1273165	124467	191481	1130505	799514	18369
永　州	Yongzhou	1065929	18703	67279	777524	389922	14166
怀　化	Huaihua	650246	35955	81605	720752	273762	15279
娄　底	Loudi	950767	46687	88271	658821	231893	16683
广　州	Guangzhou	47924449	3530360	4141025	47424875	17847669	35251
韶　关	Shaoguan	1869870	141300	223772	1825500	750670	22456
深　圳	Shenzhen	49509078	4123800	5991600	32293800	14376700	
珠　海	Zhuhai	6349521	489704	577675	4808671	2201389	21654
汕　头	Hantou	6464996	291668	489200	7293932	3394488	17149
佛　山	Fuoshan	23831836	1308480	1508546	23587800	6344700	22117
江　门	Jiangmen	4109369	248414	308120	2937620	1310174	18232
湛　江	Zhanjiang	3760174	181883	120193	2822393	126677	20622
茂　名	Maoming	2902874	136408	194274	1455413	993335	24367
肇　庆	Zhaoqing	1406859	83080	133170	1488048	490285	22095
惠　州	Huizhou	4849742	268192	338116	3346496	1533570	16800
梅　州	Meizhou	605492	67490	120313	614289	247822	21031
汕　尾	Shanwei	569473	26269	64272	323067	233410	15791
河　源	Heyuan	513174	33213	88023	499446	247988	
阳　江	Yangjiang	1163387	43354	94644	923740	631527	15507
清　远	Qingyuan	907143	48083	96545	1047680	469235	21466

2—4 续表 5　Continued 5

城市	City	地区生产总值（万元）GDP (10000 yuan)	地方财政预算内收入（万元）Local Financial Revenue (10000 yuan)	地方财政预算内支出（万元）Local Financial Expenditures (10000 yuan)	城乡居民储蓄年末余额（万元）Outstanding of Deposits of Urban and Rural Residents (10000 yuan)	社会消费品零售总额（万元）Total Retail Sales of Consumer Goods (10000 yuan)	职工平均工资（元）Average Wage of Staff and Workers (yuan)
东莞	Dongguan	21816245	1039680	1170427	17282760	5000109	34533
中山	Zhongshan	8802018	542584	567056	7250554	2765993	22306
潮州	Chaozhou	714493	45676	72559	1177299	321283	17959
揭阳	Jieyang	962007	46123	80377	1049428	408229	13847
云浮	Yunfu	479533	36344	62246	477219	133263	19972
南宁	Nanning	5163555	375707	528007	4805449	3126808	19406
柳州	Liuzhou	3589858	224553	320440	2502971	1603759	20845
桂林	Guilin	1807147	138334	237170	1958536	901953	17588
梧州	Wuzhou		76888	145333	689322	390342	15187
北海	Beihai	1132436	88285	134225	713374	281219	15117
防城港	Fangchenggang	27366	61850	320714	140511	14401	
钦州	Qinzhou	991693	47519	105443	523878	350797	12707
贵港	Guigang	1146704	52395	105205	667111	496617	13163
玉林	Yulin	1196707	65721	123464	1118663	578853	19245
百色	Baise	526494	10420	26618	319278	119837	16072
贺州	Hezhou	781562	18613	42713	366807	160702	14058
河池	Hechi	386253	6676	20269	345155	130015	
来宾	Laibin	849156	40328	107219	252407	141009	16277
崇左	Chongzuo	316706	12695	24356	152520	55193	13534
海口	Haikou	3013506	179149	302135	3740519	1384452	19885
三亚	Sanya	742144	72526	96214	666428	215043	16033
重庆	Chongqing	17399367	1997658	3460332	15474610	8833177	18698
成都	Chengdu	15176558	1071991	1322861	15723020	7153070	21605
自贡	Zigong	1765433	64808	148340	1049314	698928	13865
攀枝花	Panzhihua	1876951	158888	243602	1215046	528621	19559
泸州	Luzhou	1470167	74560	188901	1241392	566659	14513
德阳	Deyang	1112474	138441	134453	895059	307763	21862
绵阳	Mianyang	2161038	133411	251496	1663745	671324	15963
广元	Guangyuan	653547	25544	123601	570025	336861	12619
遂宁	Suining	833978	27332	114205	800073	357100	12570
内江	Neijiang	967511	40097	160477	827886	366305	13312
乐山	Leshan	1358884	86992	174572	1151620	536263	12950
南充	Nanchong	1235118	49073	188526	1538626	613881	12914
眉山	Meishan	755807	15165	44024	639244	221120	13338
宜宾	Yibin	1625389	104308	261434	862983	461542	16214
广安	Guangan	704726	36315	98494	770722	249480	13353
达州	Dazhou	491455	8941	29043	549671	269350	16432
雅安	Yaan	367031	3260	25763	391213	133800	13091
巴中	Bazhong	503919	5959	60010	386271	200566	11689
资阳	Ziyang	775205	29285	91990	539208	224147	15073
贵阳	Guiyang	4149746	554775	595388	4573982	1794084	15923

2—4 续表 6 Continued 6

城　　市	City	地　区 生产总值 （万元） GDP (10000 yuan)	地方财政 预算内收入 （万元） Local Financial Revenue (10000 yuan)	地方财政 预算内支出 （万元） Local Financial Expenditures (10000 yuan)	城乡居民储蓄 年末余额 （万元） Outstanding of Deposits of Urban and Rural Residents (10000 yuan)	社会消费品 零售总额 （万元） Total Retail Sales of Consumer Goods (10000 yuan)	职工平均工资 （元） Average Wage of Staff and Workers (yuan)
六 盘 水	Liupanshui	781333	58709	103887	543685	309875	17105
遵　　义	Zunyi	1369719	190966	73816	979875	561834	17396
安　　顺	Anshun	438484	27473	50455	443921	129224	14160
昆　　明	Kunming	8052034	748548	818784	9043957	3570569	19652
曲　　靖	Qujing	1292059	34162	57532	809700	247802	17357
玉　　溪	Yuxi	2226517	31927	64338	869353	280046	22924
保　　山	Baoshan	496490	22113	59626	333668	183671	13175
昭　　通	Shaotong	566341	15038	50928	290507	167571	35812
丽　　江	Lijiang	210522	14173	29172	313885	72832	17095
思　　茅	Simao	216161	15136	30409	250046	103106	10569
临　　沧	Lincang	142185	5368	24109	113591	75670	15012
西　　安	Xian	11468900	701134	883327	16045628	6254613	9965
铜　　川	Tongchuan	653440	28656	67868	643447	211922	12876
宝　　鸡	Baoji	2379400	91443	140387	1806216	906016	13386
咸　　阳	Xanyang	1827170	70353	104177	1563052	503262	13258
渭　　南	Weinan	651500	4706	26813	764688	189400	11937
延　　安	Yanan	1239376	38990	44277	693738	194780	13946
汉　　中	Hanzhong	493378	16519	28459	773290	232765	1970
榆　　林	Yulin	522182	17100	34250	473364	124016	15045
安　　康	Ankang	533866	8237	38956	413783	203822	12351
商　　洛	Shangluo	224100	4258	22003	326087	91624	10769
兰　　州	Lanzhou	5030442	267533	414995	5357492	2424122	17155
嘉 峪 关	Jiayuguan	813069	40133	49324	356226	116510	25681
金　　昌	Jinchang	949400	6778	14345	394100	121362	21221
白　　银	Baiyin	945079	39589	93828	684865	258179	14409
天　　水	Tianshui	863165	18458	73131	822011	333731	10238
武　　威	Wuwei	952000	17235	84110	643400	203297	10747
张　　掖	Zhangye	501522	9610	31105	413024	180375	12724
平　　凉	Pingliang	415284	14031	35659	351900	175644	14457
酒　　泉	Jiuquan	372059	5411	31239	450300	157842	14760
庆　　阳	Qingyang	385266	36113	81291	301394	114255	13600
定　　西	Dingxi	163630	4624	34595	185392	87848	14672
陇　　南	Longnan	142207	3396	33151	127462	24329	12218
西　　宁	Xining	1645982	96270	163604	2116385	623728	18909
银　　川	Yinchuan	2134592	154739	199938	2206060	841703	19715
石 嘴 山	Shizuishan	835818	51864	102377	709762	203813	16905
吴　　忠	Wuzhong	319740	8978	25671	366057	124470	14929
固　　原	Guyuan	197064	2220	43398	157894	68565	16677
中　　卫	Zhongwei	328301	15572	46362	259144	78993	14290
乌鲁木齐	Wulumuqi	5547377	506342	392071	5936481	2304752	20386
克拉玛依	Kelamayi	3857256	233021	284139	1202167	185088	22091

第
三
篇

城市生活质量与环境

Urban Life Quality and Environment

3—1 居住情况(市辖区,2005年)
Urban Residen(Districts under City,2005)

城市	City	人均住房使用面积(平方米) Per Capita Applied Space Areas (sq. m) *	居住支出占消费支出比重 Percentage of Residence to Expenditure for Consumption (%)	住宅销售面积(万平方米) Sold Area of Cmmercial Houses (10000sq. m)	别墅 Villa (10000 sp. m)	住宅销售额(万元) Sales Volume of Cmmercial Houses (10000yuan)
城市合计	**Total**		**10.27**	**36032.90**	**1975.29**	**135194391**
北　京	Beijng	17.37	8.69	2522.90	297.7	17456376
天　津	Tianjin	25.80	13.38	802.17	45.54	3555507
石家庄	Shijiazhuang	21.54	10.88	137.27	0.85	341096
唐　山	Tangshan	16.82	11.01	82.78		344639
秦皇岛	Qinhuangdao	18.60	11.80	127.36	6.83	365170
邯　郸	Handan	20.22	9.37	71.16	2.39	133600
邢　台	Xingtai	22.95	13.37	34.80	4.19	71206
保　定	Baoding	22.89	11.10	31.18		65217
张家口	Zhanjiakou	15.54	10.59	89.48		153797
承　德	Chengde	16.11	9.84	37.51		87856
沧　州	Cangzhou	22.49	13.95	51.90	0.96	96518
廊　坊	Langfang	23.62	12.16	126.48	2.74	304476
衡　水	Hengshui	22.07	13.44	51.28	0.46	93082
太　原	Taiyuan	18.42	10.98	182.38	2.79	782967
大　同	Datong	16.92	12.15	63.11	0.58	125518
阳　泉	Yangquan	17.49	12.08	46.00		80206
长　治	Changzhi	20.00	12.04	31.06		73650
晋　城	Jincheng	27.00	10.10	39.04		63881
朔　州	Shuozhou	20.00	9.79	25.84		29294
晋　中	Jinzhong	20.12	11.92	39.50		72000
运　城	Yuncheng	23.09	13.09	47.10	1	79902
忻　州	Xinzhou	19.72	10.11	11.71		15331
临　汾	Linfen	20.45	9.35	8.31		24150
吕　梁	Luliang	19.67	13.39	5.10		10700
呼和浩特	Huhehaote	21.00	10.39	171.00	4.4	429737
包　头	Baotou	23.93	8.75	158.39		336935
乌　海	Wuhai	20.65	7.45	73.90		127948
赤　峰	Chifeng	19.21	11.06	59.00		98017
通　辽	Tongliao	16.79	9.22	9.19		27776
鄂尔多斯	Eerduosi	23.80	6.93	70.07	5.00	139808
呼伦贝尔	Hulunbeler	18.70	11.24	17.17		31816
巴彦淖尔	Bayanzhuoer	20.23	9.86	55.40		76636
乌兰察布	Wulanchabu	20.18	11.11	6.80		22450
沈　阳	Shenyang	16.35	10.15	906.71	21.00	3134735
大　连	Dalian	17.56	10.24	510.72	17.00	2141283
鞍　山	Anshan	14.73	12.49	71.22	4.00	207567
抚　顺	Fushun	15.16	10.66	63.50		126240
本　溪	Benxi	13.35	8.30	59.50		146486
丹　东	Dandong	13.31	14.26	69.87	1.81	183371
锦　州	Jinzhou	15.86	11.91	40.60		93502

* 人均住房使用面积系住户调查数据仅供参考。

城　市	City	人均住房使用面积（平方米）Per Capita Applied Space Areas (sq. m) *	居住支出占消费支出比重 Percentage of Residence to Expenditure for Consumption (%)	住宅销售面积（万平方米）Sold Area of Cmmercial Houses (10000sq. m)	别　墅 Villa (10000 sp. m)	住宅销售额（万元）Sales Volume of Cmmercial Houses (10000yuan)
营　口	Yingkou	18.09	12.92	131.14	0.67	222787
阜　新	Fuxin	15.87	9.99	55.40		108572
辽　阳	Liaoyang	16.85	9.91	54.90		115700
盘　锦	Panjin	19.80	5.11	31.60		54726
铁　岭	Tieling	17.07	13.70	37.44		65690
朝　阳	Chaoyang	17.74	11.41	16.37		30716
葫芦岛	Huludao	17.03	11.74	34.20		62598
长　春	Changchun	18.92	12.15	251.75	22.75	693596
吉　林	Jinlin	14.80	12.32	117.00		251562
四　平	Siping	18.47	11.25	17.46		31017
辽　源	Liaoyang	17.95	10.03	32.90		42828
通　化	Tonghua	16.13	14.32	80.74	1.70	40906
白　山	Baishan	16.40	11.64	15.86		32184
松　原	Songyuan	19.63	10.94	2.47		4946
白　城	Baicheng	20.24	11.84	2.14		3619
哈尔滨	Haerbin	17.00	9.16	380.00		1290800
齐齐哈尔	Qiqihaer	15.10	14.26	99.09		200820
鸡　西	Jixi	18.76	10.71	13.69		27302
鹤　岗	Hegang	20.77	10.63	33.50		48482
双鸭山	Shuangyashan	20.29	10.45	9.81		13001
大　庆	Daqing	24.00	8.14	85.10		214867
伊　春	Yichun	17.84	9.72	19.67		16441
佳木斯	Jiamusi	22.20	13.44	27.73		39528
七台河	Qitaihe	20.50	12.14	30.45		51020
牡丹江	Mudanjiang	16.55	11.85	29.51		63684
黑　河	Heihe	18.63	9.48	2.81		7722
绥　化	Suihua	17.58	12.70			
上　海	Shanghai	21.30	10.25	2825.85	449.00	21558799
南　京	Nanjing	18.35	8.72	859.35	25.07	3772446
无　锡	Wuxi	20.25	7.54	351.08	16.84	1637980
徐　州	Xuzhou	17.12	11.26	102.84	0.76	275544
常　州	Changzhou	21.04	9.92	301.24	14.70	1357472
苏　州	Suzhou	19.60	10.58	384.82	45.07	2308052
南　通	Nantong	21.29	9.04	100.90	0.47	383401
连云港	Lianyungang	23.81	12.10	94.90	3.60	283168
淮　安	Huaian	21.29	7.28	103.75	3.12	249598
盐　城	Yancheng	18.76	12.89	66.90	5.76	160777
扬　州	Yangzhou	23.34	8.53	168.40	13.62	697700
镇　江	Zhenjiang	19.28	8.36	136.68	1.34	343562
泰　州	Taizhou	23.13	7.23	62.98	4.27	154149
宿　迁	Suqian	37.34	6.96	88.56		168608

3—1续表2 Continued 2

城 市	City	人均住房使用面积（平方米）Per Capita Applied Space Areas (sq. m) *	居住支出占消费支出比重 Percentage of Residence to Expenditure for Consumption (%)	住宅销售面积（万平方米）Sold Area of Cmmercial Houses (10000sq. m)	别 墅 Villa (10000 sp. m)	住宅销售额（万元）Sales Volume of Cmmercial Houses (10000yuan)
杭 州	Hangzhou	20.72	8.57	491.71	28.33	3452928
宁 波	Ningbuo	18.44	8.22	239.28	3.20	1613605
温 州	Wengzhou	23.40	8.13	141.67		868418
嘉 兴	Jiaxing	27.65	8.21	138.86		649760
湖 州	Huzhou	22.60	11.80	85.43	0.64	312402
绍 兴	Shaoxing	22.76	7.64	89.43	8.08	416344
金 华	Jinhua	24.69	10.86	111.93	6.21	408885
衢 州	Quzhou	26.70	11.35	62.47	0.84	151924
舟 山	Zhoushan	20.67	9.66	54.70	0.74	281838
台 州	Taizhou	27.06	8.08	71.44	12.69	426045
丽 水	Lishui	23.40	9.49	24.62	6.58	149797
合 肥	Hefei	18.39	9.23	456.50	13.67	1647451
芜 湖	Wuhu	17.37	12.54	84.94	1.85	267750
蚌 埠	Bengbu	15.80	9.46	80.56		185093
淮 南	Huainan	16.37	7.63	31.58		56050
马鞍山	Maanshan	23.49	7.44	159.44		457824
淮 北	Huaibei	18.02	10.21	62.24	5.52	128827
铜 陵	Tongling	17.86	10.36	35.42	0.34	76682
安 庆	Anqing	17.36	10.79	54.00		110861
黄 山	Huangshan	22.00	8.72	36.80	0.40	75788
滁 州	Chuzhou	21.90	10.36	24.96	0.28	57088
阜 阳	Fuyang	21.03	9.83	59.16	59.00	114556
宿 州	Suzhou	23.69	15.20	20.57		52182
巢 湖	Chaohu	21.69	7.25	30.54	0.06	68285
六 安	Liuan	28.16	10.61	24.80		63827
亳 州	Buozhou	31.30	9.73	16.03	0.03	36599
池 州	Chizhou	23.64	9.42	36.19	0.52	69324
宣 城	Xuancheng	20.00	8.55	20.57	0.06	47272
福 州	Fuzhou	19.17	13.40	551.67	5.99	2172662
厦 门	Xiamen	21.00	13.47	272.32	11.00	1797477
莆 田	Putian	27.92	14.66	56.84		133465
三 明	Sanming	20.30	9.00	13.55		48518
泉 州	Quanzhou	24.87	8.84	35.01	10.00	221122
漳 州	Zhangzhou	24.00	10.04	70.80	0.40	210217
南 平	Nanping	19.90	10.56	30.95		77565
龙 岩	Longyan	30.42	9.36	50.16		142721
宁 德	Ningde	34.40	10.46	10.31		71092
南 昌	Nanchang	20.82	8.89	294.00	10.00	878623
景德镇	Jingdezhen	20.37	6.64	50.33	2.00	106558
萍 乡	Pingxiang	26.43	9.07	50.00	3.00	123177
九 江	Jiujiang	20.93	10.41	22.44		54134

3—1 续表 3 Continued 3

城市	City	人均住房使用面积（平方米）Per Capita Applied Space Areas (sq. m) *	居住支出占消费支出比重 Percentage of Residence to Expenditure for Consumption (%)	住宅销售面积（万平方米）Sold Area of Cmmercial Houses (10000sq. m)	别墅 Villa (10000 sp. m)	住宅销售额（万元）Sales Volume of Cmmercial Houses (10000yuan)
新余	Xinyu	22.00	7.27	66.80	0.50	83434
鹰潭	Yingtan	21.17	9.86	9.17	0.15	15860
赣州	Ganzhou	23.80	11.61	42.97		77365
吉安	Jian	24.40	9.37	53.78		75174
宜春	Yichun	26.98	16.86	54.55	2.00	88720
抚州	Fuzhou	25.55	12.29	115.34		172732
上饶	Shangrao	20.40	9.73	27.07	1.05	48538
济南	Jinan	20.00	10.69	191.90	0.46	724343
青岛	Qingdao	16.90	9.63	496.80	19.00	2736284
淄博	Zibuo	25.41	12.28	210.00	6.45	464380
枣庄	Zaozhuang	21.99	7.85	57.70		81757
东营	Dongying	20.82	7.80	106.66	1.00	272138
烟台	Yantai	18.67	8.78	197.22		755400
潍坊	Weifang	20.78	12.70	159.20	2.32	365803
济宁	Jining	21.28	9.11	69.64		144960
泰安	Taian	21.84	10.08	53.14	2.05	139830
威海	Weihai	19.63	10.97	78.00	1.70	231613
日照	Rizhao	22.56	8.05	88.26	1.00	198167
莱芜	Laiwu	23.16	10.07	68.80		84121
临沂	Linyi	26.61	11.40	49.34	4.00	130807
德州	Dezhou	22.19	8.83	100.37	0.11	199188
聊城	Liaocheng	24.03	11.59	51.87	3.00	101805
滨州	Binzhou	21.74	9.51	9.87		15532
菏泽	Heze	22.01	8.14	91.63	0.20	176529
郑州	Zhengzhou	20.82	12.51	494.00	20.96	1522891
开封	Kaifeng	18.95	10.46	32.71	0.50	84695
洛阳	Luoyang	22.21	9.65	168.40	7.65	339207
平顶山	Pingdingshan	22.31	8.56	52.69		59198
安阳	Anyang	24.71	9.62	75.95		147655
鹤壁	Hebi	23.28	13.83	6.49		7640
新乡	Xinxiang	20.99	9.77	77.34	4.07	141630
焦作	Jiaozuo	21.63	12.59	44.80	0.26	59228
濮阳	Puyang	20.31	9.70	43.83	0.78	62688
许昌	Xuchang	25.30	12.14	48.09	9.05	82510
漯河	Luohe	24.70	10.22	62.55	0.42	89786
三门峡	Sanmenxi	18.76	12.47	9.48		9572
南阳	Nanyang	25.36	10.10	63.04	3.23	99915
商丘	Shangqiu	31.23	11.11	9.44		17827
信阳	Xinyang	21.44	14.48	49.80	0.10	70620
周口	Zhoukou	32.56	9.01	9.77	5.22	12831
驻马店	Zhumadian	23.07	9.64	13.96	0.38	23098

3—1 续表 4　Continued 4

城　市	City	人均住房使用面积（平方米）Per Capita Applied Space Areas (sq. m) *	居住支出占消费支出比重 Percentage of Residence to Expenditure for Consumption (%)	住宅销售面积（万平方米）Sold Area of Cmmercial Houses (10000sq. m)	别　墅 Villa (10000 sp. m)	住宅销售额（万元）Sales Volume of Cmmercial Houses (10000yuan)
武　汉	Wuhan	20.66	11.12	834.18	28.00	2798639
黄　石	Huangshi	24.00	12.25	53.76	1.00	94764
十　堰	Shiyan	21.20	10.25	49.36	0.73	78303
宜　昌	Yichang	22.10	8.80	78.66	3.64	192570
襄　樊	Xiangfan	22.19	6.36	66.39	0.05	109043
鄂　州	Ezhou	28.68	11.21	38.90	1.73	52024
荆　门	Jinmen	24.00	9.94	26.22		39298
孝　感	Xiaogan	23.88	7.68	29.64		41468
荆　州	Jinmen	19.00	10.00	32.61	3.17	58607
黄　冈	Huanggang	32.86	8.03	17.55	0.20	17040
咸　宁	Xianning	26.00	7.82	3.68		7006
随　州	Suizhou	27.21	8.21	35.35		33325
长　沙	Changsha	21.26	8.82	348.57		942706
株　洲	Zhuzhou	19.80	9.32	72.71	4.00	119053
湘　潭	Xiangtan	28.00	12.21	83.82	6.93	115148
衡　阳	Hengyang	19.73	8.86	40.35	4.01	43156
邵　阳	Haoyang	20.67	9.69	17.53		22087
岳　阳	Yueyang	23.37	9.77	55.08	9.00	99004
常　德	Changde	23.88	11.70	57.19	2.40	112206
张家界	Zhangjiajie	52.34	16.52	21.62	5.46	34442
益　阳	Yiyang	22.00	11.28	16.41	0.30	23892
郴　州	Chenzhou	21.54	16.62	59.30	2.20	93889
永　州	Yongzhou	25.57	8.63	35.04		62614
怀　化	Huaihua	23.17	6.70	66.49		83791
娄　底	Loudi	21.32	6.81	10.96		14679
广　州	Guangzhou	18.87	8.85	1030.00	84.00	6444979
韶　关	Shaoguan	24.00	10.74	46.00		94302
深　圳	Shenzhen	19.00	15.08	1020.00	16.00	851
珠　海	Zhuhai	24.00	8.11	171.00	3.00	769747
汕　头	Hantou	19.00	11.55	129.00	7.00	388939
佛　山	Fuoshan	22.00	9.54	482.00	52.00	1815318
江　门	Jiangmen	21.00	10.38	117.00	15.00	259399
湛　江	Zhanjiang	20.78	10.13	62.26		172782
茂　名	Maoming	22.88	10.59	64.65		119245
肇　庆	Zhaoqing	24.00	10.75	65.00	10.00	164337
惠　州	Huizhou	26.20	15.09	113.90	5.17	344049
梅　州	Meizhou	29.00	13.75	17.00		23577
汕　尾	Shanwei	20.00	12.58	7.00		8542
河　源	Heyuan	28.00		25.00	2.00	44254
阳　江	Yangjiang			39.00	1.00	69579
清　远	Qingyuan	26.41	12.07	54.68	15.00	150705

3—1 续表 5 Continued 5

城市	City	人均住房使用面积（平方米）Per Capita Applied Space Areas (sq. m) *	居住支出占消费支出比重 Percentage of Residence to Expenditure for Consumption (%)	住宅销售面积（万平方米）Sold Area of Cmmercial Houses (10000sq. m)	别墅 Villa (10000 sp. m)	住宅销售额（万元）Sales Volume of Cmmercial Houses (10000yuan)
东莞	Dongguan	43.00	5.71	297.00	14.00	1193991
中山	Zhongshan	32.00	8.68	255.56	6.71	844446
潮州	Chaozhou	21.80	11.86	25.34		43646
揭阳	Jieyang	25.00		4.00		5444
云浮	Yunfu					13849
南宁	Nanning	20.92	9.48	404.56	25.31	1161851
柳州	Liuzhou	19.70	8.75	202.96	1.21	506653
桂林	Guilin	20.16	10.90	71.23	3.68	215461
梧州	Wuzhou	19.52	11.710	27.68		42006
北海	Beihai	31.25	15.11	45.99		90099
防城港	Fangchenggang	29.75	13.29	4.99		5619
钦州	Qinzhou	22.52	12.83	40.13		72509
贵港	Guigang	26.64	9.95	40.32		92163
玉林	Yulin	32.83	11.78	32.35		45985
百色	Baise	21.15	12.05	24.09		36365
贺州	Hezhou	31.20	11.83	4.41		12989
河池	Hechi	24.71	9.73	19.21		27132
来宾	Laibin	21.95	11.92	39.57		35373
崇左	Chongzuo	22.52	9.89	3.83		3039
海口	Haikou			179.09	23.20	510232
三亚	Sanya	24.58	9.97	47.01	1.00	204193
重庆	Chongqing	18.00	10.23	1246.34	106.78	3629453
成都	Chengdu	20.36	9.73	1002.20		3352450
自贡	Zigong	19.55	7.47	60.15	0.26	118370
攀枝花	Panzhihua	19.06	6.21	59.01	1.00	146476
泸州	Luzhou	21.25	11.38	115.78		149809
德阳	Deyang			81.81	3.34	136882
绵阳	Mianyang	21.76	10.18	138.42	10.77	273881
广元	Guangyuan	22.00	12.31	38.35		54384
遂宁	Suining			46.37		42144
内江	Neijiang	19.42	12.65	37.31	0.30	53989
乐山	Leshan	20.11	12.88	37.84		56020
南充	Nanchong	25.33	11.26	88.28	3.24	145573
眉山	Meishan			52.03		62885
宜宾	Yibin			127.14		203477
广安	Guangan			93.01		94730
达州	Dazhou			32.45		60949
雅安	Yaan			9.36		20851
巴中	Bazhong			25.16		24846
资阳	Ziyang			30.57		43637
贵阳	Guiyang	16.27	8.83	311.02	3.82	775554

城市	City	人均住房使用面积（平方米）Per Capita Applied Space Areas (sq. m) *	居住支出占消费支出比重 Percentage of Residence to Expenditure for Consumption (%)	住宅销售面积（万平方米）Sold Area of Cmmercial Houses (10000sq. m)	别墅 Villa (10000 sp. m)	住宅销售额（万元）Sales Volume of Cmmercial Houses (10000yuan)
六盘水	Liupanshui	23.53	9.72	18.62	0.10	17671
遵义	Zunyi	22.13	10.74	91.29	2.27	169020
安顺	Anshun	21.27	11.92	25.70		33747
昆明	Kunming	22.46	7.41	720.48	60.98	2045931
曲靖	Qujing	20.26	9.46	95.78	2.76	141540
玉溪	Yuxi	28.00	5.82	32.36	12.77	66691
保山	Baoshan	26.86	9.68	25.39		38023
昭通	Shaotong	21.47	8.76	8.592		16547
丽江	Lijiang	38.16	17.57	37.46	37.46	131101
思茅	Simao	20.16	9.48	7.91		14974
临沧	Lincang	23.87	13.44	16.05	0.49	21434
西安	Xian	16.38	9.10	475.37	35.75	1710853
铜川	Tongchuan	15.29	8.38	44.00		35773
宝鸡	Baoji	16.51	11.20	40.93		78041
咸阳	Xanyang	17.77	12.31	57.87	1.85	107838
渭南	Weinan	16.45	9.54	15.09		19007
延安	Yanan	20.03	11.56	9.10		21371
汉中	Hanzhong	20.18	8.18	38.22	0.13	55400
榆林	Yulin	19.08	9.12	12.30		26096
安康	Ankang	22.09	8.94	37.72	0.12	46537
商洛	Shangluo	21.37	7.89	6.29		8747
兰州	Lanzhou	16.69	12.21	163.37		451174
嘉峪关	Jiayuguan	23.36	8.81	19.00		21559
金昌	Jinchang	23.70	11.00	4.55		3990
白银	Baiyin	19.70	6.37	18.08		25203
天水	Tianshui	17.06	6.55	27.58		57983
武威	Wuwei	22.20	10.91	15.92	0.11	11141
张掖	Zhangye	28.34	12.08	8.39		22378
平凉	Pingliang	19.25	8.10			
酒泉	Jiuquan	20.44	11.67	22.64		30825
庆阳	Qingyang	21.36	7.76	23.78		34340
定西	Dingxi	18.94	13.12	7.29		6976
陇南	Longnan	13.71	9.94	3.61		2194
西宁	Xining	19.20	10.86	99.46		208135
银川	Yinchuan	18.91	9.29	203.47	7.00	655993
石嘴山	Shizuishan	19.77	11.04	26.80	0.02	47057
吴忠	Wuzhong	20.90	13.41	18.95		24232
固原	Guyuan	23.64	11.93	6.80		11574
中卫	Zhongwei	18.73	15.59	21.19		33684
乌鲁木齐	Wulumuqi	18.72	7.09	211.81	8.86	507018
克拉玛依	Kelamayi	17.87	6.34	80.82		126806

3-2 城市生活用水、电、气(市辖区,2005年)

Urban Consumption of Water and Power and Gas for Residential Use(Districts under City,2005)

城市	City	生活用水量(万吨) Volume of Water for Residential Use (10000 tons)	人均生活用水(吨/人) Per Capita Consumption of Water for Residential Use (ton/person)	生活用电量(万千瓦时) Volume of Power for Residential Use (Mil. kw/hour)	人均生活用电(千瓦时/人) Per Capita Consumption of Power for Residential Use (kwh/person)	家庭用煤气量(万立方米) Volume of Coal Gas for Residential Use (10000 m³)	人均煤气家庭用量(立方米/人) Per Capita Consumption of Coal Gas for Residential Use (m³/person)
城市合计	**Total**	**1439890**	**54.68**	**16080640**	**443.18**	**1007229**	**92.76**
北京	Beijng	51448	31.09	868909	782.38	59991	66.51
天津	Tianjin	17069	26.65	379600	493.24	22886	45.05
石家庄	Shijiazhuang	7428	34.65	111552	497.67	6682	51.64
唐山	Tangshan	10736	57.86	55152	184.49	10130	100.57
秦皇岛	Qinhuangdao	2517	32.42	43835	564.67	3356	97.93
邯郸	Handan	4240	30.10	52193	370.56	7526	83.10
邢台	Xingtai	1660	28.68	28036	484.47	989	44.55
保定	Baoding	2296	22.80	40797	405.09	878	26.01
张家口	Zhanjiakou	3236	37.39	19416	224.36	3411	69.61
承德	Chengde	3515	76.18	14538	315.08	332	75.45
沧州	Cangzhou	1440	28.86	19945	399.78	304	28.17
廊坊	Langfang	1656	45.12	24553	321.16	1526	53.06
衡水	Hengshui	834	25.66	24726	546.67		
太原	Taiyuan	11222	42.66	98469	374.35	17011	88.44
大同	Datong	4155	31.01	29486	205.02	8277	121.86
阳泉	Yangquan	1677	28.89	15012	228.70	6086	148.75
长治	Changzhi	2472	50.86	9700	143.32	3524	101.44
晋城	Jincheng	846	28.20	6569	216.01	3015	215.36
朔州	Shuozhou	1510	60.94	6567	109.87	3624	274.34
晋中	Jinzhong	799	29.59	9168	168.34	1764	98.89
运城	Yuncheng	1052	51.07	14619	231.61	1100	438.25
忻州	Xinzhou	695	38.83	11426	221.35	460	61.33
临汾	Linfen	1527	37.46	22900	292.80	19000	791.67
吕梁	Luliang	217	19.73	3484	141.34	520	80.00
呼和浩特	Huhehaote	2762	26.30	48580	443.17	3784	66.39
包头	Baotou	4742	34.94	52811	389.12	3963	51.35
乌海	Wuhai	1459	34.22	8035	186.38	240	48.00
赤峰	Chifeng	3048	67.03	22164	194.93		
通辽	Tongliao	639	18.26	16704	207.45		
鄂尔多斯	Eerduosi	770	38.50	6484	281.18	400	156.25
呼伦贝尔	Hulunbeler	552	29.68	11856	462.22		
巴彦淖尔	Bayanzhuoer	405	16.95	8176	153.51		
乌兰察布	Wulanchabu	1004	36.47	16691	574.17		
沈阳	Shenyang	13914	30.52	219689	443.02	24547	66.48
大连	Dalian	18236	64.87	220003	782.62	17997	97.86
鞍山	Anshan	5400	39.64	53710	367.45	7584	56.80
抚顺	Fushun	2982	22.25	39480	280.74	10464	156.88
本溪	Benxi	1783	20.73	34162	355.11	3622	54.72
丹东	Dandong	1512	26.07	28617	380.60	3352	76.18
锦州	Jinzhou	2424	27.86	36416	415.95	4662	70.42

城　市	City	生活用水量（万吨）Volume of Water for Residential Use (10000 tons)	人均生活用水（吨/人）Per Capita Consumption of Water for Residential Use (ton/person)	生活用电量（万千瓦时）Volume of Power for Residential Use (Mil. kw/hour)	人均生活用电（千瓦时/人）Per Capita Consumption of Power for Residential Use (kwh/person)	家庭用煤气量（万立方米）Volume of Coal Gas for Residential Use ($10000\ m^3$)	人均煤气家庭用量（立方米/人）Per Capita Consumption of Coal Gas for Residential Use (m^3/person)
营口	Yingkou	2010	23.30	48331	560.16	770	37.75
阜新	Fuxin	2056	27.41	29116	372.42	1304	52.16
辽阳	Liaoyang	1723	24.09	30779	430.29	611	25.46
盘锦	Panjin	1913	33.15	29582	512.69	496	28.34
铁岭	Tieling	1185	29.85	12211	278.09	1354	50.15
朝阳	Chaoyang	1122	30.06	17160	350.85	1341	52.59
葫芦岛	Huludao	951	23.60	34607	366.95	584	22.04
长春	Changchun	11954	36.99	115600	342.80	9295	40.70
吉林	Jinlin	4738	38.36	44455	247.15	1808	34.18
四平	Siping	900	25.71	45421	756.64	684	29.74
辽源	Liaoyang	394	8.76	19208	401.34		
通化	Tonghua	1698	40.82	15000	328.80	1356	82.18
白山	Baishan	971	35.70	8711	258.87		
松原	Songyuan	1910	60.35	25863	498.42		
白城	Baicheng	1368	46.58	12212	239.83		
哈尔滨	Haerbin	14456	48.35	166542	417.44	17427	74.10
齐齐哈尔	Qiqihaer	4726	42.66	61751	434.74	2357	20.15
鸡西	Jixi	857	13.29	18650	207.78	1224	102.00
鹤岗	Hegang	1474	28.18	14743	215.35	762	78.56
双鸭山	Shuangyashan	970	21.80	18436	369.09	200	41.15
大庆	Daqing	5857	64.63	81631	667.30	360	19.40
伊春	Yichun	1097	24.55	11628	141.58		
佳木斯	Jiamusi	2620	37.42	46955	573.11	131	12.36
七台河	Qitaihe	1994	51.79	15873	308.27	2800	311.11
牡丹江	Mudanjiang	3233	52.23	45323	580.02		
黑河	Heihe	575	61.17	3356	176.63	362	80.44
绥化	Suihua	820	31.75	11346	128.96		
上海	Shanghai	102047	79.10	1092000	846.42	205347	173.42
南京	Nanjing	27280	57.72	287720	560.43	13147	78.26
无锡	Wuxi	12100	54.04	151013	660.92	3784	47.12
徐州	Xuzhou	3600	27.40	52047	289.34	3632	74.14
常州	Changzhou	11546	56.41	115331	522.40	2857	56.38
苏州	Suzhou	12301	54.64	148736	660.73	5744	66.63
南通	Nantong	7056	82.66	45593	534.13	2918	80.70
连云港	Lianyungang	3073	45.45	25890	368.96	417	24.39
淮安	Huaian	2858	32.48	48940	179.13	275	25.23
盐城	Yancheng	2812	36.74	35681	234.74	213	34.35
扬州	Yangzhou	5025	44.09	48596	420.20	2007	69.21
镇江	Zhenjiang	4752	47.81	42117	412.91	2855	118.96
泰州	Taizhou	2262	47.92	23436	369.77		
宿迁	Suqian	690	23.95	9231	59.91		

城　市	City	生活用水量（万吨）Volume of Water for Residential Use (10000 tons)	人均生活用水（吨/人）Per Capita Consumption of Water for Residential Use (ton/person)	生活用电量（万千瓦时）Volume of Power for Residential Use (Mil. kw/hour)	人均生活用电（千瓦时/人）Per Capita Consumption of Power for Residential Use (kwh/person)	家庭用煤气量（万立方米）Volume of Coal Gas for Residential Use ($10000\ m^3$)	人均煤气家庭用量（立方米/人）Per Capita Consumption of Coal Gas for Residential Use (m^3/person)
杭　州	Hangzhou	22920	91.06	279757	683.13	3225	34.01
宁　波	Ningbuo	9588	84.08	131956	618.32		
温　州	Wengzhou	7825	81.51	126330	908.72		
嘉　兴	Jiaxing	2404	59.67	36519	451.80		
湖　州	Huzhou	3360	54.18	40703	376.84	75	11.54
绍　兴	Shaoxing	1667	25.71	28419	438.29	23383	375.94
金　华	Jinhua	2106	48.25	30381	329.65	19	6.48
衢　州	Quzhou	1238	39.88	16673	207.22	746	109.78
舟　山	Zhoushan	1426	50.30	25882	374.50	458	30.14
台　州	Taizhou	5298	40.31	67531	453.99		
丽　水	Lishui	1252	59.53	12537	335.39		
合　肥	Hefei	10013	61.90	143643	819.37	3141	37.01
芜　湖	Wuhu	4851	66.64	26902	369.58	1288	41.19
蚌　埠	Bengbu	1890	27.99	28857	318.97	254	35.62
淮　南	Huainan	4390	41.34	34132	208.62	1240	45.09
马鞍山	Maanshan	4208	80.11	19944	327.00	1686	37.47
淮　北	Huaibei	2502	44.68	9273	100.44	1439	82.56
铜　陵	Tongling	1740	40.75	12544	293.36	2331	73.23
安　庆	Anqing	2526	47.93	24914	341.10	858	80.19
黄　山	Huangshan	1176	30.21	10066	239.27		
滁　州	Chuzhou	1510	52.32	12947	252.13	200	32.26
阜　阳	Fuyang	3123	50.29	24988	133.45		
宿　州	Suzhou	1335	29.67	21657	123.97	70	17.50
巢　湖	Chaohu	1889	45.19	11969	138.96	24	12.00
六　安	Liuan	2512	60.82	21211	118.36	44	16.92
亳　州	Buozhou	784	31.11	13968	97.43	58	65.91
池　州	Chizhou	1040	82.41	8685	136.06		
宣　城	Xuancheng	991	49.30	14100	167.84	1	50.00
福　州	Fuzhou	14628	100.56	206871	1174.67		
厦　门	Xiamen	7612	79.14	154253	1006.74		
莆　田	Putian	3183	81.41	50394	247.32		
三　明	Sanming	1376	64.45	14083	495.53	1450	129.46
泉　州	Quanzhou	4089	65.27	66668	664.49		
漳　州	Zhangzhou	1939	47.29	52226	978.75		
南　平	Nanping	1486	68.07	22271	456.56		
龙　岩	Longyan	1601	57.67	20138	430.94		
宁　德	Ningde	910	65.00	11327	267.15		
南　昌	Nanchang	15097	72.30	122552	568.63	3114	59.94
景德镇	Jingdezhen	2045	49.88	14527	330.38	880	85.02
萍　乡	Pingxiang	3970	84.85	30115	368.06	2565	181.91
九　江	Jiujiang	4490	75.88	38510	650.84	49	12.25

城　市	City	生活用水量（万吨）Volume of Water for Residential Use (10000 tons)	人均生活用水（吨/人）Per Capita Consumption of Water for Residential Use (ton/person)	生活用电量（万千瓦时）Volume of Power for Residential Use (Mil. kw/hour)	人均生活用电（千瓦时/人）Per Capita Consumption of Power for Residential Use (kwh/person)	家庭用煤气量（万立方米）Volume of Coal Gas for Residential Use (10000 m^3)	人均煤气家庭用量（立方米/人）Per Capita Consumption of Coal Gas for Residential Use (m^3/person)
新　余	Xinyu	2706	56.30	14248	178.43	4621	157.71
鹰　潭	Yingtan	835	53.53	4952	257.11		
赣　州	Ganzhou	2530	60.24	15994	266.97	359	15.61
吉　安	Jian	1255	56.40	6829	133.46	190	17.27
宜　春	Yichun	2522	109.18	8231	82.23	823	92.47
抚　州	Fuzhou	2186	64.01	14054	133.64		
上　饶	Shangrao	1361	60.62	10994	295.38	671	156.05
济　南	Jinan	18956	69.67	186351	535.69	8739	80.17
青　岛	Qingdao	12536	47.31	205054	772.54	12079	91.25
淄　博	Zibuo	4969	23.99	110558	401.21	2038	42.55
枣　庄	Zaozhuang	2738	29.70	33746	161.16	1530	52.76
东　营	Dongying	1450	19.36	15076	185.14	27005	786.17
烟　台	Yantai	3227	25.69	73263	415.65	3681	92.39
潍　坊	Weifang	4245	40.70	56029	385.87	4058	89.78
济　宁	Jining	3352	34.37	31000	289.64	2534	54.73
泰　安	Taian	3683	29.94	39024	242.97	1418	39.39
威　海	Weihai	1465	32.40	34746	572.89	420	20.69
日　照	Rizhao	2728	30.55	26735	221.63	302	48.87
莱　芜	Laiwu	2760	41.38	22627	181.92	1150	56.65
临　沂	Linyi	3396	23.54	56765	293.83	375	20.55
德　州	Dezhou	1829	41.55	17474	299.42	1854	96.56
聊　城	Liaocheng	3000	29.91	19126	186.76	560	37.33
滨　州	Binzhou	1529	54.59	18569	295.68	750	135.80
菏　泽	Heze	1265	15.81	21174	151.67	1095	202.78
郑　州	Zhengzhou	10939	42.82	150818	590.17	8230	41.01
开　封	Kaifeng	2202	27.91	21206	255.83	1398	43.70
洛　阳	Luoyang	5949	46.46	49792	332.59	755	31.99
平顶山	Pingdingshan	4597	58.26	22575	236.91	4955	62.82
安　阳	Anyang	2537	33.83	44992	436.10	4431	83.92
鹤　壁	Hebi	1629	45.00	8934	169.17	174	34.80
新　乡	Xinxiang	2834	35.47	38232	435.54	897	33.32
焦　作	Jiaozuo	2459	34.13	21576	265.98	4015	99.50
濮　阳	Puyang	1355	39.62	14538	271.69	1385	77.37
许　昌	Xuchang	1155	30.10	13513	345.07	26	10.15
漯　河	Luohe	1712	40.10	11236	86.09	59	9.84
三门峡	Sanmenxi	1047	45.68	13872	486.74		
南　阳	Nanyang	2746	33.46	32157	186.33	1733	85.89
商　丘	Shangqiu	4295	53.53	12109	75.92		
信　阳	Xinyang	2752	64.75	12303	89.23		
周　口	Zhoukou	1193	54.72	7542	177.25		
驻马店	Zhumadian	1219	54.91	7782	129.12	360	44.12

城　市	City	生活用水量（万吨）Volume of Water for Residential Use (10000 tons)	人均生活用水（吨/人）Per Capita Consumption of Water for Residential Use (ton/person)	生活用电量（万千瓦时）Volume of Power for Residential Use (Mil. kw/hour)	人均生活用电（千瓦时/人）Per Capita Consumption of Power for Residential Use (kwh/person)	家庭用煤气量（万立方米）Volume of Coal Gas for Residential Use (10000 m^3)	人均煤气家庭用量（立方米/人）Per Capita Consumption of Coal Gas for Residential Use (m^3/person)
武　汉	Wuhan	42450	95.31	390739	487.59	7605	38.92
黄　石	Huangshi	9300	137.98	28506	451.04	670	139.87
十　堰	Shiyan	3935	84.15	41300	800.23	1556	115.26
宜　昌	Yichang	7825	98.85	52993	433.55	2220	72.79
襄　樊	Xiangfan	16454	129.56	46757	215.16	800	60.61
鄂　州	Ezhou	4204	105.34	22041	211.28	180	49.45
荆　门	Jinmen	3090	66.74	17628	272.92	64	32.00
孝　感	Xiaogan	2258	81.28	20393	228.37		
荆　州	Jinmen	4687	56.38	30639	275.53	72	8.28
黄　冈	Huanggang	1968	55.02	11891	319.74		
咸　宁	Xianning	3650	110.61	10007	176.90		
随　州	Suizhou	1938	35.17	17669	109.56		
长　沙	Changsha	31540	151.16	203158	973.68	4407	91.43
株　洲	Zhuzhou	5932	75.47	44867	568.80	1929	68.89
湘　潭	Xiangtan	5968	83.15	27714	386.10	920	61.58
衡　阳	Hengyang	6054	64.68	42514	441.20	4820	124.79
邵　阳	Haoyang	3200	68.82	14602	219.35	1190	108.18
岳　阳	Yueyang	21517	282.56	41192	431.65	754	92.80
常　德	Changde	3201	60.06	34500	250.04		
张家界	Zhangjiajie	963	55.19	9832	204.03		
益　阳	Yiyang	2354	67.64	24196	186.38		
郴　州	Chenzhou	3091	102.15	20945	320.65		
永　州	Yongzhou	2927	80.13	39698	369.63		
怀　化	Huaihua	3737	114.98	22862	589.99		
娄　底	Loudi	1769	61.21	13159	314.21	1186	74.59
广　州	Guangzhou	85745	141.49	661922	1072.32	10122	64.04
韶　关	Shaoguan	3167	49.48	33210	366.11	301	106.15
深　圳	Shenzhen	54626	60.70	519773	2856.99		
珠　海	Zhuhai	9975	111.33	80932	903.26		
汕　头	Hantou	12368	29.03	181178	374.30		
佛　山	Fuoshan	11806	100.91	649200	1831.42		
江　门	Jiangmen	7376	84.78				
湛　江	Zhanjiang	6344	46.65	32214	222.04	290	13.21
茂　名	Maoming	2803	41.72	21740	179.15		
肇　庆	Zhaoqing	3092	73.62	20753	428.87		
惠　州	Huizhou	6039	64.94	68876	601.69		
梅　州	Meizhou	1454	40.39	28200	917.37	192	240.00
汕　尾	Shanwei	1759	79.95	15068	316.16		
河　源	Heyuan	1100	37.93	2532	87.16		
阳　江	Yangjiang	3009	91.18	23086	363.56	32	
清　远	Qingyuan	1604	30.78	20188	370.83		

城　市	City	生活用水量（万吨）Volume of Water for Residential Use (10000 tons)	人均生活用水（吨/人）Per Capita Consumption of Water for Residential Use (ton/person)	生活用电量（万千瓦时）Volume of Power for Residential Use (Mil. kw/hour)	人均生活用电（千瓦时/人）Per Capita Consumption of Power for Residential Use (kwh/person)	家庭用煤气量（万立方米）Volume of Coal Gas for Residential Use (10000 m³)	人均煤气家庭用量（立方米/人）Per Capita Consumption of Coal Gas for Residential Use (m³/person)
东　莞	Dongguan	5110	31.16	342550	522.12		
中　山	Zhongshan	5867	195.57	146023	1036.95	375	30.46
潮　州	Chaozhou	3165	92.11	34172	994.53	1	0.04
揭　阳	Jieyang	4524	67.52	21523	323.12		
云　浮	Yunfu	983	61.44	11088	389.46		
南　宁	Nanning	12964	90.99	95133	381.03		
柳　州	Liuzhou	9672	98.29	55004	557.57	3367	174.46
桂　林	Guilin	4625	79.47	34791	473.48	20	54.05
梧　州	Wuzhou	2014	66.29	26655	548.12		
北　海	Beihai	1443	43.73	18032	323.22	65	13.18
防城港	Fangchenggang	968	91.93	6298	129.30		
钦　州	Qinzhou	1745	46.55	12498	102.38		
贵　港	Guigang	1803	57.31	12979	74.16		
玉　林	Yulin	1931	47.10	12944	144.25		
百　色	Baise	2130	139.31	9847	296.15		
贺　州	Hezhou	1076	54.34	10205	109.57		
河　池	Hechi	1629	84.19	2717	86.78	107	156.91
来　宾	Laibin	667	47.64	12771	126.71		
崇　左	Chongzuo	310	64.58	5214	153.40		
海　口	Haikou			21293	144.56		
三　亚	Sanya	3180	201.27	18688	365.07	43	9.43
重　庆	Chongqing	30640	52.78	456811	443.60	55103	119.87
成　都	Chengdu	24650	59.86	222477	461.50	65600	173.76
自　贡	Zigong	3742	48.95	36640	249.25	5779	80.13
攀枝花	Panzhihua	3225	58.00	19544	288.30	4525	141.89
泸　州	Luzhou	3063	56.07	46281	327.49	5432	126.41
德　阳	Deyang	1940	50.47	19418	303.69	2455	78.33
绵　阳	Mianyang	4387	64.51	34479	301.13	5505	92.04
广　元	Guangyuan	2355	62.57	45861	506.19	7981	468.64
遂　宁	Suining	2451	58.14	14036	96.26	3225	92.41
内　江	Neijiang	1959	50.39	25665	185.16	1930	69.50
乐　山	Leshan	2927	55.52	19024	167.16	2139	75.51
南　充	Nanchong	3369	50.25	33661	178.42	8900	144.97
眉　山	Meishan	2080	69.57	16249	196.93	890	106.59
宜　宾	Yibin	2424	60.49	25599	326.93	2201	72.02
广　安	Guangan	1192	50.30	4252	34.48	1000	95.88
达　州	Dazhou	1711	64.74	20112	513.85	2374	184.71
雅　安	Yaan	898	53.01	10342	301.52		
巴　中	Bazhong	1765	73.60	12492	96.40	980	117.51
资　阳	Ziyang	1055	47.82	15590	146.18	1139	133.37
贵　阳	Guiyang	9235	45.49	171135	829.46	6866	65.59

3－2 续表 6　Continued 6

城市	City	生活用水量（万吨）Volume of Water for Residential Use (10000 tons)	人均生活用水（吨/人）Per Capita Consumption of Water for Residential Use (ton/person)	生活用电量（万千瓦时）Volume of Power for Residential Use (Mil. kw/hour)	人均生活用电（千瓦时/人）Per Capita Consumption of Power for Residential Use (kwh/person)	家庭用煤气量（万立方米）Volume of Coal Gas for Residential Use ($10000\ m^3$)	人均煤气家庭用量（立方米/人）Per Capita Consumption of Coal Gas for Residential Use (m^3/person)
六盘水	Liupanshui	974	30.52	14746	332.87	1287	80.44
遵义	Zunyi	4300	70.43	22972	281.14		
安顺	Anshun	850	27.96	3310	41.37		
昆明	Kunming	10414	48.98	134271	584.09	11025	68.48
曲靖	Qujing	1071	39.74	9953	152.98		
玉溪	Yuxi	1420	35.80	8238	204.47		
保山	Baoshan	1226	58.52	8029	93.53	201	78.77
昭通	Shaotong	734	43.15	5849	75.90	1320	
丽江	Lijiang	317	38.38	3833	262.18		
思茅	Simao	365	44.51	5929	287.68		
临沧	Lincang	350	38.89	3149	111.83	390	
西安	Xian	12865	34.88	212214	397.99	12052	47.34
铜川	Tongchuan	847	21.66	10013	133.45	411	30.44
宝鸡	Baoji	3832	51.84	27834	365.61	14113	252.69
咸阳	Xanyang	2758	33.15	21055	245.91	3257	81.43
渭南	Weinan	885	26.56	506	5.50	154	36.18
延安	Yanan	638	45.57	4290	106.27	725	80.56
汉中	Hanzhong	1451	72.15	13453	253.50		
榆林	Yulin	200	12.70	6210	134.82	75	12.98
安康	Ankang	650	26.10	13387	140.98		
商洛	Shangluo	600	58.82	6320	114.31		
兰州	Lanzhou	10683	56.97	82462	407.48	3002	23.27
嘉峪关	Jiayuguan	969	56.27	9653	560.57	5122	379.41
金昌	Jinchang	1740	76.22	6934	329.41		
白银	Baiyin	3995	86.62	11445	240.80	632	93.58
天水	Tianshui	1311	31.80	21000	171.05		
武威	Wuwei	867	41.80	8309	84.30		
张掖	Zhangye	756	43.95	6373	127.03		
平凉	Pingliang	210	13.13	5707	117.11		200.00
酒泉	Jiuquan	570	32.11	4358	124.98		
庆阳	Qingyang	700	40.23	3993	121.52		
定西	Dingxi	160	12.80	2100	45.69		
陇南	Longnan	72	11.37	3700	68.89		
西宁	Xining	6532	80.76	40200	389.76	3766	139.48
银川	Yinchuan	2715	37.92	42050	532.08	4610	160.57
石嘴山	Shizuishan	1383	31.92	10430	236.62	400	36.40
吴忠	Wuzhong	555	43.36	6544	185.96	432	187.83
固原	Guyuan	159	17.38	5896	123.24		
中卫	Zhongwei	373	21.17	4522	129.83		
乌鲁木齐	Wulumuqi	9076	46.75	96524	520.04	12238	85.29
克拉玛依	Kelamayi	1179	46.69	12843	431.84		

3—3 城市教育与文化(市辖区,2005年)

Urban Education and Culture(Districts under City,2005)

城 市	City	每万人在校大学生数(人) University and College Students Per 10000 Population (person)	每万人在校高中生数(人) High School Students Per 10000 Population (person)	每万人在校中等职业学生数(人) Specialized Secondary School Students Per 10000 Population (person)	中学生数(万人) Secondary School Students (10000 person)	小学生数(万人) Primary School Students (10000 person)	每百人图书馆藏书(册) Quantity of Books Cllected Public Libraries Per Hundred Population (pieces)	每十万人体育场馆数(座) Quantity of Gymnasinms Per 100000 Population (unit)	每百万人影剧院数(座) Quantity of Theaters and Movie Houses Per Million Population (unit)
城市合计	**Total**	**395**	**386**	**227**	**2348.46**	**4818.22**	**98.21**	**8.19**	**6.71**
北 京	Beijng	483	459	228	55.78	45.37	323.73	51.57	17.92
天 津	Tianjin	425	153	176	25.29	20.26	109.15	97.09	3.25
石家庄	Shijiazhuang	1196	964	721	13.53	15.19	113.67	0.89	2.68
唐 山	Tangshan	241	199	208	17.75	17.60	31.95	0.64	4.35
秦皇岛	Qinhuangdao	874	191	166	4.85	4.85	69.05	1.03	1.29
邯 郸	Handan	332	404	359	12.18	10.70	26.98	0.78	2.84
邢 台	Xingtai	581	1175	515	7.79	4.69	30.93	0.86	5.18
保 定	Baoding	1200	615	406	5.39	5.91	70.50	0.10	1.99
张家口	Zhanjiakou	337	284	303	6.16	6.53	78.69	1.04	3.47
承 德	Chengde	522	355	296	3.12	2.87	64.59	1.73	4.33
沧 州	Cangzhou	372	734	363	4.30	3.84	41.29	0.40	4.01
廊 坊	Langfang	535	373	377	4.81	5.11	57.68	1.57	2.62
衡 水	Hengshui	205	976	597	4.11	3.46	16.58	1.33	4.42
太 原	Taiyuan	1009	252	349	10.77	23.42	123.67	1.03	4.56
大 同	Datong	181	599	104	10.98	16.77	21.07	0.35	3.48
阳 泉	Yangquan	84	788	172	4.04	5.55	59.26	0.91	3.05
长 治	Changzhi	370	395	370	6.91	6.30	54.52	0.15	4.43
晋 城	Jincheng	321	542	14	2.89	3.27	25.32	1.97	13.15
朔 州	Shuozhou		365	128	5.60	9.19	17.73	0.50	8.37
晋 中	Jinzhong	220	409	205	3.56	4.40	24.42	1.47	5.51
运 城	Yuncheng	279	178	464	7	6.12	30.58	0.79	4.75
忻 州	Xinzhou	136	462	193	3.26	4.58	28.67	0.58	3.87
临 汾	Linfen	324	371	82	7.69	7.96	21.99	0.77	5.11
吕 梁	Luliang	340	828	418	2.67	3.08	35.70	0.81	4.06
呼和浩特	Huhehaote	1238	529	586	9.06	11.52	198.87	1.09	5.47
包 头	Baotou	339	557	231	13.65	10.65	208.00	1.18	7.37
乌 海	Wuhai	119	246	58	3.10	3.80	34.33	0.23	4.64
赤 峰	Chifeng	68	423	143	6.68	8.51	36.06	0.35	4.40
通 辽	Tongliao	199	163		5.50	5.10	14.78	0.62	1.24
鄂尔多斯	Eerduosi		555	277	1.42	2.45	93.67	5.64	8.67
呼伦贝尔	Hulunbeler	403	488	133	2.42	1.55	57.31	1.56	15.59
巴彦淖尔	Bayanzhuoer	83	366	123	4.07	3.97	43.18	0.38	1.88
乌兰察布	Wulanchabu	385	627	122	3.04	2.23	65.36	0.34	6.88
沈 阳	Shenyang	825	438	221	26.82	25.63	106.35	0.14	2.82
大 连	Dalian	648	598	344	17.55	19.1	179.89	1.53	1.78
鞍 山	Anshan	184	417	192	9	6.10	113.63	0.27	6.16
抚 顺	Fushun	184	347	118	6.96	6.93	60.02	0.78	9.24
本 溪	Benxi	105	480	177	5.93	5.21	67.67	0.31	6.24
丹 东	Dandong	263	194	141	2.49	3.94	123.95	0.27	7.98
锦 州	Jinzhou	687	447	239	4.98	5.30	91.15	1.03	5.71

城　市	City	每万人在校大学生数（人） University and College Students Per 10000 Population (person)	每万人在校高中生数（人） High School Students Per 10000 Population (person)	每万人在校中等职业学生数（人） Specialized Secondary School Students Per 10000 Population (person)	中学生数（万人） Secondary School Students (10000 person)	小学生数（万人） Primary School Students (10000 person)	每百人图书馆藏书（册） Quantity of Books Cllected Public Libraries Per Hundred Population (pieces)	每十万人体育场馆数（座） Quantity of Gymnasinms Per 100000 Population (unit)	每百万人影剧院数（座） Quantity of Theaters and Movie Houses Per Million Population (unit)
营口	Yingkou	74	196	166	5.55	5.50	74.99	0.58	3.48
阜新	Fuxin	414	203	193	7.55	4.30	40.04	0.64	3.84
辽阳	Liaoyang	135	266	223	2.45	4.27	109.60	1.68	2.80
盘锦	Panjin	59	260	153	4.13	4.13	38.13	0.52	34.66
铁岭	Tieling	55	559	322	2.62	2.80	66.73	1.14	2.28
朝阳	Chaoyang	71	259	83	3.10	3.71	77.28	0.20	4.09
葫芦岛	Huludao	46	166	91	3.41	6.16	23.75	0.11	3.18
长春	Changchun	864	323	127	17.30	19.30	67.14	1.10	1.78
吉林	Jinlin	366	239	254	10.42	10.67	76.89	0.78	2.22
四平	Siping	307	319	37	4.47	4.36	63.30	0.67	3.33
辽源	Liaoyang	24	169	29	1.54	2.47	203.72	0.63	4.18
通化	Tonghua	205	333	132	2.50	2.63	63.57	0.66	2.19
白山	Baishan		369	203	1.91	2.13	46.95	0.89	2.97
松原	Songyuan		385	22	4.68	3.82	18.31	0.00	0.00
白城	Baicheng	59	354	101	1.40	3.04	29.46	0.20	3.93
哈尔滨	Haerbin	890	363	233	24.74	18.18	134.47	3.11	30.33
齐齐哈尔	Qiqihaer	245	402	74	8.29	8.18	86.52	1.69	4.93
鸡西	Jixi	111	249	68	5.67	3.98	17.83	0.11	1.11
鹤岗	Hegang	27	305	45	4.63	4.63	17.67	0.29	5.84
双鸭山	Shuangyashan	36	227	33	3.38	2.90	36.04	0.60	2.00
大庆	Daqing	441	314	45	11.33	8.79	41.69	1.96	38.42
伊春	Yichun	22	211	56	4.29	3.95	46.27	0.12	7.31
佳木斯	Jiamusi	309	220	57	3.42	6.64	41.74	0.85	4.88
七台河	Qitaihe	50	209	22	2.97	2.92	22.14	0.39	1.94
牡丹江	Mudanjiang	463	318	98	4.60	4.73	39.63	0.51	3.84
黑河	Heihe	331	150	183	0.68	0.75	14.21	1.58	5.26
绥化	Suihua		62	2	4.75	4.15	15.69	0.80	2.27
上海	Shanghai	343	411	172	72.87	51.13	465.90	4.70	11.47
南京	Nanjing	981	459	255	26.29	25.71	216.42	0.47	2.34
无锡	Wuxi	306	654	441	12.94	16.13	71.78	0.22	21.45
徐州	Xuzhou	477	685	387	12.58	11.68	42.25	0.17	1.67
常州	Changzhou	380	547	335	13.52	15.95	72.88	0.50	60.24
苏州	Suzhou	371	696	483	12.61	12.65	54.37	0.93	6.66
南通	Nantong	665	683	463	5.06	5.53	127.11	0.82	12.89
连云港	Lianyungang	393	771	530	4.68	5.53	83.08	1.43	4.28
淮安	Huaian	160	356	184	19.27	22.54	25.58	0.37	1.10
盐城	Yancheng	191	776	508	10.30	8.20	45.99	0.26	17.76
扬州	Yangzhou	509	589	381	6.86	7.07	108.95	0.43	18.16
镇江	Zhenjiang	543	484	316	5.01	5.89	83.14	0.98	19.61
泰州	Taizhou	316	670	396	4.49	3.75	50.33	1.26	3.16
宿迁	Suqian	15	406	106	12.11	14.72	2.60	0.65	2.60

城市	City	每万人在校大学生数（人）University and College Students Per 10000 Population (person)	每万人在校高中生数（人）High School Students Per 10000 Population (person)	每万人在校中等职业学生数（人）Specialized Secondary School Students Per 10000 Population (person)	中学生数（万人）Secondary School Students (10000 person)	小学生数（万人）Primary School Students (10000 person)	每百人图书馆藏书（册）Quantity of Books Cllected Public Libraries Per Hundred Population (pieces)	每十万人体育场馆数（座）Quantity of Gymnasinms Per 100000 Population (unit)	每百万人影剧院数（座）Quantity of Theaters and Movie Houses Per Million Population (unit)
杭　州	Hangzhou	767	436	206	21.10	28.22	180.46	1.76	6.59
宁　波	Ningbuo	518	474	258	13.24	19.86	73.85	2.48	5.62
温　州	Wengzhou	359	504	225	9.99	13.77	87.25	0.72	7.19
嘉　兴	Jiaxing	263	421	181	5.20	6.42	90.23	0.49	14.85
湖　州	Huzhou	152	346	163	6.31	7.28	50.83	0.93	6.48
绍　兴	Shaoxing	474	661	450	3.83	5.31	93.94	1.23	7.71
金　华	Jinhua	420	1020	505	4.67	5.58	134.98	1.52	5.43
衢　州	Quzhou	120	459	249	4.55	5.25	56.30	1.62	4.97
舟　山	Zhoushan	195	412	212	3.62	3.67	49.34	1.30	7.23
台　州	Taizhou	59	362	155	7.93	10.96	28.77	0.87	16.13
丽　水	Lishui	511	484	311	2.03	3.01	47.35	2.41	8.03
合　肥	Hefei	1381	940	535	11.54	13.30	180.37	0.11	12.55
芜　湖	Wuhu	1235	230	287	4.35	4.10	52.88	0.55	1.37
蚌　埠	Bengbu	412	176	237	5.59	6.17	29.40	0.22	5.53
淮　南	Huainan	273	209	154	11.92	13.32	14.67	0.37	0.61
马鞍山	Maanshan	353	210	183	3.80	4.52	45.58	1.15	1.64
淮　北	Huaibei	252	273	233	7.48	8.37	26.54	0.65	1.08
铜　陵	Tongling	362	377	117	3.02	3.19	78.58	0.94	2.34
安　庆	Anqing	215	308	324	5.48	5.78	23.41	0.14	4.11
黄　山	Huangshan	248	499	277	2.73	2.86	31.85	0.48	7.13
滁　州	Chuzhou	311	453	206	3.90	4.10	18.04	0.39	5.84
阜　阳	Fuyang	93	188	150	14.60	22.88	7.32	0.00	2.67
宿　州	Suzhou	93	224	133	15.27	14.19	1.26	0.17	1.72
巢　湖	Chaohu	150	336	110	6.69	6.24	18.96	0.12	3.48
六　安	Liuan	98	244	91	12.78	13.72	5.69	0.00	1.67
亳　州	Buozhou	28	203	48	8.30	16.12	8.79	0.21	0.70
池　州	Chizhou	117	190	126	4.33	5.16	13.16	0.16	3.13
宣　城	Xuancheng	20	213	116	5.67	5.72	2.62	0.36	1.19
福　州	Fuzhou	893	219	528	10.59	13.85	233.55	2.61	21.01
厦　门	Xiamen	422	829	249	12.57	15.46	125.64	56.52	6.53
莆　田	Putian	67	363	114	15.90	16.79	4.42	1.28	5.89
三　明	Sanming	357	256	369	2.06	2.32	181.21	1.41	14.07
泉　州	Quanzhou	610	300	320	8.53	8.51	64.39	98.08	8.97
漳　州	Zhangzhou	530	474	175	4.11	4.02	82.08	1.12	5.62
南　平	Nanping	66	403	168	2.82	3.55	44.69	0.21	2.05
龙　岩	Longyan	246	696	412	3.45	2.57	49.65	0.64	6.42
宁　德	Ningde	83	209	141	2.76	3.40	22.64	0.71	4.72
南　昌	Nanchang	1831	194	907	11.00	17.00	145.14	0.19	3.25
景德镇	Jingdezhen	434	396	110	3.60	3.36	8.87	0.68	2.27
萍　乡	Pingxiang	75	564	191	4.96	5.53	50.84	1.59	25.67
九　江	Jiujiang	1085	973	256	4.15	3.77	166.64	1.52	1.69

城　市	City	每万人在校大学生数（人）University and College Students Per 10000 Population (person)	每万人在校高中生数（人）High School Students Per 10000 Population (person)	每万人在校中等职业学生数（人）Specialized Secondary School Students Per 10000 Population (person)	中学生数（万人）Secondary School Students (10000 person)	小学生数（万人）Primary School Students (10000 person)	每百人图书馆藏书（册）Quantity of Books Cllected Public Libraries Per Hundred Population (pieces)	每十万人体育场馆数（座）Quantity of Gymnasinms Per 100000 Population (unit)	每百万人影剧院数（座）Quantity of Theaters and Movie Houses Per Million Population (unit)
新　余	Xinyu	99	851	535	5.65	3.77	38.57	3.01	2.50
鹰　潭	Yingtan	157	849	514	1.79	1.45	88.79	0.00	20.77
赣　州	Ganzhou	930	182	482	3.13	3.47	46.07	0.83	1.67
吉　安	Jian	299	551	317	3.14	4.10	60.97	0.59	5.86
宜　春	Yichun	183	393	252	5.86	7.99	13.69	0.20	3.00
抚　州	Fuzhou	147	117	75	6.32	9.16	13.50	0.67	3.80
上　饶	Shangrao	369	1103	1026	2.54	2.87	39.76	0.81	8.06
济　南	Jinan	1384	520	284	17.10	20.90	200.39	2.41	2.87
青　岛	Qingdao	903	639	465	12.41	15.59	89.25	1.24	8.29
淄　博	Zibuo	195	385	185	17.97	16.86	54.40	1.27	3.27
枣　庄	Zaozhuang	48	378	150	15.47	17.47	32.43	0.57	1.91
东　营	Dongying	904	395	126	6.16	6.55	228.05	3.07	17.19
烟　台	Yantai	502	696	490	10.83	9.22	82.55	1.02	2.84
潍　坊	Weifang	478	466	412	7.20	9.80	39.26	1.17	6.20
济　宁	Jining	225	706	438	7.89	6.28	68.86	0.75	12.15
泰　安	Taian	437	479	241	8.43	8.34	310.01	1.18	4.36
威　海	Weihai	482	182	408	4.04	3.76	36.11	1.15	3.30
日　照	Rizhao	493	336	155	8.76	7.25	7.88	0.99	1.66
莱　芜	Laiwu	35	320	97	8.12	7.77	12.06	0.56	8.04
临　沂	Linyi	228	378	188	14.04	15.37	161.91	0.10	9.32
德　州	Dezhou	332	522	694	4.03	3.63	12.17	0.34	3.43
聊　城	Liaocheng	379	237	249	4.07	6.39	17.09	0.39	7.81
滨　州	Binzhou	541	425	184	4.04	3.83	43.63	0.96	3.18
菏　泽	Heze	133	470	319	9.65	13.16	92.04	0.29	10.03
郑　州	Zhengzhou	1461	1154	897	18.76	21.66	143.42	0.78	10.96
开　封	Kaifeng	613	752	501	5.53	5.27	65.75	1.09	3.62
洛　阳	Luoyang	453	798	536	10.87	12.13	42.82	0.60	10.69
平顶山	Pingdingshan	362	569	325	6.44	6.70	30.64	0.31	2.10
安　阳	Anyang	262	431	290	6.03	9.30	46.82	0.29	5.82
鹤　壁	Hebi	93	547	306	4.20	4.71	50.37	0.19	1.89
新　乡	Xinxiang	784	803	541	6.25	6.94	72.91	0.34	5.70
焦　作	Jiaozuo	542	654	463	5.39	6.90	33.78	0.12	7.40
濮　阳	Puyang	113	776	249	7.88	4.84	58.12	0.37	3.74
许　昌	Xuchang	494	842	522	2.95	2.32	43.92	1.02	5.11
漯　河	Luohe	73	467	249	9.64	10.62	18.08	0.15	1.53
三门峡	Sanmenxi	148	818	526	2.18	2.17	97.89	0.35	3.51
南　阳	Nanyang	218	574	365	12.23	13.81	41.60	0.35	0.58
商　丘	Shangqiu	176	390	165	14.27	18.35	17.74	0.06	2.51
信　阳	Xinyang	200	474	187	12.14	9.56	13.78	0.07	1.45
周　口	Zhoukou	333	877	504	3.26	4.40	16.45	0.00	2.35
驻马店	Zhumadian	203	850	420	5.69	6.44	16.92	0.00	3.32

城　市	City	每万人在校大学生数（人）University and College Students Per 10000 Population (person)	每万人在校高中生数（人）High School Students Per 10000 Population (person)	每万人在校中等职业学生数（人）Specialized Secondary School Students Per 10000 Population (person)	中学生数（万人）Secondary School Students (10000 person)	小学生数（万人）Primary School Students (10000 person)	每百人图书馆藏书（册）Quantity of Books Cllected Public Libraries Per Hundred Population (pieces)	每十万人体育场馆数（座）Quantity of Gymnasinms Per 100000 Population (unit)	每百万人影剧院数（座）Quantity of Theaters and Movie Houses Per Million Population (unit)
武　汉	Wuhan	865	454	231	52.76	52.25	106.42	1.07	7.11
黄　石	Huangshi	455	658	328	4.88	4.80	123.10	1.58	9.49
十　堰	Shiyan	609	389	258	2.53	4.57	192.99	0.58	3.88
宜　昌	Yichang	296	543	231	7.68	7.26	62.18	1.15	3.27
襄　樊	Xiangfan	107	367	132	10.20	14.70	31.34	0.55	1.38
鄂　州	Ezhou	78	239	36	8.34	8.28	31.15	0.10	16.30
荆　门	Jinmen	301	673	251	5.37	4.08	28.49	1.08	4.64
孝　感	Xiaogan	256	515	302	7.20	7.00	33.93	0.22	1.12
荆　州	Jinmen	882	392	349	7.57	6.94	69.96	0.36	3.60
黄　冈	Huanggang	914	291	197	3.17	3.58	99.49	0.54	5.38
咸　宁	Xianning	408	648	346	5.30	4.50	20.51	0.71	1.77
随　州	Suizhou	15	122	150	12.25	8.41	71.06	0.06	12.40
长　沙	Changsha	1890	783	354	11.60	11.93	225.88	0.00	3.35
株　洲	Zhuzhou	824	825	521	5.39	5.29	54.39		5.07
湘　潭	Xiangtan	1228	498	244	3.76	3.95	58.51	1.81	5.57
衡　阳	Hengyang	396	248	52	5.42	6.35	68.49	0.31	2.08
邵　阳	Haoyang	254	528	231	4.71	4.26	60.69	0.60	6.01
岳　阳	Yueyang	332	548	269	7.60	7.30	37.72	2.41	2.10
常　德	Changde	139	568	316	9.40	8.30	32.61		2.17
张家界	Zhangjiajie	200	174	81	2.98	3.36	7.26	0.00	2.08
益　阳	Yiyang	124	545	223	10.12	6.60	26.34	0.85	2.31
郴　州	Chenzhou	274	358	315	5.78	4.77	22.50	2.30	1.53
永　州	Yongzhou	186	257	90	7.52	6.77	17.97	0.09	0.93
怀　化	Huaihua	636	294	1003	3.33	3.24	33.03	1.55	18.06
娄　底	Loudi	198	402	534	3.89	3.51	29.61	2.15	2.39
广　州	Guangzhou	898	789	304	44.63	72.62	187.40	0.00	2.43
韶　关	Shaoguan	230	994	299	6.00	8.00	23.15	0.22	2.20
深　圳	Shenzhen	249	358	146	24.00	57.00	81.16	82.90	7.32
珠　海	Zhuhai	620	271	157	8.06	12.74	42.41	0.33	6.70
汕　头	Hantou	17	227	57	36.00	74.94	50.40	0.25	3.72
佛　山	Fuoshan	94		183	31.25	44.04	60.65	1.33	13.54
江　门	Jiangmen	106	230	204	9.89	13.54	39.60	0.45	5.23
湛　江	Zhanjiang	372	265	240	13.55	20.21	40.12	0.21	1.38
茂　名	Maoming	123	343	161	13.07	20.21	18.57	0.74	1.65
肇　庆	Zhaoqing	400	238	1031	4.00	5.00	60.14	1.24	10.33
惠　州	Huizhou	71	244		10.57	19.23	45.16	2.80	3.49
梅　州	Meizhou		509	73	1.83	3.58	10.08		6.51
汕　尾	Shanwei	70		65	3.00	6.00		0.84	75.54
河　源	Heyuan	123	252	203	2.00	4.00	27.54	0.34	3.44
阳　江	Yangjiang	95	787	107	4.88	6.82	61.56	0.16	1.57
清　远	Qingyuan	117	222	152	4.15	5.76	61.54	0.37	3.67

3—3 续表 5 Continued 5

城市	City	每万人在校大学生数（人）University and College Students Per 10000 Population (person)	每万人在校高中生数（人）High School Students Per 10000 Population (person)	每万人在校中等职业学生数（人）Specialized Secondary School Students Per 10000 Population (person)	中学生数（万人）Secondary School Students (10000 person)	小学生数（万人）Primary School Students (10000 person)	每百人图书馆藏书（册）Quantity of Books Cllected Public Libraries Per Hundred Population (pieces)	每十万人体育场馆数（座）Quantity of Gymnasinms Per 100000 Population (unit)	每百万人影剧院数（座）Quantity of Theaters and Movie Houses Per Million Population (unit)
东莞	Dongguan	25	80	41	19.00	48.00	100.66	0.26	4.73
中山	Zhongshan	107	251	179	13.27	22.61	41.48	1.28	22.01
潮州	Chaozhou	292	300	230	3.19	4.47	81.49	0.29	8.73
揭阳	Jieyang	134	211	24	5.00	10.00	42.04	0.30	4.50
云浮	Yunfu		237	157	2.55	3.49	31.26	0.70	7.02
南宁	Nanning	641	689	284	17.07	22.05	115.15	0.64	3.60
柳州	Liuzhou	378	663	420	7.63	8.82	69.54	0.41	2.03
桂林	Guilin	954	221	353	4.17	4.57	229.18	0.95	13.61
梧州	Wuzhou	186	849	683	2.78	4.04	96.65	0.21	8.23
北海	Beihai		351	93	4.71	5.96	39.91	0.72	12.55
防城港	Fangchenggang		171	18	2.77	4.72	26.07	0.00	2.05
钦州	Qinzhou	55	345	77	6.61	11.57	16.22	0.74	0.82
贵港	Guigang		187	35	13.60	18.81	7.71	0.06	1.71
玉林	Yulin	126	278	596	7.05	7.89	44.13	0.89	14.49
百色	Baise	389	404	276	2.63	2.39	25.71	1.20	0.00
贺州	Hezhou	64	91	56	6.21	11.12	14.39	1.40	11.81
河池	Hechi	119	311	306	2.31	2.20	34.17	0.96	6.39
来宾	Laibin	45	222	46	8.15	10.38	13.29	0.20	1.98
崇左	Chongzuo	39	82	52	1.23	20.12	29.60	0.88	2.94
海口	Haikou	344	276	269	13.03	19.06	26.88	0.07	6.11
三亚	Sanya	48	179	78	4.08	7.97	24.61	0.00	5.86
重庆	Chongqing	287	188	206	55.56	70.43	58.15	0.60	1.55
成都	Chengdu	628	331	204	21.81	35.83	152.30	32.84	2.90
自贡	Zigong	201	255	153	6.49	9.08	18.50	0.48	2.04
攀枝花	Panzhihua	205	340	134	4.23	5.22	49.12	0.59	10.33
泸州	Luzhou	173	199	150	7.70	9.76	63.83	0.07	1.42
德阳	Deyang	379	379	314	3.61	4.30	22.68	0.47	3.13
绵阳	Mianyang	496	318	449	8.50	8.30	35.11	1.48	1.75
广元	Guangyuan	62	575	386	5.58	8.03	26.71	0.22	6.62
遂宁	Suining	45	693	115	10.10	11.68	12.82	0.14	1.37
内江	Neijiang	99	383	188	8.04	9.26	16.09	0.29	2.89
乐山	Leshan	98	384	213	6.02	7.37	13.47	0.79	0.88
南充	Nanchong	278	197	196	11.74	15.57	27.19	1.17	4.77
眉山	Meishan	37	202	102	5.26	5.77	2.42	0.00	1.21
宜宾	Yibin	245	426	243	4.87	7.36	55.94	0.64	2.55
广安	Guangan	28	210	22	7.54	11.90	94.07	0.16	0.81
达州	Dazhou	157	146	199	3.12	3.71	46.76	0.51	10.22
雅安	Yaan	462	143	206	1.83	2.60	96.50	0.58	2.92
巴中	Bazhong		184	128	8.51	13.26	12.19	0.00	0.77
资阳	Ziyang		252	94	6.16	6.67	12.28	0.09	1.88
贵阳	Guiyang	988	599	357	12.18	21.67	144.78	1.02	1.45

城市	City	每万人在校大学生数（人） University and College Students Per 10000 Population (person)	每万人在校高中生数（人） High School Students Per 10000 Population (person)	每万人在校中等职业学生数（人） Specialized Secondary School Students Per 10000 Population (person)	中学生数（万人） Secondary School Students (10000 person)	小学生数（万人） Primary School Students (10000 person)	每百人图书馆藏书（册） Quantity of Books Cllected Public Libraries Per Hundred Population (pieces)	每十万人体育场馆数（座） Quantity of Gymnasinms Per 100000 Population (unit)	每百万人影剧院数（座） Quantity of Theaters and Movie Houses Per Million Population (unit)
六盘水	Liupanshui	96	363	71	4.05	6.50	25.96	0.90	2.26
遵义	Zunyi	200	261	220	6.49	8.94	55.07	0.24	6.12
安顺	Anshun	95	130	45	4.82	8.38	19.75	10.87	1.25
昆明	Kunming	818	186	210	11.58	19.73	153.99	1.83	3.92
曲靖	Qujing	167	268	153	3.31	7.15	8.15	0.31	4.61
玉溪	Yuxi	217	273	170	2.35	3.37	138.74	0.50	12.41
保山	Baoshan	46	119	17	5.00	8.75	23.88	0.23	2.33
昭通	Shaotong	47	200	108	4.74	9.94	30.63	0.13	2.33
丽江	Lijiang	562	489	100	1.17	1.35	39.67	4.10	27.36
思茅	Simao	163	227	334	1.45	2.14	63.56	2.43	9.70
临沧	Lincang			126	1.61	2.31	60.01	0.00	3.55
西安	Xian	995	264	228	37.80	41.27	62.66	35.03	5.81
铜川	Tongchuan	18	244	11	6.20	6.00	35.47	0.40	5.33
宝鸡	Baoji	326	542	345	10.81	11.03	77.10	0.26	21.02
咸阳	Xanyang	808	1043	224	7.42	7.18	39.71	0.93	3.50
渭南	Weinan	193	267	103	7.95	7.52	6.52	0.22	3.26
延安	Yanan	332	445	49	5.04	5.18	60.69	0.00	4.95
汉中	Hanzhong	345	218	104	3.07	3.97	37.69	0.19	11.31
榆林	Yulin	387	433	93	5.92	5.86	26.05	1.74	2.17
安康	Ankang	104	176	67	7.06	9.75	16.74	0.11	2.11
商洛	Shangluo	94	172	71	3.94	5.34	40.51	0.18	3.62
兰州	Lanzhou	889	478	163	13.43	14.06	153.18	0.35	3.46
嘉峪关	Jiayuguan		469	44	1.30	1.46	56.91	20.33	5.81
金昌	Jinchang		298	21	1.62	1.72	24.23		19.00
白银	Baiyin		364	118	4.52	4.79	78.48	0.63	4.21
天水	Tianshui	137	210	200	6.72	13.51	31.69	0.41	4.89
武威	Wuwei	30	252	21	8.59	10.03	17.05	0.20	18.26
张掖	Zhangye	206	669	95	3.43	4.44	30.10	3.19	3.99
平凉	Pingliang	50	196	56	3.40	5.11	25.45	0.21	2.05
酒泉	Jiuquan	50	431	148	2.57	3.28	30.40	0.00	5.74
庆阳	Qingyang	238	687	245	3.59	4.35	36.52	0.91	76.08
定西	Dingxi	72	339	58	3.50	4.43	32.64	0.22	2.18
陇南	Longnan		131	13	3.55	7.22	2.42	0.37	1.86
西宁	Xining	318	336	48	5.36	6.41	162.89	0.19	3.88
银川	Yinchuan	495	603	525	6.43	8.28	223.97	0.63	7.59
石嘴山	Shizuishan	57	286	201	3.23	3.96	60.12	0.91	2.27
吴忠	Wuzhong	32	250		1.50	3.50	9.66	0.28	2.84
固原	Guyuan	110	205	48	2.52	6.58	67.10	0.21	4.18
中卫	Zhongwei		237	61	2.17	3.69	57.42	0.00	2.87
乌鲁木齐	Wulumuqi	511	299	194	13.35	16.77	76.29	0.16	7.00
克拉玛依	Kelamayi	135	290	77	2.14	2.51	104.91	11.77	26.90

3—4 城市卫生(2005年)
Urban Health (2005)

城市 City		医院、卫生院数(个) Quantity of Hospital and Public Health Centers (unit)		医院、卫生院床位数(张) Quantity of Beds at Hospitals and Public Health Centers (unit)		医生数(执业医师+执业助理医师)(人) Quantity of Ddctors (person)		每万人拥有医生(人) Number of Doctors per 10000 population (person)
		全市 Total Area of City	市辖区 Districts under City	全市 Total Area of City	市辖区 Districts under City	全市 Total Area of City	市辖区 Districts under City	市辖区 Districts under City
城市合计	**Total**	**62854**	**22599**	**3027704**	**1730127**	**1720105**	**919599**	**25.34**
北京	Beijing	692	652	76031	75002	50642	48768	43.91
天津	Tianjin	461	379	39491	36603	22517	19624	25.50
石家庄	Shijiazhuang	339	75	23577	12103	12905	8154	36.38
唐山	Tangshan	286	130	23382	13667	11237	6687	22.37
秦皇岛	Qinhuangdao	98	38	6144	3650	4526	2016	25.97
邯郸	Handan	353	112	20675	11011	9197	3406	24.18
邢台	Xingtai	259	38	13643	4773	7309	2098	36.25
保定	Baoding	401	58	18360	8411	10247	3676	36.50
张家口	Zhanjiakou	276	47	10812	4896	5253	2515	29.06
承德	Chengde	247	30	8959	3644	4967	1326	28.74
沧州	Cangzhou	237	16	12438	3299	8480	1834	36.76
廊坊	Langfang	131	39	8609	2729	4822	1458	19.07
衡水	Hengshui	156	36	7382	2748	5123	1820	40.24
太原	Taiyuan	264	193	22786	19984	13115	11979	45.54
大同	Datong	254	114	10987	8667	5811	3822	26.57
阳泉	Yangquan	85	60	5554	4890	3313	2112	32.18
长治	Changzhi	214	38	8782	5175	4744	2349	34.71
晋城	Jincheng	191	51	7092	2902	4148	1477	48.57
朔州	Shuozhou	139	49	3590	1875	2389	1168	19.54
晋中	Jinzhong	237	36	9850	2469	6211	1320	24.24
运城	Yuncheng	398	26	14400	1345	7500	1235	19.57
忻州	Xinzhou	613	90	9112	3738	5041	1550	30.03
临汾	Linfen	343	57	10990	3231	5627	1475	18.86
吕梁	Luliang	300	31	7278	882	5752	880	35.70
呼和浩特	Huhehaote	144	65	8449	7344	5635	4333	39.53
包头	Baotou	105	54	8743	7801	6454	5924	43.65
乌海	Wuhai	257	257	2126	2126	1190	1190	27.60
赤峰	Chifeng	825	348	11445	5133	7455	3213	28.26
通辽	Tongliao	262	33	5739	2201	4898	1384	17.19
鄂尔多斯	Eerduosi	155	25	4874	1842	2709	969	42.02
呼伦贝尔	Hulunbeler	247	20	9666	1704	7494	1056	41.17
巴彦淖尔	Bayanzhuoer	136	35	4560	2198	2159	943	17.71
乌兰察布	Wulanchabu	276	10	3897	1403	2400	830	28.55
沈阳	Shenyang	317	225	29914	28502	19255	14627	29.50
大连	Dalian	236	132	25197	18197	13997	10356	36.84
鞍山	Anshan	145	56	14377	9255	6833	4457	30.49
抚顺	Fushun	165	91	10298	8196	4578	3477	24.72
本溪	Benxi	119	69	10509	7750	3471	2716	28.23
丹东	Dandong	122	47	11159	5100	3932	2043	27.17
锦州	Jinzhou	138	34	11451	7018	6278	2415	27.58

3－4 续表 1　Continued 1

城　市	City	医院、卫生院数（个） Quantity of Hospital and Public Health Centers (unit)		医院、卫生院床位数（张） Quantity of Beds at Hospitals and Public Health Centers (unit)		医生数（执业医师＋执业助理医师）（人） Quantity of Ddctors (person)		每万人拥有医生（人） Number of Doctors per 10000 population (person)
		全市 Total Area of City	市辖区 Districts under City	全市 Total Area of City	市辖区 Districts under City	全市 Total Area of City	市辖区 Districts under City	市辖区 Districts under City
营　口	Yingkou	123	60	7958	4064	3313	1734	20.10
阜　新	Fuxin	101	42	6152	4559	3085	2016	25.79
辽　阳	Liaoyang	126	100	7811	6641	3269	2684	37.52
盘　锦	Panjin	64	31	4963	3883	2387	1801	31.21
铁　岭	Tieling	111	20	7200	2873	3630	1176	26.78
朝　阳	Chaoyang	200	20	8917	2237	3827	1074	21.96
葫芦岛	Huludao	158	54	8436	4055	3055	1501	15.92
长　春	Changchun	288	161	22927	18131	14742	10559	31.31
吉　林	Jinlin	253	130	17406	11257	11146	6512	36.20
四　平	Siping	146	28	8061	3771	7081	2130	35.48
辽　源	Liaoyang	66	26	4070	2442	1798	980	20.48
通　化	Tonghua	181	36	7606	2901	4569	1368	29.99
白　山	Baishan	105	39	5601	2765	3850	367	10.91
松　原	Songyuan	123	19	4673	1851	3752	1106	21.31
白　城	Baicheng	139	35	6082	2165	4278	1512	29.69
哈尔滨	Haerbin	444	220	35397	26539	17411	11395	28.56
齐齐哈尔	Qiqihaer	285	94	13228	7731	6817	3512	24.73
鸡　西	Jixi	114	48	7511	3755	3585	2474	27.56
鹤　岗	Hegang	73	60	4935	3580	2839	1652	24.13
双鸭山	Shuangyashan	109	29	7231	2639	3869	1075	21.52
大　庆	Daqing	126	66	9096	7287	4982	3440	28.12
伊　春	Yichun	53	29	4722	3589	2326	1849	22.51
佳木斯	Jiamusi	151	50	6609	3642	4819	2309	28.18
七台河	Qitaihe	42	23	2697	1996	1303	862	16.74
牡丹江	Mudanjiang	111	35	9694	5990	4669	2254	28.85
黑　河	Heihe	196	51	5869	757	3174	488	25.68
绥　化	Suihua	268	32	8729	839	5646	614	6.98
上　海	Shanghai	487	457	89337	85934	43956	42510	32.95
南　京	Nanjing	230	191	21269	19463	14292	13415	26.13
无　锡	Wuxi	157	72	17910	10875	10162	6384	27.94
徐　州	Xuzhou	230	96	19287	10749	10494	4547	25.28
常　州	Changzhou	113	61	11734	8467	6740	4751	21.52
苏　州	Suzhou	195	53	23356	9166	12592	5617	24.95
南　通	Nantong	319	33	20505	6094	10993	3121	36.56
连云港	Lianyungang	158	46	8240	3559	5248	2287	32.59
淮　安	Huaian	181	91	10039	7638	5465	3498	12.80
盐　城	Yancheng	256	54	14633	3971	9076	2661	17.51
扬　州	Yangzhou	198	53	11765	4998	7002	2506	21.67
镇　江	Zhenjiang	104	46	8099	4657	5437	2664	26.12
泰　州	Taizhou	171	21	11515	2255	7663	1300	20.51
宿　迁	Suqian	174	83	7508	2521	3536	1751	11.36

3—4 续表 2　Continued 2

城　市	City	医院、卫生院数（个）Quantity of Hospital and Public Health Centers (unit)		医院、卫生院床位数（张）Quantity of Beds at Hospitals and Public Health Centers (unit)		医生数(执业医师＋执业助理医师)（人）Quantity of Ddctors (person)		每万人拥有医生(人) Number of Doctors per 10000 population (person)
		全市 Total Area of City	市辖区 Districts under City	全市 Total Area of City	市辖区 Districts under City	全市 Total Area of City	市辖区 Districts under City	市辖区 Districts under City
杭　州	Hangzhou	834	586	30780	24761	17833	13802	33.70
宁　波	Ningbuo	265	112	17856	10279	13203	7356	34.47
温　州	Wengzhou	504	82	16569	7646	12297	3868	27.82
嘉　兴	Jiaxing	746	216	11165	4240	6054	2052	25.39
湖　州	Huzhou	132	39	8721	4076	4704	2298	21.28
绍　兴	Shaoxing	315	29	11315	2452	8074	1858	28.66
金　华	Jinhua	343	60	11891	3650	7767	2098	22.76
衢　州	Quzhou	169	58	5996	2587	5595	2427	30.16
舟　山	Zhoushan	80	53	3501	2672	2093	1628	23.56
台　州	Taizhou	237	60	12367	3978	8577	2947	19.81
丽　水	Lishui	322	34	5818	2002	3265	990	26.48
合　肥	Hefei	224	98	15364	12148	7833	5988	34.16
芜　湖	Wuhu	124	44	6907	4828	3344	2247	30.87
蚌　埠	Bengbu	133	58	9004	5438	3406	2078	22.97
淮　南	Huainan	110	89	7868	6998	2889	2548	15.57
马鞍山	Maanshan	52	21	3154	2306	2283	1812	29.71
淮　北	Huaibei	103	54	6943	4977	3079	1816	19.67
铜　陵	Tongling	39	23	3022	2563	1672	1291	30.19
安　庆	Anqing	305	34	10117	3104	5138	1537	21.04
黄　山	Huangshan	153	47	3934	1791	1996	902	21.44
滁　州	Chuzhou	288	34	7835	1912	3861	954	18.58
阜　阳	Fuyang	212	52	10548	4041	5551	2073	11.07
宿　州	Suzhou	134	43	6792	2654	3153	1142	6.54
巢　湖	Chaohu	206	53	7289	2328	5390	1804	20.95
六　安	Liuan	207	49	8348	2987	4317	1873	10.45
亳　州	Buozhou	124	32	5198	1576	2481	514	3.59
池　州	Chizhou	98	30	3056	1516	1352	881	13.80
宣　城	Xuancheng	176	43	4908	1219	3048	545	6.49
福　州	Fuzhou	240	80	17461	11183	8985	5795	32.91
厦　门	Xiamen	45	45	6297	6297	4853	4853	31.67
莆　田	Putian	66	46	5025	3759	2659	2054	10.08
三　明	Sanming	169	11	7150	1653	4090	663	23.33
泉　州	Quanzhou	202	48	13509	4297	5822	1903	18.97
漳　州	Zhangzhou	161	36	12773	3296	4287	1255	23.52
南　平	Nanping	164	30	7826	2036	3389	815	16.71
龙　岩	Longyan	156	29	7658	2738	3245	1138	24.35
宁　德	Ningde	137	19	5731	1313	3126	803	18.94
南　昌	Nanchang	167	67	14532	11170	8862	7845	36.40
景德镇	Jingdezhen	63	42	3522	3148	1813	1494	33.98
萍　乡	Pingxiang	74	33	4633	3361	2176	1572	19.21
九　江	Jiujiang	276	38	8743	3228	4769	1280	21.63

城 市 City	医院、卫生院数（个）Quantity of Hospital and Public Health Centers (unit)		医院、卫生院床位数（张）Quantity of Beds at Hospitals and Public Health Centers (unit)		医生数(执业医师+执业助理医师)（人）Quantity of Ddctors (person)		每万人拥有医生(人) Number of Doctors per 10000 population (person)
	全市 Total Area of City	市辖区 Districts under City	全市 Total Area of City	市辖区 Districts under City	全市 Total Area of City	市辖区 Districts under City	市辖区 Districts under City
新 余 Xinyu	51	31	2899	2257	1313	1038	13.00
鹰 潭 Yingtan	61	12	2174	889	824	337	17.50
赣 州 Ganzhou	469	32	12467	3146	6715	1390	23.20
吉 安 Jian	270	22	8162	1699	4640	882	17.24
宜 春 Yichun	215	180	10375	3605	4866	1139	11.38
抚 州 Fuzhou	194	38	5799	1105	3753	1560	14.83
上 饶 Shangrao	331	19	9274	586	4246	281	7.55
济 南 Jinan	2138	1770	24695	20319	14964	11546	33.19
青 岛 Qingdao	235	98	28564	15145	15008	8658	32.62
淄 博 Zibuo	156	115	13494	11487	9322	7583	27.52
枣 庄 Zaozhuang	123	79	9741	6294	6472	4340	20.73
东 营 Dongying	94	57	7576	5009	4414	2950	36.23
烟 台 Yantai	261	86	17674	7632	10743	4587	26.02
潍 坊 Weifang	270	67	22869	6598	14160	3775	26.00
济 宁 Jining	249	48	18495	5929	12066	3565	33.31
泰 安 Taian	159	51	15224	6730	9926	4231	26.34
威 海 Weihai	98	22	10771	2872	5467	2111	34.81
日 照 Rizhao	76	32	5289	2805	3250	1808	14.99
莱 芜 Laiwu	44	44	3719	3719	2454	2454	19.73
临 沂 Linyi	270	69	20596	7462	10441	6553	33.92
德 州 Dezhou	154	16	9097	2561	6984	1441	24.69
聊 城 Liaocheng	186	43	11217	4060	6015	1709	16.69
滨 州 Binzhou	106	18	7742	2743	4857	1317	20.97
菏 泽 Heze	235	38	12871	3002	8627	2018	14.45
郑 州 Zhengzhou	273	224	28271	20262	14725	9728	38.07
开 封 Kaifeng	158	55	11562	5884	5825	2541	30.66
洛 阳 Luoyang	262	85	18764	12113	8746	5332	35.62
平顶山 Pingdingshan	175	50	12236	5475	5595	2426	25.46
安 阳 Anyang	163	77	11817	7560	6335	3621	35.10
鹤 壁 Hebi	51	27	4297	2387	2103	1375	26.04
新 乡 Xinxiang	243	66	14773	6276	7267	3270	37.25
焦 作 Jiaozuo	160	62	9923	6576	6037	3262	40.21
濮 阳 Puyang	130	41	7820	3921	4098	2073	38.74
许 昌 Xuchang	157	36	8606	2888	5065	1063	27.15
漯 河 Luohe	83	46	4900	3226	3069	1466	11.23
三门峡 Sanmenxi	121	17	6122	1988	3418	695	24.39
南 阳 Nanyang	306	103	16505	6969	8987	3940	22.83
商 丘 Shangqiu	256	49	13401	3817	7196	1829	11.47
信 阳 Xinyang	264	58	9738	3470	5736	1527	11.07
周 口 Zhoukou	242	23	12435	2028	9199	1963	46.13
驻马店 Zhumadian	222	19	11485	2612	6888	1007	16.71

3—4 续表 4 Continued 4

城市	City	医院、卫生院数(个) Quantity of Hospital and Public Health Centers (unit)		医院、卫生院床位数(张) Quantity of Beds at Hospitals and Public Health Centers (unit)		医生数(执业医师+执业助理医师)(人) Quantity of Ddctors (person)		每万人拥有医生(人) Number of Doctors per 10000 population (person)
		全市 Total Area of City	市辖区 Districts under City	全市 Total Area of City	市辖区 Districts under City	全市 Total Area of City	市辖区 Districts under City	市辖区 Districts under City
武汉	Wuhan	233	233	34229	34229	20040	20040	25.01
黄石	Huangshi	79	31	7409	4571	4253	2337	36.98
十堰	Shiyan	154	30	9441	4666	6441	2282	44.22
宜昌	Yichang	147	50	10966	5340	7398	3482	28.49
襄樊	Xiangfan	226	76	12390	6410	8648	3908	17.98
鄂州	Ezhou	38	38	2518	2518	1704	1704	16.33
荆门	Jinmen	93	27	5976	2891	4447	1620	25.08
孝感	Xiaogan	152	25	7007	2036	6040	1540	17.25
荆州	Jinmen	145	21	10317	3949	6769	2255	20.28
黄冈	Huanggang	195	18	9896	2285	7789	788	21.19
咸宁	Xianning	85	18	4263	1605	3270	920	16.26
随州	Suizhou	62	42	3673	2592	2408	1570	9.74
长沙	Changsha	260	157	25501	21047	12088	9323	44.68
株洲	Zhuzhou	197	95	10507	7627	4814	3121	39.57
湘潭	Xiangtan	125	55	8186	4661	3807	1865	25.98
衡阳	Hengyang	400	220	13944	9448	9987	5003	51.92
邵阳	Haoyang	354	27	11437	3639	6014	1668	25.06
岳阳	Yueyang	227	47	10364	4255	6184	2106	22.07
常德	Changde	275	76	11543	4383	5764	2026	14.68
张家界	Zhangjiajie	131	46	3765	1584	2052	792	16.43
益阳	Yiyang	164	78	7354	3659	5506	2628	20.24
郴州	Chenzhou	318	28	10874	3862	6078	1780	27.25
永州	Yongzhou	279	52	8745	3004	5771	1782	16.59
怀化	Huaihua	401	35	12347	2546	5263	1426	36.80
娄底	Loudi	185	32	7362	2048	5196	991	23.66
广州	Guangzhou	276	241	42269	39735	25852	23961	38.82
韶关	Shaoguan	747	55	9019	3885	4221	2046	22.56
深圳	Shenzhen	97	97	16824	16824	11619	11619	18.91
珠海	Zhuhai	44	44	4312	4312	1761	1761	19.65
汕头	Hantou	705	687	8371	8237	5082	4993	10.32
佛山	Fuoshan	204	204	17292	17292	7449	7449	21.01
江门	Jiangmen	127	44	9535	4787	5672	2794	20.88
湛江	Zhanjiang	238	185	13684	11428	4883	2901	20.00
茂名	Maoming	146	21	8946	2557	4332	1356	11.17
肇庆	Zhaoqing	151	25	6970	2781	4038	1402	28.97
惠州	Huizhou	123	56	7529	4400	4622	2855	24.94
梅州	Meizhou	189	15	7411	1494	5880	920	29.93
汕尾	Shanwei	78	14	3694	798	2547	626	13.13
河源	Heyuan	117	8	4000	955	2716	542	18.66
阳江	Yangjiang	75	23	4095	1844	2354	1164	18.33
清远	Qingyuan	151	19	6717	1842	3121	920	16.90

3—4 续表 5　Continued 5

城　市　City		医院、卫生院数（个）Quantity of Hospital and Public Health Centers (unit)		医院、卫生院床位数（张）Quantity of Beds at Hospitals and Public Health Centers (unit)		医生数(执业医师＋执业助理医师)（人）Quantity of Ddctors (person)		每万人拥有医生(人) Number of Doctors per 10000 population (person)
		全市 Total Area of City	市辖区 Districts under City	全市 Total Area of City	市辖区 Districts under City	全市 Total Area of City	市辖区 Districts under City	市辖区 Districts under City
东　莞	Dongguan	54	54	11688	11688	5981	5981	9.12
中　山	Zhongshan	33	33	5531	5531	3340	3340	23.72
潮　州	Chaozhou	70	17	2378	1196	2699	855	24.88
揭　阳	Jieyang	101	15	4958	1036	3577	881	13.23
云　浮	Yunfu	86	15	3461	1024	1919	564	19.81
南　宁	Nanning	203	94	17257	12792	10457	7203	28.85
柳　州	Liuzhou	180	70	10868	7803	6022	4031	40.86
桂　林	Guilin	196	33	11436	5016	5599	2297	31.26
梧　州	Wuzhou	85	18	5206	3170	2905	1255	25.81
北　海	Beihai	41	20	2885	1482	1512	780	13.98
防城港	Fangchenggang	41	23	1353	877	751	463	9.51
钦　州	Qinzhou	76	32	4324	1962	2230	1081	8.85
贵　港	Guigang	97	39	4606	2225	2570	1113	6.36
玉　林	Yulin	146	25	8083	3315	4919	1615	18.00
百　色	Baise	685	157	6825	2222	3968	1069	32.15
贺　州	Hezhou	72	25	2381	1086	1983	893	9.59
河　池	Hechi	187	21	6453	1378	4014	855	27.31
来　宾	Laibin	97	34	3476	1176	2071	813	8.07
崇　左	Chongzuo	112	14	3394	489	1457	238	7.00
海　口	Haikou	76	76	6463	6463	3239	3239	21.99
三　亚	Sanya	30	30	1583	1583	901	901	17.60
重　庆	Chongqing	1463	474	64674	35209	37321	19047	18.50
成　都	Chengdu	638	284	42808	29422	26228	17615	36.54
自　贡	Zigong	127	68	6513	4672	3197	2008	13.66
攀枝花	Panzhihua	84	34	5356	4434	3352	2809	41.44
泸　州	Luzhou	189	65	7271	3836	4303	1974	13.97
德　阳	Deyang	218	42	9461	2681	3775	917	14.34
绵　阳	Mianyang	436	65	13484	5351	4606	1706	14.90
广　元	Guangyuan	321	94	7761	3724	3529	1507	16.63
遂　宁	Suining	120	38	5500	2868	3121	1612	11.06
内　江	Neijiang	151	60	6436	3140	3807	1696	12.24
乐　山	Leshan	300	101	9250	4480	5907	2458	21.60
南　充	Nanchong	573	145	11774	3943	6123	2042	10.82
眉　山	Meishan	195	62	5543	2052	4673	1405	17.03
宜　宾	Yibin	310	64	10252	6050	4000	1376	17.57
广　安	Guangan	199	49	4898	1420	2770	713	5.78
达　州	Dazhou	423	24	10175	2424	7261	1079	27.57
雅　安	Yaan	195	35	4349	2735	2982	724	21.11
巴　中	Bazhong	306	107	4172	1403	3718	1327	10.24
资　阳	Ziyang	236	47	6131	1895	4555	1166	10.93
贵　阳	Guiyang	190	115	13694	11096	10703	9148	44.34

城市	City	医院、卫生院数（个）Quantity of Hospital and Public Health Centers (unit)		医院、卫生院床位数（张）Quantity of Beds at Hospitals and Public Health Centers (unit)		医生数（执业医师＋执业助理医师）（人）Quantity of Ddctors (person)		每万人拥有医生（人）Number of Doctors per 10000 population (person)
		全市 Total Area of City	市辖区 Districts under City	全市 Total Area of City	市辖区 Districts under City	全市 Total Area of City	市辖区 Districts under City	市辖区 Districts under City
六盘水	Liupanshui	144	58	6158	3885	2424	1384	31.24
遵义	Zunyi	281	38	10007	4389	4853	1695	20.74
安顺	Anshun	148	50	4655	2428	1991	948	11.85
昆明	Kunming	355	196	25176	17810	15381	12031	52.34
曲靖	Qujing	208	38	11038	4422	4032	1264	19.43
玉溪	Yuxi	126	34	6902	2435	3843	1416	35.15
保山	Baoshan	382	44	4642	2090	2254	900	10.48
昭通	Shaotong	202	34	5584	1988	2958	661	8.58
丽江	Lijiang	76	11	2445	495	1116	275	18.81
思茅	Simao	139	11	3944	879	2364	512	24.84
临沧	Lincang	139	23	3448	923	1638	404	14.35
西安	Xian	479	360	30087	26756	12062	10461	19.62
铜川	Tongchuan	69	55	3443	3231	1707	1532	20.42
宝鸡	Baoji	260	51	11183	4619	11125	3248	42.66
咸阳	Xanyang	304	73	12947	5775	6519	2306	26.93
渭南	Weinan	324	53	10939	2786	5207	841	9.14
延安	Yanan	211	33	6049	2291	3441	1095	27.12
汉中	Hanzhong	296	38	10195	3940	4694	1272	23.97
榆林	Yulin	346	62	7672	2135	4158	1044	22.67
安康	Ankang	232	59	5146	2265	3972	1356	14.28
商洛	Shangluo	191	36	3996	1006	2958	681	12.32
兰州	Lanzhou	170	113	13954	12337	7951	7246	35.81
嘉峪关	Jiayuguan	8	8	1020	1020	489	489	28.40
金昌	Jinchang	21	7	1724	1000	1007	640	30.40
白银	Baiyin	94	31	4770	3010	1974	1096	23.06
天水	Tianshui	205	21	6468	2981	2883	995	8.10
武威	Wuwei	175	85	4419	3027	2359	1443	14.64
张掖	Zhangye	1182	369	3641	1590	1843	1292	25.75
平凉	Pingliang	164	26	5008	1470	2132	460	9.44
酒泉	Jiuquan	94	34	3861	1836	1499	968	27.76
庆阳	Qingyang	153	12	4173	1202	2200	539	16.40
定西	Dingxi	165	30	4530	1046	2254	514	11.18
陇南	Longnan	240	48	3965	1042	2416	660	12.29
西宁	Xining	101	46	8299	7758	3332	2602	25.23
银川	Yinchuan	801	540	8058	7310	4388	2090	26.45
石嘴山	Shizuishan	82	44	2801	2202	1405	1020	23.14
吴忠	Wuzhong	97	31	2780	1166	1369	565	16.06
固原	Guyuan	123	29	2067	1034	1656	438	9.16
中卫	Zhongwei	150	31	1863	996	1246	479	13.75
乌鲁木齐	Wulumuqi	156	143	16269	16199	8723	8629	46.49
克拉玛依	Kelamayi	8	8	1914	1914	718	718	24.14

3—5 城市社会保障(2005年)
Urban Social Security (2005)

城市	City	基本养老保险参保人数(人) Quantity of People Applied for Basic Eendowment Insurance (person)		基本医疗保险参保人数(人) Quantity of People Applied for Basic Medical Insuance (person)		失业保险参保人数(人) Quantity of People Applied for Unemployment Insurance (person)		城镇居民最低生活保障人数(人) Quantity of Urban Residents Granted with Subsistence Allowances (person)	
		全市 Total Area of City	市辖区 Districts under City	全市 Total Area of City	市辖区 Districts under City	全市 Total Area of City	市辖区 Districts under City	全市 Total Area of City	市辖区 Districts under City
城市合计	**Total**	**121509681**	**76219753**	**124838234**	**80301283**	**99349134**	**63802851**	**21792600**	**10206295**
北京	Beijng	5199525		5747739		3946412		155012	149947
天津	Tianjin	2006000	1921700	2991000	2911700	1975000	1897900	150821	146664
石家庄	Shijiazhuang	1047400	665643	964065	670324	853100	588100	74801	33104
唐山	Tangshan	1066808	670759	835354	635219	700369	516868	60981	29835
秦皇岛	Qinhuangdao	354200	257190	374283	289414	268032	198443	47620	21597
邯郸	Handan	661046	443382	623000	396334	636628	599460	131326	60206
邢台	Xingtai	332559	184124	327788	155185	315590	179195	65717	19643
保定	Baoding	571230	277875	590354	333862	539336	311065	95478	13539
张家口	Zhanjiakou	518421	331215	337482	265082	376330	240417	122488	61227
承德	Chengde	276000	93656	253864	110274	262145	117798	77558	27226
沧州	Cangzhou	426700	122516	373759	153912	279835	107210	55184	11584
廊坊	Langfang	332663	118516	273899	131681	169750	68214	39750	15464
衡水	Hengshui	268115	112147	209378	81541	171210	74184	45411	12012
太原	Taiyuan	575417	525285	550026	494931	675000	631659	73486	51889
大同	Datong	331000	231000	456000	292000	460000	388000	176583	143932
阳泉	Yangquan	112216	84571	223549	199005	188000	161000	37352	26365
长治	Changzhi	231624	132517	247616	102151	225132	114878	53151	16672
晋城	Jincheng	154305	78038	185500	49030	171885	92685	79403	11817
朔州	Shuozhou	89788	47114	81483	44949	94254	55003	44925	25101
晋中	Jinzhong	252034	74033	204627	31527	228753	71002	59668	16624
运城	Yuncheng	160900	8786	265700	21305	250329	11700	74183	7881
忻州	Xinzhou	116300	38310	169000	53600	162100	48700	98640	21358
临汾	Linfen	341067	101238	268400	26900	272600	24276	94567	18262
吕梁	Luliang	83157	8752	143830	12000	150000	28000	97712	14113
呼和浩特	Huhehaote	322534	281472	372428	255740	330764	248500	46684	30256
包头	Baotou	413760	378512	528576	501347	435000	394100	27764	20405
乌海	Wuhai	84900	84900	126600	126600	91000	91000	30800	30800
赤峰	Chifeng	201564	93137	332000	165589	280561	164260	66555	30444
通辽	Tongliao	220854	60493	224377	81620	176000	40000	71126	34737
鄂尔多斯	Eerduosi	103301	13713	161448	11858	125000	45173	22285	5554
呼伦贝尔	Hulunbeler	211100	31553	439100	75607	364200	19580	194443	5428
巴彦淖尔	Bayanzhuoer	166072	29391	139370	22169	95335	38600	42343	12536
乌兰察布	Wulanchabu	161585	24741	167419	20652	133057	16051	70367	20875
沈阳	Shenyang	1548828	1485229	1925932	1860566	1172046	1063459	170733	142501
大连	Dalian	1285199	1015310	1887106	1613310	901962	801861	97599	65190
鞍山	Anshan	812057	641850	840083	723001	643010	511000	220796	206434
抚顺	Fushun	561280	443541	543750	476360	540970	497581	166161	144034
本溪	Benxi	471740	401667	411691	364865	389000	330650	119625	86425
丹东	Dandong	351459	227447	380443	224522	256796	145967	57592	35940
锦州	Jinzhou	385479	264587	409000	321000	386937	273185	70416	49039

3－5 续表 1　Continued 1

城　市	City	基本养老保险参保人数（人）Quantity of People Applied for Basic Eendowment Insurance (person)		基本医疗保险参保人数（人）Quantity of People Applied for Basic Medical Insuance (person)		失业保险参保人数（人）Quantity of People Applied for Unemployment Insurance (person)		城镇居民最低生活保障人数（人）Quantity of Urban Residents Granted with Subsistence Allowances (person)	
		全市 Total Area of City	市辖区 Districts under City	全市 Total Area of City	市辖区 Districts under City	全市 Total Area of City	市辖区 Districts under City	全市 Total Area of City	市辖区 Districts under City
营　口	Yingkou	351220	248384	330810	260244	222384	170224	68074	38946
阜　新	Fuxin	218862	171205	304663	206387	224841	179873	180263	175111
辽　阳	Liaoyang	261472	202727	358386	299422	208787	170804	48151	33338
盘　锦	Panjin	304127	163277	228292	203894	234203	213396	22140	14802
铁　岭	Tieling	251295	113984	294997	107665	283000	246116	65535	25162
朝　阳	Chaoyang	225542	77201	289787	96264	236410	107020	151974	51291
葫芦岛	Huludao	228043	170062	281579	223049	255000	202409	67806	41766
长　春	Changchun	1091914	914419	938558	655724	635723	504194	203804	127593
吉　林	Jinlin	773171	564067	483822	321163	289197	202074	214367	98630
四　平	Siping	271817	132152	257857	108627	128327	92865	129250	37218
辽　源	Liaoyang	113754	82535	125938	91742	75672	41958	105064	65023
通　化	Tonghua	225342	107789	243828	124673	176968	98529	103542	31079
白　山	Baishan	173860	43154	186000	6200	119833	44049	278369	53600
松　原	Songyuan	164297	96190	255342	125305	117263	70986	73090	38845
白　城	Baicheng	142164	56885	182000	75063	96308	42352	78164	22056
哈尔滨	Haerbin	1070200	710000	1696200	1170000	1760000	1620000	209200	106200
齐齐哈尔	Qiqihaer	389430	234135	566157	398645	479682	352896	161451	86790
鸡　西	Jixi	188000	82720	291000	58200	265140	169741	140829	124971
鹤　岗	Hegang	52943	41710	215400	197395	105028	94550	92180	84086
双鸭山	Shuangyashan	65592	35809	221130	170068	123000	75614	117850	69870
大　庆	Daqing	238096	167814	662202	614259	177081	141583	72976	13217
伊　春	Yichun	263000	241000	233000	226400	110056	85609	138000	105660
佳木斯	Jiamusi	257000	133271	300000	238858	211604	158021	104810	67920
七台河	Qitaihe	106234	70749	115733	99837	74211	64202	47827	37249
牡丹江	Mudanjiang	246691	170336	342232	253000	176131	141835	114000	59339
黑　河	Heihe	65339	15027	113244	31493	62527	14687	73598	10486
绥　化	Suihua	328000	12335	270000	33000	246000	38659	123444	18867
上　海	Shanghai	7345000	7345000	7138800	7138800	4660600	4660600	367438	357493
南　京	Nanjing	1440455	1386976	1468116	1406875	1293601	1251995	75543	73404
无　锡	Wuxi	1280000	901600	1508200	1028100	907800	619500	27276	18604
徐　州	Xuzhou	814181	565802	519529	334424	689800	462800	49437	25594
常　州	Changzhou	690736	549832	797832	659973	573000	467300	15240	11808
苏　州	Suzhou	2269556	807016	1973017	653318	1490143	573026	27856	12458
南　通	Nantong	728000	323000	910000	367000	679374	264102	19899	6116
连云港	Lianyungang	250800	157700	336000	227200	374300	192600	20930	13036
淮　安	Huaian	347600	222100	396813	259306	389000	241700	40880	25599
盐　城	Yancheng	450959	175670	701820	251901	515861	163290	46165	13787
扬　州	Yangzhou	507220	238692	600346	298223	464200	253500	10965	7436
镇　江	Zhenjiang	455633	259310	553942	362419	394908	246908	10883	8271
泰　州	Taizhou	408670	103129	443391	121171	334298	94316	19754	2187
宿　迁	Suqian	174723	71334	181982	62988	233546	84434	48384	13235

城　市	City	基本养老保险参保人数（人）Quantity of People Applied for Basic Eendowment Insurance (person)		基本医疗保险参保人数（人）Quantity of People Applied for Basic Medical Insuance (person)		失业保险参保人数（人）Quantity of People Applied for Unemployment Insurance (person)		城镇居民最低生活保障人数（人）Quantity of Urban Residents Granted with Subsistence Allowances (person)	
		全市 Total Area of City	市辖区 Districts under City	全市 Total Area of City	市辖区 Districts under City	全市 Total Area of City	市辖区 Districts under City	全市 Total Area of City	市辖区 Districts under City
杭　州	Hangzhou	2275807	1841961	1877138	1609855	1183640	1011420	16782	13391
宁　波	Ningbuo	1512812	934964	1060405	754338	757759	458664	16829	12162
温　州	Wengzhou	1151990	510622	525676	297782	416120	210601	12303	8002
嘉　兴	Jiaxing	743900	222300	433700	94500	381700	127000	8108	2156
湖　州	Huzhou	473702	224143	303668	158839	221826	117000	7637	4078
绍　兴	Shaoxing	893763	246397	493946	160813	401000	120200	7890	2608
金　华	Jinhua	639646	151283	398336	141449	353119	103596	4827	1636
衢　州	Quzhou	258096	140726	214543	121694	148480	73000	4570	905
舟　山	Zhoushan	179492	139690	184819	147155	117125	97813	2216	1737
台　州	Taizhou	699799	267345	375163	151227	348259	145582	3829	941
丽　水	Lishui	195602	53818	168036	51989	117140	31077	3990	1119
合　肥	Hefei	478528	425122	556855	490184	491505	451680	96805	76617
芜　湖	Wuhu	243767	203759	276906	225399	220200	159119	45706	26357
蚌　埠	Bengbu	235000	201502	315700	265500	257000	183000	70222	47063
淮　南	Huainan	263231	220026	362418	176207	318233	292642	93858	77218
马鞍山	Maanshan	215812	198788	269331	235529	205200	189200	23555	17493
淮　北	Huaibei	159211	141798	332080	304680	269492	255124	64666	53970
铜　陵	Tongling	132401	123451	199281	185751	118500	113000	38315	34681
安　庆	Anqing	242786	199007	263169	120509	299782	144500	81996	40281
黄　山	Huangshan	88058	48328	125452	66391	99212	47172	28825	15428
滁　州	Chuzhou	183008	64702	232776	75318	225993	66611	62554	12887
阜　阳	Fuyang	165109	103707	241499	121072	225393	110393	92456	44192
宿　州	Suzhou	111002	57296	145469	59353	196859	80349	54384	19907
巢　湖	Chaohu	162894	41518	151631	26100	172089	22438	67610	27932
六　安	Liuan	150383	67667	213260	88019	210000	84000	72099	23212
亳　州	Buozhou	62928	21030	116980	46035	133003	38400	30000	8916
池　州	Chizhou	62498	16102	86371	44860	69809	34566	24045	12740
宣　城	Xuancheng	111067	22250	152100	29330	123219	23760	300261	8440
福　州	Fuzhou	596483	425017	512322	333342	627526	510134	25577	14138
厦　门	Xiamen	780533	780533	840263	840263	680690	680690	17267	17267
莆　田	Putian	142838	118744	140136	114665	126830	108803	12494	7054
三　明	Sanming	370902	107343	304519	119393	179200	52000	26299	6086
泉　州	Quanzhou	364342	145923	381292	154496	380600	158148	23645	6746
漳　州	Zhangzhou	326802	106092	209415	63170	188200	85352	25502	6262
南　平	Nanping	503368	113624	309227	101380	220312	88638	118697	12393
龙　岩	Longyan	201688	69362	215200	98900	152000	60054	18642	4132
宁　德	Ningde	147400	20766	153478	18552	106989	15588	22441	2855
南　昌	Nanchang	598100	505956	519600	440360	465000	358920	106826	53751
景德镇	Jingdezhen	219434	124702	108208	64124	115200	77373	56190	33354
萍　乡	Pingxiang	122006	100859	127079	111850	128078	112514	60866	43881
九　江	Jiujiang	291904	147933	341782	152755	294420	160871	87874	18200

3－5 续表 3　Continued 3

城　市	City	基本养老保险参保人数（人）Quantity of People Applied for Basic Eendowment Insurance (person)		基本医疗保险参保人数（人）Quantity of People Applied for Basic Medical Insuance (person)		失业保险参保人数（人）Quantity of People Applied for Unemployment Insurance (person)		城镇居民最低生活保障人数（人）Quantity of Urban Residents Granted with Subsistence Allowances (person)	
		全市 Total Area of City	市辖区 Districts under City	全市 Total Area of City	市辖区 Districts under City	全市 Total Area of City	市辖区 Districts under City	全市 Total Area of City	市辖区 Districts under City
新　余	Xinyu	112200	96357	142800	125544	98500	83383	32851	23241
鹰　潭	Yingtan	63318	22892	40216	12300	71634	35144	28321	8839
赣　州	Ganzhou	256458	35447	361061	126089	394819	17000	98972	15873
吉　安	Jian	221022	28314	251250	17645	188457	25777	101734	21886
宜　春	Yichun	243515	64659	248882	54729	235912	55637	123631	16917
抚　州	Fuzhou	168158	23495	284172	43549	168012	31060	122329	33795
上　饶	Shangrao	232300	23812	245900	17357	246000	936	119000	8056
济　南	Jinan	994689	779128	661161	554004	649503	527865	67833	55943
青　岛	Qingdao	1593112	1054781	1618849	1216754	1050904	687734	39688	34644
淄　博	Zibuo	608520	528276	643011	377751	415177	343721	38266	29924
枣　庄	Zaozhuang	342349	208875	343991	253821	307877	226583	55104	43717
东　营	Dongying	160880	86501	405643	341229	82423	47394	7275	4106
烟　台	Yantai	1035991	504404	932199	439789	746839	343559	16747	7813
潍　坊	Weifang	843320	304607	789564	351814	633723	232801	39022	19448
济　宁	Jining	669830	235533	547200	168210	601148	204468	51658	15139
泰　安	Taian	454258	238049	421613	294981	441732	138131	31951	13410
威　海	Weihai	452215	175635	406806	187753	304747	108899	1188	536
日　照	Rizhao	210989	121407	154292	86698	126159	78894	12923	7463
莱　芜	Laiwu	171874	171874	122010	122010	133449	133449	6043	6043
临　沂	Linyi	568064	195372	466156	136934	391336	126088	72860	23354
德　州	Dezhou	349799	121032	303699	147520	201784	87991	48421	11563
聊　城	Liaocheng	351196	40627	305522	29347	262849	25386	51476	9290
滨　州	Binzhou	254324	89349	195566	85803	143700	61035	28169	3627
菏　泽	Heze	400194	117866	305770	76993	226836	69462	64306	18298
郑　州	Zhengzhou	1002800	769554	470000	358030	786000	592000	41621	17845
开　封	Kaifeng	270751	181366	245309	156467	385000	245140	106305	84392
洛　阳	Luoyang	793358	601588	689100	508100	640045	454393	103069	59745
平顶山	Pingdingshan	322575	229429	521677	361702	442010	292886	81347	36138
安　阳	Anyang	482703	310252	422070	272043	381200	237204	95934	58955
鹤　壁	Hebi	93650	61814	160311	113561	164998	138859	61291	46267
新　乡	Xinxiang	489090	291347	444500	271145	453813	196589	122820	41506
焦　作	Jiaozuo	295466	159689	357732	273419	328216	213429	43880	15767
濮　阳	Puyang	144960	62558	233326	166926	263993	201214	51736	23596
许　昌	Xuchang	209035	100801	278922	134062	276067	106867	47639	14471
漯　河	Luohe	115816	81363	176213	123781	160000	103000	39660	26213
三门峡	Sanmenxi	147884	59807	228893	78806	200381	75957	45866	22628
南　阳	Nanyang	528367	215373	633374	263225	629194	287502	112877	15204
商　丘	Shangqiu	217691	93246	355000	126500	342000	163300	98934	50005
信　阳	Xinyang	315554	114804	397100	136000	406794	143929	106121	30859
周　口	Zhoukou	265845	61640	322775	69603	380000	58100	109528	22091
驻马店	Zhumadian	179130	64992	333996	92677	318015	66125	103156	20827

城市	City	基本养老保险参保人数（人）Quantity of People Applied for Basic Eendowment Insurance (person)		基本医疗保险参保人数（人）Quantity of People Applied for Basic Medical Insuance (person)		失业保险参保人数（人）Quantity of People Applied for Unemployment Insurance (person)		城镇居民最低生活保障人数（人）Quantity of Urban Residents Granted with Subsistence Allowances (person)	
		全市 Total Area of City	市辖区 Districts under City	全市 Total Area of City	市辖区 Districts under City	全市 Total Area of City	市辖区 Districts under City	全市 Total Area of City	市辖区 Districts under City
武汉	Wuhan	1612000	1612000	1762100	1762100	910600	910600	276444	276444
黄石	Huangshi	385240	287001	275966	210711	271952	226594	71802	41693
十堰	Shiyan	279200	159415	410500	254844	273900	176520	76558	22163
宜昌	Yichang	411004	227238	456688	287172	355860	241830	111190	54068
襄樊	Xiangfan	433234	258664	390478	237971	489434	354399	171487	95012
鄂州	Ezhou	135231	135231	95302	95302	100811	100811	25387	25387
荆门	Jinmen	181457	89829	241576	112460	153201	76602	88963	29668
孝感	Xiaogan	206319	32237	274397	63813	203945	39989	101308	30165
荆州	Jinmen	415100	159725	288600	160378	278000	136864	139348	57052
黄冈	Huanggang	312707	70689	281304	39985	195162	32133	169165	21445
咸宁	Xianning	123378	45768	178169	55662	104776	41928	76178	20696
随州	Suizhou	126803	99320	122261	89056	97674	75646	53554	38382
长沙	Changsha	653325	479730	572552	479138	601406	492347	117616	49695
株洲	Zhuzhou	351100	222752	392000	319573	385326	296378	93851	42543
湘潭	Xiangtan	301298	212096	292845	216560	290023	239452	76225	50595
衡阳	Hengyang	437941	19193	424498	201996	402061	228868	119781	68234
邵阳	Haoyang	403000	123000	318000	121000	299800	125700	117064	38000
岳阳	Yueyang	434100	215700	400300	253700	310400	141600	135037	48838
常德	Changde	379539	187236	360025	144434	237878	90476	124663	43445
张家界	Zhangjiajie	74688	52066	72028	35527	74240	32009	29630	1654
益阳	Yiyang	218020	108250	260510	115323	203198	93623	102760	40295
郴州	Chenzhou	289679	117314	319189	142503	243872	84921	109365	24356
永州	Yongzhou	311180	50198	267700	48731	219518	28313	98567	36112
怀化	Huaihua	283817	68311	266904	70704	221221	75500	77674	12723
娄底	Loudi	233279	83147	252922	98500	254157	169672	99410	32351
广州	Guangzhou	2049700	1850500	2085800	2085800	2340700	2216300	113303	38540
韶关	Shaoguan	320587	149890	345222	211065	255288	143885	95153	28401
深圳	Shenzhen	3527526	3527526	2695830	2695830	1431778	1431778	14602	14602
珠海	Zhuhai	490894	490894	542429	542429	450944	450944	8259	8259
汕头	Hantou	492295	480702	205112	201266	328942	323560	59603	58283
佛山	Fuoshan	1350129	1350129	1158742	1158742	1016972	1016972	24823	24823
江门	Jiangmen	471787	144280	448772	191116	383868	130668	14770	6895
湛江	Zhanjiang	536483	257161	394172	244151	318630	167233	67289	15079
茂名	Maoming	352135	151183	192327	121597	214384	90995	38230	36528
肇庆	Zhaoqing	316734	125104	296639	140575	267334	116112	62937	5405
惠州	Huizhou	526702	369282	467286	349193	451294	344970	8101	4162
梅州	Meizhou	290278	9054	155094	6814	217649	6423	177721	5898
汕尾	Shanwei	121155	39796	44194	25517	119124	35104	71813	12367
河源	Heyuan	159133	52339	103758	28375	143524	52260	19067	3427
阳江	Yangjiang	221074	92255	129326	56510	165914	70332	88492	20010
清远	Qingyuan	271695	65245	173847	56579	130028	42056	122125	10280

城市	City	基本养老保险参保人数（人）Quantity of People Applied for Basic Eendowment Insurance (person)		基本医疗保险参保人数（人）Quantity of People Applied for Basic Medical Insuance (person)		失业保险参保人数（人）Quantity of People Applied for Unemployment Insurance (person)		城镇居民最低生活保障人数（人）Quantity of Urban Residents Granted with Subsistence Allowances (person)	
		全市 Total Area of City	市辖区 Districts under City	全市 Total Area of City	市辖区 Districts under City	全市 Total Area of City	市辖区 Districts under City	全市 Total Area of City	市辖区 Districts under City
东莞	Dongguan	1824871	1824871	1894033	1894033	1777820	1777820	4885	4885
中山	Zhongshan	853484	853484	885544	885544	848351	848351	22749	22749
潮州	Chaozhou	262715	67060	40904	21682	234431	64018	48624	6531
揭阳	Jieyang	172889	74220	67015	22047	180545	61799	150528	25749
云浮	Yunfu	173028	36388	119488	32382	127983	32255	58007	5012
南宁	Nanning	328749	274338	433168	311501	298589	204524	76405	43775
柳州	Liuzhou	337745	286979	470935	371746	245546	182525	608342	297052
桂林	Guilin	265071	181198	361527	185744	247682	142051	64900	9317
梧州	Wuzhou	113858	74300	193518	112802	104364	53162	32324	11111
北海	Beihai	85228	46668	101058	58558	76040	44354	31641	13872
防城港	Fangchenggang	34410	22767	48026	32251	43360	28755	14648	11523
钦州	Qinzhou	58097	27799	98000	49452	70000	28452	28231	21025
贵港	Guigang	60834	32992	146500	72780	107114	47521	48458	22016
玉林	Yulin	107014	45035	195230	72762	144579	48353	51714	14086
百色	Baise	87735	46299	138021	35798	122242	42806	44601	8815
贺州	Hezhou	43198	17036	59397	21355	49390	16684	37624	8440
河池	Hechi	85700	7355	162526	13897	125836	12200	39517	2358
来宾	Laibin	39206	17568	111201	48434	62639	28431	29355	10263
崇左	Chongzuo	50259	17310	102642	14631	81574	11460	25185	2334
海口	Haikou	132036	132036	144850	144850	104553	104553	18026	18026
三亚	Sanya	49830	49830	58607	58607	31015	31015	9962	9962
重庆	Chongqing	3399230	2335454	2377300	1662600	1881533	1224326	757413	382320
成都	Chengdu	1386000	1032435	1446000	1051544	890000	740022	246468	109470
自贡	Zigong	181346	137195	297092	238874	216200	184900	94753	63916
攀枝花	Panzhihua	215846	205337	180051	161103	186135	176465	35120	27897
泸州	Luzhou	222033	134941	225183	143995	120208	75461	58927	27148
德阳	Deyang	241700	136200	333700	180900	185325	129367	70710	23305
绵阳	Mianyang	435419	215016	383627	190522	202300	97500	102989	26836
广元	Guangyuan	186218	91588	176000	94182	120037	78213	75998	30360
遂宁	Suining	173532	78374	158213	75462	105086	46600	76190	42603
内江	Neijiang	345917	154447	229520	109663	130000	54828	77468	27765
乐山	Leshan	227988	155935	354994	241778	157055	126151	81585	42652
南充	Nanchong	171235	93992	267199	144490	191828	84210	82426	37457
眉山	Meishan	127108	31988	136440	29812	95041	13000	43376	14335
宜宾	Yibin	238010	143219	321054	196892	226166	116600	96708	26392
广安	Guangan	81873	29212	132013	39144	76500	29600	79423	17741
达州	Dazhou	258713	21146	185100	8109	150200	10142	113200	19729
雅安	Yaan	71619	11988	128568	14265	75048	9700	47971	18864
巴中	Bazhong	98805	36546	101050	41292	83217	29744	78826	30719
资阳	Ziyang	164387	45670	175557	43819	120000	44350	62688	22598
贵阳	Guiyang	342641	307365	536859	489059	299945	259426	111557	86794

城　市	City	基本养老保险参保人数（人）Quantity of People Applied for Basic Eendowment Insurance (person)		基本医疗保险参保人数（人）Quantity of People Applied for Basic Medical Insuance (person)		失业保险参保人数（人）Quantity of People Applied for Unemployment Insurance (person)		城镇居民最低生活保障人数（人）Quantity of Urban Residents Granted with Subsistence Allowances (person)	
		全市 Total Area of City	市辖区 Districts under City	全市 Total Area of City	市辖区 Districts under City	全市 Total Area of City	市辖区 Districts under City	全市 Total Area of City	市辖区 Districts under City
六盘水	Liupanshui	21228	13958	192306	28511	75456	40926	72374	7574
遵义	Zunyi	132000	32715	281224	112420	139600	49489	66554	15427
安顺	Anshun	86445	11688	68017	7885	55123	11074	34422	21173
昆明	Kunming	751450	653451	998777	793920	699700	499636	80907	52499
曲靖	Qujing	128700	15355	319000	23873	197000	13219	58037	15428
玉溪	Yuxi	138372	46150	177927	63627	108511	38817	28408	5218
保山	Baoshan	60374	29522	61057	24508	58000	24539	29574	15563
昭通	Shaotong	43612	19427	115129	28409	48645	22786	74162	20361
丽江	Lijiang	45960	22752	72586	32068	18680	10620	36101	8991
思茅	Simao	62375	19968	140144	36745	70507	16472	37494	6989
临沧	Lincang	45307	12112	107552	11865	55031	13887	39440	6894
西安	Xian	975399	928039	1447500	1383000	1282100	1217884	159774	131676
铜川	Tongchuan	68121	63594	154900	147092	142166	138135	72859	70632
宝鸡	Baoji	376474	256937	358779	214000	333227	291959	82900	29947
咸阳	Xanyang	264785	25489	360370	21162	405600	167979	86145	39436
渭南	Weinan	236505	22808	333420	24658	264985	17716	92658	24585
延安	Yanan	103138	61459	157486	74456	167270	23819	55687	14656
汉中	Hanzhong	255000	118261	247100	100793	236900	106127	76270	23033
榆林	Yulin	96136	38400	163100	47500	125197	37900	84772	16371
安康	Ankang	61079	29157	127100	93109	83006	53552	39468	12593
商洛	Shangluo	114452	20930	95516	31518	103400	30538	42000	13328
兰州	Lanzhou	194000	174600	500000	481500	565000	507900	141224	120540
嘉峪关	Jiayuguan	42089	42089	50599	50599	40010	40010	2383	2383
金昌	Jinchang	22600	17110	71600	63100	79604	68900	13180	7300
白银	Baiyin	52496	34099	165202	132267	137200	110137	68229	47026
天水	Tianshui	102502	79415	141000	93945	146000	95510	82710	58669
武威	Wuwei	46680	22840	78111	28298	53287	21192	45852	27646
张掖	Zhangye	43780	11946	80835	47134	56500	11550	47375	23489
平凉	Pingliang	53146	23000	78079	26000	86456	28000	49014	28622
酒泉	Jiuquan	45700	10924	84700	15633	58800	10660	30879	11562
庆阳	Qingyang	24900	14130	76600	22500	74000	39525	41704	16181
定西	Dingxi	43985	6941	65982	10353	73760	4222	46340	13666
陇南	Longnan	32146	5293	73020	12761	49008	10170	42720	10008
西宁	Xining	217164	192215	141102	108804	134361	109111	75904	48343
银川	Yinchuan	206225	181717	317000	295800	158077	110791	64921	39871
石嘴山	Shizuishan	60044	48642	148223	129559	99040	85648	52783	41696
吴忠	Wuzhong	47114	24004	68638	31672	54286	19588	34264	11148
固原	Guyuan	19491	10639	53183	11733	35006	14985	27499	13703
中卫	Zhongwei	34166	21316	43038	19033	25795	10501	32664	13930
乌鲁木齐	Wulumuqi	369151	369151	459334	397504	410592	410592	26627	26175
克拉玛依	Kelamayi	126400	126400	158100	158100	115800	115800	3761	3761

3—6 城市道路与交通(市辖区,2005年)

Urban Roads and Public Transportation(Districts under City,2005)

城 市	City	年末实有道路面积(万平方米) Area of Roads (year-end) (10000 sq. m)	人均实有道路面积(平方米) Per Capita Area of Roads (sq. m)	年末实有公共汽电车(辆) Number of Public Vehicles of Bus and Trolley Bus (year-end) (unit)	每万人拥有公共汽电车(辆) Number of Public Vehicles of Bus and Trolley Bus Per 10000 Population (unit)	公共汽电车客运量(万人次) Number of Passengers Carried of Bus and Trolley Bus (10000 person-time)	平均每辆公共汽电车运载力(万人次) Number of Passengers Carried of Per Bus and Trolley Bus (10000 Perscn-time)	年末实有出租车(辆) Number of Taxi (unit)
城市合计	**Total**	**311465**	**8.58**	**274601**	**7.57**	**4403925**	**16.04**	**800658**
北 京	Beijng	16227	14.61	20840	18.76	525606	25.22	66000
天 津	Tianjin	6669	8.67	6768	8.79	89529	13.23	31939
石家庄	Shijiazhuang	1932	8.62	1789	7.98	26583	14.86	6700
唐 山	Tangshan	1946	6.51	1865	6.24	13169	7.06	4304
秦皇岛	Qinhuangdao	1157	14.90	743	9.57	10317	13.89	3567
邯 郸	Handan	1708	12.13	1444	10.25	10839	7.51	4574
邢 台	Xingtai	686	11.85	438	7.57	5132	11.72	3148
保 定	Baoding	1217	12.08	603	5.99	7692	12.76	2836
张家口	Zhanjiakou	800	9.24	674	7.79	5486	8.14	3650
承 德	Chengde	371	8.04	312	6.76	6815	21.84	2026
沧 州	Cangzhou	724	14.51	334	6.69	5105	15.28	3018
廊 坊	Langfang	552	7.22	208	2.72	2500	12.02	1700
衡 水	Hengshui	503	11.12	302	6.68	1150	3.81	1440
太 原	Taiyuan	2296	8.73	1489	5.66	30004	20.15	8292
大 同	Datong	913	6.35	481	3.34	8340	17.34	4605
阳 泉	Yangquan	408	6.21	352	5.36	9141	25.97	1895
长 治	Changzhi	351	5.18	329	4.86	6232	18.94	1800
晋 城	Jincheng	282	9.27	206	6.77	1408	6.83	1408
朔 州	Shuozhou	319	5.34	140	2.34	1227	8.76	1005
晋 中	Jinzhong	388	7.12	225	4.13	1500	6.67	902
运 城	Yuncheng	270	4.28	240	3.80	3000	12.50	1320
忻 州	Xinzhou	166	3.22	104	2.01	455	4.38	710
临 汾	Linfen	269	3.44	207	2.65	3262	15.76	1861
吕 梁	Luliang	113	4.58	77	3.12	378	4.91	325
呼和浩特	Huhehaote	1074	9.80	828	7.55	16853	20.35	3950
包 头	Baotou	1628	12.00	1125	8.29	14711	13.08	5556
乌 海	Wuhai	467	10.83	315	7.31	2847	9.04	1275
赤 峰	Chifeng	326	2.87	180	1.58	2132	11.84	4366
通 辽	Tongliao	325	4.04	162	2.01	1200	7.41	4256
鄂尔多斯	Eerduosi	348	15.09	120	5.20	2000	16.67	2200
呼伦贝尔	Hulunbeler	265	10.33	172	6.71	922	5.36	1971
巴彦淖尔	Bayanzhuoer	259	4.86	109	2.05	800	7.34	1540
乌兰察布	Wulanchabu	294	10.11	89	3.06	780	8.76	3500
沈 阳	Shenyang	4620	9.32	5422	10.93	83803	15.46	19104
大 连	Dalian	2214	7.88	4126	14.68	117561	28.49	9639
鞍 山	Anshan	937	6.41	1568	10.73	21095	13.45	5375
抚 顺	Fushun	645	4.59	1214	8.63	25899	21.33	4549
本 溪	Benxi	448	4.66	568	5.90	22036	38.80	2594
丹 东	Dandong	567	7.54	411	5.47	7919	19.27	1915
锦 州	Jinzhou	713	8.14	506	5.78	7598	15.02	3879

城　　市　City		年末实有道路面积（万平方米）Area of Roads (year-end) (10000 sq. m)	人均实有道路面积（平方米）Per Capita Area of Roads (sq. m)	年末实有公共汽电车（辆）Number of Public Vehicles of Bus and Trolley Bus (year-end) (unit)	每万人拥有公共汽电车（辆）Number of Public Vehicles of Bus and Trolley Bus Per 10000 Population (unit)	公共汽电车客运量（万人次）Number of Passengers Carried of Bus and Trolley Bus (10000 person-time)	平均每辆公共汽电车运载力（万人次）Number of Passengers Carried of Per Bus and Trolley Bus (10000 Perscn-time)	年末实有出租车（辆）Number of Taxi (unit)
营　口	Yingkou	552	6.40	432	5.01	4700	10.88	4780
阜　新	Fuxin	419	5.36	354	4.53	3652	10.32	2760
辽　阳	Liaoyang	650	9.09	374	5.23	5120	13.69	2463
盘　锦	Panjin	617	10.69	412	7.14	3622	8.79	3226
铁　岭	Tieling	240	5.47	249	5.67	2248	9.03	1870
朝　阳	Chaoyang	274	5.60	101	2.07	1150	11.39	3250
葫芦岛	Huludao	399	4.23	224	2.38	2122	9.47	4122
长　春	Changchun	3094	9.17	3602	10.68	57376	15.93	15000
吉　林	Jinlin	1199	6.67	1013	5.63	19029	18.78	4920
四　平	Siping	292	4.87	293	4.88	2356	8.04	2185
辽　源	Liaoyang	389	8.13	298	6.23	308	1.03	3540
通　化	Tonghua	221	4.84	256	5.61	5015	19.59	1264
白　山	Baishan	192	5.69	190	5.65	1130	5.95	1477
松　原	Songyuan	326	6.27	510	9.83	5420	10.63	2200
白　城	Baicheng	285	5.60	216	4.24	900	4.17	1817
哈尔滨	Haerbin	2389	5.99	4293	10.76	75236	17.53	12256
齐齐哈尔	Qiqihaer	734	5.17	683	4.81	4946	7.24	6751
鸡　西	Jixi	320	3.57	384	4.28	4200	10.94	3109
鹤　岗	Hegang	286	4.18	376	5.49	9700	25.80	1615
双鸭山	Shuangyashan	294	5.89	194	3.88	1400	7.22	1500
大　庆	Daqing	2443	19.97	1659	13.56	12814	7.72	4916
伊　春	Yichun	517	6.29	210	2.56	1524	7.26	4785
佳木斯	Jiamusi	335	4.09	449	5.48	3811	8.49	2500
七台河	Qitaihe	366	7.11	300	5.83	3600	12.00	1644
牡丹江	Mudanjiang	807	10.33	733	9.38	13049	17.80	3046
黑　河	Heihe	118	6.21	95	5.00	220	2.32	932
绥　化	Suihua	189	2.15	188	2.14	1699	9.04	2680
上　海	Shanghai	20942	16.23	17985	13.94	278100	15.46	47794
南　京	Nanjing	7427	14.47	5074	9.88	96563	19.03	9055
无　锡	Wuxi	4717	20.64	2954	12.93	29878	10.11	3840
徐　州	Xuzhou	1434	7.97	1452	8.07	35750	24.62	2953
常　州	Changzhou	3954	17.91	2105	9.53	21829	10.37	1842
苏　州	Suzhou	4280	19.01	1731	7.69	35138	20.30	3203
南　通	Nantong	1055	12.36	791	9.27	7442	9.41	1278
连云港	Lianyungang	959	13.67	239	3.41	3009	12.59	1244
淮　安	Huaian	998	3.65	619	2.27	10381	16.77	903
盐　城	Yancheng	794	5.22	326	2.14	352	1.08	810
扬　州	Yangzhou	1825	15.78	1086	9.39	14535	13.38	1842
镇　江	Zhenjiang	1562	15.31	684	6.71	8805	12.87	1254
泰　州	Taizhou	857	13.52	228	3.60	2125	9.32	740
宿　迁	Suqian	903	5.86	328	2.13	2460	7.50	900

3－6 续表 2　Continued 2

城　市	City	年末实有道路面积（万平方米）Area of Roads (year-end) (10000 sq. m)	人均实有道路面积（平方米）Per Capita Area of Roads (sq. m)	年末实有公共汽电车（辆）Number of Public Vehicles of Bus and Trolley Bus (year-end) (unit)	每万人拥有公共汽电车（辆）Number of Public Vehicles of Bus and Trolley Bus Per 10000 Population (unit)	公共汽电车客运量（万人次）Number of Passengers Carried of Bus and Trolley Bus (10000 person-time)	平均每辆公共汽电车运载力（万人次）Number of Passengers Carried of Per Bus and Trolley Bus (10000 Persen-time)	年末实有出租车（辆）Number of Taxi (unit)
杭　州	Hangzhou	4091	9.99	4520	11.04	74278	16.43	8320
宁　波	Ningbuo	1483	6.95	2437	11.42	36885	15.14	3750
温　州	Wengzhou	1258	9.05	1695	12.19	25000	14.75	3329
嘉　兴	Jiaxing	925	11.45	472	5.84	5029	10.65	823
湖　州	Huzhou	1239	11.47	548	5.07	7070	12.90	815
绍　兴	Shaoxing	832	12.83	791	12.20	8153	10.31	820
金　华	Jinhua	1197	12.99	449	4.87	6050	13.47	862
衢　州	Quzhou	573	7.12	576	7.16	6829	11.86	401
舟　山	Zhoushan	415	6.00	267	3.86	2390	8.95	1006
台　州	Taizhou	1895	12.74	567	3.81	6142	10.83	1225
丽　水	Lishui	286	7.66	92	2.46	1679	18.25	367
合　肥	Hefei	2795	15.94	2353	13.42	46895	19.93	6500
芜　湖	Wuhu	976	13.41	724	9.95	12574	17.37	2530
蚌　埠	Bengbu	744	8.22	566	6.26	19732	34.86	2297
淮　南	Huainan	797	4.87	914	5.59	10486	11.47	2300
马鞍山	Maanshan	741	12.15	714	11.71	10877	15.23	2298
淮　北	Huaibei	546	5.91	955	10.34	8982	9.41	1676
铜　陵	Tongling	398	9.31	308	7.20	2752	8.94	1300
安　庆	Anqing	685	9.38	309	4.23	3046	9.86	1720
黄　山	Huangshan	336	7.99	137	3.26	1198	8.74	430
滁　州	Chuzhou	383	7.46	111	2.16	928	8.36	1320
阜　阳	Fuyang	754	4.03	365	1.95	5980	16.38	1593
宿　州	Suzhou	681	3.90	175	1.00	3500	20.00	1298
巢　湖	Chaohu	523	6.07	166	1.93	2860	17.23	1913
六　安	Liuan	617	3.44	250	1.40	40000	160.00	1908
亳　州	Buozhou	570	3.97	80	0.56	300	3.75	1042
池　州	Chizhou	138	2.16	71	1.11	792	11.15	600
宣　城	Xuancheng	254	3.02	90	1.07	452	5.02	800
福　州	Fuzhou	1719	9.76	1775	10.08	37278	21.00	4575
厦　门	Xiamen	1556	10.16	2610	17.03	53000	20.31	3646
莆　田	Putian	559	2.74	525	2.58	5546	10.56	610
三　明	Sanming	253	8.90	233	8.20	4757	20.42	339
泉　州	Quanzhou	619	6.17	642	6.40	6843	10.66	1706
漳　州	Zhangzhou	491	9.20	178	3.34	1334	7.49	1055
南　平	Nanping	182	3.72	198	4.06	4505	22.75	450
龙　岩	Longyan	294	6.29	300	6.42	6410	21.37	232
宁　德	Ningde	137	3.23	129	3.04	3215	24.92	620
南　昌	Nanchang	1673	7.76	1824	8.46	36285	19.89	3569
景德镇	Jingdezhen	349	7.94	429	9.76	8200	19.11	595
萍　乡	Pingxiang	542	6.62	595	7.27	7539	12.67	600
九　江	Jiujiang	431	7.28	791	13.37	8497	10.74	1478

城　市	City	年末实有道路面积（万平方米）Area of Roads (year-end) (10000 sq. m)	人均实有道路面积（平方米）Per Capita Area of Roads (sq. m)	年末实有公共汽电车（辆）Number of Public Vehicles of Bus and Trolley Bus (year-end) (unit)	每万人拥有公共汽电车（辆）Number of Public Vehicles of Bus and Trolley Bus Per 10000 Population (unit)	公共汽电车客运量（万人次）Number of Passengers Carried of Bus and Trolley Bus (10000 person-time)	平均每辆公共汽电车运载力（万人次）Number of Passengers Carried of Per Bus and Trolley Bus (10000 Perscn-time)	年末实有出租车（辆）Number of Taxi (unit)
新　余	Xinyu	622	7.79	258	3.23	4125	15.99	294
鹰　潭	Yingtan	166	8.62	73	3.79	1680	23.01	271
赣　州	Ganzhou	470	7.85	373	6.23	4357	11.68	592
吉　安	Jian	230	4.49	176	3.44	3190	18.13	110
宜　春	Yichun	251	2.51	248	2.48	4500	18.15	354
抚　州	Fuzhou	364	3.46	209	1.99	3100	14.83	350
上　饶	Shangrao	301	8.09	114	3.06	1170	10.26	468
济　南	Jinan	4128	11.87	3366	9.68	59191	17.58	7980
青　岛	Qingdao	3547	13.36	4039	15.22	68776	17.03	8121
淄　博	Zibuo	1973	7.16	1632	5.92	5183	3.18	6001
枣　庄	Zaozhuang	1680	8.02	1537	7.34	5777	3.76	1361
东　营	Dongying	1764	21.66	625	7.68	5819	9.31	3830
烟　台	Yantai	2097	11.90	1299	7.37	17484	13.46	2152
潍　坊	Weifang	2442	16.82	605	4.17	4658	7.70	2143
济　宁	Jining	953	8.90	497	4.64	6000	12.07	1499
泰　安	Taian	1903	11.85	385	2.40	3720	9.66	1290
威　海	Weihai	1273	20.99	486	8.01	7145	14.70	1511
日　照	Rizhao	1215	10.07	711	5.89	5226	7.35	1356
莱　芜	Laiwu	1436	11.55	713	5.73	3181	4.46	1930
临　沂	Linyi	2458	12.72	1941	10.05	10450	5.38	2750
德　州	Dezhou	897	15.37	384	6.58	1540	4.01	2405
聊　城	Liaocheng	2090	20.41	379	3.70	3700	9.76	1650
滨　州	Binzhou	318	5.06	220	3.50	1080	4.91	649
菏　泽	Heze	2649	18.97	146	1.05	1261	8.64	1251
郑　州	Zhengzhou	2528	9.89	3077	12.04	62163	20.20	10851
开　封	Kaifeng	595	7.17	370	4.46	3723	10.06	2500
洛　阳	Luoyang	1233	8.24	856	5.72	18186	21.25	6290
平顶山	Pingdingshan	410	4.30	528	5.54	3087	5.85	2000
安　阳	Anyang	740	7.17	624	6.05	6500	10.42	1692
鹤　壁	Hebi	414	7.83	341	6.46	2676	7.85	669
新　乡	Xinxiang	602	6.85	485	5.53	7344	15.14	5000
焦　作	Jiaozuo	867	10.69	604	7.45	6024	9.97	1400
濮　阳	Puyang	343	6.41	529	9.89	1065	2.01	1500
许　昌	Xuchang	487	12.44	625	15.96	3040	4.86	2400
漯　河	Luohe	700	5.36	796	6.10	5966	7.49	1231
三门峡	Sanmenxi	158	5.55	150	5.26	2008	13.39	1000
南　阳	Nanyang	853	4.94	333	1.93	4525	13.59	1253
商　丘	Shangqiu	641	4.02	390	2.45	3890	9.97	3860
信　阳	Xinyang	232	1.68	183	1.33	1120	6.12	1830
周　口	Zhoukou	404	9.50	168	3.95	2300	13.69	900
驻马店	Zhumadian	482	8.00	159	2.64	1450	9.12	1530

3－6续表4 Continued 4

城市	City	年末实有道路面积（万平方米）Area of Roads (year-end) (10000 sq. m)	人均实有道路面积（平方米）Per Capita Area of Roads (sq. m)	年末实有公共汽电车（辆）Number of Public Vehicles of Bus and Trolley Bus (year-end) (unit)	每万人拥有公共汽电车（辆）Number of Public Vehicles of Bus and Trolley Bus Per 10000 Population (unit)	公共汽电车客运量（万人次）Number of Passengers Carried of Bus and Trolley Bus (10000 person-time)	平均每辆公共汽电车运载力（万人次）Number of Passengers Carried of Per Bus and Trolley Bus (10000 Perscn-time)	年末实有出租车（辆）Number of Taxi (unit)
武汉	Wuhan	4100	5.12	5463	6.82	115581	21.16	12137
黄石	Huangshi	775	12.26	923	14.60	16900	18.31	800
十堰	Shiyan	620	12.02	542	10.50	10158	18.74	750
宜昌	Yichang	1134	9.28	2150	17.59	14228	6.62	416
襄樊	Xiangfan	1218	5.60	1176	5.41	11040	9.39	1700
鄂州	Ezhou	564	5.41	436	4.18	3611	8.28	400
荆门	Jinmen	627	9.71	404	6.25	8130	20.12	500
孝感	Xiaogan	577	6.46	322	3.61	2986	9.27	520
荆州	Jinmen	748	6.73	499	4.49	8044	16.12	1588
黄冈	Huanggang	620	16.67	372	10.00	2290	6.16	593
咸宁	Xianning	319	5.64	90	1.59	1150	12.78	400
随州	Suizhou	1119	6.94	590	3.66	1459	2.47	560
长沙	Changsha	2795	13.40	2507	12.02	78161	31.18	6279
株洲	Zhuzhou	628	7.96	651	8.25	15100	23.20	1960
湘潭	Xiangtan	924	12.87	528	7.36	7845	14.86	1150
衡阳	Hengyang	706	7.33	683	7.09	10877	15.93	1402
邵阳	Haoyang	438	6.58	302	4.54	4500	14.90	642
岳阳	Yueyang	673	7.05	623	6.53	8414	13.51	1590
常德	Changde	638	4.62	441	3.20	6169	13.99	1147
张家界	Zhangjiajie	201	4.17	473	9.82	2000	4.23	1245
益阳	Yiyang	432	3.33	328	2.53	2215	6.75	860
郴州	Chenzhou	259	3.97	469	7.18	9687	20.65	1000
永州	Yongzhou	403	3.75	837	7.79	15538	18.56	356
怀化	Huaihua	222	5.73	329	8.49	8682	26.39	820
娄底	Loudi	408	9.74	175	4.18	3000	17.14	850
广州	Guangzhou	8325	13.49	8130	13.17	184289	22.67	16889
韶关	Shaoguan	323	3.56	220	2.43	3625	16.48	855
深圳	Shenzhen	7277	11.85	18708	30.45	150488	8.04	10305
珠海	Zhuhai	2628	29.33	1179	13.16	27225	23.09	1852
汕头	Hantou	2358	4.87	454	0.94	7704	16.97	1820
佛山	Fuoshan	1791	5.05	1614	4.55	15548	9.63	1655
江门	Jiangmen	1262	9.43	521	3.89	8235	15.81	423
湛江	Zhanjiang	692	4.77	451	3.11	3747	8.31	1139
茂名	Maoming	320	2.64	151	1.24	1115	7.38	430
肇庆	Zhaoqing	425	8.78	251	5.19	3754	14.96	656
惠州	Huizhou	832	7.27	530	4.63	9176	17.31	707
梅州	Meizhou	458	14.90	93	3.03	820	8.82	350
汕尾	Shanwei	163	3.42	90	1.89	810	9.00	493
河源	Heyuan	199	6.85	69	2.38	843	12.22	255
阳江	Yangjiang	245	3.86	139	2.19	960	6.91	357
清远	Qingyuan	544.7	10.01	168	3.09	1931	11.49	230

城　市	City	年末实有道路面积（万平方米）Area of Roads (year-end) (10000 sq. m)	人均实有道路面积（平方米）Per Capita Area of Roads (sq. m)	年末实有公共汽电车（辆）Number of Public Vehicles of Bus and Trolley Bus (year-end) (unit)	每万人拥有公共汽电车（辆）Number of Public Vehicles of Bus and Trolley Bus Per 10000 Population (unit)	公共汽电车客运量（万人次）Number of Passengers Carried of Bus and Trolley Bus (10000 person-time)	平均每辆公共汽电车运载力（万人次）Number of Passengers Carried of Per Bus and Trolley Bus (10000 Persċn-time)	年末实有出租车（辆）Number of Taxi (unit)
东　莞	Dongguan	8961	13.66	525	0.80	8216	15.65	5069
中　山	Zhongshan	971	6.90	726	5.16	9075	12.50	1304
潮　州	Chaozhou	204	5.94	100	2.91	436	4.36	510
揭　阳	Jieyang	259	3.89	56	0.84	10	0.18	715
云　浮	Yunfu	58	2.04	88	3.09	837	9.51	98
南　宁	Nanning	1939	7.77	2110	8.45	44597	21.14	3811
柳　州	Liuzhou	1070	10.85	843	8.55	25394	30.12	1275
桂　林	Guilin	566	7.70	581	7.91	17809	30.65	2938
梧　州	Wuzhou	221	4.53	238	4.89	4368	18.35	500
北　海	Beihai	585	10.48	171	3.07	1413	8.26	555
防城港	Fangchenggang	223	4.58	65	1.33	518	7.97	129
钦　州	Qinzhou	516	4.22	148	1.21	1170	7.91	200
贵　港	Guigang	535	3.06	133	0.76	1536	11.55	425
玉　林	Yulin	370	4.12	139	1.55	2737	19.69	574
百　色	Baise	176	5.30	87	2.62	1200	13.79	346
贺　州	Hezhou	415	4.46	82	0.88	930	11.34	130
河　池	Hechi	135	4.31	113	3.61	2379	21.05	
来　宾	Laibin	122	1.21	55	0.55	400	7.27	365
崇　左	Chongzuo	109	3.21	11	0.32	7	0.65	69
海　口	Haikou							
三　亚	Sanya	370	7.23	306	5.98	1200	3.92	1067
重　庆	Chongqing	4963	4.82	6351	6.17	105718	16.65	14230
成　都	Chengdu	5320	11.04	4643	9.63	80670	17.37	9029
自　贡	Zigong	804	5.47	691	4.70	14253	20.63	1408
攀枝花	Panzhihua	451	6.65	573	8.45	7343	12.82	1447
泸　州	Luzhou	547	3.87	511	3.62	15472	30.28	1117
德　阳	Deyang	398	6.22	187	2.92	4417	23.62	550
绵　阳	Mianyang	640	5.59	706	6.17	20088	28.45	1159
广　元	Guangyuan	346	3.82	122	1.35	2410	19.75	626
遂　宁	Suining	508	3.48	148	1.02	2527	17.07	440
内　江	Neijiang	303	2.19	458	3.30	9048	19.76	700
乐　山	Leshan	660	5.80	192	1.69	2585	13.46	725
南　充	Nanchong	931	4.93	402	2.13	13265	33.00	1020
眉　山	Meishan	362	4.39	176	2.13	1270	7.22	418
宜　宾	Yibin	243	3.10	325	4.15	8612	26.50	527
广　安	Guangan	275	2.23	41	0.33	392	9.56	390
达　州	Dazhou	125	3.19	261	6.67	2074	7.95	1053
雅　安	Yaan	185	5.40	36	1.05	540	15.00	344
巴　中	Bazhong	248	1.92					306
资　阳	Ziyang	172	1.61	96	0.90	1245	12.97	556
贵　阳	Guiyang	1314	6.37	2163	10.48	50543	23.37	2881

城 市	City	年末实有道路面积（万平方米）Area of Roads (year-end) (10000 sq. m)	人均实有道路面积（平方米）Per Capita Area of Roads (sq. m)	年末实有公共汽电车（辆）Number of Public Vehicles of Bus and Trolley Bus (year-end) (unit)	每万人拥有公共汽电车（辆）Number of Public Vehicles of Bus and Trolley Bus Per 10000 Population (unit)	公共汽电车客运量（万人次）Number of Passengers Carried of Bus and Trolley Bus (10000 person-time)	平均每辆公共汽电车运载力（万人次）Number of Passengers Carried of Per Bus and Trolley Bus (10000 Persen-time)	年末实有出租车（辆）Number of Taxi (unit)
六盘水	Liupanshui	164	3.70	188	4.24	993	5.28	1350
遵 义	Zunyi	386	4.72	503	6.16	18340	36.46	1031
安 顺	Anshun	132	1.65	296	3.70	3542	11.97	576
昆 明	Kunming	1114	4.85	3982	17.32	46173	11.60	7914
曲 靖	Qujing	300	4.61	235	3.61	6222	26.48	1589
玉 溪	Yuxi	297	7.37	115	2.85	1410	12.26	317
保 山	Baoshan	206	2.40	128	1.49	106	0.83	450
昭 通	Shaotong	313	4.06	54	0.70	250	4.63	531
丽 江	Lijiang	110	7.52	76	5.20	1850	24.34	777
思 茅	Simao	84	4.08	98	4.75	625	6.38	260
临 沧	Lincang	93	3.29	54	1.92	554	10.26	205
西 安	Xian	3021	5.67	4762	8.93	82716	17.37	11236
铜 川	Tongchuan	359	4.78	198	2.64	2890	14.60	840
宝 鸡	Baoji	700	9.19	676	8.88	12876	19.05	5750
咸 阳	Xanyang	724	8.46	398	4.65	6500	16.33	1408
渭 南	Weinan	138	1.50	130	1.41	1250	9.62	795
延 安	Yanan	147	3.64	279	6.91	4831	17.32	453
汉 中	Hanzhong	186	3.50	137	2.58	2463	17.98	1078
榆 林	Yulin	160	3.47	133	2.89	1064	8.00	464
安 康	Ankang	348	3.66	277	2.92	1400	5.05	1000
商 洛	Shangluo	182	3.29	60	1.09	600	10.00	396
兰 州	Lanzhou	1805	8.92	2252	11.13	35977	15.98	5847
嘉峪关	Jiayuguan	238	13.82	89	5.17	1200	13.48	530
金 昌	Jinchang	228	10.83	78	3.71	702	9.00	968
白 银	Baiyin	417	8.77	145	3.05	2100	14.48	1492
天 水	Tianshui	991	8.08	210	1.71	3200	15.24	1829
武 威	Wuwei	247	2.51	160	1.62	1597	9.98	2911
张 掖	Zhangye	196	3.91	145	2.89	962	6.63	1488
平 凉	Pingliang	343	7.04	110	2.26	947	8.61	1020
酒 泉	Jiuquan	381	10.93	90	2.58	14.6	0.16	980
庆 阳	Qingyang	141	4.29	124	3.77	1562	12.60	1100
定 西	Dingxi	76	1.65	46	1.00	302	6.57	366
陇 南	Longnan	38	0.71	23	0.43	195	8.48	140
西 宁	Xining	551	5.34	1605	15.56	36098	22.49	5116
银 川	Yinchuan	1117	14.13	794	10.05	8979	11.31	4587
石嘴山	Shizuishan	465	10.55	142	3.22	402	2.83	2040
吴 忠	Wuzhong	174	4.94	170	4.83	948	5.58	1042
固 原	Guyuan	313	6.54	100	2.09	1246	12.46	2694
中 卫	Zhongwei	237	6.80	50	1.44	245	4.90	519
乌鲁木齐	Wulumuqi	1320	7.11	3920	21.12	52744	13.46	7070
克拉玛依	Kelamayi	531	17.85	489	16.44	5722	11.70	1510

3—7 城市绿化(市辖区,2005年)
Urban Green Areas(Districts under City,2005)

城 市	City	园林绿地面积(公顷) Total Area of Park, Gardens and Green Areas (hectare)	公共绿地面积(公顷) Public Green Areas (hectare)	建成区绿化覆盖面积(公顷) Green Space In the Established District (hectare)	人均公共绿地面积(平方米) Per Capita Public Green Areas (sq. m)	建成区绿化覆盖率 Percentage of Green Space in the Established District (%)
城市合计	**Total**	**1190730**	**233092**	**849208**	**6.42**	**36.37**
北 京	Beijng	44384	11365	45048	10.23	38.11
天 津	Tianjin	15741	5369	19294	6.98	36.40
石家庄	Shijiazhuang	5410	1574	5444	7.02	32.80
唐 山	Tangshan	7441	1699	8556	5.68	43.65
秦皇岛	Qinhuangdao	3686	659	3516	8.49	42.36
邯 郸	Handan	4756	1535	4383	10.90	42.97
邢 台	Xingtai	3003	376	1658	6.50	32.51
保 定	Baoding	3050	710	3554	7.05	36.27
张家口	Zhanjiakou	2687	381	2601	4.40	33.78
承 德	Chengde	1599	914	1804	19.81	31.65
沧 州	Cangzhou	1008	150	1260	3.01	30.00
廊 坊	Langfang	3523	458	2072	5.99	43.17
衡 水	Hengshui	902	207	1053	4.58	30.09
太 原	Taiyuan	6126	2248	7121	8.55	36.15
大 同	Datong	2083	498	2565	3.46	28.82
阳 泉	Yangquan	933	310	1420	4.72	33.01
长 治	Changzhi	1852	378	1974	5.59	43.87
晋 城	Jincheng	915	309	930	10.16	31.00
朔 州	Shuozhou	969	308	1081	5.15	37.28
晋 中	Jinzhong	794	160	847	2.94	24.91
运 城	Yuncheng	370	157	300	2.49	10.00
忻 州	Xinzhou	127	100	220	1.94	11.00
临 汾	Linfen	1173	236	954	3.02	25.78
吕 梁	Luliang	680	90	500	3.65	25.00
呼和浩特	Huhehaote	3371	938	3725	8.55	26.05
包 头	Baotou	6704	1378	6162	10.15	41.08
乌 海	Wuhai	1061	389	1039	9.02	18.55
赤 峰	Chifeng	1413	407	1553	3.58	24.27
通 辽	Tongliao	941	238	1102	2.96	27.55
鄂尔多斯	Eerduosi	369	256	495	11.10	14.14
呼伦贝尔	Hulunbeler	865	538	876	20.97	31.29
巴彦淖尔	Bayanzhuoer	662	129	761	2.42	24.55
乌兰察布	Wulanchabu	846	598	862	20.57	24.63
沈 阳	Shenyang	20604	4394	12602	8.86	40.65
大 连	Dalian	11253	2439	10607	8.68	42.77
鞍 山	Anshan	4847	1135	4949	7.76	36.39
抚 顺	Fushun	3992	1030	4375	7.32	35.86
本 溪	Benxi	4342	704	4495	7.32	42.01
丹 东	Dandong	1833	382	1893	5.08	35.72
锦 州	Jinzhou	2678	555	2286	6.34	36.87

3—7 续表 1　Continued 1

城　市	City	园林绿地面积（公顷）Total Area of Park, Gardens and Green Areas (hectare)	公共绿地面　积（公顷）Public Green Areas (hectare)	建成区绿化覆盖面积（公顷）Green Space In the Established District (hectare)	人均公共绿地面积（平方米）Per Capita Public Green Areas (sq. m)	建成区绿化覆盖率 Percentage of Green Space in the Established District (%)
营　口	Yingkou	2719	766	3171	8.88	34.10
阜　新	Fuxin	1928	482	2123	6.17	43.33
辽　阳	Liaoyang	2617	533	2876	7.45	34.65
盘　锦	Panjin	1799	371	1995	6.43	36.94
铁　岭	Tieling	1568	222	1452	5.06	35.41
朝　阳	Chaoyang	2041	208	760	4.25	26.21
葫芦岛	Huludao	2618	497	2700	5.27	43.55
长　春	Changchun	7863	2755	9577	8.17	41.47
吉　林	Jinlin	6811	1210	6792	6.73	40.92
四　平	Siping	783	150	726	2.50	18.86
辽　源	Liaoyang	840	224	860	4.68	21.50
通　化	Tonghua	1117	414	1537	9.07	34.16
白　山	Baishan	501	175	520	5.21	19.92
松　原	Songyuan	1161	333	1587	6.42	44.58
白　城	Baicheng	637	122	661	2.40	17.39
哈尔滨	Haerbin	7468	2525	8303	6.33	27.49
齐齐哈尔	Qiqihaer	6601	1318	4936	9.28	43.68
鸡　西	Jixi	2234	700	2344	7.80	32.11
鹤　岗	Hegang	1622	801	1736	11.70	40.37
双鸭山	Shuangyashan	1639	379	1994	7.59	31.11
大　庆	Daqing	13121	833	5283	6.81	31.00
伊　春	Yichun	3639	1170	3605	14.25	22.82
佳木斯	Jiamusi	2222	384	2318	4.69	39.97
七台河	Qitaihe	853	491	916	9.54	9.44
牡丹江	Mudanjiang	6092	432	2762	5.53	45.73
黑　河	Heihe	195	65	210	3.42	11.05
绥　化	Suihua	617	73	753	0.83	32.18
上　海	Shanghai	28865	12038	30526	9.33	37.23
南　京	Nanjing	71020	6140	23037	11.96	44.91
无　锡	Wuxi	14001	2308	7720	10.10	40.00
徐　州	Xuzhou	6455	1046	4283	5.81	36.30
常　州	Changzhou	5529	1568	4047	7.10	38.91
苏　州	Suzhou	8400	2203	7838	9.79	40.19
南　通	Nantong	2230	748	2381	8.76	41.77
连云港	Lianyungang	2525	527	2882	7.51	36.95
淮　安	Huaian	2746	728	3155	2.66	37.12
盐　城	Yancheng	2067	543	2395	3.57	37.42
扬　州	Yangzhou	2501	1186	2705	10.26	40.37
镇　江	Zhenjiang	5110	1073	3330	10.52	38.72
泰　州	Taizhou	3366	407	1995	6.42	39.90
宿　迁	Suqian	1157	397	1344	2.58	39.53

城　市	City	园林绿地面积（公顷）Total Area of Park, Gardens and Green Areas (hectare)	公共绿地面积（公顷）Public Green Areas (hectare)	建成区绿化覆盖面积（公顷）Green Space In the Established District (hectare)	人均公共绿地面积（平方米）Per Capita Public Green Areas (sq. m)	建成区绿化覆盖率 Percentage of Green Space in the Established District (%)
杭　州	Hangzhou	10774	2564	11734	6.26	37.31
宁　波	Ningbuo	4076	1313	4501	6.15	37.32
温　州	Wengzhou	3134	818	3411	5.89	24.19
嘉　兴	Jiaxing	3307	433	2950	5.36	28.90
湖　州	Huzhou	2966	504	3426	4.67	37.79
绍　兴	Shaoxing	3149	876	3702	13.51	45.10
金　华	Jinhua	2095	623	2379	6.75	35.77
衢　州	Quzhou	1821	340	2061	4.23	40.14
舟　山	Zhoushan	2609	303	1782	4.38	34.40
台　州	Taizhou	1986	498	1983	3.35	17.24
丽　水	Lishui	455	194	599	5.18	23.62
合　肥	Hefei	5973	1415	6768	8.07	30.08
芜　湖	Wuhu	2723	632	3105	8.69	32.79
蚌　埠	Bengbu	4253	583	2179	6.44	27.94
淮　南	Huainan	3481	370	2459	2.26	26.73
马鞍山	Maanshan	4485	631	2776	10.35	42.06
淮　北	Huaibei	1841	674	1858	7.30	42.23
铜　陵	Tongling	1674	344	1812	8.04	50.33
安　庆	Anqing	6550	447	1991	6.12	38.29
黄　山	Huangshan	1568	246	1454	5.85	45.44
滁　州	Chuzhou	2110	100	185	1.95	5.00
阜　阳	Fuyang	1780	420	1611	2.24	9.48
宿　州	Suzhou	564	165	987	0.94	30.84
巢　湖	Chaohu	1198	253	1487	2.94	24.43
六　安	Liuan	1071	226	1567	1.26	22.39
亳　州	Buozhou	385	117	966	0.82	19.31
池　州	Chizhou	472	252	470	3.95	31.33
宣　城	Xuancheng	532	64	739	0.76	30.79
福　州	Fuzhou	5653	1412	5452	8.02	32.05
厦　门	Xiamen	4615	1305	4657	8.52	36.67
莆　田	Putian	1284	245	1172	1.20	36.63
三　明	Sanming	1102	204	854	7.19	42.50
泉　州	Quanzhou	2951	700	3219	6.98	51.92
漳　州	Zhangzhou	1893	498	1945	9.33	43.22
南　平	Nanping	648	137	707	2.80	35.10
龙　岩	Longyan	1032	236	1083	5.05	36.10
宁　德	Ningde	429	66	413	1.56	34.42
南　昌	Nanchang	4914	1566	5211	7.27	47.81
景德镇	Jingdezhen	1924	418	2030	9.51	42.29
萍　乡	Pingxiang	1689	409	1903	5.00	31.72
九　江	Jiujiang	6049	582	1730	9.84	36.04

3—7 续表 3 Continued 3

城市	City	园林绿地面积（公顷）Total Area of Park, Gardens and Green Areas (hectare)	公共绿地面积（公顷）Public Green Areas (hectare)	建成区绿化覆盖面积（公顷）Green Space In the Established District (hectare)	人均公共绿地面积（平方米）Per Capita Public Green Areas (sq. m)	建成区绿化覆盖率 Percentage of Green Space in the Established District (%)
新余	Xinyu	1891	405	1943	5.07	41.34
鹰潭	Yingtan	698	81	770	4.21	35.00
赣州	Ganzhou	1244	300	986	5.01	24.65
吉安	Jian	901	173	836	3.38	24.59
宜春	Yichun	1284	300	1241	3.00	41.37
抚州	Fuzhou	804	175	958	1.66	31.93
上饶	Shangrao	805	161	717	4.33	31.17
济南	Jinan	7859	2453	9315	7.05	39.14
青岛	Qingdao	11137	3132	6932	11.80	38.73
淄博	Zibuo	12630	1763	7287	6.40	38.30
枣庄	Zaozhuang	2495	622	3253	2.97	28.54
东营	Dongying	5114	1460	3063	17.93	36.04
烟台	Yantai	6347	1594	6770	9.04	39.36
潍坊	Weifang	4804	1020	4404	7.02	37.32
济宁	Jining	3998	524	2353	4.90	44.40
泰安	Taian	3493	1608	3839	10.01	41.10
威海	Weihai	3431	843	3699	13.90	45.11
日照	Rizhao	2168	845	2392	7.00	41.24
莱芜	Laiwu	2257	815	2144	6.55	38.98
临沂	Linyi	4528	1604	5056	8.30	36.11
德州	Dezhou	1594	521	1624	8.93	38.67
聊城	Liaocheng	1799	712	2061	6.95	36.62
滨州	Binzhou	840	317	990	5.05	19.04
菏泽	Heze	1546	410	1838	2.94	36.04
郑州	Zhengzhou	7567	2043	9144	7.99	34.90
开封	Kaifeng	1769	408	2105	4.92	28.06
洛阳	Luoyang	4342	1282	5067	8.56	38.00
平顶山	Pingdingshan	1571	555	1639	5.82	27.49
安阳	Anyang	1975	405	2518	3.93	34.49
鹤壁	Hebi	1276	334	1514	6.33	37.50
新乡	Xinxiang	2585	662	3140	7.55	40.90
焦作	Jiaozuo	2640	813	2982	10.02	39.66
濮阳	Puyang	1242	487	1409	9.10	40.14
许昌	Xuchang	1785	364	1955	9.30	42.68
漯河	Luohe	1494	610	1855	4.68	39.72
三门峡	Sanmenxi	595	320	673	11.23	25.21
南阳	Nanyang	1934	1014	2423	5.88	31.28
商丘	Shangqiu	1132	545	1296	3.42	23.14
信阳	Xinyang	1090	256	1315	1.86	28.59
周口	Zhoukou	1338	108	1086	2.55	27.15
驻马店	Zhumadian	912	142	1026	2.36	26.89

城　　市　City		园林绿地面积（公顷）Total Area of Park, Gardens and Green Areas (hectare)	公共绿地面积（公顷）Public Green Areas (hectare)	建成区绿化覆盖面积（公顷）Green Space In the Established District (hectare)	人均公共绿地面积（平方米）Per Capita Public Green Areas (sq. m)	建成区绿化覆盖率 Percentage of Green Space in the Established District (%)
武　　汉	Wuhan	7066	4106	8280	5.12	37.64
黄　　石	Huangshi	2140	694	2307	10.98	39.10
十　　堰	Shiyan	12325	429	2543	8.32	42.21
宜　　昌	Yichang	2494	702	2809	5.74	40.13
襄　　樊	Xiangfan	4341	886	3512	4.08	42.31
鄂　　州	Ezhou	1088	288	1438	2.76	31.26
荆　　门	Jinmen	1959	368	2282	5.70	44.75
孝　　感	Xiaogan	1585	243	1808	2.72	41.09
荆　　州	Jinmen	1549	480	1720	4.31	27.55
黄　　冈	Huanggang	709	391	840	10.51	31.11
咸　　宁	Xianning	546	272	832	4.81	26.84
随　　州	Suizhou	15529	420	2408	2.60	28.60
长　　沙	Changsha	6244	1381	5388	6.62	36.41
株　　洲	Zhuzhou	2689	636	2961	8.06	36.11
湘　　潭	Xiangtan	4293	577	2928	8.04	43.70
衡　　阳	Hengyang	3437	475	3209	4.93	34.51
邵　　阳	Haoyang	843	350	843	5.26	20.07
岳　　阳	Yueyang	2938	482	3110	5.05	39.87
常　　德	Changde	1967	455	2238	3.30	38.59
张 家 界	Zhangjiajie	1025	97	406	2.02	21.37
益　　阳	Yiyang	1349	266	1374	2.05	32.71
郴　　州	Chenzhou	1106	247	1287	3.78	37.19
永　　州	Yongzhou	1200	256	1453	2.38	34.60
怀　　化	Huaihua	1597	202	1035	5.21	32.34
娄　　底	Loudi	3446	220	1431	5.25	35.78
广　　州	Guangzhou	111931	6988	26741	11.32	36.38
韶　　关	Shaoguan	1792	665	1839	7.33	32.26
深　　圳	Shenzhen	97101	13326	27642	21.69	38.77
珠　　海	Zhuhai	4910	1866	4328	20.83	40.83
汕　　头	Hantou	5536	2506	5886	5.18	34.83
佛　　山	Fuoshan	5862	1295	4498	3.65	34.60
江　　门	Jiangmen	8285	806	4053	6.02	40.53
湛　　江	Zhanjiang	54429	1402	3079	9.67	43.99
茂　　名	Maoming	1283	314	1372	2.59	38.11
肇　　庆	Zhaoqing	4297	418	2115	8.64	37.77
惠　　州	Huizhou	2785	583	3034	5.09	32.43
梅　　州	Meizhou	900	295	990	9.60	28.29
汕　　尾	Shanwei	452	103	408	2.16	31.38
河　　源	Heyuan	867	221	856	7.61	65.85
阳　　江	Yangjiang	888	126	871	1.98	24.89
清　　远	Qingyuan	1192	135	1332	2.48	33.30

3—7 续表 5 Continued 5

城 市	City	园林绿地面积（公顷）Total Area of Park, Gardens and Green Areas (hectare)	公共绿地面积（公顷）Public Green Areas (hectare)	建成区绿化覆盖面积（公顷）Green Space In the Established District (hectare)	人均公共绿地面积（平方米）Per Capita Public Green Areas (sq. m)	建成区绿化覆盖率 Percentage of Green Space in the Established District (%)
东 莞	Dongguan	10298	3061	9436	4.67	14.52
中 山	Zhongshan	1185	262	1303	1.86	36.19
潮 州	Chaozhou	1472	610	1500	17.75	39.47
揭 阳	Jieyang	963	916	963	13.75	34.39
云 浮	Yunfu	618	138	698	4.85	38.78
南 宁	Nanning	5769	1320	5489	5.29	32.29
柳 州	Liuzhou	5445	1087	3376	11.02	32.17
桂 林	Guilin	2152	510	2337	6.94	40.29
梧 州	Wuzhou	1861	272	1065	5.60	35.90
北 海	Beihai	3550	131	1788	2.35	48.07
防 城 港	Fangchenggang	252	60	276	1.23	15.33
钦 州	Qinzhou	2278	165	1153	1.35	18.06
贵 港	Guigang	1141	338	1848	1.93	49.29
玉 林	Yulin	1235	476	1100	5.30	22.92
百 色	Baise	1128	127	1137	3.81	38.12
贺 州	Hezhou	842	121	927	1.30	27.28
河 池	Hechi	472	71	474	2.27	29.63
来 宾	Laibin	191	105	132	1.04	6.95
崇 左	Chongzuo	587	73	563	2.15	46.88
海 口	Haikou					
三 亚	Sanya	902	404	1018	7.89	50.90
重 庆	Chongqing	13689	3545	10978	3.44	22.31
成 都	Chengdu	13310	3841	14081	7.97	35.60
自 贡	Zigong	1389	317	1673	2.16	38.02
攀 枝 花	Panzhihua	1620	380	1747	5.61	41.60
泸 州	Luzhou	1876	501	1733	3.55	31.37
德 阳	Deyang	1172	306	1339	4.79	39.38
绵 阳	Mianyang	2213	606	2488	5.29	33.62
广 元	Guangyuan	1221	267	1238	2.95	21.79
遂 宁	Suining	886	381	1044	2.61	21.31
内 江	Neijiang	501	137	438	0.99	16.22
乐 山	Leshan	1495	431	1621	3.78	23.61
南 充	Nanchong	2020	594	1869	3.15	34.78
眉 山	Meishan	894	339	1132	4.11	25.16
宜 宾	Yibin	908	352	999	4.50	30.27
广 安	Guangan	1657	203	1090	1.65	25.95
达 州	Dazhou	623	173	354	4.42	17.70
雅 安	Yaan	1103	139	399	4.05	25.14
巴 中	Bazhong	391	110	451	0.85	28.54
资 阳	Ziyang	411	166	460	1.56	23.00
贵 阳	Guiyang	20714	1226	5286	5.94	40.98

3－7 续表 6　Continued 6

城　市	City	园林绿地面积（公顷）Total Area of Park, Gardens and Green Areas (hectare)	公共绿地面积（公顷）Public Green Areas (hectare)	建成区绿化覆盖面积（公顷）Green Space In the Established District (hectare)	人均公共绿地面积（平方米）Per Capita Public Green Areas (sq. m)	建成区绿化覆盖率 Percentage of Green Space in the Established District (%)
六盘水	Liupanshui	283	88	266	1.99	5.02
遵　义	Zunyi	2015	574	2257	7.02	45.14
安　顺	Anshun	368	54	422	0.67	15.63
昆　明	Kunming	5281	2218	5027	9.65	26.08
曲　靖	Qujing	728	101	427	1.55	3.95
玉　溪	Yuxi	678	190	725	4.72	38.16
保　山	Baoshan	473	127	180	1.48	10.00
昭　通	Shaotong	248	68	160	0.88	9.70
丽　江	Lijiang	235	73	377	4.99	18.85
思　茅	Simao	88	30	99	1.46	5.21
临　沧	Lincang	153	12	275	0.42	23.75
西　安	Xian	4876	1569	7021	2.94	30.43
铜　川	Tongchuan	1813	150	870	2.00	24.17
宝　鸡	Baoji	1680	737	2538	9.67	41.59
咸　阳	Xanyang	1587	560	2017	6.54	
渭　南	Weinan	603	91	804	0.99	24.36
延　安	Yanan	414	154	492	3.81	20.50
汉　中	Hanzhong	283	113	572	2.13	18.45
榆　林	Yulin	53	53	68	1.15	0.92
安　康	Ankang	680	182	890	1.92	33.21
商　洛	Shangluo	359	69	359	1.25	14.96
兰　州	Lanzhou	4977	1705	5630	8.43	34.97
嘉峪关	Jiayuguan	1104	271	1166	15.74	31.51
金　昌	Jinchang	619	141	676	6.70	22.89
白　银	Baiyin	905	248	1050	5.22	20.59
天　水	Tianshui	1142	346	1233	2.82	32.55
武　威	Wuwei	293	117	578	1.19	23.46
张　掖	Zhangye	408	95	486	1.89	21.39
平　凉	Pingliang	452	134	659	2.75	18.31
酒　泉	Jiuquan	548	145	808	4.16	28.15
庆　阳	Qingyang	216	16	203	0.49	15.62
定　西	Dingxi	145	56	115	1.21	5.31
陇　南	Longnan	54	10	9	0.18	1.41
西　宁	Xining	1784	498	1920	4.83	30.13
银　川	Yinchuan	3346	589	2294	7.45	24.15
石嘴山	Shizuishan	2598	335	1831	7.60	25.79
吴　忠	Wuzhong	168	75	195	2.13	10.26
固　原	Guyuan	613	132	660	2.76	20.63
中　卫	Zhongwei	107	76	140	2.18	8.24
乌鲁木齐	Wulumuqi	3972	809	4478	4.36	25.44
克拉玛依	Kelamayi	1572	234	1738	7.87	36.21

第四篇

价格指数

Price Indices

4—1—1 各种价格总指数(1951～2005年)

Price Indices(1951～2005)

(上年价格＝100) (preceding year＝100)

年份 Year	居民消费价格指数 Consumer Price Index			商品零售价格指数 Retail Price Index			农业生产资料价格指数 Price Indices of Agricultural Production	工业品出厂价格指数 Ex-Factory Price Indices of Industrial Products	原材料、燃料、动力购进价格指数 Purchasing Price Indices of Raw Material, Fuel and Power	固定资产投资价格指数 Investment in Fixed Assets Price Index
		城市居民消费价格指数 Urban Areas	农村居民消费价格指数 Rural Areas		城市商品零售价格指数 Urban Areas	农村商品零售价格指数 Rural Areas				
1951		112.5		112.2						
1952		102.7		99.6						
1953		105.1		103.4						
1954		101.4		102.3						
1955		100.3		101.0						
1956		99.9		100.0						
1957		102.6		101.5						
1958		98.9		100.2						
1959		100.3		100.9						
1960		102.5		103.1						
1961		116.1		116.2						
1962		103.8		103.8						
1963		94.1		94.1						
1964		96.3		96.3						
1965		98.8		97.3						
1966		98.8		99.7						
1967		99.4		99.3						
1968		100.1		100.1						
1969		101.0		98.9						
1970		100.0		99.8						
1971		99.9		99.3						
1972		100.2		99.8						
1973		100.1		100.6						
1974		100.7		100.5						
1975		100.4		100.2						
1976		100.3		100.3						
1977		102.7		102.0						
1978		100.7		100.7	102.5	100.1	99.9			
1979		101.9		102.0	101.9	102.0	100.4			
1980		107.5		106.0	108.1	104.4	101.0			
1981		102.5		102.4	102.7	102.1	101.7			
1982		102.0		101.9	102.1	101.7	101.9			
1983		102.0		101.5	101.9	101.2	103.0			
1984		102.7		102.8	102.5	103.0	108.9			
1985	109.3	111.9	107.6	108.8	112.2	107.0	104.8	108.7		
1986	106.5	107.0	106.1	106.0	107.0	105.0	101.1	103.8	109.5	
1987	107.3	108.8	106.2	107.3	109.1	106.3	107.0	107.9	111.0	
1988	118.8	120.7	117.5	118.5	121.3	117.1	116.2	115.0	120.2	
1989	118.0	116.3	119.3	117.8	116.0	118.8	118.9	118.6	126.4	
1990	103.1	101.3	104.5	102.1	100.2	103.2	105.5	104.1	105.6	
1991	103.4	105.1	102.3	102.9	104.5	102.0	102.9	106.2	109.1	109.5
1992	106.4	108.6	104.7	105.4	107.7	103.9	103.7	106.8	111.0	115.3
1993	114.7	116.1	113.7	113.2	114.2	112.6	114.1	124.0	135.1	126.6
1994	124.1	125.0	123.4	121.7	120.9	122.9	121.6	119.5	118.2	110.4
1995	117.1	116.8	117.5	114.8	113.5	116.4	127.4	114.9	115.3	105.9
1996	108.3	108.8	107.9	106.1	105.8	106.4	108.4	102.9	103.9	104.0
1997	102.8	103.1	102.5	100.8	100.8	100.7	99.5	99.7	101.3	101.7
1998	99.2	99.4	99.0	97.4	97.4	97.6	94.5	95.9	95.8	99.8
1999	98.6	98.7	98.5	97.0	97.0	97.1	95.8	97.6	96.7	99.6
2000	100.4	100.8	99.9	98.5	98.5	98.5	99.1	102.8	105.1	101.1
2001	100.7	100.7	100.8	99.2	98.9	99.6	99.1	98.7	99.8	100.4
2002	99.2	99.0	99.6	98.7	98.5	99.1	100.5	97.8	97.7	100.2
2003	101.2	100.9	101.6	99.9	99.6	100.5	101.4	102.3	104.8	102.2
2004	103.9	103.3	104.8	102.8	102.1	104.2	110.6	106.1	111.4	105.6
2005	101.8	101.6	102.2	100.8	100.5	101.4	108.3	104.9	108.3	101.6

* 1. 本表1985年前城市居民消费价格指数为职工生活费用价格总指数。

4－2－1 各种价格定基指数(1978～2005 年)
Fixed-base Price Indices(1978～2005)

年份 Year	居民消费价格指数 (1985=100) Consumer Price Index	城市居民消费价格指数 Urban Areas (1978=100)	农村居民消费价格指数 Rural Areas (1985=100)	商品零售价格指数 (1978=100) Retail Price Index	城市商品零售价格指数 Urban Areas (1978=100)	农村商品零售价格指数 Rural Areas (1978=100)	农业生产资料价格指数 Price Indices of Agricultural Production (1978=100)	工业品出厂价格指数 Ex-Factory Price Indices of Industrial Products (1985=100)	原材料、燃料、动力购进价格指数 Purchasing Price Indices of Raw Material, Fuel and Power (1990=100)	固定资产投资价格指数 Investment in Fixed Assets Price Index (1991=100)
1978		100.0		100.0	100.0	100.0	100.0			
1979		101.9		102.0	101.9	102.0	100.4			
1980		109.5		108.1	110.2	106.5	101.4			
1981		112.2		110.7	113.2	108.7	103.1			
1982		114.4		112.8	115.6	110.5	105.1			
1983		116.7		114.5	117.8	111.8	108.3			
1984		119.9		117.7	120.7	115.2	117.9			
1985	100.0	134.2	100.0	128.1	135.4	123.3	123.6	100.0		
1986	106.5	143.6	106.1	135.8	144.9	129.5	125.0	103.8		
1987	114.3	156.2	112.7	145.7	158.1	137.7	133.8	112.0		
1988	135.8	188.5	132.4	172.7	191.8	161.2	155.5	128.8		
1989	160.2	219.2	157.9	203.4	222.5	191.5	184.9	152.8		
1990	165.2	222.0	165.1	207.7	222.9	197.6	195.1	159.0	100.0	
1991	170.8	233.3	168.9	213.7	232.9	201.6	200.8	168.9	109.1	100.0
1992	181.7	253.4	176.8	225.2	250.8	209.5	208.2	180.4	121.1	115.3
1993	208.4	294.2	201.0	254.9	286.4	235.9	237.6	223.7	163.6	145.9
1994	258.6	367.8	248.0	310.2	346.3	289.9	288.9	267.3	193.4	161.1
1995	302.8	429.6	291.4	356.1	393.1	337.4	368.1	307.1	222.9	170.6
1996	327.9	467.4	314.4	377.8	415.9	359.0	399.0	316.0	231.6	177.4
1997	337.1	481.9	322.3	380.8	419.2	361.5	397.0	315.0	234.6	180.4
1998	334.4	479.0	319.1	370.9	408.3	352.8	375.2	302.1	224.7	180.0
1999	329.7	472.8	314.3	359.8	396.1	342.6	359.4	294.8	217.3	179.3
2000	331.0	476.6	314.0	354.4	390.2	337.5	356.2	303.1	228.4	181.3
2001	333.3	479.9	316.5	351.6	385.9	336.2	353.0	299.2	227.9	182.0
2002	330.6	475.1	315.2	347.0	380.1	333.2	354.8	292.6	222.7	182.4
2003	334.6	479.4	320.2	346.7	378.6	334.9	359.8	299.3	233.4	186.4
2004	347.7	495.2	335.6	356.4	386.6	349.0	397.9	317.6	260.0	196.8
2005	354.0	503.1	343.0	359.3	388.5	353.9	430.9	333.2	281.6	199.9

4—3—1 全国工业品出厂价格分类指数(1985～2005年)
Ex-factory Price Indices of Industrial Products(1985～2005)

年份 Year	全部工业品 Total Industry Products	轻工业 Light Industry	重工业 Heavy Industry	一、生产资料 Means of Production	01 采掘 Mining & Quarrying Industry	02 原料 Raw Materials Industry
1985	108.7	104.2	106.8			
1986	103.8	102.3	104.8	104.8	100.6	107.5
1987	107.9	108.0	107.5	107.8	114.1	106.9
1988	115.0	115.1	112.0	113.7	109.3	113.5
1989	118.6	118.8	118.5	118.9	114.2	116.4
1990	104.1	103.8	104.3	104.4	107.9	105.9
1991	106.2	102.3	108.2	108.0	112.8	111.8
1992	106.8	103.2	110.6	109.3	112.6	110.2
1993	124.0	109.7	136.9	133.7	146.5	140.4
1994	119.5	122.5	116.9	116.7	133.1	117.9
1995	114.9	119.1	111.3	113.6	119.7	113.6
1996	102.9	101.9	103.9	103.5	108.9	101.7
1997	99.7	98.6	100.4	99.7	105.5	100.0
1998	95.9	96.1	95.8	95.4	98.4	93.4
1999	97.6	96.1	98.7	98.3	104.5	98.2
2000	102.8	98.8	105.4	105.1	124.9	108.4
2001	98.7	98.4	98.9	98.8	100.1	99.7
2002	97.8	97.6	97.9	97.7	101.9	98.0
2003	102.3	99.3	105.4	103.6	113.3	106.7
2004	106.1	102.2	109.8	107.8	118.8	110.2
2005	104.9	100.7	109.1	106.8	125.8	109.8

年份 Year	03 加工 Manufacturing Industry	二、生活资料 Consumer Goods	01 食品 Food	02 衣着 Clothing	03 一般日用品 Articles for Daily Use	04 耐用消费品 Durable Consumer Goods
1985						
1986	103.6	102.2	102.5	102.0	103.5	100.1
1987	107.2	108.1	109.3	107.9	111.9	100.5
1988	114.7	117.2	116.2	120.5	120.4	106.0
1989	121.8	118.2	114.1	121.4	121.5	131.8
1990	102.5	103.6	101.3	107.3	103.0	99.3
1991	103.8	103.2	103.6	105.4	103.3	96.5
1992	107.4	103.2	106.4	100.8	102.8	101.7
1993	122.7	109.6	113.9	106.2	108.9	108.8
1994	111.1	123.8	123.4	136.4	112.3	108.4
1995	112.0	116.9	123.2	115.6	115.1	105.2
1996	104.1	102.1	104.7	100.5	102.9	97.7
1997	98.1	99.6	100.8	101.1	98.3	94.9
1998	96.8	96.9	98.9	96.2	96.7	94.0
1999	97.1	96.4	97.4	96.1	96.0	95.6
2000	98.6	97.8	96.0	100.6	98.0	96.4
2001	98.1	98.5	100.5	99.0	98.3	95.3
2002	96.9	97.9	99.7	98.8	97.9	94.7
2003	100.2	98.9	100.9	99.8	99.5	95.6
2004	104.8	101.2	105.2	100.9	101.9	96.2
2005	102.2	99.8	100.9	100.8	101.9	98.8

4－3－2 全国按部门分工业品出厂价格指数(1985～2005 年)
Ex-factory Price Indices of Industrial Products by Branch(1985～2005)

年份 Year	01 冶金工业 Metallurgical Industry	02 电力工业 Power Industry	03 煤炭及炼焦工业 Coal Industry	04 石油工业 Petroleum Industry	05 化学工业 Chemical Industry	06 机械工业 Machine Building Industry	07 建筑材料工业 Building Materials Industry	08 森林工业 Timber Industry
1985	114.3	103.4	117.6	107.2	102.9	111.8	115.4	114.9
1986	107.4	102.4	96.8	104.6	102.9	102.8	113.7	107.1
1987	107.0	103.1	102.8	104.0	112.2	104.9	105.6	144.9
1988	115.4	101.7	110.6	106.8	120.4	111.8	113.4	119.6
1989	121.0	105.9	112.2	108.4	119.4	121.2	123.6	115.7
1990	110.3	107.4	106.2	107.1	101.6	102.8	99.6	94.6
1991	114.2	116.9	113.1	118.8	102.4	102.8	106.1	100.4
1992	114.2	108.8	116.1	115.3	102.7	106.6	111.1	105.9
1993	157.7	135.9	139.7	171.3	108.3	119.7	142.8	131.8
1994	106.8	139.5	122.2	148.7	115.4	109.5	107.6	106.9
1995	105.5	109.5	111.3	121.2	126.2	106.3	106.4	99.5
1996	97.7	113.1	113.7	104.6	103.4	101.6	104.3	98.2
1997	97.3	114.0	108.0	107.4	95.5	98.1	99.6	99.3
1998	93.1	105.5	96.6	93.0	92.9	97.0	96.6	95.4
1999	95.8	100.9	94.8	109.6	96.5	97.0	97.7	100.1
2000	103.3	102.4	98.1	144.3	101.0	97.4	99.6	99.2
2001	98.6	102.3	106.5	99.1	97.1	96.8	99.0	99.6
2002	97.6	100.8	111.6	95.2	97.6	96.2	97.8	98.6
2003	106.8	100.9	107.0	115.6	102.3	97.0	99.6	99.3
2004	116.9	102.4	115.9	114.2	107.7	99.4	103.5	102.1
2005	106.8	104.2	118.2	122.4	106.8	99.3	100.7	101.9

年份 Year	09 食品工业 Food Industry	10 纺织工业 Textile Industry	11 缝纫工业 Tailoring Industry	12 皮革工业 Leather Industry	13 造纸工业 Paper Industry	14 文教艺术用品工业 Cultural, Educational & Handicrafts Articles	15 其它工业 Other Industry
1985	105.5	104.3	105.1	112.1	113.7	103.2	
1986	102.5	102.6	100.0	101.7	105.7	99.6	109.1
1987	109.4	108.3	109.6	102.9	112.1	119.9	110.0
1988	116.3	122.3	116.2	114.4	120.7	112.1	122.3
1989	114.3	122.4	118.9	118.3	123.0	111.0	118.8
1990	101.0	107.2	109.1	106.3	102.3	107.3	104.7
1991	103.3	104.1	109.0	109.0	102.9	105.8	102.1
1992	106.2	99.3	100.8	112.8	102.7	102.3	109.6
1993	113.5	103.8	117.9	111.8	108.9	110.6	119.1
1994	123.4	136.8	116.1	121.9	106.6	109.1	119.1
1995	123.4	117.3	116.5	121.7	144.5	111.4	124.8
1996	104.2	96.0	108.2	111.3	116.1	101.5	108.5
1997	99.6	98.0	103.9	98.3	94.5	100.0	108.8
1998	98.6	94.1	97.7	98.3	94.1	94.4	102.8
1999	96.7	96.0	98.0	96.8	95.9	93.6	99.9
2000	95.8	104.7	99.4	100.2	99.9	99.2	102.1
2001	100.5	98.7	99.2	100.8	99.7	97.9	104.5
2002	99.6	94.7	98.7	99.3	97.9	97.4	101.7
2003	101.1	102.2	99.9	99.8	98.7	98.6	101.9
2004	106.5	104.7	101.1	101.0	101.3	99.8	103.9
2005	100.9	100.3	100.5	102.5	101.4	100.3	103.4

4—3—3 全国按行业分工业品出厂价格指数(1985～2005年)
Ex-factory Price Indices of Industrial Products by Sector(1985～2005)

年份 Year	1 煤炭开采和洗选业 Mining and Washing of Coal	2 石油和天然气开采业 Extraction of Petroleum and Natural Gas	3 黑色金属矿采选业 Mining and Processing of Ferrous Metal Ores	4 有色金属矿采选业 Mining and Processing of Non-Ferrous Metal Ores	5 非金属矿采选业 Mining and Processing of Nonmetal Ores
1985	114. 2	133. 3	123. 2	114. 3	105. 6
1986	96. 9	104. 9	99. 3	115. 8	112. 3
1987	100. 8	102. 2	99. 8	146. 4	104. 1
1988	106. 6	104. 3	102. 9	102. 9	106. 4
1989	110. 9	112. 5	112. 2	118. 2	121. 0
1990	105. 6	115. 2	118. 1	111. 4	123. 0
1991	113. 3	121. 9	129. 0	103. 3	102. 1
1992	113. 9	110. 4	111. 1	101. 5	107. 1
1993	140. 2	183. 9	128. 6	108. 1	124. 0
1994	121. 9	173. 4	114. 2	111. 6	111. 3
1995	111. 5	136. 5	103. 2	146. 0	110. 3
1996	113. 9	110. 2	100. 6	91. 8	111. 1
1997	107. 2	106. 1	100. 4	96. 0	102. 1
1998	95. 9	100. 5	98. 4	90. 2	102. 3
1999	94. 3	118. 1	101. 1	94. 9	97. 0
2000	97. 6	160. 0	93. 5	104. 8	97. 4
2001	106. 9	95. 4	101. 6	99. 5	99. 1
2002	113. 0	94. 6	100. 9	100. 8	100. 5
2003	103. 8	119. 1	110. 4	107. 2	100. 2
2004	116. 8	119. 6	145. 3	117. 6	105. 8
2005	123. 2	129. 9	112. 3	119. 6	109. 4

年份 Year	6 其他采矿业 Mining of Other Ores	7 农副食品加工业 Processing of Food from Agricultural Products	8 食品制造业 Manufacture of Foods	9 饮料制造业 Manufacture of Beverages	10 烟草制品业 Manufacture of Tobacco
1985			113. 9	115. 0	125. 1
1986			104. 3	94. 5	97. 3
1987			107. 3	129. 3	105. 4
1988			110. 6	108. 6	107. 5
1989			118. 3	116. 6	102. 4
1990			100. 2	102. 1	100. 6
1991			102. 8	100. 8	102. 1
1992			107. 6	100. 4	105. 0
1993			115. 1	110. 6	110. 6
1994			131. 6	117. 7	103. 1
1995			128. 9	118. 5	109. 2
1996			103. 1	100. 0	108. 0
1997			98. 7	102. 3	101. 0
1998			98. 2	98. 9	101. 1
1999			95. 1	98. 3	104. 4
2000			93. 6	98. 7	101. 9
2001			100. 4	99. 3	102. 1
2002			98. 6	99. 2	103. 5
2003		103. 1	99. 7	99. 2	100. 6
2004		113. 9	102. 9	100. 6	101. 1
2005		101. 1	101. 5	100. 6	100. 9

注:其他采矿业的基础数据收集不到。

	11 纺织业 Manufacture of Textile	12 纺织服装、鞋、帽制造业 Manufacture of Textile Wearing Apparel, Footware, and Caps	13 皮革、毛皮、羽毛（绒）及其制品业 Manufacture of Leather, Fur, Feather and Related Products	14 木材加工及木、竹、藤、棕、草制品业 Processing of Timber, Manufacture of Wood, Bamboo, Rattan, Palm, and Straw Products	15 家具制造业 Manufacture of Furniture
1985	93.7	92.3	111.5	119.4	102.0
1986	102.6	100.0	101.7	99.1	120.2
1987	107.2	106.6	104.0	130.2	113.9
1988	121.0	112.6	112.4	128.3	109.5
1989	122.2	118.9	118.3	114.9	118.2
1990	107.9	102.8	106.3	95.1	106.1
1991	104.6	106.9	109.0	120.7	99.4
1992	100.3	104.9	109.7	104.6	103.3
1993	103.9	117.9	111.8	142.0	123.6
1994	139.9	116.1	121.9	95.4	115.7
1995	114.7	116.5	121.7	98.4	108.1
1996	98.1	108.2	111.3	94.5	106.2
1997	99.8	103.9	101.2	95.4	100.1
1998	95.8	97.7	98.3	89.6	100.1
1999	95.3	97.9	96.8	99.1	95.2
2000	103.2	99.4	100.2	98.6	99.1
2001	98.7	99.2	100.8	98.7	99.8
2002	94.7	98.7	99.4	96.8	98.9
2003	101.8	99.8	99.7	99.1	99.6
2004	104.3	100.7	100.9	102.2	101.8
2005	100.5	99.8	102.5	101.8	102.7

	16 造纸及纸制品业 Manufacture of Paper and Paper Products	17 印刷业和记录媒介的复制 Printing, Reproduction of Recording Media	18 文教体育用品制造业 Manufacture of Articles For Culture, Education and Sport Activity	19 石油加工、炼焦及核燃料加工业 Processing of Petroleum, Coking, Processing of Nuclear Fuel	20 化学原料及化学制品制造业 Manufacture of Raw Chemical Materials and Chemical Products
1985	104.8		99.4	121.2	105.2
1986	105.7		92.6	197.4	110.7
1987	110.7		116.1	102.3	111.5
1988	120.6		107.8	103.4	121.8
1989	123.0		111.0	105.9	120.3
1990	104.6		107.3	102.1	104.1
1991	101.6		103.7	116.9	101.2
1992	103.6		105.3	121.4	104.3
1993	108.9		110.3	163.9	110.9
1994	106.6		109.0	134.4	116.4
1995	144.5		120.9	112.4	129.7
1996	116.1		103.3	101.3	104.8
1997	94.5		102.4	108.2	95.7
1998	94.1		97.6	88.7	92.2
1999	95.5		92.8	104.6	97.3
2000	99.9		98.6	134.6	102.9
2001	99.7		98.5	102.2	97.6
2002	97.9		95.7	95.8	98.9
2003	98.7	97.6	100.2	114.7	103.4
2004	101.3	98.1	102.2	112.2	110.2
2005	101.4	99.6	102.0	118.4	108.5

	21 医药制造业 Manufacture of Medicines	22 化学纤维制造业 Manufacture of Chemical Fibers	23 橡胶制品业 Manufacture of Rubber	24 塑料制品业 Manufacture of Plastics	25 非金属矿物制品业 Manufacture of Non-metallic Mineral Products
1985	90.1	83.2	96.3	92.5	120.5
1986	109.4	111.8	98.5	101.6	113.7
1987	113.5	101.0	103.5	110.5	104.0
1988	116.9	109.3	111.0	130.7	113.6
1989	117.5	125.7	124.4	110.5	124.1
1990	97.4	99.9	108.8	92.0	97.9
1991	96.0	99.7	106.3	106.2	103.5
1992	101.0	96.0	101.5	101.6	112.2
1993	103.5	103.4	102.1	105.1	143.8
1994	116.5	115.5	112.7	111.6	107.2
1995	122.1	135.1	122.5	131.0	106.3
1996	99.0	81.4	105.1	98.9	104.0
1997	93.2	88.1	98.9	96.2	99.3
1998	96.1	84.8	94.1	93.8	96.1
1999	95.9	99.4	94.4	96.5	97.8
2000	93.7	115.3	97.1	102.0	99.8
2001	97.9	91.2	97.9	98.9	99.2
2002	98.3	93.3	97.7	96.1	97.8
2003	98.8	104.5	100.0	99.8	99.6
2004	97.8	108.1	101.0	106.5	103.3
2005	101.6	104.7	104.5	105.5	100.6

	26 黑色金属冶炼及压延加工业 Smelting and Pressing of Ferrous Metals	27 有色金属冶炼及压延加工业 Smelting and Pressing of Non-ferrous Metals	28 金属制品业 Manufacture of Metal Products	29 通用设备制造业 Manufacture of General Purpose Machinery	30 专用设备制造业 Manufacture of Special Purpose Machinery
1985	124.8	105.2	103.5		104.6
1986	100.3	110.7	114.3		108.6
1987	105.8	112.6	108.0		103.7
1988	112.7	117.8	114.1		108.9
1989	119.5	127.8	121.6		117.2
1990	111.3	105.6	102.6		105.4
1991	117.8	102.5	106.1		102.5
1992	117.5	113.1	108.4		108.3
1993	173.8	118.5	134.8		123.8
1994	104.6	112.2	109.1		111.7
1995	95.1	129.9	102.4		106.3
1996	100.1	91.2	100.1		102.5
1997	97.4	95.1	100.0		99.0
1998	94.8	89.2	96.5		98.2
1999	93.9	99.7	94.6		97.6
2000	101.2	111.6	98.7		98.4
2001	100.3	93.6	98.2		98.8
2002	98.5	95.4	97.4		98.5
2003	110.1	105.1	100.4	99.8	99.6
2004	118.9	118.9	107.4	103.1	101.8
2005	104.7	111.7	104.0	101.8	101.8

	31 交通运输设备制造业 Manufacture of Transport Equipment	32 电气机械及器材制造业 Manufacture of Electrical Machinery and Equipment	33 通信设备、计算机及其他电子设备制造业 Manufacture of Communication Equipment, Computers and Other Electronic Equipment	34 仪器仪表及文化、办公用机械制造业 Manufacture of Measuring Instruments and Machinery for Cultural Activity and Office Work
1985	109.3	98.4	86.1	93.9
1986	88.4	108.0	96.0	106.1
1987	108.8	103.8	99.4	123.3
1988	105.9	122.9	104.5	115.9
1989	114.6	139.2	109.2	126.3
1990	102.5	99.2	98.5	103.8
1991	109.7	94.1	96.9	100.1
1992	108.7	103.8	100.1	101.3
1993	121.0	111.3	103.5	108.9
1994	106.4	108.8	108.9	105.3
1995	104.8	108.3	108.7	109.4
1996	103.2	103.3	95.9	100.6
1997	99.1	99.2	92.4	98.6
1998	98.8	98.8	90.4	100.1
1999	99.4	95.9	95.3	100.1
2000	98.7	97.2	95.2	99.0
2001	97.4	97.3	94.2	98.7
2002	96.8	96.5	93.1	97.9
2003	97.9	97.9	93.7	97.3
2004	98.2	103.7	95.1	98.5
2005	98.9	103.2	95.3	98.7

	35 工艺品及其他制造业 Manufacture of Artwork and Other Manufacturing	36 废弃资源和废旧材料回收加工业 Recycling and Disposal of Waste	37 电力、热力的生产和供应业 Production and Distribution of Electric Power and Heat Power	38 燃气生产和供应业 Production and Distribution of Gas	39、水的生产和供应业 Production and Distribution of Water
1985	102.3		107.4	126.8	110.2
1986	98.9		100.4	128.8	107.7
1987	102.7		108.3	106.1	102.7
1988	108.2		101.6	118.0	114.3
1989	117.6		105.9	124.2	104.0
1990	97.7		107.4	111.1	112.8
1991	102.3		116.9	111.3	116.2
1992	99.4		107.4	107.1	117.7
1993	110.8		136.0	136.7	132.4
1994	109.2		139.5	124.2	124.3
1995	106.3		109.5	110.5	118.1
1996	100.6		113.1	112.3	125.1
1997	97.9		114.0	113.6	131.8
1998	91.7		105.5	101.5	106.5
1999	94.3		100.9	98.0	115.8
2000	100.0		102.4	100.9	108.5
2001	96.5		102.3	104.6	107.6
2002	101.2		100.8	104.4	106.2
2003	102.1	111.5	100.9	103.3	105.3
2004	105.7	116.9	102.4	102.5	104.1
2005	103.9	105.3	104.2	105.2	104.0

4－3－4　全国主要产品工业品出厂价格指数(1993～2005 年)
Main Ex-factory Price Indices of Industrial Products(1993～2005)

(上年＝100)　　(preceding year＝100)

年份 Year	原煤(无烟煤) Coal	原油 Crude Oil	木材(普通锯材) Wood	水泥(普通硅酸盐水泥(回转窑)) Cement	钢材(普通大型钢材) Rolled Steel	生铁 Pig Iron	汽油 Gasoline	重油 Heavy Oil
1993	136.8	184.9	136.9	151.3	252.2	210.3	165.4	157.2
1994	123.1	168.6	99.2	106.9	114.8	108.4	125.9	128.1
1995	113.7	129.9	106.6	100.2	83.9	93.6	113.1	112.8
1996	112.9	110.3	97.2	104.3	91.8	97.1	100.1	106.2
1997	108.6	104.9	99.2	94.4	95.2	96.3	104.8	112.3
1998	100.8	96.5	118.2	99.5	96.5	99.6	99.5	97.7
1999	91.3	120.3	98.5	99.2	94.2	93.3	103.0	108.9
2000	97.3	174.8	99.3	98.2	92.4	98.8	130.5	136.3
2001	102.7	89.9	99.3	99.8	97.4	99.5	89.6	92.9
2002	119.2	94.1	100.1	99.5	95.1	101.2	96.3	96.2
2003	103.9	119.8	101.0	100.1	113.0	122.9	117.1	120.7
2004	118.5	120.3	101.6	104.6	119.3	131.7	111.0	102.5
2005	129.9	131.1	104.5	99.9	101.5	103.7	121.2	120.0

4-3-5 各地区工业品出厂价格总指数(1987～2005年)

Ex-factory Price Indices of Industrial Products by Region(1987～2005)

(上年=100) (preceding year=100)

地 区 Region	1987	1988	1989	1990	1991	1992	1993	1994	1995	1996
全 国 National	**107.9**	**115.0**	**118.6**	**104.1**	**106.2**	**106.8**	**124.0**	**119.5**	**114.9**	**102.9**
北 京 Beijing				107.9	105.8	107.8	128.3	111.8	116.7	103.2
天 津 Tianjin						105.2	126.3	120.4	110.2	102.8
河 北 Hebei						108.6	129.1	119.1	111.4	101.1
山 西 Shanxi				106.4	106.8	114.2	132.5	120.1	113.5	106.4
内蒙古 Inner Mongolia	107.9	110.7	121.5	105.2	108.7	109.8	133.2	112.1	109.1	101.7
辽 宁 Liaoning		122.4	121.2	103.8	119.2	111.8	138.4	119.9	109.9	102.1
吉 林 Jilin		112.9	121.5	104.5	106.4	111.4	127.9	115.7	115.0	103.8
黑龙江 Heilongjiang						111.6	141.3	127.7	116.0	104.6
上 海 Shanghai						111.4	128.1	118.1	111.5	98.6
江 苏 Jiangsu					103.2	103.6	118.5	121.4	114.1	100.7
浙 江 Zhejiang				100.4	101.8	104.8	117.3	117.5	112.3	99.5
安 徽 Anhui						108.7	125.3	120.9	117.1	101.6
福 建 Fujian						102.7	117.1	116.9	115.7	101.8
江 西 Jiangxi							115.3	124.7	114.8	104.1
山 东 Shandong			123.8	104.7	103.0	109.5	123.0	124.2	117.0	104.2
河 南 Henan			119.7	105.5	104.3	106.2	118.1	124.1	115.0	104.1
湖 北 Hubei			116.7	109.0	108.1	111.0	126.3	126.2	113.1	102.7
湖 南 Hunan			118.1	100.6	104.7	111.1	128.9	117.6	121.4	105.7
广 东 Guangdong							124.1	126.0	112.3	101.8
广 西 Guangxi	106.4			101.5	103.3	112.5	121.1	118.8	117.2	102.6
海 南 Hainan										
重 庆 Chongqing				103.4	105.1	117.2	118.4	113.4	112.4	104.1
四 川 Sichuan			117.9	103.5	105.9	106.1	127.4	114.7	112.2	102.2
贵 州 Guizhou						101.6	118.1	113.3	113.1	104.9
云 南 Yunnan					106.3	105.3	125.0	116.7	110.2	101.4
西 藏 Tibet										
陕 西 Shaanxi						107.9	119.8	119.9	112.6	104.2
甘 肃 Gansu			122.0	110.7	104.2	112.1	125.3	121.2	114.9	104.4
青 海 Qinghai			112.7	109.5	108.7	102.6	124.4	124.9	114.6	106.7
宁 夏 Ningxia										
新 疆 Xinjiang						107.5	126.2	118.4	117.2	104.9

4－3－5 续表 Continued

(上年＝100) (Preceding year＝100)

地 区 Region	1997	1998	1999	2000	2001	2002	2003	2004	2005
全 国 National	**99.7**	**95.9**	**97.6**	**102.8**	**98.7**	**97.8**	**102.3**	**106.1**	**104.9**
北 京 Beijing	100.6	95.1	97.8	102.5	99.4	96.6	101.5	103.0	101.3
天 津 Tianjin	98.3	94.7	96.4	102.8	95.9	95.9	102.5	104.1	100.1
河 北 Hebei	98.8	94.4	95.9	105.3	99.9	99.4	107.1	111.6	104.4
山 西 Shanxi	102.2	97.5	95.3	100.9	100.3	103.6	112.2	116.1	110.2
内蒙古 Inner Mongolia	101.5	98.0	100.4	102.8	100.1	99.3	103.2	105.1	105.1
辽 宁 Liaoning	100.1	95.8	102.0	108.8	98.6	97.8	103.6	107.1	105.1
吉 林 Jilin	101.4	96.9	100.1	105.1	100.3	98.6	102.5	105.0	104.3
黑龙江 Heilongjiang	102.3	97.7	107.4	122.9	95.9	97.8	111.9	113.1	116.7
上 海 Shanghai	98.9	93.9	97.6	102.5	96.7	96.4	101.4	103.6	101.7
江 苏 Jiangsu	97.9	94.5	96.1	101.1	99.1	97.6	102.3	106.5	102.6
浙 江 Zhejiang	99.2	96.0	96.8	101.1	98.3	96.9	100.6	105.0	102.3
安 徽 Anhui	99.4	96.4	92.9	98.9	98.6	99.8	103.5	108.2	103.3
福 建 Fujian	100.3	95.7	96.6	100.5	98.1	97.2	100.7	102.6	100.2
江 西 Jiangxi	101.7	98.4	96.1	101.0	98.1	98.5	104.0	109.7	108.8
山 东 Shandong	101.1	96.0	97.2	105.9	99.1	98.8	103.5	106.4	103.7
河 南 Henan	100.6	95.3	95.4	104.0	100.5	98.6	105.0	110.2	106.1
湖 北 Hubei	98.6	96.2	97.8	101.7	99.0	98.2	103.5	105.7	104.5
湖 南 Hunan	99.2	95.9	98.5	102.9	99.8	99.2	102.6	108.0	106.0
广 东 Guangdong	100.1	94.8	97.7	103.4	98.5	96.5	99.3	101.7	101.5
广 西 Guangxi	97.7	95.4	95.6	105.5	106.3	95.6	102.8	109.7	104.9
海 南 Hainan						98.7	99.5	100.0	99.5
重 庆 Chongqing	98.0	94.6	97.7	98.6	98.1	97.6	100.6	103.3	103.0
四 川 Sichuan	101.2	97.3	97.0	98.1	100.4	97.7	100.5	105.4	104.0
贵 州 Guizhou	101.2	98.2	99.7	100.4	102.2	98.9	103.4	108.0	107.2
云 南 Yunnan	100.7	97.2	98.2	101.2	99.9	98.2	101.4	108.8	104.5
西 藏 Tibet									
陕 西 Shaanxi	103.7	96.6	97.9	101.5	100.4	100.7	105.7	107.3	110.4
甘 肃 Gansu	104.9	95.2	98.1	107.2	98.5	97.9	110.0	114.3	109.6
青 海 Qinghai	104.3	100.7	102.8	108.1	93.7	97.6	105.5	111.2	110.2
宁 夏 Ningxia	100.3	97.7	98.4	103.6	100.3	99.7	103.9	110.0	106.2
新 疆 Xinjiang	104.9	95.8	100.2	129.4	96.3	97.3	115.1	116.4	116.6

4－3－6 各地区工业品出厂价格分类指数(2005 年)

Ex-factory Price Indices of Industrial Products by Region(2005)

(上年＝100) (preceding year＝100)

地 区 Region	全部工业品 Total Industry Products	轻工业 Light Industry	1. 以农产品为原料 Processing of Agricultural products	2. 以非农产品为原料 Processing of Nonagricultural products	重工业 Heavy Industry	1. 采掘 Mining & Quarrying Industry	2. 原料 Raw Materials Industry	3. 加工 Manufacturing Industry	生产资料 Means of Production
全 国 National	**104.9**	**100.7**	**101.1**	**100.5**	**109.1**	**125.9**	**110.1**	**103.0**	**106.8**
北 京 Beijing	101.3	98.7	100.6	98.1	103.3	139.6	112.2	97.8	101.9
天 津 Tianjin	100.1	98.2	98.9	98.0	101.5	131.0	108.1	92.9	101.0
河 北 Hebei	104.4	100.7	99.8	101.6	107.1	122.9	106.2	103.0	105.2
山 西 Shanxi	110.2	102.4	100.4	103.9	111.3	127.3	106.4	104.4	110.6
内蒙古 Inner Mongolia	105.1	102.1	101.7	103.0	107.0	117.1	106.6	101.0	106.5
辽 宁 Liaoning	105.1	101.7	100.0	102.7	107.3	119.0	107.5	103.6	106.5
吉 林 Jilin	104.3	101.9	101.9	101.9	105.5	138.4	105.1	99.4	106.7
黑龙江 Heilongjiang	116.7	100.4	99.8	101.8	122.1	140.1	113.6	102.9	121.0
上 海 Shanghai	101.7	100.6	100.4	100.7	102.3	124.5	109.7	99.9	103.2
江 苏 Jiangsu	102.6	100.3	100.9	100.1	105.4	121.6	109.7	102.1	103.2
浙 江 Zhejiang	102.3	101.6	101.2	101.9	103.0	116.7	105.7	101.6	102.8
安 徽 Anhui	103.3	99.1	99.5	98.6	106.3	112.6	111.3	101.4	104.9
福 建 Fujian	100.2	98.4	100.5	97.4	104.7	123.4	107.8	100.9	100.9
江 西 Jiangxi	108.8	99.2	100.6	98.0	113.3	145.5	115.6	104.2	110.8
山 东 Shandong	103.7	100.8	100.3	101.3	107.3	120.8	107.5	102.3	105.1
河 南 Henan	106.1	102.6	101.1	104.4	109.2	125.6	107.1	104.2	107.3
湖 北 Hubei	104.5	100.9	100.5	101.4	106.5	120.6	109.8	102.9	105.9
湖 南 Hunan	106.0	101.8	101.4	102.5	108.7	132.9	110.8	102.6	107.4
广 东 Guangdong	101.5	99.8	101.3	99.4	105.1	128.6	107.4	101.2	102.5
广 西 Guangxi	104.9	105.8	107.5	101.8	104.2	126.5	105.2	101.5	104.0
海 南 Hainan	99.5	101.0	101.2	100.8	97.9	115.4	102.9	93.7	106.4
重 庆 Chongqing	103.0	101.6	101.4	101.6	104.1	122.9	107.7	101.8	104.0
四 川 Sichuan	104.0	101.3	102.4	99.7	106.2	113.4	106.5	104.6	105.5
贵 州 Guizhou	107.2	101.3	101.0	102.0	110.9	144.1	109.5	103.0	109.8
云 南 Yunnan	104.5	101.2	100.9	102.3	107.4	120.9	106.6	105.6	106.8
西 藏 Tibet									
陕 西 Shaanxi	110.4	101.1	101.0	101.2	113.3	119.5	110.7	108.1	112.1
甘 肃 Gansu	109.6	102.2	100.6	104.3	112.0	118.8	112.5	102.4	110.9
青 海 Qinghai	110.2	101.0	102.1	100.2	111.7	130.8	100.3	103.6	111.1
宁 夏 Ningxia	106.2	102.5	104.1	100.7	107.5	123.8	108.7	99.4	106.5
新 疆 Xinjiang	116.6	99.6	98.4	101.9	122.5	136.2	114.2	104.1	118.4

(上年=100) (preceding year=100)

地 区 Region	01 采掘 Mining & Quarrying Industry	02 原料 Raw Materials Industry	03 加工 Manufacturing Industry	生活资料 Consumer Goods	01 食品 Food	02 衣着 Clothing	03 一般日用品 Articles for Daily Use	04 耐用消费品 Durable Consumer Goods
全 国 National	**125.8**	**109.8**	**102.2**	**99.8**	**100.9**	**100.8**	**101.9**	**98.8**
北 京 Beijing	148.0	110.4	97.9	99.1	101.0	101.7	101.5	95.0
天 津 Tianjin	130.4	107.4	95.4	97.3	98.3	98.0	101.0	95.1
河 北 Hebei	122.9	105.2	102.0	100.6	100.4	100.5	102.0	101.0
山 西 Shanxi	127.1	104.7	103.7	102.8	102.1	100.6	105.6	105.9
内蒙古 Inner Mongolia	120.1	104.8	102.1	100.9	100.9	100.9	102.7	96.6
辽 宁 Liaoning	119.1	107.2	103.7	99.7	99.8	99.6	100.0	99.6
吉 林 Jilin	138.3	105.0	101.5	99.6	102.2	100.9	101.4	97.0
黑龙江 Heilongjiang	139.8	112.7	103.7	98.6	99.2	97.2	102.0	93.4
上 海 Shanghai	124.5	109.8	100.9	98.7	100.6	101.4	100.7	95.7
江 苏 Jiangsu	121.9	108.9	100.9	100.5	99.9	102.9	101.2	98.2
浙 江 Zhejiang	116.7	107.2	101.1	101.1	99.8	101.3	101.6	101.7
安 徽 Anhui	113.0	111.1	100.5	98.9	99.6	100.3	101.8	96.7
福 建 Fujian	123.4	107.5	98.4	99.1	98.4	101.7	101.3	93.0
江 西 Jiangxi	142.2	115.1	101.7	100.5	100.3	100.7	101.6	99.7
山 东 Shandong	120.4	107.0	101.8	100.1	100.0	101.2	102.3	97.7
河 南 Henan	123.6	106.3	103.3	101.9	102.1	102.8	101.7	99.7
湖 北 Hubei	120.5	109.6	103.0	99.4	101.2	101.5	100.7	92.5
湖 南 Hunan	132.4	110.6	102.5	101.2	101.2	103.5	100.9	100.7
广 东 Guangdong	128.6	107.2	100.3	99.7	101.9	100.5	101.6	97.5
广 西 Guangxi	126.5	105.4	101.9	106.8	109.6	105.0	102.9	94.2
海 南 Hainan	115.4	103.0	107.3	93.2	98.1	101.3	105.4	85.9
重 庆 Chongqing	127.7	106.1	102.2	100.5	101.6	103.5	101.6	99.7
四 川 Sichuan	114.5	105.9	104.0	100.1	102.2	101.5	102.0	90.1
贵 州 Guizhou	144.0	109.4	103.1	100.5	100.8	102.1	99.9	97.2
云 南 Yunnan	120.9	106.6	104.8	100.6	100.8	101.3	98.5	102.8
西 藏 Tibet								
陕 西 Shaanxi	119.7	110.2	106.0	101.5	102.3	103.1	100.0	97.3
甘 肃 Gansu	118.3	112.5	103.1	101.0	100.7	103.2	101.9	100.4
青 海 Qinghai	130.7	100.3	102.8	101.8	102.1	98.5	103.9	105.8
宁 夏 Ningxia	128.6	106.2	100.6	103.4	104.9	98.8	102.7	99.6
新 疆 Xinjiang	136.0	114.3	100.4	101.3	101.7	96.4	101.1	99.2

4—3—7 各地区按部门分工业品出厂价格指数(2005年)

Ex-factory Price Indices of Industrial Products by Branch and Region(2005)

(上年=100) (preceding year=100)

地 区 Region	01 冶金工业 Metallurgical Industry	02 电力工业 Power Industry	03 煤炭及炼焦工业 Coal Industry	04 石油工业 Petroleum Industry	05 化学工业 Chemical Industry	06 机械工业 Machine Building Industry	07 建筑材料工业 Building Materials Industry	08 森林工业 Timber Industry
全 国 National	**106.8**	**104.2**	**118.2**	**122.4**	**106.8**	**99.3**	**100.7**	**101.9**
北 京 Beijing	95.2	105.4	132.4	118.3	105.3	97.7	100.3	99.3
天 津 Tianjin	103.5	109.0	96.0	126.8	101.8	91.8	100.7	101.0
河 北 Hebei	102.2	107.2	117.0	127.2	105.5	101.6	101.7	101.6
山 西 Shanxi	104.6	105.3	119.3	102.6	111.2	103.6	103.9	102.7
内蒙古 Inner Mongolia	104.3	101.9	118.7	120.4	108.2	98.0	103.6	102.0
辽 宁 Liaoning	105.3	103.3	122.8	117.4	109.6	101.5	102.6	101.3
吉 林 Jilin	100.8	102.9	136.5	125.1	106.3	98.8	100.5	102.9
黑龙江 Heilongjiang	103.5	105.1	120.6	135.2	109.5	101.9	102.6	100.9
上 海 Shanghai	109.3	101.3	100.9	120.7	106.9	97.1	94.8	101.1
江 苏 Jiangsu	103.5	106.0	116.1	119.6	105.8	100.0	95.4	103.0
浙 江 Zhejiang	106.2	104.6	121.4	122.0	104.9	99.7	89.9	103.4
安 徽 Anhui	106.9	104.9	112.8	121.1	105.8	100.1	89.6	99.9
福 建 Fujian	104.3	103.5	137.3	123.5	104.6	95.1	98.5	103.0
江 西 Jiangxi	120.7	104.6	125.0	122.8	106.1	100.3	93.0	102.9
山 东 Shandong	102.6	103.3	111.0	127.2	106.8	100.4	100.6	101.2
河 南 Henan	104.8	105.0	124.5	125.8	106.4	101.5	108.4	99.5
湖 北 Hubei	108.6	103.6	116.9	123.4	107.3	100.7	101.7	100.3
湖 南 Hunan	109.4	103.8	132.6	123.4	109.2	100.8	103.2	100.1
广 东 Guangdong	104.9	102.4	111.6	124.9	103.6	98.8	96.2	100.4
广 西 Guangxi	106.4	100.9	133.1	120.6	108.0	100.6	98.3	100.5
海 南 Hainan	118.3	100.2	100.0	109.8	101.8	87.9	99.2	104.5
重 庆 Chongqing	105.8	102.7	137.2	102.9	110.8	99.8	103.6	102.2
四 川 Sichuan	105.7	104.0	122.2	104.6	107.5	99.9	104.7	100.9
贵 州 Guizhou	105.2	108.2	128.4	114.1	116.8	100.6	104.1	103.4
云 南 Yunnan	107.8	105.0	118.2	100.1	107.2	102.6	104.7	99.6
西 藏 Tibet								
陕 西 Shaanxi	118.8	104.9	121.7	118.0	104.6	105.9	100.7	101.5
甘 肃 Gansu	108.2	103.6	108.6	120.0	112.1	103.9	100.1	100.9
青 海 Qinghai	103.3	97.4	120.7	133.9	109.5	103.6	100.3	105.8
宁 夏 Ningxia	96.9	104.3	127.7	118.9	104.7	106.0	99.3	98.8
新 疆 Xinjiang	101.9	100.9	109.4	130.5	106.1	112.4	99.4	99.9

4—3—7 续表 Continued

(上年=100) (preceding year=100)

地 区 Region	09 食品工业 Food Industry	10 纺织工业 Textile Industry	11 缝纫工业 Tailoring Industry	12 皮革工业 Leather Industry	13 造纸工业 Paper Industry	14 文教艺术用品工业 Cultural, Educational & Handicrafts Articles	15 其它工业 Other Industry
全 国 National	**100.9**	**100.3**	**100.5**	**102.5**	**101.4**	**100.3**	**103.4**
北 京 Beijing	100.1	99.2	101.7	100.3	102.3	99.0	108.1
天 津 Tianjin	97.5	99.3	95.9	103.1	99.8	96.6	100.5
河 北 Hebei	99.9	98.1	101.2	100.2	103.9	99.9	103.8
山 西 Shanxi	102.6	90.9	100.3	108.2	103.0	104.5	104.7
内蒙古 Inner Mongolia	100.6	107.4	100.9	101.1	101.2	101.0	101.6
辽 宁 Liaoning	99.5	101.7	100.8	95.6	102.2	99.5	102.2
吉 林 Jilin	102.4	100.1	98.4	110.8	102.7	100.0	103.3
黑龙江 Heilongjiang	99.3	101.0	94.5	102.4	103.9	101.6	100.5
上 海 Shanghai	101.5	99.6	101.5	99.9	98.5	99.7	101.6
江 苏 Jiangsu	99.6	101.5	103.3	101.5	101.8	102.2	100.8
浙 江 Zhejiang	99.6	102.0	100.9	102.3	100.8	101.3	102.2
安 徽 Anhui	99.4	98.3	100.8	101.0	101.1	100.6	103.6
福 建 Fujian	98.4	100.9	101.0	102.7	101.4	100.1	101.7
江 西 Jiangxi	100.9	98.7	101.0	100.4	102.8	99.8	105.7
山 东 Shandong	99.9	99.7	101.4	101.1	101.3	102.4	102.0
河 南 Henan	101.9	95.4	103.3	104.0	102.3	101.7	101.9
湖 北 Hubei	101.2	99.6	101.3	101.5	102.5	98.9	105.4
湖 南 Hunan	101.1	100.3	101.2	107.7	102.1	100.5	101.5
广 东 Guangdong	101.7	101.5	100.4	101.2	101.0	100.6	101.1
广 西 Guangxi	109.4	99.9	104.0	104.1	102.0	101.9	103.8
海 南 Hainan	101.0	95.9	100.0	105.5	101.1	104.8	108.6
重 庆 Chongqing	100.9	103.4	108.9	99.4	100.2	99.9	107.7
四 川 Sichuan	102.4	102.9	97.1	105.6	100.6	99.9	103.1
贵 州 Guizhou	100.5	107.8	102.0	99.7	100.1	100.0	107.0
云 南 Yunnan	100.8	99.7	99.7	102.6	101.4	97.3	101.4
西 藏 Tibet							
陕 西 Shaanxi	102.0	96.8	102.0	106.4	101.8	98.3	115.8
甘 肃 Gansu	100.4	99.8	103.0	105.8	100.2	100.5	105.3
青 海 Qinghai	102.0	99.8	95.2	105.4	100.1	104.0	104.4
宁 夏 Ningxia	103.8	111.8	98.8	103.6	103.6	100.8	106.9
新 疆 Xinjiang	101.1	92.1	96.3	100.0	102.6	99.7	104.0

4-3-8 各地区按行业分工业品出厂价格指数(2005年)

Ex-factory Price Indices of Industrial Products by Sector and Region(2005)

(上年=100) (preceding year=100)

地 区 Region	01 煤炭开采和洗选业 Mining and Washing of Coal	2 石油和天然气开采业 Extraction of Petroleum and Natural Gas	03 黑色金属矿采选业 Mining and Processing of Ferrous Metal Ores	04 有色金属矿采选业 Mining and Processing of Non-Ferrous Metal Ores	05 非金属矿采选业 Mining and Processing of Nonmetal Ores
全 国 National	**123.2**	**129.9**	**112.3**	**119.6**	**109.4**
北 京 Beijing	152.4	0.0	115.5	0.0	97.8
天 津 Tianjin	107.2	132.7	0.0	107.0	150.4
河 北 Hebei	122.3	136.3	104.1	116.3	136.2
山 西 Shanxi	127.9	0.0	106.8	116.5	100.3
内蒙古 Inner Mongolia	120.5	131.9	118.5	129.7	104.3
辽 宁 Liaoning	129.8	119.7	104.6	136.4	108.8
吉 林 Jilin	141.7	140.5	104.4	109.2	102.8
黑龙江 Heilongjiang	124.2	142.4	107.6	119.0	103.9
上 海 Shanghai	0.0	124.5	0.0	0.0	0.0
江 苏 Jiangsu	125.3	141.1	115.9	120.5	106.4
浙 江 Zhejiang	133.5	0.0	131.4	131.3	100.7
安 徽 Anhui	113.5	0.0	110.8	115.4	108.5
福 建 Fujian	145.0	0.0	98.8	115.9	100.5
江 西 Jiangxi	129.7	0.0	105.4	179.5	107.6
山 东 Shandong	111.8	134.8	102.0	102.5	116.9
河 南 Henan	126.4	130.6	103.9	111.9	106.6
湖 北 Hubei	128.4	129.9	103.5	108.1	119.2
湖 南 Hunan	136.1	0.0	109.2	147.5	104.5
广 东 Guangdong	152.5	134.3	128.2	122.3	102.3
广 西 Guangxi	133.1	0.0	112.5	130.5	109.1
海 南 Hainan	0.0	98.8	121.7	113.8	98.9
重 庆 Chongqing	138.1	101.4	110.9	100.0	103.3
四 川 Sichuan	129.4	103.4	123.0	118.3	110.7
贵 州 Guizhou	132.3	0.0	106.6	128.8	160.9
云 南 Yunnan	122.6	100.2	116.8	122.8	106.5
西 藏 Tibet					
陕 西 Shaanxi	127.9	116.5	99.3	161.0	122.2
甘 肃 Gansu	108.8	124.9	138.5	111.7	106.3
青 海 Qinghai	120.7	133.9	119.1	121.1	106.5
宁 夏 Ningxia	128.6	0.0	0.0	0.0	95.6
新 疆 Xinjiang	107.8	139.9	105.4	115.9	97.8

4—3—8 续表 1 Continued

(上年=100) (preceding year=100)

地 区 Region	06 其他采矿业 Mining of Other Ores	07 农副食品加工业 Processing of Food from Agricultural Products	08 食品制造业 Manufacture of Foods	09 饮料制造业 Manufacture of Beverages	10 烟草制品业 Manufacture of Tobacco
全 国 National		**101.1**	**101.5**	**100.6**	**100.9**
北 京 Beijing		99.8	101.5	99.2	100.0
天 津 Tianjin		94.2	101.3	102.1	100.0
河 北 Hebei		98.3	102.0	100.9	99.7
山 西 Shanxi		100.2	101.3	103.1	108.6
内蒙古 Inner Mongolia		101.4	100.7	100.0	98.6
辽 宁 Liaoning		98.5	102.1	99.2	100.1
吉 林 Jilin		104.1	102.0	99.7	100.0
黑龙江 Heilongjiang		97.6	101.4	100.7	99.8
上 海 Shanghai		101.2	101.1	100.7	102.4
江 苏 Jiangsu		99.0	101.6	99.9	100.9
浙 江 Zhejiang		98.0	101.0	100.5	100.0
安 徽 Anhui		98.0	101.9	101.5	99.3
福 建 Fujian		99.4	95.0	98.1	100.4
江 西 Jiangxi		101.4	100.2	100.3	100.7
山 东 Shandong		99.5	102.8	100.3	100.9
河 南 Henan		102.2	100.2	105.7	101.4
湖 北 Hubei		99.5	103.5	101.1	102.9
湖 南 Hunan		100.2	102.1	103.2	101.0
广 东 Guangdong		103.1	101.2	99.4	100.7
广 西 Guangxi		111.7	101.9	101.1	102.8
海 南 Hainan		101.5	98.0	101.8	101.7
重 庆 Chongqing		100.2	102.5	101.9	100.9
四 川 Sichuan		102.3	102.8	103.1	101.4
贵 州 Guizhou		100.3	105.0	100.2	100.3
云 南 Yunnan		106.3	103.1	106.1	99.9
西 藏 Tibet					
陕 西 Shaanxi		101.5	100.7	101.8	103.1
甘 肃 Gansu		100.4	101.6	100.9	99.2
青 海 Qinghai		100.6	99.3	106.8	
宁 夏 Ningxia		103.2	106.4	101.9	100.0
新 疆 Xinjiang		101.7	97.9	99.9	100.8

4—3—8 续表 2 Continued

(上年=100) (preceding year=100)

地 区 Region	11 纺织业 Manufacture of Textile	12 纺织服装、鞋、帽制造业 Manufacture of Textile Wearing Apparel, Footware, and Caps	13 皮革、毛皮、羽毛(绒)及其制品业 Manufacture of Leather, Fur, Feather and Related Products	14 木材加工及木、竹、藤、棕、草制品业 Processing of Timber, Manufacture of Wood, Bamboo, Rattan, Palm, and Straw Products	15 家具制造业 Manufacture of Furniture
全 国 National	**100.5**	**99.8**	**102.5**	**101.8**	**102.7**
北 京 Beijing	101.6	100.5	99.9	101.4	101.9
天 津 Tianjin	100.3	95.1	102.8	103.9	99.6
河 北 Hebei	98.1	101.4	100.1	101.9	101.0
山 西 Shanxi	91.1	100.4	108.2	0.0	100.9
内蒙古 Inner Mongolia	104.5	100.4	101.1	101.8	102.2
辽 宁 Liaoning	101.8	100.2	96.1	101.3	100.9
吉 林 Jilin	99.3	100.0	107.8	103.0	103.2
黑龙江 Heilongjiang	101.0	97.9	95.6	101.2	100.3
上 海 Shanghai	100.4	101.1	100.7	101.4	101.1
江 苏 Jiangsu	101.5	103.7	101.8	103.1	101.6
浙 江 Zhejiang	101.9	100.8	102.3	103.9	101.7
安 徽 Anhui	98.4	100.2	100.7	99.4	104.3
福 建 Fujian	101.2	100.9	102.7	101.9	105.0
江 西 Jiangxi	99.4	100.8	102.0	103.1	101.0
山 东 Shandong	100.1	100.4	101.2	101.9	100.9
河 南 Henan	95.5	103.4	104.2	99.9	99.9
湖 北 Hubei	99.6	101.4	101.6	100.2	101.1
湖 南 Hunan	100.6	99.8	107.9	99.4	101.7
广 东 Guangdong	101.6	99.9	101.1	100.9	100.7
广 西 Guangxi	99.9	104.0	107.4	100.4	100.9
海 南 Hainan	96.3	100.1	103.7	99.9	109.1
重 庆 Chongqing	103.4	107.5	103.8	101.5	104.4
四 川 Sichuan	102.9	96.2	104.5	100.9	101.0
贵 州 Guizhou	107.4	102.2	98.1	103.8	100.3
云 南 Yunnan	99.8	97.6	102.6	99.6	105.1
西 藏 Tibet					
陕 西 Shaanxi	96.8	101.9	106.6	101.4	102.2
甘 肃 Gansu	99.9	102.6	105.8	101.9	100.1
青 海 Qinghai	99.9	95.1	105.4	0.0	105.8
宁 夏 Ningxia	106.0	100.0	103.6	0.0	99.8
新 疆 Xinjiang	92.3	99.8	100.0	101.1	99.6

4－3－8 续表 3　Continued

（上年＝100）　　　　　　　　　　　　　　　　　　　　　　　　　　　　　(preceding year＝100)

地　区　Region	16 造纸及纸制品业 Manufacture of Paper and Paper Products	17 印刷业和记录媒介的复制 Printing, Reproduction of Recording Media	18 文教体育用品制造业 Manufacture of Articles For Culture, Education and Sport Activity	19 石油加工、炼焦及核燃料加工业 Processing of Petroleum, Coking, Processing of Nuclear Fuel	20 化学原料及化学制品制造业 Manufacture of Raw Chemical Materials and Chemical Products
全　国　National	**101.4**	**99.6**	**102.0**	**118.4**	**108.5**
北　京　Beijing	102.3	99.2	100.4	118.1	106.3
天　津　Tianjin	99.8	100.4	100.1	118.7	102.1
河　北　Hebei	103.9	99.8	100.0	114.3	109.1
山　西　Shanxi	103.0	100.1	109.9	98.9	113.6
内蒙古　Inner Mongolia	101.2	101.1	100.0	114.5	108.9
辽　宁　Liaoning	102.2	99.0	99.2	117.5	111.2
吉　林　Jilin	102.7	100.1	99.6	114.8	108.8
黑龙江　Heilongjiang	103.9	102.8	99.3	117.8	114.3
上　海　Shanghai	98.5	100.0	101.1	120.1	110.1
江　苏　Jiangsu	101.8	101.3	103.4	117.3	109.0
浙　江　Zhejiang	100.8	99.9	102.5	122.0	105.8
安　徽　Anhui	101.1	100.7	100.5	120.0	107.8
福　建　Fujian	101.4	97.8	101.9	123.7	106.2
江　西　Jiangxi	102.8	99.9	99.4	121.7	111.0
山　东　Shandong	101.2	101.6	104.7	116.8	106.8
河　南　Henan	102.3	101.5	101.0	120.0	107.7
湖　北　Hubei	102.5	100.0	101.1	121.3	110.4
湖　南　Hunan	102.1	100.5	100.2	123.1	111.2
广　东　Guangdong	101.0	99.5	101.5	122.7	102.3
广　西　Guangxi	102.0	101.9	100.6	120.5	110.1
海　南　Hainan	101.1	104.7	0.0	121.0	110.1
重　庆　Chongqing	100.2	99.8	103.3	115.2	114.3
四　川　Sichuan	100.6	99.9	99.4	108.0	110.5
贵　州　Guizhou	100.1	100.0	100.2	114.7	110.5
云　南　Yunnan	101.4	97.3	100.1	115.5	108.0
西　藏　Tibet					
陕　西　Shaanxi	101.8	98.3	99.6	120.6	110.3
甘　肃　Gansu	100.2	100.7	98.9	118.2	111.3
青　海　Qinghai	100.1	104.0	0.0	119.7	111.7
宁　夏　Ningxia	103.6	100.8	0.0	118.3	107.4
新　疆　Xinjiang	102.6	99.7	99.0	119.6	107.1

4－3－8续表4 Continued

（上年＝100） (preceding year＝100)

地 区 Region	21 医药制造业 Manufacture of Medicines	22 化学纤维制造业 Manufacture of Chemical Fibers	23 橡胶制品业 Manufacture of Rubber	24 塑料制品业 Manufacture of Plastics	25 非金属矿物制品业 Manufacture of Non-metallic Mineral Products
全 国 National	**101.6**	**104.7**	**104.5**	**105.5**	**100.6**
北 京 Beijing	100.7	106.5	103.6	112.3	100.7
天 津 Tianjin	95.4	107.4	103.4	101.5	101.3
河 北 Hebei	99.0	95.0	103.1	105.2	101.8
山 西 Shanxi	99.2	84.7	102.9	105.9	104.3
内蒙古 Inner Mongolia	106.7	100.9	107.8	106.1	104.2
辽 宁 Liaoning	98.7	105.0	105.5	105.6	102.0
吉 林 Jilin	98.7	105.4	100.4	106.2	100.6
黑龙江 Heilongjiang	98.9	110.2	102.3	104.1	102.5
上 海 Shanghai	99.4	107.6	102.0	104.3	95.6
江 苏 Jiangsu	100.0	106.5	103.0	102.5	95.8
浙 江 Zhejiang	98.0	105.6	105.2	106.8	89.9
安 徽 Anhui	101.0	106.6	103.7	103.3	90.8
福 建 Fujian	98.2	105.7	106.3	103.4	98.7
江 西 Jiangxi	99.2	97.1	105.9	110.1	93.4
山 东 Shandong	102.9	104.0	107.5	106.3	100.4
河 南 Henan	98.9	109.2	105.4	108.4	106.7
湖 北 Hubei	99.0	98.2	103.1	103.1	100.9
湖 南 Hunan	101.3	105.4	104.4	105.9	102.8
广 东 Guangdong	101.5	104.5	102.8	106.3	97.3
广 西 Guangxi	102.4	0.0	101.3	110.2	98.3
海 南 Hainan	91.1	108.4	99.5	101.7	99.3
重 庆 Chongqing	101.6	103.2	106.4	104.8	103.7
四 川 Sichuan	101.8	100.7	105.2	107.5	104.6
贵 州 Guizhou	102.0	106.5	110.4	111.8	104.7
云 南 Yunnan	100.6	101.6	102.5	114.0	104.5
西 藏 Tibet					
陕 西 Shaanxi	100.0	99.1	99.5	101.6	100.8
甘 肃 Gansu	101.0	91.4	99.3	118.8	100.0
青 海 Qinghai	100.0	0.0	0.0	91.6	98.5
宁 夏 Ningxia	98.6	104.1	98.4	104.3	99.8
新 疆 Xinjiang	98.3	95.3	106.9	108.5	99.3

4—3—8 续表 5 Continued

(上年=100) (preceding year=100)

地 区 Region		26 黑色金属冶炼及压延加工业 Smelting and Pressing of Ferrous Metals	27 有色金属冶炼及压延加工业 Smelting and Pressing of Non-ferrous Metals	28 金属制品业 Manufacture of Metal Products	29 通用设备制造业 Manufacture of General Purpose Machinery	30 专用设备制造业 Manufacture of Special Purpose Machinery
全 国	**National**	**104.7**	**111.7**	**104.0**	**101.8**	**101.8**
北 京	Beijing	92.5	105.5	102.1	100.2	100.8
天 津	Tianjin	102.2	114.6	102.4	100.8	99.4
河 北	Hebei	100.9	109.5	105.3	103.2	103.9
山 西	Shanxi	102.5	110.3	108.0	103.5	101.0
内蒙古	Inner Mongolia	100.5	106.1	102.7	101.2	101.2
辽 宁	Liaoning	103.2	108.6	103.9	101.3	100.2
吉 林	Jilin	99.1	106.0	102.0	104.4	100.2
黑龙江	Heilongjiang	102.3	105.1	102.5	105.4	105.1
上 海	Shanghai	111.0	113.7	104.8	101.8	99.0
江 苏	Jiangsu	103.2	109.1	102.8	101.6	100.2
浙 江	Zhejiang	103.2	114.6	103.8	101.7	100.5
安 徽	Anhui	100.0	119.3	104.5	101.8	101.0
福 建	Fujian	97.9	115.3	107.6	101.8	100.1
江 西	Jiangxi	104.0	128.5	103.4	102.2	101.7
山 东	Shandong	99.8	107.3	105.5	102.5	101.8
河 南	Henan	101.6	106.4	103.6	102.0	102.3
湖 北	Hubei	110.0	108.5	101.4	101.2	102.5
湖 南	Hunan	102.3	114.1	104.1	105.4	102.8
广 东	Guangdong	103.3	108.5	103.6	102.2	100.6
广 西	Guangxi	98.4	108.0	108.5	101.1	104.7
海 南	Hainan	121.8	95.9	115.7	99.0	101.5
重 庆	Chongqing	108.1	102.8	104.4	99.8	101.2
四 川	Sichuan	105.0	107.3	104.2	104.5	102.3
贵 州	Guizhou	95.9	114.3	99.3	101.6	101.8
云 南	Yunnan	103.1	108.6	102.3	101.3	99.7
西 藏	Tibet					
陕 西	Shaanxi	108.4	114.9	103.8	103.9	101.1
甘 肃	Gansu	100.5	111.3	100.0	100.3	115.0
青 海	Qinghai	99.9	102.0	109.4	104.2	101.9
宁 夏	Ningxia	87.9	101.6	98.9	102.7	115.7
新 疆	Xinjiang	99.9	107.1	103.8	101.4	103.9

4—3—8 续表 6　Continued

(上年=100) (preceding year=100)

地　区 Region	31 交通运输设备制造业 Manufacture of Transport Equipment	32 电气机械及器材制造业 Manufacture of Electrical Machinery and Equipment	33 通信设备、计算机及其他电子设备制造业 Manufacture of Communication Equipment, Computers and Other Electronic Equipment	34 仪器仪表及文化、办公用机械制造业 Manufacture of Measuring Instruments and Machinery for Cultural Activity and Office Work
全　国 National	**98.9**	**103.2**	**95.3**	**98.7**
北　京 Beijing	100.9	101.0	95.1	99.5
天　津 Tianjin	92.3	100.6	87.2	94.6
河　北 Hebei	97.9	106.4	90.3	99.8
山　西 Shanxi	105.1	105.1	98.8	102.0
内蒙古 Inner Mongolia	100.7	104.9	90.8	100.0
辽　宁 Liaoning	100.1	105.5	101.0	100.4
吉　林 Jilin	97.3	104.0	96.9	102.3
黑龙江 Heilongjiang	97.4	104.8	96.3	99.7
上　海 Shanghai	94.8	101.8	94.8	98.1
江　苏 Jiangsu	99.2	103.6	97.3	98.8
浙　江 Zhejiang	100.2	102.7	91.6	100.1
安　徽 Anhui	98.6	102.2	96.5	94.8
福　建 Fujian	100.2	102.5	91.6	100.4
江　西 Jiangxi	98.3	105.9	98.0	100.6
山　东 Shandong	102.0	101.7	92.1	101.7
河　南 Henan	99.9	104.6	94.2	104.2
湖　北 Hubei	100.1	106.1	99.4	92.8
湖　南 Hunan	98.1	106.0	98.9	100.3
广　东 Guangdong	99.1	102.5	97.1	100.1
广　西 Guangxi	98.7	110.4	99.5	101.5
海　南 Hainan	85.2	110.5	104.8	99.6
重　庆 Chongqing	99.3	107.1	96.9	100.3
四　川 Sichuan	100.1	104.6	91.2	96.8
贵　州 Guizhou	100.7	108.2	89.4	102.1
云　南 Yunnan	102.4	109.3	96.9	99.8
西　藏 Tibet				
陕　西 Shaanxi	109.1	105.2	99.0	100.4
甘　肃 Gansu	100.7	105.2	96.7	99.6
青　海 Qinghai	100.0	108.4	0.0	109.6
宁　夏 Ningxia	100.0	102.9	99.9	106.8
新　疆 Xinjiang	99.2	123.8	100.0	100.0

4—3—8续表7 Continued

(上年=100) (preceding year=100)

地 区 Region	35 工艺品及其他制造业 Manufacture of Artwork and Other Manufacturing	36 废弃资源和废旧材料回收加工业 Recycling and Disposal of Waste	37 电力、热力的生产和供应业 Production and Distribution of Electric Power and Heat Power	38 燃气生产和供应业 Production and Distribution of Gas	39 水的生产和供应业 Production and Distribution of Water
全 国 National	**103.9**	**105.3**	**104.2**	**105.2**	**104.0**
北 京 Beijing	119.6	0.0	105.4	100.0	110.7
天 津 Tianjin	98.4	127.2	109.0	100.6	102.4
河 北 Hebei	101.7	0.0	107.2	105.5	107.5
山 西 Shanxi	122.7	0.0	105.3	103.5	102.7
内蒙古 Inner Mongolia	100.1	102.2	101.9	101.6	104.2
辽 宁 Liaoning	101.9	0.0	103.3	103.8	103.1
吉 林 Jilin	106.9	0.0	102.9	104.4	101.2
黑龙江 Heilongjiang	104.7	0.0	105.1	109.3	100.0
上 海 Shanghai	102.4	101.4	101.3	100.2	100.0
江 苏 Jiangsu	100.1	121.0	106.0	101.3	106.7
浙 江 Zhejiang	101.9	98.6	104.6	115.5	106.4
安 徽 Anhui	104.6	107.0	104.9	109.4	105.2
福 建 Fujian	99.9	102.9	103.5	106.8	102.7
江 西 Jiangxi	100.7	115.7	104.6	102.0	106.7
山 东 Shandong	102.2	100.0	103.3	100.4	104.9
河 南 Henan	101.4	0.0	105.0	102.6	109.3
湖 北 Hubei	137.4	101.2	103.6	106.9	104.4
湖 南 Hunan	99.5	0.0	103.7	100.0	102.7
广 东 Guangdong	100.5	0.0	102.4	115.9	100.8
广 西 Guangxi	102.7	0.0	100.9	122.1	101.1
海 南 Hainan	122.3	0.0	100.2	103.6	100.0
重 庆 Chongqing	103.4	0.0	102.7	101.4	108.4
四 川 Sichuan	105.7	107.6	104.0	102.0	102.0
贵 州 Guizhou	0.0	104.3	108.2	102.9	104.9
云 南 Yunnan	108.2	100.0	105.0	100.0	101.5
西 藏 Tibet					
陕 西 Shaanxi	102.6	111.0	104.9	103.9	120.7
甘 肃 Gansu	105.6	0.0	103.6	102.4	105.0
青 海 Qinghai	105.3	0.0	97.4	0.0	105.7
宁 夏 Ningxia	106.0	0.0	104.3	126.4	113.2
新 疆 Xinjiang	100.1	101.3	100.9	106.0	104.5

4-4-1 全国原材料、燃料、动力购进价格分类指数(1986～2005年)

Indices of Purchasing Prices of Raw Materials, Fuels and Power(1986～2005)

(上年=100) (preceding year=100)

年份 Year	总指数 General Index	燃料、动力类 Fuel and Power	黑色金属材料类 Ferrous Metals	有色金属材料类 Nonferrous Metals	化工原料类 Raw Chemical Materials	木材及纸浆类 Timber and Paper Pulp	建材类 Building Materials	其它工业原料类 Other Materials	农副产品类 Agricultural Products	纺织原料类 Textile Materials
1986	109.5	109.1	110.6	107.6	105.1	110.9	126.7		107.5	
1987	111.0	109.2	110.4	108.4	115.7	138.2	111.6		107.3	107.8
1988	120.2	112.9	118.3	130.7	133.4	143.1	114.2		122.6	115.7
1989	126.4	124.7	130.3	127.6	124.4	111.4	122.7		128.9	128.5
1990	105.6	110.7	103.9	97.2	95.6	99.4	115.2		107.8	107.4
1991	109.1	112.9	112.5	101.2	99.8	105.6	101.2		106.8	108.9
1992	111.0	116.4	114.5	112.4	102.6	102.0	118.8		103.4	100.5
1993	135.1	136.7	174.1	115.8	114.3	128.6	140.9		112.2	107.1
1994	118.2	118.0	103.8	110.7	111.7	115.1	114.3		148.3	139.6
1995	115.3	108.7	98.2	128.3	127.2	115.8	102.6		143.1	123.6
1996	103.9	110.2	99.3	92.4	98.0	101.9	102.5		114.7	94.5
1997	101.3	109.3	97.4	96.2	97.1	100.9	99.7		102.0	94.7
1998	95.8	99.1	95.1	88.3	93.6	96.7	98.6	93.5	94.5	94.3
1999	96.7	100.9	94.7	98.9	97.6	100.4	98.8	97.5	89.8	96.8
2000	105.1	115.4	100.9	110.3	105.6	99.8	101.5	103.9	99.9	102.4
2001	99.8	100.2	100.5	95.6	98.4	100.4	98.6	98.8	101.2	99.7
2002	97.7	100.1	98.2	96.5	97.5	98.7	98.2	97.5	95.7	97.1
2003	104.8	107.4	107.9	105.3	102.9	100.3	99.7	100.2	106.7	101.4
2004	111.4	109.7	120.4	120.1	108.9	102.8	105.1	105.6	114.2	104.7
2005	108.3	115.0	107.5	114.0	108.3	103.5	103.1	102.5	101.7	102.4

4－4－2 各地区原材料、燃料、动力购进价格总指数（1986～2005年）

Indices of Purchasing Prices of Raw Materials, Fuels and Power(1986～2005)

（上年＝100） (preceding year＝100)

地 区 Region	1986	1987	1988	1989	1990	1991	1992	1993	1994	1995
全 国 National	**109.5**	**111.0**	**120.2**	**126.4**	**105.6**	**109.1**	**111.0**	**135.1**	**118.2**	**115.3**
北 京 Beijing					114.8	111.7	114.2	142.7	123.8	119.8
天 津 Tianjin							108.4	139.1	121.7	112.8
河 北 Hebei							111.4	134.9	119.9	110.9
山 西 Shanxi					107.4	108.0	111.9	135.9	115.1	113.1
内蒙古 Inner Mongolia		114.9	118.2	124.4	108.3	111.2	112.1	132.6	116.8	112.8
辽 宁 Liaoning			133.9	133.3	117.6	108.1	121.2	149.9	118.2	114.2
吉 林 Jilin			115.7	131.5	102.8	114.1	127.1	173.9	113.9	113.8
黑龙江 Heilongjiang							112.9	139.6	117.6	112.7
上 海 Shanghai							113.1	129.2	121.4	114.8
江 苏 Jiangsu						107.0	110.3	125.8	120.1	117.6
浙 江 Zhejiang					104.7	102.7	106.3	126.4	124.8	119.2
安 徽 Anhui							113.9	128.8	122.3	117.9
福 建 Fujian							109.3	129.6	115.2	119.6
江 西 Jiangxi								129.4	123.4	114.7
山 东 Shandong				136.7	105.4	107.0	111.0	134.7	120.1	113.2
河 南 Henan				130.0	105.5	104.4	110.0	133.0	122.0	114.1
湖 北 Hubei				126.1	108.4	113.1	110.2	135.5	116.6	118.2
湖 南 Hunan				122.5	103.3	110.4	116.2	139.7	119.6	117.6
广 东 Guangdong								134.3	121.1	118.7
广 西 Guangxi	121.0	112.0			102.2	107.8	105.2	141.7	117.8	112.9
海 南 Hainan										
重 庆 Chongqing					103.7	109.2	123.8	124.5	124.6	111.6
四 川 Sichuan				129.4	106.4	108.6	112.5	137.2	119.1	113.5
贵 州 Guizhou							113.5	144.6	115.0	114.9
云 南 Yunnan						108.2	115.2	138.1	110.3	113.2
西 藏 Tibet										
陕 西 Shaanxi							111.5	138.4	115.6	114.3
甘 肃 Gansu				129.8	114.1	112.4	122.2	139.4	118.3	113.7
青 海 Qinghai				123.8	113.9	112.8	105.3	138.9	112.3	110.2
宁 夏 Ningxia										
新 疆 Xinjiang							121.1	136.4	110.9	116.8

4—4—2 续表 Continued

(上年=100) (preceding year=100)

地　区 Region	1996	1997	1998	1999	2000	2001	2002	2003	2004	2005
全　国 National	**103.9**	**101.3**	**95.8**	**96.7**	**105.1**	**99.8**	**97.7**	**104.8**	**111.4**	**108.3**
北　京 Beijing	104.2	103.4	98.1	95.8	100.0	100.5	97.1	104.7	114.2	111.4
天　津 Tianjin	101.9	99.0	95.9	96.3	104.5	98.8	95.9	108.7	115.4	104.9
河　北 Hebei	106.3	102.0	96.2	95.4	103.3	101.0	97.3	109.4	118.4	107.0
山　西 Shanxi	104.8	102.0	97.3	97.0	102.0	101.8	102.6	107.8	114.5	108.2
内蒙古 Inner Mongolia	100.8	100.9	98.1	96.8	106.5	101.3	99.9	102.9	109.2	109.9
辽　宁 Liaoning	104.8	103.1	99.3	99.1	103.9	99.9	98.3	105.1	112.1	108.1
吉　林 Jilin	102.4	103.9	96.6	100.5	106.8	101.8	97.8	104.8	110.5	107.0
黑龙江 Heilongjiang	104.2	104.4	98.6	98.2	108.6	99.5	99.3	107.6	115.2	111.8
上　海 Shanghai	101.6	97.8	94.1	97.1	107.1	98.7	97.7	106.4	116.4	106.8
江　苏 Jiangsu	104.3	98.0	91.5	94.4	107.1	99.5	98.6	106.5	116.3	107.6
浙　江 Zhejiang	101.5	96.5	92.6	96.2	107.2	99.6	97.5	105.8	113.4	105.4
安　徽 Anhui	109.9	101.7	96.0	94.5	102.6	101.2	98.2	106.7	115.0	107.1
福　建 Fujian	104.3	98.6	92.5	97.9	112.4	96.7	97.6	106.3	113.3	108.1
江　西 Jiangxi	105.8	100.4	95.4	96.9	101.2	99.3	98.6	106.5	114.5	110.0
山　东 Shandong	105.7	100.6	93.4	93.4	104.7	100.0	98.7	105.7	113.4	105.9
河　南 Henan	105.3	100.7	94.8	94.3	105.1	101.9	97.6	107.8	115.7	108.3
湖　北 Hubei	108.4	101.5	95.2	95.6	105.6	100.2	97.7	108.2	113.1	107.0
湖　南 Hunan	105.9	100.1	94.8	96.2	106.7	101.1	99.3	106.7	114.4	109.4
广　东 Guangdong	104.6	97.3	91.4	97.8	110.9	99.1	96.3	104.1	110.7	105.0
广　西 Guangxi	103.4	99.3	95.3	93.6	100.9	103.7	95.6	101.2	116.3	108.2
海　南 Hainan							101.5	102.2	105.9	104.2
重　庆 Chongqing	106.3	100.1	95.1	96.9	105.6	99.5	99.2	104.9	110.3	108.2
四　川 Sichuan	106.1	101.6	95.3	96.8	101.7	98.5	97.6	101.7	112.0	109.3
贵　州 Guizhou	108.1	101.9	95.7	97.0	102.9	100.2	97.6	106.0	109.6	107.4
云　南 Yunnan	110.3	102.9	100.7	98.8	101.5	99.4	99.1	102.7	113.0	106.5
西　藏 Tibet										
陕　西 Shaanxi	109.1	106.8	97.1	95.5	100.0	100.5	98.8	104.8	110.4	107.5
甘　肃 Gansu	107.4	102.2	96.4	98.3	111.8	101.4	98.4	105.6	112.5	109.9
青　海 Qinghai	108.3	110.7	101.3	99.1	98.9	99.1	102.8	101.8	108.5	105.3
宁　夏 Ningxia		103.5	101.1	97.0	105.8	102.5	97.8	106.8	117.3	109.7
新　疆 Xinjiang	107.0	104.5	95.6	98.2	115.2	98.9	94.9	114.8	118.2	110.7

4—4—3 2005年各地区原材料、燃料、动力购进价格分类指数
Indices of Purchasing Prices of Raw Materials, Fuels and Power by Category and Region(2005)

(上年=100) (preceding year=100)

地 区 Region	总指数 General Index	燃料、动力类 Fuel and Power	黑色金属材料类 Ferrous Metals	有色金属材料类 Nonferrous Metals	化工原料类 Raw Chemical Materials	木材及纸浆类 Timber and Paper Pulp	建材类 Building Materials	其它工业原料类 Other Materials	农副产品类 Agricultural Products	纺织原料类 Textile Materials
全 国 National	**108.3**	**115.0**	**107.5**	**114.0**	**108.3**	**103.5**	**103.1**	**102.5**	**101.7**	**102.4**
北 京 Beijing	111.4	117.1	108.3	123.3	114.9	103.6	101.8	102.8	96.3	106.2
天 津 Tianjin	104.9	122.9	103.3	117.3	111.7	104.6	114.5	98.3	91.9	97.9
河 北 Hebei	107.0	115.7	107.3	111.3	106.8	103.4	104.0	105.8	98.9	97.2
山 西 Shanxi	108.2	113.2	105.5	115.8	107.8	104.5	105.1	104.6	105.0	101.8
内蒙古 Inner Mongolia	109.9	114.8	107.5	117.0	108.9	102.5	106.2	102.3	104.8	103.2
辽 宁 Liaoning	108.1	112.5	108.2	112.8	110.4	101.1	105.5	103.2	103.9	102.9
吉 林 Jilin	107.0	115.1	108.8	108.1	106.1	107.1	101.2	102.9	101.4	99.5
黑龙江 Heilongjiang	111.8	121.7	107.8	119.3	113.1	104.2	101.5	103.3	100.0	102.4
上 海 Shanghai	106.8	124.1	103.2	112.2	111.1	101.5	88.9	99.3	98.1	101.8
江 苏 Jiangsu	107.6	113.2	106.7	120.4	109.8	103.3	94.2	105.4	97.4	102.4
浙 江 Zhejiang	105.4	115.5	104.9	113.4	107.7	102.3	93.7	101.8	97.8	102.7
安 徽 Anhui	107.1	115.0	108.1	116.4	106.9	103.2	106.6	104.4	98.2	95.4
福 建 Fujian	108.1	125.6	103.5	111.3	106.1	100.7	105.9	104.8	94.0	102.9
江 西 Jiangxi	110.0	112.8	105.3	125.7	109.0	107.7	113.1	103.6	100.6	102.4
山 东 Shandong	105.9	116.2	105.8	112.0	110.7	101.3	104.8	104.3	99.2	98.6
河 南 Henan	108.3	115.2	106.0	115.4	107.5	103.1	114.9	112.5	102.5	100.6
湖 北 Hubei	107.0	114.3	106.5	112.1	107.9	102.3	112.3	102.3	96.0	101.4
湖 南 Hunan	109.4	118.3	105.1	113.6	110.1	106.0	105.7	103.1	101.1	101.6
广 东 Guangdong	105.0	112.2	110.5	111.4	107.2	102.3	100.6	99.1	104.8	99.1
广 西 Guangxi	108.2	112.1	111.3	114.5	110.0	94.4	103.6	103.7	116.8	90.6
海 南 Hainan	104.2	108.2	111.7	111.6	106.3	105.7	100.7	98.5	105.5	103.6
重 庆 Chongqing	108.2	113.8	110.8	109.5	109.6	101.8	110.2	100.6	102.4	105.7
四 川 Sichuan	109.3	113.0	106.6	113.7	107.1	102.5	109.6	103.4	99.4	104.2
贵 州 Guizhou	107.4	117.2	112.1	110.8	107.7	105.2	102.7	101.2	104.9	96.9
云 南 Yunnan	106.5	109.3	107.2	109.8	106.9	101.4	106.2	104.7	105.4	100.8
西 藏 Tibet										
陕 西 Shaanxi	107.5	111.9	109.0	111.9	108.7	101.7	102.8	105.3	103.5	101.6
甘 肃 Gansu	109.9	113.7	107.3	112.6	113.3	102.1	103.2	103.1	104.6	100.4
青 海 Qinghai	105.3	104.6	104.1	101.0	106.0	110.7	105.0	100.0	108.3	100.0
宁 夏 Ningxia	109.7	113.6	105.8	101.9	110.5	117.2	109.5	103.8	108.8	122.7
新 疆 Xinjiang	110.7	132.0	113.8	108.5	113.0	102.0	103.9	105.5	91.9	93.0

4—5—1 全国固定资产投资价格分类指数(1991～2005 年)
Price Indices of Investment in Fixed Assets(1991～2005)

(上年=100) (preceding year=100)

年份 Year	总指数 Investment in Fixed Assets	建筑安装工程 Construction and Installation	人工费 labour cost	材料费 material expenses	机械使用费 Machine	设备工、器具 Purchase of Equipment, Tools and Instruments	其他费用 Others
1991	109.5	109.7	112.2	110.9		106.1	116.8
1992	115.3	116.8	116.4	120.9		109.4	120.9
1993	126.6	131.3	137.8	134.7		119.7	123.4
1994	110.4	110.4	123.3	108.0		109.5	112.1
1995	105.9	104.7	121.5	99.5		106.3	112.4
1996	104.0	105.1	116.2	101.6	115.3	101.6	104.3
1997	101.7	102.9	113.6	100.8	105.9	98.1	102.9
1998	99.8	100.5	104.8	98.9	100.4	97.5	100.4
1999	99.6	100.3	103.0	98.9	101.2	97.5	99.9
2000	101.1	102.4	107.0	102.1	100.8	97.4	101.0
2001	100.4	101.4	104.2	100.5	101.9	97.0	101.0
2002	100.2	101.0	104.1	100.2	101.0	97.0	101.2
2003	102.2	104.2	103.8	105.0	100.9	97.0	101.6
2004	105.6	108.2	104.6	110.7	101.6	99.4	103.5
2005	101.6	101.8	105.6	100.9	101.9	99.4	103.2

4－5－2 各地区固定资产投资价格总指数(1991～2005 年)

Price Indices of Investment in Fixed Assets by Region(1991～2005)

(上年＝100)

(preceding year＝100)

地 区 Region	1991	1992	1993	1994	1995	1996	1997	1998
全 国 National Total	**109.5**	**115.3**	**126.6**	**110.4**	**105.9**	**104**	**101.7**	**99.8**
北 京 Beijing	107.3	112.2	126.6	116.2	113.9	108.2	102.7	100.8
天 津 Tianjin		119.4	122.9	111.9	107.6	102.5	100.8	98.9
河 北 Hebei	106.8	129.3	124.8	110.0	106.9	103.9	101.5	97.8
山 西 Shanxi	107.8	116.8	124.8	108.3	106.8	104.9	101.5	98.8
内蒙古 Inner Mongolia	107.1	109.3	124.5	106.7	103.9	105.3	99.7	101.7
辽 宁 Liaoning	108.2	121.0	136.4	117.4	104.9	102.2	102.3	99.8
吉 林 Jilin	111.9	116.4	128.8	107.3	109.6	102.9	104.4	100.8
黑龙江 Heilongjiang	107.6	113.5	127.9	109.0	106.5	103.4	102.7	100.8
上 海 Shanghai	107.3	113.0	131.4	108.8	103.1	106.9	100.5	98.4
江 苏 Jiangsu	104.5	112.1	138.8	114.6	107.4	103.2	99.2	98.4
浙 江 Zhejiang			138.8	112.4	107.2	101.3	99.5	97.6
安 徽 Anhui	114.8	119.8	123.0	120.1	106.5	103.4	101.3	100.0
福 建 Fujian	108.6	114.9	134.1	107.3	104.8	104.7	101.1	98.0
江 西 Jiangxi	110.4	110.1	129.8	114.6	107.2	105.8	101.4	102.1
山 东 Shandong	112.4	119.4	122.1	115.8	106.6	103.1	100.4	99.2
河 南 Henan	109.4	119.8	126.7	106.0	105.9	103.9	102.9	98.7
湖 北 Hubei	108.3	117.0	127.4	107.9	105.0	104.0	102.1	100.5
湖 南 Hunan	108.1	116.4	129.5	113.5	109.5	104.9	101.8	102.7
广 东 Guangdong								
广 西 Guangxi	101.7	117.9	131.2	112.3	103.4	103.6	100.3	99.9
海 南 Hainan								
重 庆 Chongqing							101.7	98.7
四 川 Sichuan	108.1	113.9	133.2	107.3	101.2	104.8	102.2	97.5
贵 州 Guizhou	110.6	120.2	126.9	113.1	107.6	105.4	101.4	100.0
云 南 Yunnan	112.1	117.6	135.4	113.6	104.0	104.3	105.4	101.8
西 藏 Tibet								
陕 西 Shaanxi	112.9	119.1	129.5	111.7	107.9	107.8	105.3	101.8
甘 肃 Gansu	116.5	117.4	126.2	112.6	109.4	104.9	102.7	100.3
青 海 Qinghai		115.1	125.9	108.4	105.3	103.5	103.0	98.5
宁 夏 Ningxia	110.4	117.3	123.0	112.6	109.3	107.4	102.2	102.1
新 疆 Xinjiang	114.8	117.0	126.5	112.3	106.2	105.6	103.2	102.0

4－5－2续表 Continued

（上年＝100） (preceding year＝100)

地区 Region	1999	2000	2001	2002	2003	2004	2005
全 国 National Total	**99.6**	**101.1**	**100.4**	**100.2**	**102.2**	**105.6**	**101.6**
北 京 Beijing	99.9	101.0	100.6	100.4	102.2	104.3	100.7
天 津 Tianjin	99.2	99.9	99.7	99.5	102.6	107.3	101.2
河 北 Hebei	99.4	101.1	99.9	99.5	102.3	107.0	101.9
山 西 Shanxi	99.7	101.8	101.7	100.5	102.9	105.2	103.0
内蒙古 Inner Mongolia	101.9	101.9	100.8	101.0	102.6	105.0	103.7
辽 宁 Liaoning	100.0	101.1	100.4	100.7	102.5	104.8	102.8
吉 林 Jilin	102.2	102.0	101.1	101.2	101.1	104.1	102.0
黑龙江 Heilongjiang	99.7	101.5	100.1	100.2	102.3	105.0	102.2
上 海 Shanghai	98.1	100.0	100.7	100.3	102.4	106.7	100.8
江 苏 Jiangsu	98.3	101.1	100.8	101.7	104.3	109.4	100.9
浙 江 Zhejiang	98.2	100.3	100.4	100.5	103.5	105.9	100.3
安 徽 Anhui	99.3	101.6	99.5	101.1	103.5	106.1	101.0
福 建 Fujian	98.5	100.2	99.5	99.7	101.4	103.4	100.7
江 西 Jiangxi	98.6	101.4	98.9	100.0	105.1	107.4	100.5
山 东 Shandong	99.6	102.4	101.4	101.1	102.9	107.4	102.9
河 南 Henan	98.0	102.9	100.4	98.7	103.8	110.1	101.4
湖 北 Hubei	99.5	101.7	100.1	99.8	103.3	106.0	102.2
湖 南 Hunan	100.5	102.3	101.3	100.3	102.8	105.5	103.6
广 东 Guangdong			100.2	99.7	102.2	106.4	101.6
广 西 Guangxi	96.1	101.4	102.0	100.3	101.8	104.6	101.4
海 南 Hainan		101.8	100.3	98.2	103.2	105.6	101.2
重 庆 Chongqing	100.5	102.5	100.8	100.7	102.9	105.1	102.3
四 川 Sichuan	100.5	100.9	101.5	100.5	102.2	106.8	103.9
贵 州 Guizhou	99.4	102.2	100.4	100.2	102.3	104.9	101.4
云 南 Yunnan	100.7	101.6	101.0	100.0	102.2	108.0	104.6
西 藏 Tibet							
陕 西 Shaanxi	101.2	103.6	103.6	102.0	101.7	104.5	103.7
甘 肃 Gansu	101.0	103.3	102.0	100.2	101.7	105.5	102.2
青 海 Qinghai	100.1	101.6	100.3	103.2	102.0	102.8	102.1
宁 夏 Ningxia	99.7	104.5	101.5	100.7	102.3	104.9	102.1
新 疆 Xinjiang	99.0	103.6	102.5	100.2	103.4	104.5	102.8

4－5－3 各地区固定资产投资价格分类指数

Price Indices of Investment in Fixed Assets by Region and Category

（上年＝100） （preceding year＝100）

地 区 Region	2004				2005			
	固定资产投资 Investment in Fixed Assets	建筑安装工程 Construc－tion and Installation	设备工、器具 Purchase of Equipment, Tools and Instruments	其他费用 Others	固定资产投资 Investment in Fixed Assets	建筑安装工程 Construc－tion and Installation	设备工、器具 Purchase of Equipment, Tools and Instruments	其他费用 Others
全 国 National Total	**105.6**	**108.2**	**99.4**	**103.5**	**101.6**	**101.8**	**99.4**	**103.2**
北 京 Beijing	104.3	107.7	95.3	101.3	100.7	100.5	98.4	101.9
天 津 Tianjin	107.3	111.3	100.5	101.0	101.2	101.4	99.1	102.6
河 北 Hebei	107.0	109.6	103.6	102.1	101.9	101.8	101.9	102.0
山 西 Shanxi	105.2	106.5	102.5	102.0	103.0	102.7	104.3	102.5
内蒙古 Inner Mongolia	105.0	105.9	104.1	101.4	103.7	104.5	101.2	103.4
辽 宁 Liaoning	104.8	107.5	99.9	102.0	102.8	103.7	101.7	100.9
吉 林 Jilin	104.1	105.6	101.1	102.9	102.0	102.5	100.1	103.0
黑龙江 Heilongjiang	105.0	106.3	100.5	102.0	102.2	102.2	101.8	102.9
上 海 Shanghai	106.7	110.6	99.4	104.7	100.8	100.9	97.4	103.2
江 苏 Jiangsu	109.4	114.1	100.5	107.5	100.9	99.6	100.5	106.5
浙 江 Zhejiang	105.9	108.7	102.1	103.4	100.3	99.3	100.3	103.1
安 徽 Anhui	106.1	108.1	100.1	105.6	101.0	101.0	100.3	102.3
福 建 Fujian	103.4	106.7	96.8	101.3	100.7	101.1	97.6	102.8
江 西 Jiangxi	107.4	109.6	100.4	107.4	100.5	99.2	100.3	107.2
山 东 Shandong	107.4	110.4	101.1	106.7	102.9	103.7	100.8	103.5
河 南 Henan	110.1	113.6	103.9	102.5	101.4	101.3	101.5	101.9
湖 北 Hubei	106.0	109.2	99.6	104.7	102.2	102.1	100.7	104.5
湖 南 Hunan	105.5	107.9	99.1	103.4	103.6	104.3	100.7	104.1
广 东 Guangdong	106.4	109.9	98.4	102.0	101.6	102.3	98.7	102.2
广 西 Guangxi	104.6	106.8	99.3	101.6	101.4	101.3	100.8	102.0
海 南 Hainan	105.6	109.7	100.0	101.7	101.2	101.4	99.8	103.9
重 庆 Chongqing	105.1	107.0	98.8	102.7	102.3	102.2	99.7	104.6
四 川 Sichuan	106.8	110.1	99.5	101.7	103.9	105.3	99.8	103.5
贵 州 Guizhou	104.9	106.4	103.4	100.5	101.4	101.8	100.5	100.9
云 南 Yunnan	108.0	110.4	102.4	105.7	104.6	105.4	102.3	103.9
西 藏 Tibet								
陕 西 Shaanxi	104.5	106.0	99.7	101.5	103.7	103.7	105.3	100.5
甘 肃 Gansu	105.5	106.7	104.8	100.4	102.2	102.4	102.2	100.6
青 海 Qinghai	102.8	103.2	100.1	104.4	102.1	102.1	100.7	104.2
宁 夏 Ningxia	104.9	107.1	99.1	102.6	102.1	102.2	101.3	101.8
新 疆 Xinjiang	104.5	105.8	101.9	100.7	102.8	102.7	104.8	100.0

4-6-1 全国房地产价格分类指数(1998~2005年)

(上年=100)

项　目	Item	1998
房屋销售价格指数	**Selling Price Indices of Estate stouses**	**101.4**
商品房	Commercial Houses	99.9
住宅	Residential Buildings	99.9
经济适用房	Economically Affordable Housing	102.9
普通住宅	General Residential Buildings	99.9
多层住宅	Multilayer Buildings	101.4
高层住宅	High-layer Buildings	99.2
其他住宅	Other Buildings	
高档住宅	Luxury Residential Buildings	98.9
别墅	Villas	102.6
高档公寓	High-grade Apartment	97.6
非住宅	Non-Residential Buildings	99.7
办公楼	Office Buildings	99.5
写字楼	High-grade Office Buildings	
普通办公用房	Gereral oflice Buidings	
商业娱乐用房	Busineas and Entertatnment	100.5
工业仓储用房	Inelustrial Storage	
其他用房	Others	103.2
二手房	Sellonal-hand house	
住宅	Residential Buildings	
高层住宅	Multilayer Buildings	
多层住宅	High-layer Buildings	
其他住宅	Other Buildings	
非住宅	Non-Residential Buildings	
土地交易价格指数	**Transactions Price Indices of Land**	**102.2**
居民住宅用地	Land for Residential Building Use	100.6
高档住宅用地	Luxury Residential Buildings	103.1
普通住宅用地	General Residential Buildings	100.4
经济适用房用地	Economically Affordable Housing	
工业仓储用地	Land for Industry Use	101.2
商业、旅游、娱乐用地	Land for Business Tour and Entertainment	104.0
其他用地	Land for Other	103.6
房屋租赁价格指数	**Renting Price Indices of Houses**	**100.8**
住宅	Residential Buildings	109.0
普通住宅	Greneral Reideutial Builaings	
高档住宅	Iuxury Resioleutial Buidings	
经济适用房	Economically Affordable Housing	
廉租房	Low-rented Buildings	
办公楼	Office Buildings	97.1
写字楼	High-grade Office Buildings	92.8
普通办公用房	General Office Buildings	99.9
商业娱乐用房	Business and Entertainment builoligs	100.1
工业仓储用房	Workshops and Storehouses Industrial Stonage Buildings	100.7
工业厂房	Industry Storage Buildings	100.6
仓库	Storehouses	100.6
其他	Others	
物业管理价格指数	**Price Indices of Real Estate Management Prokerty alangemant Price Indices**	
住宅	Residential Buildings	
办公楼	Office Buildings	
商业娱乐用房	Business and Entertainment Biuelings	
工业仓储用房	Workshops and Storehouses Industrial Stouage Buildings	

Price Indices for Real Estate(1998～2005)

(preceding year=100)

1999	2000	2001	2002	2003	2004	2005
100.0	**101.1**	**102.2**	**103.7**	**104.8**	**109.7**	**107.6**
100.3	100.8	101.8	103.4	105.0	109.0	107.7
100.4	101.4	101.9	104.0	105.7	109.4	108.4
102.0	101.4	102.1	101.8	102.6	103.2	103.7
100.2	101.5	102.0	104.3	106.2	109.8	108.2
100.6	102.4	102.8	105.5	106.8	109.9	108.5
99.4	100.2	101.5	103.0	106.1	109.7	107.6
						115.6
98.9	101.3	101.0	101.7	104.0	110.0	109.5
99.2	101.4	101.8	102.1	104.3	109.6	109.0
98.6	101.1	100.6	101.5	103.8	110.3	109.7
99.9	98.7	101.2	101.3	102.7	107.1	105.6
97.6	98.1	100.8	99.8	103.4	108.1	107.2
						107.3
						107.1
101.0	99.6	102.0	102.4	102.3	107.0	104.6
						103.9
100.6	96.9	100.3	102.1	103.7	103.9	103.8
						107.5
						108.4
						107.2
						109.6
						107.5
						105.5
100.0	**100.2**	**101.7**	**106.9**	**108.3**	**110.1**	**109.1**
99.9	101.0	102.2	107.7	112.4	111.6	110.3
100.1	101.6	102.4	101.9	105.9	107.6	120.5
99.6	100.9	102.1	108.4	113.0	111.8	108.9
						105.3
100.0	98.6	100.8	100.4	101.3	104.3	103.6
100.0	100.4	101.2	107.0	104.9	110.4	107.9
100.2	99.8	101.7	106.9	104.4	105.5	106.7
98.5	**102.4**	**102.8**	**100.8**	**101.9**	**101.4**	**101.9**
102.4	114.2	108.1	102.0	107.5	102.2	100.5
						100.6
						100.1
						101.2
						100.0
95.2	96.2	100.6	99.5	99.9	100.2	102.9
89.2	95.2	99.3	101.1	100.2	99.9	103.4
99.3	96.9	101.4	98.6	99.7	100.8	100.8
99.0	99.0	100.2	100.2	99.6	102.0	101.7
99.0	99.6	99.2	100.7	100.5	100.9	99.9
97.1	98.8	101.9	101.3	102.0	102.2	103.4
101.5	100.5	96.7	100.2	98.7	99.9	96.8
						104.5
						100.0
						100.1
						99.9
						99.8
						100.4

4－6－2　35个大中城市房地产价格指数(1998～2005年)
Price Indices of Real Estate in 35 Large-scale and Medium-scale Cities(1998～2005)

(上年＝100)　　　　(preceding year＝100)

地　区 Region	房屋销售价格指数　Selling Price Indices of Houses							
	1998	1999	2000	2001	2002	2003	2004	2005
全　国 Total	**101.4**	**100.0**	**101.1**	**102.2**	**103.7**	**104.8**	**109.7**	**107.6**
北　京 Beijing	100.9	100.1	99.5	101.3	100.3	100.3	103.7	106.7
天　津 Tianjin	100.6	100.0	100.0	101.2	101.6	104.1	113.5	106.0
石家庄 Shijiazhuang	100.7	103.7	101.8	103.9	101.4	100.3	103.6	105.6
太　原 Taiyuan	103.4	97.8	101.1	100.2	103.3	102.8	106.4	105.6
呼和浩特 Hohhot	103.3	98.2	102.0	102.4	102.3	100.7	105.2	111.8
沈　阳 Shenyang	102.3	101.8	103.0	102.6	100.1	107.6	115.9	107.5
大　连 Dalian	99.5	102.4	100.2	99.6	98.4	100.7	104.6	109.2
长　春 Changchun	100.4	104.6	106.6	102.6	97.2	100.2	100.2	101.9
哈尔滨 Harbin	99.3	100.2	101.8	101.9	101.1	100.2	104.7	104.6
上　海 Shanghai	95.7	96.2	98.6	104.4	107.3	120.1	115.9	109.7
南　京 Nanjing	105.2	101.6	101.6	100.5	103.0	109.8	115.3	108.1
杭　州 Hangzhou	102.6	103.0	104.9	105.8	106.9	106.1	111.7	109.7
宁　波 Ningbo	99.7	100.6	105.5	107.2	116.4	116.6	113.9	106.4
合　肥 Hefei	101.7	99.4	100.0	100.5	104.0	104.1	105.6	106.2
福　州 Fuzhou	101.1	99.9	100.3	101.0	101.1	101.1	103.6	104.4
厦　门 Xiamen	100.6	100.5	100.1	102.2	103.0	102.8	107.3	108.0
南　昌 Nanchang	100.5	101.6	103.2	104.0	111.6	104.8	107.3	108.3
济　南 Jinan	101.5	101.5	102.8	101.8	102.5	103.1	110.3	107.6
青　岛 Qingdao	100.1	103.7	102.3	104.1	107.6	114.6	115.3	110.9
郑　州 Zhengzhou	106.6	101.1	99.5	100.6	101.9	102.0	104.0	107.0
武　汉 Wuhan	102.7	98.6	101.5	106.1	101.9	103.8	108.4	106.8
长　沙 Changsha	102.9	98.5	99.6	102.1	101.1	100.5	103.3	102.8
广　州 Guangzhou	97.9	95.1	97.3	100.3	99.6	99.3	102.7	104.7
深　圳 Shenzhen	99.6	97.8	99.2	101.0	100.4	102.2	104.6	107.2
南　宁 Nanning	98.5	97.9	99.3	101.6	102.5	102.1	105.7	104.9
海　口 Haikou	101.5	95.9	99.4	99.8	101.9	102.7	105.9	102.5
重　庆 Chongqing	106.4	103.3	101.8	101.4	102.1	106.1	113.9	107.2
成　都 Chengdu	104.6	103.3	101.3	100.3	101.3	102.9	107.9	109.8
贵　阳 Guiyang	108.1	103.3	103.9	100.8	101.6	101.3	102.6	102.6
昆　明 Kunming	101.4	102.3	100.2	99.7	100.0	99.1	102.3	102.9
西　安 Xi'an	100.5	100.4	101.3	101.9	101.1	101.4	105.0	104.3
兰　州 Lanzhou	98.5	101.5	100.5	102.6	104.3	101.8	108.7	105.6
西　宁 Xining	101.5	101.0	101.1	100.5	102.2	101.9	104.0	103.4
银　川 Yinchuan	111.2	106.1	102.2	104.2	103.6	102.1	104.4	102.7
乌鲁木齐 Urumqi	103.1	101.4	102.4	101.0	99.2	99.9	100.7	100.9

4－6－2续表1 Continued 1

（上年＝100） (preceding year＝100)

地区 Region	土地交易价格指数 Transactions Price Indices of Land							
	1998	1999	2000	2001	2002	2003	2004	2005
全国 Total	**102.2**	**100.0**	**100.2**	**101.7**	**106.9**	**108.3**	**110.1**	**109.1**
北京 Beijing	101.1	100.2	100.0	100.0	100.0	100.6	102.5	103.8
天津 Tianjin	102.0	101.3	100.5	76.2	102.2	103.0	116.3	103.9
石家庄 Shijiazhuang	115.0	103.9	107.7	97.3	99.7	99.4	100.3	100.2
太原 Taiyuan	100.0	100.0	100.0	113.2	126.7	121.9	100.7	102.8
呼和浩特 Hohhot	104.1	104.3	102.5	102.8	103.4	102.4	104.1	114.7
沈阳 Shenyang	100.0	99.0	101.8	101.7	83.1	116.1	116.2	111.4
大连 Dalian	100.0	100.0	100.0	99.9	100.0	103.5	112.9	124.7
长春 Changchun	100.0	100.0	100.2	115.5	113.7	103.7	104.6	103.9
哈尔滨 Harbin	100.0	101.0	101.1	100.0	100.0	101.6	100.0	107.8
上海 Shanghai	95.5	93.3	91.9	97.2	106.3	115.1	120.3	106.9
南京 Nanjing	104.4	103.5	101.9	102.6	103.9	104.7	103.0	102.8
杭州 Hangzhou	99.7	100.0	103.2	105.4	125.0	138.1	139.4	124.8
宁波 Ningbo	99.2	100.0	100.4	100.8	109.2	113.2	108.3	115.9
合肥 Hefei	102.2	100.7	100.3	100.4	103.7	107.0	105.4	110.6
福州 Fuzhou	100.2	100.6	100.0	107.3	106.0	107.7	108.8	118.6
厦门 Xiamen	100.0	100.0	100.0	101.1	101.7	102.3	110.2	108.5
南昌 Nanchang	103.6	102.0	103.0	108.0	125.2	110.1	118.8	104.2
济南 Jinan	103.3	101.8	102.3	101.9	102.1	103.5	104.4	105.9
青岛 Qingdao	101.0	100.0	100.4	102.2	104.3	101.8	101.8	103.4
郑州 Zhengzhou	101.2	103.9	102.1	101.1	101.4	101.0	103.9	110.9
武汉 Wuhan	100.8	99.9	100.1	99.8	100.7	103.7	102.9	102.6
长沙 Changsha	103.2	102.4	102.7	103.8	101.4	100.9	102.1	105.4
广州 Guangzhou	100.0	99.7	99.9	100.0	100.0	100.0	100.0	100.0
深圳 Shenzhen	100.0	99.8	101.5	99.7	100.0	102.0	103.9	118.1
南宁 Nanning	105.5	99.7	66.7	101.6	106.0	101.4	100.0	103.6
海口 Haikou	90.7	90.6	97.1	101.4	100.5	100.4	102.7	110.0
重庆 Chongqing	100.0	101.1	100.0	100.9	101.7	115.5	105.3	102.9
成都 Chengdu	107.7	103.8	101.9	104.6	106.4	109.1	116.3	107.8
贵阳 Guiyang	99.8	99.4	100.3	100.4	100.6	100.3	100.6	101.5
昆明 Kunming	104.5	100.1	100.0	100.0	100.0	100.0	100.0	103.7
西安 Xi'an	100.1	100.3	100.0	100.0	100.5	100.7	102.8	105.9
兰州 Lanzhou	100.0	100.0	100.0	100.0	100.0	100.0	100.0	100.0
西宁 Xining	99.4	94.4	100.4	99.7	102.7	106.2	106.1	102.9
银川 Yinchuan	125.7	108.0	103.6	103.2	102.9	103.4	105.8	103.4
乌鲁木齐 Urumqi	103.8	101.3	99.4	102.6	102.3	101.0	102.1	101.4

4—6—2 续表 2　Continued 2

(上年=100)　　(preceding year=100)

地　区 Region	房屋租赁价格指数　Renting Price Indices of Houses							
	1998	1999	2000	2001	2002	2003	2004	2005
全　国 Total	**100.8**	**98.5**	**102.4**	**102.8**	**100.8**	**101.9**	**101.4**	**101.9**
北　京 Beijing	99.8	98.5	166.6	125.5	107.6	108.5	103.4	102.4
天　津 Tianjin	102.4	99.0	100.1	110.1	106.0	100.7	101.2	101.3
石家庄 Shijiazhuang	100.9	108.6	102.2	104.8	100.4	99.3	100.1	100.6
太　原 Taiyuan	104.0	99.5	105.6	115.5	106.1	102.3	99.6	107.5
呼和浩特 Hohhot	100.0	99.0	97.1	102.0	102.7	98.5	101.5	104.7
沈　阳 Shenyang	105.2	102.6	102.3	100.1	99.5	101.4	99.0	101.5
大　连 Dalian	101.7	96.8	105.4	101.9	98.1	100.0	98.2	99.0
长　春 Changchun	106.7	106.2	106.4	111.2	104.6	104.0	100.9	100.5
哈尔滨 Harbin	99.3	99.9	101.0	100.2	100.0	98.6	100.6	103.6
上　海 Shanghai	92.2	89.9	95.8	104.9	99.0	102.2	105.5	103.6
南　京 Nanjing	99.1	101.3	101.1	104.7	100.6	104.4	105.0	100.0
杭　州 Hangzhou	97.2	95.5	103.3	103.1	103.0	106.7	107.6	102.4
宁　波 Ningbo	95.4	96.6	92.5	99.0	102.8	106.0	104.3	104.1
合　肥 Hefei	109.2	104.3	99.1	98.6	102.0	102.3	100.7	100.3
福　州 Fuzhou	107.6	102.8	99.5	101.7	98.6	98.7	99.6	101.4
厦　门 Xiamen	102.6	98.6	96.2	94.0	98.0	100.3	102.3	104.2
南　昌 Nanchang	99.5	111.2	113.2	102.7	104.2	103.3	101.4	102.5
济　南 Jinan	100.8	100.8	101.6	101.8	103.2	100.0	103.4	101.0
青　岛 Qingdao	94.0	104.3	95.8	107.0	94.4	99.4	98.6	103.3
郑　州 Zhengzhou	106.1	98.7	103.7	107.2	103.0	99.1	99.7	100.1
武　汉 Wuhan	98.7	95.8	97.3	98.2	98.6	98.5	100.7	100.2
长　沙 Changsha	103.3	94.8	99.1	102.5	101.6	101.0	103.1	101.7
广　州 Guangzhou	99.6	94.9	98.0	99.6	102.0	99.9	101.6	103.0
深　圳 Shenzhen	94.7	91.3	95.7	99.6	100.2	100.0	100.0	101.0
南　宁 Nanning	106.7	97.8	102.1	102.5	99.5	102.3	100.6	101.6
海　口 Haikou	92.6	89.8	92.7	99.3	94.6	92.6	96.1	101.9
重　庆 Chongqing	106.9	106.4	95.1	95.4	97.5	100.3	105.9	103.6
成　都 Chengdu	99.8	100.0	99.3	96.6	100.9	100.3	102.4	100.4
贵　阳 Guiyang	106.0	99.0	104.1	97.1	98.0	101.6	99.9	102.5
昆　明 Kunming	103.0	111.1	97.8	101.9	98.4	100.4	104.2	101.4
西　安 Xi'an	102.5	100.6	101.2	100.3	100.6	98.9	103.2	100.7
兰　州 Lanzhou	99.7	98.3	100.0	101.0	100.3	97.8	97.8	100.0
西　宁 Xining	117.9	100.5	114.3	112.2	107.3	103.1	100.4	99.8
银　川 Yinchuan	110.0	117.7	118.0	105.1	106.4	99.8	106.1	104.3
乌鲁木齐 Urumqi	98.9	97.9	99.2	98.8	100.1	99.9	104.2	100.4

4—7—1　全国居民消费价格分类指数(1994～2005 年)

(上年=100)

项　　目	Item	1994	1995
一、总指数	**Consumer Price Index**	**124.1**	**117.1**
一、食品 *	**Food**	**131.8**	**122.9**
1.粮食	Grain	150.7	136.8
2.淀粉及薯类	Starches and Tubers	132.3	140.1
3.干豆类及豆制品	Bean and Its Products	117.1	111.9
4.油脂	Oil or Fat	161.3	116.0
5.肉禽及其制品	Meat, Poultry and Their Products	141.6	126.4
6.蛋	Eggs	115.0	114.6
7.水产品	Aquatic Products	120.3	114.4
8.菜	Vegetables	133.3	127.3
#鲜菜	Fresh Vegetables	138.2	127.6
9.调味品	Flavoring	118.4	116.7
10.糖	Carbohydrate	132.8	127.1
11.茶及饮料	Tea and Beverages		
(1)茶	Tea		
(2)饮料	Beverages		
12.干鲜瓜果	Dried and Fresh Melons and Fruits	120.6	121.2
#鲜果	Fresh Fruits	119.4	120.4
13.糕点饼干面包	Cake, Biscuit and Bread	128.0	123.6
14.奶及奶制品	Milk and Its Products	133.5	126.0
15.在外用膳食品	Outward Dinner	129.8	124.6
16.其它食品及加工服务费	Other Foods and Manufacturing Services	114.4	115.2
二、烟酒及用品	**Tobacco, Liquor and Articles**		
1.烟草	Tobacco	108.2	102.8
2.酒	Liquor		
3.吸烟、饮酒用品	Articles for Smoking and Drinking		
三、衣着	**Clothing**	**117.1**	**114.5**
1.服装	Garments	117.7	113.3
2.衣着材料	Clothing Material	112.5	112.7
3.鞋袜帽	Footgear and Hats	119.6	118.5
4.衣着加工服务费	Clothing Manufacturing Services		
四、家庭设备用品及服务	**Household Facilities, Articles and Services**	**112.0**	**107.0**
1.耐用消费品	Durable Consumer Goods	108.8	102.5
(1)家具	Furniture	110.4	105.0
(2)家庭设备	Household Facilities	108.1	101.5
2.室内装饰品	Interior Decorations	106.2	105.9
3.床上用品	Bed Articles	114.7	113.8

*1.自 2001 年起,居民消费价格指数开始编制定基价格指数。
2.2001 年以来,烟酒及用品类包含在食品项中。

Consumer Price Indices by Category(1994～2005)

(preceding year=100)

1996	1997	1998	1999	2000	2001	2002	2003	2004	2005
108.3	**102.8**	**99.2**	**98.6**	**100.4**	**100.7**	**99.2**	**101.2**	**103.9**	**101.8**
107.6	**99.9**	**96.8**	**95.8**	**97.4**	**100.0**	**99.4**	**103.4**	**109.9**	**102.9**
106.5	91.1	96.9	96.9	88.6	99.3	98.3	102.3	126.4	101.4
107.8	96.3	105.4	96.7	98.6	99.5	100.4	100.6	106.8	105.5
120.6	106.0	97.3	91.3	102.0	99.0	98.0	106.5	120.5	102.4
92.1	101.5	100.0	94.5	86.8	91.7	98.7	112.6	118.2	94.3
104.5	105.5	90.9	90.7	98.5	101.6	99.5	103.3	117.6	102.5
116.5	79.3	100.9	91.6	84.5	106.0	102.6	98.6	120.2	104.6
106.0	100.2	93.9	93.3	101.7	97.1	96.7	100.3	112.7	105.9
119.1	100.0	99.6	101.0	104.7	100.9	98.2	117.7	95.1	109.1
119.7	100.0	99.9	100.7	105.5	101.4	98.1	120.5	93.9	110.4
114.9	103.1	99.5	100.6	101.5	102.2	101.2	100.1	101.5	101.4
102.1	100.4	96.2	91.5	103.7	104.6	97.3	97.5	102.2	104.0
					99.1	99.0	99.2	100.0	100.1
					101.0	100.9	99.7	101.1	100.8
					98.3	98.2	98.9	99.5	99.8
104.5	94.4	96.2	97.8	96.6	99.9	103.1	103.0	104.0	102.2
103.1	91.7	96.6	99.4	96.0	100.3	103.6	101.8	102.2	101.6
110.0	103.8	100.8	100.3	99.7	98.9	98.8	99.3	101.6	100.9
110.8	104.1	100.3	99.3	100.0	99.1	99.0	99.2	100.5	100.9
109.4	104.7	101.1	99.9	99.7	100.2	99.9	100.1	104.1	102.4
107.9	103.9	101.7	99.5	98.5	98.9	99.0	99.1	101.2	101.3
					99.7	**99.9**	**99.8**	**101.2**	**100.4**
104.9	99.2	98.9	96.3	97.0	99.6	99.9	99.8	100.9	100.4
					99.9	100.1	100.1	102.2	100.6
					99.7	99.6	99.3	99.3	99.6
107.4	**103.0**	**99.2**	**97.3**	**99.1**	**98.1**	**97.6**	**97.8**	**98.5**	**98.3**
107.1	103.1	98.9	96.6	99.1	97.6	97.4	97.6	98.3	98.1
105.6	101.4	98.8	97.6	98.3	98.8	98.9	99.2	100.2	100.0
109.6	104.0	100.0	98.6	99.8	99.0	98.0	97.7	98.3	98.3
					100.3	99.9	100.1	100.7	101.1
103.8	**100.7**	**98.4**	**97.7**	**97.7**	**97.7**	**97.5**	**97.4**	**98.6**	**99.9**
100.8	98.5	97.3	97.0	96.6	96.1	95.9	95.8	97.1	98.8
102.7	101.0	98.2	97.5	97.4	98.0	97.7	97.9	98.9	99.2
99.9	97.4	96.8	96.8	96.2	95.1	95.0	94.6	96.1	98.5
103.4	101.6	99.5	98.0	98.6	98.3	98.8	98.8	99.2	99.5
106.2	102.3	100.3	98.2	98.7	99.3	98.7	98.4	99.3	99.4

4—7—1续表

(上年=100)

项　目	Item	1994	1995
4.家庭日用杂品	Daily Use Household Articles	117.4	114.6
5.家庭服务及加工维修服务费	Household Service and Manufacturing Upkeep	117.6	117.2
五、医疗保健和个人用品	**Health Care and Personal Articles**		
1.医疗保健	Health Care	111.7	111.3
(1)医疗器具及用品	Medical Instrument and Articles	116.2	115.7
(2)中药材及中成药	Traditional Chinese Medicine	119.3	111.2
(3)西药	Western Medicine	113.0	111.0
(4)保健器具及用品	Health Care Appliances and Articles		
(5)医疗保健服务	Health Care Services	120.2	111.1
2.个人用品及服务	Personal Articles and Services		
(1)化妆美容用品	Cosmetics		
(2)卫生用品	Sanitation Articles		
(3)个人饰品	Personal Decorations		
(4)个人服务	Personal Services	130.1	122.3
六、交通和通信	**Transportation and Communication**	**107.8**	**99.9**
1.交通	Transportation	112.2	111.9
(1)交通工具	Transportation Facility	109.3	101.3
(2)车用燃料及零配件	Fuels and Parts		
(3)车辆使用及维修费	Using and Upkeep Fare		
(4)市内公共交通费	Incity Traffic Fare		
(5)城市间交通费	Intercity Traffic Fare		
2.通信	Communication		
(1)通信工具	Communication Facility	100.2	95.3
(2)通信服务	Communication Service		
七、娱乐教育文化用品及服务	**Recreation, Education and Culture Articles**	**112.5**	**106.4**
1.文娱用耐用消费品及服务	Durable Consumer Goods for Cultural and Recreational Use and Services	106.1	100.2
2.教育	Education		
(1)教材及参考书	Teaching Materials and Reference Books	121.5	122.4
(2)学杂托幼费	Tuition and Child Care	135.2	129.6
3.文化娱乐用品	Cultural and Recreational Articles	119.8	108.8
(1)文化娱乐	Cultural Articles	110.0	107.7
(2)书报杂志	Newspapers and Magazines	134.3	110.8
(3)文娱费	Expenditure of Culture and Recreation	136.1	125.5
4.旅游及外出	Touring and Outgoing		
八、居住	**Residence**	**121.3**	**110.6**
1.建房及装修材料	Building and Building Decoration Materials	112.9	100.9
2.租房	Rent	137.1	131.8
3.自有住房	Private Housing	122.4	110.1
4.水、电、燃料	Water, Electricity and Fuels	121.9	111.2

4—7—1 Continued

(preceding year=100)

1996	1997	1998	1999	2000	2001	2002	2003	2004	2005
108.3	103.5	99.9	98.1	98.2	98.6	98.0	98.3	99.8	100.4
109.7	108.1	103.8	102.2	100.5	101.5	101.2	101.1	101.9	104.4
109.3	**104.7**	**102.8**	**100.9**	**100.3**	**100.0**	**98.8**	**100.9**	**99.7**	**99.9**
					100.3	98.5	101.2	99.1	99.5
108.6	103.9	101.3	100.7	99.5	98.3	97.2	101.0	102.3	97.4
112.7	108.7	107.5	105.2	105.2	101.4	96.6	105.0	98.9	96.5
106.9	101.8	99.5	97.9	97.0	94.8	94.5	94.5	94.9	97.7
					97.3	97.1	98.2	98.6	100.0
112.4	122.9	117.2	111.7	111.1	110.5	108.2	108.9	105.2	105.2
					99.5	99.5	100.2	101.2	100.8
					99.8	99.7	99.5	98.8	99.4
					97.9	97.3	97.1	98.4	99.4
					97.8	99.3	102.9	104.5	101.6
115.6	110.6	106.5	103.4	101.7	101.7	101.2	100.8	101.8	101.9
98.8	**97.4**	**95.8**	**94.5**	**93.8**	**99.0**	**98.1**	**97.8**	**98.5**	**99.0**
117.0	106.5	102.9	104.1	105.6	101.0	99.1	99.5	100.4	101.5
99.0	97.8	96.5	95.8	95.9	96.4	95.0	95.9	96.5	97.3
					99.0	98.5	108.3	107.7	100.3
					100.4	100.0	98.9	101.0	102.0
					105.8	101.9	100.6	101.0	102.2
					104.0	101.8	101.4	102.5	103.3
					96.8	97.2	96.1	96.8	96.6
98.2	96.3	93.9	91.9	89.9	80.5	83.5	82.1	84.3	84.1
					101.1	100.3	99.4	99.8	99.6
110.4	**100.9**	**96.6**	**96.8**	**97.4**	**106.6**	**100.6**	**101.3**	**101.3**	**102.2**
97.7	93.8	91.7	92.0	92.0	91.2	90.5	92.7	93.3	93.8
					113.6	103.7	104.3	103.4	105.1
134.8	117.1	102.9	103.3	107.5	106.1	99.0	101.7	102.8	100.9
120.0	119.0	116.4	119.2	128.8	114.1	104.0	104.5	103.4	105.4
119.8	104.5	102.4	102.3	101.7	101.7	101.2	101.3	101.1	101.2
106.0	102.7	100.5	100.3	99.5	99.4	98.9	98.7	99.4	99.8
139.4	106.9	105.2	104.9	104.6	101.9	101.0	100.4	100.6	100.8
122.8	113.8	110.5	108.0	108.2	104.4	104.2	104.6	103.2	102.9
					100.3	95.9	95.4	100.6	99.6
111.4	**108.3**	**101.7**	**101.7**	**104.8**	**101.2**	**99.9**	**102.1**	**104.9**	**105.4**
100.5	98.3	94.9	96.9	98.5	98.8	98.4	99.5	104.3	102.6
134.2	121.5	115.5	110.7	109.2	108.6	104.4	103.5	103.0	101.9
108.7	104.3	100.8	101.2	101.9	100.0	95.4	99.1	100.9	105.6
114.2	112.2	102.6	102.3	107.7	102.5	102.9	105.7	107.5	108.6

4—7—2 全国居民消费价格分类指数(2005年)

Consumer Price Indices by Category(2005)

(上年=100) (preceding year=100)

项　目	Item	全国 National Indices	城市 Urban Indices	农村 Rural Indices	36个大中城市 36 Major Cities Indices
居民消费价格总指数	**Consumer Price Index**	**101.8**	**101.6**	**102.2**	**101.4**
一、食品	**Food**	**102.9**	**103.1**	**102.5**	**103.5**
1. 粮食	Grain	101.4	101.5	101.3	102.4
2. 淀粉及薯类	Starches and Tubers	105.5	105.9	104.7	105.1
3. 干豆类及豆制品	Bean and Its Products	102.4	102.1	103.0	102.0
4. 油脂	Oil or Fat	94.3	94.0	94.4	94.3
5. 肉禽及其制品	Meat, Poultry and Their Products	102.5	102.1	103.1	103.0
(1)食用畜肉及副产品	Meat and Their Products	100.1	99.9	100.6	101.1
(2)禽	Poultry	108.1	107.9	108.4	107.4
(3)肉禽加工制品	Meat and Poultry Products	105.3	105.2	105.4	104.9
6. 蛋	Eggs	104.6	104.2	105.4	104.4
7. 水产品	Aquatic Products	105.9	106.1	105.5	106.8
(1)鱼	Fish	105.2	105.5	104.7	105.7
(2)其它水产品	Others	107.2	107.0	108.2	107.7
8. 菜	Vegetables	109.1	110.0	106.8	108.6
9. 调味品	Flavoring	101.4	101.2	101.5	101.2
10. 糖	Carbohydrate	104.0	102.9	105.6	102.3
11. 茶及饮料	Tea and Beverages	100.1	100.1	100.2	99.6
(1)茶 叶	Tea	100.8	100.8	100.7	100.1
(1)饮 料	Beverages	99.8	99.8	99.8	99.4
12. 干鲜瓜果	Dried and Fresh Melons and Fruits	102.2	102.8	100.6	103.4
13. 糕点饼干面包	Cake, Biscuit and Bread	100.9	100.8	101.2	101.0
14. 奶及奶制品	Milk and Its Products	100.9	100.7	101.9	100.9
15. 在外用膳食品	Outward Dinner	102.4	102.6	101.7	103.5
16. 其它食品及食品加工服务	Other Foods and Manufacturing Services	101.3	101.6	101.0	102.2
二、烟酒及用品	**Tobacco, Liquor and Articles**	**100.4**	**100.3**	**100.5**	**100.3**
1. 烟草	Tobacco	100.4	100.4	100.4	100.4
2. 酒	Liquor	100.6	100.4	100.8	100.8
3. 吸烟饮酒用品	Articles for Smoking and Drinking	99.6	99.6	99.8	98.5
三、衣着	**Clothing**	**98.3**	**98.0**	**99.1**	**97.5**
1. 服装	Garments	98.1	97.9	98.7	97.5
(1)男式服装	Men's Clothing	97.7	97.5	98.2	96.8
(2)女式服装	Women's Clothing	98.4	98.3	98.7	98.3
(3)儿童服装	Children's Clothing	98.6	97.8	99.6	95.1
2. 衣着材料	Clothing Material	100.0	99.7	100.4	100.6
3. 鞋袜帽	Footgear and Hats	98.3	97.7	99.4	96.9
(1)鞋	Shoes	97.9	97.3	99.1	96.5
(2)袜子	Socks	100.1	99.6	100.7	99.5
(3)帽子	Hats	101.5	102.7	100.5	103.8
4. 衣着加工服务	Clothing Manufacturing Services	101.1	101.1	101.1	101.0

		全国 National Indices	城市 Urban Indices	农村 Rural Indices	其中:36个大中城市 36 Major Cities Indices
四、家庭设备用品及服务	**Household Facilities, Articles and Services**	**99.9**	**99.7**	**100.3**	**100.1**
1. 耐用消费品	Durable Consumer Goods	98.8	98.6	99.3	98.9
(1)家具	Furniture	99.2	98.8	99.9	99.0
(2)家庭设备	Household Facilities	98.5	98.4	98.7	98.9
2. 室内装饰品	Interior Decorations	99.5	99.0	100.2	98.7
3. 床上用品	Bed Articles	99.4	99.1	100.0	98.6
4. 家庭日用杂品	Daily Use Household Articles	100.4	100.3	100.5	100.9
5. 家庭服务及加工维修服务	Household Service and Manufacturing Upkeep	104.4	104.1	104.9	106.0
五、医疗保健和个人用品	**Health Care and Personal Articles**	**99.9**	**99.6**	**100.5**	**99.6**
1. 医疗保健	Health Care	99.5	99.2	100.1	99.2
(1)医疗器具及用品	Medical Instrument and Articles	97.4	97.7	97.1	99.0
(2)中药材及中成药	Traditional Chinese Medicine	96.5	96.8	96.0	96.9
(3)西药	Western Medicine	97.7	97.7	97.7	98.0
(4)保健器具及用品	Health Care Appliances and Articles	100.0	100.0	99.8	99.8
(5)医疗保健服务	Health Care Services	105.2	104.8	105.6	102.9
2. 个人用品及服务	Personal Articles and Services	100.8	100.6	101.2	100.7
(1)化妆美容用品	Cosmetics	99.4	99.2	100.0	99.3
(2)卫生用品	Sanitation Articles	99.4	99.5	99.4	99.5
(3)个人饰品	Personal Decorations	101.6	101.9	101.2	102.1
(4)个人服务	Personal Services	101.9	101.3	102.6	101.4
六、交通和通信	**Transportation and Communication**	**99.0**	**98.4**	**100.3**	**97.9**
1. 交通	Transportation	101.5	101.1	102.0	100.5
(1)交通工具	Transportation Facility	97.3	96.2	98.4	95.2
(2)车用燃料及零配件	Fuels and Parts	110.3	110.9	109.5	111.5
(3)车辆使用及维修	Using and Upkeep Fare	102	102.2	101.5	102.8
(4)市区公共交通	Incity Traffic Fare	102.2	101.9	103.6	102.0
(5)城市间交通	Intercity Traffic Fare	103.3	102.4	104.3	101.3
2. 通信	Communication	96.6	96.2	97.7	95.6
(1)通信工具	Communication Facility	84.1	81.1	91.1	75.1
(2)通信服务	Communication Service	99.6	99.7	99.6	99.7
七、娱乐教育文化用品及服务	**Recreation, Education and Culture Articles**	**102.2**	**101.3**	**103.8**	**100.4**
1. 文娱用耐用消费品及服务	Durable Consumer Goods for Cultural and Recreational Use and Services	93.8	92.9	95.9	91.0
2. 教育	Education	105.1	104.3	106	103.3
(1)教材及参考书	Teaching Materials and Reference Books	100.9	100.9	100.8	100.1
(2)学杂托幼费	Tuition and Child Care	105.4	104.7	106.3	103.6
3. 文化娱乐用品	Cultural and Recreational Articles	101.2	101.3	100.6	101.6
(1)文化娱乐	Cultural Articles	99.8	99.8	99.9	100.2
(2)书报杂志	Newspapers and Magazines	100.8	100.8	100.7	100.8
(3)文娱费	Expenditure of Culture and Recreation	102.9	103.0	102.0	103.2
4. 旅游及外出	Touring and Outgoing	99.6	99.4	100.5	100.4
八、居住	**Residence**	**105.4**	**105.6**	**105.2**	**104.6**
1. 建房及装修材料	Building and Building Decoration Materials	102.6	102.6	102.7	102.4
2. 租房	Rent	101.9	101.6	103.3	101.1
3. 自有住房	Private Housing	105.6	106.8	102.0	106.3
4. 水、电、燃料	Water, Electricity and Fuels	108.6	107.7	110.3	106.1

4—7—3 各地区居民消费价格指数(1978～2005 年)
Consumer Price Indices by Region(1978～2005)

(上年=100)　　　(preceding year=100)

地区 Region	1981	1982	1983	1984	1985	1986	1987	1988	1989	1990	1991	1992
全国 National	**102.5**	**102.0**	**102.0**	**102.7**	**109.3**	**106.5**	**107.3**	**118.8**	**118.0**	**103.1**	**103.4**	**106.4**
北京 Beijing	101.3	101.8	100.5	102.2	117.6	106.8	108.6	120.4	117.2	105.4	111.9	109.9
天津 Tianjin	101.3	100.5	100.5	101.8	113.1	106.8	106.8	116.9	114.7	103.0	110.2	111.4
河北 Hebei	103.2	100.9	102.0	103.1	108.1	105.7	107.8	118.0	118.7	100.6	103.4	106.1
山西 Shanxi		102.3	101.5	103.0	108.5	105.6	107.4	120.9	119.5	102.2	104.8	107.3
内蒙古 Inner Mongolia	101.9	101.7	101.2	104.9	109.3	105.2	107.8	116.3	115.3	102.3	104.6	107.4
辽宁 Liaoning	102.0	101.4	101.7	103.6		—	108.8	119.3	118.2	103.3	105.6	106.7
吉林 Jilin	101.6	104.2	104.5	103.6		—	107.6	120.3	117.2	104.9	106.8	108.0
黑龙江 Heilongjiang	102.1	103.0	102.5	104.4	111.8	106.2	109.4	118.0	114.6	105.7	107.4	109.2
上海 Shanghai	101.4	100.3	100.2	102.2	115.2	106.3	108.1	120.1	115.9	106.3	110.5	110.0
江苏 Jiangsu	101.0	100.9	100.5	104.1	109.5	107.1	109.2	121.9	117.1	103.2	104.9	106.6
浙江 Zhejiang	101.7	101.9	102.8	103.7	114.8	106.2	108.8	121.5	118.2	102.1	103.5	107.5
安徽 Anhui	103.2	100.1	102.2	102.1	107.1	106.2	109.1	120.9	117.2	102.7	106.1	108.2
福建 Fujian	103.8	103.1	102.0	102.8	111.3	106.5	109.4	126.5	118.9	99.3	103.5	105.9
江西 Jiangxi	103.8	103.1	101.9	102.6	109.0	106.6	106.6	121.8	118.5	102.1	102.8	105.7
山东 Shandong	101.8	100.9	102.4	101.6	108.7	104.8	108.3	118.7	117.3	103.4	104.9	106.8
河南 Henan	102.4	101.8	102.9	102.2		105.3	106.3	119.4	118.7	100.7	102.3	105.4
湖北 Hubei	102.1	100.9	101.7	102.9	108.4	105.5	107.5	119.0	116.3	104.2	104.9	109.6
湖南 Hunan	101.8	101.6	102.7	103.4	110.9	105.3	109.8	125.6	118.2	100.4	104.4	110.7
广东 Guangdong	106.3	102.6	102.8	101.9	114.8	104.9	111.1	129.4	122.1	97.5	101.2	107.3
广西 Guangxi	102.7	104.1	103.0	104.6	113.0	106.2	108.2	120.8	121.1	101.1	102.8	105.9
海南 Hainan								128.1	128.4	102.1	103.9	108.7
重庆 Chongqing												
四川 Sichuan	102.7	102.2	101.2	102.2	107.3	104.7	107.6	119.9	119.8	103.8	103.0	107.4
贵州 Guizhou	103.1	103.6	101.6	102.8	107.7	105.4	107.1	119.8	118.3	101.8	104.4	107.8
云南 Yunnan	100.8	101.7	100.6	101.9	108.2	106.1	107.0	119.8	118.6	102.8	103.1	108.9
西藏 Tibet												
陕西 Shaanxi	103.6	100.4	102.2	103.4	107.4	106.1	108.2	118.8	118.5	102.4	106.6	110.3
甘肃 Gansu	102.7	102.2	100.6	103.3	109.2	106.6	107.6	119.1	117.9	103.2	104.9	107.2
青海 Qinghai	101.3	101.8	100.7	103.4	110.7	106.2	107.2	118.0	117.5	105.1	107.6	108.0
宁夏 Ningxia	102.1	102.8	101.6	103.3	108.6	105.8	107.3	117.1	117.2	107.1	106.3	108.3
新疆 Xinjiang	102.4	100.1	102.2	102.4		107.3	107.2	114.7	116.0	105.0	108.6	108.6

4－7－3 续表　Continued

（上年＝100）　　　　　　　　　　　　　　　　　　　　　　　　　　　　　　　　　　　　(preceding year＝100)

地　区　Region	1993	1994	1995	1996	1997	1998	1999	2000	2001	2002	2003	2004	2005
全　国　National	**114.7**	**124.1**	**117.1**	**108.3**	**102.8**	**99.2**	**98.6**	**100.4**	**100.7**	**99.2**	**101.2**	**103.9**	**101.8**
北　京　Beijing	119.0	124.9	117.3	111.6	105.3	102.4	100.6	103.5	103.1	98.2	100.2	101.0	101.5
天　津　Tianjin	117.6	124.0	115.3	109.0	103.1	99.5	98.9	99.6	101.2	99.6	101.0	102.3	101.5
河　北　Hebei	113.8	122.6	115.2	107.1	103.5	98.4	98.1	99.7	100.5	99.0	102.2	104.3	101.8
山　西　Shanxi	115.1	125.2	116.9	107.9	103.1	98.6	99.6	103.9	99.8	98.4	101.8	104.1	102.3
内蒙古　Inner Mongolia	114.1	122.9	117.5	107.6	104.5	99.3	99.8	101.3	100.6	100.2	102.2	102.9	102.4
辽　宁　Liaoning	115.2	124.3	116.1	107.9	103.1	99.3	98.6	99.9	100.0	98.9	101.7	103.5	101.4
吉　林　Jilin	112.6	120.6	115.2	107.2	103.7	99.2	98.0	98.6	101.3	99.5	101.2	104.1	101.5
黑龙江　Heilongjiang	114.8	121.9	116.1	107.1	104.4	100.4	96.8	98.3	100.8	99.3	100.9	103.8	101.2
上　海　Shanghai	120.2	123.9	118.7	109.2	102.8	100.0	101.5	102.5	100.0	100.5	100.1	102.2	101.0
江　苏　Jiangsu	118.2	123.2	115.8	109.3	101.7	99.4	98.7	100.1	100.8	99.2	101.0	104.1	102.1
浙　江　Zhejiang	119.8	124.8	116.6	107.9	102.8	99.7	98.8	101.0	99.8	99.1	101.9	103.9	101.3
安　徽　Anhui	114.7	126.9	114.8	109.9	101.3	100.0	97.8	100.7	100.5	99.0	101.7	104.5	101.4
福　建　Fujian	115.4	125.3	115.2	105.9	101.7	99.7	99.1	102.1	98.7	99.5	100.8	104.0	102.2
江　西　Jiangxi	114.6	126.9	116.9	108.4	102.0	101.0	98.6	100.3	99.5	100.1	100.8	103.5	101.7
山　东　Shandong	112.7	123.4	117.6	109.6	102.8	99.4	99.3	100.2	101.8	99.3	101.1	103.6	101.7
河　南　Henan	110.4	125.2	116.5	110.5	103.5	97.5	96.9	99.2	100.7	100.1	101.6	105.4	102.1
湖　北　Hubei	118.4	125.3	120.0	109.4	103.2	98.4	97.8	99.0	100.3	99.6	102.2	104.9	102.9
湖　南　Hunan	116.8	125.3	119.0	107.7	102.8	100.2	100.5	101.4	99.1	99.5	102.4	105.1	102.3
广　东　Guangdong	121.6	121.7	114.0	107.0	101.9	98.2	98.2	101.4	99.3	98.6	100.6	103.0	102.3
广　西　Guangxi	122.0	126.0	118.4	106.5	100.8	97.0	97.7	99.7	100.6	99.1	101.1	104.4	102.4
海　南　Hainan	123.3	126.7	113.5	104.3	100.8	97.3	98.3	101.1	98.5	99.5	100.1	104.4	101.5
重　庆　Chongqing					103.1	96.4	99.3	96.7	101.7	99.6	100.6	103.7	100.8
四　川　Sichuan	116.8	124.6	118.5	109.3	105.1	99.6	98.5	100.1	102.1	99.7	101.7	104.9	101.7
贵　州　Guizhou	116.0	122.8	121.4	109.1	103.4	100.1	99.2	99.5	101.8	99.0	101.2	104.0	101.0
云　南　Yunnan	121.3	119.2	121.3	108.7	104.3	101.7	99.7	97.9	99.1	99.8	101.2	106.0	101.4
西　藏　Tibet							100.0	99.9	100.1	100.4	100.9	102.7	101.5
陕　西　Shaanxi	113.1	126.7	119.0	109.7	104.8	98.4	97.8	99.5	101.0	98.9	101.7	103.1	101.2
甘　肃　Gansu	115.4	123.7	119.8	110.2	102.9	99.0	97.6	99.5	104.0	100.0	101.1	102.3	101.7
青　海　Qinghai	113.2	121.8	118.0	110.8	104.8	100.7	99.5	99.5	102.6	102.3	102.0	103.2	100.8
宁　夏　Ningxia	114.3	123.1	117.1	106.8	103.8	100.0	98.7	99.6	101.6	99.4	101.7	103.7	101.5
新　疆　Xinjiang	113.0	126.7	119.7	110.5	103.7	100.2	97.4	99.4	104.0	99.4	100.4	102.7	100.7

4—7—4 各地区居民消费价格指数(2005年)
Consumer Price Indices by Category and Region(2005)

(上年=100) (preceding year=100)

地 区 Region	居民消费价格指数 Consumer Price Index	一、食品 Food	1.粮食 Grain	2.淀粉及薯类 Starches and Tubers	3.干豆类及豆制品 Bean and Its Products	4.油脂 Oil or Fat	5.肉禽及其制品 Meat, Poultry and Their Products	(1)食用畜肉及副产品 Meat and Their Products
全 国 National	**101.8**	**102.9**	**101.4**	**105.5**	**102.4**	**94.3**	**102.5**	**100.1**
北 京 Beijing	101.5	104.9	104.6	107.3	102.5	98.0	103.8	101.9
天 津 Tianjin	101.5	103.4	103.8	109.3	100.8	94.7	104.5	104.2
河 北 Hebei	101.8	102.4	103.1	109.8	103.8	96.6	102.5	101.0
山 西 Shanxi	102.3	102.7	103.7	109.2	107.3	94.7	100.9	97.6
内蒙古 Inner Mongolia	102.4	102.9	103.7	112.2	106.7	96.9	101.7	100.3
辽 宁 Liaoning	101.4	101.8	104.0	105.1	99.4	86.4	100.4	98.7
吉 林 Jilin	101.5	101.8	104.1	102.4	97.2	92.1	101.5	100.0
黑龙江 Heilongjiang	101.2	100.1	100.4	102.2	96.4	91.5	99.5	97.9
上 海 Shanghai	101.0	104.5	103.0	105.2	103.0	91.2	105.7	103.2
江 苏 Jiangsu	102.1	103.9	100.0	111.0	100.7	92.4	104.3	101.4
浙 江 Zhejiang	101.3	103.0	98.0	104.3	102.6	95.2	103.2	100.2
安 徽 Anhui	101.4	102.6	98.2	106.2	101.7	90.8	103.7	102.1
福 建 Fujian	102.2	103.7	99.8	104.4	102.7	96.5	103.7	100.2
江 西 Jiangxi	101.7	103.1	100.3	101.5	103.1	96.2	102.2	100.0
山 东 Shandong	101.7	102.7	100.2	105.1	103.1	94.6	100.9	99.2
河 南 Henan	102.1	103.4	101.4	103.4	103.1	92.5	103.3	101.9
湖 北 Hubei	102.9	104.2	100.8	107.8	102.6	91.7	104.1	100.8
湖 南 Hunan	102.3	102.9	99.4	101.6	104.5	96.0	99.8	96.1
广 东 Guangdong	102.3	104.7	101.8	102.4	105.1	99.9	105.8	104.2
广 西 Guangxi	102.4	102.7	101.6	103.3	104.7	92.2	103.1	100.5
海 南 Hainan	101.5	101.7	100.7	104.5	108.2	95.3	100.8	95.7
重 庆 Chongqing	100.8	100.1	102.7	93.3	103.9	83.8	101.4	96.3
四 川 Sichuan	101.7	102.1	102.1	104.0	102.6	94.2	101.4	98.9
贵 州 Guizhou	101.0	101.3	100.4	102.0	101.4	88.7	100.8	99.2
云 南 Yunnan	101.4	100.8	103.6	109.9	104.4	97.9	98.6	95.8
西 藏 Tibet	101.5	101.3	102.1	105.3	106.0	100.4	104.5	105.1
陕 西 Shaanxi	101.2	101.0	101.3	104.1	101.9	97.1	100.9	99.3
甘 肃 Gansu	101.7	101.2	102.1	96.6	101.7	96.9	102.3	101.0
青 海 Qinghai	100.8	101.0	102.0	98.3	102.7	92.3	101.4	100.9
宁 夏 Ningxia	101.5	101.9	104.1	100.7	100.1	97.5	103.0	102.5
新 疆 Xinjiang	100.7	98.5	101.9	105.8	102.7	91.8	96.2	94.3

4—7—4 续表 1　Continued 1

（上年=100）　　(preceding year=100)

地区 Region	(2)禽 Poultry	(3)加工肉禽 Meat and Poultry Products	6.蛋 Eggs	7.水产品 Aquatic Products	(1)鱼 Fish	(2)其它水产品 Other Aquatic Products	8.菜 Vegetables	9.调味品 Flavoring
全　国 National	**108.1**	**105.3**	**104.6**	**105.9**	**105.2**	**107.2**	**109.1**	**101.4**
北　京 Beijing	107.7	106.1	104.7	104.7	102.0	107.7	110.8	100.5
天　津 Tianjin	112.0	102.9	103.5	95.7	95.8	97.1	112.1	101.7
河　北 Hebei	105.9	104.7	102.8	104.0	101.7	109.5	100.5	100.7
山　西 Shanxi	111.4	105.9	102.4	105.1	102.8	111.5	109.1	101.9
内蒙古 Inner Mongolia	107.0	105.0	103.7	100.0	99.1	104.6	108.0	100.9
辽　宁 Liaoning	105.1	105.3	102.5	102.8	100.6	105.7	104.9	100.2
吉　林 Jilin	103.6	107.4	103.7	101.5	101.3	102.5	104.2	99.8
黑龙江 Heilongjiang	103.0	103.5	102.8	99.4	97.8	102.4	110.8	99.5
上　海 Shanghai	111.4	105.5	105.8	114.2	110.2	116.7	103.3	102.1
江　苏 Jiangsu	113.6	104.4	104.3	105.4	104.5	107.2	114.8	100.8
浙　江 Zhejiang	108.6	106.0	107.4	106.0	103.0	109.6	111.7	101.1
安　徽 Anhui	109.7	104.8	107.4	104.0	103.5	106.7	116.4	100.5
福　建 Fujian	113.4	104.1	103.6	106.0	107.4	104.8	111.0	100.3
江　西 Jiangxi	107.8	104.2	107.5	103.2	102.4	105.8	117.3	100.4
山　东 Shandong	104.0	104.5	104.5	103.4	103.0	104.0	109.1	106.2
河　南 Henan	104.7	106.3	104.5	102.3	99.7	109.0	114.2	100.4
湖　北 Hubei	113.7	107.4	105.9	105.4	103.4	109.2	114.2	104.7
湖　南 Hunan	110.9	105.9	109.0	106.7	107.0	107.4	121.4	103.1
广　东 Guangdong	109.9	104.7	104.6	109.3	111.6	104.8	110.2	100.6
广　西 Guangxi	104.6	107.3	103.7	108.0	106.6	112.9	106.3	101.4
海　南 Hainan	111.5	103.7	106.2	104.0	104.4	103.2	108.6	101.6
重　庆 Chongqing	109.4	108.0	104.8	104.1	102.5	110.6	98.7	98.8
四　川 Sichuan	105.9	104.7	105.6	104.5	103.7	107.3	104.4	101.6
贵　州 Guizhou	101.5	108.5	102.1	106.2	104.6	110.1	103.7	99.3
云　南 Yunnan	101.0	107.3	104.9	113.7	113.3	114.0	92.9	101.1
西　藏 Tibet	102.7	103.4	106.9	96.0	95.7	97.4	101.3	100.5
陕　西 Shaanxi	102.4	104.4	104.5	102.3	99.2	110.1	102.3	100.3
甘　肃 Gansu	103.2	104.8	104.8	103.0	101.4	107.1	100.7	99.4
青　海 Qinghai	99.5	104.9	104.0	103.9	105.4	102.0	103.1	97.7
宁　夏 Ningxia	101.1	108.8	104.4	101.4	100.6	103.1	99.5	100.5
新　疆 Xinjiang	100.5	105.7	100.8	106.0	102.3	113.3	93.8	100.7

4—7—4 续表 2 Continued 2

(上年=100)

(preceding year=100)

地　区 Region	10. 糖 Carbohydrate	11. 茶及饮料 Tea and Beverages	(1)茶叶 Tea	(2)饮料 Beverages	12. 干鲜瓜果 Dried and Fresh Melons and Fruits	13. 糕点饼干面包 Cake, Biscuit and Bread	14. 奶及奶制品 Milk and Its Products	15. 在外用膳食品 Outward Dinner
全　国 National	**104.0**	**100.1**	**100.8**	**99.8**	**102.2**	**100.9**	**100.9**	**102.4**
北　京 Beijing	102.0	100.0	100.9	99.6	109.5	101.9	103.5	105.4
天　津 Tianjin	103.0	101.0	103.5	99.9	109.6	105.3	100.3	104.1
河　北 Hebei	101.6	100.0	98.0	100.8	109.8	100.3	101.7	101.0
山　西 Shanxi	103.9	100.9	101.3	100.8	99.6	100.8	100.7	102.1
内蒙古 Inner Mongolia	104.5	99.7	100.1	99.6	104.2	101.4	100.4	102.6
辽　宁 Liaoning	101.6	100.2	99.3	100.6	105.0	100.6	101.1	101.4
吉　林 Jilin	103.4	99.6	99.3	99.7	106.3	99.9	99.9	100.5
黑龙江 Heilongjiang	101.3	99.5	100.2	99.4	95.3	99.8	99.9	100.8
上　海 Shanghai	103.2	99.3	101.3	99.0	99.4	98.1	100.8	104.5
江　苏 Jiangsu	103.1	100.0	101.3	99.5	98.1	100.4	100.7	104.2
浙　江 Zhejiang	102.7	99.3	98.9	99.4	98.5	100.5	100.1	101.6
安　徽 Anhui	102.8	100.7	101.9	99.3	97.8	99.4	101.5	101.2
福　建 Fujian	103.5	99.8	100.2	99.5	104.8	99.5	98.1	102.5
江　西 Jiangxi	106.0	100.1	99.8	100.5	102.2	99.8	102.9	101.4
山　东 Shandong	105.3	100.3	100.5	100.1	107.0	102.1	102.6	101.3
河　南 Henan	107.1	100.0	99.9	100.0	107.7	100.8	101.1	101.3
湖　北 Hubei	105.6	100.6	99.9	100.8	107.6	101.4	102.1	102.3
湖　南 Hunan	102.5	100.6	100.3	100.7	102.9	98.9	104.7	101.7
广　东 Guangdong	104.2	101.0	102.8	99.6	99.8	101.8	99.0	102.8
广　西 Guangxi	105.1	101.6	101.4	101.7	100.5	102.6	104.1	101.5
海　南 Hainan	107.3	100.9	101.8	100.6	96.1	101.4	100.1	100.3
重　庆 Chongqing	102.9	97.6	100.6	96.1	96.0	101.1	97.0	101.4
四　川 Sichuan	105.1	99.7	100.2	99.3	102.7	100.6	99.5	102.8
贵　州 Guizhou	103.6	99.9	102.9	98.6	100.1	104.3	99.2	104.1
云　南 Yunnan	106.4	101.4	100.1	102.0	101.6	103.8	104.2	100.6
西　藏 Tibet	98.9	100.3	101.5	99.2	92.3	100.6	107.4	101.2
陕　西 Shaanxi	103.2	99.0	100.3	98.5	98.7	100.5	99.6	100.8
甘　肃 Gansu	100.4	99.3	98.8	99.5	102.7	99.6	99.2	101.1
青　海 Qinghai	103.0	98.8	104.4	95.8	97.6	100.8	100.8	100.9
宁　夏 Ningxia	103.6	101.3	101.4	101.2	100.9	101.0	104.1	102.1
新　疆 Xinjiang	102.0	98.9	102.7	96.5	98.1	99.7	98.7	100.9

4—7—4 续表 3 Continued 3

(上年=100) (preceding year=100)

地区 Region	16.其它食品及加工服务费 Other Foods and Manufacturing Services	二、烟酒及用品 Tobacco, Liquor and Articles	1.烟草 Tobacco	2.酒 Liquor	3.吸烟、饮酒用品 Articles for Smoking and Drinking	三、衣着 Clothing	1.服装 Garments
全国 National	**101.3**	**100.4**	**100.4**	**100.6**	**99.6**	**98.3**	**98.1**
北京 Beijing	102.1	100.0	98.8	100.7	105.5	100.1	101.5
天津 Tianjin	101.4	99.7	101.2	103.2	88.6	96.3	99.9
河北 Hebei	100.7	99.9	99.4	100.3	99.9	98.8	98.7
山西 Shanxi	101.0	100.8	101.1	99.8	100.0	97.8	97.0
内蒙古 Inner Mongolia	100.8	100.0	100.2	99.8	99.7	100.1	100.3
辽宁 Liaoning	101.1	100.9	100.7	101.1	100.4	96.9	97.3
吉林 Jilin	100.5	101.1	101.2	101.1	100.7	100.5	99.9
黑龙江 Heilongjiang	100.1	101.3	101.5	100.8	102.8	99.3	99.1
上海 Shanghai	101.1	99.7	99.5	99.8	100.9	92.1	90.8
江苏 Jiangsu	103.3	100.6	100.4	100.8	101.1	98.6	98.5
浙江 Zhejiang	100.7	100.0	99.4	101.1	101.2	97.0	96.5
安徽 Anhui	99.2	100.0	100.1	100.0	99.2	98.5	98.9
福建 Fujian	99.7	99.8	99.8	100.0	99.5	97.1	96.4
江西 Jiangxi	100.1	100.2	99.6	101.2	99.9	97.7	97.6
山东 Shandong	102.0	100.3	100.4	100.6	99.0	98.2	98.1
河南 Henan	100.8	101.0	101.6	100.3	100.2	98.2	97.9
湖北 Hubei	100.1	100.8	100.8	102.1	98.7	100.1	100.4
湖南 Hunan	99.7	99.8	100.0	99.3	99.9	99.4	99.3
广东 Guangdong	104.3	101.3	101.7	101.6	97.8	98.3	98.0
广西 Guangxi	101.7	99.9	100.1	99.7	99.9	97.1	96.6
海南 Hainan	102.0	101.2	101.2	101.1	101.1	97.0	96.0
重庆 Chongqing	99.1	101.2	101.8	99.8	100.3	92.1	94.0
四川 Sichuan	100.2	100.4	100.4	100.6	99.4	97.6	97.2
贵州 Guizhou	107.0	100.1	100.2	99.4	100.8	99.3	99.9
云南 Yunnan	102.2	103.7	103.5	105.6	100.2	98.0	97.5
西藏 Tibet	100.1	102.2	101.2	104.3	101.4	100.7	101.3
陕西 Shaanxi	100.9	100.3	100.7	99.4	99.9	100.0	99.5
甘肃 Gansu	100.6	97.9	97.7	97.7	99.2	97.1	97.0
青海 Qinghai	104.1	100.0	100.0	100.1	98.4	97.3	96.5
宁夏 Ningxia	100.5	99.0	98.6	99.3	102.5	103.5	104.1
新疆 Xinjiang	99.4	99.3	98.9	99.8	99.0	98.4	98.3

4—7—4续表4　Continued 4

(上年=100)　　(preceding year=100)

地　区 Region		(1)男式服装 Men's Clothing	(2)女式服装 Women's Clothing	(3)儿童服装 Children's Clothing	2. 衣着材料 Clothing Material	3. 鞋袜帽 Footgear and Hats	(1)鞋 Shoes	(2)袜子 Socks	(3)帽子 Hats
全　国	**National**	**97.7**	**98.4**	**98.6**	**100.0**	**98.3**	**97.9**	**100.1**	**101.5**
北　京	Beijing	99.0	103.4	102.7	99.5	96.5	96.6	95.0	97.2
天　津	Tianjin	102.3	98.8	87.7	100.0	85.2	83.3	100.0	100.0
河　北	Hebei	98.1	99.2	98.7	99.7	98.7	98.7	99.3	96.4
山　西	Shanxi	97.1	97.4	95.1	98.8	99.5	98.1	99.2	120.0
内蒙古	Inner Mongolia	100.1	100.8	98.9	97.6	100.2	100.1	100.8	100.4
辽　宁	Liaoning	98.2	96.7	97.3	100.8	95.6	95.0	98.8	99.4
吉　林	Jilin	99.6	99.9	101.0	99.5	101.9	102.0	99.0	104.9
黑龙江	Heilongjiang	98.3	99.2	101.7	101.2	99.6	99.0	106.1	101.1
上　海	Shanghai	92.0	91.5	76.0	105.1	94.5	94.4	97.7	92.8
江　苏	Jiangsu	98.4	98.7	98.6	100.2	97.8	97.2	100.6	102.3
浙　江	Zhejiang	97.2	96.6	94.1	100.7	97.4	97.1	99.1	99.2
安　徽	Anhui	99.0	99.2	97.6	100.0	96.8	96.5	99.5	99.7
福　建	Fujian	96.2	97.5	93.9	100.5	98.2	97.9	100.0	99.7
江　西	Jiangxi	95.6	98.0	100.8	100.8	97.2	96.2	102.3	97.4
山　东	Shandong	97.0	99.0	97.8	99.8	98.0	97.8	99.6	99.9
河　南	Henan	98.4	97.8	96.7	99.4	98.3	98.2	99.1	99.4
湖　北	Hubei	99.8	99.9	103.6	98.6	99.1	99.6	100.4	98.2
湖　南	Hunan	99.3	99.5	98.8	101.0	99.3	99.2	100.8	100.8
广　东	Guangdong	96.9	98.7	98.6	100.7	98.7	98.3	99.7	102.8
广　西	Guangxi	93.0	98.4	98.5	100.9	97.1	96.4	99.4	100.0
海　南	Hainan	93.9	98.4	93.7	99.8	99.6	99.6	100.0	100.0
重　庆	Chongqing	91.5	95.3	94.8	96.3	86.1	84.4	105.4	97.3
四　川	Sichuan	95.9	96.8	100.2	101.5	98.1	96.3	101.7	102.0
贵　州	Guizhou	94.8	101.5	106.6	102.2	97.9	97.4	101.4	95.8
云　南	Yunnan	97.5	97.5	96.2	100.0	98.7	98.4	99.8	99.6
西　藏	Tibet	101.3	100.7	102.9	98.0	100.9	101.4	99.9	99.1
陕　西	Shaanxi	99.1	99.0	102.1	98.9	101.5	101.8	99.6	99.0
甘　肃	Gansu	95.7	95.2	109.2	99.8	96.2	95.0	101.3	116.8
青　海	Qinghai	94.7	96.6	101.9	99.4	98.5	98.1	99.7	100.0
宁　夏	Ningxia	102.1	105.6	103.5	99.9	102.4	103.0	98.5	97.8
新　疆	Xinjiang	100.5	95.4	104.0	100.5	97.8	97.3	98.9	102.5

4—7—4 续表 5　Continued 5

(上年=100)　(preceding year=100)

地　区 Region	4. 衣着加工服务费 Clothing Manufacturing Services	四、家庭设备用品及服务 Household Facilities, Articles and Services	1. 耐用消费品 Durable Consumer Goods	(1)家具 Furniture	(2)家庭设备 Household Facilities	2. 室内装饰品 Interior Decorations	3. 床上用品 Bed Articles
全　国 National	**101.1**	**99.9**	**98.8**	**99.2**	**98.5**	**99.5**	**99.4**
北　京 Beijing	100.8	99.7	99.7	99.3	100.2	98.2	97.6
天　津 Tianjin	99.7	99.1	97.6	97.2	98.0	95.9	103.2
河　北 Hebei	101.2	98.4	97.8	98.7	97.4	99.0	99.5
山　西 Shanxi	102.0	100.4	99.3	99.1	99.5	97.8	98.8
内蒙古 Inner Mongolia	99.9	100.3	99.4	100.2	98.7	99.1	99.5
辽　宁 Liaoning	100.0	99.7	98.8	98.5	99.0	96.5	99.4
吉　林 Jilin	99.8	99.2	98.0	98.6	97.6	98.7	99.9
黑龙江 Heilongjiang	99.0	100.2	97.9	97.3	98.2	99.1	101.9
上　海 Shanghai	103.4	100.8	98.6	100.2	97.4	99.3	96.9
江　苏 Jiangsu	104.1	100.2	99.5	99.7	99.4	100.0	99.7
浙　江 Zhejiang	101.6	100.1	98.3	99.7	97.8	101.0	100.3
安　徽 Anhui	99.8	99.3	97.4	100.3	96.3	103.7	98.9
福　建 Fujian	102.1	99.6	98.3	100.2	97.2	99.2	98.4
江　西 Jiangxi	104.2	99.6	97.7	97.0	97.9	99.1	97.0
山　东 Shandong	99.9	100.1	99.9	100.2	99.8	100.0	98.7
河　南 Henan	100.6	99.6	98.8	99.3	98.5	99.3	100.0
湖　北 Hubei	101.7	98.8	97.2	97.3	97.2	99.1	98.8
湖　南 Hunan	102.4	100.7	99.5	99.1	99.6	100.0	100.0
广　东 Guangdong	100.4	100.6	99.3	98.9	99.5	100.5	99.3
广　西 Guangxi	104.2	99.9	99.8	100.0	99.6	94.8	98.5
海　南 Hainan	101.2	100.7	100.3	100.8	100.0	99.7	97.6
重　庆 Chongqing	101.0	100.1	99.1	102.0	98.1	100.3	99.1
四　川 Sichuan	100.8	99.7	98.6	100.0	97.4	99.1	98.9
贵　州 Guizhou	99.4	99.4	99.2	99.5	99.1	96.4	102.4
云　南 Yunnan	99.3	100.4	97.7	99.5	96.4	102.4	98.8
西　藏 Tibet	97.6	99.6	97.8	98.0	96.8	101.4	99.9
陕　西 Shaanxi	100.6	99.8	99.1	99.5	98.9	96.7	101.7
甘　肃 Gansu	101.5	99.4	99.4	99.7	99.1	99.4	98.7
青　海 Qinghai	103.0	99.8	97.7	98.4	97.3	99.1	102.5
宁　夏 Ningxia	103.0	99.1	97.4	97.2	97.5	102.2	99.7
新　疆 Xinjiang	100.9	99.1	98.4	99.0	98.0	99.0	100.1

4－7－4 续表 6 Continued 6

(上年＝100)　　(preceding year＝100)

地　区 Region	4. 家庭日用杂品 Daily Use Household Articles	5. 家庭服务及加工维修服务费 Household Service and Manufacturing Upkeep	五、医疗保健和个人用品 Health Care and Personal Articles	1. 医疗保健 Health Care	(1)医疗器具及用品 Medical Instrument and Articles	(2)中药材及中成药 Traditional Chinese Medicine	(3)西药 Western Medicine
全国平均 National	**100.4**	**104.4**	**99.9**	**99.5**	**97.4**	**96.5**	**97.7**
北　京 Beijing	99.6	102.5	98.0	96.8	99.4	91.1	97.2
天　津 Tianjin	100.4	107.2	97.6	97.6	98.4	95.3	96.2
河　北 Hebei	99.0	99.4	99.2	98.7	96.6	97.5	98.9
山　西 Shanxi	101.2	109.9	99.9	99.5	94.5	93.5	97.1
内蒙古 Inner Mongolia	99.9	107.5	105.7	107.7	93.1	98.4	96.9
辽　宁 Liaoning	100.4	106.2	99.3	98.9	95.6	97.4	98.0
吉　林 Jilin	100.4	100.4	98.6	97.8	91.7	95.3	98.5
黑龙江 Heilongjiang	101.4	102.3	100.0	100.1	99.0	100.8	99.3
上　海 Shanghai	103.4	109.8	100.3	100.4	99.4	99.2	95.6
江　苏 Jiangsu	100.0	104.2	100.2	99.4	98.0	97.5	97.8
浙　江 Zhejiang	101.2	106.4	100.8	100.5	99.1	93.3	96.5
安　徽 Anhui	100.0	102.1	98.7	96.9	95.3	94.7	95.2
福　建 Fujian	100.2	103.8	98.8	97.9	94.7	94.7	97.6
江　西 Jiangxi	100.9	107.1	100.9	99.1	92.4	89.0	95.1
山　东 Shandong	99.7	103.6	99.7	99.4	97.8	97.0	99.1
河　南 Henan	100.1	101.7	98.2	97.4	96.9	95.3	96.1
湖　北 Hubei	100.2	101.4	98.1	97.6	96.6	95.2	97.8
湖　南 Hunan	101.7	107.3	99.0	97.9	100.2	96.5	98.2
广　东 Guangdong	101.3	104.4	99.2	99.1	99.7	97.7	98.9
广　西 Guangxi	99.4	107.1	100.2	99.4	95.8	92.1	97.6
海　南 Hainan	101.2	103.5	99.7	99.0	99.0	95.0	99.0
重　庆 Chongqing	100.3	104.6	102.5	104.0	98.7	102.6	101.5
四　川 Sichuan	99.9	103.8	101.3	101.4	100.0	97.9	98.5
贵　州 Guizhou	98.7	104.9	100.5	100.5	101.4	99.7	98.0
云　南 Yunnan	99.1	118.2	102.2	102.7	94.7	100.5	95.5
西　藏 Tibet	99.1	106.2	100.4	100.5	97.5	100.3	100.7
陕　西 Shaanxi	100.5	101.3	98.5	97.9	94.8	96.2	97.4
甘　肃 Gansu	99.4	100.7	103.3	103.1	94.4	95.4	99.5
青　海 Qinghai	102.6	102.0	102.0	101.0	101.9	98.1	98.6
宁　夏 Ningxia	101.1	100.3	98.2	96.8	100.5	96.7	94.9
新　疆 Xinjiang	98.5	102.3	109.3	114.2	100.0	100.8	98.8

4—7—4 续表 7 Continued 7

(上年=100) (preceding year=100)

地区 Region	(4)保健器具及用品 Health Care Appliances and Articles	(5)医疗保健服务费 Health Care Services	2. 个人用品及服务 Personal Articles and Services	(1)化妆美容用品 Cosmetics	(2)卫生用品 Sanitation Articles	(3)个人饰品 Personal Decorations	(4)个人服务 Personal Services	六、交通和通信 Transportation and Communication
全国平均 National	**100.0**	**105.2**	**100.8**	**99.4**	**99.4**	**101.6**	**101.9**	**99.0**
北京 Beijing	98.0	100.0	102.4	105.4	100.8	102.0	102.6	97.5
天津 Tianjin	98.6	100.9	97.4	99.0	100.2	98.0	94.8	98.6
河北 Hebei	99.3	100.1	100.3	101.2	99.4	100.9	100.0	99.0
山西 Shanxi	97.7	108.1	100.5	99.5	97.8	101.8	101.1	98.8
内蒙古 Inner Mongolia	99.4	141.0	101.6	100.8	97.4	101.7	104.8	99.8
辽宁 Liaoning	99.4	100.4	100.3	98.9	99.5	100.9	100.7	98.7
吉林 Jilin	99.1	100.0	100.6	99.4	97.9	102.4	102.6	96.2
黑龙江 Heilongjiang	100.4	101.1	99.6	98.8	97.9	102.9	98.3	99.4
上海 Shanghai	100.0	106.5	100.2	96.8	98.0	102.8	99.9	97.5
江苏 Jiangsu	100.2	102.6	101.9	99.5	100.4	102.3	104.4	98.4
浙江 Zhejiang	102.0	111.4	101.2	98.9	99.5	103.2	102.6	98.9
安徽 Anhui	98.3	101.2	102.1	99.4	99.5	98.9	104.8	99.3
福建 Fujian	100.0	100.9	100.3	100.3	99.0	101.6	100.2	97.7
江西 Jiangxi	98.9	118.5	103.7	100.2	98.7	101.7	112.6	99.5
山东 Shandong	101.0	101.7	100.4	99.4	99.3	101.1	101.2	99.5
河南 Henan	99.2	100.6	100.2	98.9	98.4	101.7	102.0	100.3
湖北 Hubei	98.2	99.8	99.3	98.9	98.7	100.2	98.9	101.5
湖南 Hunan	99.2	99.2	101.5	100.3	100.8	101.0	104.0	99.3
广东 Guangdong	99.9	100.4	99.5	97.5	99.5	101.5	99.9	99.1
广西 Guangxi	98.2	108.3	101.4	98.9	101.2	101.2	102.5	101.1
海南 Hainan	97.2	102.1	101.1	100.0	100.0	99.6	104.4	100.5
重庆 Chongqing	108.8	107.2	98.1	97.5	100.8	101.1	93.4	99.9
四川 Sichuan	99.5	108.3	100.9	99.6	100.3	102.4	100.6	100.2
贵州 Guizhou	98.8	104.1	100.6	100.0	102.2	100.8	99.2	99.4
云南 Yunnan	99.6	126.5	100.4	100.5	98.2	102.8	99.5	98.3
西藏 Tibet	100.1	101.5	100.1	100.1	98.6	101.9	99.7	100.2
陕西 Shaanxi	97.9	101.2	100.2	100.9	98.7	100.0	101.3	100.6
甘肃 Gansu	101.7	118.6	103.5	98.8	98.3	101.0	109.5	97.3
青海 Qinghai	101.6	104.1	104.9	98.1	98.2	101.5	115.9	91.8
宁夏 Ningxia	98.8	100.0	101.9	100.2	99.3	101.5	105.8	100.5
新疆 Xinjiang	99.4	145.7	100.4	99.7	97.2	101.7	103.8	99.5

4—7—4 续表 8　Continued 8

(上年=100)　　(preceding year=100)

地　区 Region	1. 交通 Transportation	(1)交通工具 Transportation Facility	(2)车用燃料及零配件 Fuels and Parts	(3)车辆使用及维修费 Using and Upkeep Fare	(4)市区公共交通费 Incity Traffic Fare	(5)城市间交通费 Intercity Traffic Fare	2. 通信 Communication	(1)通信工具 Communication Facility
全国平均 National	**101.5**	**97.3**	**110.3**	**102.0**	**102.2**	**103.3**	**96.6**	**84.1**
北　京 Beijing	99.1	95.7	112.6	102.2	100.0	102.3	95.6	75.6
天　津 Tianjin	104.1	99.3	108.6	101.3	111.8	98.2	94.8	70.5
河　北 Hebei	100.7	99.1	112.0	101.9	101.2	101.2	97.5	84.8
山　西 Shanxi	102.1	98.2	112.3	103.2	102.9	105.5	96.1	71.7
内蒙古 Inner Mongolia	101.6	98.1	109.5	100.4	101.8	105.3	97.7	91.0
辽　宁 Liaoning	101.1	98.4	107.5	101.8	101.5	101.3	97.2	74.8
吉　林 Jilin	101.0	99.7	108.3	106.3	99.8	100.7	92.8	82.4
黑龙江 Heilongjiang	101.1	100.8	105.5	101.6	99.6	102.2	98.2	86.3
上　海 Shanghai	99.9	92.9	113.0	102.5	102.0	100.1	94.9	66.1
江　苏 Jiangsu	100.8	97.8	110.0	100.0	102.7	99.8	96.2	83.1
浙　江 Zhejiang	101.0	96.8	111.9	102.9	102.9	101.9	96.4	84.4
安　徽 Anhui	102.5	98.3	109.1	100.6	103.7	103.8	96.5	85.7
福　建 Fujian	100.8	96.4	111.1	101.9	99.7	103.3	95.4	79.6
江　西 Jiangxi	103.2	99.3	109.5	100.4	107.0	103.5	96.5	79.7
山　东 Shandong	101.8	97.7	110.9	101.8	101.5	106.8	96.9	86.1
河　南 Henan	102.7	98.5	109.4	103.7	104.6	104.2	97.7	87.4
湖　北 Hubei	103.6	99.0	109.3	104.4	102.5	106.5	98.7	89.0
湖　南 Hunan	101.3	97.4	108.8	105.5	101.2	101.1	97.6	89.9
广　东 Guangdong	100.7	95.0	110.7	100.4	101.2	101.7	97.5	87.5
广　西 Guangxi	103.2	97.7	109.5	103.7	113.2	104.6	96.6	85.4
海　南 Hainan	102.0	97.3	108.5	101.0	99.9	105.3	98.3	86.0
重　庆 Chongqing	102.3	100.0	112.6	100.6	100.0	103.9	98.1	78.9
四　川 Sichuan	101.9	98.9	109.0	101.1	101.2	103.6	97.6	91.3
贵　州 Guizhou	102.7	99.3	109.5	103.3	102.5	103.1	97.2	87.9
云　南 Yunnan	101.0	95.8	112.5	105.7	100.8	102.7	95.9	83.0
西　藏 Tibet	102.1	99.2	103.5	100.9	99.7	106.4	97.5	95.8
陕　西 Shaanxi	103.9	99.1	107.0	100.5	102.8	110.9	97.2	85.6
甘　肃 Gansu	102.0	99.7	104.7	98.7	101.0	106.4	92.7	85.1
青　海 Qinghai	101.1	100.1	108.0	103.7	100.6	101.5	80.7	72.5
宁　夏 Ningxia	105.6	97.9	111.1	104.9	108.1	107.7	96.4	84.5
新　疆 Xinjiang	101.6	98.4	109.5	100.4	102.5	99.3	97.4	88.7

4—7—4 续表 9 Continued 9

(上年=100) (preceding year=100)

地　区 Region	(2)通信服务 Communication Service	七、娱乐教育文化用品及服务 Recreation, Education and Culture Articles	1. 文娱用耐用消费品及服务 Durable Consumer Goods for Cultural and Recreational Use and Services	2. 教育 Education	(1)教材及参考书 Teaching Materials and Reference Books	(2)学杂托幼费 Tuition and Child Care	3. 文化娱乐用品 Cultural and Recreational Articles
全国平均 National	**99.6**	**102.2**	**93.8**	**105.1**	**100.9**	**105.4**	**101.2**
北　京 Beijing	100.0	99.7	94.9	100.0	100.8	99.9	101.5
天　津 Tianjin	100.0	100.0	95.1	100.5	100.9	100.5	103.5
河　北 Hebei	100.0	105.0	93.5	108.3	102.1	108.7	100.3
山　西 Shanxi	100.2	108.1	95.7	113.3	101.2	114.6	101.7
内蒙古 Inner Mongolia	99.5	100.4	95.3	101.6	100.6	101.6	100.2
辽　宁 Liaoning	99.9	106.3	90.8	112.7	101.0	114.0	99.8
吉　林 Jilin	98.7	103.0	93.5	106.9	104.1	107.4	101.5
黑龙江 Heilongjiang	99.8	100.2	94.4	101.5	99.0	101.5	100.5
上　海 Shanghai	100.0	98.3	85.8	99.5	94.8	100.2	102.6
江　苏 Jiangsu	99.7	102.2	93.0	105.1	101.0	105.3	102.3
浙　江 Zhejiang	100.0	100.2	95.5	101.3	99.6	101.4	101.2
安　徽 Anhui	99.2	100.9	92.2	102.5	106.6	102.4	99.5
福　建 Fujian	98.8	104.7	94.7	109.6	101.1	110.3	101.4
江　西 Jiangxi	100.0	100.0	93.8	101.0	100.4	101.0	100.8
山　东 Shandong	100.0	102.7	95.9	105.0	101.2	105.2	101.0
河　南 Henan	100.2	102.6	94.8	105.3	100.2	106.0	100.6
湖　北 Hubei	100.2	103.6	93.8	106.5	102.0	106.7	100.5
湖　南 Hunan	100.0	103.0	97.7	105.2	101.4	105.5	101.7
广　东 Guangdong	100.0	100.3	93.6	102.5	102.4	102.5	100.7
广　西 Guangxi	100.0	106.6	92.5	111.5	100.0	112.3	101.8
海　南 Hainan	100.0	101.1	93.8	104.2	106.5	104.1	99.7
重　庆 Chongqing	100.0	104.1	90.4	112.2	98.4	113.3	100.7
四　川 Sichuan	99.3	104.5	95.4	105.2	99.5	105.5	101.0
贵　州 Guizhou	99.1	99.0	94.2	101.3	98.8	101.6	100.7
云　南 Yunnan	98.7	102.3	88.7	114.0	101.3	115.5	99.5
西　藏 Tibet	97.7	99.6	95.6	105.0	100.7	106.1	100.6
陕　西 Shaanxi	99.4	100.3	93.5	100.8	98.4	101.1	103.6
甘　肃 Gansu	95.0	104.1	93.8	109.6	103.0	109.8	100.4
青　海 Qinghai	82.7	103.6	94.6	108.3	100.3	108.7	99.9
宁　夏 Ningxia	100.0	99.6	88.6	101.2	102.1	101.1	103.6
新　疆 Xinjiang	99.7	98.6	95.0	100.2	98.7	100.4	101.2

4—7—4 续表 10　Continued 10

(上年=100)　　(preceding year=100)

地　区　Region	(1)文化娱乐 Cultural Articles	(2)书报杂志 Newspapers and Magazines	(3)文娱费 Expenditure of Culture and Recreation	4.旅游及外出 Touring and Outgoing	八、居住 Residence	1.建房及装修材料 Building and Building Decoration Materials	2.租房 Rent	3.自有住房 Private Housing	4.水、电、燃料 Water, Electricity and Fuel
全　国　National	**99.8**	**100.8**	**102.9**	**99.6**	**105.4**	**102.6**	**101.9**	**105.6**	**108.6**
北　京　Beijing	99.9	100.2	101.8	101.8	105.9	103.2	100.0	107.2	108.6
天　津　Tianjin	101.6	100.0	107.8	100.8	106.7	102.1	102.1	103.6	112.5
河　北　Hebei	100.0	100.0	101.0	96.4	105.5	101.8	105.3	100.4	109.7
山　西　Shanxi	99.5	102.8	103.7	99.9	104.5	102.6	101.5	103.7	106.5
内蒙古　Inner Mongolia	99.6	100.0	101.0	99.1	106.9	101.4	101.8	105.4	111.5
辽　宁　Liaoning	99.1	100.5	99.9	96.1	104.5	102.9	101.5	105.8	105.7
吉　林　Jilin	99.3	101.1	104.4	100.8	107.6	101.9	100.0	105.5	111.5
黑龙江　Heilongjiang	100.4	100.8	100.5	97.7	109.4	106.7	101.5	108.4	112.6
上　海　Shanghai	100.8	101.1	104.1	107.0	102.9	103.9	100.0	106.9	101.0
江　苏　Jiangsu	100.2	101.8	104.6	100.3	104.4	104.3	101.6	104.2	105.0
浙　江　Zhejiang	99.8	100.2	102.5	99.8	104.4	103.1	101.6	103.1	106.5
安　徽　Anhui	98.6	100.0	100.2	96.6	105.3	101.2	101.3	107.0	108.8
福　建　Fujian	100.0	100.2	103.3	99.6	106.8	101.7	100.1	105.2	112.0
江　西　Jiangxi	99.6	100.3	102.7	99.3	105.7	101.1	105.4	106.3	109.5
山　东　Shandong	100.0	100.7	102.6	99.8	105.2	102.0	102.5	104.3	109.2
河　南　Henan	100.0	100.1	102.3	99.0	106.8	102.5	99.7	108.1	111.4
湖　北　Hubei	100.7	99.7	100.7	101.8	105.7	102.4	100.0	108.2	109.1
湖　南　Hunan	99.7	100.9	104.4	98.2	107.3	105.0	101.9	104.9	111.6
广　东　Guangdong	99.0	101.8	101.4	100.3	104.4	101.3	99.9	105.7	106.9
广　西　Guangxi	100.1	100.9	105.2	93.1	104.0	102.9	98.8	103.3	106.8
海　南　Hainan	99.4	99.0	100.4	109.0	105.9	105.2	100.9	105.1	106.7
重　庆　Chongqing	100.6	100.0	101.3	90.5	103.0	101.2	100.0	106.1	103.6
四　川　Sichuan	99.9	100.0	103.2	100.2	103.8	101.8	101.2	102.3	106.7
贵　州　Guizhou	99.3	101.0	102.8	91.4	106.4	101.7	110.1	105.6	111.0
云　南　Yunnan	99.9	100.3	98.5	96.2	105.9	105.3	103.6	103.4	107.5
西　藏　Tibet	100.5	100.1	101.3	98.7	106.7	101.6	105.3	100.1	111.1
陕　西　Shaanxi	98.7	100.0	111.1	99.4	106.7	101.5	109.1	108.7	110.2
甘　肃　Gansu	100.0	100.3	100.7	94.6	109.1	103.2	101.4	116.4	111.0
青　海　Qinghai	101.1	100.2	98.7	99.4	106.3	107.0	100.0	105.4	106.9
宁　夏　Ningxia	99.5	99.9	109.1	107.4	106.3	101.1	110.4	107.7	110.0
新　疆　Xinjiang	98.8	100.9	103.5	92.3	107.3	105.7	117.2	100.6	109.7

4-7-5 各地区城市居民消费价格指数(2005年)

Urban Consumer Price Indices by Category and Region (2005)

(上年=100) (preceding year=100)

地区 Region	居民消费价格指数 Consumer Price Index	一、食品 Food	1. 粮食 Grain	2. 淀粉及薯类 Starches and Tubers	3. 干豆类及豆制品 Bean and Its Products	4. 油脂 Oil or Fat	5. 肉禽及其制品 Meat, Poultry and Their Products	(1)食用畜肉及副产品 Meat and Their Products
全国 National	**101.6**	**103.1**	**101.5**	**105.9**	**102.1**	**94.0**	**102.1**	**99.9**
北京 Beijing	101.5	104.9	104.6	107.3	102.5	98.0	103.8	101.9
天津 Tianjin	101.5	103.4	103.8	109.3	100.8	94.7	104.5	104.2
河北 Hebei	101.4	103.0	103.2	111.8	104.8	96.4	101.9	100.6
山西 Shanxi	101.7	102.9	104.1	108.6	107.5	95.6	100.7	97.6
内蒙古 Inner Mongolia	102.0	103.1	102.9	112.3	105.9	96.7	101.5	100.2
辽宁 Liaoning	100.8	101.9	104.6	104.9	99.3	86.3	100.4	98.7
吉林 Jilin	101.4	102.4	104.3	103.9	96.6	91.9	100.8	99.4
黑龙江 Heilongjiang	100.8	99.7	99.0	102.9	96.6	88.1	99.1	97.8
上海 Shanghai	101.0	104.5	103.0	105.2	103.0	91.2	105.7	103.2
江苏 Jiangsu	102.0	103.6	99.8	112.4	100.5	91.8	104.1	100.6
浙江 Zhejiang	101.5	103.6	97.3	104.7	102.6	93.1	103.9	101.5
安徽 Anhui	101.0	102.3	98.7	106.0	101.0	91.4	100.8	97.8
福建 Fujian	101.9	103.7	99.9	105.3	102.5	96.8	102.3	99.2
江西 Jiangxi	101.5	103.7	101.0	100.6	102.9	95.0	101.2	98.8
山东 Shandong	101.1	102.2	100.6	103.9	103.5	97.1	101.4	100.1
河南 Henan	102.1	104.0	101.4	104.0	103.0	93.6	103.8	102.4
湖北 Hubei	102.7	104.9	100.4	107.5	102.3	92.2	103.0	100.3
湖南 Hunan	102.1	104.0	98.7	101.1	102.7	95.2	99.4	95.9
广东 Guangdong	102.0	104.7	102.3	103.7	105.7	99.7	105.6	104.4
广西 Guangxi	103.0	103.1	102.5	99.0	103.0	92.0	102.5	100.2
海南 Hainan	101.3	101.4	100.5	103.9	111.9	97.9	100.3	96.4
重庆 Chongqing	100.8	100.1	102.7	93.3	103.9	83.8	101.4	96.3
四川 Sichuan	101.7	102.5	102.4	105.5	102.3	94.2	101.7	99.2
贵州 Guizhou	100.6	101.1	100.3	103.6	100.8	91.8	99.2	98.8
云南 Yunnan	101.7	102.0	103.9	116.0	104.3	97.4	98.3	95.8
西藏 Tibet	101.5	101.1	100.7	108.3	106.5	100.1	105.4	106.2
陕西 Shaanxi	100.9	100.7	100.6	103.4	102.2	95.6	100.4	99.1
甘肃 Gansu	101.2	101.2	101.3	98.0	102.4	96.2	102.3	101.4
青海 Qinghai	99.7	101.1	101.8	101.9	101.5	92.1	101.6	101.2
宁夏 Ningxia	101.6	102.0	103.0	99.7	100.0	97.8	104.0	103.4
新疆 Xinjiang	100.6	98.8	101.5	106.6	103.0	91.2	95.7	93.9

4—7—5 续表 1　Continued 1

(上年=100)　　(preceding year=100)

地　区 Region		(2)禽 Poultry	(3)加工肉禽 Meat and Poultry Protlucts	6. 蛋 Eggs	7. 水产品 Aquatic Products	(1)鱼 Fish	(2)其它水产品 Other Aquatic Products	8. 菜 Vegetables	9. 调味品 Flavoring
全　国	**National**	**107.9**	**105.2**	**104.2**	**106.1**	**105.5**	**107.0**	**110.0**	**101.2**
北　京	Beijing	107.7	106.1	104.7	104.7	102.0	107.7	110.8	100.5
天　津	Tianjin	112.0	102.9	103.5	95.7	95.8	97.1	112.1	101.7
河　北	Hebei	104.1	104.8	102.6	106.3	103.8	111.0	104.0	101.1
山　西	Shanxi	113.9	105.6	102.1	105.1	102.4	112.1	112.1	102.4
内蒙古	Inner Mongolia	109.4	104.9	103.8	100.0	99.2	104.4	109.7	101.5
辽　宁	Liaoning	104.5	105.2	102.5	102.4	99.3	105.6	105.2	100.0
吉　林	Jilin	101.2	108.0	103.9	103.9	104.8	102.5	107.8	99.9
黑龙江	Heilongjiang	104.9	102.2	102.2	99.4	97.8	102.0	111.8	99.3
上　海	Shanghai	111.4	105.5	105.8	114.2	110.2	116.7	103.3	102.1
江　苏	Jiangsu	115.4	104.1	103.7	104.4	104.6	104.1	115.2	100.8
浙　江	Zhejiang	109.4	105.1	107.8	106.2	102.3	109.4	116.3	101.7
安　徽	Anhui	108.5	104.7	106.3	104.3	103.5	106.9	117.8	100.1
福　建	Fujian	111.9	104.8	103.5	106.4	107.5	105.7	110.9	100.5
江　西	Jiangxi	109.5	104.0	107.3	105.1	104.5	107.4	117.2	100.6
山　东	Shandong	104.4	104.1	104.4	103.9	104.4	103.5	101.7	108.2
河　南	Henan	105.7	106.9	104.1	102.7	99.7	109.5	116.3	100.8
湖　北	Hubei	116.3	107.2	105.2	106.2	104.5	109.0	116.3	102.7
湖　南	Hunan	109.8	103.9	108.0	105.4	105.9	105.3	123.7	104.0
广　东	Guangdong	109.2	104.2	104.8	108.9	111.5	104.3	109.9	100.8
广　西	Guangxi	102.4	106.8	104.6	109.2	108.1	113.3	106.6	100.1
海　南	Hainan	107.2	102.2	107.2	102.7	102.5	103.3	105.2	100.5
重　庆	Chongqing	109.4	108.0	104.8	104.1	102.5	110.6	98.7	98.8
四　川	Sichuan	105.1	107.4	104.5	104.8	103.9	107.3	106.4	103.5
贵　州	Guizhou	99.8	105.5	100.7	106.8	105.2	110.7	104.6	99.8
云　南	Yunnan	99.8	108.0	102.5	115.2	114.6	116.0	96.2	100.2
西　藏	Tibet	104.0	103.2	101.5	94.7	94.7	96.3	99.9	100.7
陕　西	Shaanxi	102.4	105.2	104.6	102.5	98.5	111.3	103.9	99.6
甘　肃	Gansu	103.5	104.5	104.3	102.2	100.3	107.2	101.9	101.9
青　海	Qinghai	100.5	105.0	104.4	103.6	105.6	99.5	104.6	96.7
宁　夏	Ningxia	100.5	109.7	104.5	102.5	102.0	103.3	99.2	100.0
新　疆	Xinjiang	99.0	105.2	100.2	105.9	102.5	112.3	96.0	97.4

4—7—5 续表 2 Continued 2

(上年=100) (preceding year=100)

地 区 Region	10. 糖 Carbohydrate	11. 茶及饮料 Tea and Beverages	(1)茶叶 Tea	(2)饮料 Beverages	12. 干鲜瓜果 Dried and Fresh Melons and Fruits	13. 糕点饼干面包 Cake, Biscuit and Bread	14. 奶及奶制品 Milk and Its Products	15. 在外用膳食品 Outward Dinner
全 国 National	**102.9**	**100.1**	**100.8**	**99.8**	**102.8**	**100.8**	**100.7**	**102.6**
北 京 Beijing	102.0	100.0	100.9	99.6	109.5	101.9	103.5	105.4
天 津 Tianjin	103.0	101.0	103.5	99.9	109.6	105.3	100.3	104.1
河 北 Hebei	101.2	99.9	96.5	100.9	108.9	99.9	101.5	101.3
山 西 Shanxi	103.1	101.6	102.5	101.4	97.9	100.9	100.6	101.8
内蒙古 Inner Mongolia	105.5	99.5	100.5	99.4	105.4	102.0	100.5	102.9
辽 宁 Liaoning	101.7	100.2	99.1	100.6	104.6	100.5	101.1	101.5
吉 林 Jilin	101.9	99.8	100.0	99.8	107.9	100.0	99.8	100.4
黑龙江 Heilongjiang	101.1	99.5	100.3	99.4	93.8	99.6	99.8	100.6
上 海 Shanghai	103.2	99.3	101.3	99.0	99.4	98.1	100.8	104.5
江 苏 Jiangsu	101.7	100.1	101.0	99.9	96.5	101.0	100.7	104.1
浙 江 Zhejiang	102.5	99.0	97.2	99.4	98.6	100.8	99.3	102.6
安 徽 Anhui	99.4	100.8	102.5	99.2	97.0	98.8	101.4	101.2
福 建 Fujian	103.2	99.5	99.5	99.4	105.3	99.5	97.8	102.9
江 西 Jiangxi	104.2	100.5	100.5	100.5	103.1	100.0	103.2	102.1
山 东 Shandong	102.6	100.2	100.3	100.1	108.0	100.5	101.2	100.8
河 南 Henan	104.0	100.1	99.8	100.1	107.9	101.2	100.2	100.9
湖 北 Hubei	102.8	100.4	98.7	101.0	110.8	101.5	101.7	102.9
湖 南 Hunan	102.1	101.1	100.5	101.2	103.9	98.5	104.9	104.0
广 东 Guangdong	104.2	101.2	103.3	99.4	100.9	101.8	98.8	102.8
广 西 Guangxi	106.2	101.7	101.9	101.5	110.6	100.5	103.6	101.4
海 南 Hainan	107.0	101.2	102.6	100.8	97.5	101.8	100.0	100.0
重 庆 Chongqing	102.9	97.6	100.6	96.1	96.0	101.1	97.0	101.4
四 川 Sichuan	103.2	99.7	99.9	99.5	101.8	100.7	99.4	103.4
贵 州 Guizhou	102.1	98.8	100.3	98.2	99.5	104.3	98.5	104.0
云 南 Yunnan	111.9	102.8	102.4	102.9	111.6	104.4	104.7	100.3
西 藏 Tibet	97.1	100.0	100.0	100.0	91.4	100.0	106.6	100.3
陕 西 Shaanxi	102.2	98.4	99.2	98.2	97.5	100.7	99.2	100.1
甘 肃 Gansu	97.3	100.1	100.3	100.0	101.7	99.5	98.8	100.4
青 海 Qinghai	102.4	99.2	110.3	95.2	96.9	101.9	100.3	100.8
宁 夏 Ningxia	103.1	101.7	102.8	101.2	101.9	101.6	104.6	101.3
新 疆 Xinjiang	102.6	97.7	103.9	95.1	101.0	98.0	98.9	100.7

4-7-5 续表 3　Continued 3

(上年=100)　　(preceding year=100)

地　区 Region	16. 其它食品及加工服务费 Other Foods and Manufacturing Services	二、烟酒及用品 Tobacco, Liquor and Articles	1. 烟草 Tobacco	2. 酒 Liquor	3. 吸烟、饮酒用品 Articles for Smoking and Drinking	三、衣着 Clothing	1. 服装 Garments
全　国 National	**101.6**	**100.3**	**100.4**	**100.4**	**99.6**	**98.0**	**97.9**
北　京 Beijing	102.1	100.0	98.8	100.7	105.5	100.1	101.5
天　津 Tianjin	101.4	99.7	101.2	103.2	88.6	96.3	99.9
河　北 Hebei	104.2	99.8	99.1	100.4	100.2	98.4	98.2
山　西 Shanxi	102.0	100.3	101.2	98.0	100.0	97.5	96.9
内蒙古 Inner Mongolia	101.3	100.7	101.1	100.1	99.9	100.2	100.5
辽　宁 Liaoning	101.2	101.2	100.7	102.2	99.9	96.4	97.3
吉　林 Jilin	101.3	101.5	101.4	101.8	99.0	99.9	99.5
黑龙江 Heilongjiang	99.0	102.0	102.3	101.3	103.0	98.8	98.7
上　海 Shanghai	101.1	99.7	99.5	99.8	100.9	92.1	90.8
江　苏 Jiangsu	102.3	100.3	100.1	100.4	101.9	98.3	98.3
浙　江 Zhejiang	101.2	99.8	99.1	101.1	101.3	98.3	97.5
安　徽 Anhui	98.3	99.7	99.7	99.7	100.2	99.0	99.8
福　建 Fujian	101.1	99.6	99.8	99.4	98.3	96.3	95.8
江　西 Jiangxi	100.3	99.9	98.4	102.2	99.9	95.7	96.8
山　东 Shandong	102.0	100.3	100.4	100.6	99.6	99.2	99.2
河　南 Henan	100.9	100.6	101.0	100.2	100.1	98.0	97.8
湖　北 Hubei	103.3	100.6	101.2	99.5	98.6	99.8	100.2
湖　南 Hunan	99.6	99.9	100.4	99.0	100.0	98.5	98.6
广　东 Guangdong	102.7	100.8	101.8	100.6	96.6	97.4	96.9
广　西 Guangxi	101.9	99.7	100.7	98.1	100.7	96.5	94.0
海　南 Hainan	103.6	101.9	102.8	100.9	101.3	96.8	95.6
重　庆 Chongqing	99.1	101.2	101.8	99.8	100.3	92.1	94.0
四　川 Sichuan	101.0	100.5	100.7	100.5	99.5	95.2	94.7
贵　州 Guizhou	100.9	100.1	99.9	100.5	100.1	98.9	99.1
云　南 Yunnan	106.7	103.1	103.2	103.5	100.4	98.7	98.7
西　藏 Tibet	100.0	102.0	100.6	104.8	100.3	100.6	100.3
陕　西 Shaanxi	100.6	100.0	100.6	98.8	99.9	99.6	99.2
甘　肃 Gansu	103.0	97.5	96.9	97.5	99.1	93.8	94.6
青　海 Qinghai	105.1	100.8	101.0	100.3	98.8	96.4	95.4
宁　夏 Ningxia	99.8	99.6	98.6	101.1	103.4	104.7	106.1
新　疆 Xinjiang	99.6	99.3	99.2	99.3	100.3	97.6	97.3

4—7—5 续表 4　Continued 4

(上年=100)　　(preceding year=100)

地　区 Region		(1)男式服装 Men's Clothing	(2)女式服装 Women's Clothing	(3)儿童服装 Children's Clothing	2. 衣着材料 Clothing Material	3. 鞋袜帽 Footgear and Hats	(1)鞋 Shoes	(2)袜子 Socks	(3)帽子 Hats
全　国	**National**	**97.5**	**98.3**	**97.8**	**99.7**	**97.7**	**97.3**	**99.6**	**102.7**
北　京	Beijing	99.0	103.4	102.7	99.5	96.5	96.6	95.0	97.2
天　津	Tianjin	102.3	98.8	87.7	100.0	85.2	83.3	100.0	100.0
河　北	Hebei	97.3	99.1	98.0	99.1	98.3	98.2	100.0	95.2
山　西	Shanxi	97.0	97.6	93.2	98.5	98.8	96.6	99.5	128.6
内蒙古	Inner Mongolia	100.1	101.0	98.4	96.5	100.3	100.3	100.8	99.3
辽　宁	Liaoning	98.2	96.7	96.5	100.6	93.9	93.2	97.9	101.9
吉　林	Jilin	99.2	99.5	101.2	98.7	100.9	101.0	99.8	101.5
黑龙江	Heilongjiang	98.1	99.1	98.7	101.0	98.9	98.7	101.2	102.0
上　海	Shanghai	92.0	91.5	76.0	105.1	94.5	94.4	97.7	92.8
江　苏	Jiangsu	97.8	98.7	98.6	101.0	97.1	96.3	101.4	103.1
浙　江	Zhejiang	99.3	97.2	92.9	100.7	100.4	100.6	99.3	99.2
安　徽	Anhui	100.2	100.0	97.8	99.7	96.5	96.3	99.0	97.3
福　建	Fujian	94.6	97.2	94.1	99.9	97.2	97.0	99.5	99.7
江　西	Jiangxi	94.5	97.9	101.7	99.5	92.7	91.9	98.3	85.5
山　东	Shandong	98.3	100.0	98.5	99.7	98.7	98.7	98.8	100.4
河　南	Henan	98.0	97.6	98.2	99.1	98.0	97.9	99.7	100.0
湖　北	Hubei	100.1	99.6	103.4	97.9	98.5	98.4	100.1	99.2
湖　南	Hunan	98.7	98.9	97.6	101.0	97.9	97.7	100.8	96.3
广　东	Guangdong	95.8	97.8	96.5	101.2	98.1	97.8	99.2	104.2
广　西	Guangxi	89.2	94.5	98.4	101.8	100.0	99.7	101.3	100.0
海　南	Hainan	91.4	99.5	91.7	99.8	100.2	100.2	100.0	100.0
重　庆	Chongqing	91.5	95.3	94.8	96.3	86.1	84.4	105.4	97.3
四　川	Sichuan	92.5	95.1	99.4	100.3	95.7	95.5	99.0	100.0
贵　州	Guizhou	94.8	101.6	100.6	100.2	98.6	98.2	101.6	100.2
云　南	Yunnan	98.6	98.7	99.2	99.6	98.6	98.3	100.3	99.4
西　藏	Tibet	100.8	99.7	101.2	99.6	101.6	102.2	100.0	100.5
陕　西	Shaanxi	99.0	98.7	102.4	96.8	101.4	101.4	101.5	98.3
甘　肃	Gansu	94.3	94.1	100.0	98.7	89.9	88.8	102.1	100.5
青　海	Qinghai	93.3	95.6	103.7	98.5	98.0	97.4	99.5	100.0
宁　夏	Ningxia	103.6	108.0	104.4	100.9	101.4	101.6	100.4	97.3
新　疆	Xinjiang	100.5	94.3	101.1	100.6	97.6	96.9	99.0	104.2

4—7—5 续表 5　Continued 5

(上年＝100)　　(preceding year＝100)

地　区　Region	4. 衣着加工服务费 Clothing Manufacturing Services	四、家庭设备用品及服务 Household Facilities, Articles and Services	1. 耐用消费品 Durable Consumer Goods	(1)家具 Furniture	(2)家庭设备 Household Facilities	2. 室内装饰品 Interior Decorations	3. 床上用品 Bed Articles
全　国　National	**101.1**	**99.7**	**98.6**	**98.8**	**98.4**	**99.0**	**99.1**
北　京　Beijing	100.8	99.7	99.7	99.3	100.2	98.2	97.6
天　津　Tianjin	99.7	99.1	97.6	97.2	98.0	95.9	103.2
河　北　Hebei	100.7	97.9	97.7	97.9	97.6	98.7	99.1
山　西　Shanxi	101.7	100.1	99.0	97.9	99.5	96.8	98.2
内蒙古　Inner Mongolia	99.5	100.3	99.2	100.2	98.5	99.2	99.7
辽　宁　Liaoning	100.6	99.8	99.1	99.1	99.1	96.4	99.3
吉　林　Jilin	98.6	98.8	97.7	98.2	97.5	98.8	97.7
黑龙江　Heilongjiang	99.0	100.0	97.4	97.0	97.7	100.3	101.9
上　海　Shanghai	103.4	100.8	98.6	100.2	97.4	99.3	96.9
江　苏　Jiangsu	106.8	100.2	99.4	99.3	99.4	100.1	99.8
浙　江　Zhejiang	101.4	100.0	98.1	99.8	97.7	99.4	100.3
安　徽　Anhui	99.9	98.1	96.0	98.6	95.4	101.1	98.9
福　建　Fujian	101.3	99.2	97.7	100.1	96.8	98.9	97.4
江　西　Jiangxi	100.3	99.6	97.9	96.0	98.6	100.0	94.0
山　东　Shandong	100.3	99.9	99.8	99.8	99.7	100.4	99.2
河　南　Henan	100.9	99.4	98.5	99.5	98.2	99.4	99.5
湖　北　Hubei	102.2	98.2	96.6	96.5	96.6	99.2	97.6
湖　南　Hunan	103.0	100.5	99.8	98.7	100.2	99.8	97.9
广　东　Guangdong	100.3	100.7	98.9	97.7	99.5	100.1	99.6
广　西　Guangxi	99.9	99.4	100.5	99.8	101.5	93.5	100.9
海　南　Hainan	99.0	101.0	100.3	101.0	99.8	100.1	96.0
重　庆　Chongqing	101.0	100.1	99.1	102.0	98.1	100.3	99.1
四　川　Sichuan	100.0	98.9	97.4	100.0	96.0	99.5	96.0
贵　州　Guizhou	101.0	99.0	99.5	99.8	99.4	95.0	102.1
云　南　Yunnan	100.1	100.9	98.5	100.5	97.3	104.2	98.9
西　藏　Tibet	100.0	99.1	98.2	99.6	96.8	100.4	100.5
陕　西　Shaanxi	101.5	99.5	99.1	99.8	98.7	95.3	102.9
甘　肃　Gansu	99.4	99.1	99.4	99.1	99.5	99.6	99.7
青　海　Qinghai	105.1	100.0	96.9	98.1	96.1	99.1	104.7
宁　夏　Ningxia	103.8	99.2	97.7	98.3	97.4	97.9	100.0
新　疆　Xinjiang	101.2	98.9	98.2	99.5	97.3	98.9	99.9

4—7—5续表6 Continued 6

(上年=100) (preceding year=100)

地 区 Region	4.家庭日用杂品 Daily Use Household Articles	5.家庭服务及加工维修服务费 Household Service and Manufacturing Upkeep	五、医疗保健和个人用品 Health Care and Personal Articles	1.医疗保健 Health Care	(1)医疗器具及用品 Medical Instrument and Articles	(2)中药材及中成药 Traditional Chinese Medicine	(3)西药 Western Medicine
全 国 National	**100.3**	**104.1**	**99.6**	**99.2**	**97.7**	**96.8**	**97.7**
北 京 Beijing	99.6	102.5	98.0	96.8	99.4	91.1	97.2
天 津 Tianjin	100.4	107.2	97.6	97.6	98.4	95.3	96.2
河 北 Hebei	98.2	98.1	99.1	98.4	97.8	97.3	98.8
山 西 Shanxi	101.2	109.0	99.6	99.5	91.1	93.8	96.5
内蒙古 Inner Mongolia	99.6	107.3	101.5	102.4	101.0	98.5	96.4
辽 宁 Liaoning	100.7	107.1	99.2	98.7	98.2	96.8	98.6
吉 林 Jilin	100.1	100.4	98.4	97.7	91.7	95.1	98.4
黑龙江 Heilongjiang	101.6	102.1	100.0	100.2	99.8	100.7	99.2
上 海 Shanghai	103.4	109.8	100.3	100.4	99.4	99.2	95.6
江 苏 Jiangsu	99.8	103.0	100.5	99.8	98.6	98.6	98.1
浙 江 Zhejiang	100.9	107.2	100.7	100.7	98.9	94.5	97.0
安 徽 Anhui	99.8	101.6	98.1	95.8	96.1	94.9	94.7
福 建 Fujian	100.4	102.5	98.6	97.8	95.7	93.8	98.4
江 西 Jiangxi	101.2	109.6	99.7	98.7	92.8	90.6	96.2
山 东 Shandong	99.7	102.8	99.5	99.0	97.8	96.3	99.2
河 南 Henan	100.0	102.0	98.0	96.8	95.9	96.2	95.4
湖 北 Hubei	100.2	100.5	97.5	97.0	96.2	95.1	97.7
湖 南 Hunan	101.1	106.1	98.9	97.9	100.0	96.4	98.1
广 东 Guangdong	101.6	105.8	98.9	98.7	99.0	97.2	98.5
广 西 Guangxi	97.9	103.1	101.4	100.9	97.2	95.0	98.6
海 南 Hainan	101.5	103.9	99.9	98.9	97.9	94.7	99.3
重 庆 Chongqing	100.3	104.6	102.5	104.0	98.7	102.6	101.5
四 川 Sichuan	98.8	105.0	100.2	100.1	100.7	98.2	98.7
贵 州 Guizhou	97.8	104.8	99.9	99.3	97.6	100.4	98.1
云 南 Yunnan	100.0	114.8	103.1	103.6	91.3	101.7	95.9
西 藏 Tibet	100.0	100.0	100.3	100.1	100.0	100.2	99.4
陕 西 Shaanxi	101.1	99.8	98.4	98.0	95.9	96.9	98.0
甘 肃 Gansu	98.7	97.4	103.9	104.3	99.3	95.1	99.3
青 海 Qinghai	103.8	102.6	101.2	99.4	100.6	98.2	96.4
宁 夏 Ningxia	101.1	100.4	98.3	97.0	100.6	96.2	95.7
新 疆 Xinjiang	98.2	102.6	108.7	113.8	99.7	101.9	99.0

4—7—5 续表 7 Continued 7

(上年=100)

(preceding year=100)

地 区 Region	(4)保健器具及用品 Health Care Appliances and Articles	(5)医疗保健服务费 Health Care Services	2.个人用品及服务 Personal Articles and Services	(1)化妆美容用品 Cosmetics	(2)卫生用品 Sanitation Articles	(3)个人饰品 Personal Decorations	(4)个人服务 Personal Services	六、交通和通信 Transportation and Communication
全 国 National	**100.0**	**104.8**	**100.6**	**99.2**	**99.5**	**101.9**	**101.3**	**98.4**
北 京 Beijing	98.0	100.0	102.4	105.4	100.8	102.0	102.6	97.5
天 津 Tianjin	98.6	100.9	97.4	99.0	100.2	98.0	94.8	98.6
河 北 Hebei	100.5	100.4	100.6	101.6	99.5	101.8	99.5	98.3
山 西 Shanxi	97.6	108.4	99.7	99.6	98.8	102.2	98.5	98.0
内蒙古 Inner Mongolia	99.1	126.6	99.7	101.0	96.1	101.5	101.2	99.6
辽 宁 Liaoning	99.4	100.1	100.3	99.1	99.4	102.4	100.4	98.5
吉 林 Jilin	98.9	100.3	100.1	99.1	98.0	101.5	101.8	94.7
黑龙江 Heilongjiang	101.2	101.5	99.2	98.4	98.7	102.3	97.5	98.9
上 海 Shanghai	100.0	106.5	100.2	96.8	98.0	102.8	99.9	97.5
江 苏 Jiangsu	100.4	102.7	102.1	99.6	100.4	102.4	104.8	98.1
浙 江 Zhejiang	103.3	109.2	100.6	98.3	99.4	103.5	101.5	98.1
安 徽 Anhui	98.5	101.0	103.2	99.0	98.7	101.9	106.6	97.9
福 建 Fujian	100.3	101.0	100.3	100.1	99.1	102.4	100.0	96.9
江 西 Jiangxi	99.2	122.1	101.0	100.1	99.3	101.9	103.0	98.0
山 东 Shandong	101.5	100.8	100.4	99.4	99.5	101.7	101.3	98.7
河 南 Henan	99.9	100.7	100.4	98.8	99.5	101.7	102.0	99.6
湖 北 Hubei	97.5	100.2	98.7	98.2	98.1	100.1	99.0	100.3
湖 南 Hunan	98.8	100.3	101.7	99.7	100.0	101.4	107.2	98.6
广 东 Guangdong	99.9	100.1	99.2	96.8	99.5	101.3	99.4	99.2
广 西 Guangxi	100.6	107.3	101.9	100.0	101.6	102.0	102.4	100.4
海 南 Hainan	97.9	103.2	102.8	100.0	100.0	102.8	113.8	100.5
重 庆 Chongqing	108.8	107.2	98.1	97.5	100.8	101.1	93.4	99.9
四 川 Sichuan	98.8	106.2	100.4	99.7	99.9	102.7	100.4	99.4
贵 州 Guizhou	98.8	100.1	101.0	98.0	102.5	100.8	100.5	99.1
云 南 Yunnan	101.4	131.2	101.3	99.6	100.9	105.3	100.4	98.5
西 藏 Tibet	100.0	101.1	100.8	100.0	100.0	103.0	99.9	100.3
陕 西 Shaanxi	98.6	99.8	99.7	101.1	98.3	99.3	100.6	99.5
甘 肃 Gansu	102.4	131.9	102.4	98.9	98.1	101.0	110.7	97.0
青 海 Qinghai	102.2	102.6	105.7	97.8	98.9	101.8	118.5	86.3
宁 夏 Ningxia	99.7	100.2	101.2	99.6	99.6	103.1	103.2	99.5
新 疆 Xinjiang	100.4	142.0	100.1	99.6	96.7	102.2	103.1	99.0

4-7-5 续表 8 Continued 8

(上年=100) (preceding year=100)

地区 Region		1.交通 Transportation	(1)交通工具 Transportation Facility	(2)车用燃料及零配件 Fuels and Parts	(3)车辆使用及维修费 Using and Upkeep Fare	(4)市区公共交通费 Incity Traffic Fare	(5)城市间交通费 Intercity Traffic Fare	2.通信 Communication	(1)通信工具 Communication Facility
全国	**National**	**101.1**	**96.2**	**110.9**	**102.2**	**101.9**	**102.4**	**96.2**	**81.1**
北京	Beijing	99.1	95.7	112.6	102.2	100.0	102.3	95.6	75.6
天津	Tianjin	104.1	99.3	108.6	101.3	111.8	98.2	94.8	70.5
河北	Hebei	100.7	98.0	111.6	101.6	100.3	100.9	96.6	81.6
山西	Shanxi	102.3	95.2	112.4	103.7	101.7	104.9	95.4	69.5
内蒙古	Inner Mongolia	101.4	96.7	109.8	100.0	101.7	105.8	97.9	90.1
辽宁	Liaoning	101.5	98.1	108.9	103.1	101.6	101.3	97.0	69.7
吉林	Jilin	101.8	99.6	107.9	108.1	101.8	100.6	90.4	78.8
黑龙江	Heilongjiang	100.3	99.9	104.4	101.5	100.0	99.6	98.1	84.0
上海	Shanghai	99.9	92.9	113.0	102.5	102.0	100.1	94.9	66.1
江苏	Jiangsu	100.9	97.4	110.2	99.7	103.3	99.9	95.7	80.7
浙江	Zhejiang	100.6	95.0	112.8	103.2	103.5	101.9	95.1	77.8
安徽	Anhui	101.7	95.3	109.3	100.5	102.7	101.9	95.7	76.7
福建	Fujian	101.1	94.2	112.5	103.9	99.3	104.2	94.8	73.4
江西	Jiangxi	101.6	97.5	109.1	100.4	102.1	102.8	95.9	76.8
山东	Shandong	101.4	96.6	111.4	101.5	101.3	104.6	96.2	83.6
河南	Henan	102.6	97.9	108.6	103.9	104.3	102.0	97.1	85.2
湖北	Hubei	102.6	99.2	104.5	107.6	102.5	101.2	98.4	87.5
湖南	Hunan	101.0	99.0	109.1	102.0	101.0	100.0	97.3	87.7
广东	Guangdong	100.8	94.9	111.1	100.7	100.6	102.6	97.7	87.6
广西	Guangxi	102.3	98.5	108.8	105.1	100.5	105.9	94.7	80.2
海南	Hainan	102.9	96.7	108.8	101.4	100.0	118.0	98.7	87.4
重庆	Chongqing	102.3	100.0	112.6	100.6	100.0	103.9	98.1	78.9
四川	Sichuan	101.4	97.9	110.3	100.9	102.3	101.1	97.7	88.9
贵州	Guizhou	104.6	98.1	112.9	104.6	102.9	104.1	96.9	83.9
云南	Yunnan	101.2	94.7	113.5	107.2	100.0	102.1	96.2	81.8
西藏	Tibet	102.0	99.8	102.1	101.3	99.7	107.0	98.0	98.9
陕西	Shaanxi	102.6	99.0	108.0	100.6	102.1	107.3	97.1	83.6
甘肃	Gansu	101.3	101.5	105.1	98.3	100.8	103.9	93.8	84.5
青海	Qinghai	100.6	99.4	108.7	103.0	100.0	101.6	78.2	68.9
宁夏	Ningxia	103.3	95.8	108.9	106.4	104.9	104.8	97.0	86.3
新疆	Xinjiang	101.0	98.0	109.9	99.3	99.8	100.1	97.3	87.3

4－7－5 续表 9 Continued 9

（上年＝100） (preceding year＝100)

地 区 Region		(2)通信服务 Communication Service	七、娱乐教育文化用品及服务 Recreation, Education and Culture Articles	1. 文娱用耐用消费品及服务 Durable Consumer Goods for Cultural and Recreational Use and Services	2. 教育 Education	(1)教材及参考书 Teaching Materials and Reference Books	(2)学杂托幼费 Tuition and Child Care	3. 文化娱乐用品 Cultural and Recreational Articles
全 国	**National**	**99.7**	**101.3**	**92.9**	**104.3**	**100.9**	**104.7**	**101.3**
北 京	Beijing	100.0	99.7	94.9	100.0	100.8	99.9	101.5
天 津	Tianjin	100.0	100.0	95.1	100.5	100.9	100.5	103.5
河 北	Hebei	99.9	101.3	91.8	104.6	102.2	104.8	100.3
山 西	Shanxi	100.1	104.6	95.9	107.9	101.8	108.4	102.3
内蒙古	Inner Mongolia	99.7	100.0	95.4	101.3	101.1	101.3	100.3
辽 宁	Liaoning	100.0	102.5	90.3	107.4	101.0	108.3	100.1
吉 林	Jilin	97.4	102.8	91.9	107.2	105.4	107.5	100.2
黑龙江	Heilongjiang	99.7	101.1	93.6	102.9	99.0	103.2	100.6
上 海	Shanghai	100.0	98.3	85.8	99.5	94.8	100.2	102.6
江 苏	Jiangsu	99.8	101.5	91.8	104.8	101.1	105.0	102.9
浙 江	Zhejiang	99.9	99.8	95.0	100.8	100.3	100.8	101.6
安 徽	Anhui	99.0	99.9	89.4	102.0	107.9	101.7	99.4
福 建	Fujian	98.9	103.8	94.0	110.1	101.2	111.0	101.9
江 西	Jiangxi	100.0	99.3	93.0	100.5	99.1	100.6	101.0
山 东	Shandong	100.0	100.5	95.8	102.2	102.6	102.2	101.1
河 南	Henan	99.9	103.0	94.5	107.3	100.7	108.4	100.9
湖 北	Hubei	99.9	101.7	92.4	103.8	101.4	103.9	100.1
湖 南	Hunan	100.0	102.4	98.7	104.5	99.6	104.8	102.1
广 东	Guangdong	100.0	99.5	92.6	101.6	102.7	101.4	100.8
广 西	Guangxi	100.0	108.6	91.7	113.5	99.3	114.4	101.5
海 南	Hainan	100.0	100.0	92.3	104.3	94.5	104.4	99.7
重 庆	Chongqing	100.0	104.1	90.4	112.2	98.4	113.3	100.7
四 川	Sichuan	100.0	105.6	93.2	110.7	100.3	111.6	101.5
贵 州	Guizhou	99.0	98.2	93.1	100.8	99.7	101.0	100.4
云 南	Yunnan	99.3	101.3	87.2	114.8	101.1	115.7	99.2
西 藏	Tibet	97.8	102.2	98.9	106.7	100.3	108.3	99.9
陕 西	Shaanxi	99.4	99.8	92.3	99.9	98.7	100.1	104.7
甘 肃	Gansu	96.9	102.9	93.2	111.5	103.3	112.0	100.3
青 海	Qinghai	80.6	99.0	92.8	101.8	100.8	102.1	99.8
宁 夏	Ningxia	100.0	99.1	85.7	100.9	101.5	100.8	103.8
新 疆	Xinjiang	100.0	98.1	94.3	100.0	98.8	100.2	101.1

4—7—5 续表 10 Continued 10

(上年=100) (preceding year=100)

地　区 Region		(1)文化娱乐 Cultural Articles	(2)书报杂志 Newspapers and Magazines	(3)文娱费 Expenditure of Culture and Recreation	4. 旅游及外出 Touring and Outgoing	八、居住 Residence	1. 建房及装修材料 Building and Building Decoration Materials	2. 租房 Rent	3. 自有住房 Private Housing	4. 水、电、燃料 Water Electricity and Fuel
全　国	**National**	**99.8**	**100.8**	**103.0**	**99.4**	**105.6**	**102.6**	**101.6**	**106.8**	**107.7**
北　京	Beijing	99.9	100.2	101.8	101.8	105.9	103.2	100.0	107.2	108.6
天　津	Tianjin	101.6	100.0	107.8	100.8	106.7	102.1	102.1	103.6	112.5
河　北	Hebei	99.8	100.1	101.0	96.2	106.8	100.2	105.9	100.9	109.7
山　西	Shanxi	99.8	103.3	103.9	99.6	104.8	103.3	100.3	104.4	106.2
内蒙古	Inner Mongolia	99.6	100.0	101.0	99.4	107.6	101.0	101.4	106.6	111.0
辽　宁	Liaoning	99.6	100.5	99.9	96.2	103.7	102.2	101.2	106.3	104.4
吉　林	Jilin	99.3	101.2	100.7	100.5	106.7	101.3	100.0	106.9	110.1
黑龙江	Heilongjiang	100.5	101.1	100.6	97.6	108.7	102.4	101.5	111.1	111.9
上　海	Shanghai	100.8	101.1	104.1	107.0	102.9	103.9	100.0	106.9	101.0
江　苏	Jiangsu	100.3	102.2	105.6	99.5	105.3	106.5	101.8	105.9	105.0
浙　江	Zhejiang	100.0	100.1	103.2	99.2	105.2	104.0	103.2	106.5	105.5
安　徽	Anhui	97.9	99.8	100.3	96.3	106.6	101.1	101.0	107.0	109.1
福　建	Fujian	100.0	100.2	104.3	99.3	106.2	101.9	100.1	106.5	108.7
江　西	Jiangxi	98.5	100.1	103.6	99.3	106.0	100.6	101.5	107.5	108.6
山　东	Shandong	100.1	100.5	102.8	100.1	105.4	100.8	100.5	104.7	108.4
河　南	Henan	100.0	100.1	102.5	98.9	106.5	101.6	99.5	109.4	109.6
湖　北	Hubei	99.8	99.9	100.5	102.2	106.5	104.0	100.0	108.5	108.3
湖　南	Hunan	99.4	100.6	104.9	98.1	105.8	102.8	101.9	106.4	108.2
广　东	Guangdong	98.9	101.7	102.1	99.2	104.5	101.5	99.9	106.5	106.4
广　西	Guangxi	100.7	101.3	102.2	98.4	104.2	102.6	100.0	101.4	109.6
海　南	Hainan	99.1	98.6	100.5	111.4	106.4	105.5	100.0	105.0	107.8
重　庆	Chongqing	100.6	100.0	101.3	90.5	103.0	101.2	100.0	106.1	103.6
四　川	Sichuan	100.0	100.1	103.9	100.2	103.3	101.2	101.2	103.8	104.6
贵　州	Guizhou	99.2	101.1	102.3	90.4	106.8	102.2	101.0	107.2	109.4
云　南	Yunnan	100.2	100.9	97.1	95.6	104.9	102.6	100.2	102.1	107.5
西　藏	Tibet	99.6	100.0	100.1	99.9	108.5	102.6	103.5	100.0	115.8
陕　西	Shaanxi	98.1	99.8	112.2	99.0	107.1	100.4	108.5	109.4	109.4
甘　肃	Gansu	99.5	100.0	100.8	94.5	109.9	101.0	100.1	118.3	111.2
青　海	Qinghai	101.3	100.0	98.8	99.5	107.5	112.8	100.0	106.0	105.1
宁　夏	Ningxia	99.7	100.0	108.7	108.6	107.9	104.4	107.9	113.7	109.5
新　疆	Xinjiang	98.7	100.4	103.6	90.7	108.1	103.8	119.1	105.9	110.0

4—7—6 各地区农村居民消费价格指数(2005年)

Rural Consumer Price Indices by Category and Region(2005)

(上年=100)

(preceding year=100)

地 区 Region		居民消费价格指数 Consumer Price Index	一、食品 Food	1.粮食 Grain	2.淀粉及薯类 Starches and Tubers	3.干豆类及豆制品 Bean and Its Products	4.油脂 Oil or Fat	5.肉禽及其制品 Meat, Poultry and Their Products	(1)食用畜肉及副产品 Meat and Their Products
全 国	**National**	**102.2**	**102.5**	**101.3**	**104.7**	**103.0**	**94.4**	**103.1**	**100.6**
北 京	Beijing								
天 津	Tianjin								
河 北	Hebei	102.2	101.6	103.0	106.2	101.6	96.6	103.0	101.4
山 西	Shanxi	103.7	102.2	103.1	109.7	106.9	93.6	101.4	97.9
内蒙古	Inner Mongolia	103.3	102.4	104.5	114.2	109.5	97.5	101.8	100.4
辽 宁	Liaoning	104.0	101.7	102.6	107.0	100.0	86.9	100.4	98.3
吉 林	Jilin	101.9	99.9	104.0	99.9	99.1	92.5	103.1	101.7
黑龙江	Heilongjiang	102.3	101.4	102.6	99.1	95.5	96.9	101.6	99.2
上 海	Shanghai								
江 苏	Jiangsu	102.4	104.5	100.7	106.4	100.9	93.1	104.7	102.9
浙 江	Zhejiang	101.2	102.4	98.4	103.6	102.7	96.1	102.7	99.4
安 徽	Anhui	101.9	103.0	96.7	106.7	102.7	90.4	108.0	107.6
福 建	Fujian	102.8	103.7	99.6	103.2	102.9	96.2	105.3	101.8
江 西	Jiangxi	102.2	102.5	98.8	104.7	103.2	97.8	103.8	102.0
山 东	Shandong	102.4	103.5	100.0	107.6	102.6	93.0	100.4	98.4
河 南	Henan	102.1	102.4	101.3	100.9	103.4	90.9	102.4	101.1
湖 北	Hubei	103.3	102.9	101.5	110.1	103.5	91.0	106.4	103.1
湖 南	Hunan	102.8	100.9	102.1	104.6	108.7	96.0	100.3	96.4
广 东	Guangdong	102.7	104.6	101.1	100.1	103.9	100.3	106.0	103.8
广 西	Guangxi	101.6	102.2	100.8	104.3	108.4	92.7	103.9	100.9
海 南	Hainan	101.7	102.1	100.3	107.0	104.4	94.7	100.9	94.7
重 庆	Chongqing								
四 川	Sichuan	101.6	101.5	101.8	102.8	103.1	94.1	101.1	98.4
贵 州	Guizhou	102.1	101.7	100.6	96.3	103.0	85.0	105.1	101.1
云 南	Yunnan	101.0	98.7	102.7	104.5	104.5	98.3	98.9	96.0
西 藏	Tibet	100.9	101.6	102.9	97.6	105.2	101.1	102.9	103.3
陕 西	Shaanxi	101.8	101.8	102.2	106.0	101.4	98.4	102.1	100.4
甘 肃	Gansu	103.0	101.1	103.2	94.3	100.8	97.9	102.3	99.5
青 海	Qinghai	103.1	100.5	102.2	94.6	104.1	92.6	100.6	100.0
宁 夏	Ningxia	101.2	101.6	105.7	103.1	100.5	97.2	100.9	100.5
新 疆	Xinjiang	101.2	97.9	103.4	106.4	101.8	93.1	97.3	95.1

4—7—6 续表 1　Continued 1

(上年=100)　　(preceding year=100)

地　区　Region		(2)禽 Poultry	(3)加工肉禽	6.蛋 Eggs	7.水产品 Aquatic Products	(1)鱼 Fish	(2)其它水产品 Other Aquatic Products	8.菜 Vegetables	9.调味品 Flavoring
全　国	**National**	**108.4**	**105.4**	**105.4**	**105.5**	**104.7**	**108.2**	**106.8**	**101.5**
北　京	Beijing								
天　津	Tianjin								
河　北	Hebei	107.6	104.4	103.3	99.3	98.4	103.5	94.4	100.4
山　西	Shanxi	107.1	106.6	103.1	104.9	104.3	107.1	101.3	101.5
内蒙古	Inner Mongolia	102.0	105.0	103.5	99.3	98.2	106.2	103.7	100.3
辽　宁	Liaoning	106.6	106.4	102.6	106.6	106.1	110.8	104.9	101.0
吉　林	Jilin	108.3	105.3	102.9	94.1	92.1	102.3	93.1	100.2
黑龙江	Heilongjiang	97.6	106.0	106.0	98.9	97.4	105.6	103.3	99.9
上　海	Shanghai								
江　苏	Jiangsu	110.4	104.8	105.7	107.0	104.3	114.4	113.5	101.0
浙　江	Zhejiang	108.0	106.7	107.1	105.7	103.5	110.2	108.3	100.8
安　徽	Anhui	111.6	105.2	109.9	103.5	103.4	105.1	112.4	100.8
福　建	Fujian	114.9	103.8	103.8	105.1	107.3	101.0	111.5	100.2
江　西	Jiangxi	107.0	104.2	107.4	100.7	99.7	103.4	118.3	100.3
山　东	Shandong	104.3	104.5	104.6	102.6	101.5	106.5	121.3	106.7
河　南	Henan	103.5	105.1	105.2	101.0	99.8	106.4	109.4	100.1
湖　北	Hubei	110.5	107.5	108.7	103.0	101.6	109.3	109.4	106.6
湖　南	Hunan	114.0	107.6	110.9	109.0	108.2	118.3	107.5	102.5
广　东	Guangdong	111.2	106.1	104.0	110.7	111.7	106.0	110.7	100.4
广　西	Guangxi	107.3	108.4	102.5	105.8	103.3	112.3	105.8	104.4
海　南	Hainan	116.9	104.1	104.8	106.1	106.8	103.9	116.1	102.2
重　庆	Chongqing								
四　川	Sichuan	106.6	103.4	106.8	104.1	103.6	107.1	100.7	100.9
贵　州	Guizhou	105.5	109.0	106.0	100.5	99.6	104.2	96.6	99.1
云　南	Yunnan	103.8	106.3	107.6	109.9	110.4	105.1	84.7	101.9
西　藏	Tibet	99.0	103.8	108.5	101.3	101.7	100.3	96.8	100.1
陕　西	Shaanxi	101.7	103.9	104.4	102.0	101.7	103.6	98.9	101.1
甘　肃	Gansu	102.7	105.0	107.1	107.7	107.8	106.5	98.0	98.0
青　海	Qinghai	98.1	105.8	105.1	104.3	101.2	107.5	98.2	99.0
宁　夏	Ningxia	102.4	103.4	104.3	95.9	94.9	100.8	98.7	101.3
新　疆	Xinjiang	103.6	106.8	100.4	106.8	103.2	114.5	90.0	104.5

4—7—6 续表 2　Continued 2

（上年=100）　　　　(preceding year=100)

地　区　Region	10. 糖 Carbohydrate	11. 茶及饮料 Tea and Beverages	(1)茶叶 Tea	(2)饮料 Beverages	12. 干鲜瓜果 Dried and Fresh Melons and Fruits	13. 糕点饼干面包 Cake, Biscuit and Bread	14. 奶及奶制品 Milk and Its Products	15. 在外用膳食品 Outward Dinner
全　国　National	**105.6**	**100.2**	**100.7**	**99.8**	**100.6**	**101.2**	**101.9**	**101.7**
北　京　Beijing								
天　津　Tianjin								
河　北　Hebei	102.4	100.3	100.0	100.4	112.6	101.4	102.2	100.4
山　西　Shanxi	105.2	99.1	99.9	98.6	106.4	100.0	100.9	102.8
内蒙古　Inner Mongolia	103.2	100.4	99.4	101.1	98.9	99.8	99.4	101.7
辽　宁　Liaoning	100.5	100.1	100.3	100.0	107.9	101.4	101.8	100.3
吉　林　Jilin	110.0	98.8	97.6	99.2	98.4	99.9	100.9	101.5
黑龙江　Heilongjiang	102.0	99.8	99.7	99.8	102.3	101.8	101.9	101.7
上　海　Shanghai								
江　苏　Jiangsu	105.1	99.8	102.1	98.8	102.4	99.2	100.7	104.6
浙　江　Zhejiang	102.9	99.6	100.5	99.4	98.4	100.3	100.7	100.7
安　徽　Anhui	105.4	100.6	100.9	99.8	100.1	101.4	102.1	101.1
福　建　Fujian	103.8	100.9	102.4	99.8	103.4	99.6	99.4	101.9
江　西　Jiangxi	107.9	99.4	98.0	100.2	101.3	99.3	100.0	101.0
山　东　Shandong	106.5	100.5	100.8	100.3	105.2	103.9	107.0	102.2
河　南　Henan	109.5	99.7	100.1	99.5	107.6	100.3	104.8	101.8
湖　北　Hubei	108.0	101.0	102.4	100.0	99.2	100.9	105.4	101.2
湖　南　Hunan	103.0	100.1	100.2	100.0	98.5	99.7	100.7	99.6
广　东　Guangdong	104.3	100.5	101.4	99.9	97.1	101.6	99.7	102.9
广　西　Guangxi	103.3	101.5	100.5	102.0	92.0	105.0	104.3	101.5
海　南　Hainan	107.7	100.6	102.8	100.0	93.2	100.9	100.0	100.6
重　庆　Chongqing								
四　川　Sichuan	107.0	99.7	101.1	98.7	104.2	100.1	99.5	102.3
贵　州　Guizhou	107.3	104.5	109.9	100.7	106.9	101.3	111	104.4
云　南　Yunnan	100.5	99.4	97.5	100.7	89.9	103.2	101.2	101.6
西　藏　Tibet	102.7	100.8	103.4	98.1	94.2	101.8	108.9	103.3
陕　西　Shaanxi	104.3	101.1	103.2	99.7	104.5	100.0	102.4	102.9
甘　肃　Gansu	103.9	98.3	97.7	98.7	105.8	99.9	100.9	103.6
青　海　Qinghai	104.5	98.5	99.3	97.8	100.9	98.4	106.9	101.8
宁　夏　Ningxia	105.2	100.5	99.5	101.3	97.1	99.0	102.9	104.2
新　疆　Xinjiang	100.4	100.7	101.8	99.7	90.7	103.3	99.0	101.3

4—7—6 续表 3　Continued 3

(上年=100)　(preceding year=100)

地　区 Region	16.其它食品及加工服务费 Other Foods and Manufacturing Services	二、烟酒及用品 Tobacco, Liquor and Articles	1.烟草 Tobacco	2.酒 Liquor	3.吸烟、饮酒用品 Articles for Smoking and Drinking	三、衣着 Clothing	1.服装 Garments
全　国 National	**101.0**	**100.5**	**100.4**	**100.8**	**99.8**	**99.1**	**98.7**
北　京 Beijing							
天　津 Tianjin							
河　北 Hebei	99.3	99.9	99.6	100.3	98.7	99.6	99.7
山　西 Shanxi	99.8	101.4	100.6	104.3	100.5	98.4	97.3
内蒙古 Inner Mongolia	100.1	99.2	99.0	99.3	99.4	100.2	100.1
辽　宁 Liaoning	101.1	99.5	100.8	97.9	101.4	99.6	97.8
吉　林 Jilin	98.0	100.4	101.7	99.1	103.5	102.2	101.3
黑龙江 Heilongjiang	103.0	100.2	100.0	100.4	100.0	102.6	102.6
上　海 Shanghai							
江　苏 Jiangsu	106.0	101.1	101.1	101.3	99.2	99.4	99.4
浙　江 Zhejiang	100.2	100.1	99.6	101.1	100.9	95.9	95.6
安　徽 Anhui	99.5	100.4	100.5	100.3	97.6	96.6	95.5
福　建 Fujian	98.9	100.1	99.7	100.6	101.2	98.2	97.5
江　西 Jiangxi	100.0	100.4	100.7	100.2	99.9	100.3	98.8
山　东 Shandong	101.8	100.3	100.3	100.7	98.1	96.4	95.2
河　南 Henan	100.8	101.4	102.1	100.5	99.9	98.4	98.0
湖　北 Hubei	98.6	101.1	100.2	103.0	100.6	101.3	101.2
湖　南 Hunan	99.8	99.7	99.6	99.8	99.6	101.9	101.5
广　东 Guangdong	106.8	102.0	101.6	102.8	101.1	100.4	100.7
广　西 Guangxi	101.2	100.3	98.9	103.4	98.4	98.1	100.2
海　南 Hainan	100.3	100.2	99.7	101.1	100.3	96.6	95.7
重　庆 Chongqing							
四　川 Sichuan	100.0	100.4	100.3	100.6	99.2	100.3	100.2
贵　州 Guizhou	130.8	100.1	100.6	98.1	107.2	100.5	103.1
云　南 Yunnan	98.5	104.5	103.9	107.5	100.0	96.7	95.3
西　藏 Tibet	100.3	102.7	102.2	103.3	104.4	100.8	103.5
陕　西 Shaanxi	101.2	100.7	100.8	100.5	99.9	100.9	100.4
甘　肃 Gansu	97.1	98.4	98.5	98.0	101.1	105.5	104.5
青　海 Qinghai	100.2	98.8	98.3	99.4	97.6	99.8	99.7
宁　夏 Ningxia	102.2	97.8	98.5	95.9	100.6	100.9	99.5
新　疆 Xinjiang	99.0	99.5	98.6	100.7	95.8	100.4	101.1

(上年=100)　(preceding year=100)

地区 Region	(1)男式服装 Men's Clothing	(2)女式服装 Women's Clothing	(3)儿童服装 Children's Clothing	2. 衣着材料 Clothing Material	3. 鞋袜帽 Footgear and Hats	(1)鞋 Shoes	(2)袜子 Socks	(3)帽子 Hats
全　国 National	**98.2**	**98.7**	**99.6**	**100.4**	**99.4**	**99.1**	**100.7**	**100.5**
北　京 Beijing								
天　津 Tianjin								
河　北 Hebei	99.6	99.9	99.6	100.6	99.2	99.3	98.8	97.8
山　西 Shanxi	97.1	97.2	98.1	99.1	100.6	101.2	98.8	99.5
内蒙古 Inner Mongolia	100.4	100.2	99.7	100.9	100.2	99.8	101.0	101.8
辽　宁 Liaoning	98.2	97.0	99.1	101.5	102.5	102.8	101.9	95.9
吉　林 Jilin	101.4	101.4	100.8	101.4	104.3	105.1	97.3	107.4
黑龙江 Heilongjiang	100.4	101.0	106.9	101.5	103.2	100.8	112.9	100.0
上　海 Shanghai								
江　苏 Jiangsu	100.1	99.0	98.5	99.7	99.2	99.2	99.3	100.2
浙　江 Zhejiang	95.3	96.1	94.9	100.7	95.5	94.7	98.9	99.2
安　徽 Anhui	93.6	96.4	97.0	100.4	97.4	97.0	101.0	100.5
福　建 Fujian	99.1	98.3	93.8	101.0	99.3	99.1	100.2	99.7
江　西 Jiangxi	97.8	98.1	100.5	103.2	102.9	102.5	104.2	102.3
山　东 Shandong	94.2	95.4	97.3	99.7	97.0	96.4	100.5	99.3
河　南 Henan	99.2	98.4	95.7	99.6	98.8	98.8	98.7	99.2
湖　北 Hubei	98.4	101.3	103.8	101.0	101.7	102.3	100.6	98.0
湖　南 Hunan	101.6	101.7	101.1	100.9	102.8	103.1	100.7	103.4
广　东 Guangdong	99.4	101.0	102.4	100.2	99.9	99.9	100.7	100.8
广　西 Guangxi	97.4	102.7	98.9	99.1	92.4	91.8	94.7	100.1
海　南 Hainan	96.1	95.5	95.4	99.6	98.9	98.7	100.0	100.0
重　庆 Chongqing								
四　川 Sichuan	101.0	99.4	100.6	102.3	100.0	99.2	102.4	102.1
贵　州 Guizhou	94.6	101.0	114.3	104.7	96.6	95.5	101.2	94.9
云　南 Yunnan	95.4	96.1	92.8	100.5	98.7	98.4	99.3	99.8
西　藏 Tibet	103.1	102.8	105.6	94.3	99.4	99.9	99.8	97.0
陕　西 Shaanxi	99.7	99.9	101.8	102.8	101.7	102.7	98.4	99.2
甘　肃 Gansu	101.2	99.6	114.2	101.4	108.8	110.0	100.8	122.5
青　海 Qinghai	99.6	99.6	100.0	99.7	100.0	100.0	100.0	100.0
宁　夏 Ningxia	98.5	99.5	101.9	98.1	104.3	105.8	96.0	98.3
新　疆 Xinjiang	100.0	98.9	108.3	100.2	98.7	98.6	98.9	100.0

4—7—6 续表 5　Continued 5

(上年=100)　　(preceding year=100)

地　区　Region		4. 衣着加工服务费 Clothing Manufacturing Services	四、家庭设备用品及服务 Household Facilities, Articles and Services	1. 耐用消费品 Durable Consumer Goods	(1)家具 Furniture	(2)家庭设备 Household Facilities	2. 室内装饰品 Interior Decorations	3. 床上用品 Bed Articles
全　国	**National**	**101.1**	**100.3**	**99.3**	**99.9**	**98.7**	**100.2**	**100.0**
北　京	Beijing							
天　津	Tianjin							
河　北	Hebei	103.1	99.4	98.3	99.9	96.2	99.4	100.2
山　西	Shanxi	102.6	100.8	99.4	99.4	99.5	99.0	99.9
内蒙古	Inner Mongolia	102.3	100.5	100.0	100.3	99.8	98.8	99.0
辽　宁	Liaoning	96.1	98.9	97.0	94.4	98.4	98.2	99.9
吉　林	Jilin	101.8	100.2	98.7	99.6	97.9	98.2	103.5
黑龙江	Heilongjiang	99.4	100.8	99.7	99.0	100.2	96.8	101.7
上　海	Shanghai							
江　苏	Jiangsu	101.6	100.2	99.4	99.9	99.2	99.7	99.5
浙　江	Zhejiang	102.1	100.3	98.4	99.7	97.8	102.5	100.4
安　徽	Anhui	99.6	101.0	101.0	101.8	100.0	104.8	98.9
福　建	Fujian	103.5	100.3	99.1	100.4	98.0	100.0	100.0
江　西	Jiangxi	106.4	99.6	97.7	98.2	97.2	97.8	99.7
山　东	Shandong	99.6	100.2	100.3	100.4	99.7	99.5	98.2
河　南	Henan	100.1	100.0	99.5	99.1	100.0	99.2	100.9
湖　北	Hubei	100.0	100.0	99.0	98.8	99.3	98.8	100.7
湖　南	Hunan	100.0	101.1	98.6	99.7	97.8	100.5	103.3
广　东	Guangdong	100.4	100.4	100.4	101.6	99.4	101.6	98.8
广　西	Guangxi	109.1	100.4	99.0	100.2	98.0	96.0	94.8
海　南	Hainan	104.2	100.1	100.2	100.3	100.2	98.7	98.3
重　庆	Chongqing							
四　川	Sichuan	102.0	100.4	100.1	100.2	99.8	98.5	100.9
贵　州	Guizhou	98.3	100.4	98.7	99.1	98.0	98.9	102.0
云　南	Yunnan	97.3	99.6	96.2	98.1	94.2	99.7	98.5
西　藏	Tibet	92.4	100.7	96.8	96.6	96.9	102.6	98.8
陕　西	Shaanxi	97.5	100.2	99.2	98.8	99.6	100.4	100.8
甘　肃	Gansu	109.0	100.4	99.4	101.4	96.4	99.1	97.2
青　海	Qinghai	100.0	99.2	99.1	99.0	99.0	99.2	99.8
宁　夏	Ningxia	101.7	99.0	96.6	95.0	98.3	106.8	99.0
新　疆	Xinjiang	100.2	99.4	98.9	98.1	99.3	99.4	100.6

4－7－6 续表 6　Continued 6

（上年＝100）　　(preceding year＝100)

地 区 Region	4. 家庭日用杂品 Daily Use Household Articles	5. 家庭服务及加工维修服务费 Household Service and Manufacturing Upkeep	五、医疗保健和个人用品 Health Care and Personal Articles	1. 医疗保健 Health Care	(1)医疗器具及用品 Medical Instrument and Articles	(2)中药材及中成药 Traditional Chinese Medicine	(3)西药 Western Medicine
全 国 National	**100.5**	**104.9**	**100.5**	**100.1**	**97.1**	**96.0**	**97.7**
北 京 Beijing							
天 津 Tianjin							
河 北 Hebei	100.1	102.9	99.4	99.0	96.5	97.7	99.1
山 西 Shanxi	101.0	111.5	100.6	99.6	96.2	92.7	98.8
内蒙古 Inner Mongolia	100.8	107.4	112.0	115.7	91.9	98.1	98.1
辽 宁 Liaoning	99.8	99.5	99.6	99.3	90.0	102.2	94.4
吉 林 Jilin	101.1	100.4	98.9	97.4	93.7	94.3	98.0
黑龙江 Heilongjiang	100.8	104.1	100.3	99.9	98.7	101.0	99.4
上 海 Shanghai							
江 苏 Jiangsu	100.2	104.4	99.9	98.9	98.1	95.8	97.5
浙 江 Zhejiang	101.5	105.6	100.9	100.4	99.2	92.4	96.1
安 徽 Anhui	100.1	103.3	99.8	98.9	91.1	93.7	96.5
福 建 Fujian	100.0	107.8	99	98	94.5	96.6	96.2
江 西 Jiangxi	100.7	103.0	102.4	99.6	92.6	86.4	93.2
山 东 Shandong	99.6	104.6	100.0	99.9	97.7	97.9	99.0
河 南 Henan	100.1	100.7	98.5	98.0	97.2	93.4	97.4
湖 北 Hubei	100.3	103.3	99.0	98.5	96.7	94.9	98.2
湖 南 Hunan	102.6	110.2	99.3	98.0	100.3	96.5	98.7
广 东 Guangdong	100.7	100.4	100.0	99.9	101.6	99.0	99.6
广 西 Guangxi	101.7	110.2	98.4	97.4	91.9	88.8	96.5
海 南 Hainan	100.3	101.7	99.1	99.0	99.9	95.8	98.0
重 庆 Chongqing							
四 川 Sichuan	100.7	101.4	101.9	102.3	99.9	97.6	98.4
贵 州 Guizhou	100.7	104.9	102.8	107	101.9	92.8	97.2
云 南 Yunnan	98.2	126.5	100.4	100.8	96.8	97.5	94.6
西 藏 Tibet	97.1	100.2	100.5	101.4	92.9	100.5	103.2
陕 西 Shaanxi	99.8	106.1	98.7	97.8	94.6	94.2	96.1
甘 肃 Gansu	100.7	109.3	102.0	100.5	93.6	96.6	100.1
青 海 Qinghai	98.9	100.0	102.9	103.3	102.4	96.3	103.3
宁 夏 Ningxia	101.2	101.6	97.9	96.3	100.1	97.9	93.2
新 疆 Xinjiang	99.4	101.4	111.1	115.8	100.5	97.8	98.7

4—7—6 续表 7 Continued 7

(上年=100) (preceding year=100)

地 区 Region	(4)保健器具及用品 Health Care Appliances and Articles	(5)医疗保健服务费 Health Care Services	2. 个人用品及服务 Personal Articles and Services	(1)化妆美容用品 Cosmetics	(2)卫生用品 Sanitation Articles	(3)个人饰品 Personal Decorations	(4)个人服务 Personal Services	六、交通和通信 Transportation and Communication
全 国 National	**99.8**	**105.6**	**101.2**	**100.0**	**99.4**	**101.2**	**102.6**	**100.3**
北 京 Beijing								
天 津 Tianjin								
河 北 Hebei	97.5	100.1	100.1	99.6	99.1	100.1	100.4	99.8
山 西 Shanxi	98.4	107.1	101.8	99.0	95.4	101.3	104.2	100.9
内蒙古 Inner Mongolia	99.6	152.6	104.4	99.3	100.9	102.2	107.1	100.4
辽 宁 Liaoning	99.3	101.4	100.2	95.8	99.7	99.6	102.0	99.5
吉 林 Jilin	100.4	99.7	102.0	100.3	95.6	104.7	106.8	99.9
黑龙江 Heilongjiang	97.6	100.1	102.1	100.8	92.9	104.9	104.5	101.3
上 海 Shanghai								
江 苏 Jiangsu	98.1	102.9	102.1	99.2	100.6	102.2	105.0	99.0
浙 江 Zhejiang	100.9	112.9	101.7	99.6	99.8	103.0	103.5	99.5
安 徽 Anhui	97.8	101.3	100.9	101.2	100.5	97.5	102.6	101.5
福 建 Fujian	99.3	100.9	100.3	100.7	99.0	101.0	100.3	98.7
江 西 Jiangxi	97.8	115.8	106.7	101.7	98.0	101.3	119.4	101.5
山 东 Shandong	99.9	102.3	100.3	99.7	98.9	100.5	101.0	100.6
河 南 Henan	98.5	100.5	99.9	99.1	97.0	101.6	102.0	101.7
湖 北 Hubei	100.2	99.7	100.2	101.3	100.0	100.3	97.6	103.4
湖 南 Hunan	101.2	98.3	101.3	101.8	101.5	100.7	101.3	100.9
广 东 Guangdong	99.8	100.9	100.3	99.6	99.3	101.8	100.7	98.6
广 西 Guangxi	95.6	110.2	100.5	98.2	100.6	99.5	102.6	102.0
海 南 Hainan	96.4	100.5	99.4	100.0	100.0	97.8	100.3	100.6
重 庆 Chongqing								
四 川 Sichuan	100.4	109.0	101.1	99.4	100.6	102.4	100.7	101.0
贵 州 Guizhou	99.7	117.7	99.7	119.7	101.3	100.8	97.0	100.3
云 南 Yunnan	97.9	119.3	98.8	102.7	95.5	98.9	97.2	97.6
西 藏 Tibet	100.4	102.5	98.5	100.5	96.5	98.7	99.1	99.9
陕 西 Shaanxi	97.1	103.1	100.9	99.8	99.5	100.8	101.7	103.3
甘 肃 Gansu	100.2	103.7	105.1	98.6	99.0	101.1	108.7	98.2
青 海 Qinghai	99.3	105.5	101.6	99.5	96.4	101.4	104.4	101.3
宁 夏 Ningxia	97.4	99.9	103.6	101.7	98.5	96.6	111.9	101.9
新 疆 Xinjiang	96.2	156.8	101.0	99.8	99.1	100.3	104.7	101.1

4－7－6 续表 8　Continued 8

(上年＝100)　　(preceding year＝100)

地　区　Region	1. 交通 Transportation	(1)交通工具 Transportation Facility	(2)车用燃料及零配件 Fuels and Parts	(3)车辆使用及维修费 Using and Upkeep Fare	(4)市区公共交通费 Incity Traffic Fare	(5)城市间交通费 Intercity Traffic Fare	2. 通信 Communication	(1)通信工具 Communication Facility
全　国　National	**102.0**	**98.4**	**109.5**	**101.5**	**103.6**	**104.3**	**97.7**	**91.1**
北　京　Beijing								
天　津　Tianjin								
河　北　Hebei	100.8	99.6	112.4	102.3	104.7	101.5	98.7	90.6
山　西　Shanxi	101.9	99.3	111.7	102.5	114.3	106.3	98.8	85.0
内蒙古　Inner Mongolia	101.9	99.8	106.9	101.8	102.4	104.7	97.1	93.4
辽　宁　Liaoning	100.3	98.6	106.5	100.3	100.1	101.4	98.7	94.0
吉　林　Jilin	99.5	99.6	108.5	100.5	95.9	101.3	100.3	97.5
黑龙江　Heilongjiang	102.4	101.1	107.3	102.0	96.3	105.1	99.2	95.7
上　海　Shanghai								
江　苏　Jiangsu	100.6	98.6	109.7	100.0	100.6	99.2	97.5	89.0
浙　江　Zhejiang	101.3	97.8	111.1	102.4	102.5	101.8	97.4	89.2
安　徽　Anhui	103.5	99.9	108.1	100.8	106.7	104.5	98.6	96.1
福　建　Fujian	100.5	97.8	109.3	100.0	100.6	102.7	96.8	89.6
江　西　Jiangxi	104.9	100.4	109.5	100.4	116.8	104.5	97.7	86.5
山　东　Shandong	102.3	98.4	110.3	102.0	102.2	109.5	98.0	90.8
河　南　Henan	102.8	98.9	110.3	102.8	106.0	105.5	99.4	93.4
湖　北　Hubei	104.5	98.9	110.6	99.1	102.2	109.1	100.0	93.3
湖　南　Hunan	101.6	96.8	108.7	110.2	102.3	101.9	99.1	97.4
广　东　Guangdong	100.3	95.1	109.7	100.0	103.6	99.2	96.8	87.4
广　西　Guangxi	104.8	95.8	110.7	101.8	125.9	102	98.1	90.8
海　南　Hainan	101.4	97.4	108.4	100.9	99.6	102.1	97.4	85.5
重　庆　Chongqing								
四　川　Sichuan	102.2	99.3	107.9	101.2	99.8	104.4	97.4	95.4
贵　州　Guizhou	100.7	100.2	107.1	99.7	100.6	108.4	99.8	99.3
云　南　Yunnan	100.7	97.0	109.7	101.7	103.7	104.1	94.9	85.2
西　藏　Tibet	102.5	97.2	105.6	100.0	99.6	104.7	96.3	90.2
陕　西　Shaanxi	105.7	99.2	105.8	100.1	106.6	114.1	97.9	92.6
甘　肃　Gansu	103.0	99.1	104.5	100.5	102.4	110.3	88.3	89.5
青　海　Qinghai	101.5	100.2	108.4	104.4	103.2	101.2	100.3	97.8
宁　夏　Ningxia	108.2	99.7	112.4	102.9	118.5	109.7	95.0	81.4
新　疆　Xinjiang	103.4	98.7	109.0	102.3	112.2	98.1	97.5	93.5

4—7—6 续表 9　Continued 9

（上年=100）　　(preceding year=100)

地区 Region		(2)通信服务 Communication Service	七、娱乐教育文化用品及服务 Recreation, Education and Culture Articles	1. 文娱用耐用消费品及服务 Durable Consumer Goods for Cultural and Recreational Use and Services	2. 教育 Education	(1)教材及参考书 Teaching Materials and Reference Books	(2)学杂托幼费 Tuition and Child Care	3. 文化娱乐用品 Cultural and Recreational Articles	(1)文化娱乐 Cultural Articles
全　国	**National**	**99.6**	**103.8**	**95.9**	**106.0**	**100.8**	**106.3**	**100.6**	**99.9**
北　京	Beijing								
天　津	Tianjin								
河　北	Hebei	100.0	108.3	95.8	110.9	101.6	111.3	100.2	100.2
山　西	Shanxi	100.5	115.5	95.6	123.1	101.4	127.3	100.3	98.8
内蒙古	Inner Mongolia	98.8	101.0	95.2	101.9	98.9	102.0	99.8	99.8
辽　宁	Liaoning	99.5	120.3	93.4	127.5	101.5	129.0	98.6	98.1
吉　林	Jilin	101.3	103.5	97.6	106.3	101.4	107.2	104.4	99.3
黑龙江	Heilongjiang	100.0	97.0	96.6	96.7	99.2	96.2	99.9	100.0
上　海	Shanghai								
江　苏	Jiangsu	99.6	103.2	96.4	105.3	100.9	105.5	100.3	99.9
浙　江	Zhejiang	100	100.5	95.9	101.7	99.1	101.9	100.9	99.7
安　徽	Anhui	99.8	102.1	95.9	103.0	99.5	103.1	99.7	99.5
福　建	Fujian	98.5	105.9	96.0	109.2	101.3	109.8	100.1	100.0
江　西	Jiangxi	100.0	100.9	95.0	101.5	102.4	101.3	100.3	100.9
山　东	Shandong	100.0	105.1	96.2	107.1	99.5	107.3	100.8	100.0
河　南	Henan	101.0	102.0	95.3	103.3	99.6	103.7	100.0	100.0
湖　北	Hubei	101.4	107.8	96.5	109.5	103.6	109.6	101.6	102.7
湖　南	Hunan	99.9	103.8	96.4	105.9	103.0	106.1	100.5	100.4
广　东	Guangdong	100.0	102.2	95.7	104.5	102.1	105.1	100.3	99.2
广　西	Guangxi	100.0	103.0	93.9	107.2	101.3	107.7	102.0	99.3
海　南	Hainan	100.1	102.6	97.5	104.0	107.1	103.8	99.9	99.8
重　庆	Chongqing								
四　川	Sichuan	98.0	100.7	96.7	101.6	98.4	101.7	100.0	99.5
贵　州	Guizhou	100.0	100.4	95.9	101.4	97.5	101.7	101.0	99.8
云　南	Yunnan	97.7	105.1	92.1	112.5	101.6	114.6	100.4	99.3
西　藏	Tibet	97.5	96.8	88.6	101.0	101.5	100.9	102.2	102.8
陕　西	Shaanxi	99.2	101.3	96.4	102.0	97.7	102.3	100.6	100.4
甘　肃	Gansu	88.1	106.3	96.2	107.7	102.1	107.8	101.5	101.7
青　海	Qinghai	101.1	112.3	98.4	116.5	100.9	116.7	100.5	100.1
宁　夏	Ningxia	100.1	100.4	93.4	101.7	103.0	101.5	103.1	99.2
新　疆	Xinjiang	98.4	100.0	97.3	100.8	98.6	100.9	102.1	99.3

4—7—6 续表 10 Continued 10

（上年=100） (preceding year=100)

地 区 Region	(2)书报杂志 Newspapers and Magazines	(3)文娱费 Expenditure of Culture and Recreation	4. 旅游及外出 Touring and Outgoing	八、居住 Residence	1. 建房及装修材料 Building and Building Decoration Materials	2. 租房 Rent	3. 自有住房 Private Housing	4. 水电燃料 Water, Electricity and Fuel
全 国 National	**100.7**	**102.0**	**100.5**	**105.2**	**102.7**	**103.3**	**102.0**	**110.3**
北 京 Beijing								
天 津 Tianjin								
河 北 Hebei	99.9	101.3	99.5	104.5	102.2	100.0	100.2	109.6
山 西 Shanxi	101.7	101.8	101.6	103.9	102.1	109.9	100.2	107.2
内蒙古 Inner Mongolia	100.0	100.0	95.2	105.6	101.6	102.9	100.0	112.8
辽 宁 Liaoning	100.6	101.1	100.4	106.4	103.9	107.6	104.3	111.5
吉 林 Jilin	100.6	112.6	100	110.5	103.3	100.2	103.0	115.5
黑龙江 Heilongjiang	99.4	100.2	99.0	110.7	109.9	101.4	93.4	115.6
上 海 Shanghai								
江 苏 Jiangsu	100.8	100.5	101.8	102.7	101.8	101.1	101.2	105.0
浙 江 Zhejiang	100.3	102.0	100.1	103.9	102.8	100.2	100.1	107.4
安 徽 Anhui	101.2	99.4	99.1	103.8	101.2	101.6	107.0	108.3
福 建 Fujian	100.2	100.3	101.1	107.5	101.5	99.9	99.7	118.9
江 西 Jiangxi	100.5	99.9	100.9	105.2	101.3	117.8	104.5	111.9
山 东 Shandong	101.4	102.9	99.4	105.0	102.4	108.7	103.6	110.3
河 南 Henan	100.1	98.6	100.0	107.0	103.1	100.5	102.7	113.5
湖 北 Hubei	99.3	102.8	99.5	104.3	100.9	100.0	104.9	110.7
湖 南 Hunan	101.4	97.0	99.3	109.1	106.0	102.4	100.9	117.8
广 东 Guangdong	102.0	100.1	102.2	104.4	101.2	100.1	102.9	108.1
广 西 Guangxi	100.6	105.9	92.8	103.5	103.5	97.9	105.3	103.5
海 南 Hainan	99.9	100.0	99.6	105.0	104.8	102.4	106.7	105.3
重 庆 Chongqing								
四 川 Sichuan	99.8	101.2	100.4	104.1	102.1	100.8	100.2	111.0
贵 州 Guizhou	100.6	121.7	98.5	106.2	101.5	136.0	99.8	113.9
云 南 Yunnan	99.1	104.3	97.8	107.5	107.1	112.1	106.7	107.6
西 藏 Tibet	100.5	104.2	95.6	102.1	101.8	107.1	100.4	100.7
陕 西 Shaanxi	100.3	102.0	100.9	105.6	102.3	108.2	104.2	111.8
甘 肃 Gansu	101.8	99.9	102.7	107.8	105.1	109.4	107.2	110.6
青 海 Qinghai	103.0	100.5	100.8	104.2	100.5	100.0	104.0	110.4
宁 夏 Ningxia	99.8	110.9	104.5	104.3	98.2	117.5	102.0	110.8
新 疆 Xinjiang	103.6	103.7	97.8	105.6	108.7	102.4	92.1	108.9

4—7—7 36个大中城市居民消费价格指数(2005年)

Consumer Price Indices in 36 Major Cities (2005)

(上年=100) (preceding year=100)

地 区 Region	居民消费价格指数 Consumer Price Index	一、食品 Food	1. 粮食 Grain	2. 淀粉及薯类 Starches and Tubers	3. 干豆类及豆制品 Bean and Its Products	4. 油脂 Oil or Fat	5. 肉禽及其制品 Meat, Poultry and Their Products	(1)食用畜肉及副产品 Meat and Their Products
平均指数 Average	**101.4**	**103.5**	**102.4**	**105.1**	**102.0**	**94.3**	**103.0**	**101.1**
北京 Beijing	101.5	104.9	104.6	107.3	102.5	98.0	103.8	101.9
天津 Tianjin	101.5	103.4	103.8	109.3	100.8	94.7	104.5	104.2
石家庄 Shijiazhuang	101.5	103.4	103.3	113.4	99.9	91.2	102.5	102.0
太原 Taiyuan	101.1	103.8	104.8	107.4	105.8	94.7	103.2	100.6
呼和浩特 Hohhot	102.2	103.0	102.0	124.7	107.4	99.9	102.2	101.2
沈阳 Shenyang	100.7	101.6	106.5	103.0	98.5	85.6	101.0	100.1
大连 Dalian	101.4	100.7	102.7	99.2	97.9	86.7	97.1	93.2
长春 Changchun	101.7	101.7	105.0	100.0	96.8	94.4	100.6	99.2
哈尔滨 Harbin	100.5	100.9	102.1	96.8	106.0	93.5	101.6	99.6
上海 Shanghai	101.0	104.5	103.0	105.2	103.0	91.2	105.7	103.2
南京 Nanjing	102.1	102.9	97.6	108.9	97.8	90.4	104.4	101.2
杭州 Hangzhou	101.7	103.3	97.6	104.5	101.7	91.2	104.8	101.8
宁波 Ningbo	102.0	104.6	96.6	107.2	101.3	91.9	107.5	105.8
合肥 Hefei	100.9	102.3	98.5	110.5	99.0	94.3	102.8	99.7
福州 Fuzhou	102.5	105.6	99.0	104.7	102.9	95.9	104.2	100.0
厦门 Xiamen	101.0	101.9	101.5	106.0	101.8	100.4	100.1	94.9
南昌 Nanchang	101.0	103.5	102.1	100.7	102.3	93.8	100.8	97.7
济南 Jinan	101.1	102.7	102.6	105.9	104.4	100.0	102.8	101.7
青岛 Qingdao	102.3	102.1	103.7	105.9	106.2	102.8	101.1	98.0
郑州 Zhengzhou	102.4	103.5	101.5	105.1	99.7	92.4	104.8	102.8
武汉 Wuhan	102.7	106.0	100.5	107.6	101.8	92.5	105.5	103.5
长沙 Changsha	101.9	104.4	100.3	100.0	101.0	94.7	101.3	97.0
广州 Guangzhou	101.5	104.3	104.2	107.3	107.5	99.4	107.5	108.4
深圳 Shenzhen	101.6	104.5	103.1	104.1	104.6	99.0	103.3	102.2
南宁 Nanning	101.1	103.6	102.1	96.6	101.5	97.7	99.0	97.6
海口 Haikou	101.3	100.9	100.5	103.9	112.2	97.9	99.0	95.5
重庆 Chongqing	100.8	100.1	102.7	93.3	103.9	83.8	101.4	96.3
成都 Chengdu	102.3	104.5	103.1	103.1	103.3	96.8	104.9	103.0
贵阳 Guiyang	100.7	102.3	100.2	105.2	100.8	90.8	101.6	100.6
昆明 Kunming	102.0	102.7	102.7	120.4	104.4	96.9	98.8	96.4
拉萨 Lhasa	101.3	100.6	100.5	104.1	106.4	100.0	104.7	105.3
西安 Xi'an	100.3	100.7	100.1	105.2	102.1	97.5	100.3	99.9
兰州 Lanzhou	100.6	101.9	101.7	96.6	103.3	98.2	103.5	104.0
西宁 Xining	99.9	101.0	102.1	101.8	101.3	91.8	101.4	100.8
银川 Yinchuan	101.7	102.3	103.5	95.3	98.0	98.3	104.9	104.9
乌鲁木齐 Urumqi	99.5	98.9	100.4	106.0	102.7	90.0	96.6	91.9

4—7—7 续表 1　Continued 1

(上年=100)　　(preceding year=100)

地　区 Region	(2)禽 Poultry	(3)加工肉禽 Meat and Poultry Products	6. 蛋 Eggs	7. 水产品 Aquatic Products	(1)鱼 Fish	(2)其它水产品 Other Aquatic Products	8. 菜 Vegetables	9. 调味品 Flavoring
平均指数 Average	**107.4**	**104.9**	**104.4**	**106.8**	**105.7**	**107.7**	**108.6**	**101.2**
北　京 Beijing	107.7	106.1	104.7	104.7	102.0	107.7	110.8	100.5
天　津 Tianjin	112.0	102.9	103.5	95.7	95.8	97.1	112.1	101.7
石家庄 Shijiazhuang	103.2	103.7	101.5	110.1	104.7	116.9	103.3	103.0
太　原 Taiyuan	113.8	104.0	103.7	105.4	102.3	112.7	121.3	102.3
呼和浩特 Hohhot	109.3	102.3	106.7	94.4	93.0	100.0	109.4	101.6
沈　阳 Shenyang	102.6	102.2	101.8	99.2	99.7	98.7	109.5	99.7
大　连 Dalian	107.9	106.2	104.1	101.3	93.6	108.2	99.6	102.2
长　春 Changchun	98.5	110.3	102.7	106.1	107.6	103.5	105.1	97.4
哈尔滨 Harbin	114.6	103.0	100.7	103.5	105.3	100.9	100.9	101.0
上　海 Shanghai	111.4	105.5	105.8	114.2	110.2	116.7	103.3	102.1
南　京 Nanjing	116.2	101.3	105.8	110.6	115.1	103.8	109.0	101.1
杭　州 Hangzhou	109.8	103.8	107.1	104.4	101.2	106.6	112.6	101.1
宁　波 Ningbo	111.8	108.3	110.2	101.6	100.1	103.8	128.2	100.4
合　肥 Hefei	110.1	102.9	106.3	101.5	103.7	99.4	119.1	98.5
福　州 Fuzhou	110.7	107.4	102.7	110.9	109.2	112.2	115.5	100.9
厦　门 Xiamen	112.4	103.2	103.3	106.0	109.3	104.1	101.7	100.5
南　昌 Nanchang	111.4	103.2	107.3	105.6	104.7	107.7	116.6	100.7
济　南 Jinan	101.7	104.8	103.5	102.9	99.4	106.2	103.7	101.9
青　岛 Qingdao	97.9	108.5	110.5	94.0	103.5	88.4	99.7	116.8
郑　州 Zhengzhou	106.4	109.1	106.3	106.5	102.5	111.7	108.7	100.5
武　汉 Wuhan	113.7	107.0	102.8	105.8	103.9	111.9	119.7	103.6
长　沙 Changsha	110.1	103.1	108.7	105.3	106.8	102.7	129.2	107.8
广　州 Guangzhou	108.5	102.8	106.1	107.8	115.4	101.6	108.9	101.0
深　圳 Shenzhen	105.1	106.7	107.4	108.5	110.7	105.1	114.6	102.0
南　宁 Nanning	99.3	105.9	102.7	106.8	102.6	113.8	116.0	97.8
海　口 Haikou	104.5	102.2	107.2	102.7	102.4	103.3	104.4	100.5
重　庆 Chongqing	109.4	108.0	104.8	104.1	102.5	110.6	98.7	98.8
成　都 Chengdu	105.7	110.9	102.3	105.5	105.5	106.1	111.4	106.0
贵　阳 Guiyang	100.0	106.5	102.3	106.2	103.7	110.9	105.5	99.9
昆　明 Kunming	100.2	107.7	102.5	115.3	114.6	117.5	98.3	100.5
拉　萨 Lhasa	103.9	102.9	100.7	94.4	94.3	96.3	99.8	100.0
西　安 Xi'an	100.4	102.6	105.6	103.9	98.3	113.4	104.8	99.6
兰　州 Lanzhou	100.4	103.5	103.9	103.8	102.0	107.5	105.9	102.4
西　宁 Xining	100.4	105.0	104.5	102.6	104.2	99.3	104.3	97.0
银　川 Yinchuan	98.7	112.8	104.6	100.4	101.3	97.7	97.3	100.9
乌鲁木齐 Urumqi	102.4	108.1	99.2	106.2	102.4	116.5	98.8	97.0

(上年=100)　　　　(preceding year=100)

地　区 Region	10. 糖 Carbohydrate	11. 茶及饮料 Tea and Beverages	(1)茶叶 Tea	(2)饮料 Beverages	12. 干鲜瓜果 Dried and Fresh Melons and Fruits	13. 糕点饼干面包 Cake, Biscuit and Bread	14. 奶及奶制品 Milk and Its Products	15. 在外用膳食品 Outward Dinner
平均指数 Average	**102.3**	**99.6**	**100.1**	**99.4**	**103.4**	**101.0**	**100.9**	**103.5**
北　京 Beijing	102.0	100.0	100.9	99.6	109.5	101.9	103.5	105.4
天　津 Tianjin	103.0	101.0	103.5	99.9	109.6	105.3	100.3	104.1
石家庄 Shijiazhuang	106.0	99.1	96.1	100.2	113.4	99.3	98.7	102.8
太　原 Taiyuan	102.2	100.8	102.1	100.2	96.5	101.0	100.5	100.5
呼和浩特 Hohhot	101.8	97.1	100.0	96.1	99.8	101.9	98.9	104.8
沈　阳 Shenyang	101.1	101.4	99.8	102.0	99.0	102.0	102.6	99.1
大　连 Dalian	102.4	98.9	96.1	99.7	103.9	101.6	98.9	104.4
长　春 Changchun	100.9	100.5	100.0	100.6	104.0	100.0	98.2	100.0
哈尔滨 Harbin	101.6	99.7	99.0	99.9	103.1	100.3	100.0	99.8
上　海 Shanghai	103.2	99.3	101.3	99.0	99.4	98.1	100.8	104.5
南　京 Nanjing	102.6	101.1	101.5	100.9	96.9	99.2	101.1	101.5
杭　州 Hangzhou	101.4	99.0	96.7	99.7	95.0	100.8	99.2	103.7
宁　波 Ningbo	103.9	97.5	101.4	97.0	99.0	101.4	99.6	101.8
合　肥 Hefei	100.4	100.5	103.9	96.9	96.4	96.6	98.6	100.7
福　州 Fuzhou	99.5	98.2	100.0	96.3	109.2	96.1	94.3	104.2
厦　门 Xiamen	99.5	99.7	98.7	100.7	90.8	100.3	101.7	99.7
南　昌 Nanchang	107.4	100.4	98.7	101.5	99.2	100.4	107.3	101.6
济　南 Jinan	103.0	99.7	100.0	99.6	106.4	100.9	102.0	102.4
青　岛 Qingdao	99.2	100.8	100	101.1	113.8	98.1	98.9	100.9
郑　州 Zhengzhou	100.5	98.7	97.0	99.0	107.9	101.9	100.9	100.0
武　汉 Wuhan	101.6	100.0	96.5	101.5	114.0	101.3	101.7	103.7
长　沙 Changsha	100.8	101.7	99.0	102.2	94.7	91.6	110.6	102.9
广　州 Guangzhou	103.2	100.5	101.3	100.2	95.9	101.3	99.5	102.7
深　圳 Shenzhen	101.4	99.5	110.6	97.9	102.7	104.8	95.5	102.6
南　宁 Nanning	105.6	101.1	100.0	101.4	117.6	100.9	101.3	100.2
海　口 Haikou	107.5	101.4	102.6	100.8	97.5	101.8	99.5	100.0
重　庆 Chongqing	102.9	97.6	100.6	96.1	96.0	101.1	97.0	101.4
成　都 Chengdu	100.9	99.4	98.7	99.7	103.6	100.4	99.4	104.6
贵　阳 Guiyang	104.4	97.8	100.4	97.0	102.6	106.3	96.7	105.1
昆　明 Kunming	114.2	103.2	102.6	103.5	116.1	105.5	106.2	99.9
拉　萨 Lhasa	96.9	100.0	100.0	100.0	92.9	100.0	106.9	100.1
西　安 Xi'an	101.1	100.3	96.5	101.3	100.3	100.1	97.6	100.0
兰　州 Lanzhou	95.9	100.2	100.9	100.0	102.1	99.3	98.6	100.0
西　宁 Xining	99.9	97.3	111.1	92.3	96.0	104.0	100.1	100.5
银　川 Yinchuan	102.8	102.8	103.5	102.5	103.5	102.7	107.9	101.0
乌鲁木齐 Urumqi	102.0	92.2	99.2	90.3	101.7	96.2	98.6	100.5

4—7—7 续表 3 Continued 3

(上年=100) (preceding year=100)

地　区 Region	16.其它食品及加工服务费 Other Foods and Manufacturing Services	二、烟酒及用品 Tobacco, Liquor and Articles	1.烟草 Tobacco	2.酒 Liquor	3.吸烟、饮酒用品 Articles for Smoking and Drinking	三、衣着 Clothing	1.服装 Garments
平均指数 Average	**102.2**	**100.3**	**100.4**	**100.8**	**98.5**	**97.5**	**97.5**
北　京 Beijing	102.1	100.0	98.8	100.7	105.5	100.1	101.5
天　津 Tianjin	101.4	99.7	101.2	103.2	88.6	96.3	99.9
石家庄 Shijiazhuang	114.7	99.6	98.4	101.4	99.9	98.4	97.8
太　原 Taiyuan	103.7	100.4	102.0	96.0	99.9	96.2	95.4
呼和浩特 Hohhot	100.1	99.3	100.2	97.4	100.1	101.1	101.3
沈　阳 Shenyang	100.6	102.7	102.1	104.6	100.0	92.8	94.3
大　连 Dalian	100.6	101.8	100.8	103.5	99.7	101.9	102.1
长　春 Changchun	101.0	102.3	102.0	102.8	99.9	101.0	100.5
哈尔滨 Harbin	95.2	101.6	101.0	100.6	116.5	96.3	96.2
上　海 Shanghai	101.1	99.7	99.5	99.8	100.9	92.1	90.8
南　京 Nanjing	102.0	99.3	98.6	99.9	109.7	97.8	95.6
杭　州 Hangzhou	102.9	100.2	100.0	100.8	100.0	98.4	98.6
宁　波 Ningbo	98.8	98.8	97.9	101.0	100.0	104.0	101.8
合　肥 Hefei	96.0	99.3	99.8	98.3	99.3	101.1	102.4
福　州 Fuzhou	100.3	99.0	99.1	98.9	100.0	95.5	94.5
厦　门 Xiamen	99.6	99.1	100.2	97.3	97.5	95.9	95.8
南　昌 Nanchang	102.9	98.7	95.6	103.5	100.0	96.6	99.6
济　南 Jinan	101.1	101.2	101.8	100.9	100.7	100.3	101.2
青　岛 Qingdao	104.0	99.8	101.7	99.2	95.2	108.3	109.4
郑　州 Zhengzhou	100.5	100.9	101.8	100.6	97.6	100.1	100.1
武　汉 Wuhan	104.5	101.8	102.1	101.7	99.6	100.5	100.8
长　沙 Changsha	99.7	99.9	101.8	96.8	99.9	96.2	97.7
广　州 Guangzhou	104.1	102.4	101.8	103.8	100.8	91.9	89.6
深　圳 Shenzhen	105.1	99.6	102.5	99.4	91.2	103.2	103.3
南　宁 Nanning	99.7	100.5	100.4	100.8	100.0	94.0	92.2
海　口 Haikou	103.6	101.7	102.8	100.9	101.3	96.6	95.2
重　庆 Chongqing	99.1	101.2	101.8	99.8	100.3	92.1	94
成　都 Chengdu	100.2	100.8	101.3	100.5	99.0	91.0	90.3
贵　阳 Guiyang	101.0	99.9	99.7	100.3	100.0	99.3	99.4
昆　明 Kunming	107.7	103.1	102.8	105.6	100.0	99.0	99.0
拉　萨 Lhasa	100.0	102.5	100.1	106.2	100.3	100.3	100.6
西　安 Xi'an	100.2	99.4	99.9	98.8	98.5	101.0	101.2
兰　州 Lanzhou	102.1	96.7	96.2	96.0	99.0	91.0	92.9
西　宁 Xining	105.6	99.7	99.1	100.7	98.9	95.4	93.9
银　川 Yinchuan	104.0	99.2	97.5	102.5	107.5	106.3	107.9
乌鲁木齐 Urumqi	98.9	98.3	99.0	97.1	100.2	95.9	95.3

4—7—7 续表 4　Continued 4

(上年=100)　　(preceding year=100)

地　区 Region	(1)男式服装 Men's Clothing	(2)女式服装 Women's Clothing	(3)儿童服装 Children's Clothing	2. 衣着材料 Clothing Material	3. 鞋袜帽 Footgear and Hats	(1)鞋 Shoes	(2)袜子 Socks	(3)帽子 Hats
平均指数 Average	**96.8**	**98.3**	**95.1**	**100.6**	**96.9**	**96.5**	**99.5**	**103.8**
北　京 Beijing	99.0	103.4	102.7	99.5	96.5	96.6	95.0	97.2
天　津 Tianjin	102.3	98.8	87.7	100.0	85.2	83.3	100.0	100.0
石家庄 Shijiazhuang	98.5	97.8	94.7	102.6	98.6	98.3	101.5	101.3
太　原 Taiyuan	97.1	95.6	88.9	97.0	98.2	95.3	100.0	139.4
呼和浩特 Hohhot	101.3	103.0	90.9	99.1	100.8	100.9	100.0	99.3
沈　阳 Shenyang	96.0	93.1	94.1	99.8	88.2	87.3	100.8	100.8
大　连 Dalian	103.3	101.6	98.3	102.5	101.3	101.8	92.6	99.1
长　春 Changchun	100.7	100.6	99.9	100.0	102.1	102.3	100.0	100.1
哈尔滨 Harbin	95.1	95.8	99.9	104.9	96.1	95.9	104.8	100.9
上　海 Shanghai	92.0	91.5	76.0	105.1	94.5	94.4	97.7	92.8
南　京 Nanjing	92.5	98.5	98.8	98.3	103.2	102.9	101.5	110.0
杭　州 Hangzhou	99.2	98.7	95.0	100.0	96.6	96.3	100.0	100.0
宁　波 Ningbo	102.2	101.2	103.5	102.1	110.8	112.2	99.0	91.2
合　肥 Hefei	100.4	104.6	98.8	99.6	97.1	96.7	101.0	102.8
福　州 Fuzhou	93.6	95.3	94.5	100.0	98.2	98.1	99.1	100.0
厦　门 Xiamen	92.8	99.1	91.1	100.0	95.8	95.4	100.5	97.3
南　昌 Nanchang	93.2	101.2	113.1	99.7	86.9	86.3	99.2	64.8
济　南 Jinan	99.7	101.9	105.4	100.9	98.0	97.8	99.8	99.5
青　岛 Qingdao	104.3	114.4	94.9	102.7	105.4	106.2	97.3	100.2
郑　州 Zhengzhou	100.2	100.1	100.0	100.0	100.0	100.0	100.0	100.0
武　汉 Wuhan	101.0	100.6	101.1	99.2	99.5	99.5	100.0	99.1
长　沙 Changsha	98.8	97.3	95.6	104.2	91.0	89.6	102.2	93.2
广　州 Guangzhou	89.1	90.4	86.2	101.1	97.5	97.2	100.0	100.0
深　圳 Shenzhen	102.0	106.5	96.5	102.1	103.4	103.9	99.2	112.9
南　宁 Nanning	87.6	96.0	94.7	101.8	97.2	96.9	100.0	100.0
海　口 Haikou	91.4	99.7	91.7	99.8	100.2	100.2	100.0	100.0
重　庆 Chongqing	91.5	95.3	94.8	96.3	86.1	84.4	105.4	97.3
成　都 Chengdu	85.5	92.2	98.2	100.8	91.3	90.7	97.5	100.0
贵　阳 Guiyang	94.3	103.4	98.2	100.6	99.4	98.9	103.0	100.0
昆　明 Kunming	99.7	98.8	98.2	99.3	98.8	98.6	100.0	98.7
拉　萨 Lhasa	100.6	100.4	101.7	99.5	100.0	100.0	100.0	100.0
西　安 Xi'an	100.8	101.6	99.6	97.9	100.8	101.0	98.8	100.7
兰　州 Lanzhou	92.2	92.7	98.7	97.7	84.2	82.7	100.0	100.0
西　宁 Xining	92.0	95.2	94.6	98.8	98.4	98.1	99.2	99.9
银　川 Yinchuan	105.6	109.4	107.7	101.4	102.2	102.5	100.0	98.1
乌鲁木齐 Urumqi	99.3	91.2	100.5	100.2	96.3	95.9	100.0	99.1

4—7—7 续表 5 Continued 5

(上年=100) (preceding year=100)

地　区 Region		4. 衣着加工服务费 Clothing Manufacturing Services	四、家庭设备用品及服务 Household Facilities, Articles and Services	1. 耐用消费品 Durable Consumer Goods	(1)家具 Furniture	(2)家庭设备 Household Facilities	2. 室内装饰品 Interior Decorations	3. 床上用品 Bed Articles
平均指数	**Average**	**101.0**	**100.1**	**98.9**	**99.0**	**98.9**	**98.7**	**98.6**
北　京	Beijing	100.8	99.7	99.7	99.3	100.2	98.2	97.6
天　津	Tianjin	99.7	99.1	97.6	97.2	98.0	95.9	103.2
石家庄	Shijiazhuang	100.0	98.4	99.9	101.8	99.1	98.3	99.1
太　原	Taiyuan	100.0	100.0	99.2	95.3	100.2	96.5	98.7
呼和浩特	Hohhot	100.0	102.8	100.1	100.0	100.1	98.3	101.7
沈　阳	Shenyang	99.8	101.3	102.0	100.4	102.9	94.0	102.3
大　连	Dalian	100.0	101.9	99.5	101.9	98.1	91.3	100.8
长　春	Changchun	100.0	100.7	101.2	100.0	101.9	100.0	99.6
哈尔滨	Harbin	100.5	98.7	94.4	88.6	96.7	100.1	97.8
上　海	Shanghai	103.4	100.8	98.6	100.2	97.4	99.3	96.9
南　京	Nanjing	109.9	100.6	100.8	99.2	101.2	101.4	96.7
杭　州	Hangzhou	99.4	101.9	99.9	100.4	99.8	100.5	100.7
宁　波	Ningbo	112.9	99.8	99.4	100.2	99.1	98.1	100.4
合　肥	Hefei	100.5	98.5	98.3	99.3	97.9	100.1	98.5
福　州	Fuzhou	100.0	99.6	98.8	99.7	98.3	97.9	95.5
厦　门	Xiamen	101.5	97.4	94.3	98.0	92.7	101.2	99.5
南　昌	Nanchang	98.2	100.8	98.5	84.5	102.5	102.6	88.7
济　南	Jinan	100.0	101.1	100.4	98.6	101.3	100.9	99.8
青　岛	Qingdao	105.4	99.3	97.9	100.1	96.6	100.8	93.3
郑　州	Zhengzhou	100.8	99.6	98.8	100.0	97.9	100.1	100.2
武　汉	Wuhan	100.0	97.4	95.9	96.1	95.8	98.7	95.2
长　沙	Changsha	100.0	100.9	99.6	97.4	100.4	98.1	92.6
广　州	Guangzhou	101.7	101.7	99.7	100.1	99.5	100.6	97.4
深　圳	Shenzhen	99.4	100.6	97.3	96.7	97.5	102.9	101.0
南　宁	Nanning	100.0	101.2	103.0	100.5	104.8	96.9	103.0
海　口	Haikou	99.0	101.3	100.2	100.8	99.7	100.1	96.0
重　庆	Chongqing	101.0	100.1	99.1	102.0	98.1	100.3	99.1
成　都	Chengdu	100.0	98.0	95.9	99.7	94.0	100.9	91.3
贵　阳	Guiyang	101.6	99.9	101.0	100.0	101.3	92.0	100.5
昆　明	Kunming	99.7	101.6	98.4	100.0	97.3	110.1	99.0
拉　萨	Lhasa	100.0	99.7	99.4	99.2	99.5	100.0	100.0
西　安	Xi'an	103.0	100.1	99.6	100.1	99.2	98.6	105.3
兰　州	Lanzhou	98.6	98.7	98.9	98.7	99.2	100.0	99.5
西　宁	Xining	107.4	99.9	96.6	99.3	94.8	99.2	105.4
银　川	Yinchuan	100.8	97.9	94.9	94.7	95.0	94.6	99.9
乌鲁木齐	Urumqi	100.0	98.7	98.8	100.4	97.7	98.5	100.0

4—7—7 续表 6 Continued 6

(上年=100) (preceding year=100)

地　区	Region	4.家庭日用杂品 Daily Use Household Articles	5.家庭服务及加工维修服务费 Household Service and Manufacturing Upkeep	五、医疗保健和个人用品 Health Care and Personal Articles	1.医疗保健 Health Care	(1)医疗器具及用品 Medical Instrument and Articles	(2)中药材及中成药 Traditional Chinese Medicine	(3)西药 Western Medicine
平均指数	**Average**	**100.9**	**106.0**	**99.6**	**99.2**	**99**	**96.9**	**98.0**
北　京	Beijing	99.6	102.5	98.0	96.8	99.4	91.1	97.2
天　津	Tianjin	100.4	107.2	97.6	97.6	98.4	95.3	96.2
石家庄	Shijiazhuang	98.4	90.3	99.7	100.0	100.0	98.5	101.0
太　原	Taiyuan	100.7	107.8	101.6	101.9	98.4	97.6	99.8
呼和浩特	Hohhot	100.0	118.8	103.9	104.9	101.1	105.4	98.8
沈　阳	Shenyang	101.8	100.9	100.1	100.0	99.3	100.4	100.8
大　连	Dalian	102.3	140.9	99.0	97.8	99.8	95.5	93.5
长　春	Changchun	100.4	100.0	99.5	99.0	100.0	96.9	99.1
哈尔滨	Harbin	99.8	103.7	98.9	99.1	98.1	97.7	98.7
上　海	Shanghai	103.4	109.8	100.3	100.4	99.4	99.2	95.6
南　京	Nanjing	99.5	106.4	100.3	99.2	99.6	99.6	97.8
杭　州	Hangzhou	103.9	108.7	102.2	102.4	99.0	98.4	99.8
宁　波	Ningbo	97.8	104.2	102.6	103.7	99.9	102.2	95.3
合　肥	Hefei	98.5	100.2	99.5	97.9	94.2	90.5	100.9
福　州	Fuzhou	100.0	107.1	99.2	98.5	94.1	91.4	100.4
厦　门	Xiamen	101.7	100.3	100.2	100.8	96.1	101.2	100.4
南　昌	Nanchang	103.3	116.7	97.6	95.5	93.6	84.9	95.0
济　南	Jinan	101.5	107.3	100.5	100.4	106.0.0	94.9	103.2
青　岛	Qingdao	100.8	108.1	99.4	100.2	105.0	100.1	100.0
郑　州	Zhengzhou	100.6	101.8	96.8	95.9	93.1	95.1	93.9
武　汉	Wuhan	99.8	100.7	97.0	96.3	96.0	93.8	97.6
长　沙	Changsha	101.5	110.4	98.5	97.4	97.5	96.1	95.8
广　州	Guangzhou	101.0	111.1	100.0	100.5	99.9	98.9	101.2
深　圳	Shenzhen	105.8	106.0	99.4	100.9	101.1	99.4	102.3
南　宁	Nanning	98.1	100.2	99.3	99.1	100.1	96.3	96.7
海　口	Haikou	101.9	103.9	100.3	99.1	97.9	94.7	99.3
重　庆	Chongqing	100.3	104.6	102.5	104.0	98.7	102.6	101.5
成　都	Chengdu	100.2	103.1	101.1	101.2	100.7	99.5	102.2
贵　阳	Guiyang	99.2	100.0	99.8	99.8	94.9	104.4	96.2
昆　明	Kunming	99.4	122.4	103.7	104.5	89.0	103.4	95.6
拉　萨	Lhasa	100.0	100.0	100.4	100.1	100.0	100.1	99.4
西　安	Xi'an	100.0	100.0	98.9	98.9	98.1	99.7	97.8
兰　州	Lanzhou	98.6	95.5	104.6	105.0	96.3	94.8	99.5
西　宁	Xining	103.1	103.6	103.8	99.0	101.0	97.9	96.3
银　川	Yinchuan	101.7	100.5	98.1	96.6	99.9	94.6	96.0
乌鲁木齐	Urumqi	97.9	99.8	101.5	102.4	100.5	100.0	99.0

4—7—7 续表 7　Continued 7

(上年=100)　　　(preceding year=100)

地　区 Region	(4)保健器具及用品 Health Care Appliances and Articles	(5)医疗保健服务费 Health Care Services	2. 个人用品及服务 Personal Articles and Services	(1)化妆美容用品 Cosmetics	(2)卫生用品 Sanitation Articles	(3)个人饰品 Personal Decorations	(4)个人服务 Personal Services	六、交通和通信 Transportation and Communication
平均指数 Average	**99.8**	**102.9**	**100.7**	**99.3**	**99.5**	**102.1**	**101.4**	**97.9**
北　京 Beijing	98.0	100.0	102.4	105.4	100.8	102.0	102.6	97.5
天　津 Tianjin	98.6	100.9	97.4	99.0	100.2	98.0	94.8	98.6
石家庄 Shijiazhuang	100.2	100.0	99.0	100.0	96.9	103.1	97.4	98.3
太　原 Taiyuan	98.1	108.0	101.0	100.2	99.5	104.4	101.3	96.3
呼和浩特 Hohhot	100.5	118.0	101.4	101.2	99.5	103.2	102.9	100.2
沈　阳 Shenyang	98.9	98.9	100.4	99.8	100.8	104.8	98.4	98.8
大　连 Dalian	96.0	102.8	101.4	100.1	100.8	106.6	100.6	97.7
长　春 Changchun	100.1	100.0	101.0	99.2	97.6	100.0	104.7	96.0
哈尔滨 Harbin	100.4	102.3	98.2	100.3	95.8	101.3	95.2	99.2
上　海 Shanghai	100.0	106.5	100.2	96.8	98.0	102.8	99.9	97.5
南　京 Nanjing	100.4	100.1	102.8	98.9	98.4	102.4	108.0	97.4
杭　州 Hangzhou	104.9	107.4	101.7	97.8	101.6	105.2	100.7	97.2
宁　波 Ningbo	104.2	113.2	100.0	99.8	97.3	102.9	98.4	98.6
合　肥 Hefei	98.3	100.0	103.9	99.5	95.8	101.6	108.7	98.6
福　州 Fuzhou	100.4	102.2	101.2	101.7	99.9	102.5	100.0	97.5
厦　门 Xiamen	102.0	100.8	99.2	99.5	98.1	99.0	100.0	97.7
南　昌 Nanchang	98.0	118.8	101.6	101.3	101.1	103.4	100.0	97.9
济　南 Jinan	106.4	100.0	100.7	99.9	99.4	103.6	100.0	99.0
青　岛 Qingdao	101.1	100.0	97.1	88.3	99.1	100.4	99.0	98.1
郑　州 Zhengzhou	99.8	101.1	100.3	99.9	99.7	101.8	99.4	99.8
武　汉 Wuhan	96.2	95.5	98.7	101.4	97.1	98.6	98.9	99.6
长　沙 Changsha	96.8	101.1	102.0	99.7	99.6	101.2	106.9	97.0
广　州 Guangzhou	102.9	99.6	99.4	97.6	101.1	98.1	99.8	98.8
深　圳 Shenzhen	101.3	100.0	97.6	92.3	97.1	101.2	99.4	98.1
南　宁 Nanning	100.4	106.2	100.0	99.7	99.7	100.9	100.0	97.0
海　口 Haikou	97.4	103.2	104.0	100.0	101.0	102.7	114.0	99.9
重　庆 Chongqing	108.8	107.2	98.1	97.5	100.8	101.1	93.4	99.9
成　都 Chengdu	97.3	103.1	100.8	99.7	100.0	104.2	100.0	98.5
贵　阳 Guiyang	98.3	100.0	99.9	98.6	100.5	100.6	100.0	98.2
昆　明 Kunming	101.0	133.8	101.1	98.8	101.4	105.8	100.0	98.9
拉　萨 Lhasa	100.0	101.1	101.0	100.0	100.0	103.7	100.0	101.6
西　安 Xi'an	98.6	99.5	99.3	100.0	98.3	99.0	100.0	96.6
兰　州 Lanzhou	104.1	139.6	104.0	99.0	98.4	103.1	122.2	97.5
西　宁 Xining	101.4	102.6	113.8	97.7	99.0	102.1	133.2	83.4
银　川 Yinchuan	100.8	100.0	101.4	99.2	100.2	105.4	103.0	98.8
乌鲁木齐 Urumqi	100.6	115.5	99.6	99.2	96.4	101.0	101.7	99.1

4—7—7 续表 8　Continued 8

(上年=100)　　(preceding year=100)

地　区 Region		1. 交通 Transportation	(1)交通工具 Transportation Facility	(2)车用燃料及零配件 Fuels and Parts	(3)车辆使用及维修费 Using and Upkeep Fare	(4)市区公共交通费 Incity Traffic Fare	(5)城市间交通费 Intercity Traffic Fare	2. 通信 Communication	(1)通信工具 Communication Facility
平均指数	**Average**	**100.5**	**95.2**	**111.5**	**102.8**	**102.0**	**101.3**	**95.6**	**75.1**
北　京	Beijing	99.1	95.7	112.6	102.2	100.0	102.3	95.6	75.6
天　津	Tianjin	104.1	99.3	108.6	101.3	111.8	98.2	94.8	70.5
石家庄	Shijiazhuang	100.9	99.9	106.9	103.8	100.4	98.8	96.1	83.3
太　原	Taiyuan	100.3	97.8	109.8	101.3	100.0	101.5	94.5	63.2
呼和浩特	Hohhot	102.0	95.4	109.8	102.4	100.0	112.1	98.9	94.7
沈　阳	Shenyang	103.1	98.5	105.8	112.6	103.8	100.9	97.1	67.9
大　连	Dalian	101.7	95.1	108.5	100.6	102.1	101.3	94.5	68.9
长　春	Changchun	99.8	99.9	112.4	92.7	100.0	99.3	91.9	81.4
哈尔滨	Harbin	101.3	102.5	112.8	102.5	100.0	99.6	98.1	83.1
上　海	Shanghai	99.9	92.9	113.0	102.5	102.0	100.1	94.9	66.1
南　京	Nanjing	100.7	98.1	112.0	97.6	104.7	98.3	94.5	67.5
杭　州	Hangzhou	100.4	95.3	109.7	106.4	102.4	99.2	94.1	72.6
宁　波	Ningbo	100.6	92.9	112.0	103.7	107.0	102.2	96.6	78.4
合　肥	Hefei	102.5	102.7	111.1	103.2	102.1	100.9	95.7	66.0
福　州	Fuzhou	98.8	92.1	111.2	103.5	94.1	101.7	97.0	81.4
厦　门	Xiamen	103.2	97.4	113.8	105.0	100.0	104.4	94.6	61.2
南　昌	Nanchang	100.8	97.9	110.4	100.2	100.0	102.2	96.3	73.4
济　南	Jinan	101.7	97.0	111.1	103.0	101.0	103.5	95.3	76.5
青　岛	Qingdao	100.5	85.1	111.7	99.9	100.7	103.4	95.8	74.7
郑　州	Zhengzhou	102.5	97.8	108.8	104.4	103.4	102.2	98.1	85.0
武　汉	Wuhan	102.5	97.7	103.7	115.4	102.4	100.6	97.6	84.5
长　沙	Changsha	99.1	97.8	109.3	101.8	100.9	97.9	95.4	75.6
广　州	Guangzhou	100.4	99.0	111.8	94.5	100.6	102.7	97.3	86.7
深　圳	Shenzhen	99.5	89.3	112.8	112.5	100.0	101.7	96.6	82.1
南　宁	Nanning	100.8	92.2	111.2	106.9	101.0	100.7	92.8	70.8
海　口	Haikou	104.7	97.3	109.9	101.3	100.0	115.8	96.4	87.4
重　庆	Chongqing	102.3	100.0	112.6	100.6	100.0	103.9	98.1	78.9
成　都	Chengdu	99.9	96.1	109.9	100.0	100.0	100.8	97.2	85.7
贵　阳	Guiyang	100.9	99.0	114.3	108.6	100.0	102.2	96.2	77.2
昆　明	Kunming	101.1	94.6	114.0	107.9	100.0	100.5	96.9	78.8
拉　萨	Lhasa	102.4	99.9	102.6	100.4	100.0	108.7	100.5	98.9
西　安	Xi'an	102.4	98.1	109.0	100.4	102.8	102.9	93.4	66.9
兰　州	Lanzhou	100.8	100.3	102.6	97.5	100.0	103.1	94.5	81.3
西　宁	Xining	99.8	95.3	108.3	97.3	100.0	100.8	73.5	63.9
银　川	Yinchuan	101.1	90.9	109.2	100.4	100.6	106.2	97.4	86.8
乌鲁木齐	Urumqi	100.1	96.4	111.7	98.5	100.0	97.7	98.4	87.1

(上年=100) (preceding year=100)

地区 Region	(2)通信服务 Communication Service	七、娱乐教育文化用品及服务 Recreation, Education and Culture Articles	1. 文娱用耐用消费品及服务 Durable Consumer Goods for Cultural and Recreational Use and Services	2. 教育 Education	(1)教材及参考书 Teaching Materials and Reference Books	(2)学杂托幼费 Tuition and Child Care	3. 文化娱乐用品 Cultural and Recreational Articles
平均指数 Average	**99.7**	**100.4**	**91.0**	**103.3**	**100.1**	**103.6**	**101.6**
北京 Beijing	100.0	99.7	94.9	100.0	100.8	99.9	101.5
天津 Tianjin	100.0	100.0	95.1	100.5	100.9	100.5	103.5
石家庄 Shijiazhuang	100.0	102.5	92.3	106.4	100.0	106.9	101.2
太原 Taiyuan	100.0	101.9	96.7	103.9	101.7	104.1	101.0
呼和浩特 Hohhot	100.0	98.6	88.3	100.0	100.9	100.0	100.4
沈阳 Shenyang	100.0	103.2	90.5	107.1	100.0	107.9	99.7
大连 Dalian	100.0	106.7	87.3	114.6	102.8	115.7	99.0
长春 Changchun	93.9	103.6	88.9	109.2	106.2	109.9	99.8
哈尔滨 Harbin	100.0	101.6	84.6	104.2	100.5	104.7	102.0
上海 Shanghai	100.0	98.3	85.8	99.5	94.8	100.2	102.6
南京 Nanjing	100.0	105.7	85.5	109.1	98.3	109.4	102.2
杭州 Hangzhou	100.0	99.8	93.2	101.0	100.0	101.1	102.3
宁波 Ningbo	100.0	98.9	95.5	100.1	100.9	100.0	101.0
合肥 Hefei	100.0	96.0	78.9	101.9	113.3	101.1	98.9
福州 Fuzhou	100.0	103.5	98.4	109.5	101.4	110.8	101.9
厦门 Xiamen	100.0	103.5	94.1	108.6	100.7	110.5	103.0
南昌 Nanchang	100.0	98.3	92.0	100.0	100.4	100.0	101.3
济南 Jinan	100.0	99.1	90.7	102.1	102.4	102.1	100.8
青岛 Qingdao	100.0	100.4	96.4	102.4	108.8	101.9	101.0
郑州 Zhengzhou	100.1	105.3	95.6	110.7	100.9	111.8	102.5
武汉 Wuhan	100.0	101.4	91.3	103.4	98.1	103.6	100.1
长沙 Changsha	100.0	103.5	95.8	106.0	102.0	106.2	103.8
广州 Guangzhou	100.0	99.4	88.1	100.1	101.3	100.0	101.3
深圳 Shenzhen	100.0	98.2	92.8	100.1	101.1	100.0	99.3
南宁 Nanning	99.8	97.3	89.3	99.4	100.1	99.4	100.8
海口 Haikou	100.0	102.8	94.6	106.5	94.5	106.7	99.6
重庆 Chongqing	100.0	104.1	90.4	112.2	98.4	113.3	100.7
成都 Chengdu	100.0	107.8	90.6	117.8	100.9	119.2	102.6
贵阳 Guiyang	100.0	98.6	90.2	102.2	99.7	102.4	100.5
昆明 Kunming	100.0	100.6	83.7	119.0	99.8	120.0	99.1
拉萨 Lhasa	100.8	100.9	98.8	102.8	100.0	103.9	100.0
西安 Xi'an	99.0	98.3	91.7	99.9	99.1	100.0	100.9
兰州 Lanzhou	97.5	101.3	93.3	111.3	104.6	112.0	100.1
西宁 Xining	74.8	100.8	92.6	104.7	99.5	105.1	101.0
银川 Yinchuan	100.0	98.7	80.2	101.0	100.5	101.1	104.5
乌鲁木齐 Urumqi	100.0	95.5	90.3	99.8	97.1	100.0	98.1

4—7—7 续表 10 Continued 10

(上年=100) (preceding year=100)

地区 Region	(1)文化娱乐 Cultural Articles	(2)书报杂志 Newspapers and Magazines	(3)文娱费 Expenditure of Culture and Recreation	4. 旅游及外出 Touring and Outgoing	八、居住 Residence	1. 建房及装修材料 Building and Building Decoration Materials	2. 租房 Rent	3. 自有住房 Private Housing	4. 水电燃料 Water, Electricity and Fuel
平均指数 Average	**100.2**	**100.8**	**103.2**	**100.4**	**104.6**	**102.4**	**101.1**	**106.3**	**106.1**
北京 Beijing	99.9	100.2	101.8	101.8	105.9	103.2	100.0	107.2	108.6
天津 Tianjin	101.6	100.0	107.8	100.8	106.7	102.1	102.1	103.6	112.5
石家庄 Shijiazhuang	100.0	100.0	103.6	106.3	103.3	100.1	100.0	105.7	105.9
太原 Taiyuan	99.8	100.0	103.8	104.0	102.4	104.0	100.0	104.4	101.1
呼和浩特 Hohhot	100.0	100.0	102.9	101.5	105.1	100.0	100.5	105.9	108.9
沈阳 Shenyang	100.1	100.0	99.1	96.5	103.8	102.9	100.0	106.5	104.2
大连 Dalian	103.9	100.0	95.6	98.4	102.9	104.2	100.0	105.8	102.6
长春 Changchun	99.8	100.0	99.8	98.5	105.3	101.8	100.0	107.0	107.6
哈尔滨 Harbin	102.9	100.0	102.5	96.5	104.6	102.7	100.0	113.0	104.0
上海 Shanghai	100.8	101.1	104.1	107.0	102.9	103.9	100.0	106.9	101.0
南京 Nanjing	100.4	104.3	102.5	104.4	104.7	102.9	103.7	107.0	105.2
杭州 Hangzhou	99.9	100.0	105.5	100.2	105.3	105.4	110.6	105.4	103.5
宁波 Ningbo	101.2	100.0	101.4	95.5	102.7	103.9	101.1	101.9	102.6
合肥 Hefei	97.5	100.0	99.7	81.9	106.5	99.6	100.0	105.3	108.5
福州 Fuzhou	100.6	100.3	105.6	95.5	104.8	97.2	100.0	106.1	109.4
厦门 Xiamen	98.7	100.0	108.6	101.0	105.6	104.8	100.0	104.2	107.9
南昌 Nanchang	99.7	100.7	102.6	96.2	104.7	101.1	100.0	105.3	107.2
济南 Jinan	99.3	100.0	103.6	96.7	103.6	100.5	100.0	103.5	105.2
青岛 Qingdao	100.4	100.2	103.0	96.5	107.7	104.4	100.0	108.9	110.0
郑州 Zhengzhou	101.0	100.0	106.2	100.9	107.1	100.6	99.1	107.5	112.0
武汉 Wuhan	99.4	99.8	100.6	104.4	105.1	105.4	100.0	109.1	103.9
长沙 Changsha	98.9	100.8	108.7	96.9	105.6	103.5	100.0	103.0	108.7
广州 Guangzhou	97.3	103.2	103.4	103.6	102.7	101.2	100.0	104.3	103.9
深圳 Shenzhen	99.2	100.0	98.7	98.3	103.6	102.3	99.6	106.0	106.0
南宁 Nanning	100.2	101.9	100.1	98.2	105.8	102.0	100.0	105.5	108.8
海口 Haikou	99.1	98.6	100.5	111.4	105.3	105.5	100.0	102.7	107.2
重庆 Chongqing	100.6	100.0	101.3	90.5	103.0	101.2	100.0	106.1	103.6
成都 Chengdu	100.8	100.0	106.1	97.3	102.8	99.6	100.0	104.0	105.3
贵阳 Guiyang	98.5	101.6	101.4	82.7	105.8	104.3	100.0	116.7	106.8
昆明 Kunming	101.1	100.2	96.3	94.9	104.6	103.0	100.0	101.0	106.9
拉萨 Lhasa	100.0	100.0	100.0	100.0	105.4	100.0	100.0	100.0	114.4
西安 Xi'an	96.7	100.0	105.1	100.9	105.6	99.4	116.8	109.5	105.3
兰州 Lanzhou	99.5	100.0	100.7	93.0	103.9	102.1	100.0	107.6	106.5
西宁 Xining	101.8	100.0	100.7	99.0	106.4	109.7	100.0	106.9	103.7
银川 Yinchuan	99.6	100.0	109.5	111.0	108.1	104.5	110.4	114.7	109.9
乌鲁木齐 Urumqi	97.0	100.0	98.0	86.5	110.3	107.2	142.6	103.3	109.8

4-8-1 全国商品零售价格分类指数(1978～2005年)

Retail Price Indices by Category(1978～2005)

(上年=100) (preceding year=100)

年份 Year	总指数* Retail Price Index	食品 Food	粮食 Grain	油脂 Oil or Fat	肉禽及其制品 Meat, Poultry and Their Products	蛋 Eggs	水产品 Aquatic Products	菜 Vegetables	调味品 Flavoring	食糖 Sugar	糖果 Candy
1978	100.7	101.5	101.3					105.0			
1979	102.0	105.5	103.7					107.8			
1980	106.0	110.5	103.5					110.9			
1981	102.4	103.7	103.9					110.6			
1982	101.9	102.8	100.2					101.8			
1983	101.5	102.4	99.9					112.7			
1984	102.8	102.6	99.8	102.6	105.0		111.1	107.5			
1985	108.8	114.4	110.9	112.3	122.0		134.3	134.5			
1986	106.0	107.4	109.3	111.0	110.1		111.7	103.3			
1987	107.3	110.1	106.2	107.7	116.5		117.0	117.7			
1988	118.5	123.0	114.1	117.1	136.8		131.1	131.7			
1989	117.8	116.2	121.3	121.5	114.3		116.3	102.1			
1990	102.1	100.3	95.2	101.6	97.9		99.3	99.6			
1991	102.9	103.3	108.6	109.9	97.7		101.5	106.1			
1992	105.4	107.7	124.3	105.9	104.8		105.4	109.6			
1993	113.2	114.3	127.7	116.2	114.0		116.3	115.7			
1994	121.7	135.2	148.7	161.4	137.2		120.7	138.2	118.3	138.5	127.1
1995	114.8	124.7	134.4	116.3	124.2		114.2	129.3	117.3	130.5	122.5
1996	106.1	107.7	107.5	92.1	106.4		105.6	118.4	114.3	95.8	109.5
1997	100.8	99.8	92.1	101.6	101.3		101.2	99.5	102.9	98.0	102.9
1998	97.4	96.8	96.9	100.7	92.6		94.2	100.3	99.3	92.8	99.7
1999	97.0	95.8	96.4	94.4	91.1		93.6	100.4	99.9	84.8	98.1
2000	98.5	97.5	90.1	86.2	96.1		102.7	105.3	101.2	108.6	99.2
2001	99.2	100.6	101.5	89.3	102.9		96.3	103.3	100.8	115.8	100.6
2002	98.7	99.9	98.6	100.1	100.4	96.2	100.8	99.6	101.2	88.8	102.5
2003	99.9	103.4	102.2	112.5	103.0	98.5	100.3	116.3	100.3	91.1	103.1
2004	102.8	109.9	126.5	116.8	117.1	119.8	112.5	95.2	101.8	104.1	101.1
2005	100.8	103.1	101.4	94.7	103.0	104.7	105.8	108.1	101.4	106.9	102.6

* 自2003年起，商品零售价格指数开始编制定基价格指数。

4－8－1 续表 1

（上年＝100） (preceding year＝100)

年份 Year	干鲜瓜果 Dried and Fresh Melons and Fruits	糕点 Cake	奶及奶制品 Milk and Its Products	在外用膳食品 Outward Dinner Food	主食 Staple Food	炒菜 Fried Dishes	地方小吃 Local Snack	其它食品 Other Foods	饮料、烟酒 Beverages, Tobacco and Liquor	茶及饮料 Tea and Beverages
1978								102.7	100.1	
1979								103.5	100.7	
1980								106.4	100.5	
1981								102.5	103.3	
1982								101.2	116.4	
1983								105.2	98.7	
1984								104.0	99.9	
1985								115.0	100.7	
1986								106.7	101.2	
1987								109.7	103.2	
1988								120.2	113.0	
1989								121.9	110.7	
1990								102.5	100.9	
1991								103.9	100.8	
1992								103.6	104.6	
1993								109.5	105.8	
1994		127.0	133.3	128.2	133.8	124.8	130.8	126.5	111.3	113.8
1995		124.8	126.3	123.5	128.7	120.5	126.3	123.2	107.8	111.3
1996		110.2	110.3	108.6	110.7	107.1	110.5	108.8	105.1	106.2
1997		103.9	104.8	104.7	104.5	104.7	105.2	103.0	101.2	102.1
1998		100.7	100.0	101.1	101.1	100.7	102.5	99.2	98.8	99.1
1999	99.4	100.7	99.1	99.6	100.3	98.9	100.9	97.8	97.3	98.4
2000	95.7	99.5	100.0	99.8	99.0	99.7	101.3	100.9	98.0	98.5
2001	100.1	99.2	99.9	100.4	99.9	100.4	101.1	101.8	99.5	98.9
2002	100.8	99.3	99.4	100	100.1	99.7	101.1	101.2	99.9	99.5
2003	102.2	99.8	99.7	100	100.7	99.7	100.3	99.2	99.9	99.3
2004	104.1	101.5	100.4	103.8	106.8	102.3	104.9	100.8	101.0	99.8
2005	101.7	100.8	100.9	102.8	102.2	103.2	102.0	101.2	100.5	100.2

4—8—1 续表 2

(上年=100) (preceding year=100)

年份 Year	烟草 Tobacco	酒 Liquor	服装、鞋帽 Garments, Shoes and Hats	服装 Garments	鞋袜帽 Footgear and Hats	纺织品 Textiles	棉布 Cotton Cloth	棉花化纤混纺布 Blend Cloth	化纤布 Chemical Fiber Cloth	毛织品 Wool
1978			100.2							
1979			99.5				100.0		97.7	99.7
1980			100.0				100.0		99.3	99.8
1981			99.6				100.0		98.6	99.1
1982			97.9				100.0		92.3	98.9
1983			98.8				119.6		80.6	107.7
1984			100.0				100.0		97.2	100.4
1985			100.9				99.1		100.4	100.5
1986			103.2				102.0		100.2	102.2
1987			103.5				103.0		99.9	105.6
1988			112.7				121.7		102.6	120.0
1989			118.1				132.1		108.9	121.8
1990			107.1				111.2		106.0	107.0
1991			104.1				105.4		103.1	104.7
1992			102.8				101.2		101.0	102.9
1993			106.2				103.1		102.1	106.2
1994	110.8	110.8	119.6	117.9	119.0	114.7	130.9	115.4	111.3	107.8
1995	106.8	106.8	116.8	113.4	117.8	115.4	134.4	116.2	112.2	108.7
1996	104.8	104.8	108.5	107.3	109.4	106.4	109.3	105.1	104.9	107.9
1997	100.9	100.9	103.5	103.0	103.7	101.9	102.8	101.7	101.2	102.3
1998	98.7	98.7	99.3	98.5	99.8	99.1	100.2	99.4	97.0	99.5
1999	97.0	97.0	97.3	96.3	98.3	98.0	98.5	97.7	97.5	98.0
2000	97.8	97.8	99.2	98.7	99.8	98.6	98.9	98.5	99.0	98.4
2001	99.7	99.7	98.9	98.3	99.6	99.1	99.7	99.1	99.6	97.4
2002	100.0	100.0	97.9	97.5	98.0	99.4	99.3	100.3	99.2	98.7
2003	99.8	100.3	97.5	97.5	97.4	99.3	99.9	99.6	100.2	98.5
2004	100.7	102.2	98.2	98.2	98.0	100.0	103.2	101.4	101.2	98.6
2005	100.3	100.9	97.9	97.9	98.1	99.8	101.0	101.2	101.2	100.3

(上年=100) (preceding year=100)

年份 Year	丝织品 Silk	家用电器及音像器材 Household Appliances, Music and Video Equipment	文化办公用品 Cultural and Office Appliances	日用品 Articles for Daily Use	日用百货 General Merchandise for Daily Use	日用杂品 Grocery for Daily Use	体育娱乐用品 Sports and Recreation Articles	交通、通信用品 Transportation and Communication Appliances	家具 Furniture	化妆品 Cosmetics
1978				100.1			100.6			
1979	99.7	100.0	102.3	100.5	99.8	102.2	101.8		100.4	
1980	100.0	93.6	100.8	101.6	100.1	103.0	95.5		101.1	
1981	100.0	97.2	100.4	101.3	100.1	103.2	98.0		107.6	
1982	100.0	96.1	100.2	100.6	100.4	102.2	97.2		107.6	
1983	100.1	95.1	100.3	99.3	100.2	101.8	98.1		101.1	
1984	99.6	99.7	100.3	100.2	100.8	104.6	99.8		101.7	
1985	101.1	100.8	103.9	102.7	103.8	109.5	101.5		103.9	
1986	106.6	99.6	105.1	106.1	105.9	109.8	101.0		103.6	
1987	109.7	100.2	107.9	106.1	106.0	110.4	102.5		105.7	
1988	112.3	115.3	114.8	112.2	121.7	112.8	114.1		109.2	
1989	119.2	114.0	119.2	115.3	124.1	118.0	114.3		111.6	
1990	106.5	93.1	111.4	101.9	107.7	108.3	97.5		102.3	
1991	102.9	93.2	105.0	101.5	103.8	103.7	96.2		100.4	
1992	101.5	93.0	102.7	101.4	101.4	103.6	95.7		100.6	
1993	104.6	99.5	107.3	107.9	107.8	112.2	101.6		107.3	
1994	114.2	106.7	109.4	113.9	114.0	118.0	109.8		111.0	116.4
1995	109.7	100.7	108.6	109.7	110.6	112.5	108.9		106.6	109.9
1996	104.2	98.7	106.2	105.3	105.7	107.1	106.7		103.7	105.0
1997	101.6	95.6	100.9	102.3	102.2	102.7	101.7		102.3	102.3
1998	99.8	93.9	98.4	99.0	99.5	99.8	99.0		97.9	100.5
1999	98.4	94.0	99.5	97.9	97.8	98.6	99.5		97.6	99.6
2000	98.8	93.6	98.9	98.1	97.9	99.4	98.9		97.8	98.9
2001	99.6	93.9	98.4	98.3	98.4	99.6	98.6		97.6	98.8
2002	99.3	94.2	98.6	98.7	98.8	99.0	99.3		98.4	98.4
2003	99.2	94.2	95.8	98.5	98.0	99.7	98.1	91.1	97.8	98.9
2004	98.8	94.7	96.9	99.6	99.7	100.3	98.2	91.8	98.8	98.9
2005	98.6	96.3	96.7	100.2	100.0	100.7	98.4	91.7	99.1	99.3

4—8—1续表 4

(上年=100)　　(preceding year=100)

年份 Year	金银珠宝 Gold, Silver and Jewelry	中西药品及医疗保健用品 Traditional Chinese and Western Medicines and Health Care Articles	医疗器具及用品 Medical Apparatus and Article	中药材及中成药 Tradtional Chinese Medicinal Materials and Medicines	西药 Western Medicines	书报杂志及电子出版物 Books, Newspapers, Magazines and Electronic Publications	燃料 Fuels	建筑材料及五金电料 Building Materials and Hardware	建筑装潢材料 Building Decoration Materials	五金电料 Hardware
1978		100.5					100.1			
1979		101.7	99.7	105.7	99.7		100.2			
1980		100.9	99.8	102.9	99.8		100.7			
1981		100.2	98.1	102.9	98.1		100.6			
1982		101.3	100.4	102.9	100.4		100.8			
1983		103.9	101.8	107.2	101.8		101.0			
1984		104.9	102.1	109.0	102.1	100.0	102.2			
1985		103.8	102.5	105.8	102.5	132.5	104.0			
1986		102.0	101.9	102.0	101.9	113.9	103.9			
1987		104.6	106.1	102.5	106.1	101.4	103.6			
1988		124.8	117.6	134.8	117.6	115.2	116.1		121.4	
1989		121.2	121.9	120.1	121.9	192.7	127.4		118.7	
1990		102.4	106.8	96.6	106.8	107.6	108.2		97.0	
1991		103.4	101.1	106.3	101.1	100.8	115.6		100.8	
1992		109.1	102.1	118.4	102.1	103.3	114.6		106.5	
1993		109.2	106.2	113.1	106.2	107.1	135.0		128.8	
1994	110.1	111.8	113.4	109.3	113.4	133.5	115.1		112.9	
1995	99.4	111.5	114.9	111.6	111.0	115.2	107.2		105.7	
1996	99.4	108.8	106.8	112.8	106.2	136.9	105.0		101.2	
1997	97.8	104.4	103.5	108.4	101.6	112.8	107.3		99.0	
1998	90.9	102.8	101.0	108.1	99.1	105.1	96.1		97.1	
1999	94.5	101.0	100.1	105.6	97.9	104.9	100.4		98.3	
2000	97.6	100.2	99.6	104.6	97.3	105.4	117.7		98.4	
2001	90.7	98.5	98.8	102.3	95.8	108.1	102.4		100.1	
2002	100.9	96.5	99.0	97.5	95.4	100.8	102.0		100.1	
2003	108.6	98.4	100.6	104.4	94.3	100.3	109.3	99.7	99.7	99.7
2004	111.6	96.7	101.9	98.4	94.5	101.0	112.4	103.7	104.2	102.0
2005	104.4	97.6	98.4	96.5	97.8	100.3	115.4	102.1	102.3	101.5

4—8—2 全国商品零售价格分类指数(2005年)
Retail Price Indices by Category (2005)

(上年=100) (preceding year=100)

项目	Item	全国 National Indices	城市 Urban Indices	农村 Rural Indices	其中:36个大中城市 36 Major Cities Indices
商品零售价格总指数	**Retail Price Index**	**100.8**	**100.5**	**101.4**	**100.0**
一、食品	**Food**	**103.1**	**103.3**	**102.8**	**103.8**
1.粮食	Grain	101.4	101.6	101.2	102.5
2.淀粉及薯类	Starches and Tubers	104.9	105.2	104.4	104.7
3.干豆类及豆制品	Starches and Tubers	102.5	102.3	102.7	102.6
4.油脂	Oil or Fat	94.7	94.6	94.8	94.2
5.肉禽及其制品	Meat, Poultry and Their Products	103.0	102.8	103.3	103.4
6.蛋	Eggs	104.7	104.3	105.5	104.5
7.水产品	Aquatic Products	105.8	106.3	104.6	106.6
8.菜	Vegetables	108.1	108.6	107.2	109.4
9.调味品	Flavoring	101.4	101.5	101.3	101.6
10.糖	Carbohydrate	103.7	102.7	105.0	102.5
11.干鲜瓜果	Dried and Fresh Melons and Fruits	101.7	101.9	101.2	102.1
12.糕点饼干面包	Cake, Biscuit and Bread	100.8	100.8	100.9	100.8
13.奶及奶制品	Milk and Its Products	100.9	100.7	101.5	100.9
14.在外用膳食品	Outward Dinner Food	102.8	103.2	101.7	103.7
15.其它食品	Other Foods	101.2	101.5	100.7	102.0
二、饮料、烟酒	**Beverages, Tobacco and Liquor**	**100.5**	**100.4**	**100.6**	**100.4**
1.茶及饮料	Tea and Beverages	100.2	100.2	100.3	100.1
2.烟草	Tobacco	100.3	100.3	100.5	100.3
3.酒	Liquor	100.9	100.8	101.0	101.0
三、服装、鞋帽	**Garments, Shoes and Hats**	**97.9**	**97.4**	**99.1**	**97.2**
1.服装	Garments	97.9	97.4	99.1	97.3
2.鞋袜帽	Footgear and Hats	98.1	97.4	99.5	96.9
3.其它	Others	97.9	98.3	97.5	97.0
四、纺织品	**Textiles**	**99.8**	**99.3**	**100.4**	**99.2**
1.衣着材料	Clothing Material	100.5	100.2	100.8	101.1
2.床上用品	Bed Articles	99.2	98.8	100.0	98.4
五、家用电器及音像器材	**Household Appliances, Music and Video Equipment**	**96.3**	**95.9**	**97.3**	**95.2**
1.家庭设备	Household Facilities	98.8	98.8	98.8	99.1
2.文娱用耐用消费品	Durable Consumer Goods for Cultural and Recreational Use	92.8	91.2	95.6	89.1
3.音像器材	Music and Video Equipment	97.0	96.8	98.1	95.7
六、文化办公用品	**Cultural and Office Appliances**	**96.7**	**96.0**	**98.2**	**95.2**
七、日用品	**Articles for Daily Use**	**100.2**	**100.2**	**100.2**	**100.4**
1.日用百货	General Merchandise for Daily Use	100.0	99.9	100.1	99.9
2.日用杂品	Grocery for Daily Use	100.7	100.6	100.9	101.0
3.洗涤用品	Wash	100.2	100.1	100.4	100.2
4.其它日用品	Other Articles for Daily Use	100.2	100.4	99.7	101.0
八、体育娱乐用品	**Sports and Recreation Articles**	**98.4**	**98.1**	**99.1**	**97.7**
1.体育用品	Sports Articles	99.8	99.9	99.7	99.6
2.娱乐用品	Recreation Articles	97.4	96.9	98.7	96.5
九、交通、通信用品	**Transportation and Communication Appliances**	**91.7**	**90.8**	**94.0**	**89.6**
1.交通运输机械	Transportation Appliances	95.3	94.7	97.1	93.7
2.通讯器材	Communication Appliances	85.6	83.2	90.4	79.2
十、家具	**Furniture**	**99.1**	**98.7**	**100.1**	**98.3**
十一、化妆品	**Cosmetics**	**99.3**	**99.2**	**99.5**	**99.3**
十二、金银珠宝	**Gold, Silver and Jewelry**	**104.4**	**104.6**	**104.1**	**104.7**
十三、中西药品及医疗保健用品	**Traditional Chinese and Western Medicines and Health Care Articles**	**97.6**	**97.7**	**97.4**	**98.1**
1.医疗器具及用品	Medical Apparatus and Article	98.4	98.6	98.0	99.1
2.中药材及中成药	Tradtional Chinese Medicinal Materials and Medicines	96.5	96.6	96.3	97.1
3.西药	Western Medicines	97.8	97.8	97.8	98.1
4.保健器具及用品	Health Care Appliances and Articles	99.7	100.0	98.9	100.0
十四、书报杂志及电子出版物	**Books, Newspapers, Magazines and Electronic Publications**	**100.3**	**100.4**	**100.3**	**100.1**
1.教材及参考书	Teaching Materials and Reference Books	100.8	101.0	100.5	100.5
2.书报杂志	Newspapers and Magazines	100.7	100.7	100.5	100.6
3.电子音像制品	Electronic Publications	98.7	98.5	99.1	98.6
十五、燃料	**Fuels**	**115.4**	**114.3**	**117.4**	**112.8**
1.煤炭及制品	Coal and its product	121.5	120.1	122.7	118.8
2.石油及制品	Petroleum and its product	113.6	113.2	114.6	111.9
十六、建筑材料及五金电料	**Building Materials and Hardware**	**102.1**	**101.9**	**102.5**	**101.7**
1.建筑装潢材料	Building Decoration Materials	102.3	102.0	102.8	101.8
2.五金电料	Hardware	101.5	101.6	101.3	101.4

4—8—3 各地区商品零售价格总指数(1981～2005年)
Retail Price Indices by Region(1981～2005)

(上年=100) (preceding year=100)

地区 Region	1981	1982	1983	1984	1985	1986年	1987	1988	1989	1990	1991	1992
全国 National	**102.4**	**101.9**	**101.5**	**102.8**	**108.8**	**106.0**	**107.3**	**118.5**	**117.8**	**102.1**	**102.9**	**105.4**
北京 Beijing	101.4	102.0	100.6	102.1	118.6	106.7	108.7	121.9	118.5	104.1	108.5	108.3
天津 Tianjin	101.5	100.5	100.5	101.8	113.9	107.2	106.9	117.7	115.1	102.7	108.0	109.4
河北 Hebei	102.1	101.5	101.4	103.4	107.8	105.2	108.3	118.1	118.4	99.9	102.8	105.2
山西 Shanxi	102.3	102.2	101.2	103.0	107.6	105.3	107.5	121.0	119.1	102.1	103.9	106.3
内蒙古 Inner Mongolia	101.8	101.7	101.0	104.4	108.5	105.0	108.1	116.3	115.9	102.9	104.5	106.8
辽宁 Liaoning	101.6	101.2	101.5	103.9	110.0	106.0	109.0	119.3	118.4	102.7	104.1	106.0
吉林 Jilin	101.7	103.0	102.6	104.2	109.7	105.4	107.5	119.9	116.9	103.9	105.1	107.1
黑龙江 Heilongjiang	102.1	102.8	102.2	104.4	111.7	105.9	109.6	117.8	114.0	104.9	106.5	108.5
上海 Shanghai	101.5	100.3	100.1	102.2	116.4	106.7	108.8	121.3	116.7	104.8	109.5	109.7
江苏 Jiangsu	101.6	101.1	100.8	103.5	109.2	106.5	109.3	121.7	118.0	102.3	104.4	104.8
浙江 Zhejiang	101.5	100.9	102.0	103.4	114.0	106.0	109.5	122.1	117.8	101.6	103.0	106.6
安徽 Anhui	101.7	101.0	101.1	102.0	106.4	105.2	109.7	121.8	117.1	101.9	105.7	106.6
福建 Fujian	103.4	103.6	101.5	101.9	110.6	105.9	109.4	126.5	118.8	98.9	103.6	105.0
江西 Jiangxi	104.6	102.9	101.4	102.5	108.3	105.8	106.9	121.8	118.6	101.3	102.4	105.6
山东 Shandong	101.8	100.9	100.5	102.6	107.1	104.2	108.0	118.3	117.1	101.8	104.7	105.9
河南 Henan	101.6	101.5	102.3	102.1	104.9	105.0	108.1	120.2	118.3	99.7	101.7	104.4
湖北 Hubei	101.4	100.7	101.4	103.0	107.5	104.2	107.6	119.5	117.0	102.9	104.3	107.0
湖南 Hunan	100.9	101.7	102.4	103.1	111.1	104.8	110.6	125.9	118.1	99.4	104.1	109.5
广东 Guangdong	109.3	102.3	100.7	101.2	113.6	104.8	111.7	130.2	121.0	95.6	100.6	105.8
广西 Guangxi	101.7	103.1	102.8	104.2	111.2	105.1	108.0	121.0	121.3	100.1	102.5	104.6
海南 Hainan								127.8	126.8	100.6	103.1	108.7
重庆 Chongqing												
四川 Sichuan	101.8	102.3	100.7	102.3	106.8	103.9	107.5	120.0	118.3	103.1	102.3	106.4
贵州 Guizhou	102.3	102.0	100.7	102.5	107.7	105.3	107.3	120.2	117.4	101.4	103.3	107.4
云南 Yunnan	101.2	101.9	101.0	102.7	108.0	105.0	106.6	199.6	119.3	102.1	103.7	107.7
西藏 Tibet												
陕西 Shaanxi	103.0	101.0	101.5	103.9	106.5	105.2	108.6	119.0	118.8	101.6	105.8	109.5
甘肃 Gansu	102.0	101.4	100.2	103.0	108.5	106.0	107.4	118.6	116.4	103.4	104.6	105.8
青海 Qinghai	101.4	101.8	100.7	103.8	110.7	106.1	107.3	118.3	117.7	104.5	106.3	106.4
宁夏 Ningxia	102.0	102.5	101.1	103.2	107.8	104.9	108.0	117.5	117.8	104.2	105.7	107.4
新疆 Xinjiang	101.6	100.2	101.5	103.1	108.1	106.7	107.1	114.6	116.7	104.1	108.0	108.1

4－8－3 续表　Continued

(上年＝100)　　(preceding year＝100)

地　区　Region	1993	1994	1995	1996	1997	1998	1999	2000	2001	2002	2003	2004	2005
全　国　National	**113.2**	**121.7**	**114.8**	**106.1**	**100.8**	**97.4**	**97.0**	**98.5**	**99.2**	**98.7**	**99.9**	**102.8**	**100.8**
北　京　Beijing	116.9	117.9	112.6	107.3	103.8	98.3	98.8	98.9	98.8	98.4	98.2	99.2	99.7
天　津　Tianjin	114.3	115.6	110.6	105.1	100.7	96.6	97.5	98.6	98.6	97.4	97.4	100.8	99.9
河　北　Hebei	110.5	121.4	115.8	106.2	102.1	97.7	97.8	99.1	99.8	99.2	100.2	103.2	101.1
山　西　Shanxi	113.1	121.6	115.6	106.2	101.3	97.0	96.8	97.1	99.0	98.6	100.3	103.1	100.3
内蒙古　Inner Mongolia	112.5	119.3	116.8	105.8	102.3	98.1	97.7	98.8	100.0	99.4	99.6	102.7	101.5
辽　宁　Liaoning	113.5	120.6	114.0	105.4	101.0	97.6	96.1	98.4	99.4	97.4	98.9	101.9	100.1
吉　林　Jilin	111.3	119.9	114.2	105.1	101.8	97.9	96.7	98.0	100.9	99.0	100.5	103.5	101.1
黑龙江　Heilongjiang	114.6	120.7	114.3	105.1	102.2	98.4	96.1	97.8	100.4	98.5	99.7	102.8	100.4
上　海　Shanghai	117.5	117.5	113.0	105.0	98.8	95.1	97.3	96.4	98.6	98.7	99.0	100.9	99.4
江　苏　Jiangsu	115.4	123.6	114.3	106.8	99.3	98.2	96.9	98.6	98.9	98.4	99.8	102.2	100.3
浙　江　Zhejiang	116.7	121.7	113.5	105.8	100.3	98.4	97.7	99.0	98.1	98.7	99.6	102.7	100.9
安　徽　Anhui	112.9	123.3	112.7	107.1	99.4	98.1	96.6	98.0	99.6	99.2	101.3	102.7	100.6
福　建　Fujian	113.4	123.0	114.4	104.5	99.8	98.5	96.5	98.9	98.0	98.3	99.1	102.7	100.6
江　西　Jiangxi	111.1	125.1	115.9	106.6	99.6	98.8	96.8	98.5	98.4	100.2	100.1	103.0	100.9
山　东　Shandong	110.7	120.3	114.2	107.0	100.8	97.1	97.1	98.6	100.0	98.8	100.2	102.8	100.6
河　南　Henan	108.4	120.6	114.9	107.9	100.5	96.6	96.2	98.5	99.8	99.2	101.3	105.7	101.7
湖　北　Hubei	115.0	124.9	116.6	106.5	101.5	97.1	95.9	97.8	97.4	98.8	101.2	104.1	102.1
湖　南　Hunan	115.1	125.3	115.5	105.2	100.3	97.9	97.6	99.3	98.8	99.2	100.6	103.9	102.3
广　东　Guangdong	118.2	118.9	111.6	104.4	99.8	97.0	96.7	99.9	98.7	98.5	100.0	102.9	101.8
广　西　Guangxi	118.9	124.4	116.4	104.5	99.6	96.3	97.2	98.6	97.8	98.1	100.2	103.9	101.1
海　南　Hainan	123.9	121.8	111.3	102.3	99.4	96.5	96.6	99.9	97.7	98.4	100.4	103.4	100.9
重　庆　Chongqing					101.6	94.5	96.5	95.5	99.0	98.9	99.5	101.4	98.7
四　川　Sichuan	113.9	123.9	117.0	107.7	102.9	97.7	97.3	97.7	100.8	99.4	100.1	103.7	100.6
贵　州　Guizhou	114.8	119.5	117.2	106.9	101.5	98.9	97.9	97.3	98.4	99.3	100.0	103.2	101.3
云　南　Yunnan	118.9	116.0	118.1	106.6	102.3	99.2	98.3	97.6	98.4	98.1	99.9	104.7	100.1
西　藏　Tibet							98.8	99.2	99.6	99.5	99.4	100.7	100.8
陕　西　Shaanxi	111.8	125.9	117.0	108.1	101.6	96.2	97.5	98.3	99.1	98.6	100.5	102.5	100.1
甘　肃　Gansu	113.0	122.5	116.5	106.6	101.6	98.1	97.2	99.1	99.6	98.9	100.2	102.1	99.9
青　海　Qinghai	112.5	123.2	116.3	107.8	103.0	99.6	98.5	99.0	99.9	99.3	100.8	102.6	100.7
宁　夏　Ningxia	112.8	120.1	115.3	106.7	102.2	97.5	97.9	97.6	100.0	98.6	99.5	102.8	100.4
新　疆　Xinjiang	112.6	125.7	116.7	108.8	101.8	99.7	96.2	98.3	102.5	97.9	99.2	100.7	99.4

4—8—4 各地区商品零售价格分类指数(2005年)
Retail Price Indices by Category and Region(2005)

(上年=100) (preceding year=100)

地 区 Region	总指数 Retail Price Index	一、食品 Food	1.粮食 Grain	2.淀粉及薯类 Starches and Tubers	3.干豆类及豆制品 Starches and Tubers	4.油脂 Oil or Fat	5.肉禽及其制品 Meat, Poultry and Their Products	6.蛋 Eggs
全国 National	**100.8**	**103.1**	**101.4**	**104.9**	**102.5**	**94.7**	**103.0**	**104.7**
北京 Beijing	99.7	105.9	106.1	108.8	105.5	96.9	104.0	105.3
天津 Tianjin	99.9	103.5	103.8	109.3	100.8	94.7	104.5	103.5
河北 Hebei	101.1	102.2	103.1	110.3	102.9	96.8	102.5	102.8
山西 Shanxi	100.3	102.6	103.6	108.5	107.4	94.9	101.1	102.4
内蒙古 Inner Mongolia	101.5	102.9	103.8	111.7	108.2	96.5	102.5	104.1
辽宁 Liaoning	100.1	101.8	104.2	104.5	99.2	86.1	99.8	102.7
吉林 Jilin	101.1	101.7	103.8	102.0	96.8	92.5	101.0	103.1
黑龙江 Heilongjiang	100.4	99.8	100.5	102.2	98.0	89.6	99.7	101.9
上海 Shanghai	99.4	104.7	102.1	105.2	103.6	91.2	105.5	105.8
江苏 Jiangsu	100.3	103.7	100.1	109.9	100.9	92.4	104.4	104.8
浙江 Zhejiang	100.9	103.7	98.1	103.5	101.9	93.6	103.5	107.5
安徽 Anhui	100.6	103.4	98.0	106.3	102.0	90.3	104.5	108.3
福建 Fujian	100.6	103.8	99.6	105.2	102.7	97.5	104.0	103.5
江西 Jiangxi	100.9	103.3	98.8	103.6	102.8	96.1	102.0	107.2
山东 Shandong	100.6	103.2	100.0	103.7	104.4	95.6	103.0	105.9
河南 Henan	101.7	103.2	100.9	103.0	103.1	92.5	102.9	105.2
湖北 Hubei	102.1	105.1	100.7	110.6	105.0	91.8	105.0	103.9
湖南 Hunan	102.3	103.6	100.4	102.8	104.5	97.5	101.4	108.8
广东 Guangdong	101.8	104.6	102.0	102.6	104.8	100.1	105.6	105.1
广西 Guangxi	101.1	102.9	101.6	104.0	104.9	96.4	103.4	103.4
海南 Hainan	100.9	102.4	100.1	104.7	107.9	98.7	100.9	105.6
重庆 Chongqing	98.7	100.2	102.7	93.3	103.9	83.8	101.4	104.8
四川 Sichuan	100.6	102.4	102.4	103.9	102.6	95.1	101.9	105.0
贵州 Guizhou	101.3	101.6	100.0	103.4	102.3	91.4	101.0	105.2
云南 Yunnan	100.1	100.7	103.3	106.9	104.5	97.4	99.1	104.5
西藏 Tibet	100.8	102.9	105.9	104.5	105.8	101.6	104.1	101.8
陕西 Shaanxi	100.1	101.1	101.0	106.7	102.5	96.1	100.9	105.0
甘肃 Gansu	99.9	101.2	102.8	101.7	102.4	96.1	103.0	104.5
青海 Qinghai	100.7	100.9	101.1	99.2	101.8	93.2	102.2	106.2
宁夏 Ningxia	100.4	102.0	104.6	99.9	100.3	98.2	102.7	104.5
新疆 Xinjiang	99.4	98.2	101.9	106.6	103.2	90.7	97.8	99.8

4－8－4 续表 1　Continued 1

（上年＝100）　　(preceding year＝100)

地　区 Region	7.水产品 Aquatic Products	8.菜 Vegetables	9.调味品 Flavoring	10.糖 Carbohydrate	11.干鲜瓜果 Dried and Fresh Melons and Fruits	12.糕点饼干面包 Cake, Biscuit and Bread	13.奶及奶制品 Milk and Its Products
全　国 National	**105.8**	**108.1**	**101.4**	**103.7**	**101.7**	**100.8**	**100.9**
北　京 Beijing	107.2	107.4	100.3	101.7	104.3	101.6	103.5
天　津 Tianjin	95.7	112.1	101.7	103.0	109.6	105.3	100.3
河　北 Hebei	104.0	98.9	101.1	102.5	110.4	100.1	101.2
山　西 Shanxi	104.6	107.1	101.6	103.9	100.9	100.9	100.7
内蒙古 Inner Mongolia	100.0	107.4	100.7	103.6	102.1	100.6	100.6
辽　宁 Liaoning	102.2	105.4	100.4	101.8	104.4	101.1	101.7
吉　林 Jilin	100.7	105.0	100.5	104.8	106.3	100.0	99.6
黑龙江 Heilongjiang	100.0	105.8	99.4	101.1	96.5	100.3	100.1
上　海 Shanghai	114.4	103.4	102.1	103.8	99.4	98.4	100.8
江　苏 Jiangsu	104.9	111.8	100.6	103.2	98.8	100.4	100.4
浙　江 Zhejiang	105.7	113.2	101.5	102.8	99.7	100.6	99.7
安　徽 Anhui	103.9	116.4	100.5	102.9	98.3	100.1	100.9
福　建 Fujian	105.9	110.4	100.3	102.4	104.8	99.2	98.7
江　西 Jiangxi	102.6	116.7	100.2	106.6	101.1	99.8	102.1
山　东 Shandong	104.6	106.3	106.7	105.0	107.5	101.1	101.9
河　南 Henan	101.3	113.2	100.6	107.4	107.5	100.8	101.9
湖　北 Hubei	104.4	117.2	107.1	105.1	106.9	101.3	102.3
湖　南 Hunan	105.9	122.1	103.9	102.1	99.8	98.0	104.5
广　东 Guangdong	108.9	109.5	100.7	103.9	99.6	101.8	99.1
广　西 Guangxi	108.2	107.1	101.7	103.5	97.3	103.3	102.2
海　南 Hainan	104.6	110.3	101.7	107.8	95.8	101.0	99.5
重　庆 Chongqing	104.9	98.7	99.0	102.9	96.0	101.1	97.3
四　川 Sichuan	104.7	105.5	102.0	103.9	102.9	100.7	99.4
贵　州 Guizhou	106.3	104.3	99.5	105.3	102.4	102.9	99.7
云　南 Yunnan	113.1	91.7	101.0	106.3	101.4	103.6	104.8
西　藏 Tibet	99.2	97.0	100.0	101.5	95.1	103.2	107.4
陕　西 Shaanxi	101.3	101.6	100.0	102.5	101.0	101.0	99.9
甘　肃 Gansu	103.6	99.2	101.1	100.5	100.3	99.5	100.3
青　海 Qinghai	102.5	102.2	98.7	102.6	96.7	101.1	102.0
宁　夏 Ningxia	100.9	99.4	100.4	103.6	100.5	101.5	105.5
新　疆 Xinjiang	103.5	94.5	98.8	102.3	95.8	98.5	100.2

4—8—4 续表 2 Continued 2

(上年=100) (preceding year=100)

地 区 Region	14. 在外用膳食品 Outward Dinner Food	15. 其它食品 Other Foods	二、饮料、烟酒 Beverages, Tobacco and Liquor	1. 茶及饮料 Tea and Beverages	2. 烟草 Tobacco	3. 酒 Liquor	三、服装、鞋帽 Garments, Shoes and Hats
全 国 National	**102.8**	**101.2**	**100.5**	**100.2**	**100.3**	**100.9**	**97.9**
北 京 Beijing	109.7	102.5	100.2	100.5	98.7	101.4	101.3
天 津 Tianjin	104.1	101.3	101.8	101.0	101.2	103.2	96.1
河 北 Hebei	100.8	100.7	100.1	100.4	99.5	100.7	99.1
山 西 Shanxi	102.0	101.2	101.2	101.0	101.5	100.5	98.0
内蒙古 Inner Mongolia	101.9	100.8	100.1	99.9	100.3	99.8	99.7
辽 宁 Liaoning	101.5	100.8	101.1	100.2	100.9	101.8	96.6
吉 林 Jilin	99.7	100.5	100.7	99.4	101.3	101.0	100.7
黑龙江 Heilongjiang	100.6	99.9	100.9	99.8	101.6	101.0	97.7
上 海 Shanghai	104.4	101.1	99.6	99.7	99.5	99.9	92.6
江 苏 Jiangsu	104.3	102.3	100.6	100.2	100.6	100.9	98.5
浙 江 Zhejiang	102.3	101.7	100.0	99.7	99.3	101.1	96.7
安 徽 Anhui	101.1	98.9	100.2	100.4	100.3	100.0	97.8
福 建 Fujian	102.8	101.1	99.7	99.4	99.7	99.9	97.2
江 西 Jiangxi	101.5	100.1	100.4	99.8	99.9	101.4	97.7
山 东 Shandong	101.1	101.3	100.4	100.0	100.0	101.0	97.6
河 南 Henan	101.5	100.5	100.6	100.0	101.3	100.3	98.4
湖 北 Hubei	102.8	101.9	100.6	99.7	100.3	101.7	100.7
湖 南 Hunan	101.3	99.7	100.0	100.7	100.2	99.2	99.5
广 东 Guangdong	102.7	102.6	101.3	100.8	101.5	101.8	97.8
广 西 Guangxi	101.0	102.4	101.0	101.9	99.4	102.5	97.5
海 南 Hainan	100.3	102.6	100.9	100.0	101.3	101.0	96.6
重 庆 Chongqing	101.4	99.1	100.4	97.5	101.8	99.8	92.2
四 川 Sichuan	103.0	99.7	100.5	99.7	100.5	100.6	97.4
贵 州 Guizhou	104.0	100.0	100.5	101.6	100.4	100.7	99.7
云 南 Yunnan	100.9	100.2	103.0	101.0	103.2	105.0	97.8
西 藏 Tibet	103.0	99.1	101.8	100.1	102.0	102.7	103.0
陕 西 Shaanxi	100.9	102.5	100.0	99.7	100.5	99.8	100.7
甘 肃 Gansu	100.6	101.9	98.2	99.7	97.1	98.4	96.9
青 海 Qinghai	100.9	103.2	100.3	100.8	99.9	100.4	97.5
宁 夏 Ningxia	101.9	101.5	99.7	101.7	98.2	100.4	103.5
新 疆 Xinjiang	100.8	99.3	99.5	100.4	99.3	99.1	98.1

4—8—4 续表 3　Continued 3

(上年=100)　　(preceding year=100)

地　区　Region	1. 服装 Garments	2. 鞋袜帽 Footgear and Hats	3. 其它 Others	四、纺织品 Textiles	1. 衣着材料 Clothing Material	2. 床上用品 Bed Articles	五、家用电器及音像器材 Household Appliances, Music and Video Equipment
全　国　National	**97.9**	**98.1**	**97.9**	**99.8**	**100.5**	**99.2**	**96.3**
北　京　Beijing	101.2	101.8	92.8	98.2	100.8	97.4	97.6
天　津　Tianjin	99.9	85.2	98.3	102.2	100.0	103.2	96.3
河　北　Hebei	99.3	98.8	96.9	101.2	102.0	100.4	95.9
山　西　Shanxi	97.3	99.4	101.7	98.7	98.8	98.5	97.0
内蒙古　Inner Mongolia	99.8	99.9	97.8	99.2	99.5	99.0	96.4
辽　宁　Liaoning	97.2	94.9	98.1	98.9	99.7	98.2	95.1
吉　林　Jilin	100.3	101.6	99.9	99.7	99.6	99.8	95.8
黑龙江　Heilongjiang	97.4	98.8	92.1	101.1	101.0	101.3	96.8
上　海　Shanghai	91.8	95.5	89.2	99.4	105.1	98.1	93.1
江　苏　Jiangsu	98.6	98.3	98.7	100.0	100.6	99.8	94.9
浙　江　Zhejiang	96.0	98.5	95.6	100.5	100.7	100.3	96.6
安　徽　Anhui	97.7	97.8	99.7	99.5	100.4	98.5	95.3
福　建　Fujian	97.1	97.9	94.1	99.3	100.4	98.8	96.1
江　西　Jiangxi	97.5	98.1	98.9	99.0	101.7	96.6	96.4
山　东　Shandong	97.4	98.0	99.6	99.1	99.6	98.5	98.2
河　南　Henan	98.3	98.6	99.3	99.8	99.6	100.2	97.2
湖　北　Hubei	101.0	100.3	100.1	98.2	99.4	97.7	96.3
湖　南　Hunan	99.7	99.1	98.7	100.3	101.3	99.6	98.4
广　东　Guangdong	97.5	98.6	97.9	99.1	100.4	98.5	96.6
广　西　Guangxi	99.2	93.3	98.8	101.2	101.4	101.0	96.4
海　南　Hainan	95.5	100.1	97.3	98.0	99.6	96.9	97.0
重　庆　Chongqing	94.0	86.1	93.7	98.7	96.3	99.1	95.6
四　川　Sichuan	97.1	97.9	98.3	100.4	101.7	99.6	96.6
贵　州　Guizhou	100.3	91.5	100.0	103.3	101.5	104.1	96.7
云　南　Yunnan	97.4	99.1	93.5	99.3	100.2	98.8	94.7
西　藏　Tibet	103.9	101.4	100.6	99.4	99.6	99.1	96.1
陕　西　Shaanxi	100.6	101.6	94.1	101.6	100.0	102.4	96.7
甘　肃　Gansu	98.0	93.8	99.7	100.1	100.2	100.0	95.9
青　海　Qinghai	96.9	99.1	99.9	100.7	99.2	102.2	96.5
宁　夏　Ningxia	104.3	102.3	95.2	100.0	100.0	100.0	92.6
新　疆　Xinjiang	98.3	97.5	100.1	100.5	100.6	100.5	96.4

4—8—4 续表 4 Continued 4

(上年=100)

(preceding year=100)

地 区 Region	1. 家庭设备 Household Facilities	2. 文娱用耐用消费品 Durable Consumer Goods for Cultural and Recreational Use	3. 音像器材 Music and Video Equipment	六、文化办公用品 Cultural and Office Appliances	七、日用品 Articles for Daily Use	1. 日用百货 General Merchandise for Daily Use	2. 日用杂品 Grocery for Daily Use
全 国 National	**98.8**	**92.8**	**97.0**	**96.7**	**100.2**	**100.0**	**100.7**
北 京 Beijing	100.2	91.7	99.8	98.2	100.0	99.2	101.7
天 津 Tianjin	98.3	92.7	96.5	98.8	100.4	99.6	100.4
河 北 Hebei	97.1	94.2	98.8	98.0	99.9	99.9	100.9
山 西 Shanxi	99.6	93.9	95.6	97.6	100.3	99.5	102.1
内蒙古 Inner Mongolia	98.7	93.0	100.0	97.9	99.8	99.8	100.5
辽 宁 Liaoning	99.5	88.8	98.9	96.1	100.2	100.0	99.3
吉 林 Jilin	98.5	91.5	98.0	97.0	100.1	100.2	100.4
黑龙江 Heilongjiang	99.3	93.0	98.6	97.7	100.5	101.2	100.7
上 海 Shanghai	97.5	84.2	97.2	91.6	100.5	100.3	101.6
江 苏 Jiangsu	99.6	90.8	89.4	96.0	99.8	99.3	100.6
浙 江 Zhejiang	97.7	94.0	98.6	98.0	100.6	100.4	100.8
安 徽 Anhui	97.6	91.5	99.4	96.2	99.3	100.1	99.9
福 建 Fujian	97.0	94.7	97.6	96.4	99.6	99.2	100.5
江 西 Jiangxi	98.8	93.0	101.6	97.0	100.7	100.5	100.6
山 东 Shandong	99.6	96.1	99.3	96.1	99.5	99.9	99.7
河 南 Henan	99.0	94.0	98.3	98.4	99.9	99.7	100.1
湖 北 Hubei	98.5	92.8	97.5	98.4	98.9	99.3	100.2
湖 南 Hunan	100.0	97.1	98.4	99.0	100.7	100.8	100.9
广 东 Guangdong	99.4	93.3	96.5	94.8	101.0	100.4	101.8
广 西 Guangxi	100.4	91.1	98.4	95.8	101.8	100.3	101.6
海 南 Hainan	100.8	91.8	97.1	97.0	100.7	101.1	99.6
重 庆 Chongqing	98.0	91.1	100.0	99.8	100.0	99.7	101.2
四 川 Sichuan	97.2	94.7	99.7	97.1	100.2	99.1	101.1
贵 州 Guizhou	99.6	92.8	99.8	99.8	100.2	100.4	100.0
云 南 Yunnan	95.6	92.9	99.1	90.9	99.8	98.8	99.2
西 藏 Tibet	97.3	91.4	96.0	97.5	99.3	100.1	99.1
陕 西 Shaanxi	100.1	90.7	99.8	97.8	100.5	100.1	101.3
甘 肃 Gansu	98.3	92.9	97.9	97.6	98.4	100.0	95.4
青 海 Qinghai	98.2	94.0	97.4	98.3	101.2	100.1	102.4
宁 夏 Ningxia	98.0	84.8	97.5	94.5	101.1	99.9	101.0
新 疆 Xinjiang	97.8	94.4	99.5	96.7	99.4	99.1	100.2

4－8－4续表5 Continued 5

(上年=100) (preceding year=100)

地 区 Region	3. 洗涤用品 Wash	4. 其它日用品 Other Articles for Daily Use	八、体育娱乐用品 Sports and Recreation Articles	1. 体育用品 Sports Articles	2. 娱乐用品 Recreation Articles	九、交通、通信用品 Transportation and Communication Appliances	1. 交通运输机械 Transportation Appliances
全 国 National	**100.2**	**100.2**	**98.4**	**99.8**	**97.4**	**91.7**	**95.3**
北 京 Beijing	101.2	99.5	97.3	99.8	94.9	88.5	91.4
天 津 Tianjin	100.6	101.4	97.6	100.6	95.8	88.6	99.1
河 北 Hebei	100.0	99.2	99.5	100.6	98.4	93.3	97.3
山 西 Shanxi	101.7	98.6	98.3	100.3	96.8	88.9	93.8
内蒙古 Inner Mongolia	99.4	99.7	98.7	99.0	98.4	93.3	97.9
辽 宁 Liaoning	100.4	100.8	99.5	104.5	96.0	89.4	95.7
吉 林 Jilin	99.9	99.7	97.9	98.3	97.7	91.9	98.3
黑龙江 Heilongjiang	99.7	100.1	100.1	103.3	97.9	91.9	96.9
上 海 Shanghai	100.9	100.2	94.7	94.7	94.8	88.5	92.8
江 苏 Jiangsu	99.4	100.0	97.8	98.9	97.1	90.8	96.4
浙 江 Zhejiang	100.4	101.4	99.5	100.7	98.6	94.2	95.8
安 徽 Anhui	98.7	98.1	97.3	97.0	97.5	93.3	97.1
福 建 Fujian	99.7	99.5	98.4	99.7	97.6	89.9	94.5
江 西 Jiangxi	101.8	99.5	98.3	98.7	98.0	90.8	96.7
山 东 Shandong	99.3	99.2	99.1	99.4	98.8	92.7	96.5
河 南 Henan	100.1	99.5	99.6	100.2	98.8	94.7	97.2
湖 北 Hubei	98.0	98.6	102.6	100.1	104.6	93.1	97.1
湖 南 Hunan	100.8	100.2	97.9	97.5	98.3	92.3	97.0
广 东 Guangdong	100.4	101.5	99.9	100.8	99.0	91.6	94.9
广 西 Guangxi	103.0	103.2	100.7	102.7	98.7	89.5	94.3
海 南 Hainan	101.9	100.4	99.8	100.1	99.5	92.8	95.6
重 庆 Chongqing	99.6	100.2	94.1	97.0	93.1	88.9	99.1
四 川 Sichuan	100.7	99.7	98.9	99.7	98.8	93.0	94.8
贵 州 Guizhou	101.6	98.0	101.9	106.1	97.4	94.8	98.8
云 南 Yunnan	101.5	98.5	94.8	94.6	95.0	93.0	96.3
西 藏 Tibet	100.7	99.3	96.4	96.1	94.4	97.6	101.5
陕 西 Shaanxi	101.3	99.7	97.8	99.6	96.5	92.9	95.1
甘 肃 Gansu	98.5	99.8	98.8	99.5	98.1	93.8	97.3
青 海 Qinghai	101.6	100.5	99.6	99.4	99.7	94.7	97.1
宁 夏 Ningxia	101.5	102.0	97.7	101.3	95.1	88.8	94.6
新 疆 Xinjiang	98.9	99.4	97.5	98.6	96.7	93.5	99.0

(上年=100) (preceding year=100)

地 区 Region	2. 通讯器材 Communication Appliances	十、家具 Furniture	十一、化妆品 Cosmetics	十二、金银珠宝 Gold, Silver and Jewelry	十三、中西药品及医疗保健用品 Traditional Chinese and Western Medicines and Health Care Articles	1. 医疗器具及用品 Medical Apparatus and Article
全 国 National	**85.6**	**99.1**	**99.3**	**104.4**	**97.6**	**98.4**
北 京 Beijing	76.9	97.2	104.1	105.1	95.4	100.3
天 津 Tianjin	70.5	97.2	98.2	102.9	96.5	98.4
河 北 Hebei	87.9	100.3	99.5	104.2	98.5	99.1
山 西 Shanxi	81.6	99.2	99.6	102.9	96.2	97.7
内蒙古 Inner Mongolia	88.9	100.1	99.1	104.3	98.2	96.2
辽 宁 Liaoning	79.6	99.3	98.7	103.8	97.4	96.1
吉 林 Jilin	86.7	98.4	98.8	104.9	96.9	97.1
黑龙江 Heilongjiang	87.2	96.7	99.4	105.8	99.9	100.1
上 海 Shanghai	70.7	100.1	96.1	107.3	97.7	99.4
江 苏 Jiangsu	81.8	99.7	99.6	104.7	98.1	98.4
浙 江 Zhejiang	87.2	99.8	98.5	104.7	96.8	99.2
安 徽 Anhui	85.5	100.1	98.9	102.9	95.6	96.5
福 建 Fujian	81.2	99.9	99.5	104.2	97.0	96.2
江 西 Jiangxi	83.5	95.0	99.7	104.6	93.8	93.4
山 东 Shandong	86.4	100.0	99.0	103.4	98.8	97.5
河 南 Henan	89.9	99.1	99.6	103.0	96.0	96.7
湖 北 Hubei	90.6	97.6	99.9	104.2	97.1	96.1
湖 南 Hunan	88.3	98.9	100.1	104.2	97.4	98.9
广 东 Guangdong	88.2	99.2	98.8	105.3	98.9	101.0
广 西 Guangxi	81.2	100.5	98.9	106.1	97.3	95.4
海 南 Hainan	88.1	100.5	100.9	105.0	97.4	98.8
重 庆 Chongqing	82.0	101.3	100.8	104.0	102.6	98.7
四 川 Sichuan	89.9	100.0	101.2	104.6	98.6	100.5
贵 州 Guizhou	88.3	100.5	102.5	103.6	99.0	100.5
云 南 Yunnan	87.2	98.7	98.6	105.2	97.4	92.1
西 藏 Tibet	94.4	99.7	98.3	98.7	100.5	99.4
陕 西 Shaanxi	87.5	99.9	99.7	103.6	96.8	95.5
甘 肃 Gansu	88.7	100.0	100.6	104.0	97.7	97.6
青 海 Qinghai	89.8	98.9	98.1	101.5	98.2	100.6
宁 夏 Ningxia	82.1	96.9	98.1	104.3	96.6	100.6
新 疆 Xinjiang	88.7	99.2	98.4	102.2	99.6	101.4

4—8—4 续表 7　Continued 7

(上年=100)　　(preceding year=100)

地　区 Region	2. 中药材及中成药 Tradtional Chinese Medicinal Materials and Medicines	3. 西药 Western Medicines	4. 保健器具及用品 Health Care Appliances and Articles	十四、书报杂志及电子出版物 Books, Newspapers, Magazines and Electronic Publications	1. 教材及参考书 Teaching Materials and Reference Books	2. 书报杂志 Newspapers and Magazines
全　国 National	**96.5**	**97.8**	**99.7**	**100.3**	**100.8**	**100.7**
北　京 Beijing	90.7	97.8	97.6	100.2	100.7	100.2
天　津 Tianjin	95.3	96.2	98.6	100.6	100.9	100.0
河　北 Hebei	97.5	98.9	99.5	100.6	101.4	100.1
山　西 Shanxi	94.2	97.2	98.0	102.7	103.3	102.4
内蒙古 Inner Mongolia	99.6	97.2	99.4	100.2	101.1	100.0
辽　宁 Liaoning	98.2	96.9	98.0	100.5	101.3	100.5
吉　林 Jilin	94.3	98.0	99.3	102.2	104.3	101.1
黑龙江 Heilongjiang	100.7	99.3	100.3	100.5	99.6	101.3
上　海 Shanghai	99.2	95.8	100.0	98.0	94.5	101.1
江　苏 Jiangsu	96.9	98.1	100.1	100.5	101.0	101.5
浙　江 Zhejiang	94.7	96.7	101.8	99.9	99.9	100.1
安　徽 Anhui	94.1	95.8	99.2	101.2	103.2	100.2
福　建 Fujian	95.0	98.1	99.7	100.3	101.1	100.2
江　西 Jiangxi	90.0	95.3	98.8	100.3	100.9	100.4
山　东 Shandong	97.1	99.4	101.1	100.4	100.8	100.8
河　南 Henan	94.9	96.3	99.4	99.7	100.4	100.1
湖　北 Hubei	95.4	98.1	99.3	101.3	102.5	99.9
湖　南 Hunan	96.1	97.7	98.9	100.9	101.2	100.7
广　东 Guangdong	98.1	99.1	99.5	100.8	101.6	101.8
广　西 Guangxi	96.7	97.9	98.6	100.5	100.4	100.8
海　南 Hainan	95.9	98.5	96.8	99.4	100.5	99.1
重　庆 Chongqing	102.4	101.5	108.9	99.7	98.4	100.0
四　川 Sichuan	97.2	98.8	99.2	99.6	99.3	99.9
贵　州 Guizhou	101.9	97.7	98.0	99.9	98.4	101.6
云　南 Yunnan	99.6	95.5	100.1	99.7	100.5	98.8
西　藏 Tibet	99.9	101.6	99.2	100.0	101.3	100.1
陕　西 Shaanxi	97.5	96.1	98.3	98.9	98.3	100.1
甘　肃 Gansu	94.6	99.3	101.9	98.6	102.5	100.0
青　海 Qinghai	97.5	98.5	98.4	100.4	100.6	100.9
宁　夏 Ningxia	97.2	95.2	99.7	100.3	101.6	100.0
新　疆 Xinjiang	100.2	98.8	99.6	98.9	97.6	101.5

4—8—4 续表 8 Continued 8

(上年=100)

(preceding year=100)

地 区 Region	3. 电子音像制品 Electronic Publications	十五、燃料 Fuels	1. 煤炭及制品 Coal and its product	2. 石油及制品 Petroleum and its product	十六、建筑材料及五金电料 Building Materials and Hardware	1. 建筑装璜材料 Building Decoration Materials	2. 五金电料 Hardware
全 国 National	**98.7**	**115.4**	**121.5**	**113.6**	**102.1**	**102.3**	**101.5**
北 京 Beijing	98.9	109.9	141.9	108.5	99.6	100.7	96.6
天 津 Tianjin	101.8	112.9	121.9	112.4	101.6	102.1	100.0
河 北 Hebei	99.3	114.7	114.5	114.5	101.3	101.6	100.2
山 西 Shanxi	99.5	115.0	122.8	113.0	103.2	102.8	104.7
内蒙古 Inner Mongolia	98.5	123.5	133.5	117.8	101.0	101.1	100.7
辽 宁 Liaoning	98.7	114.9	125.2	112.0	102.2	103.0	100.2
吉 林 Jilin	98.9	118.3	127.7	114.7	101.4	102.1	99.3
黑龙江 Heilongjiang	100.9	118.0	125.8	112.8	103.5	104.0	102.2
上 海 Shanghai	101.2	109.1	126.9	108.9	104.0	103.1	106.8
江 苏 Jiangsu	98.1	113.7	111.8	113.8	103.6	104.3	101.5
浙 江 Zhejiang	99.3	113.1	108.7	114.3	103.0	103.3	102.2
安 徽 Anhui	99.1	112.8	116.2	111.8	102.1	102.3	101.5
福 建 Fujian	99.2	117.0	134.6	114.9	101.4	101.4	101.3
江 西 Jiangxi	98.2	118.4	129.9	113.8	101.3	101.0	102.2
山 东 Shandong	99.2	113.3	116.5	111.6	102.0	102.0	102.2
河 南 Henan	97.0	118.2	122.8	114.0	102.1	102.6	100.5
湖 北 Hubei	100.1	113.8	123.7	111.4	101.9	102.0	101.6
湖 南 Hunan	100.7	123.2	145.0	114.1	105.2	105.8	101.6
广 东 Guangdong	97.7	115.6	120.9	115.2	100.8	100.9	100.3
广 西 Guangxi	100.1	115.0	119.5	114.4	102.6	102.7	102.2
海 南 Hainan	98.0	113.4	105.9	113.9	106.6	105.4	110.6
重 庆 Chongqing	101.8	107.9	134.6	106.4	101.3	101.2	101.3
四 川 Sichuan	99.7	114.0	119.4	110.7	101.4	101.5	100.8
贵 州 Guizhou	99.8	118.3	125.8	115.2	102.8	102.9	102.1
云 南 Yunnan	99.7	112.5	120.2	111.2	103.5	103.6	103.1
西 藏 Tibet	99.3	107.5	100.0	111.0	99.7	101.2	95.8
陕 西 Shaanxi	97.9	114.4	125.9	111.6	101.2	100.9	102.1
甘 肃 Gansu	90.6	113.0	111.6	114.0	102.4	102.7	101.8
青 海 Qinghai	98.6	112.7	108.7	114.9	102.5	104.2	98.6
宁 夏 Ningxia	96.6	117.1	110.7	120.0	101.0	100.5	101.8
新 疆 Xinjiang	97.6	114.1	106.6	117.9	103.7	104.3	102.1

4—8—5 各地区城市商品零售价格分类指数(2005 年)
Urban Retail Price Indices by Category and Region (2005)

(上年=100) (preceding year=100)

地 区 Region	总指数 Retail Price Index	一、食品 Food	1. 粮食 Grain	2. 淀粉及薯类 Starches and Tubers	3. 干豆类及豆制品 Starches and Tubers	4. 油脂 Oil or Fat	5. 肉禽及其制品 Meat, Poultry and Their Products	6. 蛋 Eggs
全 国 National	**100.5**	**103.3**	**101.6**	**105.2**	**102.3**	**94.6**	**102.8**	**104.3**
北 京 Beijing	99.7	105.9	106.1	108.8	105.5	96.9	104.0	105.3
天 津 Tianjin	99.9	103.5	103.8	109.3	100.8	94.7	104.5	103.5
河 北 Hebei	101.0	102.9	103.6	111.2	104.0	97.6	102.1	102.9
山 西 Shanxi	100.0	102.8	104.0	107.9	107.3	95.9	101.0	102.0
内蒙古 Inner Mongolia	101.5	103.2	103.7	110.7	108.0	95.9	102.9	103.8
辽 宁 Liaoning	100.0	101.8	104.9	104.4	99.0	85.9	99.6	102.8
吉 林 Jilin	101.0	102.2	103.9	102.3	96.5	93.1	100.5	103.0
黑龙江 Heilongjiang	99.7	99.8	98.9	103.7	98.8	89.0	99.5	101.8
上 海 Shanghai	99.4	104.7	102.1	105.2	103.6	91.2	105.5	105.8
江 苏 Jiangsu	100.0	103.5	99.8	112.2	100.4	91.8	104.3	104.4
浙 江 Zhejiang	101.0	104.0	97.3	104.7	102.6	93.1	104.1	107.8
安 徽 Anhui	100.0	103.0	99.0	106.9	101.1	92.3	102.4	106.1
福 建 Fujian	100.3	104.0	100.0	105.8	102.5	97.0	102.9	103.4
江 西 Jiangxi	100.3	104.3	100.8	101.2	102.6	95.3	101.7	107.2
山 东 Shandong	100.4	102.8	100.0	103.1	103.9	97.3	102.6	104.5
河 南 Henan	101.8	103.4	101.5	104.6	102.4	94.2	103.7	105.2
湖 北 Hubei	101.9	105.5	100.4	107.6	101.6	92.0	103.2	103.5
湖 南 Hunan	101.6	104.5	99.7	100.2	102.1	95.7	101.2	107.6
广 东 Guangdong	101.5	104.5	102.2	103.7	105.8	99.8	105.4	105.2
广 西 Guangxi	101.3	103.8	102.2	100.2	103.0	97.7	101.4	104.4
海 南 Hainan	100.4	101.5	100.7	103.9	112.2	98.1	100.3	107.4
重 庆 Chongqing	98.7	100.2	102.7	93.3	103.9	83.8	101.4	104.8
四 川 Sichuan	100.1	103.1	102.5	105.0	102.6	94.8	102.3	104.0
贵 州 Guizhou	100.3	101.4	100.3	104.0	100.1	92.0	99.1	101.0
云 南 Yunnan	100.4	102.1	103.1	118.0	104.3	96.6	98.5	102.4
西 藏 Tibet	100.8	102.9	109.2	111.9	105.5	101.6	107.8	102.7
陕 西 Shaanxi	99.8	100.9	100.5	104.4	102.1	96.5	100.8	105.1
甘 肃 Gansu	99.5	101.4	101.4	99.4	101.7	96.6	102.5	104.5
青 海 Qinghai	100.6	101.1	100.6	102.0	101.5	92.1	102.6	105.2
宁 夏 Ningxia	100.5	102.0	103.2	100.9	100.3	97.9	103.3	104.5
新 疆 Xinjiang	99.5	98.7	101.5	106.3	104.5	90.2	97.3	99.8

4—8—5 续表 1 Continued 1

(上年=100)

(preceding year=100)

地 区 Region	7. 水产品 Aquatic Products	8. 菜 Vegetables	9. 调味品 Flavoring	10. 糖 Carbohydrate	11. 干鲜瓜果 Dried and Fresh Melons and Fruits	12. 糕点饼干面包 Cake, Biscuit and Bread	13. 奶及奶制品 Milk and Its Products
全 国 National	**106.3**	**108.6**	**101.5**	**102.7**	**101.9**	**100.8**	**100.7**
北 京 Beijing	107.2	107.4	100.3	101.7	104.3	101.6	103.5
天 津 Tianjin	95.7	112.1	101.7	103.0	109.6	105.3	100.3
河 北 Hebei	107.4	101.4	101.2	101.0	110.3	99.7	100.9
山 西 Shanxi	104.5	109.6	101.9	103.0	98.9	101.0	100.7
内蒙古 Inner Mongolia	99.5	108.8	100.8	104.5	103.6	101.2	100.4
辽 宁 Liaoning	101.5	105.4	100.2	102.1	104.0	101.0	101.7
吉 林 Jilin	103.7	107.5	100.5	102.0	108.2	99.9	99.4
黑龙江 Heilongjiang	100.3	109.2	99.1	100.9	96.0	100.0	99.7
上 海 Shanghai	114.4	103.4	102.1	103.8	99.4	98.4	100.8
江 苏 Jiangsu	104.2	111.5	100.2	101.9	97.2	101.3	100.9
浙 江 Zhejiang	106.3	115.6	101.9	102.1	99.1	100.8	99.1
安 徽 Anhui	104.4	117.9	100.3	99.3	96.9	98.7	100.5
福 建 Fujian	107.3	109.3	100.5	101.0	105.9	99.1	98.6
江 西 Jiangxi	105.3	117.6	100.3	103.5	102.6	100.3	103.3
山 东 Shandong	106.1	103.1	107.8	102.3	108.4	100.5	101.3
河 南 Henan	101.5	112.9	100.9	104.9	107.7	101.1	100.3
湖 北 Hubei	106.8	117.0	103.0	103.0	111.9	101.3	101.6
湖 南 Hunan	104.0	126.7	104.7	101.4	101.6	96.7	105.7
广 东 Guangdong	108.3	109.8	100.7	103.8	99.9	101.9	98.9
广 西 Guangxi	109.7	109.3	99.3	105.7	108.8	100.4	100.9
海 南 Hainan	102.7	105.2	100.5	107.0	98.2	101.7	99.4
重 庆 Chongqing	104.9	98.7	99.0	102.9	96.0	101.1	97.3
四 川 Sichuan	105.1	107.3	104.2	102.8	102.7	100.6	99.4
贵 州 Guizhou	106.5	104.8	99.8	102.0	99.8	104.1	98.7
云 南 Yunnan	115.5	96.8	100.7	112.2	113.8	104.9	105.8
西 藏 Tibet	97.1	100.4	100.8	97.0	90.4	100.0	103.2
陕 西 Shaanxi	101.3	104.0	99.7	101.4	99.5	101.5	98.7
甘 肃 Gansu	102.5	101.9	102.2	98.0	101.3	99.8	98.9
青 海 Qinghai	102.1	104.5	97.1	102.1	96.8	102.2	101.3
宁 夏 Ningxia	101.8	99.5	100.1	103.0	102.0	101.9	105.2
新 疆 Xinjiang	103.1	96.9	98.1	103.0	98.7	96.8	100.3

4-8-5 续表 2 Continued 2

(上年=100) (preceding year=100)

地 区 Region	14. 在外用膳食品 Outward Dinner Food	15. 其它食品 Other Foods	二、饮料、烟酒 Beverages, Tobacco and Liquor	1. 茶及饮料 Tea and Beverages	2. 烟草 Tobacco	3. 酒 Liquor	三、服装、鞋帽 Garments, Shoes and Hats
全 国 National	**103.2**	**101.5**	**100.4**	**100.2**	**100.3**	**100.8**	**97.4**
北 京 Beijing	109.7	102.5	100.2	100.5	98.7	101.4	101.3
天 津 Tianjin	104.1	101.3	101.8	101.0	101.2	103.2	96.1
河 北 Hebei	101.1	102.8	100.3	100.3	99.5	101.2	98.1
山 西 Shanxi	101.8	102.2	100.7	101.4	101.2	98.7	97.8
内蒙古 Inner Mongolia	102.2	101.0	100.6	99.4	101.3	100.5	99.8
辽 宁 Liaoning	101.7	100.8	101.4	100.3	101.0	102.6	96.2
吉 林 Jilin	99.5	101.2	100.9	99.7	101.3	101.3	100.2
黑龙江 Heilongjiang	100.3	98.8	101.1	99.8	101.9	101.1	96.6
上 海 Shanghai	104.4	101.1	99.6	99.7	99.5	99.9	92.6
江 苏 Jiangsu	104.1	102.5	100.5	100.2	100.3	100.9	98.3
浙 江 Zhejiang	103.0	101.5	99.8	99.6	99.0	100.9	97.7
安 徽 Anhui	101.1	98.3	100.0	100.8	99.7	100.0	99.2
福 建 Fujian	103.2	100.6	99.3	98.8	99.7	99.1	96.3
江 西 Jiangxi	102.4	99.9	100.2	100.6	98.4	102.3	95.4
山 东 Shandong	100.9	101.5	100.5	99.9	99.8	101.3	97.9
河 南 Henan	101.3	100.7	100.4	100.2	101.0	100.1	98.1
湖 北 Hubei	103.2	103.9	100.9	100.3	101.2	101.2	100.8
湖 南 Hunan	103.7	99.4	100.0	101.0	100.7	98.4	98.1
广 东 Guangdong	102.8	102.7	101.3	100.8	101.5	101.7	96.7
广 西 Guangxi	101.7	101.1	100.6	102.0	101.1	97.7	96.0
海 南 Hainan	100.0	103.6	101.9	101.0	102.8	100.9	97.0
重 庆 Chongqing	101.4	99.1	100.4	97.5	101.8	99.8	92.2
四 川 Sichuan	103.6	100.9	100.6	99.8	100.8	100.5	93.7
贵 州 Guizhou	103.5	100.7	99.9	98.9	99.8	100.5	99.8
云 南 Yunnan	100.2	105.8	103.0	102.7	103.2	102.9	99.0
西 藏 Tibet	100.6	100.0	101.1	100.0	100.5	102.4	100.5
陕 西 Shaanxi	100.1	99.9	99.5	99.2	100.2	99.0	100.6
甘 肃 Gansu	100.5	103.4	97.8	99.9	96.5	97.2	93.8
青 海 Qinghai	100.5	104.5	101.1	101.2	100.7	101.5	96.5
宁 夏 Ningxia	101.3	100.7	100.3	102.1	98.2	101.6	104.8
新 疆 Xinjiang	100.7	99.3	99.1	99.8	99.2	98.4	97.0

4—8—5 续表 3 Continued 3

(上年=100)

(preceding year=100)

地 区 Region	1. 服装 Garments	2. 鞋袜帽 Footgear and Hats	3. 其它 Others	四、纺织品 Textiles	1. 衣着材料 Clothing Material	2. 床上用品 Bed Articles	五、家用电器及音像器材 Household Appliances, Music and Video Equipment
全 国 National	**97.4**	**97.4**	**98.3**	**99.3**	**100.2**	**98.8**	**95.9**
北 京 Beijing	101.2	101.8	92.8	98.2	100.8	97.4	97.6
天 津 Tianjin	99.9	85.2	98.3	102.2	100.0	103.2	96.3
河 北 Hebei	98.0	98.1	98.8	99.6	98.6	100.5	95.8
山 西 Shanxi	97.3	98.6	103.2	98.3	98.7	97.9	97.0
内蒙古 Inner Mongolia	100.0	99.9	96.2	99.0	99.0	99.0	96.5
辽 宁 Liaoning	97.2	93.4	98.2	98.5	99.2	97.9	95.0
吉 林 Jilin	99.9	100.6	99.8	98.8	98.8	98.9	95.5
黑龙江 Heilongjiang	96.2	98.1	90.2	101.1	100.9	101.3	96.2
上 海 Shanghai	91.8	95.5	89.2	99.4	105.1	98.1	93.1
江 苏 Jiangsu	98.4	97.7	98.8	100.3	101.1	100.0	93.8
浙 江 Zhejiang	96.6	100.3	99.4	100.6	100.9	100.4	96.8
安 徽 Anhui	100.0	96.7	101.5	99.4	99.9	98.8	92.5
福 建 Fujian	96.0	97.2	95.6	98.5	100.1	98.0	95.7
江 西 Jiangxi	96.5	91.9	98.0	95.9	99.3	93.0	97.2
山 东 Shandong	97.9	97.8	99.6	99.2	99.7	98.7	98.1
河 南 Henan	97.9	98.4	99.7	99.3	99.3	99.3	96.6
湖 北 Hubei	101.2	100.0	100.3	96.6	100.2	95.1	94.5
湖 南 Hunan	98.6	96.5	100.4	99.0	102.1	96.8	99.2
广 东 Guangdong	96.0	98.2	98.7	99.5	101.1	98.9	96.2
广 西 Guangxi	94.7	99.1	98.5	101.9	102.7	101.5	96.5
海 南 Hainan	95.6	100.6	102.8	97.5	99.9	96.2	96.0
重 庆 Chongqing	94.0	86.1	93.7	98.7	96.3	99.1	95.6
四 川 Sichuan	93.4	94.7	93.7	96.8	100.3	95.5	95.6
贵 州 Guizhou	100.1	99.0	108.8	101.3	99.9	101.8	95.8
云 南 Yunnan	99.3	98.8	90.0	99.3	99.5	99.2	94.6
西 藏 Tibet	100.5	100.7	99.8	100.0	99.8	100.2	97.9
陕 西 Shaanxi	100.7	101.1	89.0	101.6	98.0	102.9	96.1
甘 肃 Gansu	95.5	88.6	99.7	99.7	99.7	99.7	95.8
青 海 Qinghai	95.8	98.4	99.0	101.3	98.9	103.8	95.3
宁 夏 Ningxia	106.3	101.6	99.0	100.3	100.9	99.9	91.2
新 疆 Xinjiang	96.8	97.3	99.8	100.2	100.3	100.1	95.4

4－8－5 续表 4　Continued 4

（上年＝100）　　(preceding year＝100)

地　区　Region	1. 家庭设备 Household Facilities	2. 文娱用耐用消费品 Durable Consumer Goods for Cultural and Recreational Use	3. 音像器材 Music and Video Equipment	六、文化办公用品 Cultural and Office Appliances	七、日用品 Articles for Daily Use	1. 日用百货 General Merchandise for Daily Use	2. 日用杂品 Grocery for Daily Use
全　国　National	**98.8**	**91.2**	**96.8**	**96.0**	**100.2**	**99.9**	**100.6**
北　京　Beijing	100.2	91.7	99.8	98.2	100.0	99.2	101.7
天　津　Tianjin	98.3	92.7	96.5	98.8	100.4	99.6	100.4
河　北　Hebei	97.3	92.1	99.0	97.1	99.3	99.3	100.3
山　西　Shanxi	99.4	94.0	95.5	98.0	100.6	99.8	102.2
内蒙古　Inner Mongolia	98.3	93.6	100.0	97.6	99.2	99.2	99.1
辽　宁　Liaoning	99.7	88.0	98.7	95.7	100.4	100.1	99.1
吉　林　Jilin	99.0	89.7	97.9	96.8	100.1	100.3	100.2
黑龙江　Heilongjiang	98.9	91.5	98.5	97.3	100.5	101.3	100.6
上　海　Shanghai	97.5	84.2	97.2	91.6	100.5	100.3	101.6
江　苏　Jiangsu	99.8	88.6	88.8	95.4	99.8	99.4	100.8
浙　江　Zhejiang	98.1	92.8	98.4	97.8	100.3	100.2	99.6
安　徽　Anhui	95.9	86.7	99.2	95.2	98.8	99.6	99.9
福　建　Fujian	96.4	94.3	97.4	95.5	99.7	99.4	100.7
江　西　Jiangxi	99.8	92.4	101.6	94.6	100.9	100.2	99.9
山　东　Shandong	99.3	95.9	99.3	95.1	99.5	100.3	99.9
河　南　Henan	98.2	93.7	97.7	98.0	100.0	99.8	100.1
湖　北　Hubei	97.1	90.3	96.8	97.9	98.3	99.3	99.9
湖　南　Hunan	100.7	96.6	99.6	98.9	100.2	100.7	98.7
广　东　Guangdong	99.3	92.0	96.5	94.3	101.4	100.4	102.9
广　西　Guangxi	101.6	90.5	98.4	96.5	101.2	99.2	98.8
海　南　Hainan	100.1	89.5	98.6	96.6	101.4	100.7	99.4
重　庆　Chongqing	98.0	91.1	100.0	99.8	100.0	99.7	101.2
四　川　Sichuan	95.7	92.7	99.8	95.6	100.2	99.1	100.5
贵　州　Guizhou	100.0	89.0	99.8	99.7	99.6	100.0	100.0
云　南　Yunnan	97.4	91.3	99.6	86.7	100.3	98.8	99.2
西　藏　Tibet	97.0	99.1	90.6	97.6	98.6	98.7	99.9
陕　西　Shaanxi	99.8	87.9	99.9	97.3	100.3	99.5	101.6
甘　肃　Gansu	99.9	91.7	95.4	96.7	98.1	100.3	94.4
青　海　Qinghai	98.0	90.1	96.7	97.3	102.0	100.6	103.7
宁　夏　Ningxia	97.1	81.7	98.3	93.3	101.2	98.7	101.0
新　疆　Xinjiang	96.9	92.9	99.7	96.0	99.3	99.1	100.2

4—8—5 续表 5 Continued 5

(上年=100)

(preceding year=100)

地 区 Region	3. 洗涤用品 Wash	4. 其它日用品 Other Articles for Daily Use	八、体育娱乐用品 Sports and Recreation Articles	1. 体育用品 Sports Articles	2. 娱乐用品 Recreation Articles	九、交通、通信用品 Transportation and Communication Appliances	1. 交通运输机械 Transportation Appliances
全 国 National	**100. 1**	**100. 4**	**98. 1**	**99. 9**	**96. 9**	**90. 8**	**94. 7**
北 京 Beijing	101. 2	99. 5	97. 3	99. 8	94. 9	88. 5	91. 4
天 津 Tianjin	100. 6	101. 4	97. 6	100. 6	95. 8	88. 6	99. 1
河 北 Hebei	98. 9	99. 2	99. 4	101. 2	97. 9	92. 0	96. 4
山 西 Shanxi	101. 9	98. 9	98. 5	100. 9	96. 6	86. 3	92. 2
内蒙古 Inner Mongolia	99. 3	99. 1	98. 7	99. 9	97. 5	93. 7	97. 4
辽 宁 Liaoning	100. 6	101. 1	99. 8	106. 0	95. 7	88. 6	95. 3
吉 林 Jilin	100. 1	99. 6	97. 4	97. 9	97. 0	88. 9	97. 1
黑龙江 Heilongjiang	99. 5	100. 2	99. 2	102. 7	97. 4	91. 4	96. 4
上 海 Shanghai	100. 9	100. 2	94. 7	94. 7	94. 8	88. 5	92. 8
江 苏 Jiangsu	98. 8	100. 5	97. 7	99. 5	96. 7	90. 4	96. 3
浙 江 Zhejiang	100. 5	101. 4	99. 3	101. 4	98. 0	93. 5	95. 2
安 徽 Anhui	97. 9	97. 6	96. 5	97. 8	95. 6	92. 3	95. 8
福 建 Fujian	99. 8	99. 5	98. 3	99. 9	97. 5	89. 7	94. 0
江 西 Jiangxi	103. 3	99. 7	97. 5	98. 1	97. 1	89. 9	95. 2
山 东 Shandong	99. 2	98. 9	99. 0	99. 4	98. 6	92. 2	96. 0
河 南 Henan	100. 8	99. 2	99. 3	100. 0	98. 5	94. 7	96. 9
湖 北 Hubei	96. 7	98. 2	104. 9	101. 5	107. 5	91. 7	96. 8
湖 南 Hunan	100. 9	99. 9	97. 3	96. 4	98. 1	90. 3	98. 7
广 东 Guangdong	100. 4	102. 0	100. 0	100. 8	99. 3	91. 2	95. 3
广 西 Guangxi	101. 5	105. 6	100. 7	101. 8	99. 7	88. 3	94. 0
海 南 Hainan	102. 3	103. 7	99. 6	100. 0	99. 3	94. 1	96. 5
重 庆 Chongqing	99. 6	100. 2	94. 1	97. 0	93. 1	88. 9	99. 1
四 川 Sichuan	101. 1	99. 6	98. 3	99. 9	97. 9	91. 1	92. 6
贵 州 Guizhou	100. 3	97. 6	98. 2	100. 1	96. 6	91. 9	97. 3
云 南 Yunnan	101. 3	100. 6	97. 4	101. 3	96. 5	93. 2	96. 3
西 藏 Tibet	97. 4	98. 7	97. 5	97. 7	97. 2	99. 3	99. 8
陕 西 Shaanxi	101. 6	99. 5	97. 5	99. 5	96. 3	92. 2	93. 7
甘 肃 Gansu	98. 4	99. 5	97. 8	99. 0	96. 7	94. 2	96. 8
青 海 Qinghai	102. 2	101. 1	100. 3	100. 2	100. 3	92. 9	96. 1
宁 夏 Ningxia	101. 2	104. 1	97. 5	102. 0	94. 2	89. 0	93. 2
新 疆 Xinjiang	98. 6	99. 4	97. 1	99. 1	95. 7	92. 5	98. 9

4—8—5 续表 6 Continued 6

(上年=100) (preceding year=100)

地 区 Region	2. 通讯器材 Communication Appliances	十、家具 Furniture	十一、化妆品 Cosmetics	十二、金银珠宝 Gold, Silver and Jewelry	十三、中西药品及医疗保健用品 Traditional Chinese and Western Medicines and Health Care Articles	1. 医疗器具及用品 Medical Apparatus and Article
全 国 National	**83.2**	**98.7**	**99.2**	**104.6**	**97.7**	**98.6**
北 京 Beijing	76.9	97.2	104.1	105.1	95.4	100.3
天 津 Tianjin	70.5	97.2	98.2	102.9	96.5	98.4
河 北 Hebei	85.9	99.8	99.2	104.9	98.6	101.7
山 西 Shanxi	79.9	98.7	99.6	103.9	95.7	97.2
内蒙古 Inner Mongolia	89.7	100.2	98.9	104.6	98.3	100.7
辽 宁 Liaoning	78.3	99.8	98.7	103.2	97.6	99.0
吉 林 Jilin	82.6	98.3	98.3	104.7	97.0	97.7
黑龙江 Heilongjiang	86.2	95.9	99.4	105.9	100.0	100.0
上 海 Shanghai	70.7	100.1	96.1	107.3	97.7	99.4
江 苏 Jiangsu	79.7	99.5	100.4	105.4	98.5	99.1
浙 江 Zhejiang	83.6	99.9	98.1	103.7	97.0	98.9
安 徽 Anhui	84.2	98.1	97.3	105.2	95.3	96.3
福 建 Fujian	78.5	99.9	99.2	102.9	97.3	95.8
江 西 Jiangxi	82.3	92.3	99.6	104.2	94.5	94.1
山 东 Shandong	84.8	99.8	99.0	103.6	98.6	97.4
河 南 Henan	88.0	99.3	99.6	102.5	96.1	95.9
湖 北 Hubei	88.5	96.5	100.1	105.4	96.6	96.3
湖 南 Hunan	83.2	98.3	100.0	105.4	96.9	98.5
广 东 Guangdong	86.8	98.0	98.7	105.1	98.8	100.3
广 西 Guangxi	77.2	99.4	99.1	104.1	99.3	98.7
海 南 Hainan	88.2	100.5	101.5	104.4	97.9	97.9
重 庆 Chongqing	82.0	101.3	100.8	104.0	102.6	98.7
四 川 Sichuan	87.8	100.0	99.5	105.7	99.5	100.8
贵 州 Guizhou	85.8	99.9	99.6	104.6	99.5	97.7
云 南 Yunnan	87.8	100.3	100.1	104.3	98.4	90.0
西 藏 Tibet	98.9	99.7	99.7	97.8	99.8	100.0
陕 西 Shaanxi	85.1	99.9	99.8	103.8	97.0	97.3
甘 肃 Gansu	88.0	99.1	100.3	104.6	97.6	97.3
青 海 Qinghai	80.1	99.6	98.6	100.3	97.7	99.1
宁 夏 Ningxia	84.0	98.0	99.2	104.0	97.1	100.5
新 疆 Xinjiang	87.6	99.9	98.8	101.9	100.1	100.4

4—8—5 续表 7 Continued 7

(上年=100)

(preceding year=100)

地 区 Region	2. 中药材及中成药 Tradtional Chinese Medicinal Materials and Medicines	3. 西药 Western Medicines	4. 保健器具及用品 Health Care Appliances and Articles	十四、书报杂志及电子出版物 Books，Newspapers，Magazines and Electronic Publications	1. 教材及参考书 Teaching Materials and Reference Books	2. 书报杂志 Newspapers and Magazines
全 国 National	**96.6**	**97.8**	**100.0**	**100.4**	**101.0**	**100.7**
北 京 Beijing	90.7	97.8	97.6	100.2	100.7	100.2
天 津 Tianjin	95.3	96.2	98.6	100.6	100.9	100.0
河 北 Hebei	97.8	98.8	100.5	100.9	101.7	100.3
山 西 Shanxi	94.5	96.2	98.1	102.3	102.0	103.2
内蒙古 Inner Mongolia	100.1	97.0	99.2	100.2	101.1	100.0
辽 宁 Liaoning	97.5	97.5	97.6	100.5	101.3	100.6
吉 林 Jilin	94.6	98.0	99.0	102.3	104.6	101.2
黑龙江 Heilongjiang	100.8	99.3	101.2	100.8	99.2	101.9
上 海 Shanghai	99.2	95.8	100.0	98.0	94.5	101.1
江 苏 Jiangsu	97.6	98.2	100.4	100.5	100.6	102.0
浙 江 Zhejiang	94.9	96.7	102.6	99.9	100.3	100.1
安 徽 Anhui	93.5	95.9	98.1	102.6	107.3	100.1
福 建 Fujian	94.3	98.9	100.4	100.3	100.8	100.2
江 西 Jiangxi	90.3	96.1	99.0	99.7	99.8	100.3
山 东 Shandong	96.2	99.4	101.6	100.5	101.6	100.5
河 南 Henan	96.3	95.2	99.9	99.7	101.2	100.0
湖 北 Hubei	94.4	98.2	98.3	100.7	102.1	99.9
湖 南 Hunan	96.1	97.0	98.2	101.0	101.6	100.6
广 东 Guangdong	97.8	99.0	100.0	100.8	101.8	101.7
广 西 Guangxi	98.6	99.7	100.3	100.4	100.2	101.2
海 南 Hainan	96.4	99.2	97.7	97.0	94.5	98.6
重 庆 Chongqing	102.4	101.5	108.9	99.7	98.4	100.0
四 川 Sichuan	98.3	99.7	98.5	100.2	100.6	100.1
贵 州 Guizhou	102.9	97.6	98.8	100.4	99.9	101.2
云 南 Yunnan	101.3	95.9	101.5	99.9	99.8	100.4
西 藏 Tibet	100.4	99.1	100.0	100.2	100.8	100.0
陕 西 Shaanxi	98.1	96.0	98.6	98.8	98.7	99.9
甘 肃 Gansu	94.3	99.2	103.7	98.5	102.2	100.0
青 海 Qinghai	99.1	96.6	99.5	100.5	102.0	100.0
宁 夏 Ningxia	96.4	96.4	99.8	99.8	100.6	100.0
新 疆 Xinjiang	101.3	99.0	100.4	98.3	97.2	100.3

4—8—5 续表 8 Continued 8

(上年=100) (preceding year=100)

地 区 Region	3. 电子音像制品 Electronic Publications	十五、燃料 Fuels	1. 煤炭及制品 Coal and its product	2. 石油及制品 Petroleum and its product	十六、建筑材料及五金电料 Building Materials and Hardware	1. 建筑装璜材料 Building Decoration Materials	2. 五金电料 Hardware
全 国 National	**98.5**	**114.3**	**120.1**	**113.2**	**101.9**	**102.0**	**101.6**
北 京 Beijing	98.9	109.9	141.9	108.5	99.6	100.7	96.6
天 津 Tianjin	101.8	112.9	121.9	112.4	101.6	102.1	100.0
河 北 Hebei	99.5	114.6	121.2	113.5	100.6	100.9	99.5
山 西 Shanxi	98.7	113.2	122.5	112.2	103.7	103.1	105.6
内蒙古 Inner Mongolia	98.6	121.9	128.6	118.8	100.6	100.7	100.4
辽 宁 Liaoning	98.5	114.0	124.4	111.6	102.1	102.8	100.2
吉 林 Jilin	98.7	116.6	123.5	114.4	100.4	101.4	97.0
黑龙江 Heilongjiang	101.1	115.8	125.8	111.4	101.5	102.0	100.1
上 海 Shanghai	101.2	109.1	126.9	108.9	104.0	103.1	106.8
江 苏 Jiangsu	97.6	113.7	113.3	113.6	105.4	106.7	102.3
浙 江 Zhejiang	98.9	112.9	107.6	114.1	103.4	103.8	102.3
安 徽 Anhui	97.9	111.9	113.7	111.6	100.9	100.0	103.1
福 建 Fujian	99.7	115.1	131.7	114.2	101.4	101.5	100.9
江 西 Jiangxi	97.6	115.1	123.9	113.2	100.4	100.1	101.9
山 东 Shandong	99.3	113.0	119.7	110.1	101.7	101.2	102.7
河 南 Henan	96.5	118.4	125.0	113.5	101.0	101.3	100.2
湖 北 Hubei	98.6	113.7	130.1	110.5	103.3	103.6	102.4
湖 南 Hunan	100.7	116.9	131.4	113.6	102.6	102.5	103.1
广 东 Guangdong	97.3	114.8	109.1	115.0	100.9	101.2	100.2
广 西 Guangxi	99.5	115.8	119.4	115.3	102.3	103.0	100.0
海 南 Hainan	97.3	111.8	104.6	112.3	106.8	103.7	114.1
重 庆 Chongqing	101.8	107.9	134.6	106.4	101.3	101.2	101.3
四 川 Sichuan	99.9	110.9	109.3	111.5	101.0	100.9	101.3
贵 州 Guizhou	100.0	116.3	119.1	115.5	101.6	100.7	104.3
云 南 Yunnan	99.1	110.8	117.9	110.7	102.3	101.6	106.1
西 藏 Tibet	100.0	111.9	99.1	117.9	97.9	99.7	94.3
陕 西 Shaanxi	96.6	112.9	127.2	110.5	100.8	100.5	102.3
甘 肃 Gansu	89.9	114.4	113.1	115.2	101.2	101.3	100.8
青 海 Qinghai	97.8	111.5	101.7	114.8	103.8	107.5	98.0
宁 夏 Ningxia	97.8	118.6	105.6	122.3	103.8	103.7	104.0
新 疆 Xinjiang	97.3	116.9	109.9	118.9	103.3	103.6	102.6

4—8—6 各地区农村商品零售价格分类指数(2005年)
Rural Retail Price Indices by Category and Region(2005)

(上年=100) (preceding year=100)

地 区 Region	总指数 Retail Price Index	一、食品 Food	1.粮食 Grain	2.淀粉及薯类 Starches and Tubers	3.干豆类及豆制品 Starches and Tubers	4.油脂 Oil or Fat	5.肉禽及其制品 Meat, Poultry and Their Products	6.蛋 Eggs
全 国 National	**101.4**	**102.8**	**101.2**	**104.4**	**102.7**	**94.8**	**103.3**	**105.5**
北 京 Beijing								
天 津 Tianjin								
河 北 Hebei	101.2	101.5	102.8	109.4	101.8	96.2	102.8	102.7
山 西 Shanxi	100.7	102.4	103.1	108.8	107.5	94.0	101.4	103.2
内蒙古 Inner Mongolia	101.4	102.3	103.8	114.3	108.5	97.5	101.9	104.8
辽 宁 Liaoning	100.9	102.1	102.4	105.3	99.9	86.7	100.9	102.1
吉 林 Jilin	101.5	100.1	103.7	101.7	97.4	91.0	102.7	103.7
黑龙江 Heilongjiang	102.3	99.9	102.7	99.4	95.5	90.9	100.6	102.0
上 海 Shanghai								
江 苏 Jiangsu	101.1	104.2	100.6	106.5	101.5	93.0	104.5	105.5
浙 江 Zhejiang	100.7	103.1	99.2	101.2	101.3	92.5	102.4	106.8
安 徽 Anhui	101.1	103.9	97.0	105.6	102.9	88.4	106.5	110.5
福 建 Fujian	101.0	103.6	99.1	104.4	102.8	97.9	105.3	103.7
江 西 Jiangxi	101.4	102.4	96.8	105.9	103.0	96.7	102.2	107.3
山 东 Shandong	101.2	104.5	99.8	105.1	105.3	93.2	103.3	107.6
河 南 Henan	101.6	102.9	100.3	101.7	104.1	90.7	102.0	105.2
湖 北 Hubei	102.4	104.7	101.0	116.0	108.3	91.4	107.2	104.5
湖 南 Hunan	103.0	102.5	101.0	107.4	107.5	99.3	101.4	110.1
广 东 Guangdong	102.2	104.7	101.6	101.2	102.9	100.7	106.1	104.9
广 西 Guangxi	101.0	102.2	101.2	106.7	106.1	95.5	105.0	102.7
海 南 Hainan	101.5	103.3	99.6	105.6	104.6	98.9	101.6	104.8
重 庆 Chongqing								
四 川 Sichuan	101.0	101.8	102.3	103.3	102.7	95.3	101.5	106.4
贵 州 Guizhou	102.8	101.6	99.9	102.5	104.8	90.1	103.8	116.3
云 南 Yunnan	99.8	99.2	103.6	102.8	104.6	97.8	99.8	107.8
西 藏 Tibet	100.4	102.8	104.0	99.3	107.5	100.1	103.7	106.6
陕 西 Shaanxi	100.8	101.5	101.7	109.0	102.9	95.4	101.2	104.9
甘 肃 Gansu	100.6	101.0	104.4	104.4	103.0	95.4	104.2	104.4
青 海 Qinghai	101.0	100.5	101.9	94.3	102.5	95.1	101.4	109.1
宁 夏 Ningxia	100.1	101.9	106.3	98.3	100.6	98.6	101.1	104.2
新 疆 Xinjiang	99.3	97.5	102.5	106.7	101.7	91.6	98.7	99.5

4－8－6 续表 1　Continued 1

（上年＝100）　(preceding year＝100)

地　区　Region	7. 水产品 Aquatic Products	8. 菜 Vegetables	9. 调味品 Flavoring	10. 糖 Carbohydrate	11. 干鲜瓜果 Dried and Fresh Melons and Fruits	12. 糕点饼干面包 Cake, Biscuit and Bread	13. 奶及奶制品 Milk and Its Products
全　国　National	**104. 6**	**107. 2**	**101. 3**	**105. 0**	**101. 2**	**100. 9**	**101. 5**
北　京　Beijing							
天　津　Tianjin							
河　北　Hebei	98. 4	96. 1	101. 1	104. 0	110. 6	100. 6	102. 0
山　西　Shanxi	105. 0	101. 9	101. 4	105. 0	107. 1	100. 4	100. 6
内蒙古　Inner Mongolia	100. 8	104. 9	100. 5	102. 4	99. 1	99. 7	101. 1
辽　宁　Liaoning	107. 7	105. 8	100. 8	100. 4	106. 5	101. 6	101. 4
吉　林　Jilin	92. 6	95. 6	100. 6	111. 3	99. 6	100. 2	100. 7
黑龙江　Heilongjiang	98. 8	97. 4	99. 9	101. 4	99. 7	101. 4	102. 8
上　海　Shanghai							
江　苏　Jiangsu	106. 2	112. 6	100. 9	104. 7	102. 4	98. 9	98. 9
浙　江　Zhejiang	104. 5	109. 3	101. 2	103. 9	100. 1	100. 3	101. 2
安　徽　Anhui	103. 3	114. 9	100. 6	105. 3	100. 0	101. 1	101. 5
福　建　Fujian	102. 9	112. 5	100. 2	103. 5	102. 9	99. 4	98. 8
江　西　Jiangxi	99. 8	115. 4	100. 2	108. 9	99. 7	99. 3	100. 5
山　东　Shandong	99. 9	119. 9	106. 2	110. 3	103. 9	102. 9	105. 0
河　南　Henan	101. 1	113. 7	100. 3	108. 7	107. 4	100. 5	105. 0
湖　北　Hubei	101. 3	117. 3	113. 9	107. 1	97. 7	101. 3	104. 0
湖　南　Hunan	108. 5	115. 3	103. 2	102. 6	97. 0	100. 0	100. 6
广　东　Guangdong	110. 1	108. 8	100. 7	104. 3	99. 1	101. 7	99. 6
广　西　Guangxi	106. 5	104. 4	102. 8	102. 4	87. 5	106. 4	105. 1
海　南　Hainan	106. 1	117. 5	102. 6	108. 4	92. 7	100. 4	99. 5
重　庆　Chongqing							
四　川　Sichuan	104. 2	102. 6	101. 2	104. 5	103. 3	101. 0	99. 2
贵　州　Guizhou	104. 4	100. 7	99. 4	109. 4	111. 9	96. 7	112. 3
云　南　Yunnan	109. 8	84. 9	101. 3	100. 6	91. 5	102. 7	101. 4
西　藏　Tibet	102. 9	100. 2	99. 5	103. 3	96. 0	103. 8	109. 3
陕　西　Shaanxi	101. 2	97. 4	100. 4	103. 7	104. 9	100. 2	102. 7
甘　肃　Gansu	106. 3	94. 2	100. 1	104. 2	97. 5	98. 4	103. 5
青　海　Qinghai	103. 7	97. 5	100. 3	103. 3	96. 3	98. 1	104. 0
宁　夏　Ningxia	96. 4	98. 2	100. 8	104. 7	95. 9	99. 8	105. 8
新　疆　Xinjiang	104. 3	90. 9	100. 7	100. 7	89. 2	102. 4	100. 2

4—8—6 续表 2 Continued 2

(上年=100)

(preceding year=100)

地 区 Region	14. 在外用膳食品 Outward Dinner Food	15. 其它食品 Other Foods	二、饮料、烟酒 Beverages, Tobacco and Liquor	1. 茶及饮料 Tea and Beverages	2. 烟草 Tobacco	3. 酒 Liquor	三、服装、鞋帽 Garments, Shoes and Hats
全 国 National	**101.7**	**100.7**	**100.6**	**100.3**	**100.5**	**101.0**	**99.1**
北 京 Beijing							
天 津 Tianjin							
河 北 Hebei	100.4	99.6	100.0	100.5	99.5	100.3	100.2
山 西 Shanxi	102.7	99.7	101.9	99.6	101.8	103.4	98.2
内蒙古 Inner Mongolia	101.3	100.5	99.3	100.7	99.2	98.7	99.6
辽 宁 Liaoning	100.0	100.8	99.3	99.9	100.4	97.7	99.1
吉 林 Jilin	101.6	97.9	99.8	98.3	101.3	99.6	102.3
黑龙江 Heilongjiang	101.6	103.7	100.1	99.8	100.0	100.4	101.2
上 海 Shanghai							
江 苏 Jiangsu	105.1	101.9	100.9	99.9	101.3	100.9	99.2
浙 江 Zhejiang	100.5	101.9	100.3	100.1	99.7	101.3	95.2
安 徽 Anhui	101.0	99.6	100.5	100.1	100.8	100.0	96.3
福 建 Fujian	101.4	101.5	100.3	100.4	99.7	100.8	98.5
江 西 Jiangxi	100.8	100.3	100.6	99.1	101.1	100.7	100.1
山 东 Shandong	102.1	100.8	100.3	100.3	100.1	100.6	97.1
河 南 Henan	101.7	100.2	100.7	99.8	101.5	100.5	98.7
湖 北 Hubei	102.0	100.6	100.3	98.9	99.2	102.3	100.7
湖 南 Hunan	99.5	99.9	100.0	100.1	100.0	99.9	101.0
广 东 Guangdong	102.4	102.4	101.4	100.9	101.5	101.8	99.9
广 西 Guangxi	100.1	103.4	101.2	101.8	98.2	104.1	99.1
海 南 Hainan	100.8	100.9	100.0	99.2	99.5	101.1	96.2
重 庆 Chongqing							
四 川 Sichuan	102.3	99.3	100.4	99.6	100.3	100.6	100.2
贵 州 Guizhou	105.5	99.0	101.3	114.4	101.1	100.9	100.1
云 南 Yunnan	101.9	98.7	103.1	99.4	103.2	105.6	96.5
西 藏 Tibet	105.2	97.9	102.0	99.9	102.7	102.5	103.0
陕 西 Shaanxi	102.8	104.7	100.9	101.0	100.7	101.0	101.0
甘 肃 Gansu	100.8	98.0	99.3	99.3	98.2	100.3	103.6
青 海 Qinghai	101.6	100.3	98.9	98.6	98.7	99.1	99.4
宁 夏 Ningxia	103.7	103.4	98.5	100.5	98.3	97.8	100.3
新 疆 Xinjiang	101.2	99.3	100.2	102.0	99.1	100.1	100.4

4—8—6 续表 3 Continued 3

(上年=100) (preceding year=100)

地 区 Region	1.服装 Garments	2.鞋袜帽 Footgear and Hats	3.其它 Others	四、纺织品 Textiles	1.衣着材料 Clothing Material	2.床上用品 Bed Articles	五、家用电器及音像器材 Household Appliances, Music and Video Equipment
全 国 National	**99.1**	**99.5**	**97.5**	**100.4**	**100.8**	**100.0**	**97.3**
北 京 Beijing							
天 津 Tianjin							
河 北 Hebei	100.8	99.4	95.3	102.1	103.6	100.3	96.1
山 西 Shanxi	97.2	100.3	99.0	99.3	99.0	99.9	97.1
内蒙古 Inner Mongolia	99.4	100.0	99.9	99.6	100.2	99.0	96.3
辽 宁 Liaoning	97.2	102.1	97.8	100.5	101.7	99.3	96.0
吉 林 Jilin	101.7	103.9	100.0	101.7	101.3	102.3	96.9
黑龙江 Heilongjiang	101.5	100.7	101.0	101.2	101.2	101.2	99.0
上 海 Shanghai							
江 苏 Jiangsu	99.2	99.4	98.4	99.5	99.9	99.3	97.9
浙 江 Zhejiang	95.1	95.9	93.1	100.4	100.6	100.2	96.3
安 徽 Anhui	95.3	98.9	96.5	99.7	100.9	98.3	98.4
福 建 Fujian	98.7	99.0	92.9	100.5	100.6	100.4	96.8
江 西 Jiangxi	98.7	103.0	99.3	101.7	103.8	99.9	95.5
山 东 Shandong	96.2	98.4	99.5	98.8	99.3	98.1	98.3
河 南 Henan	98.7	98.8	98.6	100.2	99.8	100.8	97.6
湖 北 Hubei	100.7	100.9	99.6	100.1	98.5	100.8	98.5
湖 南 Hunan	100.8	102.1	94.9	101.4	100.6	102.0	97.4
广 东 Guangdong	100.4	99.5	97.0	98.5	99.6	97.9	97.3
广 西 Guangxi	103.6	88.0	99.1	100.3	100.5	100.1	96.3
海 南 Hainan	95.2	99.3	94.0	98.5	99.4	97.7	98.4
重 庆 Chongqing							
四 川 Sichuan	100.4	99.8	100.0	101.5	102.0	101.1	97.7
贵 州 Guizhou	101.2	99.1	88.4	105.8	103.8	106.4	98.1
云 南 Yunnan	94.7	99.3	95.3	99.3	100.5	98.5	95.0
西 藏 Tibet	104.3	101.0	98.4	98.7	98.5	99.0	93.5
陕 西 Shaanxi	100.4	102.7	98.9	101.5	101.9	101.0	98.1
甘 肃 Gansu	104.4	103.0	99.6	100.9	101.0	100.6	96.0
青 海 Qinghai	99.1	100.0	100.0	99.7	99.6	99.8	99.1
宁 夏 Ningxia	99.1	104.4	91.6	99.5	98.6	100.3	96.7
新 疆 Xinjiang	101.4	98.0	100.7	101.0	100.9	101.1	98.6

4－8－6续表4 Continued 4

(上年＝100) (preceding year＝100)

地 区 Region	1. 家庭设备 Household Facilities	2. 文娱用耐用消费品 Durable Consumer Goods for Cultural and Recreational Use	3. 音像器材 Music and Video Equipment	六、文化办公用品 Cultural and Office Appliances	七、日用品 Articles for Daily Use	1. 日用百货 General Merchandise for Daily Use	2. 日用杂品 Grocery for Daily Use
全 国 National	**98.8**	**95.6**	**98.1**	**98.2**	**100.2**	**100.1**	**100.9**
北 京 Beijing							
天 津 Tianjin							
河 北 Hebei	96.8	95.6	98.0	98.8	100.4	100.4	101.3
山 西 Shanxi	99.8	93.8	96.5	96.8	99.9	99.1	101.9
内蒙古 Inner Mongolia	99.4	92.1	100.0	98.5	100.5	100.6	102.0
辽 宁 Liaoning	98.2	93.3	100.0	97.9	99.3	99.2	100.0
吉 林 Jilin	96.6	97.0	98.4	97.9	99.9	99.7	101.2
黑龙江 Heilongjiang	100.4	97.3	100.0	98.7	100.4	100.6	101.2
上 海 Shanghai							
江 苏 Jiangsu	99.1	96.5	94.7	98.0	99.7	99.2	100.2
浙 江 Zhejiang	96.7	95.4	99.9	98.2	101.0	100.8	102.2
安 徽 Anhui	99.6	96.5	99.7	97.1	99.9	100.7	100.0
福 建 Fujian	97.9	95.2	98.3	98.8	99.5	99.0	100.3
江 西 Jiangxi	97.3	93.6	99.8	100.0	100.5	100.7	101.1
山 东 Shandong	100.0	96.3	99.0	98.7	99.3	99.0	99.0
河 南 Henan	99.6	94.4	100.0	99.2	99.7	99.7	100.1
湖 北 Hubei	99.8	96.1	98.9	99.6	99.7	99.3	100.7
湖 南 Hunan	97.5	97.4	93.7	99.5	101.1	100.8	103.1
广 东 Guangdong	99.6	95.3	96.5	96.1	100.2	100.4	99.7
广 西 Guangxi	99.1	91.9	98.4	95.1	102.4	101.0	104.1
海 南 Hainan	101.7	94.5	92.0	97.6	99.8	101.7	100.0
重 庆 Chongqing							
四 川 Sichuan	99.3	95.7	99.5	98.7	100.2	99.1	101.4
贵 州 Guizhou	98.8	97.1	99.8	99.9	101.3	100.9	100.0
云 南 Yunnan	93.6	96.5	97.6	97.7	99.1	98.7	99.2
西 藏 Tibet	97.2	89.1	98.3	97.4	100.4	100.8	98.7
陕 西 Shaanxi	100.8	94.9	99.1	98.9	100.7	101.0	101.0
甘 肃 Gansu	95.4	95.2	103.3	99.7	99.1	99.4	98.5
青 海 Qinghai	98.9	99.3	99.9	100.1	99.4	99.1	99.3
宁 夏 Ningxia	100.5	92.8	91.5	97.9	100.7	102.0	101.1
新 疆 Xinjiang	99.6	97.5	99.0	98.7	99.6	99.1	100.3

4—8—6 续表 5　Continued 5

(上年=100)　　(preceding year=100)

地　区 Region	3. 洗涤用品 Wash	4. 其它日用品 Other Articles for Daily Use	八、体育娱乐用品 Sports and Recreation Articles	1. 体育用品 Sports Articles	2. 娱乐用品 Recreation Articles	九、交通、通信用品 Transportation and Communication Appliances	1. 交通运输机械 Transportation Appliances
全　国 National	**100.4**	**99.7**	**99.1**	**99.7**	**98.7**	**94.0**	**97.1**
北　京 Beijing							
天　津 Tianjin							
河　北 Hebei	101.1	99.1	99.6	100.3	98.9	94.6	98.2
山　西 Shanxi	101.2	98.3	98.0	99.1	97.2	93.5	96.0
内蒙古 Inner Mongolia	99.5	100.3	98.6	97.0	99.8	92.6	99.0
辽　宁 Liaoning	99.6	97.8	98.2	99.2	97.2	93.6	97.9
吉　林 Jilin	99.2	100.1	100.1	99.5	100.6	98.9	101.0
黑龙江 Heilongjiang	100.4	99.8	101.8	103.8	99.1	94.2	100.4
上　海 Shanghai							
江　苏 Jiangsu	100.4	98.7	98.1	97.8	98.4	92.4	97.4
浙　江 Zhejiang	100.0	101.5	99.6	99.7	99.5	95.6	97.3
安　徽 Anhui	99.5	98.7	98.4	96.0	100.6	94.6	98.8
福　建 Fujian	99.6	99.5	98.6	99.4	97.9	90.3	95.8
江　西 Jiangxi	100.6	99.4	99.2	99.4	99.1	92.5	99.9
山　东 Shandong	99.7	99.5	99.7	99.7	99.7	94.0	97.8
河　南 Henan	99.5	99.7	100.0	100.5	99.4	94.7	98.0
湖　北 Hubei	99.8	99.4	98.8	98.0	99.5	95.4	97.7
湖　南 Hunan	100.8	100.4	99.3	100.0	98.6	95.7	94.2
广　东 Guangdong	100.4	100.1	99.5	100.6	98.3	92.5	93.8
广　西 Guangxi	104.2	100.5	100.7	104.0	97.0	91.3	94.8
海　南 Hainan	101.1	97.4	100.2	100.4	99.9	91.1	94.2
重　庆 Chongqing							
四　川 Sichuan	100.4	99.8	99.5	99.5	99.5	95.3	98.3
贵　州 Guizhou	103.9	99.0	109.6	112.6	102.3	100.4	100.5
云　南 Yunnan	101.9	96.4	93.0	92.5	93.5	92.5	96.5
西　藏 Tibet	102.1	99.1	95.2	96.2	94.5	97.2	101.5
陕　西 Shaanxi	100.9	99.9	98.7	99.9	97.4	94.4	100.3
甘　肃 Gansu	98.6	100.2	100.1	100.2	100.1	93.3	98.9
青　海 Qinghai	99.6	99.6	98.1	97.8	98.3	97.6	99.9
宁　夏 Ningxia	102.2	95.7	98.2	99.4	97.3	88.4	98.5
新　疆 Xinjiang	99.9	99.5	98.4	97.7	99.1	95.2	99.2

4－8－6 续表 6　Continued 6

（上年＝100）　　　　(preceding year＝100)

地　区　Region	2. 通讯器材 Communication Appliances	十、家具 Furniture	十一、化妆品 Cosmetics	十二、金银珠宝 Gold, Silver and Jewelry	十三、中西药品及医疗保健用品 Traditional Chinese and Western Medicines and Health Care Articles	1. 医疗器具及用品 Medical Apparatus and Article
全　国　National	**90.4**	**100.1**	**99.5**	**104.1**	**97.4**	**98.0**
北　京　Beijing						
天　津　Tianjin						
河　北　Hebei	89.8	100.9	99.8	103.5	98.3	97.3
山　西　Shanxi	86.8	99.8	99.5	101.1	96.9	98.0
内蒙古　Inner Mongolia	87.7	100.0	99.4	103.7	97.9	92.1
辽　宁　Liaoning	86.4	95.8	98.4	106.8	96.3	82.7
吉　林　Jilin	97.0	99.0	100.8	105.8	95.9	94.9
黑龙江　Heilongjiang	91.0	99.1	99.4	105.1	99.5	99.9
上　海　Shanghai						
江　苏　Jiangsu	88.3	100.0	98.2	102.9	96.9	96.7
浙　江　Zhejiang	91.2	99.7	99.3	106.1	96.5	99.6
安　徽　Anhui	86.9	102.2	100.6	100.5	95.8	96.7
福　建　Fujian	84.4	99.9	100.2	106.3	96.6	96.8
江　西　Jiangxi	85.2	98.8	99.8	105.1	93.0	92.2
山　东　Shandong	89.5	100.2	99.1	102.4	99.2	98.7
河　南　Henan	91.3	99.0	99.5	103.8	96.0	97.7
湖　北　Hubei	93.9	99.2	99.5	102.3	97.8	95.4
湖　南　Hunan	97.1	99.6	100.5	100.3	98.2	99.2
广　东　Guangdong	91.2	101.2	99.2	105.8	99.1	102.2
广　西　Guangxi	86.1	101.5	98.7	109.2	95.1	92.9
海　南　Hainan	87.7	100.7	100.0	105.7	96.9	99.9
重　庆　Chongqing						
四　川　Sichuan	91.6	100.0	103.7	103.1	97.7	100.2
贵　州　Guizhou	99.9	101.1	108.2	102.2	98.6	106.7
云　南　Yunnan	86.0	97.5	96.6	106.1	95.8	93.8
西　藏　Tibet	93.3	99.6	96.9	99.6	100.9	100.0
陕　西　Shaanxi	89.2	99.8	99.6	103.2	96.3	93.8
甘　肃　Gansu	89.3	100.9	101.2	102.2	97.8	97.9
青　海　Qinghai	95.5	98.1	96.6	104.1	98.9	102.2
宁　夏　Ningxia	78.2	94.4	94.3	106.4	95.6	101.1
新　疆　Xinjiang	90.8	97.1	97.2	103.4	98.6	103.1

4—8—6 续表 7 Continued 7

(上年=100) (preceding year=100)

地 区 Region	2. 中药材及中成药 Tradtional Chinese Medicinal Materials and Medicines	3. 西药 Western Medicines	4. 保健器具及用品 Health Care Appliances and Articles	十四、书报杂志及电子出版物 Books, Newspapers, Magazines and Electronic Publications	1. 教材及参考书 Teaching Materials and Reference Books	2. 书报杂志 Newspapers and Magazines
全 国 National	**96.3**	**97.8**	**98.9**	**100.3**	**100.5**	**100.5**
北 京 Beijing						
天 津 Tianjin						
河 北 Hebei	97.2	99.1	98.3	100.2	100.9	100.0
山 西 Shanxi	93.7	99.0	97.8	103.2	105.7	101.6
内蒙古 Inner Mongolia	98.9	97.5	99.5	100.1	101.1	100.0
辽 宁 Liaoning	102.2	93.7	99.6	100.4	101.0	100.3
吉 林 Jilin	92.7	97.7	100.2	101.5	103.3	100.7
黑龙江 Heilongjiang	100.3	99.0	98.4	99.9	100.3	99.2
上 海 Shanghai						
江 苏 Jiangsu	95.4	97.7	98.3	100.5	101.5	100.4
浙 江 Zhejiang	94.4	96.6	100.2	99.8	99.3	100.2
安 徽 Anhui	94.6	95.7	100.4	99.7	98.9	100.3
福 建 Fujian	96.1	96.6	98.5	100.3	101.5	100.3
江 西 Jiangxi	89.7	94.5	98.2	101.0	101.9	100.5
山 东 Shandong	98.9	99.2	100.1	100.0	99.5	101.3
河 南 Henan	93.5	97.3	98.7	99.7	99.7	100.1
湖 北 Hubei	97.2	97.9	101.0	102.1	103.1	99.8
湖 南 Hunan	95.8	99.1	101.0	100.8	100.5	101.1
广 东 Guangdong	98.7	99.3	98.5	100.9	101.1	102.0
广 西 Guangxi	94.3	96.0	95.7	100.5	100.5	100.4
海 南 Hainan	95.4	97.9	95.6	103.2	107.0	99.9
重 庆 Chongqing						
四 川 Sichuan	96.5	97.6	100.5	98.9	98.6	99.7
贵 州 Guizhou	100.1	98.0	97.9	98.9	96.4	102.2
云 南 Yunnan	97.1	95.1	96.2	99.7	102.3	96.1
西 藏 Tibet	99.7	102.6	99.1	99.8	101.4	100.3
陕 西 Shaanxi	96.3	96.3	97.8	99.1	97.6	100.5
甘 肃 Gansu	95.0	99.5	99.5	98.7	102.8	100.0
青 海 Qinghai	94.8	102.0	96.8	100.4	99.0	103.0
宁 夏 Ningxia	98.2	92.7	98.7	100.8	102.3	99.9
新 疆 Xinjiang	97.6	98.3	97.2	100.3	98.1	104.8

(上年=100)　　(preceding year=100)

地　区 Region	3. 电子音像制品 Electronic Publications	十五、燃料 Fuels	1. 煤炭及制品 Coal and its product	2. 石油及制品 Petroleum and its product	十六、建筑材料及五金电料 Building Materials and Hardware	1. 建筑装璜材料 Building Decoration Materials	2. 五金电料 Hardware
全　国 National	**99.1**	**117.4**	**122.7**	**114.6**	**102.5**	**102.8**	**101.3**
北　京 Beijing							
天　津 Tianjin							
河　北 Hebei	99.1	114.5	112.6	115.8	101.8	102.1	100.6
山　西 Shanxi	100.4	118.1	122.8	115.3	102.5	102.3	103.4
内蒙古 Inner Mongolia	98.4	126.2	140.0	115.7	101.5	101.7	100.9
辽　宁 Liaoning	99.4	119.1	126.8	114.7	102.8	103.8	100.2
吉　林 Jilin	99.7	124.5	137.2	116.3	104.2	104.4	103.4
黑龙江 Heilongjiang	100.0	121.1	125.9	115.5	108.7	109.5	107.0
上　海 Shanghai							
江　苏 Jiangsu	99.0	113.8	109.9	114.6	101.1	101.3	100.1
浙　江 Zhejiang	99.8	113.6	110.7	114.7	102.6	102.8	102.1
安　徽 Anhui	100.1	113.7	117.3	111.9	102.8	103.6	100.3
福　建 Fujian	98.1	120.3	135.9	116.1	101.4	101.4	101.7
江　西 Jiangxi	99.0	121.5	132.4	114.5	101.8	101.6	102.3
山　东 Shandong	98.8	113.5	111.0	115.3	102.5	102.8	101.3
河　南 Henan	98.7	117.9	120.5	114.8	102.9	103.5	100.8
湖　北 Hubei	103.0	113.9	117.9	112.7	100.9	100.7	101.1
湖　南 Hunan	100.6	131.4	152.6	115.0	108.2	109.4	98.8
广　东 Guangdong	98.7	117.2	125.1	115.6	100.5	100.5	100.8
广　西 Guangxi	100.8	113.9	119.6	113.1	102.7	102.6	103.3
海　南 Hainan	100.0	114.6	107.1	115.0	106.5	106.7	106.0
重　庆 Chongqing							
四　川 Sichuan	99.4	117.2	124.8	109.4	101.8	102.1	100.4
贵　州 Guizhou	99.4	122.1	131.4	114.5	103.3	103.6	100.3
云　南 Yunnan	100.8	115.3	120.3	112.3	104.3	105.1	101.7
西　藏 Tibet	97.9	103.7	100.3	105.3	101.0	102.4	98.5
陕　西 Shaanxi	100.1	116.8	124.9	113.8	102.0	102.1	101.9
甘　肃 Gansu	91.7	110.3	109.3	111.3	104.6	105.4	103.3
青　海 Qinghai	99.7	114.4	113.7	114.9	100.3	100.1	100.7
宁　夏 Ningxia	93.7	115.0	114.5	115.4	98.4	97.6	100.1
新　疆 Xinjiang	98.8	109.7	104.3	115.4	104.2	105.5	101.0

4－8－7 36个大中城市商品零售价格分类指数(2005年)

Retail Price Indices by Category in 36 Major Cities (2005)

(上年＝100) (preceding year＝100)

地 区 Region	总指数 Retail Price Index	一、食品 Food	1. 粮食 Grain	2. 淀粉及薯类 Starches and Tubers	3. 干豆类及豆制品 Starches and Tubers	4. 油脂 Oil or Fat	5. 肉禽及其制品 Meat, Poultry and Their Products	6. 蛋 Eggs
平均指数 Average	**100. 0**	**103. 8**	**102. 5**	**104. 7**	**102. 6**	**94. 2**	**103. 4**	**104. 5**
北 京 Beijing	99. 7	105. 9	106. 1	108. 8	105. 5	96. 9	104. 0	105. 3
天 津 Tianjin	99. 9	103. 5	103. 8	109. 3	100. 8	94. 7	104. 5	103. 5
石家庄 Shijiazhuang	101. 0	103. 6	103. 4	113. 4	102. 1	91. 3	102. 9	101. 7
太 原 Taiyuan	100. 2	103. 7	104. 8	107. 4	105. 8	94. 7	103. 2	103. 7
呼和浩特 Hohhot	101. 7	103. 2	102. 3	124. 7	107. 4	99. 9	102. 2	106. 7
沈 阳 Shenyang	99. 3	101. 5	106. 5	103. 0	98. 5	85. 6	100. 6	101. 8
大 连 Dalian	99. 5	100. 9	102. 9	99. 2	97. 9	86. 6	98. 5	105. 2
长 春 Changchun	101. 3	101. 8	105. 0	100. 0	96. 8	94. 6	100. 1	102. 6
哈尔滨 Harbin	99. 2	101. 0	102. 0	96. 8	106. 0	93. 5	101. 7	100. 7
上 海 Shanghai	99. 4	104. 7	102. 1	105. 2	103. 6	91. 2	105. 5	105. 8
南 京 Nanjing	96. 7	102. 6	97. 6	108. 9	97. 8	90. 4	104. 3	105. 8
杭 州 Hangzhou	100. 3	103. 1	98. 0	104. 5	101. 9	91. 6	104. 3	107. 1
宁 波 Ningbo	101. 1	104. 4	96. 7	107. 2	101. 0	91. 9	108. 2	110. 4
合 肥 Hefei	99. 7	103. 0	99. 1	110. 5	100. 2	93. 4	103. 3	106. 5
福 州 Fuzhou	101. 1	105. 7	99. 0	104. 7	102. 9	95. 9	104. 2	102. 7
厦 门 Xiamen	99. 0	102. 0	101. 2	106. 0	101. 8	100. 4	99. 8	104. 0
南 昌 Nanchang	100. 0	104. 2	101. 8	100. 7	102. 3	94. 2	101. 2	107. 3
济 南 Jinan	100. 4	103. 0	102. 7	105. 9	104. 3	99. 9	103. 0	103. 6
青 岛 Qingdao	99. 3	103. 0	103. 9	105. 9	105. 9	102. 4	102. 1	110. 5
郑 州 Zhengzhou	101. 2	103. 2	101. 2	105. 1	99. 7	93. 1	104. 9	106. 3
武 汉 Wuhan	100. 9	106. 3	100. 7	107. 6	101. 6	93. 6	105. 6	102. 7
长 沙 Changsha	100. 4	104. 8	101. 2	100. 0	101. 1	94. 9	100. 7	108. 8
广 州 Guangzhou	101. 6	104. 6	104. 1	107. 3	107. 5	99. 6	107. 5	106. 1
深 圳 Shenzhen	101. 2	105. 0	104. 1	104. 1	104. 6	99. 0	103. 6	107. 4
南 宁 Nanning	100. 3	103. 7	102. 1	96. 6	101. 5	97. 7	99. 0	102. 7
海 口 Haikou	100. 4	101. 3	101. 0	103. 9	112. 2	97. 9	99. 5	107. 2
重 庆 Chongqing	98. 7	100. 2	102. 7	93. 3	103. 9	83. 8	101. 4	104. 8
成 都 Chengdu	99. 8	104. 6	102. 9	103. 1	103. 6	96. 9	104. 7	102. 3
贵 阳 Guiyang	100. 2	102. 0	100. 2	105. 2	100. 8	90. 7	101. 4	101. 9
昆 明 Kunming	100. 5	102. 4	102. 6	120. 4	104. 4	96. 2	98. 6	102. 4
拉 萨 Lhasa	100. 4	100. 5	100. 6	104. 1	107. 2	99. 9	104. 8	100. 4
西 安 Xi'an	99. 7	100. 9	100. 2	105. 2	102. 1	96. 7	101. 3	105. 7
兰 州 Lanzhou	98. 8	101. 8	101. 7	96. 6	103. 3	98. 2	103. 5	103. 9
西 宁 Xining	100. 9	100. 8	100. 7	101. 8	101. 4	91. 8	102. 4	104. 4
银 川 Yinchuan	100. 6	102. 1	103. 5	95. 3	98. 0	98. 3	103. 8	104. 6
乌鲁木齐 Urumqi	99. 9	99. 1	100. 4	106. 0	102. 7	90. 0	96. 8	99. 2

(上年=100)　　(preceding year=100)

地　区 Region	7. 水产品 Aquatic Products	8. 菜 Vegetables	9. 调味品 Flavoring	10. 糖 Carbohydrate	11. 干鲜瓜果 Dried and Fresh Melons and Fruits	12. 糕点饼干面包 Cake, Biscuit and Bread	13. 奶及奶制品 Milk and Its Products
平均指数 Average	**106.6**	**109.4**	**101.6**	**102.5**	**102.1**	**100.8**	**100.9**
北　京 Beijing	107.2	107.4	100.3	101.7	104.3	101.6	103.5
天　津 Tianjin	95.7	112.1	101.7	103.0	109.6	105.3	100.3
石家庄 Shijiazhuang	110.2	103.2	103.0	104.0	113.5	99.2	99.2
太　原 Taiyuan	105.4	121.3	102.4	102.2	96.5	101.0	100.5
呼和浩特 Hohhot	93.5	109.4	101.6	101.8	99.8	101.9	98.9
沈　阳 Shenyang	99.2	109.5	99.7	101.1	99.0	102.0	102.6
大　连 Dalian	100.9	99.6	101.6	102.4	104.0	101.6	98.8
长　春 Changchun	104.9	105.6	100.6	101.3	104.1	100.0	98.4
哈尔滨 Harbin	103.8	100.9	100.9	101.5	103.4	100.3	100.0
上　海 Shanghai	114.4	103.4	102.1	103.8	99.4	98.4	100.8
南　京 Nanjing	110.6	109.0	101.1	102.3	96.9	99.2	101.1
杭　州 Hangzhou	103.7	112.2	100.7	101.6	94.6	100.7	99.3
宁　波 Ningbo	101.8	127.2	100.0	102.2	99.1	101.2	99.5
合　肥 Hefei	101.4	118.7	99.7	100.5	96.4	96.3	98.9
福　州 Fuzhou	110.9	115.5	100.9	99.5	109.2	96.1	94.3
厦　门 Xiamen	105.8	105.0	100.5	99.5	102.6	100.3	101.7
南　昌 Nanchang	105.6	116.4	101.0	106.8	99.3	100.4	107.3
济　南 Jinan	103.2	103.9	102.5	103.0	106.4	100.9	101.9
青　岛 Qingdao	101.4	99.8	116.3	98.5	114.8	98.4	99.1
郑　州 Zhengzhou	103.5	108.3	100.3	100.7	107.9	101.8	100.7
武　汉 Wuhan	108.1	119.6	103.6	103.6	114.3	101.3	101.8
长　沙 Changsha	105.2	128.5	107.8	100.8	94.6	89.5	110.2
广　州 Guangzhou	107.8	108.9	100.6	103.2	95.9	101.3	99.5
深　圳 Shenzhen	108.5	114.7	101.9	101.6	102.6	104.8	95.5
南　宁 Nanning	106.8	116.0	97.8	105.6	117.6	100.9	101.3
海　口 Haikou	102.7	104.4	100.5	107.5	97.5	101.8	99.5
重　庆 Chongqing	104.9	98.7	99.0	102.9	96.0	101.1	97.3
成　都 Chengdu	105.5	111.4	105.6	100.9	103.6	100.4	99.4
贵　阳 Guiyang	105.7	105.4	99.9	106.1	102.7	106.2	96.7
昆　明 Kunming	115.8	98.3	100.8	112.9	116.0	105.5	106.6
拉　萨 Lhasa	95.2	99.4	100.0	97.2	95.1	100.0	103.8
西　安 Xi'an	101.7	104.6	99.7	100.8	100.2	100.8	97.9
兰　州 Lanzhou	103.8	105.9	102.4	95.9	102.1	99.3	98.6
西　宁 Xining	102.3	104.3	96.6	99.8	95.0	102.2	101.1
银　川 Yinchuan	100.4	97.3	101.0	102.7	103.5	102.9	107.9
乌鲁木齐 Urumqi	106.2	98.8	97.0	102.0	101.8	96.2	98.8

4－8－7 续表 2　Continued 2

(上年＝100)　(preceding year＝100)

地　区 Region	14. 在外用膳食品 Outward Dinner Food	15. 其它食品 Other Foods	二、饮料、烟酒 Beverages, Tobacco and Liquor	1. 茶及饮料 Tea and Beverages	2. 烟草 Tobacco	3. 酒 Liquor	三、服装、鞋帽 Garments, Shoes and Hats
平均指数 Average	**103.7**	**102.0**	**100.4**	**100.1**	**100.3**	**101.0**	**97.2**
北　京 Beijing	109.7	102.5	100.2	100.5	98.7	101.4	101.3
天　津 Tianjin	104.1	101.3	101.8	101.0	101.2	103.2	96.1
石家庄 Shijiazhuang	102.6	115.1	99.6	98.7	98.2	101.7	98.0
太　原 Taiyuan	100.5	103.7	101.0	101.3	102.0	96.0	96.3
呼和浩特 Hohhot	105.0	100.0	98.6	97.1	100.2	97.4	101.2
沈　阳 Shenyang	99.4	100.6	102.6	101.3	102.1	104.6	92.8
大　连 Dalian	104.5	100.6	100.7	99.3	100.8	103.5	101.7
长　春 Changchun	100.0	101.0	101.8	100.3	102.0	102.3	100.8
哈尔滨 Harbin	99.8	95.2	100.4	99.7	101.0	100.6	95.0
上　海 Shanghai	104.4	101.1	99.6	99.7	99.5	99.9	92.6
南　京 Nanjing	101.5	102.0	100.0	101.1	98.6	99.9	97.1
杭　州 Hangzhou	103.8	103.0	99.9	98.7	100.0	100.5	98.2
宁　波 Ningbo	102.0	98.8	98.8	98.0	98.0	100.7	103.6
合　肥 Hefei	101.1	95.8	99.6	100.0	99.6	99.4	101.4
福　州 Fuzhou	104.2	100.3	98.7	98.2	99.1	98.9	95.4
厦　门 Xiamen	99.8	99.6	99.4	99.6	100.2	97.4	95.8
南　昌 Nanchang	101.6	103.1	99.6	100.5	95.7	103.2	96.4
济　南 Jinan	102.4	101.1	100.7	99.8	101.5	100.9	99.1
青　岛 Qingdao	100.9	104.0	100.8	101.3	101.9	99.2	107.6
郑　州 Zhengzhou	100.0	100.6	100.5	98.6	101.8	100.8	100.1
武　汉 Wuhan	103.7	106.1	101.5	100.3	102.1	101.5	100.5
长　沙 Changsha	102.8	99.7	100.2	101.5	101.7	97.0	96.4
广　州 Guangzhou	102.7	104.1	101.7	100.5	101.8	103.6	91.8
深　圳 Shenzhen	102.6	105.3	101.1	99.7	102.5	99.3	102.7
南　宁 Nanning	100.2	99.6	100.7	101.1	100.4	100.8	93.6
海　口 Haikou	100.0	103.6	101.5	101.5	102.0	101.0	97.3
重　庆 Chongqing	101.4	99.1	100.4	97.5	101.8	99.8	92.2
成　都 Chengdu	104.7	100.2	100.8	99.8	101.3	100.5	90.9
贵　阳 Guiyang	103.6	101.0	99.7	98.8	99.7	100.3	99.5
昆　明 Kunming	100.0	107.7	103.0	102.8	102.9	104.1	99.1
拉　萨 Lhasa	100.1	100.0	101.2	100.0	100.1	103.9	100.4
西　安 Xi'an	100.0	100.2	99.5	99.8	99.9	98.9	100.8
兰　州 Lanzhou	100.0	102.1	96.9	100.3	96.2	96.0	90.2
西　宁 Xining	100.5	105.7	100.7	101.3	99.2	101.9	94.1
银　川 Yinchuan	101.0	104.0	100.4	103.1	97.1	102.5	105.8
乌鲁木齐 Urumqi	100.5	98.9	97.8	92.2	99.0	97.1	95.7

4—8—7 续表 3　Continued 3

（上年＝100）　　(preceding year=100)

地　区 Region	1. 服装 Garments	2. 鞋袜帽 Footgear and Hats	3. 其它 Others	四、纺织品 Textiles	1. 衣着材料 Clothing Material	2. 床上用品 Bed Articles	五、家用电器及音像器材 Household Appliances, Music and Video Equipment
平均指数 Average	**97.3**	**96.9**	**97.0**	**99.2**	**101.1**	**98.4**	**95.2**
北　京 Beijing	101.2	101.8	92.8	98.2	100.8	97.4	97.6
天　津 Tianjin	99.9	85.2	98.3	102.2	100.0	103.2	96.3
石家庄 Shijiazhuang	97.6	99.2	96.1	100.5	102.6	99.3	95.6
太　原 Taiyuan	95.4	98.2	106.6	98.0	97.0	98.7	97.3
呼和浩特 Hohhot	101.3	100.8	100.0	100.2	99.1	100.7	94.3
沈　阳 Shenyang	94.2	88.2	98.7	100.1	97.3	101.0	98.6
大　连 Dalian	102.0	101.0	97.7	100.7	104.6	99.7	92.3
长　春 Changchun	100.5	101.7	100.0	99.7	100.0	99.5	95.7
哈尔滨 Harbin	95.2	95.4	82.8	100.5	103.6	97.9	92.1
上　海 Shanghai	91.8	95.5	89.2	99.4	105.1	98.1	93.1
南　京 Nanjing	95.6	103.4	98.6	96.9	98.3	96.7	87.0
杭　州 Hangzhou	98.8	96.7	97.1	101.1	100.0	101.4	95.8
宁　波 Ningbo	101.0	111.5	98.2	101.2	101.8	100.8	96.4
合　肥 Hefei	103.0	97.0	103.0	99.5	99.2	99.7	89.2
福　州 Fuzhou	94.5	98.2	97.2	97.2	100.0	95.5	98.3
厦　门 Xiamen	95.9	95.7	91.1	99.5	100.0	99.5	93.5
南　昌 Nanchang	99.3	86.9	100.0	93.6	99.6	88.9	99.6
济　南 Jinan	99.4	98.0	101.7	100.2	100.4	100.0	100.1
青　岛 Qingdao	108.2	105.5	83.8	93.2	101.1	91.7	96.1
郑　州 Zhengzhou	100.1	100.0	100.0	100.0	100.0	100.1	96.3
武　汉 Wuhan	100.8	99.5	100.0	97.4	100.1	95.7	93.0
长　沙 Changsha	97.6	91.9	100.6	97.6	104.1	93.6	98.7
广　州 Guangzhou	89.6	97.5	97.3	99.0	101.1	97.4	96.9
深　圳 Shenzhen	103.2	103.4	98.5	101.5	101.9	101.1	94.9
南　宁 Nanning	92.2	97.2	96.9	102.5	101.8	103.0	96.9
海　口 Haikou	95.3	100.2	102.8	97.4	99.9	96.0	95.6
重　庆 Chongqing	94.0	86.1	93.7	98.7	96.3	99.1	95.6
成　都 Chengdu	90.7	91.2	91.7	94.4	100.8	92.2	94.3
贵　阳 Guiyang	99.1	99.2	111.9	100.4	100.3	100.5	95.8
昆　明 Kunming	99.5	98.9	87.0	99.2	99.4	99.1	94.2
拉　萨 Lhasa	100.7	100.0	99.8	99.8	99.6	100.0	98.9
西　安 Xi'an	101.0	101.3	85.9	103.5	97.9	104.7	96.0
兰　州 Lanzhou	92.9	84.2	100.0	98.8	97.7	99.5	94.8
西　宁 Xining	92.9	97.6	100.9	101.3	98.6	104.2	94.6
银　川 Yinchuan	107.6	102.2	99.6	100.4	101.5	99.8	88.9
乌鲁木齐 Urumqi	95.4	96.3	99.2	100.1	100.2	100.0	95.1

4—8—7 续表 4　Continued 4

(上年=100)　　(preceding year=100)

地　区 Region	1. 家庭设备 Household Facilities	2. 文娱用耐用消费品 Durable Consumer Goods for Cultural and Recreational Use	3. 音像器材 Music and Video Equipment	六、文化办公用品 Cultural and Office Appliances	七、日用品 Articles for Daily Use	1. 日用百货 General Merchandise for Daily Use	2. 日用杂品 Grocery for Daily Use
平均指数 Average	**99.1**	**89.1**	**95.7**	**95.2**	**100.4**	**99.9**	**101.0**
北　京 Beijing	100.2	91.7	99.8	98.2	100.0	99.2	101.7
天　津 Tianjin	98.3	92.7	96.5	98.8	100.4	99.6	100.4
石家庄 Shijiazhuang	98.7	91.1	99.3	94.7	99.1	99.1	98.7
太　原 Taiyuan	100.2	93.9	94.6	99.4	100.7	99.4	106.2
呼和浩特 Hohhot	99.5	88.8	100.0	92.4	99.9	100.0	100.0
沈　阳 Shenyang	104.5	89.9	100.0	95.4	101.6	100.8	98.4
大　连 Dalian	98.3	85.0	99.6	96.1	100.6	100.3	100.7
长　春 Changchun	101.5	84.9	100.0	98.2	100.3	99.4	100.0
哈尔滨 Harbin	96.3	85.2	100.0	97.1	100.4	100.7	100.1
上　海 Shanghai	97.5	84.2	97.2	91.6	100.5	100.3	101.6
南　京 Nanjing	100.9	76.9	73.8	93.3	98.6	98.7	98.2
杭　州 Hangzhou	99.3	87.6	99.1	96.4	100.6	100.6	98.9
宁　波 Ningbo	100.5	89.6	96.8	99.4	100.1	99.7	98.4
合　肥 Hefei	96.9	75.1	100.0	93.2	96.9	99.0	98.2
福　州 Fuzhou	98.4	96.9	101.0	98.5	99.7	99.7	102.3
厦　门 Xiamen	92.7	95.1	94.3	93.7	99.7	99.0	100.9
南　昌 Nanchang	102.8	92.9	105.4	92.7	101.6	99.8	99.2
济　南 Jinan	101.7	96.5	100.1	93.7	101.0	101.1	100.4
青　岛 Qingdao	97.6	94.1	96.5	84.9	96.4	98.1	99.4
郑　州 Zhengzhou	97.7	94.2	94.7	98.7	100.5	100.3	100.6
武　汉 Wuhan	96.7	89.3	96.4	95.1	97.7	98.6	99.0
长　沙 Changsha	100.8	94.4	99.6	97.3	100.6	101.5	97.6
广　州 Guangzhou	99.6	93.6	93.6	92.4	101.6	102.4	102.4
深　圳 Shenzhen	98.0	84.1	97.9	97.8	104.0	101.2	110.3
南　宁 Nanning	103.4	87.9	97.6	94.8	102.1	99.3	95.3
海　口 Haikou	100.0	88.4	98.5	95.6	102.4	101.9	99.2
重　庆 Chongqing	98.0	91.1	100.0	99.8	100.0	99.7	101.2
成　都 Chengdu	94.2	90.9	100.0	92.4	100.5	99.0	101.1
贵　阳 Guiyang	101.0	87.7	100.0	100.0	99.6	100.0	99.8
昆　明 Kunming	97.4	90.4	100.0	85.2	100.8	98.9	100.2
拉　萨 Lhasa	98.7	99.2	98.7	99.0	100.0	100.0	100.0
西　安 Xi'an	100.1	86.6	100.0	97.3	101.0	99.6	101.0
兰　州 Lanzhou	99.0	91.1	94.3	94.0	98.8	98.8	97.9
西　宁 Xining	97.5	88.7	96.7	97.1	102.3	101.1	104.1
银　川 Yinchuan	94.9	76.9	98.9	91.7	102.1	98.9	101.2
乌鲁木齐 Urumqi	97.7	91.3	100.0	92.1	99.6	98.1	100.1

4—8—7 续表 5 Continued 5

(上年=100) (preceding year=100)

地　区 Region	3. 洗涤用品 Wash	4. 其它日用品 Other Articles for Daily Use	八、体育娱乐用品 Sports and Recreation Articles	1. 体育用品 Sports Articles	2. 娱乐用品 Recreation Articles	九、交通、通信用品 Transportation and Communication Appliances	1. 交通运输机械 Transportation Appliances
平均指数 Average	**100.2**	**101.0**	**97.7**	**99.6**	**96.5**	**89.6**	**93.7**
北　京 Beijing	101.2	99.5	97.3	99.8	94.9	88.5	91.4
天　津 Tianjin	100.6	101.4	97.6	100.6	95.8	88.6	99.1
石家庄 Shijiazhuang	97.4	100.4	98.7	101.2	97.3	89.5	96.1
太　原 Taiyuan	98.0	100.2	99.1	101.9	96.9	81.8	91.2
呼和浩特 Hohhot	100.0	99.6	95.8	100.0	91.2	93.2	93.9
沈　阳 Shenyang	100.1	106.0	98.5	94.2	100.8	88.8	97.1
大　连 Dalian	100.8	101.4	106.9	115.6	93.8	90.1	92.3
长　春 Changchun	100.4	102.1	96.9	97.4	96.5	87.5	97.5
哈尔滨 Harbin	100.2	100.0	96.5	101.0	93.7	91.5	95.4
上　海 Shanghai	100.9	100.2	94.7	94.7	94.8	88.5	92.8
南　京 Nanjing	100.0	97.6	92.0	92.9	91.9	88.0	96.0
杭　州 Hangzhou	101.8	100.9	100.1	102.7	99.2	91.1	94.3
宁　波 Ningbo	99.5	102.1	98.4	101.0	97.6	92.0	93.8
合　肥 Hefei	95.3	93.7	93.7	98.9	90.0	91.6	95.3
福　州 Fuzhou	99.0	98.9	96.7	99.9	95.2	94.1	96.6
厦　门 Xiamen	100.6	99.9	98.8	98.9	98.7	85.1	91.0
南　昌 Nanchang	105.4	101.0	98.4	100.0	97.1	89.9	95.0
济　南 Jinan	101.8	100.7	98.6	100.2	97.4	92.9	96.1
青　岛 Qingdao	102.7	93.8	99.6	103.0	98.2	86.7	91.7
郑　州 Zhengzhou	100.8	100.3	100.2	99.7	100.8	93.6	96.3
武　汉 Wuhan	96.5	98.5	105.5	101.5	114.1	87.0	96.3
长　沙 Changsha	102.0	100.7	94.5	92.5	96.7	89.4	98.1
广　州 Guangzhou	99.7	102.0	98.8	100.5	97.9	94.9	98.2
深　圳 Shenzhen	100.2	107.2	100.5	100.9	100.4	84.0	87.0
南　宁 Nanning	101.0	111.5	100.0	100.0	100.0	83.9	91.2
海　口 Haikou	102.2	104.6	99.5	100.0	99.3	93.0	96.7
重　庆 Chongqing	99.6	100.2	94.1	97.0	93.1	88.9	99.1
成　都 Chengdu	101.5	100.1	98.1	101.4	97.2	89.1	90.2
贵　阳 Guiyang	100.3	97.8	96.8	100.0	94.6	92.9	97.7
昆　明 Kunming	101.6	101.7	97.3	102.3	96.4	93.4	96.3
拉　萨 Lhasa	100.0	100.0	100.0	100.0	100.0	99.0	99.4
西　安 Xi'an	103.5	100.2	97.4	99.2	96.5	90.4	92.6
兰　州 Lanzhou	98.5	100.4	97.1	97.4	96.9	88.0	95.5
西　宁 Xining	102.2	101.6	100.4	100.3	100.4	92.4	95.7
银　川 Yinchuan	102.0	105.9	95.5	103.2	90.2	87.3	90.9
乌鲁木齐 Urumqi	100.3	99.0	92.4	97.2	88.4	94.7	99.5

4—8—7 续表 6 Continued 6

(上年=100) (preceding year=100)

地 区 Region	2. 通讯器材 Communication Appliances	十、家具 Furniture	十一、化妆品 Cosmetics	十二、金银珠宝 Gold, Silver and Jewelry	十三、中西药品及医疗保健用品 Traditional Chinese and Western Medicines and Health Care Articles	1. 医疗器具及用品 Medical Apparatus and Article
平均指数 Average	**79.2**	**98.3**	**99.3**	**104.7**	**98.1**	**99.1**
北 京 Beijing	76.9	97.2	104.1	105.1	95.4	100.3
天 津 Tianjin	70.5	97.2	98.2	102.9	96.5	98.4
石家庄 Shijiazhuang	83.4	102.6	98.7	105.9	100.6	100.0
太 原 Taiyuan	71.1	95.3	101.8	103.7	98.7	98.4
呼和浩特 Hohhot	92.8	100.0	98.5	105.3	101.8	101.1
沈 阳 Shenyang	71.1	100.4	99.0	101.4	100.1	99.3
大 连 Dalian	69.4	101.9	98.6	100.7	94.6	99.8
长 春 Changchun	81.2	100.0	98.1	105.5	98.6	100.0
哈尔滨 Harbin	87.7	91.0	100.8	113.6	98.5	98.1
上 海 Shanghai	70.7	100.1	96.1	107.3	97.7	99.4
南 京 Nanjing	69.0	99.2	102.7	106.2	98.9	99.6
杭 州 Hangzhou	74.8	100.3	98.5	101.4	100.0	99.0
宁 波 Ningbo	83.5	100.1	99.7	103.9	98.2	99.9
合 肥 Hefei	76.9	98.3	98.6	104.0	96.4	94.2
福 州 Fuzhou	81.3	99.7	99.4	103.0	96.7	94.1
厦 门 Xiamen	65.9	98.0	100.1	101.9	100.6	96.1
南 昌 Nanchang	81.8	84.4	99.7	105.1	92.7	93.6
济 南 Jinan	81.2	98.6	99.9	101.8	100.8	106.0
青 岛 Qingdao	73.7	100.4	96.1	104.7	100.3	105.0
郑 州 Zhengzhou	87.3	100.0	99.9	101.9	95.2	93.1
武 汉 Wuhan	78.3	96.1	100.7	105.4	96.4	96.0
长 沙 Changsha	76.3	97.2	100.4	107.4	96.4	97.5
广 州 Guangzhou	90.0	100.0	97.7	101.5	100.5	99.9
深 圳 Shenzhen	79.9	96.0	96.5	104.7	101.2	101.1
南 宁 Nanning	71.6	100.5	98.1	102.9	97.1	100.1
海 口 Haikou	88.7	100.8	101.5	104.3	97.9	97.9
重 庆 Chongqing	82.0	101.3	100.8	104.0	102.6	98.7
成 都 Chengdu	85.3	99.7	99.1	107.1	101.1	100.7
贵 阳 Guiyang	85.8	100.0	99.8	102.9	100.1	94.9
昆 明 Kunming	88.0	100.0	100.2	104.0	98.4	89.0
拉 萨 Lhasa	98.5	99.3	100.0	101.7	99.8	100.0
西 安 Xi'an	78.7	100.1	99.1	103.7	97.5	98.1
兰 州 Lanzhou	82.2	98.7	98.2	103.1	98.2	96.3
西 宁 Xining	77.3	99.6	98.6	101.6	97.6	101.0
银 川 Yinchuan	82.5	95.2	98.9	104.6	96.6	99.9
乌鲁木齐 Urumqi	88.0	99.6	98.1	102.8	99.9	100.5

4—8—7 续表 7 Continued 7

(上年=100) (preceding year=100)

地　区 Region	2. 中药材及中成药 Tradtional Chinese Medicinal Materials and Medicines	3. 西药 Western Medicines	4. 保健器具及用品 Health Care Appliances and Articles	十四、书报杂志及电子出版物 Books, Newspapers, Magazines and Electronic Publications	1. 教材及参考书 Teaching Materials and Reference Books	2. 书报杂志 Newspapers and Magazines
平均指数 Average	**97.1**	**98.1**	**100.0**	**100.1**	**100.5**	**100.6**
北　京 Beijing	90.7	97.8	97.6	100.2	100.7	100.2
天　津 Tianjin	95.3	96.2	98.6	100.6	100.9	100.0
石家庄 Shijiazhuang	100.4	101.1	100.0	99.8	100.0	100.0
太　原 Taiyuan	97.6	99.8	98.4	102.1	103.1	100.0
呼和浩特 Hohhot	105.4	98.8	100.5	100.7	100.9	100.0
沈　阳 Shenyang	100.4	100.4	98.6	99.4	100.0	100.0
大　连 Dalian	95.4	94.0	96.2	101.1	102.8	100.0
长　春 Changchun	96.9	99.1	100.1	102.6	106.2	100.0
哈尔滨 Harbin	97.7	98.4	100.4	101.6	100.8	100.0
上　海 Shanghai	99.2	95.8	100.0	98.0	94.5	101.1
南　京 Nanjing	99.6	97.8	100.4	102.4	98.3	104.3
杭　州 Hangzhou	98.3	99.8	104.7	99.4	100.0	100.0
宁　波 Ningbo	101.0	93.8	104.2	99.9	100.9	100.0
合　肥 Hefei	91.9	99.7	97.0	107.2	116.6	99.9
福　州 Fuzhou	91.4	100.4	100.4	101.5	101.4	100.3
厦　门 Xiamen	101.2	100.5	102.0	99.5	101.3	100.0
南　昌 Nanchang	86.5	94.8	98.0	100.5	100.4	100.8
济　南 Jinan	94.9	103.2	106.4	100.7	102.4	100.0
青　岛 Qingdao	100.6	99.4	101.1	99.8	104.8	100.2
郑　州 Zhengzhou	96.3	93.9	99.8	100.2	100.8	100.0
武　汉 Wuhan	93.8	97.6	96.3	99.3	98.1	99.9
长　沙 Changsha	96.3	96.1	96.8	101.6	102.5	100.6
广　州 Guangzhou	98.9	101.2	102.6	99.4	101.4	103.2
深　圳 Shenzhen	99.5	102.3	101.5	98.9	101.1	100.0
南　宁 Nanning	96.3	96.7	100.4	100.6	100.1	101.9
海　口 Haikou	96.1	99.5	97.4	97.1	94.5	98.6
重　庆 Chongqing	102.4	101.5	108.9	99.7	98.4	100.0
成　都 Chengdu	99.5	102.2	97.3	100.3	100.9	100.0
贵　阳 Guiyang	105.0	96.2	97.4	101.0	99.8	102.1
昆　明 Kunming	101.7	95.7	101.4	99.9	99.8	100.2
拉　萨 Lhasa	100.2	99.2	100.0	100.0	100.0	100.0
西　安 Xi'an	99.7	95.7	98.6	99.0	98.9	100.0
兰　州 Lanzhou	94.8	99.5	104.1	100.3	104.6	100.0
西　宁 Xining	99.4	96.1	100.6	100.1	100.0	100.0
银　川 Yinchuan	94.6	96.2	100.8	99.8	100.2	100.0
乌鲁木齐 Urumqi	101.8	98.6	100.6	98.6	97.1	100.0

4—8—7 续表 8 Continued 8

(上年=100) (preceding year=100)

地 区 Region	3. 电子音像制品 Electronic Publications	十五、燃料 Fuels	1. 煤炭及制品 Coal and its product	2. 石油及制品 Petroleum and its product	十六、建筑材料及五金电料 Building Materials and Hardware	1. 建筑装潢材料 Building Decoration Materials	2. 五金电料 Hardware
平均指数 Average	**98.6**	**112.8**	**118.8**	**111.9**	**101.7**	**101.8**	**101.4**
北 京 Beijing	98.9	109.9	141.9	108.5	99.6	100.7	96.6
天 津 Tianjin	101.8	112.9	121.9	112.4	101.6	102.1	100.0
石家庄 Shijiazhuang	98.5	112.7	121.3	108.6	99.7	100.2	98.0
太 原 Taiyuan	100.4	112.8	119.4	110.1	102.1	104.0	97.7
呼和浩特 Hohhot	101.3	120.0	129.2	116.0	99.9	99.9	100.0
沈 阳 Shenyang	96.9	111.6	107.7	111.8	101.9	102.9	99.2
大 连 Dalian	97.9	112.2	124.6	111.8	101.5	104.8	99.5
长 春 Changchun	98.2	118.3	125.6	113.6	101.4	101.7	100.1
哈尔滨 Harbin	106.3	112.4	116.6	110.7	102.7	103.1	100.0
上 海 Shanghai	101.2	109.1	126.9	108.9	104.0	103.1	106.8
南 京 Nanjing	98.0	113.2	109.6	113.2	101.3	102.9	100.0
杭 州 Hangzhou	97.8	111.9	108.8	112.5	104.5	106.9	99.4
宁 波 Ningbo	98.6	110.6	94.8	113.3	99.3	98.8	100.7
合 肥 Hefei	100.0	109.7	106.5	110.1	101.0	99.4	107.0
福 州 Fuzhou	104.7	114.3	131.5	113.0	97.7	97.1	101.3
厦 门 Xiamen	96.9	113.2	100.0	113.6	103.3	105.1	100.4
南 昌 Nanchang	100.1	112.6	103.0	113.5	101.7	101.1	103.5
济 南 Jinan	100.3	111.2	121.8	106.8	103.3	102.3	106.1
青 岛 Qingdao	95.3	112.2	116.1	111.9	103.6	102.3	105.5
郑 州 Zhengzhou	99.6	112.4	125.0	109.5	100.7	100.9	100.0
武 汉 Wuhan	99.0	112.4	138.9	110.6	104.4	105.4	102.4
长 沙 Changsha	101.6	117.5	140.6	114.6	103.3	103.1	104.0
广 州 Guangzhou	95.9	114.6	114.1	114.7	100.3	100.4	100.0
深 圳 Shenzhen	97.2	113.7	107.8	113.8	101.2	102.3	99.2
南 宁 Nanning	99.3	116.1	118.1	115.9	101.6	102.0	100.0
海 口 Haikou	96.8	113.3	104.6	114.1	106.4	103.1	114.2
重 庆 Chongqing	101.8	107.9	134.6	106.4	101.3	101.2	101.3
成 都 Chengdu	100.0	110.0	100.0	111.1	99.6	99.6	100.0
贵 阳 Guiyang	100.0	111.8	120.1	110.9	100.3	100.3	100.0
昆 明 Kunming	99.4	110.7	133.9	110.6	102.9	102.1	107.4
拉 萨 Lhasa	100.0	110.9	100.0	114.3	100.0	100.0	100.0
西 安 Xi'an	96.7	114.0	136.9	110.5	100.4	100.2	101.6
兰 州 Lanzhou	93.0	108.1	107.8	108.2	101.8	102.4	100.7
西 宁 Xining	100.9	112.6	101.0	116.3	104.4	109.0	97.8
银 川 Yinchuan	98.1	122.1	100.0	125.1	104.7	104.0	106.4
乌鲁木齐 Urumqi	96.3	115.9	109.1	117.0	105.0	105.6	103.5

4－9－1 全国农业生产资料价格分类指数(1994～2005年)

Price Indices of Means of Agricultural Production by Category(1994～2005)

(上年＝100)

(preceding year＝100)

年份 Year	总指数* General Index	小农具 Small Farm Tools	饲料 Forage	产品畜 Production Livestocks	役畜 Labour Livestocks	半机械化农具 Semi－mechanized Farm Tools
1994	121.6	124.4	127.0	138.7		117.8
1995	127.4	120.0	150.3	130.4		111.0
1996	108.4	113.2	109.6	102.7		105.5
1997	99.5	106.9	94.8	132.9		101.4
1998	94.5	100.1	102.6	86.4		99.6
1999	95.8	98.8	97.0	82.9		98.3
2000	99.1	99.3	93.4	119.0		98.2
2001	99.1	100.3	104.1	106.5		98.8
2002	100.5	99.7	101.5	97.3		98.3
2003	101.4	99.3	102.0	102.9	106.6	99.4
2004	110.6	104.3	116.5	127.6	109.2	102.1
2005	108.3	105.1	103.9	106.5	105.5	102.3

年份 Year	机械化农具 Mechanized Farm Machinery	化学肥料 Chemical Fertilizer	农药及农药械 Pesticide and Its Appliances	农用机油 Oil for Farm Machinery	其他农业生产资料 Other Means of Agricultural Production
1994	115.9	124.9	105.9	119.8	
1995	116.4	135.4	117.4	103.0	
1996	103.6	110.8	109.5	103.9	
1997	99.0	92.2	98.6	109.0	
1998	97.6	91.4	96.4	94.9	
1999	96.4	94.9	95.3	103.9	
2000	96.5	92.9	95.3	123.9	
2001	97.1	97.9	97.1	100.0	
2002	96.9	102.4	98.0	98.9	
2003	98.5	101.6	99.9	107.8	97.0
2004	102.2	112.8	103.0	108.4	106.3
2005	102.3	112.8	104.1	111.1	109.4

* 自2003年起农业生产资料价格指数开始编制定基价格指数。

4－9－2 各地区农业生产资料价格总指数(1994～2005 年)
Price Indices of Means of Agricultural Production by Region(1994～2005)

(上年＝100) (preceding year＝100)

地 区 Region	1994	1995	1996	1997	1998	1999	2000	2001	2002	2003	2004	2005
全国平均 National	**121.6**	**127.4**	**108.4**	**99.5**	**94.5**	**95.8**	**99.1**	**99.1**	**100.5**	**101.4**	**110.6**	**108.3**
河 北 Hebei	117.0	120.9	108.0	104.3	98.7	97.5	101.5	100.2	100.4	99.8	106.7	106.8
山 西 Shanxi	122.4	129.3	111.5	104.3	95.8	94.1	102.5	101.9	100.9	98.4	107.3	113.3
内蒙古 Inner Mongolia	122.6	128.5	109.9	104.0	98.7	96.3	106.1	101.4	102.6	101.2	109.5	108.3
辽 宁 Liaoning	121.5	128.7	109.0	99.2	95.6	94.4	97.5	100.5	101.7	98.4	113.3	110.0
吉 林 Jilin	120.2	130.2	111.5	99.8	97.2	97.6	98.9	101.1	100.4	101.0	106.3	109.2
黑龙江 Heilongjiang	125.9	123.1	110.3	100.6	96.0	96.5	98.6	98.9	99.7	101.8	112.0	108.6
江 苏 Jiangsu	121.5	126.9	106.6	101.2	92.5	95.5	98.9	96.8	99.3	101.9	112.3	106.9
浙 江 Zhejiang	126.5	129.8	106.7	99.7	92.4	95.8	100.4	99.7	99.5	102.9	113.2	105.8
安 徽 Anhui	122.8	128.0	107.2	98.9	94.8	95.3	98.2	97.9	99.9	100.2	112.0	108.3
福 建 Fujian	117.8	120.2	106.2	99.5	94.6	96.1	97.4	98.7	99.9	101.8	112.5	108.1
江 西 Jiangxi	116.7	128.7	107.0	100.4	95.5	93.8	95.9	99.6	99.8	102.5	110.7	107.9
山 东 Shandong	124.1	133.3	105.5	96.6	96.2	95.1	98.7	101.8	100.3	102.4	110.2	106.2
河 南 Henan	124.4	125.8	107.9	99.3	94.2	95.7	99.6	99.1	100.9	101.9	111.4	107.9
湖 北 Hubei	122.4	129.0	108.6	96.0	91.9	93.9	97.6	99.3	101.0	100.8	111.3	115.1
湖 南 Hunan	118.6	129.3	107.3	97.9	89.5	95.3	99.3	98.4	98.9	102.6	112.1	111.2
广 东 Guangdong	115.8	120.3	104.7	98.2	94.9	95.5	98.1	97.1	98.4	99.6	109.4	105.8
广 西 Guangxi	118.1	130.1	103.8	100.3	92.1	96.4	99.9	97.7	98.2	102.4	115.3	110.5
海 南 Hainan	138.2	115.7	106.8	100.3	98.4	97.1	98.0	99.5	101.7	104.8	111.3	108.9
四 川 Sichuan	117.4	130.8	114.0	100.9	92.9	95.2	96.2	97.8	104.1	100.8	110.9	107.2
贵 州 Guizhou	114.9	135.7	108.1	101.3	95.0	94.9	100.6	99.4	100.6	104.1	109.0	110.2
云 南 Yunnan	114.6	125.5	113.3	102.4	96.5	98.7	98.9	96.6	100.4	101.9	106.3	105.9
西 藏 Tibet							96.0	98.9		102.8	101.3	100.6
陕 西 Shaanxi	128.6	126.3	110.3	102.4	95.2	93.9	102.2	101.9	100.8	102.3	111.6	107.2
甘 肃 Gansu	123.2	129.6	110.7	101.4	96.3	95.8	103.9	98.6	100.4	101.8	107.4	109.0
青 海 Qinghai	125.0	123.9	112.6	105.0	100.3	95.6	100.7	99.6	98.0	101.1	109.2	106.5
宁 夏 Ningxia	123.3	130.4	109.0	98.2	96.1	93.4	96.0	102.0	103.5	99.4	113.5	109.3
新 疆 Xinjiang	126.8	126.6	115.5	106.5	100.8	97.0	97.9	103.0	99.6	101.1	107.3	105.3

4—9—3 全国及各地区农业生产资料价格分类指数(2005年)
Price Indices of Means of Agricultural Production by Category and Region (2005)

(上年=100)

(preceding year=100)

地　区 Region	农业生产资料价格指数 General Index	一、小农具 Small Farm Tools	二、饲料 Forage	三、产品畜 Production Livestocks	四、役畜 Labour Livestocks	五、半机械化农具 Semi—mechanized Farm Tools	六、机械化农具 Mechanized Farm Machinery	七、化学肥料 Chemical Fertilizer
全　国 National	**108.3**	**105.1**	**103.9**	**106.5**	**105.5**	**102.3**	**102.3**	**112.8**
北　京 Beijing								
天　津 Tianjin								
河　北 Hebei	106.8	100.5	99.2	106.2	99.7	99.9	101.3	112.0
山　西 Shanxi	113.3	125.8	109.0	114.0	102.4	101.8	101.4	115.9
内蒙古 Inner Mongolia	108.3	100.7	103.4	109.5	100.9	102.4	100.7	118.3
辽　宁 Liaoning	110.0	106.4	106.4	114.7	104.8	101.6	98.6	117.0
吉　林 Jilin	109.2	98.8	107.2	104.9	99.1	107.8	104.2	115.4
黑龙江 Heilongjiang	108.6	109.1	108.4	111.2	103.0	100.2	102.4	115.3
上　海 Shanghai								
江　苏 Jiangsu	106.9	101.2	98.9	101.2	105.1	98.7	103.7	111.3
浙　江 Zhejiang	105.8	104.3	102.7	105.1	102.3	102.2	103.3	110.0
安　徽 Anhui	108.3	111.1	107.6	114.7	110.1	105.0	106.2	109.0
福　建 Fujian	108.1	107.2	102.8	102.5	103.8	100.0	103.0	114.1
江　西 Jiangxi	107.9	106.2	101.3	110.3	106.1	102.2	102.7	113.7
山　东 Shandong	106.2	103.4	102.0	103.2	100.9	100.3	100.9	110.0
河　南 Henan	107.9	103.0	101.3	108.0	104.2	104.2	101.9	110.7
湖　北 Hubei	115.1	111.4	116.7	101.2	121.8	101.8	105.8	120.2
湖　南 Hunan	111.2	109.1	108.3	108.0	109.9	104.4	102.6	115.2
广　东 Guangdong	105.8	102.4	104.2	105.6	105.0	102.3	102.0	108.0
广　西 Guangxi	110.5	106.1	108.9	102.6	123.3	107.4	103.7	112.6
海　南 Hainan	108.9	100.6	103.7	105.5	110.8	99.6	107.3	111.1
重　庆 Chongqing								
四　川 Sichuan	107.2	107.4	103.7	111.5	101.4	104.7	103.2	107.6
贵　州 Guizhou	110.2	109.5	106.9	132.7	117.5	107.8	104.0	111.5
云　南 Yunnan	105.9	101.5	104.5	96.4	106.9	100.9	100.6	109.6
西　藏 Tibet	100.6	103.7	99.1	101.5	101.6	103.2	98.7	98.7
陕　西 Shaanxi	107.2	102.8	106.2	105.1	104.5	102.2	103.0	110.0
甘　肃 Gansu	109.0	105.7	100.3	113.6	113.6	100.8	96.9	114.3
青　海 Qinghai	106.5	101.9	95.8	103.2	99.4	101.2	102.9	110.1
宁　夏 Ningxia	109.3	100.9	107.5	106.6	100.1	104.6	103.7	115.8
新　疆 Xinjiang	105.3	104.9	101.3	89.4	97.3	100.9	102.5	110.2

4—9—3 续表 Continued

地　区 Region	八、农药及农药械 Pesticide and Its Appliances	(一)化学农药 Chemical Pesticide	(二)农药器械 Pesticide's Appliances	九、农用机油 Oil for Farm Machinery	十、其他农业生产资料 Other Means of Agricultural Production	(一)农用种子 seed	(二)其它 Others
全　国 National	**104.1**	**104.5**	**101.7**	**111.1**	**109.4**	**110.7**	**107.5**
北　京 Beijing							
天　津 Tianjin							
河　北 Hebei	101.2	101.4	100.2	116.6	108.6	111.2	103.0
山　西 Shanxi	129.7	133.2	116.0	109.5	116.4	121.8	103.4
内蒙古 Inner Mongolia	99.0	99.3	97.8	109.9	105.7	104.9	106.7
辽　宁 Liaoning	102.5	102.3	105.3	115.6	108.6	110.5	104.4
吉　林 Jilin	103.5	103.4	103.8	105.4	104.9	103.6	107.4
黑龙江 Heilongjiang	107.7	108.9	99.0	117.1	96.2	87.3	107.7
上　海 Shanghai							
江　苏 Jiangsu	102.5	102.7	100.4	108.0	113.0	115.8	109.7
浙　江 Zhejiang	103.7	103.8	102.5	107.7	105.3	104.5	106.6
安　徽 Anhui	103.9	104.4	99.6	107.9	110.1	113.4	104.2
福　建 Fujian	108.5	109.4	104.3	110.2	105.3	102.7	110.2
江　西 Jiangxi	104.4	105.1	101.5	110.4	110.4	113.2	105.9
山　东 Shandong	105.8	106.5	101.4	109.1	109.9	109.7	110.2
河　南 Henan	107.0	107.1	104.4	110.9	114.2	117.6	106.7
湖　北 Hubei	103.9	103.5	107.6	110.6	109.7	115.6	103.7
湖　南 Hunan	105.3	106.6	98.5	109.9	118.6	125.6	107.7
广　东 Guangdong	101.7	101.4	103.7	107.7	110.7	111.9	108.9
广　西 Guangxi	106.0	105.5	109.3	114.4	122.5	133.4	109.4
海　南 Hainan	101.1	100.9	105.6	113.0	130.3	145.9	109.3
重　庆 Chongqing							
四　川 Sichuan	101.1	101.2	100.4	106.9	112.3	111.9	112.7
贵　州 Guizhou	100.0	107.8	87.5	110.7	103.2	101.4	114.6
云　南 Yunnan	106.9	108.5	100.7	111.1	106.5	106.6	106.4
西　藏 Tibet	100.7	100.1	102.6	99.1	101.3	99.6	103.6
陕　西 Shaanxi	103.9	103.8	104.1	107.6	112.4	114.9	109.5
甘　肃 Gansu	103.6	104.4	99.2	115.1	106.6	102.9	108.5
青　海 Qinghai	103.2	104.1	99.4	113.2	114.7	116.9	111.6
宁　夏 Ningxia	113.9	116.7	101.5	109.4	114.0	115.4	111.3
新　疆 Xinjiang	102.8	102.7	103.5	111.0	105.5	101.1	108.3

附

主要统计指标解释

Explanatory Notes on Main Statistical Indicators

一、收入与消费

家庭人口：指居住在一起，经济上合在一起共同生活的家庭成员。凡计算为家庭人口的成员其全部收支都应包括在调查表中。

有收入者：指就业者及当月财产性收入、转移性收入、零星劳动收入等在100元以上的非就业者。

就业人口：包括：(1)国有经济单位职工；(2)城镇集体经济单位职工；(3)其他各种经济类型单位职工；(4)个体经营者：指个体雇主与自营者。

离退休人口：按规定退出工作岗位，并领取离退休金的人员。不包括离退休再就业人员。

其他有收入者：指除就业人员和离退休人员以外的家庭成员，当月财产性收入、转移性收入、零星劳动收入等在100元以上的未就业者。

无收入者：指当月收入不足100元的非就业者。

期末家庭人口：指月末或年末登记时点的家庭人口。

家庭总收入：指调查户中生活在一起的所有家庭成员在调查期得到的工薪收入、经营净收入、财产性收入、转移性收入的总和，不包括出售财物和借贷收入。收入的统计标准以实际发生的数额为准，无论收入是补发还是预发，只要是调查期得到的都应如实计算，不作分摊。

可支配收入：指调查户可用于最终消费支出和其它非义务性支出以及储蓄的总和，即居民家庭可以用来自由支配的收入。它是家庭总收入扣除交纳的所得税、个人交纳的社会保障费以及调查户的记账补贴后的收入。计算公式为：

可支配收入＝家庭总收入－交纳所得税－个人交纳的社会保障支出－记帐补贴

工薪收入：指就业人员通过各种途径得到的全部劳动报酬，包括所从事的主要职业的工资以及从事第二职业、其他兼职和零星劳动得到的其它劳动收入。

工资及补贴收入：指劳动者从工作单位得到的全部劳动报酬。既包括单位支付的计时计件劳动报酬，也包括根据国家的有关政策、法令规定，为了不使职工工资受某些特殊因素影响而支付的工资性津贴、补贴，以及根据国家法律、法规和政策规定，因病、工伤、产假、计划生育假、婚丧假、事假、探亲假、定期休假、停工学习、执行国家或社会义务等原因按计时工资标准或计时工资标准的一定比例支付的工资。工资收入按应发数计算，只要是在调查期内实际得到的工资收入都应记帐，无论该工资是补发还是预发(不包括一次性买断工龄收入，买断工龄收入记入转移性收入)。工资收入中不包括单位出资交纳的各种社会保障费，如养老金、住房公积金、医疗基金和失业基金等。工资收入应包括各种扣款，如工作单位代扣的应由个人承担的养老金、住房公积金、医疗保险等；单位在工资中代扣的房租、水电费、托儿费、医疗费、借款等也应包括在工资收入中，同时把所扣除的各项费用分别记入各项支出中。工资收入不论就业者所在单位的经济类型，个体被雇人员的劳动报酬、退休再就业人员的劳动收入都作为工资收入统计。因企业停工发给职工的生活费用也统计在内。

职工从单位得到的各种福利收入：如生活困难补助费、福利费(如洗理费)、上下班交通费(通勤津贴)、自行车补助费、独生子女费、冬季取暖费、防暑降温费、对接触有毒物质、矽尘作业、放射线作业和潜水、沉箱作业、高温作业等工种所享受的保健食品费、文娱费、出差伙食补助和交通补贴、误餐补助、调动工作的旅费和安家费、计划生育奖、创造发明奖、自然科学奖、合理化建议、技术改进奖等。实行医疗制度改革的单位直接支付给个人或单位报销的医疗费、现金发放的劳保用品等也都包括在内。不包括发给的实物和票证。

其它劳动收入：指家庭成员从事第二职业、兼职、零星劳动所得的劳动报酬。如稿费、翻译费、讲课费、课题费、咨询费、信息费、调查费、商品推销费、购进旧家电维修后出售所得的净收入等。

经营净收入：指家庭成员从事生产经营活动所获得的净收入。是全部生产经营收入中扣除生产成本和税金后所得的收入。如当期收入小于生产费用的开支，其差额记入“其他借贷支出”中。

财产性收入：指家庭拥有的动产(如银行存款、有价证券)、不动产(如房屋、车辆、土地、收藏品等)所获得的收入。包括出让财产使用权所获得的利息、租金、专利收入；财产营运所获得的红利收入、财产增值收益等。

利息收入：指资产所有者按预先约定的利率获得的高于存款本金以外的那部分收入。包括各类定期和活期存款利息、债券利息、储蓄性奖券和存款的“中奖”收入。利息与红利的差异：利息一般是预先约定的，与企业的经营状况无关，而红利的多少与企业的经营效益直接有关，一般不预先约定。利息收入是应得收入，包括银行代扣的利息所得税。

股息与红利收入：指购买公司股票所获得的各种收益。包括股票发行公司按入股数量定期分配的股息、年终分红，股票买、卖所获得的营运净收益。如果结算时发生亏损，则亏损额记入“其他借贷支出”中。

保险收益：家庭参加储蓄性保险，扣除交纳的保险本金后，所获得的保险净收益。不包括保险责任人对保险人给予的保险理赔收入。

其它投资收入：指家庭从事股票投资、保险以外的投资行为所获得的投资收益。如出售艺术品、邮票等收藏品超过原购买价的那部分收入；如投资各种经营活动(自己不参与经营)所获得的利润；财产转让溢价部分收入。

出租房屋收入：指出租房屋所得的租金净收入。租金收入中应扣除交纳的各税费、出租房屋的维修费用等各种成本支出。

知识产权收入：指出让家庭或家庭成员拥有的专利、版权等知识产权所获得的净收入。

其它财产性收入：指家庭所得的除上述以外的各种财产

性收入。

转移性收入:指国家、单位、社会团体对居民家庭的各种转移支付和居民家庭间的收入转移。包括政府对个人收入转移的离退休金、失业救济金、赔偿等;单位对个人收入转移的辞退金、保险索赔、住房公积金、家庭间的赠送和赡养等。

养老金或离退休金:指根据国家有关规定,离开生产或工作岗位,正式办理了离休、退休手续并享受离退休待遇的人员,领取的离退休金。包括退休人员的退休金、离休人员的离休金、生活补贴、保姆津贴,因工致伤离退休人员的护理费,离退休人员异地安家补助费、取暖补贴、医疗费、旅游补贴、书报费、困难补助以及在原工作单位所得的各种其它收入。

社会救济收入:指国家对各类特殊家庭、人员提供的特别津贴。包括国家对享受城镇居民最低生活保障待遇的家庭,发放的最低生活保障金;国家和社会对特殊困难家庭给予的困难补助、受灾救济款、国家对伤残军人的抚恤金等。只计算得到的现金收入,不包括赠送的实物。

辞退金:职工被解除劳动合同时,单位或雇主支付的补偿费,包括一次性工龄买断收入。

赔偿收入:指国家、单位、个人支付给受到财产损失、人身伤害家庭的各种赔偿,不包括保险赔偿收入。

保险收入:指参加保险的住户从保险公司得到的保险理赔款。如人身意外事故赔偿、财产损失赔偿。不包括人寿保险返回的年金。

失业保险金:按照国家《失业保险条例》规定,失业保险经办机构对符合条件的失业人员,进行失业登记,并定期发放的失业救济金。

赡养收入:指亲友因赡养和抚养义务给家庭成员的现金。包括家庭人员到外地工作,带回、寄回给家庭的收入。

捐赠收入:指家庭得到的亲友赠送收入,包括遗产收入。与赡养收入的区别,赠送是对本家庭成员无赡养义务的亲友给家庭成员的现金。

亲友搭伙费:指未计入家庭人口的成员,包括亲友和保姆等在调查家庭用饭所交的伙食费。

提取住房公积金:指参加住房公积金制度的职工,通过一定的手续提取的住房公积金。包括个人交纳的公积金和单位交纳的公积金。也包括单位给未达到住房面积标准的职工和离退休人员发放的住房补贴。发放的住房补贴是指已提取现金或已用于购房,如果仅是名义上划入个人住房公积金帐户的,不作统计。

记帐补贴:指调查户因承担记帐工作从统计部门、工作单位和其它途径所得到的现金。不包括实物部分。

其他转移性收入:指家庭从除上述各项收入以外得到的其他转移性收入。如单位发放的抚恤金、军人的转业费、复员费、各种有奖彩票的中奖收入等。

出售财物收入:指调查户出售家庭财物所得到的收入。由于出售财物是家庭财产从实物形态转为货币形态,家庭财产总量不变,因此不计入可支配收入中。

出售住房收入:指调查户出售所拥有的全部或部分产权的住房,得到的购买该住房时所支付的房款。本指标只反映出售住房的全部值,高于购房原价的增值部分(扣除各种交易费用)统计在"其它投资收入"指标中。

出售其他物品收入:指家庭出售各种废旧物品收入。

借贷收入:指家庭资产不发生增减的周转性收入。包括提取银行存款、提取储金会款、借入款、收回借出款、兑售有价证券、收回的投资本金、贷款等。

提取(存入)储蓄存款:指从金融机构提取已存入的活期或定期存款。按实际发生数填列,即按本月内调查户实际提取的存款总金额填列,不包括利息和奖金。

借入款:指调查户向亲友或工作单位借入的现金。不包括临时周转借款(即当月归还的)以及因公从工作单位借入的现金,如旅差费等。

收回借出款:指调查户收回非当月借出的现金。

收回储蓄性保险本金:指收回到期的调查户支付的本金。

兑售有价证券:指出售股票、兑换债券的收入。出售股票收入仅计等于或低于原来购买股票时支付的金额,如果出售所得高于原购买金额,超出部分统计在财产性收入的"股息与红利收入"。兑售债券收入仅指购买时支付的金额,所得利息计入"利息收入"。

收回投资本金:指居民家庭从事除股票、债券以外的投资活动,结束投资行为时,收回的投资本金。如返还的集资款原值、出售艺术品、收藏品等回收的原值。

住房贷款:指居民家庭为购买住房向金融机构、住房公积金中心取得的银行贷款和住房公积金贷款。

汽车贷款:指居民家庭为购买消费用家用汽车从金融机构取得的银行贷款。

教育贷款:指为家庭成员就学向银行、学校申请的贷款。

其他贷款:指除住房、汽车、教育以外,以消费为目的向金融机构申请的贷款,如耐用品贷款、旅游贷款等。

其他借贷收入:指除以上几项外的各种借贷收入。

家庭总支出:指家庭除借贷支出以外的全部实际支出。包括消费性支出、购房建房支出、转移性支出、财产性支出、社会保障支出。支出统计是以实际购得的商品或服务的总价值填报,不论其付款方式是一次付清、分期付款,还是赊购,只要商品或服务已被消费就要按其总价值计量。如果采用分期付款或赊购形式,则要在借贷收入类相应的项目填入实付款与总的应付款的差额。

消费支出:指调查户用于本家庭日常生活的全部支出,包括食品、衣着、家庭设备用品及服务、医疗保健、交通和通讯、娱乐教育文化服务、居住、杂项商品和服务八大类等。不包括用于赠送的商品或服务。消费支出按商品(服务)的用途分类,详细解释见消费支出表。

服务性消费支出:指调查户用于本家庭支付社会提供的各种文化和生活方面的非商品性服务费用。不包括为别人付款的服务。服务消费与商品消费不同,其特点在于其劳动过程和消费过程在时间与空间上的统一。

服务性消费支出＝食品加工服务费用＋在外饮食业×50%＋衣着加工服务费＋家庭服务＋医疗费＋交通工具服务支出＋交通费＋通信服务＋文化娱乐服务费＋教育费用

＋房租＋自有房租折算＋住房装潢支出×40％＋居住服务费＋杂项服务费

这一指标是派生的，由计算机根据各类消费支出的性质自动生成。

购房与建房支出：指包括居民家庭购买住房、建房时的全部支出。

购房：指购买商品房、房改房、二手房的房价支出。如采用按揭购房，按房屋全价计算，贷款部分计入"住房贷款"。不包括购买时交纳的各种税费（统计在财产性支出的住房指标中）。

建房：指自建房的全部支出，包括土地购置费、单位集资建房自付部分。不包括用于住房维修的建筑材料支出、人工费。

转移性支出：指居民家庭对国家、单位、住户、个人的转移支付。包括交纳的税款、捐赠和赡养支出等。

交纳的税赋：指调查对象向税务机关交纳的各种税款。如个人所得税、利息税等。

捐赠支出：指家庭赠送、捐款给别的家庭或个人、单位的支出，包括个人对公共设施建设的各类捐款。不包括实物，购买商品赠送亲友的支出记入消费支出。捐赠支出应按实际发生的金额计算，不论是从报告期收入中开支的，还是从银行存款、手存现金以及其他非经常性收入中开支的，均应包括在内。捐赠支出不论用途、对象、途径，只要是现金的无偿转让，均作为捐赠支出，如送给客人的路费、替亲友交纳的学费、为亲友支付的医疗费、寺庙的捐款均应作为捐赠支出统计。

购买彩票：指居民购买经政府批准公开发行的彩票支出。例如，福利彩票、体育彩票等。

赡养支出：指调查户因赡养和抚养义务而付给亲友的现金。不包括实物。赡养支出应按实际发生的金额计算，不论是从报告期收入中开支的，还是从银行存款、手存现金以及其他非经常性收入中开支的，均应包括在内。

在外就学子女费用：指供养在外地就学，不算作家庭人口的子女的学费、生活费。

各种非储蓄性保险支出：指不能收回本金的保险支出。如人身意外保险、疾病保险、财产保险、责任保险等。

车辆保险支出：指各类机动车保险支出。

其他转移性支出：指除交纳的税收、捐赠和赡养支出以外的转移性支出。如赔偿他人的支出；各种罚款，如交通罚款、违反计划生育罚款；兵役费；政府部门向居民提供服务收取的服务费，如迁户口的办理费、办理身份证费等。

财产性支出：指家庭购买或维护财产所支付的利息等有关费用。

非生产性贷款利息支出：指非生产性贷款、借款的利息支出。如果归还贷款时，本金与利息一起支付的，要进行分摊。

社会保障支出：指调查户成员参加国家法律、法规规定的社会保障项目中由个人交纳的保障支出。不包括职工所在单位交纳的那部分社会保障金。

个人交纳的养老基金：根据国家统一规定，按一定的工资比例个人交纳的养老保险金，以及私营企业主、个体经营户、其他人员全部由个人承担的养老保险金。

个人交纳的住房公积金：指参加住房公积金制度的个人由单位从工资中代扣的住房公积金。

个人交纳的医疗基金：指职工参加医疗保险个人交纳的医疗基金。

个人交纳的失业基金：指职工参加失业保险个人交纳的失业基金。

其他社会保障支出：指以上几项以外的个人支付的其他各种社会保障支出。

借贷支出：包括所有权没有变化的周转性支付，如存入储蓄款、借出款；资金归还，如归还借款、归还各类贷款等。

存入储蓄款：指存入各类金融机构的存款。

借出款：指调查户借给亲友的现金。不包括临时周转借款（即当月归还的）。按各月实际发生数填列。借出款与借入款应分别计算，不可相互冲抵。

归还借款：指调查户归还过去从各种途径借入的现金。不包括归还旅差费等因公借款。

储蓄性保险支出：指调查户参加储蓄性保险的支出。储蓄性保险是到期能归还保险本金，并能获得增值的险种。包括财产两全保险，人身两全保险、养老保险等能收回本金的储蓄性保险。

购买有价证券支出：指购买由政府、公司发行的各类股票、债券支出。债券一般有事先约定的利率和兑付期限。股票是对公司出资额的一种凭证。购买股票既包括上市公司的股票，也包括非上市股份公司的股票。股票收益主要有分红、送股、转让溢价。包括职工参与企业集资所交纳的集资款。

其他投资支出：指除购买各类有价证券、参加储蓄性保险投资行为以外的各类投资支出。如为转卖增值而购买的字画、邮票、古董、工艺美术品等；购买店面用于出租、购买汽车承包给他人营运的购车支出；民间高利息的借贷支出也作为其他投资支出。由于换户而造成的现金收支不平衡，如期初手存现金、家庭总收入、借贷收入之和小于家庭总支出、借贷支出、期末手存现金之和，则将差额填入"其他借贷收入"；反之，如后者之和小于前者之和，则可将差额填入"其他借贷支出"。由于漏记帐而发生的不平衡，不可作"其他借贷收入（支出）"记帐。

归还住房贷款：指归还因购置住房向金融机构或住房公积金中心申请的贷款本金，不包括贷款利息。

归还汽车贷款：指归还汽车贷款的本金，不包括贷款利息。

归还教育贷款：指归还教育贷款的本金，不包括贷款利息。

归还其他贷款：指除归还上述贷款以外，而从银行贷款的本金，不包括贷款利息。

其他借贷支出：指除以上几项以外的各种借贷支出。如各种押金、计划生育保证金、住房保证金等。

期末手存现金：见期初手存现金。

消费支出：指调查户用于满足家庭日常生活消费需要的

全部支出，包括食品、衣着、家庭设备用品及服务、医疗保健、交通和通讯、娱乐教育文化服务、居住、杂项商品和服务等八大类。消费支出构成是按照商品或服务的用途进行分类，如果消费支出的目的与用途不一致时，必须按照用途归入相应类内。

食品：指居民为摄取身体所需要的营养和满足某种嗜好而进食的各种消费品，包括在商店、集市、工作单位食堂和饮食业购买的主食、副食、烟草、酒、饮料以及干鲜瓜果、糖果、糕点、奶制品等。

粮食：指居民用作主食的各种成品粮及其加工品，包括大米、面粉、粗杂粮以及各种粗、细粮制品，不包括薯类、豆类及糕点食品。

大米：包括粳米、籼米、杂交米、糯米等。

面粉：指小麦面粉。

其他粮食：包括大米、面粉之外的其他各种粗杂粮，如玉米、小米、大麦等。

粮食制品：指各种粮食类的加工制品，包括生制品和熟制品，如面包、馒头、面条、方便面、饺子皮、米粉等。

淀粉及薯类：各种薯类、淀粉以及淀粉制品。包括马铃薯、红薯及各种淀粉和制品。

干豆类及豆制品：包括大豆、杂豆等各种豆类及豆制品。

油脂类：指各种食用油脂，包括植物油和动物油。

食用植物油：以植物果实为原料榨取的油料。包括花生油、菜籽油、芝麻油、豆油、茶油、葵花籽油等。也包括以几种植物果实为原料混合加工提取的食用调合油、色拉油等。

食用动物油：指各种生、熟的动物油，包括猪油、黄油等，如果购买生猪油加工食用，其数量按八折计算。

肉禽蛋水产品类：包括肉、禽、蛋和水产品。

肉类：指各种家畜、野畜肉食品，包括活的、鲜的、冻的以及各种加工制品。

猪肉：指鲜、冻猪肉，包括内脏、头、爪、皮、骨头、猪血。不包括各种猪肉加工品。

牛肉：指鲜、冻牛肉，包括内脏、头、爪。不包括各种牛肉加工品。

羊肉：指鲜、冻羊肉，包括内脏、头、爪。不包括各种羊肉加工品。

其他肉：指猪、牛、羊肉以外的的兔、驴、马、狗、蛇肉以及各种野畜肉等。

肉制品：指各种肉的加工制品，包括熟肉品、酱肉、腊肉、咸肉、火腿、香肠、火腿肠、西式火腿、红肠、各种灌肠、烤羊肉串、肉松、肉干、肉元、鲜肉贡丸、油炸猪肉皮以及各种肉罐头等。

禽类：指用于食用的各种家禽和野禽。

鸡：指食用的活鸡、白条鸡、分割的鸡腿、鸡翅、速冻的鸡脯肉，包括鸡头、鸡爪、鸡架、各种内脏，不包括加工品。

鸭：指食用的活鸭、白条鸭、分割的鸭腿、鸭翅，包括鸭头、鸭爪、各种内脏。不包括加工品。

其他禽类：指鸡、鸭以外的各种禽类。如鹅、鹌鹑、野鸡、野鸭、火鸡、鸽子，不包括加工品。

禽制品：指家禽和野禽的腌、腊、酱、烧、熏、烤制品以及各种禽制罐头等，也包括内脏加工品。

蛋类：包括各种禽蛋和禽蛋制品。

鲜蛋：指鲜鸡蛋、鲜鸭蛋以及各种鲜禽蛋，如鹅蛋、鹌鹑蛋等，不包括蛋制品。

蛋制品：各种禽蛋的加工制品，包括咸蛋、松花蛋（也称皮蛋、彩蛋）、冰蛋、糟蛋、茶叶蛋等。

水产品类：包括鱼、虾、蟹、贝、藻等各类海水和淡水产品。

鱼：包括各类海水鱼和淡水鱼。主要有黄花鱼、带鱼、草鱼、鲤鱼、鲢鱼、鲫鱼、鲳鱼、鳗鱼、黄鳝、鲥鱼、扁鱼、黑鱼等。

虾：包括海水和淡水产的活、鲜、冻、咸、干的各种虾。主要有对虾、毛虾、米虾、白虾、沼虾、龙虾、河虾、草虾、基围虾等。包括熟虾、各种虾制品、虾罐头等，如虾皮、虾米、虾干、虾仁。不包括虾片（可列入各类淀粉及制品项目）、虾油（列入调味品）、虾酱（列入其他水产品项目）。

其他水产品：指鱼和虾以外的各种水产品，主要包括各种水生软体动物和蟹类。品种有：淡菜、干贝、海蛎、海参、海蜇、蛤利、蚶子、河蚌、蚬子、螺蛳、墨鱼、牡蛎、生蚝、鲜贝、赤贝、扇贝、鱿鱼、章鱼；蟹的主要品种有：海蟹、河蟹、青蟹、梭子蟹，还包括龟、鳖、食用的青蛙、海菜、石花菜、海带、紫菜。包括其它水产品的制品，如人造海蜇。

水产制品：指经过腌、干、薰等方法加工的水产制品，包括鱼干、鱼丸、海鲜贡丸、鱼松、烤鱼片、油炸鱼、熏鱼以及各种鱼虾罐头。论袋、论包、论只买的应根据实际情况折算统计。

蔬菜类：包括各种叶菜、茎菜、根菜、花菜、果菜以及各种食用菌类。

鲜菜：指没有经过腌制、干制、霉制等加工的新鲜的蔬菜。包括经过简单洗切的净菜。主要品种：白菜、洋白菜、菠菜、油菜、芹菜、韭菜、空心菜、大葱、菜花、萝卜、胡萝卜、葱头、生姜、莴笋、蒜台、蒜头、黄瓜、冬瓜、丝瓜、西红柿、茄子、青椒、豆角、莲藕、豆芽菜、毛豆角、红辣椒、蚕豆芽、鲜黄花菜、鲜香菇等。

干菜：指鲜菜经过干制的加工品。包括干制的笋干、黄花菜、黑木耳、磨菇、食用白木耳等菌类食品。也包括水发的笋干、黑木耳。

菜制品：指鲜菜的再制品。包括腌菜、榨菜、泡菜、酱菜、萝卜干、蔬菜罐头、速冻蔬菜等。

调味品：包括食用盐、酱油、虾油（鱼卤）、醋、味精、鸡精、糖精、料酒、辣椒酱、花生酱、芝麻酱、蕃茄酱、花椒、八角、茴香、胡椒、咖喱粉、五香粉、炸鸡粉等。

糖烟酒饮料类：包括各类糖、烟草、酒类和饮料。

糖类：以糖为主要原料，生产加工的食品。包括食糖、糖果、糖类小食品。不包括糖精。

烟草类：包括卷烟、烟叶。

酒：是用高粱、大麦、米、葡萄或其他水果发酵制成的含酒精饮料。主要有白酒、黄酒、葡萄酒、啤酒。

白酒：由淀粉或糖质原料制成酒醅或发酵经蒸馏而得，是一种蒸馏酒。包括散装和瓶装两种，瓶装、罐装、坛装的应折合成千克计算。

果酒:以各种水果以及某些野生果实用发酵法酿成的酒,主要有葡萄酒、苹果酒、荔枝酒、桔子酒等,瓶装的应折合千克计算。

啤酒:以大麦芽、酒花为主要原料,经酵母发酵作用而成的包含二氧化碳的低酒精度酒。包括罐装、瓶装、散装的鲜啤酒、熟啤酒、黑啤酒、黄啤酒,罐装和瓶装应折合成千克计算。

其他酒:指白酒、果酒、啤酒以外的各种含酒精饮料和泡制酒。包括黄酒、米酒、五加皮酒、人参酒、香槟酒、汽酒及各种滋补酒等。不包括药酒和作调味用的料酒,药酒可计入滋补品,料酒可计入调味品。

饮料:饮料是指以水、粮食、果蔬或奶为基本原料加工而成的流体、半流体或固体冲剂食品。不包括白开水。

碳酸饮料:包含二氧化碳的非酒精液体饮料。包括盐汽水、甜汽水、果味汽水,以及罐装、瓶装、杯装的各种可乐。

果蔬饮料:以水果、蔬菜、植物的根、茎、叶、花为原料,经压榨或浸渍抽提等方法取汁后加工而成的饮料。

瓶装饮用水:包括小瓶装的矿泉水、纯净水、天然水等。也包括饮水机用的桶装饮用水。

茶叶:以茶树新梢上的芽叶嫩梢为原料加工而成的产品。主要分为绿茶、红茶、黄茶、黑茶、白茶、青茶、花茶等。

咖啡、可可粉:咖啡是指用咖啡树子经过加工后制成的饮料。包括咖啡豆和速溶咖啡。可可是指用一种可可树子经过加工后制成的粉末状饮料。

其他饮料:指除碳酸饮料、果蔬饮料、瓶装饮用水、咖啡可可粉以外的各种非酒精饮料。主要有果味晶体饮料(桔子粉、酸梅粉、山楂晶、菊花晶)、白菊花、非奶制冰棍等。

干鲜瓜果:包括干鲜瓜果及制品。

鲜瓜:包括西瓜、甜瓜、哈密瓜等。

鲜果:包括苹果、梨、山楂;桃、杏、李、梅、樱桃、葡萄、柿子、弥猴桃、草莓、树莓、越橘、香蕉、椰子、芒果、菠萝、龙眼、荔枝、枇杷、杨梅、油橄榄、石榴、甘蔗、荸荠、莲蓬、百合等。不包括各类坚果。

干果:由各种水果经过日晒或烘干而成的食品。带壳的有荔枝干、桂圆干等;带皮的有葡萄干、红枣、黑枣、南枣、无花果等;对切的有杏干、桃干等;片状的有山楂干、苹果干、梨干等。

瓜果制品:指鲜瓜果经过工业加工而成的再制品,包括各种密饯(果脯、桔饼、加应子、话梅、蜜饯、蜜枣等)、水果罐头、果酱、山楂糕、山楂片等。

坚果及果仁:包括生的和熟的大核桃、小核桃、板栗、银杏、榛子、松子、瓜子、花生、芝麻和各种坚果及果仁的加工品。包括湿花生、嫩花生、鱼皮花生、糖衣花生、油炸花生等。

糕点:是以面粉和糖为基本原料,以油、蛋、奶、果仁、果料等为辅料,经过调制、成型、熟制而成的食品。包括饼干和蛋糕、冻米糕、米花糖,不包括面包。幼儿园、中小学生交纳的点心费,如不能分清具体品种,归入糕点指标。

奶及奶制品:包括鲜奶品、奶粉、酸奶以及其他奶制品。不包括代乳粉、糕干粉等以粮食或豆类为主加工的制品。

鲜乳品:包括牛奶、马奶、羊奶、以及以鲜奶为主要原料配制的混合奶,不包括酸奶、活性乳、奶粉等各种奶制品,也不包括豆奶。

奶粉:以鲜奶为原料,经预处理及真空浓缩,然后喷雾干燥而制成的粉末状食品。

酸奶:以牛(马、羊)乳为原料,接入专用菌种,经保温发酵而制成的乳制品。

其它食品:指上述各类食品以外的其他食品,包括半成品净菜、面筋、奶糕、代乳粉、蜂蜜、发酵粉、甜酒药、糖桂花、各种膨化食品等。

半成品:指无法归入具体品种,以粮食、肉等各种成分混合在一起无法分开的半成品,如速冻饺子等。不包括各种粮食制品、肉制品、蔬菜制品等。

饮食服务:包括在外用餐和食品加工费。

食品加工服务费:指用于食品加工所支付的加工服务费,包括磨粉、爆米花、炒花生、做糕点、加工彩蛋等费用。

在外饮食:指在家庭以外地点的自费用餐支出,包括在单位食堂、餐饮业、亲友家的用餐支出。对于从单位食堂、餐饮业购买并带回家直接食用的食品,若能单列具体品种的,则分别计入相应的食品项中,若不能单列的,则作为在外用餐支出。公费在外饮食不含在内。

衣着:指各种穿着用品及加工穿着品的各种材料,包括棉、麻、丝、毛和各种人造纤维、合成纤维纺织的各种布匹、呢绒、绸缎及其加工的服装,各种鞋、袜、帽及其他零星穿着用品等。

服装:指以各种棉布、棉花化纤混纺布、化纤布、呢绒、绸缎、毛皮等为材料加工的各式服装,以及棉、麻、毛、丝、化纤纯纺或混纺经针织而成的服装,按穿着对象分为男士服装、女士服装、各式童装,不包括塑料雨衣和胶布雨衣(雨披)。

男士服装:指各类材料、各种工艺制作的各式男士服装,包括单衣、夹衣、棉衣、内衣、外衣等。

女士服装:指各类材料、各种工艺制作的各式女士服装,包括单衣、夹衣、大衣、裤子、内衣、外衣等。

童装:指各类材料、各种工艺制作的各式儿童服装,包括单衣、夹衣、棉衣、大衣、毛线衣、披风、各种学生装、各种婴儿服装。儿童一般指年龄12周岁及以下。

衣着材料:指以棉、麻、丝、毛和各种人造纤维纺织及混纺的各种衣着材料,也包括加工衣着品所需的其他各种材料。不包括用于加工床上用品、窗帘、台布的布料。

鞋类:包括用棉布、呢绒、绸缎、化纤、塑料、橡胶、皮革、人造革等为材料制作的有各种式样和用途的皮鞋、旅游鞋、布鞋、雨鞋、凉鞋、拖鞋、运动鞋、健身鞋、婴儿鞋等。

其他穿着用品:指除服装、鞋以外的各种穿着用品,主要有帽子、袜子、手套、护脚套、耳罩、胸罩;装饰性服饰件,如头纱、披巾、红领巾、领带、领带夹、面纱、发带、围巾;雨披;鞋垫;鞋带;皮带等。

衣着加工服务费:指为加工服装、鞋、帽等穿着用品所支付的各项加工维修、保养和洗涤等服务费。包括拷边、裁剪、绒线编结(手织或机织)、打油、洗涤、修鞋等费用。

家庭设备用品及服务:指家庭各类日用消费品及家庭服务。包括日用耐用消费品、室内装饰品、床上用品、家庭日用杂品、家具、家庭服务。不含个人用品和服务。

耐用消费品:指价值比较高、消费期较长的家用电器和家庭设备。

家具:主要有坐卧类家具,如椅子、凳子、沙发、床;凭椅类家具,如桌子、茶几;贮藏类家具,如柜、箱;隔断类家具,如屏风等。

成套家具:指一次性购买不同功能、能满足日常生活的多件家具,成套家具一般应包括床、衣柜、矮柜、书柜等常用家具。

其他家具:指家庭非成套购买的各类家具支出。

家用设备:指家庭使用的各类电气和电子器具,不包括文娱用家电。包括制冷电器,如冰箱、冷饮机;空气调节器,如空调、电扇、冷热风机、换气扇、空气除湿机;清洁电器,如洗衣机、电熨斗、吸尘器、干衣机;厨房电器,包括热水器、微波炉、电饭煲、消毒碗柜、电炒锅、食品加工机;电暖器具,如取暖器、油汀等。

洗衣机:指一次洗衣在 6 公斤以下的自动、半自动、单缸、双缸、滚筒家用洗衣机。不包括手摇洗衣机。

电风扇:包括各种规格、型号的台扇、壁扇、落地扇、吊扇。不包括换气扇。

电冰箱:指单门、双门、三门家用电冰箱,不包括冰柜。

冰柜:指用于冷冻食品的各种规格家用冰柜。

微波炉:指利用微波辐射来烹饪食物的厨房电器。

空调器:指具有空气的加热、冷却、增湿、除湿等功能的空气调节器。不包括冷暖风机。

电炊具:指以电为热能的家用炊具,包括电饭煲、电炒锅、电水壶、电火锅、电烤箱等。不包括电炉子。

淋浴热水器:指家用淋浴热水器,包括电热水器、燃气热水器、太阳能热水器。

排油烟机:指家庭炊事用的排油烟机,又称抽油烟机或脱排油烟机。不包括换气扇、排气风扇。

吸尘器:利用电动机驱动风机而产生负压进行除尘的家庭用清洁电器。不包括使用电池的微型电刷吸尘器和静电吸尘器。

消毒碗柜:利用红外线对食用器具进行杀菌消毒的电子器具。

洗碗机:利用电力清洗碗、碟、杯、盘等餐具的厨房电器。

饮水机:具有加热、制冷功能的台式或立式饮水机。不包括净水器。

取暖器:包括油汀、暖风机、石英管取暖器、浴霸等取暖设备。

其他家电:指以上各列以外的其他各项家庭设备。包括排气扇、电熨斗、甩干机、食品加工机、干衣机等。

室内装饰品:指美化、装饰房间用的各种装饰品及工艺品,包括纺织装饰品、装饰灯具及其它装饰品。不含珍藏的艺术品。

纺织装饰品:指用于房间装饰用的纺织品及纺织工艺品。包括棉、麻、丝、化纤等为原料纺织或编结的窗帘、台布、茶具罩、电视机罩等,也包括各种装饰用的织锦品和刺绣品以及其他纺织工艺品等。

装饰灯具:指带有各种装饰性、艺术性的灯具。如落地灯、吊灯、壁灯、吸顶灯、工艺台灯等,一般价格比较高。不包括普通的照明灯具,如日光灯、白炽灯、萤光灯以及各种节能灯等以照明为主要目的的普通灯具。

其他装饰品:指除纺织装饰品和装饰灯具以外的各种室内装饰品。包括各种泥、石、塑、竹、木、骨、石膏等各种材料制作的雕塑品、插花,以及字画、条幅、年画、挂历、花架、盆景、陶瓷工艺品、塑料百页窗、塑料和木珠门帘、塑料台布等。

床上用品:指以棉、毛、丝及合成纤维等材料纺织或针织制品,各种纺织品制成的各种床上用品。包括毛毯、床单、被单、床罩、被套、枕具、蚊帐、凉席、垫褥以及各种棉被、鸭绒被、棉毯、线毯、电热毯、毛巾被等。

家庭日用杂品:指除家具、室内装饰品、各种家庭设备以及床上用品以外的各类家庭日用品。包括厨、炊、茶具,家用等以及其他日用杂品。

厨、餐、茶具:指各种材料制作的锅、勺、刀、水壶、案板、水缸、碗、碟、匙、筷,各种炉灶具(电炉、煤油炉、煤炉、鼓风机、煤气灶、煤气瓶等),以及各种茶具及咖啡具等。

家用工具:指泥工、木工、电工等家用工具。包括各种榔头、钳子、锯子、板手、锉刀、泥刀等。

家居清洁用品:家庭清洁用的各种日用化工产品。包括肥皂、香皂、洗衣粉、洗衣皂、丝毛洗剂、洗洁精、去污粉、衣物漂白剂、衣物柔软剂、空气清新剂、家居消毒剂、除臭剂、家具光亮剂、地板蜡、鞋油等。

其他日用杂品:指除厨、餐、茶具、家用工具和家居清洁用品以外的其他家庭日用杂品。包括小五金,如元钉、木螺丝、铁丝、合页、插销、门勾、锁等;各种电料,如插座、插头、开关、灯头、电线、镇流器、日光灯管、日光灯架、灯泡、灯罩、普通台灯、电表,各种材料的自来水管、各种水笼头、阀门、水表等;各种保温瓶,如大口冰瓶、热水瓶、气压热水瓶、瓶胆等;各种扫帚、床刷、剪刀、扇子、竹帘、烟筒、火柴、照明用蜡烛、各种灭蚊用品、电池、皮鞋油以及各种材料制成的脸盆、脚盆、水桶、洗衣板、簸箕、手电筒、窗纱、雨伞等;各种纸制品,如卫生纸、卫生巾、餐巾纸、绉纹纸、纸杯;各种购物袋,如网线袋、塑料袋、编织袋等。

家具材料:指自制家具用的材料,包括木材、胶合板、纤维板、玻璃、粘胶、油漆以及各种零配件材料等。住房装潢时自制的各种柜、家具,应对用于家具部分的支出进行估算。

家庭服务:指家政服务支出及加工维修费用。

家政服务:指家庭日常生活中,各类家庭服务所支付的费用,如雇请的长期或计日、计时的保姆费、钟点工;搬运费;送气费;送煤费、管道疏通费等。不包括家庭的托幼费、归入物业管理的治安费和清洁费。

加工维修服务费:指家庭用于加工和维修所支付的服务费用。包括各种设备维修(零配件)、自制家具加工费、修锁和配钥匙的费用等。

医疗保健:指用于医疗和保健的药品、用品和服务费用。包括医疗器具、保健用品、医药费、滋补保健品、医疗保健服务及其他医疗保健费用。

医疗器具:指家庭购买的用于医疗的器具。包括血压计、体温计、注射器等。

保健器具:指用于身体保健的器具。包括按摩器、健身球、磁疗枕(药枕)、护膝、护腰、护肩等。不包括体育运动器械,如扩胸器、哑铃等。

药品费:指去医院治疗或直接向药店购买的西药、中成药、中草药(包括药用的白木耳),包括输血费。交纳的子女统筹医疗费也作为药品费统计。不包括滋补品和可报销部分的药品费。

滋补保健品:为了简化统计归类,市场上销售的具有滋补保健作用的保健食品均统计在内,包括人参、鹿茸、蜂王浆、阿胶、青春宝、西洋参、各种营养口服液、燕窝、胎盘等。

医疗费:指用于医疗保健的服务性支出。包括挂号费、诊疗费、注射费、手术费、透视费、镶牙费、出诊费、送药费、陪侍费、住院费、救护车费等。

其他医疗保健支出:指除医疗器具、保健用品、药品费、滋补保健品、医疗保健服务以外的其他医疗保健支出,包括胶布、纱布、药棉及学习气功和太极拳学费等。

交通和通信:指用于交通和通信工具和相关的各种服务费、维修等支出。

交通:指购置交通工具及零配件、支付各种交通费、修理服务费、油料费等的支出。

家庭交通工具:指家庭购买摩托车、自行车、家用汽车及其他家庭交通工具的支出。不包括购买经营用交通工具。

摩托车:以汽油机为动力的二轮或三轮机动车,包括轻便摩托车。

自行车:由骑乘人脚踏驱动的两轮车。包括普通车、山地车、轻便车、小轮车(包括折叠式)比赛车。不包括儿童玩具车、手推车、小三轮以及购买零件自行装配的自行车。

助力车:也称助动车,由电力、小型汽油发动机为动力的自行车。

家用汽车:指购买以消费为主的各种家用汽车。包括轿车、面包车等。

交通费:指家庭成员乘坐各种交通工具所支付的交通费。不包括因公出差暂由个人垫付的交通费。

通信:指家庭用于通信方面的全部支出。包括通信工具、电话费、邮费及其他通信费用。

通信工具:指购买各种通信工具所支付的费用。包括固定电话机、移动电话机、寻呼机、传真机等。

电话机:指购买固定电话的电话机支出。不包括电话初装费。

移动电话机:指购买移动电话的电话机,包括本地通、小灵通。不包括入网费。

寻呼机:即 BP 机,不包括对讲机。

传真机:利用电话线路进行文字和图像传递的设备。

通信服务:指家庭用于电话初装费、入网费、电信费、邮费等方面的服务支出。

教育文化娱乐服务:指调查户用于教育和文化娱乐方面的支出。

文化娱乐用品:指调查户用于购置家庭文娱用耐用消费品和其它文娱用品的支出。其中,购买家庭影院的根据其设备配置情况分别记为彩色电视机、影碟机、组合音响等。

彩色电视机:也称彩色电视接收机。包括显像管彩色电视机和固体显示(液晶显示、等离子显示)彩色电视机。不包括可以接收电视的计算机。

影碟机:利用各种视频影碟,并通过电视机放映图像的设备。包括激光视盘(LD)、视频高密光盘(VCD)、数字化视频光盘(DVD),不包括 CD 播放机、能播放 VCD 的多媒体计算机。

录放像机:利用磁带记录、重放图像和声音信号的机器,是磁带录像机的简称。包括仅有放像功能的单放像机。

家用电脑:指有显示器、中央处理器、键盘输入设备、存贮器等主要部件组成的家用电子计算机,主要有台式计算机和便携式计算机。不包括学习机、掌上电脑。

组合音响:指收录、扩音、放音等两件和两件以上的多功能组合音响。不包括普通音箱以及自制的音箱。

录音机:以硬磁性材料为载体,利用磁性材料的剩磁特性将声音信号记录在载体上的电器,一般具有收听、录音、扩音、重放、转录等功能。包括复读机。

摄像机:把景物的图像和现场的声音转换为电子信号的设备。不包括有录像功能的电视监视器。

照相机:把景物记录在感光材料或磁性材料上的设备。包括普通照相机和数码照相机。

钢琴:击奏弦鸣乐器,主要部件包括键盘、踏板、击弦机、弦槌、琴弦、金属框架及共鸣板。主要式样有三角钢琴和立式钢琴。

其他中高档乐器:指除钢琴以外的价格在 200 元以上的各种中高档乐器。包括提琴、手风琴、吉他及各种电子乐器。

健身器材:指价值 500 元以上的体育锻炼器械,如跑步器、划船器等。不包括医疗功能的按摩器。

体育用品:包括各类体育运动器材和体育用品。如球类、棋类、乒乓球板、乒乓球台、小型健身用品(哑铃、拉力器)、秒表等。不包括运动服、运动鞋。

书报杂志:指除教材及参考书以外的各种中外文图书、报纸、杂志。预订的书报杂志按订购的全部金额记入付款当月。

纸张文具:包括各种簿册、纸张、各种笔、文具盒、墨水、图钉、胶水、日历、写字台板玻璃、书立、电子计算器等。

其他文娱用品:指除上述所列文娱用耐用消费品和音像制品、体育用品以外的各类文化娱乐用品。主要包括电唱机、录像带倒带机、单放机和自制音箱、照相器材、各类玩具、低档乐器、扑克、游戏带、胶卷、鞭炮、集邮品(不包括用于投资的)、价值低廉的饰品、钓鱼用具、喂养花、宠物的食物、用具、肥料支出、有线电视接线和信号分配器、儿童玩具童车、明信片、贺卡、请柬、鲜花、盆花等。

文化娱乐服务:指和文化娱乐活动有关的各种服务费用。

参观游览:指参观各类展览、游览公园的门票及游览设施的使用费。

健身活动:指为锻炼身体而进行的各类健身活动的费用。如游泳、打球、去健身房等。如果是一次性购买活动卡,要一次性记录花费。

团体旅游：指随旅游团参加国内或出境旅游，无法拆分旅游花费的。如是自费旅游或可以拆分旅游花费，需分别记入各项花费中。

其它文娱活动费：指除以上3项文娱活动以外的其它文娱活动费。如电影票、演出门票、体育娱乐用品的租借费、游泳场的沐浴费、存衣费、有限电视安装及使用费等。

文娱用品修理服务费：指文娱用品的修理服务费用。

教育：教育是指按一定的目的要求，对受教育者的德育、智育、体育诸方面施以影响的一种有计划的活动，与这一活动直接相关的支出即为教育支出。包括学费、教材费、家教费、赞助费、寄宿学生的住宿费等。

教材：接受各类学历教育购买的学习用书和学习用软件。

课本及参考书：指用于教育的教材及参考书，包括成人教育，大、中、小学学生以及幼儿的课本、讲义和其他各种学习用书。

教育软件：指家庭购买的各种教育用软件支出，如英语学习软件、中小学教材辅导软件等。包括系统工具软件，不包括游戏软件、电子书籍及娱乐用CD、VCD、DVD等。

其它教材：指课本及参考书和教育软件以外的各类教育用书。

教育费用：包括付给学校的各种学费、杂费及其它教育支出。

居住：指与居住有关的支出，包括住房、水、电、燃料方面的支出。

住房：指调查户用于住房的直接支出，包括房租、房屋维修支出、物业管理费、房屋装潢支出。

水电燃料及其他：指调查户支付的水费、电费、燃料费、取暖费等支出。

水：指调查户支付的自来水费。不包括桶装饮用水。其消费量以吨或立方米为计量单位。

电：住户用于照明和使用家用电器等所支付的的电费。

燃料：指家庭用于购买煤炭、液化气、煤气等燃料的支出。

居住服务费：指用于住房各种服务费用。包括物业管理费、住房维修服务费等。

物业管理费：指住户向承担本住宅管理的物业管理部门交纳的物业管理费。包括治安费、清洁费、绿化费等。

维修服务费：指调查户用于住房装潢和维修房屋所支付的人工费、招待费等。

其他：除上述各项住房支出外的其他各类住房支出。

杂项商品和服务：指无法直接归入上述各类支出以外的个人用品和杂项商品与服务支出。

杂项商品：指七大类以外的个人用品和各种杂项商品。

服务：指用于个人消费中的服务费，包括旅馆住宿费、理发洗澡费、美容费等。

二、城市资源与经济

年末总人口：指本市本年12月31日24时的人口总数。

非农业人口：是指从事农业以外的职业维持生活的人口以及由他们抚养的人口，本年报采用按农业、非农业户口分类的户籍统计口径。

年末单位从业人员数：是指在各级国家机关、政党机关、社会团体及企业、事业单位中工作，并取得劳动报酬的全部人员。包括在岗职工、再就业的离退休人员、民办教师以及在各单位工作的外方工作人员和港、澳、台人员、兼职人员、借用的外单位人员和第二职业者。不包括离开本单位仍保留劳动关系的职工。

年末城镇登记失业人员数：是指有非农业户口，在一定的劳动年龄内，有劳动能力，无业而要求就业，并在当地就业服务机构进行求职登记的人员。

行政区域土地面积：是指在该行政区划内的全部土地面积（包括水面面积）。计算土地面积是以行政区划为准。

建成区面积：指市政区范围内经过征用的土地和实际建设发展起来的非农业生产建设地段，包括市区集中连片的部分以及分散在近郊区与城市有着密切联系，具有基本完善的市政公用设施的城市建设用地（如机场、污水处理厂、通讯电台）。

国内生产总值（GDP）：指按市场价格计算的一个国家（地区）所有常住单位在一定时期内生产活动的最终成果。

地方财政一般预算内收入：包括：(1)各项税收；(2)国有资产经营收益；(3)国有企业计划亏损补贴；(4)行政性收费收入；(5)罚没收入；(6)海域场矿区使用费收入；(7)专项收入；(8)其他收入。不包括中央补助收入（含税收返还）、地方向国外借款收入、国债转贷收入、国债转贷资金上年结余、上年结余收入和调入其他资金等。

地方财政一般预算内支出：包括：(1)基本建设支出；(2)企业挖潜改造资金；(3)地质勘探费；(4)科技三项费用；(5)流动资金；(6)农业支出；(7)林业支出；(8)水利气象支出；(9)工业交通等部门的事业费；(10)流通部门事业费；(11)文体广播事业费；(12)教育支出；(13)科学支出；(14)医疗卫生支出；(15)其他部门的事业费；(16)抚恤金和社会福利救济费；(17)行政事业单位离退休支出；(18)社会保障补助支出；(19)行政管理费；(20)武装警察部队支出；(21)公检法司支出；(22)城市维护费；(23)政策性补贴支出；(24)支援不发达地区支出；(25)海域开发建设和场地使用费支出；(26)车辆税费支出；(27)债务利息支出；(28)专项支出；(29)其他支出；(30)总预备费。不包括中央支出、建设预算周转资金、地方向国外借款安排的支出、地方向国外借款还本付息支出、国债转贷收入安排的支出、国债转贷收入结余、调出资金和年终滚存结余等。

城乡居民储蓄年末余额：包括城镇居民储蓄、农民个人储蓄两部分的年末余额。不包括工矿企业、部队、机关团体等集团存款。

社会消费品零售总额：指国民经济各行各业售给城乡居民直接用于生活消费的商品和社会集团直接用于公共消费的商品的总量。

在岗职工平均人数：是指在国有经济、城镇集体经济和其他各种经济类型单位及附属机构生产或工作，并由单位支付工资的在岗人员人数(包括在乡镇一级管理机构中工作、由国家支付工资的干部)，不包括已退休的职工、在农村乡镇企、事业单位中参加劳动并取得收入的劳动者和城乡个体劳动者。职工平均人数等于12个月月未人数之和除以12或4个季度的季未人数之和除以4求得。

在岗职工工资总额：指各单位在一定时期内直接支付给本单位在岗职工的劳动报酬总额。包括：计时工资、计件工资、奖金、津贴和补贴、加班加点工资和其他工资。

三、城市生活质量与环境

普通高等学校：是指按国家规定的标准和审批程序批准建立的，通过全国普通高等教育统一招生考试、招收高级中等学校毕业为主要培养对象，实施高等学历教育的全日制大学、独立设置的学院和高等专科学校、高等职业学校和其他机构。

中等职业技术学校：是指按国家规定的设置标准和审批程序批准建立的，招收初中(或部分高中)毕业生或同等学历者，实施中等职业技术教育，培养中等职业技术人才的学校。招收初中毕业生的，修业年限一般为三至四年；招收高中毕业生的，修业年限一般为二至三年。包括中等专业学校、技工学校、职业中学(高中)等。统计中等职业学校时应注意，已承担培养学生任务的中等职业技术学校和独立设置的高等学校中专部或中专学校计算校数。正在筹建、尚未招生的中等职业学校和高等学校附设的中专班不计校数。

普通中学：指按国家规定的审批程序批准设立的，招收小学、初中(或部分高中)毕业生或同等学历者，实施普通中学教育的学校。

剧场、影剧院数：是指独立核算的专用剧场和属文化部门主管的能演出戏剧的影剧院、兼映电影的剧场，以及附属在剧院、团公开营业的非独立核算的剧场、排演场。

公共图书馆图书总藏量：指图书馆已编目的古籍、图书、期刊和报纸的合订本、小册子、手稿、以及缩微制品、录像带、录音带、光盘等听视文献资料数量总和。

体育场馆数：体育场指有400米跑道(中心含足球场)、有固定道牙、跑道6条以上并有固定看台的室外田径场地。体育场按看台容纳观众人数分为：甲级25000人以上，乙级15000－25000人，丙级5000－15000人，丁级5000人以下；体育馆指有固定看台、可供篮球、排球、羽毛球、乒乓球、体操等项目训练比赛活动用的室内运动场地。体育馆按看台容纳观众人数分为：甲级6000人以上，乙级4000－6000人，丙级2000－4000人，丁级2000人以下。

医院、卫生院数：是指卫生部门、工业及其他部门(如农业、铁道、邮电、公安、文教、民政、社团等)、集体所有制单位、私人、各种合作方式(全民与集体或个体合办、集体与个体合办、中外合资)等举办的医院和卫生院数(包括县及县以上医院数、城市街道卫生院、农村卫生院及其他医院数)。

医院、卫生院床位数：指各级各类医院本年10月底的固定实有床位(非编制床位)。包括正规床、简易床、监护床和正在消毒、修理的床位及因扩建或大修理而停用的床位(按扩建或大修理前的床位计算)，但不包括产科的新生儿床、库存床、临时增设的床位、病人家属的陪床、接产室的待产床等。

在岗职工平均人数：是指在国有经济、城镇集体经济和其他各种经济类型单位及附属机构生产或工作，并由单位支付工资的在岗人员人数(包括在乡镇一级管理机构中工作、由国家支付工资的干部)，不包括已退休的职工、在农村乡镇企、事业单位中参加劳动并取得收入的劳动者和城乡个体劳动者。职工平均人数等于12个月月未人数之和除以12或4个季度的季未人数之和除以4求得。

在岗职工工资总额：指各单位在一定时期内直接支付给本单位在岗职工的劳动报酬总额。包括：计时工资、计件工资、奖金、津贴和补贴、加班加点工资和其他工资。

人均住房使用面积：使用面积和常住人口的比值。此数据由住户调查得到。

基本养老保险参保职工：指报告期末参加基本养老保险的职工人数。

基本医疗保险参保人数：指报告期末参加基本医疗保险的职工人数。

失业保险参保人数：指报告期末参加失业保险的人数。

居民最低生活保障线以下人数：指在报告期末，家庭平均收入在当地规定的最低生活保障线以下的城镇居民数。包括“三无对象”，失业人员和在职、下岗，退休人员。

年末实有城市道路面积：是指路面经过铺筑，路面宽度在3.5米以上(含3.5米)的道路。包括高级、次高级道路和普通道路，不包括街道内部路面宽度不足3.5米的胡同、里弄。

道路面积只包括路面面积和与道路相通的广场、桥梁、停车场面积。不包括街心花坛、侧石、人行道和路肩的面积。人均实有道路面积指该指标除以年末总人口。

居民家庭用水量：指城市范围内所有居民家庭的日常生活用水。包括城市居民、农民家庭、公共供水站用水。

用水人口：指供应生活用水的年末实际人口。包括非农业人口和农业人口。

人均家庭生活用水量指居民家庭用水量除以用水人口。

用水普及率指城市用水人口数与城市人口总数的比率。2000年数据系非农业人口计算。

煤气(人工煤气、天然气)供气总量:是指城市煤气企业向城市生产用户、家庭用户和其他用户供应的全部煤气量,包括外购及损失量。

用煤气人口:指报告期末家庭用户的用气人口。

人均煤气家庭用量指煤气供气总量除以用煤气人口。

用气普及率指报告期末使用燃气的城市人口数与城市人口总数的比率。

年末实有公共汽(电)车运营车辆数:是指城市公共交通企业可参加营运的全部车辆数。包括技术完好的、在修的、待修的、长期停驶的,以及拟报废尚未经上级主管部门批准报废的运营车辆数。不包括公交企业的油罐车、货车和其他专用车等非运营车,也不包括借入、租入的客运车辆。

全年公共汽(电)车客运总量:指运送乘客的总人数。包括普通票乘客人次,月票乘客人次和包车乘客人次。普通票乘客人次按上车付现金购票,一张票计算一个人次;月票日乘车次按5个人次计算;团体包车,一个乘客按一个人次计算,往返按二个人次计算。

年末实有出租汽车数:指经有关部门批准的专门从事出租业务的一切营业车辆。包括轿车、面包车、大客车。

园林绿地面积:指用作园林和绿化的各种绿地面积。包括公共绿地、单位附属绿地、居住区绿地、生产绿地、防护绿地和风景林地的总面积。

人均园林绿地面积=(公共绿地+单位附属绿地+居住区绿地+生产防护绿地+风景林地)÷城市非农业人口

公共绿地面积:指开放的各级各类公园和街头绿地。

建成区绿化覆盖面积:指城市建成区内各单位管理的一切用于绿化的乔灌木和多年生草本植物的垂直投影面积。包括园林绿地以外的道路绿化覆盖面积(即道路的隔离带、中心绿岛和林荫道及行道树的覆盖面积)和单株树木的覆盖面积。行道和单株树覆盖面积,可按各种树的平均垂直投影面积乘以各种树木的总株数求得。乔木树冠下重叠的灌木和草本植物不再重复计算。

四、价格指数

(一)消费价格和商品零售价格

食品:指人们为摄取身体所需要的营养和满足某种嗜好而进食的各种消费品,包括在商店、集市、工作单位食堂和饮食业购买的主食、副食以及干鲜瓜果、糖果、糕点、奶制品等。

粮食:指人们用作主食的各种成品粮及其加工品,包括大米、面粉、粗杂粮以及各种粗、细粮制品,不包括薯类、豆类及糕点食品。

淀粉:包括各种淀粉及淀粉制品。

干豆类及豆制品:包括大豆、杂豆等各种豆类及豆制品。

油脂类:指各种食用油脂,包括植物油、植物油制品和动物油等。

肉禽及其制品类:包括肉、禽及其制品。

食用畜肉及副产品:指各种家畜、野畜肉食品,包括活的、鲜的、冻的。

禽类:指用于食用的各种家禽和野禽。

蛋类:包括各种禽蛋和禽蛋制品。

水产品类:包括鱼、虾、蟹、贝、藻等各类海水和淡水产品。

鱼:包括各类海水鱼和淡水鱼。主要有黄花鱼、带鱼、草鱼、鲤鱼、鲢鱼、鲫鱼、鲳鱼、鳗鱼、黄鳝、鲥鱼、扁鱼、黑鱼等。

其他水产品:指鱼以外的各种水产品,主要包括各种水生软体动物、虾蟹类及贝类等。品种有:淡菜、干贝、海蛎、海参、海蜇、蛤蜊、蚶子、河蚌、蚬子、螺蛳、墨鱼、牡蛎、生蚝、鲜贝、赤贝、扇贝、鱿鱼、章鱼;虾的主要品种有:对虾、毛虾、米虾、白虾、沼虾、龙虾、河虾、草虾、基围虾等;蟹的主要品种有:海蟹、河蟹、青蟹、梭子蟹。还包括龟、鳖、食用的青蛙、海菜、石花菜、海带、紫菜。还包括其他水产品的制品,如人造海蜇等。

蔬菜类:包括各种叶菜、茎菜、根菜、花菜、果菜以及各种食用菌类。

鲜菜:指没有经过腌制、干制、霉制等加工的新鲜的蔬菜,包括经过简单洗切的净菜。主要品种:白菜、洋白菜、菠菜、油菜、芹菜、韭菜、空心菜、大葱、菜花、萝卜、胡萝卜、葱头、生姜、莴笋、蒜苔、蒜头、黄瓜、冬瓜、丝瓜、西红柿、茄子、青椒、豆角、莲藕、豆芽菜、毛豆角、红辣椒、蚕豆芽、鲜黄花菜、鲜香菇等。

薯类:各种薯类,包括马铃薯、红薯等。

调味品:包括食用盐、酱油、虾油(鱼卤)、醋、味精、鸡精、糖精、料酒、辣椒酱、花生酱、芝麻酱、蕃茄酱、花椒、八角、茴香、胡椒、咖喱粉、五香粉、炸鸡粉等。

糖类:以糖为主要原料,生产加工的食品。包括食糖、糖果、巧克力制品和糖类小食品,不包括糖精。

干鲜瓜果:包括干鲜瓜果及制品。

鲜瓜果:鲜瓜类包括西瓜、甜瓜、哈密瓜等;鲜果类包括:苹果、梨、山楂、桃、杏、李、梅、樱桃、葡萄、柿子、猕猴桃、草莓、树莓、柑桔、香蕉、椰子、芒果、菠萝、龙眼、荔枝、枇杷、杨梅、油橄榄、石榴、甘蔗、荸荠、莲蓬、百合等。不包括各类干、坚果。

糕点饼干面包:指以面粉和糖为基本原料,以油、蛋、奶、果仁、果料等为辅料,经过调制、成型、熟制而成的食品,包括饼干、面包、蛋糕等。

液体乳及乳制品:包括鲜奶、奶粉、酸奶以及其他乳制品。不包括代乳粉、糕干粉等以粮食或豆类为主加工的制品。这里的鲜奶包括鲜牛奶、鲜马奶、鲜羊奶以及以鲜奶为主要原料配制的混合奶，不包括活性乳、奶粉等各种奶制品，也不包括豆奶。

在外用膳食品：指在家庭以外地点的用餐，主要是在餐饮业用餐的食品，包括主食、炒菜和地方小吃。

其他食品：指上述各类食品以外的其他食品，包括半成品净菜、面筋、代乳粉、蜂蜜、发酵粉、甜酒药、糖桂花、各种膨化食品等，但不包括面包、糕点类食品。

茶叶：以茶树新梢上的芽叶嫩梢为原料加工而成的产品。主要分为绿茶、红茶、黄茶、黑茶、白茶、青茶、花茶等。

饮料：指以水、粮食、果蔬或奶为基本原料加工而成的流体、半流体或固体冲剂食品，包括固体饮料、液体饮料和冷冻饮品。固体饮料包括咖啡、可可粉和一些果味晶体饮料，如桔子粉、酸梅粉、山楂晶、菊花晶等；液体饮料主要有碳酸饮料、果蔬饮料和桶装矿泉水、饮用水等。碳酸饮料指含二氧化碳的非酒精液体饮料，包括盐汽水、甜汽水、果味汽水，以及罐装、瓶装、杯装的各种可乐。果蔬饮料是以水果、蔬菜、植物的根、茎、叶、花为原料，经压榨或浸渍抽提等方法取汁后加工而成的饮料；冷冻饮品主要是以奶为主要原料制成的冷食，如冰淇淋、雪糕等。

烟草类：指卷烟和烟叶。包括国产卷烟和进口卷烟。

酒：指用高粱、大麦、米、葡萄或其他水果发酵制成的含酒精饮料。主要有白酒、黄酒、葡萄酒、啤酒等。

服装鞋帽类：指各种穿戴用品，包括棉、麻、丝、毛和各种人造纤维、合成纤维纺织的各种布匹、呢绒和绸缎加工而成的服装，各种鞋、袜、帽等。

服装：指以各种棉布、棉花化纤混纺布、化纤布、呢绒、绸缎、毛皮等为材料加工的各式服装，以及棉、麻、毛、丝、化纤纯纺或混纺经针织而成的服装，按穿着对象分为男士服装、女士服装、各式童装，不包括塑料雨衣和胶布雨衣（雨披）。

男式服装：指各类材料、各种工艺制作的各式男士服装，包括单衣、夹衣、棉衣、内衣、外衣等。

女式服装：指各类材料、各种工艺制作的各式女士服装，包括单衣、夹衣、大衣、裤子、内衣、外衣等。

儿童服装：指各类材料、各种工艺制作的各式儿童服装，包括单衣、夹衣、棉衣、大衣、毛线衣、披风、各种学生装、各种婴儿服装。儿童一般指年龄12周岁及以下。

鞋袜帽类：包括皮鞋、胶鞋、布鞋、全塑料鞋及各种材料制作的靴子、凉鞋、便鞋、拖鞋、运动鞋、旅游鞋、春秋鞋。帽袜包括男、女、童、婴儿的各种面料、各种样式的帽子和袜子。

纺织品：指以棉、麻、丝、毛和各种人造纤维纺织及混纺的各种衣着材料和床上用品，也包括加工衣着品和其他用品所需的其他各种纺织类产品。

床上用品：指以棉、毛、丝及合成纤维等为材料纺织或针织制成的各种床上用品。包括毛毯、床单、被单、床罩、被套、枕具、蚊帐、凉席、垫褥以及各种棉被、鸭绒被、棉毯、线毯、电热毯、毛巾被等。

家庭设备：包括洗涤电器：洗衣机、甩干机；制冷电器：电冰箱、电冰柜；清洁电器：吸尘器、加湿器、空气净化器、电熨斗、电风扇、房间空调器、电淋浴器等；家用厨房电器具：食品加工机、电炊具、吸排油烟机、微波炉、电饭煲、饮水机、电烤箱、洗碗机、消毒柜；家用保健电器：电取暖器、电动按摩器等。

文娱用耐用消费品：包括彩色电视机、激光视盘机（LD、VCD、DVD）、摄像机、音响、收录音机、录放像机、幻灯机等。

音像器材类：包括专业音响器材、专业声像器材及其配件。

文化办公用品：包括学习和办公用的纸张、文具、计算机及其配件、打印机及配件、复印机、扫描仪、油印机、速印机、电子辞典、计算器、印刷材料以及教学用的设备、普通测绘仪器、器材、标本、模型等，不包括通讯器材。计算机及其配套产品包括大、中、小、微型、台式和手提式电子计算机、掌上电脑和计算机的辅助设备，如不间断电源、多媒体配件以及专用设备、零配件，计算机用光盘、磁盘、磁带等，不包括单板机、插卡式电脑学习机和各种电子计算机软件。打印机及配件包括各种打印机（针式、喷墨、激光）以及相关的打印机用纸、色带、硒鼓等。

日用百货：包括非机动车及配件（主要是自行车及配件）、雨衣雨伞、理发用具、剃须刀具、部分日用小五金（如刀、剪、针线、锁等）、卫生纸、卫生巾、保温瓶、打火机等。

日用杂品：包括精铝、铸铝、铝合金家用器皿、不锈钢餐具、家用橱具及其他不锈钢器皿等，不包括工业建筑的通用金属器皿；日用搪瓷制品，包括单瓷、双瓷的面盆、口杯及其他搪瓷制品等，不包括工业建筑的通用搪瓷制品；铁锅、笼屉、瓷碗、碟等餐具和炊事用具，清洁卫生用具，竹、木、藤、柳编制品以及炉子、烟筒等。

洗涤用品：包括洗衣粉、肥皂、香皂、浴皂、药皂、牙膏及各种清洁洗涤剂（膏、液、粉）等日用洗涤用品。

洗浴服务：指专业洗浴室以及在宾馆、饭店或娱乐场所常设的独立（或相对独立）洗浴服务。

其他日用品：不包括以上列出的其他日用品。包括：各种燃气灶具、各种儿童玩具、照明器具（各种灯具、灯泡、灯管等）、钟表（各种机械、石英电子的闹钟、挂钟、座钟等；各种机械、石英电子手表、怀表等及钟表零配件）、眼镜（各种成品眼镜、眼镜架、眼镜片、眼镜毛坯、眼镜零配件）、工艺美术品（各种雕塑工艺品，如玉雕、牙雕等；金属工艺品；漆器工艺品；画类工艺品；人造花卉；天然植物、纤维编织工艺品，如竹、藤、草编工艺品等；刺绣工艺品；抽纱工艺品）、日用塑料制品、日用皮革制品、日用玻璃器皿和日用普通饰品等。

体育用品：包括球类及球类器材、棋牌和健身器材。球类包括篮球、足球、排球、羽毛球、乒乓球等；棋牌包括象棋、国际象棋、围棋、克郎棋、军棋、跳棋、扑克牌、麻将牌等。健身器材包括各种通过器械达到锻炼身体、提高身体素质的器材，如侧重于“练块的”扩胸机、举重床、自重式健力器、哑铃组合架、坐式后拉器、卧式后屈腿训练器等；侧重于身体素质训练的跑步机、健步器、骑马机、滑雪器、健骑机等以及集消除疲劳、减肥健身为一体的各种非电动按摩机、健腹器等。其他体育用品包括体操运动器材，举重运动器材，田径运动器材，水上运动器材，冰雪运动器材，射击、射箭、击剑器材，场地器材，航空、航海模型材料，运动保护用具，钓鱼用具等。

娱乐用品:包括游艺器材、照相器材和乐器等。游艺器材包括游戏机、插卡式电脑学习机、儿童运动游艺器材等;照相器材,包括照相机、胶卷、存储卡、座机、外拍机、胶片(不包括X光胶片及工业胶片)、相纸、放大机、照相镜头、摄影灯具、零配件等,暗房用品,如上光机、反拍机、翻版机、冲片机等,修相用品,如修相油、上光用品、修底版用具等,洗相药品,如显影液、定影液等;乐器包括中西乐器、电子乐器、乐器辅助用品及配件,如钢琴、提琴、手风琴、吉他等。

交通运输机械:包括各类轿车、客车、货车、摩托车等机动车辆及其配件。

通信器材:包括各种通信工具器材,如固定电话机、移动电话机、传真机、对讲机及其配件等。

家具:主要有坐卧类家具,如椅子、凳子、沙发、床;凭椅类家具,如桌子、茶几;贮藏类家具,如柜、箱;隔断类家具,如屏风等;以及具有多种组合功能的组合家具等。

化妆品类:包括护肤品、美容品、护发美容品、清洁化妆品和药物美容用品等。护肤品,如霜、香脂、乳液、润肤油等;美容品,如香粉(粉饼)、胭脂、唇膏、眼影、眉笔、指甲油及各种化妆盒、假发等;护发美容品,如发油、发霜、发蜡、发宝、营养发水、护发素、发胶、摩丝、各种染发剂等;清洁化妆用品,如洗发香波、洗发膏、洗发精、剃发膏、花露水、爽身粉、腋下香、香水等;药物美容用品,如防秃生发水、浓眉露、止痒水(粉)、祛斑霜、粉刺露、防晒剂、痱子粉(水)、减肥霜等。

金银珠宝类:包括以金、银、铂等金属及钻石、宝(玉)石、翡翠、珍珠、水晶、象牙、骨角等为原料,经加工和连接组合、镶嵌等方法,制成各种图案造型的装饰品、饰品、工艺品等。包括首饰,如项链、戒指、耳环、手镯、脚链、挂件、别针、发卡等;珠宝饰品,如宝(玉)石、钻石镶嵌、珍珠镶嵌、宝(玉)石首饰以及其他金银珠宝饰品等。

医疗器具:指人使用的用于医疗的小型器具。包括血压计、体温计、注射器等,不包括医疗用的各种大型设备,如CT机、核磁共振器等医疗器材。

保健器具:指用于身体保健的器具。包括按摩器、健身球、磁疗枕(药枕)、护膝、护腰、护肩等。不包括体育运动器械,如扩胸器、哑铃等。

书报杂志:包括以纸介质形态出版发行的各种中、外文书籍,工具书、课本、教材、图片、报纸和杂志等。

电子音像制品:包括以数字代码方式将声音、图像、文字和编码等图文音像信息编辑加工后存储在磁、光、电介质上,通过计算机或者具有类似功能的设备读取使用的产品,其媒体形态包括软磁盘(FD)、只读光盘(CD—ROM)、交互式光盘(CD—I)、照片光盘(PHOTO—ROM)、高密度只读光盘(DVD—ROM)等。音像制品指各种磁、光、电介质的录音、录像的磁带、光盘(CD、LD、VCD、DVD)等。

煤炭及制品类:包括原煤、煤炭及制品,如焦炭、石油焦、半焦、煤(饼)块和煤球等。

石油及制品类:包括液化石油气、管道燃气、汽油、柴油、机油等。

五金、电料类:包括五金工具、电工工具、工具配件、水暖器材、各种专业工具、五金杂品,各种五金商品,木瓦工具,电工、电讯器材及配件等各类商品。如各种榔头、钳子、锯子、扳手、锉刀、泥刀、自来水管、各种水龙头、暖气片、阀门、螺丝、螺母、水表、电表、插座、插头、开关、电线、铁丝、镇流器、灯架、灯罩等。

(二)固定资产投资价格

固定资产投资额:固定资产投资额(又称固定资产投资完成额)是以货币形式表现的在一定时期内建造和购置固定资产的工作量以及与此有关的费用的总称。它是反映固定资产投资规模、结构和发展速度的综合性指标,又是观察工程进度和考核投资效果的重要依据。

固定资产投资额的构成:指固定资产投资额的工程内容和实现方式,包括:

1.建筑工程是指各种房屋、建筑物的建造工程,又称建筑工作量。这部分投资额必须兴工动料,通过施工活动才能实现,是固定资产投资额的重要组成部分。

建筑工程包括:

(1)各种房屋如厂房、仓库、办公室、住宅、商店、学校、医院、俱乐部、食堂、招待所等工程。包括房屋的土建工程;列入房屋工程预算内的暖气、卫生、通风、照明、煤气等设备的价值及装设油饰工程;列入建筑工程预算内的各种管道(如蒸汽、压缩空气、石油、给排水等管道)、电力、电讯电缆导线等的敷设工程;房地产开发单位进行的商品房屋开发建设工程。

(2)设备基础、支柱、操作平台、梯子、烟囱、凉水塔、水池、灰塔等建筑工程;炼焦炉、裂解炉、蒸汽炉等各种窖炉的砌筑工程及金属结构工程。

(3)为施工而进行的建筑场地的布置、工程地质勘探,原有建筑和障碍物的拆除、平整场地、施工临时用水、电、汽、道路工程,以及完工后建筑场地的清理、环境绿化美化工作等;房地产开发单位进行的土地开发工程。

(4)矿井的开凿,井巷掘进延伸,露天矿的剥离,石油、天然气钻井工程和铁路、公路、港口、桥梁等工程。

(5)水利工程,如水库、堤坝、灌溉以及河道整治等工程。

(6)防空、地下建筑等特殊工程及其他建筑工程。

2.安装工程是指各种设备、装置的安装工程,又称安装工作量。

安装工程包括:

(1)生产、动力、起重、运输、传动和医疗、实验等各种需要安装设备的装配和安装,与设备相连的工作台、梯子、栏杆等装设工程,附属于被安装设备的管线敷设工程,被安装设备的绝缘、防腐、保温、油漆等工作。

(2)为测定安装工程质量,对单个设备、系统设备进行单机试运、系统联动无负荷试运工作(投料试运工作不包括在内)。在安装工程中,不包括被安装设备本身价值。

3.设备、工具、器具购置是指把工业企业生产的产品转为固定资产的购置活动,包括建设单位或企、事业单位购置或自制的,达到固定资产标准的设备、工具、器具的价值。新建单位及扩建单位的新建车间,按照设计或计划要求购置或自制的全部设备、工具、器具,不论是否达到固定资产标准均计入"设备、工具、器具购置"中。

(1)设备:指各种生产设备、传导设备、动力设备、运输设备等。分为需要安装的设备和不需要安装的设备两种。

需要安装的设备(简称"需安设备"):指必须将其整体或几个部位装配起来,安装在基础上或建筑物支架上才能使用的设备。如轧钢机、发电机、蒸汽锅炉、变压器、塔、换热器、各种泵、机床等。有的设备虽不要基础,但必须进行组装工作,并在一定范围内使用的,如生产用电铲、塔吊、门吊、皮带运输机等也作为需要安装的设备统计。

不需要安装的设备(简称"不需安设备"):指不必固定在一定位置或支架上就可以使用的的各种设备,如电焊机、叉车、汽车、机车、飞机、船舶以及生产上流动使用的空压机、泵等。

(2)工具、器具:指具有独立用途的各种生产用具、工作工具和仪器。如生产和维修用的切削工具、压延工具、铆焊工具、模压器、铸型、风镐等,检验、实验测量用的各种计量、分析、化验仪器,以及达到固定资产标准的包装容器等。

4.其他费用是指在固定资产建造和购置过程中发生的,除上述几项内容以外的各种应分摊计入固定资产的费用(包括范围见"其他费用的内容")。

其中:土地购置费是指行政事业单位建设项目通过出让方式取得土地使用权而支付的出让金。

旧建筑物购置费是指购置已使用过的各种旧房屋及其他建筑物。

建筑安装工程投资额的费用项目:建筑安装工程费用划分为直接工程费、间接工程费两个部分。

一、直接工程费,由直接费、其他直接费、现场经费组成。

(一)直接费:指施工过程中耗费的构成工程实体和有助于工程形成的各项费用,包括人工费、材料费、施工机械使用费。

1.人工费:指直接从事建筑安装工程施工的生产工人开支的各项费用,内容包括:(1)基本工资;(2)工资性补贴;(3)生产工人辅助工资;(4)职工福利费;(5)生产工人劳动保护费。

2.材料费:指施工过程中耗用的构成工程实体的原材料、辅助材料、构配件、零件和半成品的费用以及周转使用材料的摊销(或租赁)费用,内容包括:(1)材料原价(或供应价);(2)供销部门手续费;(3)包装费;(4)材料装卸费、运输费及途耗;(5)采购及保管费。

3.施工机械使用费:指使用施工机械作业所发生的机械使用费以及机械安、拆及进出场费用,内容包括:(1)折旧费;(2)大修费;(3)经修费;(4)安拆费及场外运输费;(5)燃料动力费;(6)人工费;(7)运输机械养路费、车船使用税及保险费。

(二)其他直接费:指直接费以外施工过程中发生的其他费用,内容包括:1.冬雨季施工增加费;2.夜间施工增加费;3.二次搬运费;4.仪器仪表使用费;5.生产工具用具使用费;6.检验试验费;7.特殊工种培训费;8.工程定位复测、工程点交、场地清理等费用;9.特殊地区施工增加费。

(三)现场经费:指为施工准备、组织施工生产和管理所需费用,内容包括:

1.临时设施费:指施工企业为进行建筑安装工程施工所必需的生活和生产用的临时建筑物、构筑物和其他临时设施费用等,内容包括:临时设施的搭设、维修、拆除或摊销费。

2.现场管理费:内容包括:(1)现场管理人员的基本工资、工资性补贴、职工福利费、劳动保护费等;(2)办公费;(3)差旅交通费;(4)固定资本产使用费;(5)工具用具使用费;(6)保险费;(7)工程保修费;(8)工程排污费;(9)其他费用。

二、间接工程费,由企业管理费、财务费、其他费用和计划利润、税金组成。

(一)企业管理费:指施工企业为组织施工生产经营活动所发生的管理费用,内容包括:1.管理人员的基本工资、工资性补贴及按规定标准计提的职工福利费;2.差旅交通费;3.办公费;4.固定资产折旧、修理费;5.工具用具使用费;6.工会经费;7.职工教育经费;8.劳动保险费;9.职工养老保险费及待业保险费用;10.保险费;11.税金;12.其他。

(二)财务费用:指企业为筹集资金而发生的各项费用,包括企业经营期间发生的短期贷款利息净支出、汇兑净损失、调剂外汇手续费、金融机构手续费、以及企业筹集资金发生的其他财务费用。

(三)其他费用:指按规定支付工程造价(定额)管理部门的定额编制管理费及劳动定额管理部门的定额测定费,以及按有关部门规定支付的上级管理费。

(四)计划利润:指按规定应计入建筑安装工程造价的利润。依据不同投资来源或工程类别实施差别利率。

(五)税金:指国家税法规定的应计入建筑安装工程造价内的营业税,城市维护建设税及教育费附加。

其他费用的内容:

1.旧房屋购置:指建设单位和企、事业单位购置的各种旧房屋和其他建筑物。不包括由房地产开发公司统一开发建设的商品房屋购置。

2.基本畜禽支出:指农林建设单位的基本畜禽购置,包括新建农场外购的大牲畜(如种畜)、各种禽类(如鸡群、鸭群等)。不包括老农场自繁自养或外购补充的基本畜禽支出。基本畜禽支出一般包括:基本畜禽购置费用;基本畜禽在移交生产单位前所发生的各种饲养费用。

3.林木支出:指各种经济林木的造林费用。一般包括:整地、种植和幼林抚育等支出。

4.办公生活用家具、器具购置:指为保证新建、扩建、改建项目投产初期正常生产经营所必需购置的办公和生活用家具、用具的费用。包括办公室、会议室、资料档案室、阅览室、文娱室、食堂、浴室、理发室、单身宿舍和设计规定必须建设的托儿所、卫生所、招待所、中小学校等的家具、用具。

5.建设单位管理费:指建设单位所发生的管理费用。包括工作人员的工资、工资附加费、劳保支出、办公费、差旅交通费、劳动保护费、工具用具使用费、固定资产使用费、零星固定资产购置费、招募生产工人费、技术图书资料费和其他管理性质的开支。

6.土地征用及迁移补偿费:指通过划拨方式取得无限期的土地使用权而支付的土地补偿费、附着物和青苗补偿费、安置补偿费以及土地征收管理费等，以及行政事业单位建设项目通过出让方式取得土地使用权而支付的出让金。不包括非行政事业单位建设项目通过出让方式取得有限期的土地使用权而支付的出让金。

7. 勘察设计费：指建设单位自行或委托勘察设计单位进行工程水文地质勘察、设计所发生的各项费用。

8. 研究实验费：指为建设项目提供或验证设计数据、资料进行必要的研究试验，按照设计规定在施工过程中必须进行试验所发生的费用，以及支付科技成果和先进技术的一次性技术转让费。不包括应由科技三项费用开支的费用和应由间接费开支的施工企业对建筑材料、构件和建筑物进行一般鉴定、检查所发生的费用及技术革新的研究试验费，以及应由勘察设计单位的事业费或基本建设投资开支的费用。

9. 可行性研究费：指在建设前期进行建设项目可行性研究而发生的费用，包括为进行可行性研究而购置的固定资产。

10. 施工机构转移费：指按规定支付给施工企业因成建制地调来承担施工任务而发生的一次性搬迁费用。

11. 设备检验费：指按照规定支付给商品检验部门的进口成套设备检验费。建设单位对进口成套设备自行组织检验所发生的费用，应计入设备、工器具购置。

12. 负荷联合试车费：指单项工程(车间)在交工验收以前进行的负荷联合试车亏损(即全部试车费减去试车产品销售收入和其他收入后的差额)。单机试运或系统联动无负荷试运所发生的费用，应计入安装工程投资。

13. 土地占用、使用费：指因进行固定资产投资活动而占用土地，按规定应支付的土地使用税、耕地占用税、以及应支付的土地复垦费用和土地损失补偿费用。

14. 退耕退牧还林还草、土壤改良、城市绿化等投资：指列入县及县以上投资计划的，有资金投入的退耕退牧还林还草、土壤改良、城市绿化等投资。

15. 建设期应付利息：指在建设阶段应支付的各种利息，包括采取分期付款方式进口成套设备应支付的利息，向银行或其他金融机构借款应支付的利息，以及因发行或使用各种债券进行固定资产投资应支付的利息。不包括超过建设期或投产后应付的各种利息。

16. 政府收费：指在投资过程中发生的各种政府收费。主要有土地增值税、城市维护建设税、城市基础设施配套费、教育费附加、排污费、城市水资源费、电力增容费等。

17. 企业债券发行费：指筹措债券资金而发生的债券发行费用，包括支付给银行的代理发行手续费和债券的设计、印刷等费用。

18. 合同公证费及工程质量监测费：指建设单位按规定支付给司法部门的合同公证费和支付给工程质量监测部门的工程质量监测费。

19. 国外借款手续费及承诺费：指因向境外借款而支付的手续费和承诺费。

20. 汇兑损益：指利用外资或外汇进行固定资产投资，由于不同时间、不同汇率而产生的外汇兑换差额。

21. 临时设施费：指按照规定拨付给施工企业的临时设施包干费，以及建设单位自行施工所发生的临时设施实际支出。包括临时设施的搭设、维修、拆除费或摊销费，以及施工期间专用公路养护费、维修费。

22. 坏账损失：指建设单位按规定程序报经批准确实无法收回的预付及应收款项。

23. 固定资产亏损及损失：指在固定资产建造和购置过程中，由于管理不善、设计方案变更、重大自然灾害等原因造成的工程报废净损失、固定资产净损失、器材处理亏损和设备净盘亏。

24. 其他：指在建设阶段发生的除上述各种费用以外的其他费用，如国外设计及技术资料费、出国联络费、外国技术人员费、取消项目的可行性研究费、编外人员生活费、停缓建维护费、商业网点费、供电贴费和行政事业单位建设项目发生的非常损失等。

计算固定资产投资额的价格：固定资产投资额是以货币形式表现的建造和购置固定资产的工作量指标，计算固定资产投资额的价格，应该反映一定时期固定资产的价值，即建造或购置固定资产所耗费的社会必要劳动时间。为真实反映固定资产投资活动的规模、水平和效果，便于进行综合平衡，原则上应以实际价格作为计算固定资产投资额的价格依据。

1. 计算建筑安装工程投资额的价格

由于建筑产品的单个性及周期长的特点，建筑安装工程投资额一般按预算价格计算。预算价格，是在施工图设计阶段根据一定时期的预算定额计算出来的工程总费用。由于预算定额的编制有一定的时间间隔和相对稳定性，预算价格不能完全反映当期的实际水平。因此，以预算价格计算建安工程投资额时，应将经建设单位与施工单位双方协商同意，且经商业银行同意拨款的工程价差、量差，视同修改预算价格。建筑安装工程应按修改后的预算价格计算投资完成额。

实行招标投标的建安工程，以中标价格作为计算建安工程投资额的价格依据。中标后价格有调整的，以调整后的价格作为计算投资完成额的价格依据。

对于某些工程已进入施工，但施工图预算尚未编出的，可根据工程进度先按设计概算或套用相同结构、类型工程的预算价格计算，待预算编出后再进行调整。

建设单位议价购料供应给施工单位，材料价差部分未转给施工单位的，建设单位应将这部分价差包括在建安工程投资额中。

2. 设备、工具、器具购置投资额一律按实际价格，即支出的全部金额计算。外购设备、工具、器具除设备本身的价格外，还应包括运杂费、仓库保管费等。自行建造的设备、工具、器具，按建造过程中实际发生的全部支出计算。如果设备已经安装，而实际价格尚未结出，可暂按设计(计划)价格计算，待实际价格结出后再行调整。

3. 其他费用的计算价格

一般按财务部门实际支付的金额计算。为保证统计数字的及时性，基层单位可根据会计账面数字填报，不必等财务决算或财务报表编出。在报送投资统计月报时，可根据报告期发生的其他费用报送初步数字或预计完成数，待年报时根据会计账表进行调整。

建筑业产值：指以货币表现的建筑安装企业和附属施工单位在一定时期内生产的建筑产品的总和。它是反映建筑业生产规模、发展速度、经营成果的重要标志，也是用以计算建筑业经济效益、劳动生产率和建筑业在国民经济中所占比重的依据。

目前建筑业产值的计算口径包括：施工产值、建筑安装附属生产外销构件产值和建筑安装附属勘察设计产值。

计算建筑业产值的价格：建筑业产值原则上按施工单位和建设单位结算价格计算。具体说，双方结算时，如果按照发包合同规定，强调按预算或概算价格结算的，结算价格也就是预(概)算价格；如果实行投标承包的工程按照中标合同规定，实际按中标价格结算的，结算价格也就是中标价格。

建筑业产值价格指数：指反映建筑产值中建筑材料、人工费以及各种费用标准变动趋势及变动幅度的相对数。编制建筑业产值价格指数是用以消除价格变动对建筑业产值的影响，使不同年度的建筑业产值可比，以便准确地计算我国建筑业发展速度和规模，反映建筑业的真实成果和实际管理水平。

建筑业产值价格指数的编制：我国于 1994 年以前一直同时编制建筑业产值价格指数和建筑安装工程价格指数，1995 年以后就不再编制建筑业产值价格指数了，而用建筑安装工程价格指数替代，这是为什么呢?

一、我们先看建筑业产值价格指数和建筑安装工程价格指数调查计算的差异：主要是计算范围不同，建筑业产值价格指数除计算建安工程以外，还包括房屋、建筑物的修理和非标建筑设备的制造，以及自产构件的外销。但这几部分在建筑业产值中所占比重不大，可忽略不计。所以，这两套价格指数计算范围、调查对象基本相同。

二、1995 年以前，部分建筑工程由甲方(建设单位)提供材料。而建筑业产值价格指数是按预算价格计算的，没有完全反映甲方提供材料时所负担的材料价差问题，但目前我国已不存在价格双轨制，用以计算建筑业产值的预算价格就是甲乙双方的结算价格，因而也就不存在着由甲方提供材料的价差问题。

(三)房地产价格

房地产：从广义上讲，房地产是房产与地产的总称，指国家、集体及个人所拥有的房屋和土地。但就我国目前房地产业的业务范围而言，它包括归国家所有的城镇生产性或非生产性用地(城市地产)，及附着在其上的城镇生产、生活用建筑和辅助设施(城市房产)和对这些建筑、辅助设施的管理等。农村生产用地、用房及宅基地等不属城市房地产业的业务范围。国家有偿征用农村土地用于城镇建设时，只有所有权转让过程结束后，才纳入城市房地产业的经营范围。

商品房：进入房屋市场进行交易，第一次进行产权登记的商品房屋。

二手房：进入房屋市场进行交易，第二次以上进行产权登记的商品房屋。

房产价格：房产价格按取得所有权(使用权)的方式分为房屋销售价格和房屋租赁价格两种形式。

房屋销售价格：房屋销售价格指房产所有权转移时买卖双方实际成交的价格(合同价格)。房产买卖时，买房人购买的是房产的所有权，卖房人将房产所有权出让，同时要获得房产所有权出让的价值补偿。它主要包括商品房销售和二手房销售两部分。

房屋租赁价格：房屋租赁价格指房屋的所有人出租房屋而取得的实际租金。在此种流通形式中，房屋所有权不变，承租者支付房租，获得一定时期内的房屋使用权；出租者放弃或出让一定时期内的房屋使用权。它包括住宅租赁、办公楼租赁、商业用房租赁和工业用房租赁等。

商品房销售价格：商品房销售价格是指进入房屋市场进行交易的房屋，第一次进行产权登记时的实际交易价格(合同价格)。其价格由成本、税金、利润、代收费用等组成，它受地段、层次、朝向、质量、材料差价等因素的影响。

住宅：住宅是专供居住用的房屋。它主要包括经济适用房、普通住宅、高档住宅和廉租房等，职工单身宿舍和学生宿舍等也包括在内。

非住宅：非住宅是指除住宅以外的其它房屋。它主要包括办公楼、商业用房和工业仓储用房等。

经济适用房：经济适用房是指具有政策和社会保障性质的商品住宅，是国家为解决中低收入家庭住房问题而修建的普通住房，具有经济性和适用性的特点。经济性是指住宅价格相对市场价格而言，是适中的，能够适应中低收入家庭的承受能力；适应性是指在住房设计及其建筑标准上强调住房的使用效果，而不是降低建筑标准。这类住宅因减免了工程报建中的部分费用，其成本略低于普通商品房，故称为经济适用房(安居工程住宅)。其认购是有标准的。集资、合资所建房屋也属于经济适用房。

普通住宅：普通住宅是指按所在地一般民用住宅建筑标准建造的居住房屋。普通住宅主要包括多层住宅和高层住宅。多层住宅是指 2—6 层(含 6 层)的楼房；高层住宅是指 6 层以上的楼房，高层住宅多安装电梯。由于各地对多层和高层的定义不一致，划分标准各地可根据实际情况酌情确定。

高档住宅：高档住宅是指按超出普通住宅建筑标准建造的高标准住宅，通常包括别墅和高档公寓。

别墅是指在郊区或风景区建造的园林式住宅，一般拥有独自的私家车库、花园、草坪、院落等。

高档公寓一般是指其单位建筑面积销售价格高于当地普通住宅销售价格一倍以上的高档次住宅，通常为复式住宅顶层有花园或多层住宅配有电梯并拥有较好的绿化、商业服务、物业管理等配套设施。

办公楼：办公楼是指机关、团体、企业、事业、学校、医院等单位的各类办公用房。其中，档次较高的、设备较齐全的为写字楼，条件一般的为普通办公用房。

写字楼：写字楼是指机关、团体、企业、事业等单位的高档次办公用房。一般拥有较完备的办公设施，且交通便利，服务设施齐全。

商业娱乐用房:商业用房是指用于商业经营服务活动的房屋。如商场、酒店、饭店、度假村等。

工业仓储用房:指用于工业生产、存储活动的房屋。

工业厂房:工业厂房指直接用于工业生产或为工业生产配套的各种房屋。工业厂房主要包括车间、辅助用房及附属设施用房。凡工业、交通运输、商业、建筑业以及科研、学校等单位中的厂房都应包括在内。

仓库:仓库指工业、交通运输、商业、供销、外贸、物资及其他企事业单位等用于物资存储的房屋。

土地交易价格:土地交易价格是指房地产开发商或其他建设单位在进行项目开发之前,为取得土地使用权而实际支付的价格,不包括土地的后续开发费用、税费、各种手续费和拆迁费等。土地交易方式主要包括:政府出让、政府划拨、政府租赁、政府其它、市场转让、市场出租和市场抵押。

居民住宅用地:居民住宅用地指用于建造居民居住用房所用的土地。其中主要包括经济适用房用地、普通住宅用地和高档住宅用地。

工业仓储用地:工业用地指工业生产或与工业生产相配套的各种活动所占用的场所,包括车间用地、仓库用地、辅助用房用地及附属设施用房用地等。

商业、旅游、娱乐用地:商业、旅游、娱乐用地指用于开展商业、旅游、娱乐活动所占用的场所。如用于建造商店、粮店、饮食店、公园、游乐场、影剧院、俱乐部等用地。

其他用地:其他用地指用于建造服务业用房、办公用房、教育用房、医疗用房、科学实验研究用房等所占用的土地。如理发馆、照相馆、旅馆、办公室、教室、医院、科研所等占用的土地。